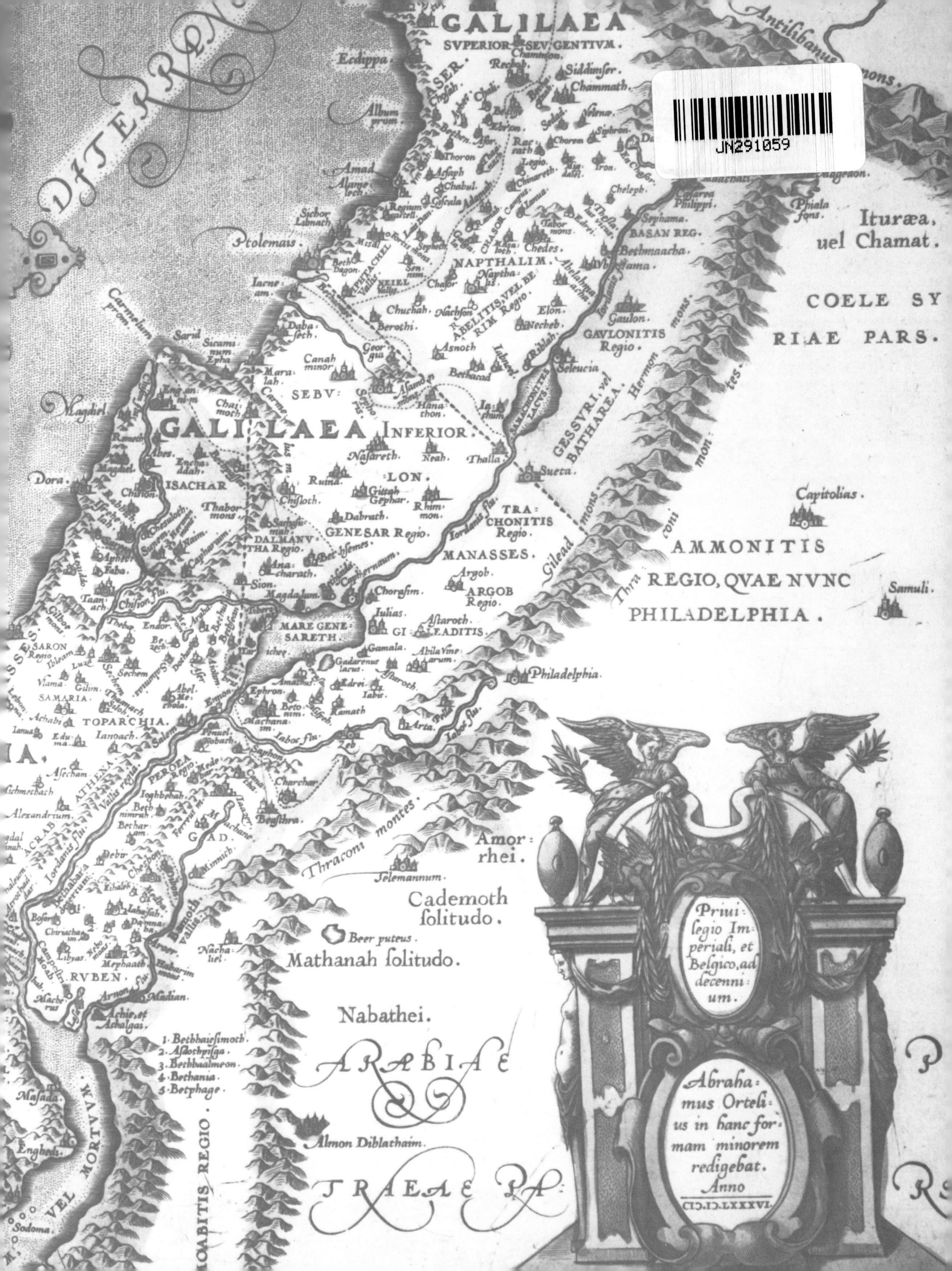

Abrahamus Ortelius in hanc formam minorem redigebat. Anno CIƆ.IƆ.LXXXVI.

図説 世界文化地理大百科
ジューイッシュ・ワールド

Nicholas de Lange
サウサンプトン大学パークス・ライブラリー特別研究員を経て，現在ケンブリッジ大学ウルフスン・カレッジ・ユダヤ教学講師．

Editor Graham Speake
Art editor Andrew Lawson
Map editors Nicholas Harris, Zoë Goodwin
Text editor Robert Peberdy
Picture research Mel Cooper, Diana Morris, Lynda Poley, Linda Proud
Index Sandra Raphael
Design Adrian Hodgkins
Production Clive Sparling

AN ANDROMEDA BOOK

Advisory Editor Peter Brown

Planned and produced by Andromeda Oxford Ltd
11–15 The Vineyard, Abingdon
Oxfordshire, England OX 14 3PX

Copyright © 1984 Andromeda Oxford Ltd

All rights reserved. No part of this book may be reproduced or utilized in any form or by any means, electronic or mechanical, including photocopying, recording, or by any information storage and retrieval systems, without permission in writing from the publisher and copyright holder.

口絵 伝統的な風俗を描いた19世紀の絵画にみるユダヤ人世界．左から：イスタンブルの婦人，イズミルの男，エルサレムの夫婦，モロッコの男，4－5ページ：ポーランドの夫婦，インドの男女，アルジェリアの男女，6ページ：ハンブルクの改革派ラビ．

図説 世界文化地理大百科
ジューイッシュ・ワールド
Atlas of the
JEWISH WORLD

ニコラス・デ・ランジュ 著

板垣雄三 監修
長沼宗昭 訳

朝倉書店

目　次

8　年　表
12　序

第1部　歴史的背景

14　ユダヤ人とその歴史
20　古代世界のユダヤ人
34　キリスト教とユダヤ人
38　イスラムとユダヤ人
42　周辺の地で
46　離散の地のセファルディーム
50　離散の地のアシュケナズィーム
54　近代の世界へ
59　この100年

第2部　文化的背景

78　ユダヤ人のアイデンティティ
92　ユダヤ人の生活
97　ユダヤ人の宗教
116　言語と文献
126　ホロコーストの衝撃
131　シオニズム

第3部　現代世界のなかのユダヤ人

136　ユダヤ人の世界の姿かたち
138　北アメリカ
158　ラテンアメリカ
166　ヨーロッパ
190　旧ソヴィエト連邦
198　アジア
216　オーストラレーシア
218　アフリカ

226　用語解説
228　図版リスト
231　参考文献
234　監修者のことば
235　訳者のことば
236　地名索引
247　索　引

トピックス

- 18 カイロ・ゲニーザ
- 32 ヘロデの王国
- 48 アムステルダムの黄金時代
- 82 誰がユダヤ人か？
- 86 ユダヤ人の一生
- 88 ユダヤ教の一年
- 106 シナゴーグ
- 110 民間信仰
- 112 偶像の禁止
- 114 儀礼と芸術
- 122 ヘブライ語
- 124 聖　書
- 142 ニューヨーク：移民たちの経験
- 174 パリ：さまざまな文化の出会うところ
- 208 エルサレム：聖なる街

地図リスト

- 10 現代世界のなかのユダヤ人
- 17 過去の遺産
- 20 肥沃な三日月地帯
- 22 ダヴィデとソロモンの王国
- 23 前300年のユダヤ教世界
- 24 ハスモン王国
- 25 後1世紀のユダヤ教世界
- 26 後1世紀のユダヤ系支配者
- 29 300年のユダヤ人世界
- 30 600年のユダヤ人世界
- 32 ヘロデ大王の王国
- 34 キリスト教とユダヤ人，300−600年頃
- 36 キリスト教徒による迫害，1200−1500年頃
- 38 900年のユダヤ人世界
- 40 1200年のユダヤ人世界
- 44 1500年のユダヤ人世界
- 47 離散の地のセファルディーム，1500−1700年頃
- 50 離散の地のアシュケナズィーム，1600−1800年頃
- 57 1800年のユダヤ人世界
- 60 1880年のユダヤ人世界
- 62 大移住，1881−1914年
- 64 第一次世界大戦
- 66 1930年のユダヤ人世界
- 70 ナチスによるホロコースト
- 72 ヨーロッパのユダヤ人，1945−47年
- 74 ユダヤ人移民，1948−80年
- 98 ラビのユダヤ教の起源
- 99 ラビのユダヤ教の広がり，650−1500年頃
- 100 16−17世紀におけるユダヤ教の大変動
- 101 ハスィディズムの興隆
- 102 ヨーロッパにおける近代主義の発展，1820−1900年頃
- 102 アメリカにおけるユダヤ教
- 105 今日のユダヤ人の宗教
- 118 古代におけるユダヤ人の言語
- 118 中世におけるユダヤ人の言語
- 119 今日のユダヤ人の言語
- 120 イディッシュ語の広がり
- 121 ヘブライ語印刷の広がり
- 137 ユダヤ人の世界の姿かたち
- 138 北アメリカ
- 140 アメリカ合衆国北東部
- 159 ラテンアメリカ
- 166 ヨーロッパ
- 190 旧ソヴィエト連邦
- 198 アジア
- 199 イスラエル
- 217 オーストラレーシア
- 218 アフリカ

年　　表

	(前1000)	前300	後1	300	600	900
ヨーロッパ		ヨーロッパへの離散の始まり	対ローマ反乱，115−17年	キリスト教支配の始まり	キリスト教の洗礼の強制 イスラム支配の拡大	
イスラエル	ダヴィデとソロモンの王国 アッシリアとバビロニアの征服 ペルシアの支配	マケドニアの征服 ハスモン朝 ローマの征服，前63年 ヘロデ大王，前40−後4年	ローマの支配 第1次反乱，66−74年 第2次反乱，132−35年	パトリキウスの反乱，351年	ペルシアの支配，614−29年 アラブの征服634−40年	十字軍の支配
東　方	バビロン捕囚 東方への離散の始まり	パルティア帝国	バビロニアとアディアベネにおけるユダヤ人君主 [26頁]	ササン朝 ユダヤ人のヒムヤル支配 [31頁]	アラブの征服 ハザルのユダヤ教への改宗	インドと中国における居住地
ユダヤ教の発展	第一神殿 第二神殿	ギリシアの影響		ラビのユダヤ教の興隆	ガオンたち カライ派の興隆	イスラム思想の影響
文化史上のハイライト	聖書テクストの成立	ギリシア語による作品群	ミシュナー [227頁]	タルムード		アラブ哲学 ヘブライ語の詩

雄羊のいけにえ，マリ，前2400年頃

前63年のユデア制圧を宣するローマの貨幣

律法を説くモーセ：ドゥラのフレスコ画，245年

契約の箱：ベート・シャーンのモザイク画，6世紀

	1200	1500	1600	1700	1800	1880	1930
	追放と虐殺	スペインからの追放, 1492年 ゲットーとメッラーフ	新世界への入植 四邦評議会 フメリニーツキーによる虐殺, 1648–49年	ポーランド分割 ロシアの強制定住地の設定 解放の始まり	ロシアでのポグロム 大移住 反セム主義の興隆 シオニズムの興隆 ロシアでの解放, 1917年 バルフォア宣言, 1917年	ナチスの迫害: ホロコースト 世界ユダヤ人会議, 1936年
	トーラーを読むソロモン: フランスの細密画, 13世紀	16世紀イスタンブルのユダヤ人		ポーランドの木造シナゴーグ		イスラエル国旗
	マムルーク朝の支配	オスマン帝国の支配			シオニストの入植の始まり	ユダヤ人国家, 1948年
					イギリスの委任統治, 1920–48年	
	モンゴルの侵入	オスマン帝国 スペインからの亡命者たちの到来				アラブ民族主義の興隆 シベリアのユダヤ人自治州 [195頁]	アラブ諸国からのイスラエルへの大移住
	カバラー	ヨセフ・カロ 「シュルハン・アルーフ (備えられた食卓)」[99頁] ルリアによるカバラーの展開 [226頁]	シャバタイ・ツヴィ	ハスィディズム	改革派 正統派	保守派運動	再建主義
		ヘブライ語印刷の始まり	アムステルダム・ユダヤ人社会の全盛期		「ユダヤ教学」[16頁] ユダヤ人知識人の啓蒙主義運動	エルサレム・ヘブライ大学の設立, 1925年	イスラエル文化の土着化と開花

現代世界のなかのユダヤ人

ユダヤ人の居住地域
- ユダヤ人の比率の高い地域
- その他の地域

ユダヤ人の居住地
- ⊙ 大規模なコミュニティ
- ■ 重要なコミュニティ
- ・ 孤立したコミュニティ

カナダ ユダヤ人住民のいる国

赤道での縮尺 1：60 000 000

序

　ユダヤ人の物語は，人類の歴史というもつれあう糸かせのなかではほんの1本の細い糸にすぎないが，しかしそれはユダヤ人自身という限られた枠をはるかに越えてて延びていく物語である．ユダヤ人は，多数派の強力な民族であったためしはないが，歴史の激流にくり返し巻きこまれてきたので，彼らの物語は冒険と謎と矛盾に満ち満ちている．ナチスの地獄の結末や世界中が中東の諸事件に振りまわされている不愉快な状況をみてしまった今となっては，ユダヤ人が歴史の渦中にあるということは，あまりにも歴然としている．ユダヤ人は，しばしば諸国民のあいだでは，はみだし者として姿を現わしていて数多くの誤った観念を生みだすもととなっていた．この本の目的は，そのユダヤ人について，できる限りわかりやすく，彼らは何者なのか，彼らはどのようにして今日立っている地点までやってきたのか，を述べることである．

　私は，本書以外でこれとそっくりの試みをしている世界図譜など全然知らないし，また手本もなかったので，私なりに独自の，おそらくは特異な表現形式を工夫しなくてはならなかった．この本は3部からなっているが，各部ごとにユダヤ人の世界へのアプローチの仕方が違っているということを知っておいてもらうのは，読者にとって有益なことであろう．第1部は，歴史からみたアプローチで，ユダヤ人人口の移動に重点がおかれている．この人口の移動という問題が，ユダヤ人が存在していくための基盤に変化をもたらしてきたのである．さらに，そうした移動をおこさせたり，移動の方向を決定づけたりした政治的・社会的な条件についても，あわせて述べた．第2部では，ユダヤ人が経験してきたさまざまな状況のいくつかについて，非常に一般化した形で述べてみた．過去と現在を比較し，かつまた未来に対して慎重な展望を投げかけている．第3部は，今日の世界のあちこちにあるユダヤ人コミュニティをまわる，ガイドつきの旅である．ここでは，単に無味乾燥な事実や数字をあげるのではなく，それぞれのコミュニティに独自性を与えている地域的な諸条件について，なにがしかの評価を下すよう努めた．これらの3部は相互に補完しあっているが，それぞれ別個に，またどんな順序でも読むことができる．

　本書は，何よりもまず世界図譜であるので，おもに話の展開を支えているのは地図である．その他の文章部分は，単なる注解にすぎない．ときとしてこの注解は，もの悲しい，あるいは悲観的な調子をさえ帯びるかもしれない．それは驚くには価しないことだ．ユダヤ人読者であればほとんどの人がいやというほど熟知しているように，ユダヤ人であることは必ずしも幸福な体験であったわけではない．しかもわれわれ自身ユダヤ人として，われわれの歴史のなかの最暗黒時代から最近脱出してきたばかりで，不安の種はまだまだ数多く残されているからである．今日ユダヤ人社会がおかれている状況に何らかの評価を与えるとすれば，ある程度主観的にならざるをえない．私自身の，自覚的なユダヤ人としての立脚点は，信頼と楽観主義におかれている．しかし，もし現に存在する非常に現実的な疑念や失望についてもっともらしいいつくろうとしたら，それは読者に対してひどい仕打ちをしていることになるだろう，と私は感じている．40年前，すべての事態は今日とは比べものにならないほど陰惨な様相を呈していた．しかし，物質的な面では今やずっと自信のもてる余地はあるとしても，精神的・心理的な面では見通しは明るいというにはほど遠い．ユダヤ人社会の現状について私の下した判断は，何であれ，個々のユダヤ人や個々のユダヤ人組織についての確かな事実と私自身の体験にもとづいている．おそらく，誰もがそうした判断に同意するわけではあるまい．私としては，私の見方のダークサイドが間違っていたことがやがて確証されることになれば，うれしいとしかいいようがない．

　図版を最終的により分けたのは私ではないので，その選択について論評したいとは思わないが，非常に衝撃的な何点かの図版はそれ自身がユダヤ人の世界の状況についての注解となっており，私の書いた説明文など必要ないくらいだということは述べておきたい．それはしばしば，過去と現在とを対比することから，その説得力が生まれる巧妙な注解である．しかもこのことは，本書の主眼の一つと一致している．

　私一人では本書を書きあげることはできなかった．私を援助してくれた多くの人びとに，ここで感謝の念を表明しておきたい．まず最初に，すでに故人となった3人の師，すなわちイグナツ・マイバウム，ジェイムズ・パークス，シーセル・ロスの名前をあげるべきであろう．3人とも，それぞれ違ったやり方で，ユダヤ人の過去をどのように解釈するかということのみならず，人間としてどのようによりよく生きるかということも私に教えてくれた．彼らはみな，本書に対して特別な貢献をしてくれたのだが，それ以上に，彼らの想い出は本書を執筆しているあいだずっと私とともにあった．アレクサンダー・シャイバーからも貴重な教えを受けたが，彼に対しても，また私の研究調査中に親切にもてなしてくれたハンガリー・ユダヤ教神学校のスタッフたちに対しても，感謝している．ピーター・ブラウンは，編集上の助言者となることをこころよく引き受けてくれ，鋭い批評と理にかなった助言をしてくれた．ある計りしれない宿命によって何年も前に奇妙な事情で私たちはめぐりあったのだが，以来彼がどれほど多くのものを私に与えたかということを知ったとしたら，彼はずいぶん驚くことだろう．またオスマン帝国に関するあらゆること，とりわけ図版について助言してくれたことでスーザン・スキリッターに，そして情報の断片とか有益な示唆を，（しばしば，おそらくは気づかずに）与えてくれたその他多くの友人や同僚にもお礼を述べたい．書物を快く貸してくれ，必要な場合にはユーモアに富んだコメントを加えてくれたマイケル・ノイバーガーにも感謝している．さらに，必要な際何度もその場にいてくれただけでも，マイケル・ステュワートに対してとりわけ礼をいわなくてはならない．

　もっとも深甚な感謝はパトリシアのためにとっておきたい．彼女は本書の執筆という彼女の人生にも降りかかった見通しの立たない重荷に，誠実に耐えてくれた．彼女がいなければ，私はこの仕事をなしとげることができなかった．私は彼女のために，また私たちの子供たちのために，われわれはみなどこからきたのか，そして今日の世界でユダヤ人であるということは何を意味するのかについて，何らかのことを語るつもりで本書を書いたのである．

第1部　歴史的背景

THE HISTORICAL BACKGROUND

ユダヤ人とその歴史

　ユダヤ人という存在そのものに謎がつきまとう．彼らは，世界中の国々に分散して，（近年までは）自分の国もなければ共通の言語ももたず，しかも強固な一体感と共通のアイデンティティをもっている，そんな民なのである．ユダヤ人のアイデンティティはユダヤ人自身にとってさえ不可解なものであり，ひとことで説明するのは不可能である．この謎に迫る唯一の方法は歴史をたどることである．ユダヤ人であることは，特定の信条に賛同することではなく，究極的にはある過去への愛慕の念を自覚することなのである．個々のユダヤ人は，互いに関係しあっているのであり，それは大きく枝を広げた木の葉のそれぞれがつながりあっているようなものだ．密集した葉や風に吹かれて一瞬触れあう葉もあるが，はるかに離れている葉もある．けれどもすべての葉は同種である．放射線状に伸びたり，まったくの偶然で交差したりする枝の複雑な構造に結びついているが，しかし，すべてが共通の幹に合体している．しかもその幹を通じて，すべての葉は目にみえない根から栄養を汲みあげているのである．フィラデルフィアやフランクフルトのユダヤ人は，一見したところでは，キエフやカサブランカ，あるいはテル・アヴィヴやタシュケントのユダヤ人とは共通なところがない．彼らすべてを結束させている唯一のものは，ある感情である．それは漠然としたもので，筋道が通っているとはみえないかもしれない．しかし彼らが起源を同じくし，ほとんど偶然とはいえ個々人をここかしこに配置することになった同一の歴史的な運命をもおそらくは共有しているのだ，とする感情である．

　ユダヤ人は，人口は少なく，各地に散在している民である．一つだけ例外はあるが，彼らは居住しているどの国でもごく小さなマイノリティであり，またほとんどどこでもユダヤ人の大半は移民か，移民の子孫である．したがって現代のユダヤ人の世界を理解するためには，過去100年間の大変動に対するなにがしかの心得がどうしても必要になる．しかし彼らの物語は，それよりはるか遠くにさかのぼるはずだ．100年前のユダヤ人社会は，それぞれの場所で今ほどは拡散しておらず，またそれぞれの場所で長い伝統をつちかっていた．しかしこの違いも相対的なものでしかない．離散，移住，マイノリティの地位は，2000年あるいはそれ以上もさかのぼる彼らの歴史の特徴だからである．しかもこれは，長い時間的射程での研究が必要とされるユダヤ人の歴史の外的・表層的な様相であるだけではない．ユダヤ人の精神の内面的・主体的な世界そのものなのである．ユダヤ人は至るところで，彼らの長い歴史と，不幸なしばしば悲劇的でもあった境涯とを鋭く意識している．今日生じているさまざまな出来事とそれへのユダヤ人の反応は，ユダヤ人の過去の経験や，それがユダヤ人の集合心理に残した痕跡から非常に影響を受けている．ユダヤ人の意識の前景には，ナチスのホロコーストや，ユダヤ人国家であるイスラエルの樹立，といった最近の画期的な出来事がある．しかしこれらの出来事自体は，近代ヨーロッパ史の見地からは完全には説明できない．ホロコーストは，ドイツや他のキリスト教諸国でユダヤ人が数世紀にわたり受けてきた隔離と憎悪の極限であった．イスラエルの樹立は，多くのユダヤ人にとって，（国歌の歌詞にあるように）「2000年来の希望――自らの地において自由の民となる」ことの実現であった．ユダヤ人のアイデンティティという基本的かつ複雑な問題――すなわち，散り散りになった民族への忠誠か，それとも近代国家に完全に帰属する市民としての道か，またマイノリティとして生きるといっても，宗教的にか，それとも民族的にか，こうした至るところのユダヤ人コミュニティ内部に存在する分裂と葛藤――も，実はユダヤ人の歴史の背景に照らして理解されるべきなのである．

ユダヤ人の歴史の形成：証拠と解釈

　どこから物語を始めるか，これが難問である．ユダヤ人は（キリスト教徒と同様に），自分たちの歴史を聖書時代までさかのぼらせる．西暦紀元後1世紀末のユダヤ人歴史家ヨセフスはすでにユダヤ教の民の古さを強調しており，しかも読者に対して，聖書は時というものの始まりにまでさかのぼるその民の歴史の真正な記録である，と語っている．聖書は，確かにユダヤ人の歴史の重要な記録である．そこには，イスラエルの民の起源についての記述や，一組の家族から強力な王国へ，さらに民族的敗北と追放の時期を経て，古き都エルサレムでの教団国家の再建へと至る発展についての記述が示されている．聖書の物語には，すでにのちの歴史の要素たるべきものがあらまし含まれている．つまり，移住，マイノリティの地位，抑圧と回復，民族的願望，全人類に向けての倫理的使命の意識，といったことがらである．これらの聖書のテーマは，ユダヤ人の歴史の形成に対して直接の影響をもたなかったとしても，少なくとも今日にまで至るさまざまな出来事についてユダヤ人が世代を越えて下してきた解釈に対しては，強力な影響を及ぼしてきたのである．

　ユダヤ人やユダヤ教を理解しようとすれば，必ずヘブライ語の聖書に対して重要性を与えることになるだろう．しかしながらその聖書は，少なくともその古い部分にあっては，歴史的な記録ではない．大昔の出来事に対するある解釈であったり，伝説と詩と宣伝のまぜあわせであったり，さらには，少なくとも明らかになっていると同じくらい隠されたところもある，民族起源神話の原型であったりする．われわれには聖書の歴史叙述を検証する手段に欠けており，しかも事実の確定とその時間的配列とは複雑な論議を呼ぶ問題なのである．考古学の記録とは，確かに聖書の物語の空白部分を埋め，細部の訂正や確認を進める助けにはなっている．しかしそうしてえられる眺望も依然としてなお曖昧であり，断片的なままである．

　ユダヤ人の歴史の舞台にギリシア人が登場するに及んで，ようやくわれわれは，出来事の経過についてのより完全な全体像を，ことがらのニュアンスや含意，広い場面のなかで認められる原因や反響をも含めて再現してみる手段がえられたのである．歴史を客観的に研究し，正確な年代記を確立するという必要に真剣に取り組んだのは，もっぱらギリシア人であった．このことは，ユダヤ人がギリシア語の世界に組みこまれるはるか以前に達成されていたことで，やがてユダヤ人もその習慣を身につけていった．ユダヤ人によってギリシア語で書かれた歴史作品が数点残存しているが，それらのうち最後に書かれた最大のものが，ヨセフスの『ユダヤ人の古代の制度』であり，それと並んでローマ人に対する最初の戦

右　考古学上の数々の発見によって，過去に関するわれわれの知識や理解は，はかりしれないほど増してきた．なかでももっともセンセーショナルな発見は，人里離れた洞窟から発見された文書類である．そうした洞窟は，死海の岸辺に向かって傾斜している荒涼とした丘陵地に点在している．一連のテクストにより，バル・コスィバの反乱が驚くほど生き生きとした姿を帯びてきた．別のテクストは，かつてほとんど知られていなかったユダヤ教のある宗派，それもおそらくハスモン朝期にまでさかのぼるような宗派に対して，窓を開くことになった．後者のテクストは，クムラン渓谷の，たぶんこの宗派の人たちがいた居住地の遺跡にきわめて近い洞窟で発見されたのである．こうした発見は，古くからの疑問にかなり答えもしたが，またユダヤ教の政治的・社会的歴史，言語，文献，あるいは宗教的観念に関する多くの新たな疑問をもちだしもした．

争についての同じ著者の記述もある（『ユダヤ戦争の歴史』）．ヨセフスの死後，われわれは再び，視界不良の暗がりにつき落とされてしまうのである．その暗がりは，考古学上の発見だとか，非ギリシア語ないし非ユダヤ人関係資料がもたらす偶然の情報によってのみ照らしだされることになる．もっとも，遺物だけからでも当時のユダヤ人の生活状態は，さまざまな場所で，さまざまな観点から，そのいりくんだヒダまでも明らかにすることが十分可能である．ここでみえてくる一つの特徴は，相対的な「正常性」である．当時の他の類似の諸民族の生活と比べてみて，さらにその後の時代におけるキリスト教徒やムスリムの支配下におかれたユダヤ人の生活の「異常性」と比べてみて，この時代の「正常性」が浮かびあがるのである．と同時に，ユダヤ人自身の残したことばのなかに，世界の変貌に直面した彼らの困惑や心配事，さらには不平や野心などを読みとることもできる．

次の時代は，二通りの意味である種の暗黒の時代である．まず情報が欠如しているか，あってもせいぜい断片的であるという点で，次に一連の出来事が憂鬱で，しばしば悲劇的である，という点で．ユダヤ人にとっての中世，すなわちキリスト教の出現から18世紀の啓蒙の時代に至るまでの物語は，気がめいる，そして時には身ぶるいするような読み物となる．それは人種隔離と抑圧，宗教的強制と肉体的暴力の時代であり，ユダヤ人のコミュニティには自衛する力はほとんどなかった．その多くが破壊されたり絶滅させられ，残った者が生きのびることはまったくの奇跡にみえた．

19世紀のユダヤ人歴史家ハインリヒ・グレーツは，ユダヤ人の歴史を災難のカタログとして記述したと批判された．比較的安全な時代や，さらには繁栄を謳歌し，文化的に花開いた時代だってあったのではないかということが指摘されたのである．だがグレーツの記述がかりに過度に潤色されていた

としても，ユダヤ人が至るところで下積みの従属的な地位におかれていたのは否定できない．時には個々のケースとして，ユダヤ人が保護を受けたり事業を奨励されたりしたこともあったし，巨富を築き権勢を誇る者だって現われた．しかし（数少ない特殊な例外ではあるが）そうした人物も自己の運命の主人公であったわけでは決してない．彼らは常に政治情勢の変化に翻弄されて脆弱であり，宗教的狂信者や敵意をもつ民衆の憎悪に脅かされていた．グレーツは，実際には楽天家だったから，進歩を信じ，そして善を求める内在的力としての人間の良心と理性を信じていた．しかしそのグレーツですら，彼の書物ののちの版では，政治的反セム主義が台頭してユダヤ人の不安定な状態をますます劇的に証明するような事件が日々おこっていることを，認めないわけにはいかなかった．中世においては輝かしい瞬間はほとんどなかったし，あったとしても短命なものだった．輝かしい一瞬などというものは，キリスト教徒やムスリムの支配下で悲惨こそが普通のユダヤ人の日常的運命であったという事実や，キリスト教的ヨーロッパにおいてユダヤ人が一度や二度どころかくり返し虐殺と追放の恐怖を味わわされていたという事実と釣り合うものではない．中世の抑圧と憎悪は，今日もなお癒されたなどとは到底いいがたい傷をユダヤ人の心に残したのである．

近代の深刻な危機

ユダヤ人の地位を改善しようとする要求が政府や支配者によって初めて真剣にとりあげられるようになったのは，やっと18世紀のことだった．しかし，これにともなう諸改革により恩恵をこうむったのは少数のユダヤ人だけであって，東ヨーロッパやイスラム世界にいるユダヤ人人口の密集部分にはほとんど何の影響も及ぼさなかった．そうした改革はかえって反動の力を強めるのに役立ち，その力が新しい，世俗的でしかも政治的に組織された形態の反セム主義を生みだしたのである．しかもその改革が，ユダヤ人のあいだに不安と分裂とをひきおこしていた．一部のユダヤ人が熱心に人権を求める闘争を支持する一方で，他の者は同化の危険を強調し，新時代のチャンスに背を向けてしまった．ユダヤ教，さらにはユダヤ人のアイデンティティすらも実際深刻な危機に直面したのであり，そのことは今日でもなお続いている．

この間，東ヨーロッパやイスラム諸国での経済的困窮や政治的抑圧によって，産業の発展した西欧や南半球の開拓途上の国々を目指す大規模な移民が生じたが，その結果，ユダヤ人の生活と信仰の伝統的なパターンは消滅していくことになった．この困難な時代にあってもプラスの面はあった．わけても大多数のユダヤ人の生活水準や文化水準は徐々に向上していったし，またユダヤ人自身のなかから，ユダヤ人に対する変則的扱いや不公正をやめさせようとする多様な提案が出されるようになってきた（ユダヤ人の政治的解放と統合のための闘争の口火を切り，戦線を拡げていた主体は，かつては非ユダヤ人であった）．またさまざまな団体が設立されたが，その目的は，出国する移住者を援助して再定住計画を進めたり，外国からの移民労働者を貧困から救い，不当な搾取を防止すること，あるいは反セム主義と戦い，教育水準を改善すること，さらにはユダヤ人の対等な市民権を擁護し拡大することであった．この種の団体は，比較的短期間のうちに相当程度その目的を達成した．そのうちのいくつかは今日もなお立派な仕事を続けているが，それはその事業の必要性が，悲しむべきことにまだ存続しているからである．

しかしながら，新しい政治運動や福祉団体も，それまでユダヤ人が経験してきた残虐のなかで，もっとも野蛮かつ破滅

ユダヤ人とその歴史

左　エルサレムにあるヘブライ大学の，1925年4月1日の正式の開学式．レオポルド・ピリホウスキー（1869－1913）画．バルフォア卿が演説している．その背後の壇上に列席しているのは，パレスティナのセファルディームおよびアシュケナズィームの首席ラビ，アレンビー将軍，高等弁務官サー・ハーバート・サミュエル，ハイム・ワイツマン博士，そして大英帝国首席ラビのジョセフ・ハーツ博士．前景には，描いている最中の画家自身がみえる．

的な現象というべきナチスのホロコーストを避けるには，無力だった．1933年にナチスが権力の座にのしあがってから1945年のドイツの敗北までのあいだ，ヨーロッパの1000万人のユダヤ人の大多数が殺されるか家を失うかした．そのうちの約600万人が組織的な絶滅政策の一部として容赦なく処刑されたのである．このような規模での破壊を想像したり理解することなど，到底できない．人命の損失（世界中の全ユダヤ人の優に3分の1以上）にとどまらず，このカタストロフィはある文明世界全体を，より正確にいうならば二つの文明世界を丸ごと破壊したのである．つまり，一つはポーランドおよび東ヨーロッパのイディッシュ語を話すユダヤ人社会であり，そこではユダヤ人コミュニティの繁栄した生活があり，名高いタルムード学院群が維持されていた．もう一つは，ドイツおよび中央ヨーロッパのドイツ語を話すユダヤ人社会であるが，ここには見事なシナゴーグや神学校がいくつもあったし，しかも西欧の生活に対する科学的・人道主義的・文化的寄与の数々を物語る格別貴重な資料があった．このカタストロフィーはまた，啓蒙と理解にもとづく進歩への希望やユダヤ人という存在を異常から救いだそうとする願いに対する挑戦であり，伝統的な宗教上の信念ならびに民族的な自信への挑戦でもあった．40年たってもなお，ホロコーストによって提起された問題への決着がついたとはとてもいえない．その一方で，幾分かは大惨事の結果としてユダヤ人国家がイスラエルの故地の一部に建設されたが，その結果，ユダヤ人のアイデンティティや運命の性質をめぐって，また中東のみならず全世界的規模で，ユダヤ人と非ユダヤ人との関係をめぐって，新たな問題もちあがることになった．今日ユダヤ人が当惑し混乱しているようにみえても，またユダヤ人の世界がある過渡期のなかにあるようにみえても，それは何ら不思議ではない．

ユダヤ人の歴史の再生

混乱と変化のまっただなかで，歴史の訴えは弱まるどころかますます強くなっている．過去を研究することは，確信と理解への希望を与えてくれるように思われる．ユダヤ人の歴史が編纂されるようになるのは，それ自体最近のこと である――というよりは，ヨセフスが歴史を書いていた，やはり苦悩に満ちた時代ののち，再び始められたのである．中世のユダヤ人は明らかに歴史を必要としなかった．彼らは生活のなかで彼らのユダヤ教を実践していたし，彼らにとっての選択はあってなきに等しい単純なものだった．啓蒙の時代以後ようやくユダヤ人たちは，自らの歴史を研究し叙述することを再開したのである．19世紀初頭は，伝統的なユダヤ教に幻滅が感じられた時期であり，新しいアカデミックな分野の誕生がみられたが，それは1822年レオポルド・ツンツが創刊した『ユダヤ教学誌』にちなんで呼ばれるようになった．この「学」（ヴィッセンシャフト）の運動に携わった学者たちは，伝統的なユダヤ教文献の研究に近代的な方法を適用し，さらにユダヤ人の歴史を科学的に研究する道を開いた．彼らが職業的な学者ではなく，ラビや学校教師やビジネスマンであったことを思いおこせば，彼らの業績はなおのこと偉大なものにみえてくる．大学でユダヤ教研究の分野を差別するなという要求には，無神経な抵抗が待ち受けていた．1854年にブレスラウ（ヴロツワフ）にユダヤ教神学院が設立され，ようやく数人の学者たちがフルタイムで学問研究に専念したり，ユダヤ教学者の次の世代を養成したりできるようになった．そうなると，ブレスラウ・モデルは各地で模倣された．しかし神学院にとっては，大学と張りあって最良のユダヤ人学生たちをひきつけておくのは一苦労だった．ユダヤ教研究の科目が大学のカリキュラムのなかに完全に組みこまれるようになったのは，1925年エルサレムにヘブライ大学が設立されてからのことである．

「ユダヤ教学」は，19世紀初頭のユダヤ教の不安定な状態に刺激されたものであった．この運動の指導者たちは，確信が揺らいできている若いユダヤ人たちに対してユダヤ人の歴史の豊かさに興味を抱かせるとともに，非ユダヤ人世界に対してはユダヤ教のより積極的なイメージを提示したいということを多分に意識して始めたのだった．彼らはとくに，中世ユダヤ人の業績，なかでもスペインにいた哲学者や詩人たちの偉業について力説した．スペインの黄金時代という観念は，当面の不安を打ち消すような作用をもたらした．たとえばこうした観念の影響は，ムーア様式の復活という19世紀後期のシナゴーグに特徴的な建築様式に明示されている．アレクサンドリアのフィロン，マイモニデス，スピノザといったような過去の偉大な名前が，力強いシンボルになった．これらの人物は誰がみてもキリスト教の伝統に貢献したユダヤ人思想家であったが，そのことは決して偶然の一致ではない．聖書の語る歴史もまた関心をひいたが，それは間違いなく同じ理由によるものであった．しかし，ユダヤ人内部の緊張もまた歴史研究に影響を及ぼしていた．改革派と正統派が対立したことで，ラビのユダヤ教の初期の歴史に関心が集まったし，タルムードの科学的な研究が促進された．ツンツ自身，古代の説教を扱った注目すべき論文を書いた．それは，争点となっていた改革派の儀式の特徴が，キリスト教会からただ無批判に借りてきたものではなく古代のシナゴーグにおける実践の復活である，と論じている．

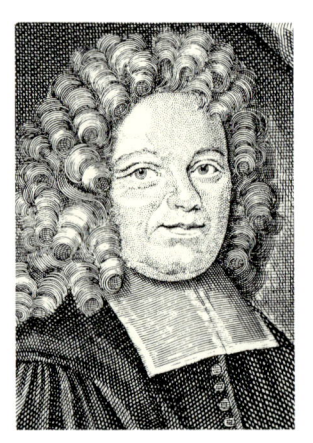

ジャック・バナージュ（1653－1723）：ユダヤ人の近代史を初めて書いたフランスのプロテスタント．彼の著作は，その後の歴史記述のモデルになった．

過去の遺産

ユダヤ人の過去についてのわれわれの知識は常に増え続けている．この地図は，専門に研究している主要研究所，ならびに原位置に残っている重要な古代もしくは中世の遺跡の場所を示している．その他多数の，だがもっと小規模な博物館や図書館が存在する（その多くが，個人の発案やユダヤ人コミュニティによって設立された）．さらに文字どおり数千のそれ以外の場所に歴史的な遺跡があり，その大半はまだ組織的な調査がなされていない．墓地がとりわけ数多く存在するが，墓地は過去に関する豊富な情報源である．しかしながら，研究者が墓地と真剣に取り組みだしたのはようやく最近になってからのことで，しかも不幸なことに，重要な墓地の多くがユダヤ人の学者が立ち入りにくい国や，墓地をしっかりと守っていくユダヤ人住民がほとんどいないか，まったくいない国にあったりする．

マサダが包囲攻撃されているあいだ(後72-74) バル・アム(イスラエル)にある6世紀のシナゴーグの遺跡.
に、ローマ軍によって発射された砲弾.

オスティア(イタリア)にある3-4世紀のシナゴーグの遺跡にみられる柱頭および台輪の細部.

地図上の地名

アメリカ合衆国
- ロサンジェルス
- シンシナティ
- ニューヨーク
- フィラデルフィア

北海 / バルト海

東ヨーロッパ
中世の墓地とシナゴーグ多数

- サンクト・ペテルブルグ
- モスクワ
- マンチェスター
- ハンブルク
- オクスフォード
- ケンブリッジ
- アムステルダム
- ロンドン
- ベルリン
- ヴィスワ川
- ルーアン
- フランクフルト
- ワルシャワ
- パリ
- ヴォルムス
- プラハ
- クラクフ
- ロワール川
- ミュンヘン
- ショプロン
- ブダペシュト
- サーレ
- モンフェラート
- ヴェネツィア
- ドニエストル川
- カルパントラ
- パルマ
- ドニエプル川
- ヘローナ
- ペーザロ
- セニガッリア
- アビラ
- セゴビア
- コルシカ島
- オスティア
- ローマ
- ストビ
- 黒海
- トマル
- トレド
- パルマ
- サルデーニャ島
- ヴェノーザ
- トゥラーニ
- 小アジア 古代の碑文多数
- コルドバ
- セビリャ
- バレアレス諸島
- シチリア島
- アイギナ
- サルディス
- プリエネ
- ドゥラ・エウロポス
- 縮尺 1:21 500 000
- ナロ
- シラクサ
- デロス島
- キプロス島
- ダマスクス
- アパメア
- ハラ・スギラ(ジェルバ)
- クレタ島
- イスラエル 古代のシナゴーグとその他の遺跡多数
- バル・アム
- ベート・シェアリーム
- クムラン
- マサダ
- アレクサンドリア
- カイロ
- エルサレム
- ヤフディーヤ
- オクシュリュンコス
- ナイル川
- エレファンティン(島)
- 紅海

凡例

古代の遺跡
- シナゴーグ
- 墓地
- 文書の発見

中世の遺跡
- シナゴーグ
- 墓地
- 文書の発見

現代のコレクション
- ユダヤ教関係を主とした博物館
- 重要なユダヤ教部門のある博物館
- 中世文書の大規模なコレクション
- 歴史文書館

イラク/イラン
古代・中世の遺跡多数

インド
- コーチン
- チェナマンガラム

コルドバ(スペイン)の中世のシナゴーグの細部.

ベード・ハテフトゥソト(ディアスポラ・ユダヤ人博物館), テル・アヴィヴ(イスラエル).

カイロ・ゲニーザ

　ヘブライ語のゲニーザということばは、通常、神の名が書かれていたり、神聖な用途のために用いた文書を、最終的には土に埋めるつもりで保存する敬虔な慣習を指す。ユダヤ人墓地で、単にゲニーザと記された区画を目にすることはめずらしいことではない。そこには、たぶん古い祈禱書が埋められている。しかし、カイロ・ゲニーザとして知られる驚くべき分量の手稿と印刷された文書は、墓地ではなくシナゴーグから、つまりフスタート（オールド・カイロ）のベン・エズラ・シナゴーグから回収されたのだ。例外的要因がいくつも重なって、数々のめざましい歴史的発見に並ぶ今回のケースが生じたのである。まず第一に、このシナゴーグは1000年ぐらいはさかのぼる古いものであった。第二に、シナゴーグには中二階に貯蔵用の広い部屋があったので、ゲニーザ用のものを土に埋める必要がなかった。第三に、周知のように、エジプトの気候は羊皮紙や紙の保存にとりわけ好都合であった。さらに第四に、このゲニーザが継続されていたあいだ、カイロは、ユダヤ教のもっとも重要な中心地の一つで、ユダヤ人世界の他の地域とも密接な宗教的・文化的・商業的結びつきがあった。したがって、1890年代にそこで発見された文書は、古いわりには比較的よく保存されてきたというに留まらず、歴史的にもきわめて重要なものだったのである。そのなかには、聖書やタルムード、祈禱書や詩、法律や文献に関する記録、私信や商取引上の手紙などが含まれており、時期的には10世紀もしくはそれ以前からちょうど19世紀末まで及んでいる。

下　断片を保存するには技術が必要とされる。解読や鑑定、あるいは研究が行なわれる以前に、一枚一枚慎重に平らにされ、取り扱われねばならない。ケンブリッジ大学では、ゲニーザ資料を扱うための特別部門が大学図書館内に設けられた。

下　ゲニーザ文書の復元は、おもにケンブリッジ大学後期ヘブライ語講師で、その後ニューヨークのユダヤ教神学校長になったソロモン・シェクターの功績である。彼のカイロへの旅や、ケンブリッジ大学のために資料の大半を獲得したいきさつ全体が、それだけで荘厳な偶然の一致だとか、ばかげた誤解に満ち満ちた、非常に精彩のある

左　ゲニーザの記録の大半は10世紀以降のものであるが、それより古い断片も若干ある。これは再利用できるようにもとの筆跡を削り落とした羊皮紙（パリンプセスト）の手稿である。上部の書写部分はヘブライ語の典礼詩であるが、その底面に6世紀の書きつけがあるのがなおかすかにみわけられる。それは、アクゥイラによる聖書のギリシア語訳の一部である。このギリシア語訳はかつて非常に普及していたが、現在ではほとんど完全に消滅してしまった。

左　ゲニーザのなかには無数の歴史的な記録があり、大々的な出来事に関するものもあれば、また地域的ないし短期的なことがらについてのものもある。このテクストは、ハザル国王が行なったとされている記述からとったもので、先祖がユダヤ教に改宗した経緯を説明している（43ページ参照）。

右　ゲニーザの手稿類によって、中世におけるユダヤ人コミュニティの日常生活が、子どもの教育も含めて相当に明らかになった。ユダヤ人の男子は早いうちに読み書きを習うが、ここにあるようなテクストはその方法を示している。アルファベットのそれぞれの文字が、発音を変える別々な母音記号をつけながら数回手写されている。文字は輪郭だけ写されており、学習過程の一段階として子ども自身がそこに色を塗りこんでいったものであろう。

オリエント風の冒険小説になっている．この写真では，もとのケンブリッジ大学図書館で，ほこりまみれの断片の入った木箱に囲まれて仕事しているシェクターの姿がみられる．断片は全部で優に10万点を越えることがわかった．もっと小規模だが劣らず重要なコレクションが，最終的にはサンクト・ペテルブルグ，ロンドン，ブダペスト，ニューヨークやその他の場所に納まった．

下 ゲニーザの驚くべき発見のなかには，有名な人びと本人の筆跡による記録があげられる．この判決文は，モーセス・マイモニデスによって書かれたものである．マイモニデスは，12世紀末のカイロのユダヤ人コミュニティにおける宗教的な長であった．

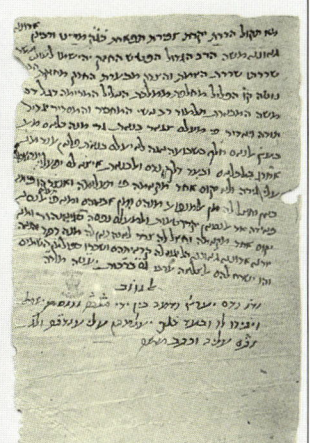

下 ゲニーザ手稿は，まごついてしまうくらい種々さまざまな言語で書かれている．そこには，ユダヤ人が用いてきた事実上すべての言語が含まれている．目立つのはヘブライ語，アラム語，アラビア語，ペルシア語，スペイン語である．しかしまた，非ユダヤ人の手になる記録もある．アラビア語は，中世においては広くユダヤ人によって話されたり書かれたりしていたが，ヘブライ文字で書き表わされる傾向があった．このカレンダーはアラビア文字で記されている．中心にある顔は，非常に生き生きとした表情をしている．

地域史もまた関心をひき始めた．というのも，ユダヤ人は自分たちのルーツをいろいろな場所に探し求めていたからである．そうした場所は，ユダヤ人たちが自分たちの出身地であると思い始めたような場所であり，あるいはその界隈の異教の人びとに，その共通の土地に対してはユダヤ人もまた誇るに足る過去をもっているのだと証明したくなるような場所であった．イングランド・ユダヤ人歴史協会（1893年設立，同種の学会のなかではもっとも早いものの一つ）は中世の英国ユダヤ人社会の研究を奨励し，さらに同様な団体が他の国々にも創設された．歴史的な文書類の展示や収集についても注意が払われるようになった．ドイツ・ユダヤ人文書館が1906年にベルリンに開設されたが，そのベルリンには世界シオニスト機構も1919年に文書館を開いていた．この世界シオニスト機構の文書館は1933年には情勢を警戒してエルサレムに移転したので，現在では中央シオニスト文書館が重要な記録資料の情報源になっている．なお一層意欲的な事業だったのがユダヤ人歴史総合（現在は中央）文書館で，1939年にヘブライ大学に設置された．その一方で，ユダヤ人にとってのいくつかの重要な図書館や研究所がさまざまな国に開設され，またユダヤ人の過去の遺産を目にみえる形で広く世人に紹介する博物館も同じように開かれた．

近東各地の聖書に出てくる場所で行なわれた初期の考古学的な探査は相当な関心を呼んだが，ユダヤ人は，ヘブライ大学創立以前はそうした事業にあまり関与していなかった．19世紀中は，その後期に多少の発見があったが——ローマとヴェノーサでのユダヤ教徒の地下墓地，チュニジアのハンマーム・リッフのシナゴーグ，エジプトのテル・アル・ヤーフディーヤの大共同墓地，カイロ・ゲニーザからの驚くべき手稿の宝庫（左ページ参照）——，最初は，そうした出来事もユダヤ人の歴史編纂には格別の影響を及ぼしもしなかったし，一般の人たちの想像力をかきたてることもなかった．しかしながら，イスラエルの地についてのユダヤ人の関心が高まるにつれ，しかもまたそこでめざましい発見がなされたりすると，態度が徐々に変わってきた．イスラエルの考古学はほとんど国民的な楽しみになったのである．イスラエル以外の国からきたユダヤ人学生は発掘に参加することが許された．重要な新発見は，ただちにイスラエル内外のユダヤ系報道陣の注目を浴びた．長いあいだ失われていたユダヤ人の過去の遺物が再発見され，その土地との結びつきを再び実感しながら，さらに歴史や伝説上の有名な場面と結びつけて考えられるようになったので，人びとのあいだに明らかに興奮の渦が広がった．数々の重要な発見はユダヤ人の歴史に関するわれわれの理解に役立ってきたが，その実例としてはベート・シェアリームのラビの共同墓地，ローマやビザンツのシナゴーグの数多くの遺跡，ユデアの砂漠から出てきた文書類，エルサレムにある実に見事な墓や建築物などがあげられよう．ヘロデの宮殿やマサダにあるゼーロータイの要塞での発掘には，無報酬で28か国からボランティアが集まってきた．外敵の占領に対して決死の抵抗を行なった場所は，現代イスラエルの人びとにとっての力強いシンボルとも，また民族的な巡礼行の聖地ともなったのである．

過去が現在の問題に対する解答を与えられるかどうかは，議論の余地のある点である．もともと歴史は，宗教的あるいは政治的な偏見の支えとしてしばしばひきあいに出されてきた．ユダヤ人の歴史に対する関心の復活はただの自然な好奇心の反映ではない．それは，当惑したり，方向を見失ったり，肉体が滅ぼされたりするなかで，新たな自信をみつけようとする課題への答えとして出てきたのである．ナチスによるホロコースト以来，「生き残ること」が，あらゆる場所で，ユダヤ人の合言葉になった．それはしばしば，分別を失いかねないほどの強迫観念となってしまっている．過去に夢中になるのは，未来に対する根深い不安があることの反映だといわなければならない．

古代世界のユダヤ人

　ユダヤ人たちにとっての揺籃の地は，中東，より一層特定すれば，ペルシア湾頭からユーフラテス川の渓谷をさかのぼり，南へ転じてシリアとパレスティナを通ってエジプトに至る弧を描く「肥沃な三日月」地帯にある．この地域は，ユダヤ人の居住地として知られる最古の区域すべてを含み，またユダヤ人の出自に関する伝統的な物語の核心部にある諸々の出来事の舞台ともなっている．地理的には，その大半が肥沃な耕地からなり，山脈と砂漠で区切られている．歴史的には，いくつかの強大な帝国の故地であり，そうした帝国の栄枯盛衰が聖書の物語の背景のあらましを形作っている．

　古代のユダヤ人は，自分たちの歴史は人類の歴史同様メソポタミアに起源があると信じていたが，また三日月地帯のはるか端の方にあるエジプトについても，自らの起源にとって重要な位置を占めるものとみなしていた．彼らの父祖であるアブラハムは，元来，ペルシア湾からほど遠くないウルからやってきて，アラムの地のはるか北にあるハランにしばらく住み，その後南西に向かってパレスティナついでエジプトへと移動したと考えられている．アブラハムの一族の墓は，エルサレムの南のヘブロンにあるといわれてきたが，今日でも，訪れる者はその場所に案内される．遠い昔のもう一人の主要人物である「立法者」モーセは，エジプトで生まれたが，民をそこから脱出させ，のちにその民の名を帯びる地に入っていく準備として，砂漠の彷徨へと導いていった．

　聖書は，その民の起源を首尾一貫した歴史として描きだしている．アブラハムの一族の流浪から始め，エジプトでの捕虜状態から脱出し，遊牧ないし半遊牧生活から定住へ，本質的に部族的な集団から国家組織へと展開していくのである．「士師」の軍事的統率力が混乱期に終わりを告げ，その後王政が確立され，まもなく二つの王国，南部のユダと北部のイスラエルに分割される．ほかには記述史料がないので，この伝

肥沃な三日月地帯

ユダヤ人の初期の歴史は，山と平野，肥沃な土地と砂漠といった，自然の対照を形作っているこの地域でずっと演じられてきた．ユーフラテス川は，険しくそびえる山々と広大な砂漠にそって長くのびる平地をうるおしている．そこは，人びとの移動と通商，さらにまた軍事的な征服にとって自然なルートであった．イスラエルの地は狭く，その豊かさも季節的な降雨に頼っていた．しかし，ここはメソポタミアからエジプトへのきわめて重要なルートにまたがっており，それゆえに商業上ならびに文化上の十字路の役割，さらには戦場としての運命を負っていたのである．ギリシア人が到来するまでは，ユダヤ人の歴史の舞台もエジプトから肥沃な三日月地帯までの範囲を越えることはなかった．

古代世界のユダヤ人

今日の世界のユダヤ人は主として都市住民であり、また何世紀にもわたってそうであった。しかし都市的な経験のかげには、ユダヤ教の律法や慣習に無数の痕跡を残している農業生活の時期が存在する。しかも、さらにさかのぼれば「父祖」の時代が存在するが、彼らはユダヤ人の始祖と認められている砂漠の遊牧民であった。砂漠とオアシスのイメージや放浪生活は、今日に至るまでのユダヤ教の思想と経験の綾なす織物に深く織りこまれている。

上　南部イラクのクルナ付近のオアシス。エデンの園の伝説上の場所。

右　ユデアの光景。エルサレムから死海の岸辺に向かって下っている。こうした曲がりくねった斜面では、古くから段々畑が耕されていた。

承の正確さは測りがたい。しかし考古学的な証拠は、細部については多少疑いが残っているとしても、大筋においてはカナン征服の物語を支持しており、それが前13世紀の1世紀間全体にわたるもので、カナン土着の人びとの土地も幾分かは残されたことを示唆している。征服者たちがそれまでにたどった歴史に関するおもな問題点を、外的証拠は解きあかしてはいないのだが、前2000年紀のあいだの西セム語族集団の移動やその社会組織について裏づけとなる情報は増えている。初期の聖書の記述には、後代の編集意図にもとづいて古伝承を改編した形跡があるが、改訂されていても、そのうちのいくつかは信ずるに足る記憶をよく留めているといえるだろう。懸命な調査にもかかわらず、十二部族のおこりと、それらが正確にはいつ、どのように単一の民として結合したか、いまだに不明である。部族の名称はその土地の特定地域と結びついているので、たとえ部族ごとの区分が元来は血のつながりを忠実に反映していたとしても、早晩、部族としてのアイデンティティは、血縁的な基準よりも地縁的な基準で決定されるようになった。部族というまとまりでのアイデンティティは、いかなる場合でも、重要性にかけてはより小さな単位（家族や氏族）に対しても、またもっと大きな民族というまとまりでのアイデンティティに対しても劣るのである。王政期には、部族の成員であるということは多分にシンボリックなものであった。中央集権体制と、主として都市と農村で営まれる生活形態という新しい現実が取って代わったのである。

王政はまた、国内のみならず国際的にも貿易を営む強力な商人層の発展を促した。具体的な証拠には乏しいのだが、交

易を営む者たちのある者は一時的ないし恒久的に国外に住みつき，そのことがのちに商人たちがディアスポラ（離散）を行なう際の出発点になったと考えるのは，理にかなっている．いずれにせよ聖書には，アハブ王がダマスクスに商業区域を許可した（前860年頃）と記録されている（列王記上20：34）．たび重なる政治的激変や侵略もまた，住民を戦争捕虜や政治難民として追い立てたことであろう．前8世紀後半のアッシリアによる北王国の征服にともない，最初のディアスポラがまさに現実のものとなった．サルゴン王の碑文によれば，前721年にサマリアから2万7290人が追放されたというが，この数字は，アッシリアの征服期間中にバビロニアやシリアからの移住者たちに土地を奪われ，メソポタミア北部やさらにその東に再定住したイスラエル人のうちのごく一部でしかないに違いない．ユダの南王国はアッシリアの影におびやかされながら存続していたが，前7世紀末の一時期，アッシリアがメディアとバビロニアの攻撃から身を守るのに苦慮しているすきに，ヨシア王が，かつてダヴィデの治めていた領域の大部分にユダの民の支配を復活させた．しかしまもなくバビロニアがその南王国を蹂躙し，神殿があったエルサレムやその他諸都市を破壊する（前587年）．多数のユダの民が，バビロニアに連れ去られたり，エジプトへ逃げたりした．この両地にはすでにイスラエル人の居留地があったのであろう．流亡の民は，故国への愛着と，最終的には帰郷するという希望とをもち続け，また自分たちの民族としてのアイデンティティに執着したが，この時期以降，ユダヤ教は事実上その領域的な基盤を失ったままとなった．ペルシア王キュロスがバビロンを征服し（前539年），ユダヤ人にエルサレムへ帰還して神殿を再建することを許したとき，多くの者は現住の地に留まることを選んだ．バビロニアにせよペルシアにせよ，ユダヤ人社会内部の宗教的・社会的生活には干渉しなかった．ユダヤ人は王の大多数の臣民と同じ水準で生活していたし，なかには宮廷で栄達をかちえた者もいた．エジプトでは，エレファンティン島にユダヤ教独自の神殿すらあったが，バビロンの場合，神殿を建てようという試みはまったくなかった．ユダヤ人社会には，共通の過去にもとづいていて，さらに家族や氏族への忠誠を通じて強められている，そうした明確なアイデンティティが保たれていた．民族という概念は，もはや直接には領土と結びつかなくなっていた．つまり神の支配は，たとえエルサレムが特別な故郷だったとしても，全世界に広がったのである．

ギリシア支配下でのユダヤ人の生活

マケドニアがペルシアを征服した（前331年）のちも，アレクサンドロス大王とその後継者たちはユダヤ人臣民の地位を変えようとはせず，ユダヤ人は平等な取り扱いと一定限度内の自治を享受し続けていた．ユダヤ人は新たに建設された諸都市に住みつくよう奨励されたので，マケドニアが支配した初期には，離散地域はギリシア世界全体に大々的に広がり，とくに西方の小アジアやエジプト，さらにその彼方へと向かうことになった．ユダヤ人社会は公的に認められた団体（ポリテウマタ）として組織され，指導者や評議会によって統治され，さらには伝統的な律法をとり行なう自分たち自身の法廷をももっていた．他のマイノリティ集団も同じくギリシア都市においてポリテウマタを有しており，多くの点でユダヤ人の地位は例外的なものではなかった．しかしながら，ユダヤ人が自らの法に従って生きる自由をもつということは，必然的にある種の特権をもつことを意味した．特筆すべきは，異教の神々を礼拝したり支配者を神と崇めることを免除され，しかも安息日を守る自由があったことである．この例外的特権は，ユダヤ人としての生活の本質的な条件なのであって，したがって支配者たちがユダヤ人の忠誠をかちえようとするならば必要欠くべからざるものだった（事実多くの支配者は忠誠をかちえていた）．そうした特権は，ユダヤ人にとっては満足できる条件であり，近隣に住む非ユダヤ人にとってはしばしば恨みの種だった．ギリシア諸都市の建設者はユダヤ人に対してギリシア市民権というもっとずっと大きな特権を授与していたのだと，時に主張するユダヤ人もいたが，これは誇張である．何人かのユダヤ人が個人としてギリシア市民権を獲得していたにしても，ユダヤ人社会そのものとしてもっていたのは先に述べた特権と免責であり，それも細部では地域によって違いがあった．ギリシア市民権はいずれにせよ少数者に下げ渡されたもので，ユダヤ人の大多数は，非ユダヤ人の大多数と同じく，ギリシア人のポリス（国家または社会としての）成員ではなかったのである．

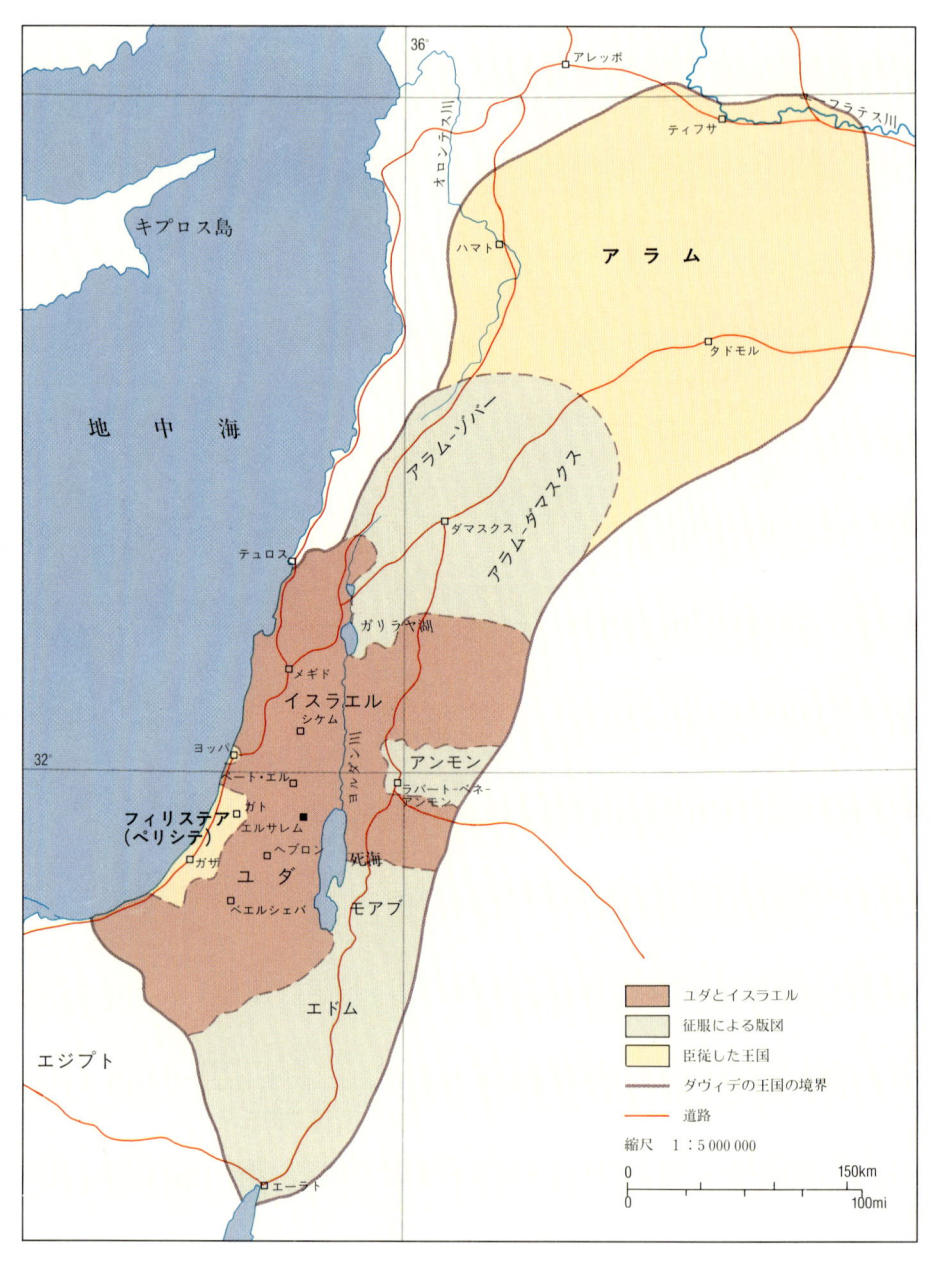

もとのユダ王国の領域（ギリシア人やローマ人からは「ユデア」と呼ばれた）およびその首都エルサレムにおいては状況は異なっていた．ここではユダヤ人が住民の多数を占め，ペルシアの支配下にあったときと同様の幅広い自治を享受し続けていた．エルサレムにおける統率権は，世襲の高位の祭司たちとギリシア風の都市評議会とに委ねられていた．この者たちには，その領域を「先祖伝来の法」のもとに統治し，

ダヴィデとソロモンの王国

ダヴィデ王とその子ソロモンは，力，富，知恵をあわせもつという伝説的名声を博した．地図に示されているように，彼らは，さまざまな住民が居住する広い地域を直接，あるいは間接的に支配していた．ダヴィデは首都としてエルサレムを開いた．大神殿を建てたのはソロモンであったが，その神殿こそ，イスラエルの民の崇拝と民族的アイデンティティとの統合された焦点となるものであった．この時代（前1000頃—前930頃）になしとげられたことは，その後の何世代にもわたって消えることのない印象を残し，その痕跡は今日でもなお，ユダヤ教の典礼や民俗的伝承，さらにはシオニズムの政治的イデオロギーのなかに生き続けている．

その法をさらに非ユダヤ人住民に対して適用することさえ認められていた．ユデアは，プトレマイオス朝，のちには（前200年頃から）セレウコス朝シリアの一部をなしてはいたものの，アンティオコス4世の治世（前175-63年）に至るまで，ユダヤ人が管理する自治権について干渉されることはほとんどなかった．ことの成り行きは必ずしもはっきりしてはいないが，その治世の初めに，アンティオコスが大祭司オニアスを解職し，その職をオニアスの弟ヤソンに売り渡した，ということは明らかである．ヤソンは，伝統的な「神権政治」を廃止し，エルサレムを，エルサレム所在のアンティオキアと呼ばれるギリシア的ポリスとして編成替えした．こみいった内乱が勃発し，その過程でアンティオコスは，エルサレムを占領して（前169年）シリア兵によって抑えさせ，神殿に異教の礼拝をもちこむことを許可した（前167年）．しかしながら抵抗は続き，ユダス・マカバイオス（前160年没）の指揮下で，軍事的にも外交的にもめざましい成功をかちえた．その結果ユダスの一族であるハスモン家が，独立したユデアを支配する家門として確立されたのであった．つまり，弟のヨナタン（前142年頃没）が大祭司およびセレウコス朝の［ユデア］地方長官に任ぜられ，さらに別の弟のシモンがそのあとを襲い，シモンはシリアから徴税を免除される（前142年）という形で，独立を達成したのだった．前140年に開かれた大集会は，正式にシモンを，恒久的支配権を有する民族の首長（エトナルケス），総司令官，ならびに大祭司として，歓呼で迎えた．別のいい方をすれば，その地位は世襲されることになったのである．シモンの息子ヨハナン・ヒュルカノス1世があとを継ぎ（前135-104年），次にその息子のアリストブロス（前104-103年），その後アレクサンドロス・ヤンナイ（前103-76年）に継がれることになった．ユダヤ人の支配はしだいに拡大していき，その結果アレクサンドロス・ヤンナイは，死ぬまぎわには，広さでいえばダヴィデのそれに匹敵する王国を支配していた．ユダヤ人は征服地に入植した．その地の住民は強制的にユダヤ教化され，抵抗したいくつかの都市は破壊された．ユデアという名称は拡張された全領域を指すことになり，またアリストブロス以降の支配者たちは，このあたりの他のヘレニズム化した支配者と同様に王の称号を用いたのである．アレクサンドロスの死後，寡婦となったサロメ・アレクサンドラが女王として統治し（前76-67年），長子のヒュルカノス2世が大祭司となった．女王の死後，ヒュルカノスとその弟アリストブロスとのあいだに内乱が勃発し，その結果ユデアの独立期に終局がもたらされることになった．ローマの将軍ポンペイウスが，小アジアとシリアでの遠征で勝利を納めたところで，この内乱に介入してきたのである．3か月の包囲

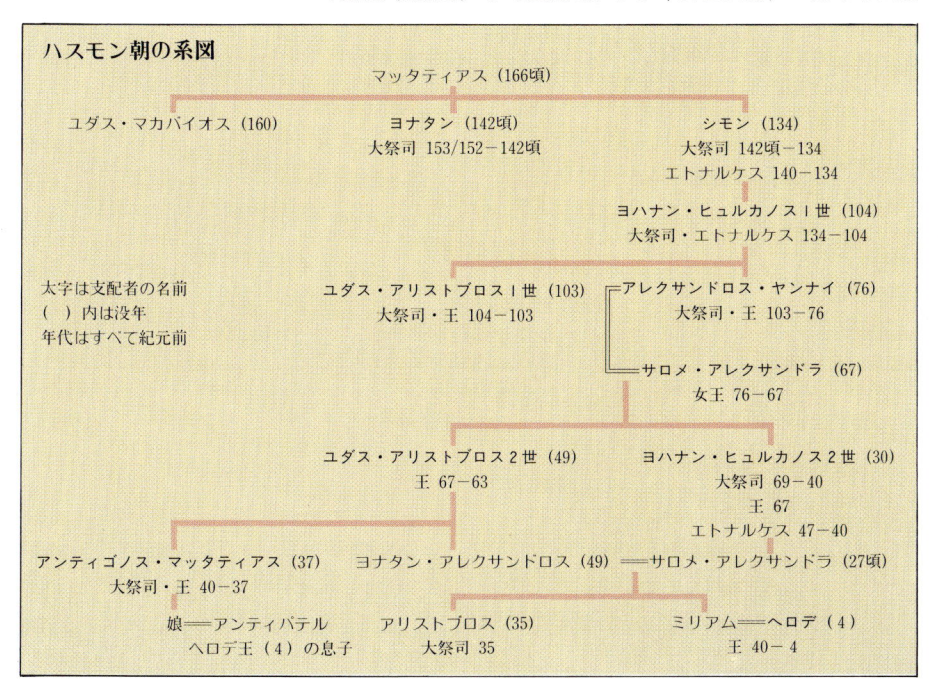

ハスモン朝の系図

太字は支配者の名前
（ ）内は没年
年代はすべて紀元前

マッタティアス（166頃）
- ユダス・マカバイオス（160）
- ヨナタン（142頃） 大祭司 153/152-142頃
- シモン（134） 大祭司 142頃-134 エトナルケス 140-134
  - ヨハナン・ヒュルカノス1世（104） 大祭司・エトナルケス 134-104
    - ユダス・アリストブロス1世（103） 大祭司・王 104-103
    - アレクサンドロス・ヤンナイ（76） 大祭司・王 103-76
      - サロメ・アレクサンドラ（67） 女王 76-67
        - ユダス・アリストブロス2世（49） 王 67-63
        - ヨハナン・ヒュルカノス2世（30） 大祭司 69-40 エトナルケス 47-40
          - アンティゴノス・マッタティアス（37） 大祭司・王 40-37
          - ヨナタン・アレクサンドロス（49）＝サロメ・アレクサンドラ（27頃）
            - 娘＝アンティパテル ヘロデ王（4）の息子
            - アリストブロス（35） 大祭司 35
            - ミリアム＝ヘロデ（4） 王 40-4

前300年のユダヤ教世界

広くディアスポラが行なわれるようになったごく初期の様子は，この地図で明確にみてとれる．ユダヤ人の定住地は依然としてユデアならびにバビロニアに集中しているが，すでに新しい広がりが主たる交易路にそったところと，東地中海のギリシア人植民市内におこっている．この分布は，移住するにあたっての二つのおもな理由を反映している．すなわち，商業上の都合と，移住者に権利を与えるギリシア側の政策である（たとえば，もと兵士には土地が授与された）．こうした初期には，西への広がりはほとんどおこらなかった．前3世紀から前2世紀にかけて，その結果は一層目立つようになり，さらにギリシア語を話すユダヤ人とヘブライ語やアラム語を話すユダヤ人とのあいだの文化的断絶も顕著になった．

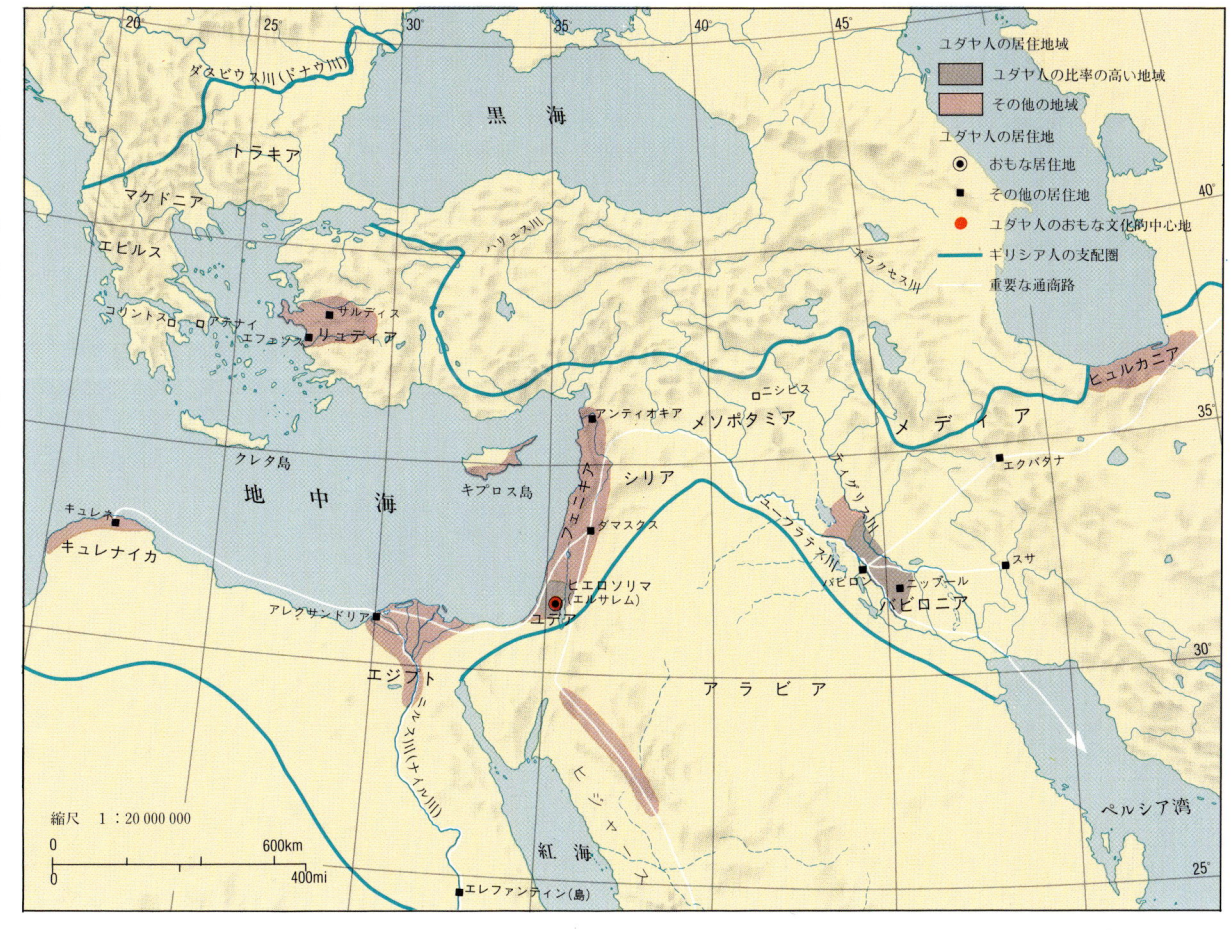

古代世界のユダヤ人

凡例:
- シモンのもとで独立した初期のユデア，前142年
- シモンの征服による領土，前142-135年
- ヨハナン・ヒュルカノス1世の征服による領土，前128-104年
- ユダス・アリストブロス1世の征服による領土，前104-103年
- アレクサンドロス・ヤンナイの征服による領土，前103-76年
- ハスモン王国の境界，前76年
- ギリシア人の都市
- 砦

縮尺 1:1 500 000

ハスモン王国

当初弱小勢力であったハスモン家は，やがてダヴィデとソロモンの王国よりもわずかに狭い領域を支配するだけの国になった（22ページ参照）．この地図は，同家の支配がしだいに広がっていく様子を示している．おもな軍事上の成功は，ヒュルカノス1世に指揮された困難な攻囲戦（前108頃-104頃）のちに，サマリアのギリシア植民市を征服したことである．これによって，ガリラヤ地方のハスモン王国への統合が始まることになった．

ののちに，エルサレムは陥落した（前63年）．ローマの将軍とその幕僚たちが神殿の至聖所——大祭司のみが入れる場所——に踏みこんだ光景は，ユダヤ人の心に消えることのない痕跡を残した．しかし，その結果は到底それだけのことに留まるものではなかった．ヨセフスは簡潔に記している．「われわれは自由を失い，ローマに屈従した．われわれは，かつてシリア人から占領した領土を彼らに返還するよう強いられた．さらにローマ人はわれわれから短時日のうちに1000タレント以上をとりたて，しかもかつては大祭司たちに世襲されてきた王権が俗人に譲り渡されてしまったのだ」．

ローマ支配下のユデア

その後の700年のあいだ，この土地は，ほんの数回の短い中断はあったものの，ローマ人によって直接ないし間接に統治された．概してローマ人は，この地域をこれまで支配してきた者たちと同様に，ユダヤ人自身に関わることがらの処理はユダヤ人に任せることで満足していた．しかし，官職を創設したり任官を裁可するのも，また非常時には力ずくで介入してローマの平和を維持することをためらわなかったのも，彼らローマ人なのであった．

ポンペイウスの計画のもとに，ユデアの領域はかなり縮小され，シリア総督の管轄下におかれた．ヒュルカノス2世は，大祭司としては承認されたが，王号は剥奪された．のちにユリウス・カエサルが彼を民族の首長にしたが（前47年），その時点までには，実権はヒュルカノスの有能な将軍であったアンティパテルの手に握られていた．この時期の特徴は，頻繁に戦闘がくり返されたことであるが，戦闘の大半は，アリストブロスとその息子たちによってひきおこされたものであっ

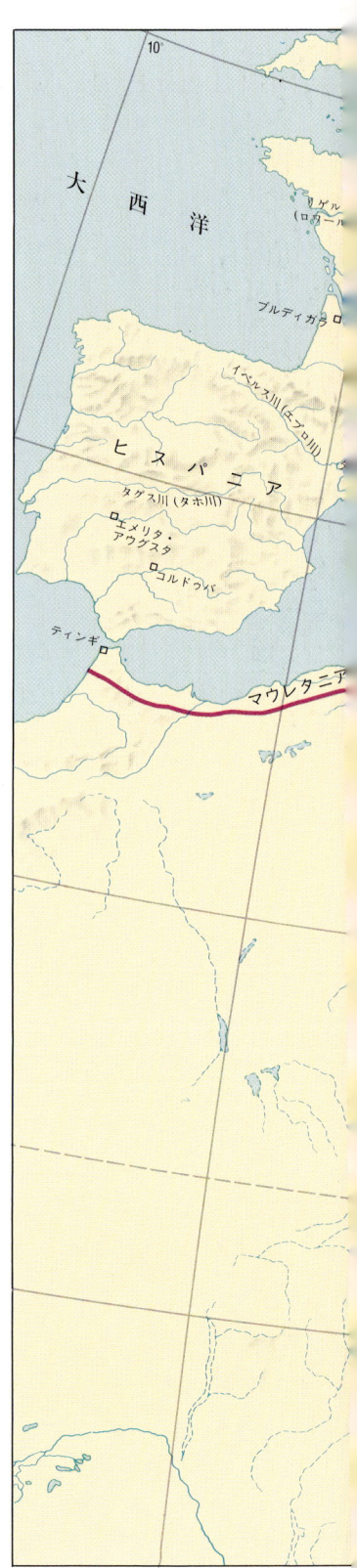

古代世界のユダヤ人

下　後1世紀のユダヤ教世界
ユダヤ人の定住地は、今やギリシア世界のすみずみにわたって一層広がり、さらにパルティア帝国内にもみられるようになったが、またラテン語が話される西側にも拡大し始めた。ユダヤ人全体では、およそ800万人以上いたと考えられるが（世界の人口は約1億7000万人）、そのうち200万人以上がユデアに、そしてエジプト、シリア、小アジア、バビロニアにはそれぞれ100万人以上いた。アレクサンドリアはとりわけ多数のユダヤ人を抱えており、ギリシアの影響を受けたユダヤ教文化の主要な中心地であった。

た。彼らは王座を奪回するという希望を捨てていなかったのである。息子の一人アンティゴノスは、短期間だが（前40-37年）、この地域を侵略していたパルティアの援助によって、実際に王としてエルサレムに君臨した。しかしそのあいだ、アンティパテルの息子のヘロデがローマの元老院によってユデア王として承認されており（前40年）、やがてヘロデは、ローマの援助をえてこの地を奪還し、前4年の自身の死に至るまでそこを統治した。ヘロデ王のもとで、大祭司職は、王の統治体制下の単なる儀礼的な役職の一つと化してしまった。ユダヤ人のサンヘドリン（最高議会）は政治的な権限を奪われ、新たに王の諮問会に改編された。ヘロデは、自身ユダヤ人であるにもかかわらず、多くの非ユダヤ人住民の住む広大な領土を治め、さらにユダヤ人の王とヘレニズム的な支配者の役割を結びつけることをめざしたのだった。彼の統治は成功し、その治世は繁栄をみたものの、他方では自分を取り巻く人びと（ヘロデ自身の家族をも含めて）の生命に対するおぞましいほどの軽視に特徴づけられてもいたのだが。ヘロデの数々の壮大な建設計画のなかには、ヘレニズム様式によるエルサレム神殿の再建や、またいくつかの宮殿ならびにカエサレアの重要な港湾が含まれていた。ヘロデは、偉大なユダヤ人の王たちの最後の一人であり、その治世が示す多様な側面は、伝説上の祖先のダヴィデを思わせる。しかしヘロデは、自分の権力がローマの支持に依拠していること、そして自分の真の役割は支配下の地域にローマの政策を遂行することで

古代世界のユダヤ人

あることを，常に自覚していた．その死に際して，ヘロデの王国は息子たちのうちの3人に分割されたが，その誰もが王号を認められることはなかった．しかしこの措置は，満足のいくものでも永く続くものでもないことが判明する．ユデアは，ヘロデの孫のアグリッパが王として支配した短期間（後41-44年）を除けば，騎士身分に属するローマ人総督に数代にわたって統治された．総督のうちの一人はアグリッパの娘と結婚し，もう一人はアレクサンドリアのユダヤ人の子として生まれたが，誰一人としてユダヤ教と何らかの実際の関係をもっていた者はおらず，多くの場合，ユダヤ人住民の憤りをかっていた．ローマによる統治とは，軍事的制圧と財政的搾取そのものであると感じとられていたのである．大祭司たちや，彼らが作るエルサレムの議会は現実の権力をまったくもたず，ユダヤ人とギリシア人の関係も悪化しており，さまざまな革命運動が生じていた．後66年には，くすぶっていた抵抗運動が燃えあがり，大祭司の暗殺や，混住していた都市でのユダヤ人とギリシア人とのあいだの激烈な戦いがおきたりした．ローマ軍はこの暴動を鎮圧するのに8年近くかかった．それは一部には，皇帝ネロが後68年に自殺してからののちのローマの政情不安のためでもあったが，主として，ユダヤ人の反乱の頑とした抵抗によるものであった．エルサレムは，後70年にローマ人の手に落ち，神殿が焼け落ちた．最後の抵抗の砦であったマサダは，後74年に攻略された．

この戦いは，ユダヤ人の都としてのエルサレムと，古来の神権政治的な統治の核心をなす以下の制度の終焉を画するものだった．すなわち，神殿，大祭司職，そしてサンヘドリンである．ローマはそれでも，ユダヤ教という宗教や，内部での自治までも破壊しようともくろんでいたわけではなかっ

た．ローマは，祭司や専制君主よりもむしろ賢人たちからなる新しい議会を作ることを許した．この新しくできた政体は，ユダヤ人内部の再統合と統治を扱い，[ユデアの]属州そのものはシリアから切り離されて元老院議員身分の総督の管轄下におかれた．132年に二度目の反乱が勃発したが，それは自らイスラエルのナスィ[元来は族長の意で，サンヘドリンの議長の称号であった．現代イスラエルでは大統領を意味する]（エトナルケス）と称したスィメオン・バル・コスィバに率いられたものであった．この反乱は3年半のあいだ続き，ローマに手ひどい損害を与えた．しかしユダヤ人にとっては，それ以上の打撃となった．新しい指導層の傑出した顔ぶれを含む膨大な数の人びとが，殺されたり奴隷として売られ，あるいは国外へ逃亡したのである．ローマ都市（アエリア・カピトリーナ）として再建されたエルサレムと，その周辺のかなり広い地域から，ユダヤ人は追放された．属州名からはユダヤ名が失われ，シリア-パレスティナと呼ばれるようになった（昔のペリシテ人にちなむもので，パレスティナという名のおこりである）．点在するいくつかの定住地以外では，ユダヤ人はどこへ行っても少数派になった．ただし，亡命者であふれていたガリラヤだけは例外であったが．短期間ではあったがローマの政府は，割礼と，ラビの教育ならびに任命式を禁止することによって，ユダヤ教を踏み消そうとするきわめて例外的な一歩を踏みだした．しかしながらその試みはまもなく廃止され，新しい政策が浮上した．限定されたユダヤ人の自治が，世襲のエトナルケスないしはナスィのもとで復活した．その職にあるものは賢人からなる議会を統括し，ユダヤ人法廷のネットワークを通じて古来の法を施行した．エトナルケスはかなりの富をためこみ，特権を享受した．王のよ

ローマ支配下でのユデアの相反するイメージ．上端図：ローマ側のイメージ．うつむいた女捕虜に擬人化されたユデア．手は背後で縛られている．上図：ゼーロータイのイメージ．エルサレム神殿．長らく破壊されたままであったが，ここでは再建されて壮麗をきわめている．銘はシムオン（スィメオン・バル・コスィバを表わす）と読める．上部には星があり，「一つの星がヤコブから進み出る」というメシア的預言を示唆している．バル・コスィバを支持する者たちは，彼をバル・コフバ，すなわち「星の息子」と呼んだ．

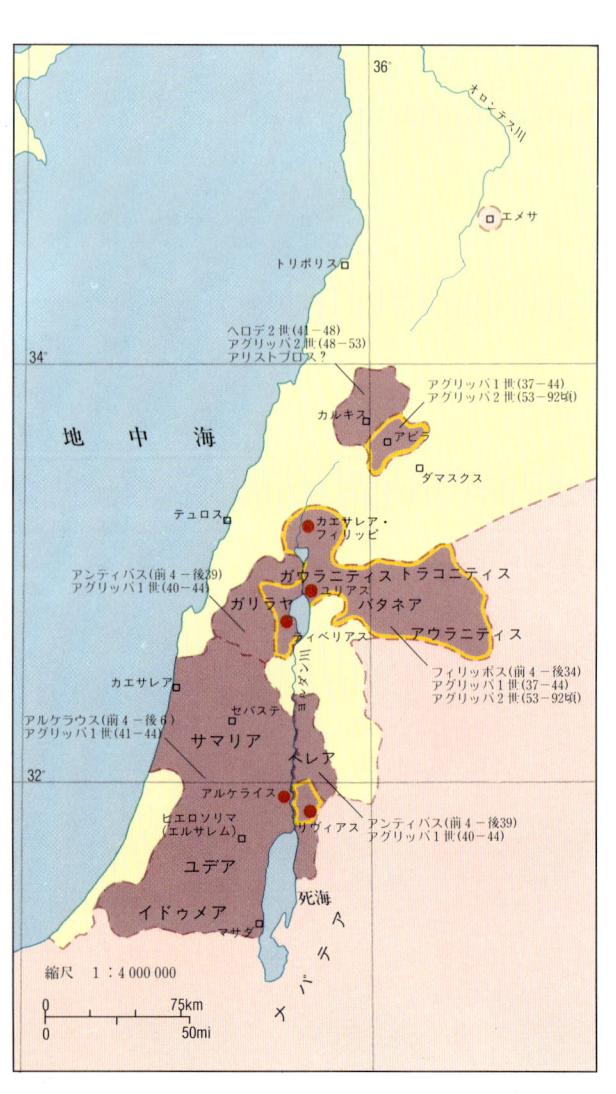

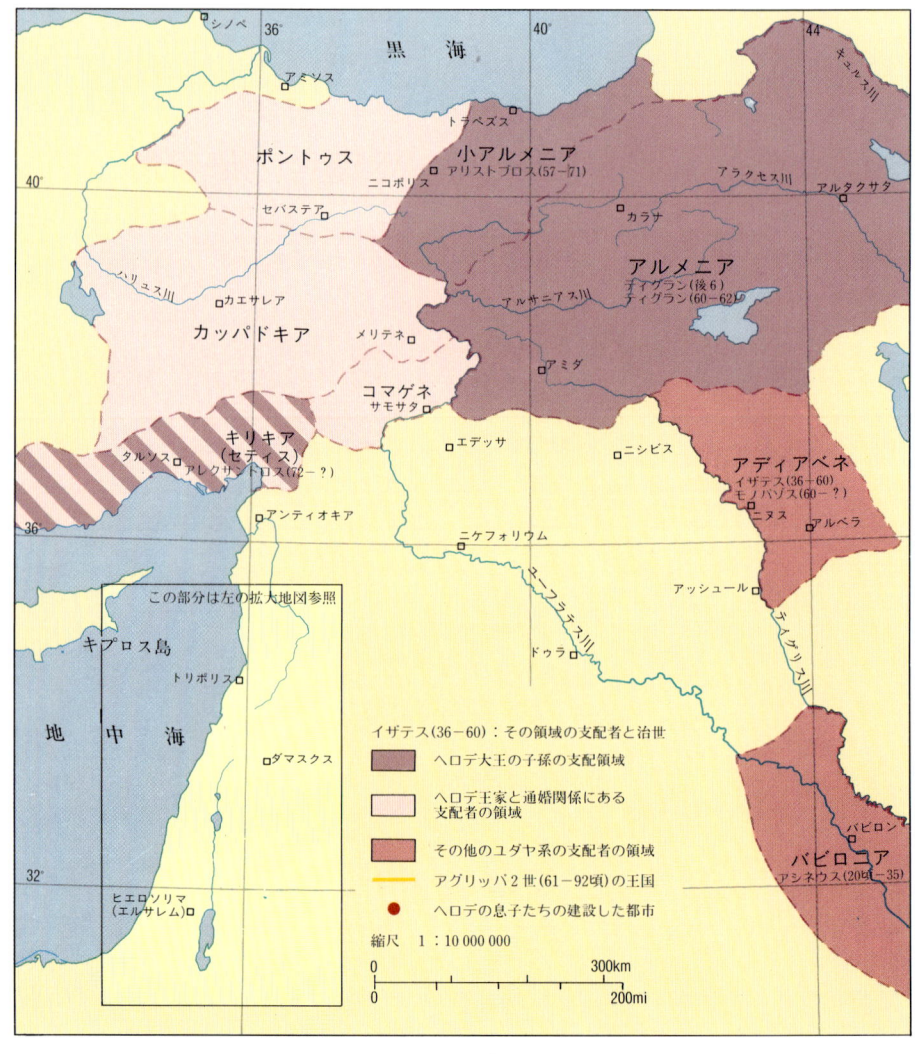

ヘロデの王朝の系図

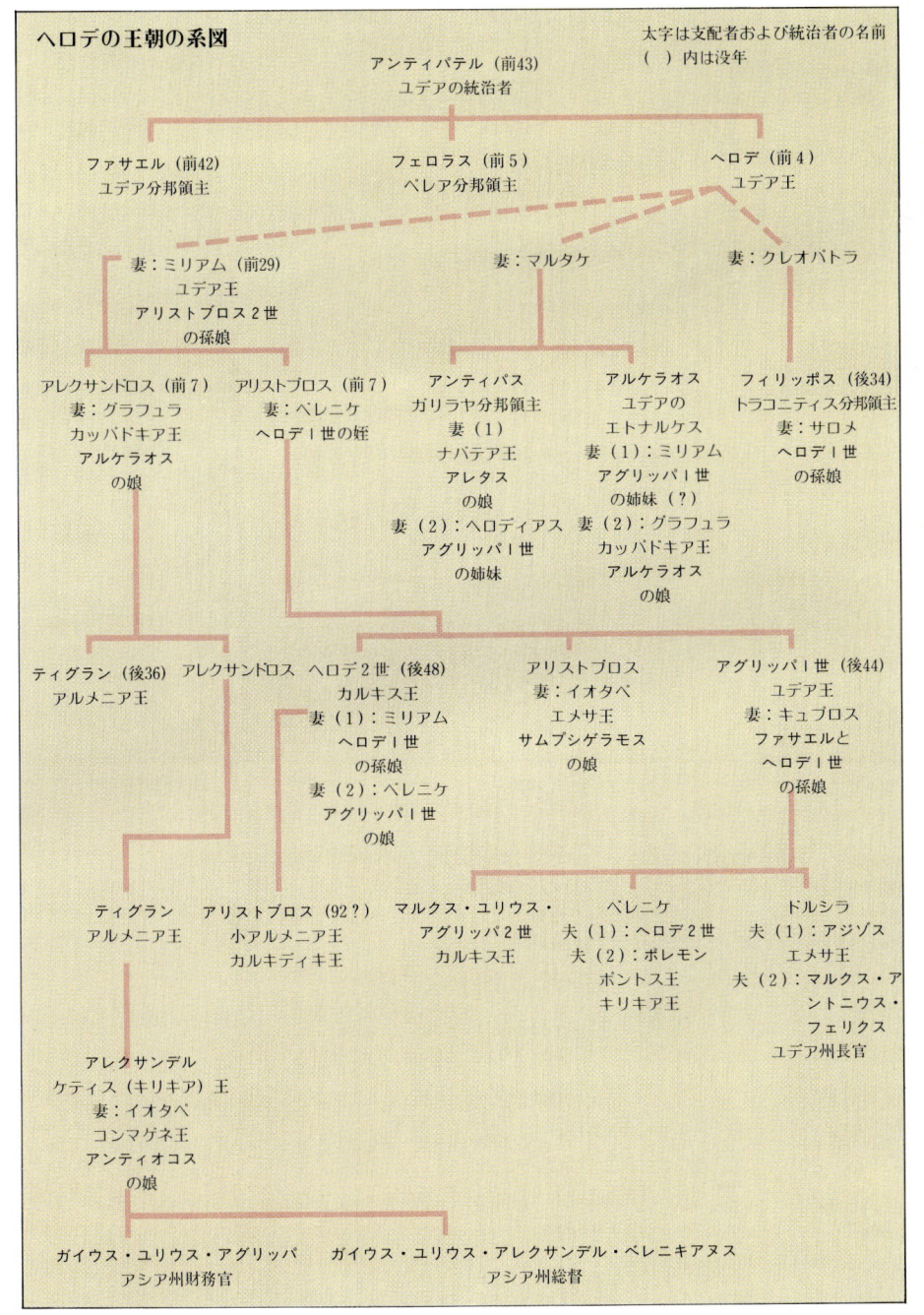

太字は支配者および統治者の名前
（）内は没年

```
アンティパテル（前43）
ユデアの統治者
├── ファサエル（前42）ユデア分邦領主
├── フェロラス（前5）ベレア分邦領主
└── ヘロデ（前4）ユデア王
    ├── 妻：ミリアム（前29）ユデア王アリストブロス2世の孫娘
    │   ├── アレクサンドロス（前7）妻：グラフュラ　カッパドキア王アルケラオスの娘
    │   └── アリストブロス（前7）妻：ベレニケ　ヘロデ1世の姪
    ├── 妻：マルタケ
    │   ├── アンティパス　ガリラヤ分邦領主　妻(1)：ナバテア王アレタスの娘　妻(2)：ヘロディアス　アグリッパ1世の姉妹
    │   └── アルケラオス　ユデアのエトナルケス　妻(1)：ミリアム　アグリッパ1世の姉妹(?)　妻(2)：グラフュラ　カッパドキア王アルケラオスの娘
    └── 妻：クレオパトラ
        └── フィリッポス（後34）トラコニティス分邦領主　妻：サロメ　ヘロデ1世の孫娘

├── ティグラン（後36）アルメニア王
├── アレクサンドロス
├── ヘロデ2世（後48）カルキス王　妻(1)：ミリアム　ヘロデ1世の孫娘　妻(2)：ベレニケ　アグリッパ1世の娘
├── アリストブロス　妻：イオタベ　エメサ王サンプシゲラモスの娘
└── アグリッパ1世（後44）ユデア王　妻：キュプロス　ファサエルとヘロデ1世の孫娘

├── ティグラン　アルメニア王
├── アリストブロス（92?）小アルメニア王　カルキディキ王
├── マルクス・ユリウス・アグリッパ2世　カルキス王
├── ベレニケ　夫(1)：ヘロデ2世　夫(2)：ポレモン　ポントス王
└── ドルシラ　夫(1)：アジゾス　エメサ王　夫(2)：マルクス・アントニウス・フェリクス　ユデア州長官

アレクサンデル　ケティス（キリキア）王　妻：イオタベ　コンマゲネ王アンティオコスの娘
├── ガイウス・ユリウス・アグリッパ　アシア州財務官
└── ガイウス・ユリウス・アレクサンデル・ベレニキアヌス　アシア州総督
```

後1世紀のユダヤ系支配者

ヘロデは、近隣を支配していたさまざまな家柄との姻戚関係を深めた王朝を確立した。ヘロデの子孫はユデアばかりか、はるか遠くのアルメニアをも支配した。彼らの大半はユダヤ人として支配したのではなく、むしろローマの属王たちが合成するネットワークの一部として支配したのである。やがて彼らは、ローマの元老院貴族層のなかに溶けこんでいった。パルティア帝国内では、アディアベネを支配する王家がユダヤ教に改宗したが、それに対して、ユダヤ人を多数抱えるバビロニアでも数年間ユダヤ人の統治者が出たことがある。

うな流儀で宮廷を維持し（実際彼らはダヴィデの子孫であると称していた），独自の警察権力をもち，所領の農産物を海外へ運びだすための艦隊までも所有していたのだった．ある非ユダヤ人著述家で，明らかにローマ帝国内が比較的無政府状態にあった時期（235年–50年頃）に生きていた人物が，エトナルケスがふるった権力について書き記している．それは，皇帝の同意をえた，王と変わるところのない権力であり，また皇帝が時にはエトナルケスの法廷で課された死刑宣告すら見て見ぬふりをしたことも書き加えられている．

エトナルケス制を維持するという政策は，高位の総督を任命すること，およびパレスティナにおいて強力な軍を保持しておくことと表裏一体をなしていたのであり，それは確かに平和の維持という望ましい結果をもたらしもした．135年から351年まで，ユダヤ人の反乱は皆無であった．351年には，パトリキウスとかいう人物のもとで王国を復活させようと企てられたが，短命に終わった反乱があった．このときは，エトナルケスはローマに対して忠誠を保ち続けたものと思われる．この反乱のあと（そしておそらくこの反乱が引き金になって），キリスト教徒皇帝による最初の攻撃的・反ユダヤ主義的な立法がなされた．この時点から，ローマ帝国内でのユダヤ人の地位はしだいに悪化していった．ただ一つの例外と

して，背教者ユリアヌスの治世があった．ユリアヌスは，エルサレム神殿を再建しようとしたのだった（363年）．この試みは，地震とその後まもなくの皇帝の死によって挫折した．エトナルケス（この時期にはパトリアルケスの称号を帯びていた）に執政長官という非常に名誉ある地位を授けたのは，おそらくユリアヌスだったのだろう．皇帝テオドシウス2世は，415年にこの栄誉を取り消し，さらに429年の法でも「パトリアルケス制の終了」に言及している．どうもテオドシウスは，単に最後のパトリアルケスの後継者を承認することを拒否しただけのようなのだが，それによってその職務の命運は尽きたのだった．

パレスティナは，この時期，三つの別々の属州に分割されており，そのうちの二つだけに相当数のユダヤ人住民が住んでいた．この2地域のユダヤ人は，ティベリアスとカエサレアにそれぞれ別個の議会をもっていた．パレスティナにいるユダヤ人も，またディアスポラのユダヤ人も，キリスト教化政策には憤慨し，ときには力で抵抗していたが，613年に，サリン朝ペルシアのパレスティナ征服に際して，ユダヤ人がペルシア軍を援助するまで深刻な問題はなかった．エルサレムは614年に陥落し，数年間（617年まで），ユダヤ人の支配が供犠の儀礼ともども復活された．629年，エルサレムの町はビザンツ帝国に再占領され，あらためてユダヤ人は追放された．しかしその後じきに（634–40年），この地方はアラブによって占領され，ローマ人による支配はついに終わりをとげた．

ローマ支配下のディアスポラのユダヤ人

70年のエルサレム破壊の時点以後，ユデアのユダヤ人と，ユデア以外のローマ帝国内のどこかのユダヤ人とのあいだには，現実の上での違いはほとんどなかった．ディアスポラは，規模の面でもまた範囲の面でも広がり続けていたが，それは一部には改宗によって生じたものであった．改宗は，ユダヤ教から距離をおくという動きも若干はあったが，ローマ帝国の国家祭儀もしくはキリスト教に転ずるという形をとった．絶対数を把握するのはむずかしいことだが，70年直前のそれなりの推計値として，ユデアには250万人，そしてローマ帝国内の離散の地には優に400万人を越えるユダヤ人がいたと目されている．その結果——とくに132–35年の反乱のあと——，パレスティナのユダヤ人に対するディアスポラのユダヤ人の比率はかなり高まった．ユダヤ人が帝国の全人口のかれこれ10分の1に相当し，もっとも集中していた地域，つまり東部の諸属州の都市では，ユダヤ人が住民の4分の1もしくはそれ以上に達していたということも十分考えられることである．したがってユダヤ人は，住民のうちでも無視できない構成要素になっていたが，その状況は後世の歴史からはほとんど類をみないようなものであった．だからこそローマが，東部国境のかなたに相当数のユダヤ人住民（70年までの時点でおそらく100万人かそれ以上）が存在するという要因とはまったく切り離して，ユダヤ人に関わる問題を深刻に受けとめていた理由も理解できるのである．

概してローマの政策は，既存の権利は認め，できる限り現状を維持することであった．問題がおこればその地方の基準に照らして処理され，のちのキリスト教支配下でみられるような全ユダヤ人に関する根本原則を打ち立てようとする企図は，ほとんど，あるいはまったくなかった．ユダヤ人の市民としての地位と法的な諸権利は，場所によっても，それどころかユダヤ人社会での個人個人によってすら異なっていた．ところによっては（これは東部のギリシア諸都市に共通の状況だったが），ユダヤ人のポリテウマタは，ギリシア都市の政体そのものとは別個であり，それと同時に類似していて，ある意味では同一の構造をもつものであった．ユダヤ人とギリシア人とのあいだの緊張関係は，後38年のアレクサンドリアや後66年の東部のいくつかの都市でのように，時として暴力

古代世界のユダヤ人

上左　エルサレム神殿からもちだされた巨大な燭台（メノーラー）．ローマでの凱旋式典のパレードで運ばれている．

上右　数百ものユダヤ人の墓石が，ローマ帝国内のディアスポラの地で発見されている．都市ローマでみつかったこの墓石は，プリミティーウァと孫息子のエウフライノンのためのものである．ことばはギリシア語であるが，プリミティーウァはラテン語の名前である．様式化されたシンボル——メノーラー，ルーラヴ，エトローグ，油のビン——が特徴的．これらは，ユダヤ人のアイデンティティを誇示した表現なのか，それとも救済の希望といったより特定の宗教的メッセージを伝えているのであろうか．

左　ローマにはユダヤ人のカタコンベが数か所ある．アッピア街道ぞいのこのカタコンベには，興味深いフレスコ画がある．

ざたをひきおこした．そうした場合には，ローマ政府が干渉し，必要な場合には軍事力を行使して平和を回復させ，構造上の何らかの問題に決着をつけた．

現実を重んじるローマの政策の成功は，まことに大したものであった．政策が失敗した少数の事例としては，今述べた暴動や，ユデアにおける反乱，あるいは115－17年に生じたエジプトやキュレナイカ，さらにキプロスにまで広がったユダヤ人とギリシア人の争いの際の出来事などがあるが，それらはローマ政府によって規制されてきた感情の激しさや残忍さをみせつけるものだった．単一民族に属していると思うユダヤ人の気持ちにもかかわらず，また地方的な問題にも外部のユダヤ人を巻きこもうとしたり，広範な反乱として結集させようと努力されたことが知られているのに，発生した紛争はほとんど一地方ないしは一都市に限られている．ユデアにおける66年の大反乱でさえ，ローマ領内に離散しているユダヤ人からの支援は，あるにはあったにせよほとんど集まりはしなかった．その一方でローマは，ユダヤ人を一体のものとして結びつけている要素，とりわけその宗教についてはっきり認識していた．ローマは（時としていわれているのとは違って），ユダヤ人の信仰を明示的には許可していなかったが，実際問題としては大目にみ，昔ながらの特権を再認したり，あるいはユダヤ人が伝統的な儀式を維持できるように新しい特権を認可したのである．ローマはまた，各州からエルサレム神殿への金銭の奉献を送りやすくもしている．神殿が破壊されたときには，定期的な献金はユダヤ人に課した税金という形をとって帝国の国庫にふりむけられた．のちに，帝国内の全ユダヤ人の上に及ぶものとしてその権威が認められていたエトナルケスに対しては，資金の徴収が許可された．この資金もまた，パトリアルケス制の廃止にともなって帝国の国庫へと回された．こうした財政政策は，少なくともユダヤ人を，帝国内において，分散してはいるが単一の団体を形成するものとして認識していたことを示している．かりに課税の重圧や，あからさまな差別という形で向けられる憎しみに対してユダヤ人が憤慨したとしても，彼らはローマの平和による保護と，ユダヤ民族の代表者としてのエトナルケスに与えられた栄誉とによって埋めあわされていたことになる．それに，非ユダヤ人に対する割礼を禁じたこと，およびエルサレムへの定住を禁じたこと（そのどちらも，たいていの時期はあまり厳格な取り締まりはなされていなかったようである），この二つを別にすれば，ユダヤ人としての生活に関する規制は，ユダヤ人が自らに課すことを選んだ規制のほかには存在しなかったのである．

東方でのディアスポラ

ローマ帝国の国境の外には，かなりのコミュニティが残っていた．そのなかには，バビロニアやメソポタミアに古くから定着していた密集地が含まれており，そのうちのいくつかは，悠久の昔から近代へと至る連綿たる歴史を保っている．しかし，いくつかの古い密集地（バビロン自体のような）が衰微するにつれ，新たに建設された都市や交易拠点がユダヤ人の定住者を招き，さらにまた戦争や国外追放による大規模な住民移動がおこるということも何回かあった．ユダヤ人の定住地が存在する地域は広大なもので，アルメニアから南はアラビアまで，東はメディアやエラム（おそらくはメルヴ［ト

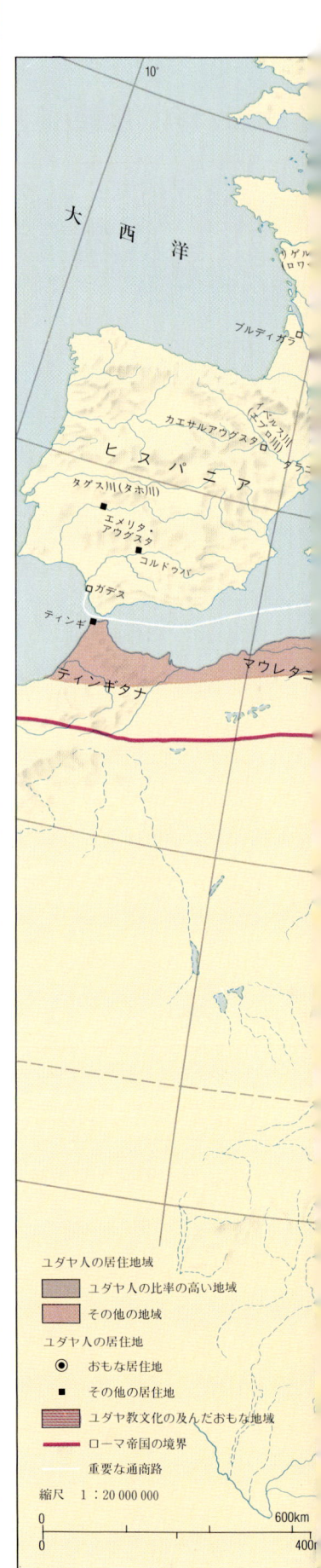

300年のユダヤ人世界

本図では、キリスト教化される直前の時点で描かれたローマ帝国の国境が、広大なユダヤ人の定住地域を囲いこんでいる。すでに目立っていた拡大が続いている。ユダヤ人は、今や事実上、地中海地域の至るところで見出される。しかも彼らは、徐々に西ヨーロッパへも広がっている。ローマ帝国以外でもっとも密集している定住地は依然としてバビロニアにあるが、新しいコミュニティがさらに遠くの主要な交易ルートぞいに急速に確立されてきている。こうした遠隔の地にあるコミュニティの詳しいことははっきりしないし、その存在自体がいくつかの事例では仮説にすぎない。しかしながら、何らかの痕跡も残さなかった定住地が数多く存在したということは十分ありうることである。ローマ帝国内の場合、主として碑文や他の考古学的証拠による情報に頼っているが、これもまた断片的であったり偶然えられた情報であるわけで、他にもコミュニティが存在したことは疑いない。

古代世界のユダヤ人

ルクメニスタン南部のオアシス都市])にまで及ぶものであった．年代不詳のある時期に，ユダヤ人たちはまた主要な交易路にそってはるか東方へと広がり始めた．もっとも密度濃く集中した地域はバビロニアにあったが，それでも二，三の都市を例外とすれば，この地でさえもユダヤ人は，多くの民族的・宗教的マイノリティのうちの一つを形成していたにすぎなかった．

パルティアは，この地域の大半を前2世紀末から後3世紀初頭まで支配していたが，被支配民の生活に対してはほとんど干渉しなかった．ユダヤ人は，パルティア人を歓迎して忠実に仕え，その支配下で繁栄していたようである．おそらく後20年から35年の短期間，バビロニアは，実際にはパルティア王に支持されたユダヤ人アシネウスによって統治されていた．ローマとの闘争がパルティアの政策の主たる特徴をなしており，そこでパルティアは，その目的を追求するためにユダヤ人を利用したのだった．パルティアが前40年にエルサレムで短期間ハスモン朝を復活させたことはすでにみたが，115－17年のエジプトや，その他各地での反乱に手を貸していたのではないかともいわれている．これらの出来事は，ローマがパルティアを侵略した時期におこっており，メソポタミアで同時期に，進軍するローマ兵の背後をついてひきおこされた反ローマ暴動にユダヤ人が加担したことも，一連の事態と十分に結びつけられるだろう．パレスティナには，ローマ支配からの救出をパルティアに期待し続けていたユダヤ人がい

600年のユダヤ人世界

キリスト教は，この頃にはもうローマ帝国旧領内に完全に確立されている．しかし，ユダヤ人差別に由来するなんらかの影響が始まっていると感じられる形跡はまったくない．ヨーロッパのユダヤ人社会の運命が大きく傾いていくのはまだ先のことである．西ヨーロッパの定住地はかなり増大したが，ユダヤ人人口の最密集地域はたぶん依然としてバビロニアであろう．そこはまた，ユダヤ人世界の第一の文化的センターでもあった．

古代世界のユダヤ人

ドゥラ・エウロプスはユーフラテス川そいにある重要な辺境駐屯地で、ローマ帝国とパルティア帝国とが接する場所でもあった。そこのシナゴーグは、245年に聖書に出てくる場景で改めて豪華に飾られたのだが、そのわずか数年前、侵攻を防ぐための市壁を強化する計画により建物が部分的に取り壊されていた。しかしシナゴーグの一部が破壊された結果、残りの部分が保存されることになった。

右　枯れた骨の谷でのエゼキエルの夢は、民族的再生という希望に満ちたメッセージを説いている。

たし、パルティア支配下では一般的だった寛大な状況が十分な理由になるかもしれないが、パルティアに対するユダヤ人の忠誠心には民族主義的な動機が働いていたことも無視できない。東方のユダヤ人は、パレスティナのユダヤ人指導層の影響から逃れようと企てていた証拠がある。またパルティアも、パレスティナのエトナルケスに類似したユダヤ人エトナルケス（レシュ・ガルータ、すなわち「追放者の長」）を承認、ないしはたぶん任命することさえしていたのである。追放者の長の権力や威信は、ローマに認められたエトナルケスに劣るどころか、ある点ではより大きなものであって、その職はローマの官職を授けられた者に対する挑戦者にしてライバルとなる者を生みだすために創設されたといってよかろう。

パルティア王に臣従の務めを負う数多くの属国のうちの一つアディアベネは、一時期ユダヤ人によって支配されていた。ヘレネ女王とその息子イザテスが、後1世紀初頭にユダヤ教に改宗したのである。この一族は、エルサレムに見事なモニュメントを建立し、また66-74年のユダヤ人反乱を強力に支援したが、これは実質的にはそのような支援をした唯一の在外ユダヤ人であった。反乱を支援することで、アディアベネが意識してパルティアの政策を推進していたかどうかは判定しがたいし、バビロニアのユダヤ人社会からの反応は明らかに皆無だったので、その逆かもしれない。この王朝のその後の歴史は不明である。このほかイエメンのヒムヤルの支配者の一族が、4世紀末と、再度6世紀初頭に、短期間だけユダヤ教に改宗している。

ササン朝ペルシアは後224年頃にパルティアにとってかわったが、そのもとでは、初めのうち状況は全般的にいって相変わらずユダヤ人に好都合であった。もっとも、支配者が自分たちの宗教であるゾロアスター教を従属民に断続的に押しつけたり、諸々の戦争で相当重大な被害を受けたりもしたが、追放者の長の職は維持され、さらに実質的には強化されもしたので、キリスト教化したローマでのユダヤ人の地位が悪化するにつれ、西方のユダヤ人は、より自由で、より豊かな東方の密集地へとひきつけられた。5世紀のなかごろ、宗教迫害の時期があり、そのときにはユダヤ人は、キリスト教徒ともども迫害に悩まされた。後世ユダヤ人のあいだには、5世紀後半のマホザにユダヤ人の独立国家が追放者の長によって短期間樹立されたという伝説があるが、それはこうした迫害と関係があるのだろう。しかしこの話しは空想的で、あてにならない。これ以後のユダヤ人の自治の歴史に関してはほとんど情報がなく、追放者の長が支配する体制は紛争の渦中で廃止されたということも考えられる。この体制は6世紀中に短期間復興されたようではあるが、ササン朝支配の最後の1世紀半は暗黒の困難な時代として記憶されており、ユダヤ人たちは、630年代に中東を席巻したアラブの征服者を喜んで迎えたのであった。

ヘロデの王国

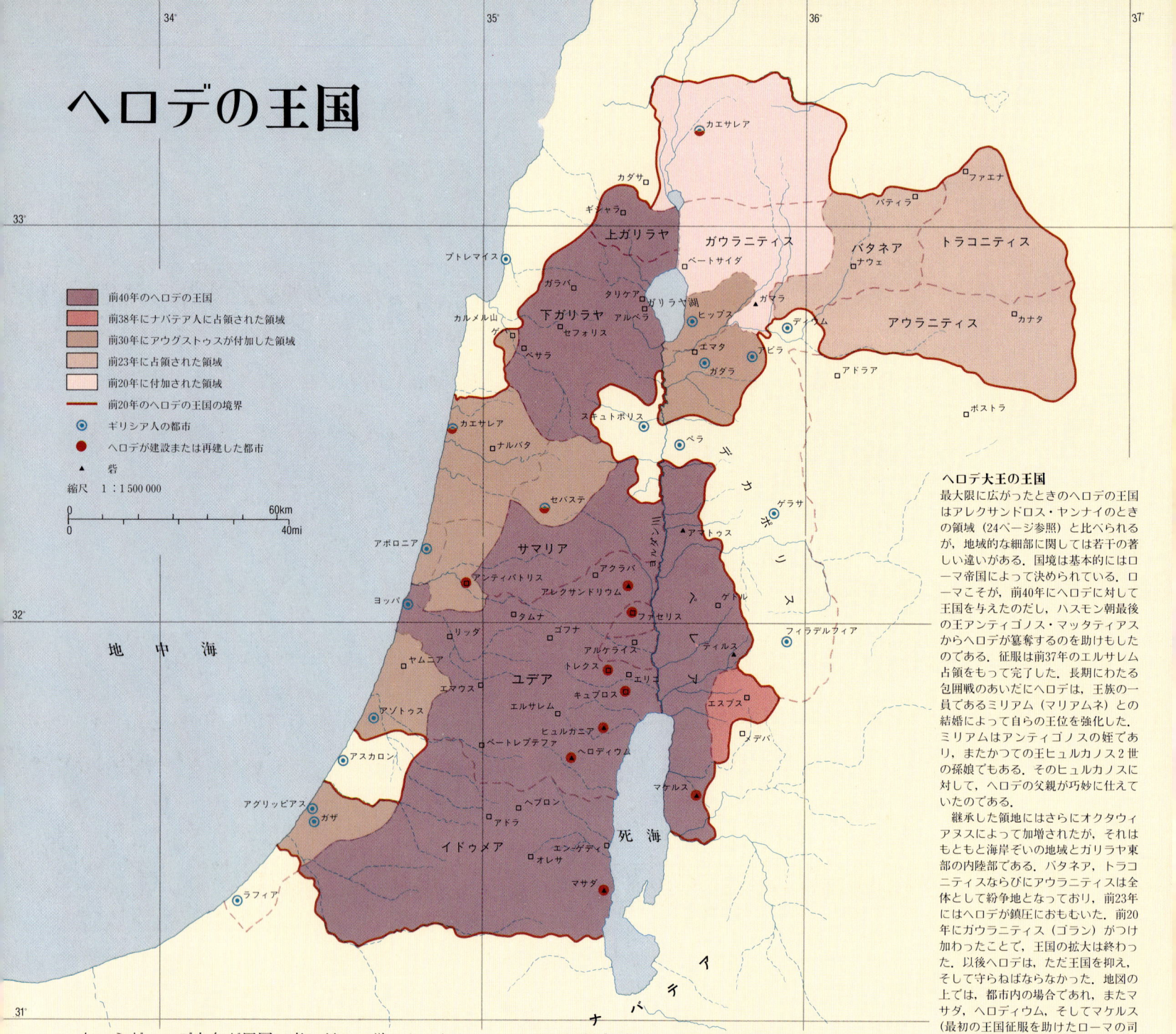

凡例:
- 前40年のヘロデの王国
- 前38年にナバテア人に占領された領域
- 前30年にアウグストゥスが付加した領域
- 前23年に占領された領域
- 前20年に付加された領域
- 前20年のヘロデの王国の境界
- ギリシア人の都市
- ヘロデが建設または再建した都市
- ▲ 砦

縮尺 1:1 500 000

ヘロデ大王の王国

最大限に広がったときのヘロデの王国はアレクサンドロス・ヤンナイのときの領域（24ページ参照）と比べられるが，地域的な細部に関しては若干の著しい違いがある．国境は基本的にはローマ帝国によって決められている．ローマこそが，前40年にヘロデに対して王国を与えたのだし，ハスモン朝最後の王アンティゴノス・マッタティアスからヘロデが簒奪するのを助けもしたのである．征服は前37年のエルサレム占領をもって完了した．長期にわたる包囲戦のあいだにヘロデは，王族の一員であるミリアム（マリアムネ）との結婚によって自らの王位を強化した．ミリアムはアンティゴノスの姪であり，またかつての王ヒュルカノス２世の孫娘でもある．そのヒュルカノスに対して，ヘロデの父親が巧妙に仕えていたのである．

継承した領地にはさらにオクタウィアヌスによって加増されたが，それはもともと海岸ぞいの地域とガリラヤ東部の内陸部である．バタネア，トラコニティスならびにアウラニティスは全体として紛争地となっており，前23年にはヘロデが鎮圧におもむいた．前20年にガウラニティス（ゴラン）がつけ加わったことで，王国の拡大は終わった．以後ヘロデは，ただ王国を抑え，そして守らねばならなかった．地図の上では，都市内の場合であれ，またマサダ，ヘロディウム，そしてマケルス（最初の王国征服を助けたローマの司令官にちなんで命名された）からなる要砦三角地帯のように孤立した場所の場合であれ，軍事施設が目につく．こうした険しい要砦が今日でもなお景観を圧している．

ちょうどヘロデ自身が周囲の者に対して厳しかったように，伝統はヘロデに対して厳しかった．彼は，冷酷で短気な専制君主として記憶されてきた．君臨していた当時でも無慈悲だという評判だったし，ローマ一辺倒の政策をとっていたために，いくつかのユダヤ人地区では激しい抵抗がおこった．しかし最近では，もっとプラスのイメージが明らかにされだしてきている．ヘロデは，洞察力のある有能な政治家でもあり，その当時のローマの属王たちのなかではもっとも成功した強力な一人であった．彼の強硬で現実的な支配のもとで，ユダヤはかなり安定し，また繁栄した一時期を過ごしたのである．その時期は，彼の統治期（前40–前4）のすぐ前やあとの数十年間と比べれば，非常によい時代であった．

ハスモン朝が統治していた時代の末期は，ユダヤでもローマでも，不安定で血なまぐさい戦いの時期であった．ヘロデの父親アンティパトルにとっては，自らの権力を築きあげるためにはこの騒然とした状況が好都合であったし，ユリウス・カエサルから認められることになるのである．カエサルの死後，ヘロデはマルクス・アントニウスにうまく目をかけられるようになった．やがて前31年にアクティウムでアントニウスが敗北すると，その後はオクタウィアヌスに引き立てられることになったのだが，このオクタウィアヌスこそアウグストゥスの名称で初代ローマ皇帝となる人だった．ヘロデは，自ら造営した二つの壮大な都市，つまりカエサレア港市と丘陵都市セバステ[ラテン語のアウグストゥスに対応するギリシア語のセバストスにちなむ]に，カエサル家のアウグストゥスをたたえてその名をつけることで，彼に対して露骨なまでの敬意を表わした．ヨセフスは，カエサルの神殿の壮麗さについて記述しているが，それはカエサレア港の入り口に面した目立つ場所に建てられていた．神殿の内部には，カエサルの巨大な像とローマ女神の像がある．それらの彫像は，ともに名高いギリシアの原型をもとにして作られている．ここでは，ヘロデの，親ローマ的でかつヘレニズム的な支配者としての典型的な様子がみてとれる．その他の場所，とりわけユダヤ本来の地では，彼はユダヤ人の宗教的感受性をより尊重し，人間をかたどった彫像を立てることを控えた．彼が建設した最大のユダヤ教建築物であるエルサレム神殿は，ヘレニズム様式で建てられているが，そこには彫像は一切ない．巨大な金の燭台（28ページ参照）の台座を飾る伝説上の動物は，ヘレニズム世界の他の場所では人間の姿をまとって出てくる．エルサレムには人間の姿はない．マサダにあったヘロデの要砦宮殿の発掘では，ユダヤ教のテーマとヘレニズムのそれとが一層うまく融合した図像が出てきた．

ヘロデ王によって建設された都市カエサレアでもっとも印象的な遺跡は，街に水を供給していた水道であって，それは東北に8km以上も離れたカルメル山の南端からのびていた．アーチが２本の別々な導管を支えていたが，このアーチは砂上に建設されており，またたえず海からの風で砂が吹きつけられていた．これほどまで長い一直線で残ってきたこと自体，この水道を作った確かな技術としっかりした建設工事を証明している．カエサレアは，平坦な海岸地帯での良港の欠如を補うもので，長らくユダヤへの入り口であり続けた．

ヘロデの王国

下 ヘロデはエルサレムの市街を拡張し美しく飾ったが、すでにこの街はダヴィデやソロモンの頃以来、かなり西および北に広がっていた。神殿の丘がなお中心であった。ヘロデは神殿をヘレニズム様式に改装したが、このときの特徴的な石積みは基壇の西側に残っている壁にまだはっきりとみてとれる。だがこの壁の西側には、上の街が高みにある、そこは、2世紀初めにはアンティオキアというヘレニズム期の都市が建てられていて、現在のアルメニア人地区の内側とその周辺になる。ハスモン朝の時代にはこの地域の二側面に壁が作られ、ヘレニズム期の要砦であったアクラに宮殿が建てられた。ヘロデは、上の街と下の街との境になる壁を完成させ、さらに古くからの城壁の一角に広々として十分に防備を固めた宮殿を建造したが、そこは現在のヤーファー門の近くである。ヘロデはまた、神殿の丘をみおろす昔からの要砦も強化した。

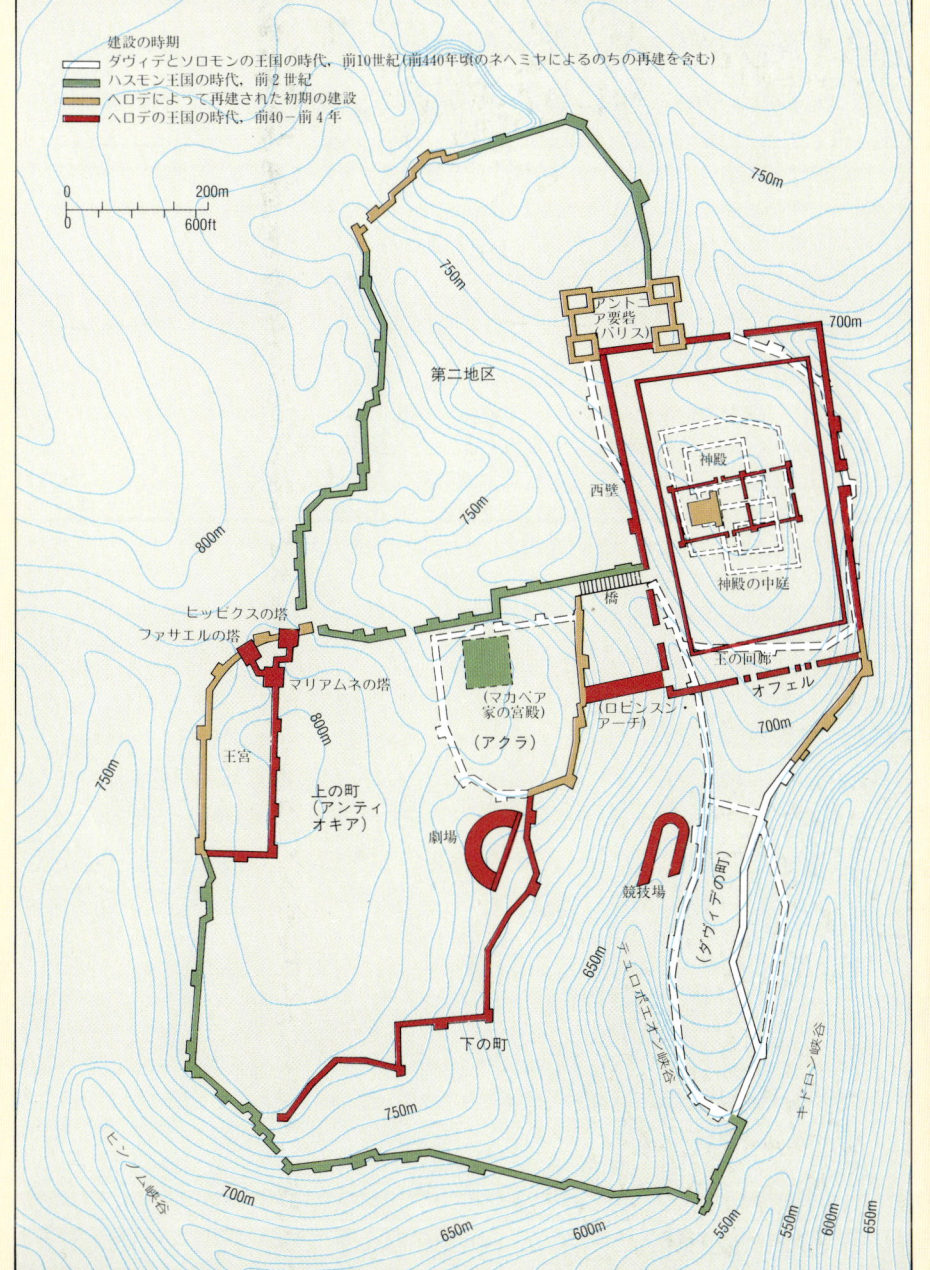

ヘロデの壮大な建造物の大半が滅んでしまったとしても、彼の事業の何がしかの構想を伝えるに足るだけのものは残存している。

上端図：ヘロディウムの乳房状の小山は、内部の要砦宮殿を隠すために人工的に盛りあげられたものである。ここにヘロデの遺体が、前4年の死後鄭重に安置された。

上図：マサダ要砦は、死海をみおろす尾根状の岩塊の頂上に位置しており、エルサレムの南方64kmほどのところにある。頂きは平坦な岩山で、三方が絶壁で落ちこんでおり、山頂周部の防壁とたまにある激しい降雨をためておく巨大な水槽を用意さえすれば、自然の要砦をなす。この荒涼とした砦に、ヘロデは壮麗な宮殿を設置した。宮殿は岩山の吹きさらしの北端（写真の前景）にへばりつき、そこからはテラスが連なるようにして落ちこんでいたり、あるいは息を飲むような急傾斜の上にせりだしていたりする。発掘によって、柱や豪華に描かれた壁面の残骸が明らかになった。しかもヘロディウムと同じように、建物のなかにはシナゴーグや浴室もあった。これは驚くべき仕事であり、王の力、富、冒険心を立派に証明するものである。この場所は、後66年の反乱の際にゼーロータイに占拠され、エルサレム陥落後も丸3年もちこたえた。のちに、キリスト教の修道院が山上の台地に建設された。

キリスト教とユダヤ人

　4世紀にキリスト教がローマ帝国の国教として採用されたことは，長期に及ぶ悲惨な時期の始まりを画すものであった．ユダヤ教は，異教の儀礼ともども，宗教的非寛容と政治権力との抑圧的な結びつきの犠牲になった．ユダヤ教に対するキリスト教の側からの論難は，キリスト教文献が出現したときから始まっていたことが実証されている．4世紀になると，その論難はかなりの憎悪や攻撃性を示すようになり，しかも時おりシナゴーグに火をつけたり，ユダヤ人の人身を襲撃するというような具体的な表現がみられるようになる．この時期の教会の規定は，キリスト教徒とユダヤ人との接触を制限し，キリスト教徒に及ぼしかねないユダヤ人の影響を打ち消すことを追求している．ローマの皇帝による立法は，法と秩序を維持しつつ，キリスト教の側からの要求も容認するという（キリスト教徒である支配者としての皇帝にはつきものの），不安定な妥協を体現したものだった．キリスト教の説教にみられる攻撃的な言辞は，非常に早い段階から法のなかに潜りこんでいる．法はしだいに，よりあからさまに差別的になり，刑罰の点でもより苛酷になっていった．キリスト教徒であった妻や奴隷を改宗させたユダヤ人には，死刑が課せられることとなった．たとえば，ユダヤ教聖職者はデクリオネス（都市参事会員職）の負担を負わされていたが，その重圧からはキリスト教聖職者は免除され，ユダヤ人とキリスト教徒との結婚は不義密通であると宣せられた．5世紀初頭には，状況はさらに相当悪化した．ユダヤ人は文官からも，また武人としても締めだされた．パトリアルケス制は廃止されるし，ユダヤ人法廷での裁判権はユダヤ人同士のあいだの私的な事件に限られた．また新築のシナゴーグは差し押えられ，古いシナゴーグも，差し迫った倒壊の危険性がある場合に限って特別の許可により修繕することができたのだった．

　実際には，ユダヤ人の地位はいろいろな点で，偶像崇拝の異教徒や異端キリスト教徒の地位よりはまだましだった．ユダヤ人に対する働きかけは，死に至らしめる戦闘ではなく，孤立させ，消耗させるという方針だったのである．ユダヤ人の生活の法的・経済的基盤はどんどんむしばまれていった．

キリスト教とユダヤ人，300－600年頃

この地図上の歴史情報は，もっぱらキリスト教側の史料からえられたものである．このほかに数多くのシナゴーグが，疑いもなく没収されたか破壊されている（これは異教の神殿の運命でもあった）．ここにある以外の多くのものは，荒れはてて崩れ落ち，しかも再建許可が出されなかった．没収されたシナゴーグはだいたい教会として転用された（この儀式用の特別な祈りのことばがあった）．ユダヤ人がいったん洗礼を受けるとキリスト教徒であり続けねばならなかったが，強制的に洗礼させることに対してはしばしば難色が示された．7世紀初め以降，ようやく洗礼がいくつかの王国で正式に布告されるようになった．

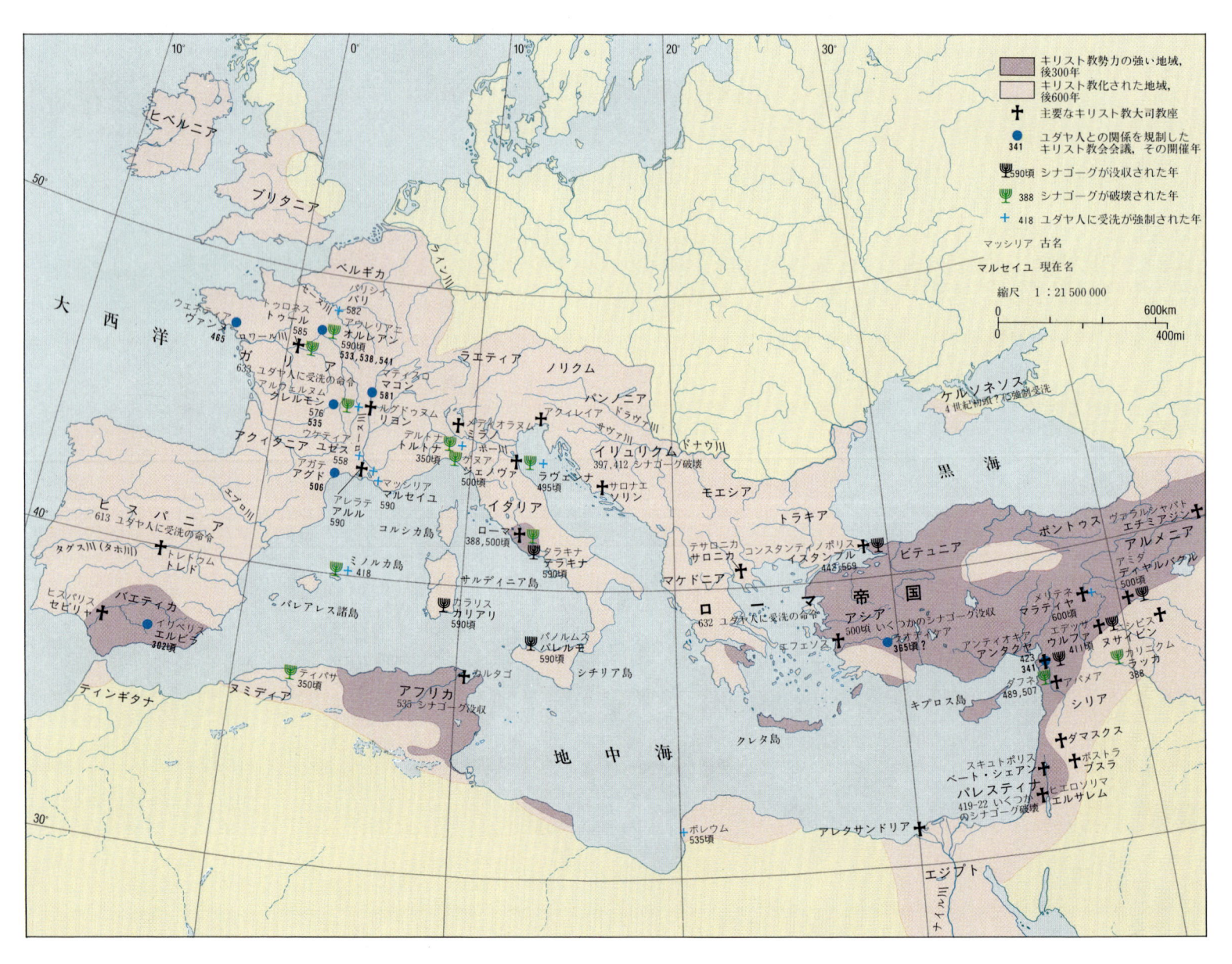

キリスト教徒は，ユダヤ人のさまざまに矛盾するイメージと戦わねばならなかった．したがって，反応が幾分混乱しているのは少しも驚くべきことではない．一方では，イエスとその家族，および使徒たちはユダヤ人である．パリの大聖堂にある聖アンナ［マリアの母］の生涯からとったこの12世紀の場面では（上図），イエスの祖父母がその当時のユダヤ人の姿で描かれている．聖ヨアキム［アンナの夫］はユダヤ人の帽子をかぶっているし，司祭はラビとして表現されている．ストラスブール大聖堂の13世紀の像（下図）は，また別なイメージのタイプを表出しており，敗れたユデアというローマ側のイメージを思いださせる（26ページ参照）．これは，勝利した教会と敗れたシナゴーグを示す，様式化された一対の片方である．

ユダヤ人が奴隷所有を制限されたということは，とりわけ製造業や農業に対して打撃を与えることになったし，デクリオネスの負担は富裕層にとっては破滅的な重圧であった．シナゴーグはしだいに荒らされ，キリスト教徒の用に当てられもした．そしてキリスト教への改宗が，幾多の勧誘や，時には脅迫ないし暴力によって奨励されたのである．

ユダヤ人たちは，可能な限りこうした政策に抵抗したが，皇帝の後盾（必ずしも常に心からのというわけではなかったが）をえているキリスト教の狂信から身を守れるほど強力な地歩を占めてはいなかった．相当数が易きにつく道を選んでキリスト教徒になり，また別の者はローマ帝国の国境外へと逃亡した．留まった者は新たな状況に順応しようと努めた．ローマ帝国中央の権威がしだいに失墜したこと，さらにその結果として生じた帝国の分割は，生き残りにとっては好都合な要素であった．というのは地方の支配者のある者，とりわけアリウス派に属する者は，ひどく敵対的ではなかったからである．しかし7世紀初めには，（ビザンツ，フランス，イベリア半島の）いくつかの王国でユダヤ人全員に対する強制的洗礼が布告された．ヨーロッパにおけるユダヤ人としての生活は，この時期もっとも沈みきったところにまできていた．その後の何世紀かをみると，離散していることそれ自体がユダヤ人に交易におけるある種の優位性をもたらしており，おそらくはそうした彼らの経済的に重宝な役割によって，しだいしだいに地位が回復してくる兆しがほのみえるのである．しかしユダヤ人が，数の上での勢力を，また自由をも再び獲得するためには，何世紀もが過ぎなくてはならなかった．

キリスト教が覇を唱えた時代を通じて，ユダヤ人はしばしば，狂気じみた反ユダヤ主義的説教に扇動された愚かしい迷信と戦わなくてはならなかった．十字軍時代には，ラインラントのユダヤ人コミュニティに対して暴力による攻撃があり，何か所かの土地では地方領主がユダヤ人を守ってやろうとしたにもかかわらず，生命財産の多くが失われた．この種の攻撃は，何世紀にもわたって間をおいては続いたので，失われた人命の総数は恐るべきものとなっている．ユダヤ人は，概して武器の携行を禁じられていたので，自らの身を守ることができず，支配者や近隣の人びとの庇護に全面的に頼らざるをえなかった．助けがこないことのほうがあまりにも多かった．所によっては，ユダヤ人たちはキリスト教徒の暴徒の手にかかるよりは，家族を殺し，そして自殺して果てた．

これに劣らず残忍で，しかも間違いなくより公的なものであったのが，追放令の布告であった．この追放令は中世を通じて数多く出され，地域的に限られているものもあったし，領土全体に及ぶものもあった．しばしば不完全にしか執行されなかったり，数年で取り消されたりしたが，追放令はユダヤ人の生活に壊滅的な影響を及ぼした．しかも実際には，追放令を出させるべく扇動した都市や農村の経済活動も，しばしば同じ目にあった．ユダヤ人は，1290年にイングランドから，1394年に（一時的な追放令が何度も何度も続いたあとで）フランスから，1492年にスペインから追放された．ドイツの地では，13，14世紀に行なわれた一連の虐殺が，15世紀には追放の果てしないくり返しにとってかわられた．一つの司教管区や領邦から別のところへ，また町々から農村地帯へと住民は移動した．それにハンガリーやポーランドへと東に向かったり，イタリアへと南に向かう全般的な動きもあった．

イタリアのユダヤ人は，ほかの大半のヨーロッパ・キリスト教地域でよりも実際には暮しぶりがよかった．ドイツ同様の政治的分裂状態が迫害からの隠れ家を提供し，若干の土地では，ユダヤ人の地位が非常に低かったとしても暴行とは無縁だった．たとえばローマ教皇領では，ユダヤ人は隔離されて屈辱的な扱いを受けたが，対抗宗教改革までは惨殺されたり，追い立てられることはなかった．事実ローマには，古代から近代まで途切れることなくその歴史をたどれる，ヨーロッパ唯一のユダヤ人の大きなコミュニティがあった．

一般的にいえば，キリスト教の側の政策というのは，ユダヤ人を隔離し，従属的な状態においておくことであって，根絶したり，力ずくで同化させることではなかった．歴代教皇は，この政策をかなりの一貫性をもって続けてきた．ユダヤ人であることを示すバッジ，ゲットー，焚書，シナゴーグ内での改宗強要の説教など，差別的ないし強制的な方策はすべて教皇による立法に由来するものであったとはいえ，歴代の

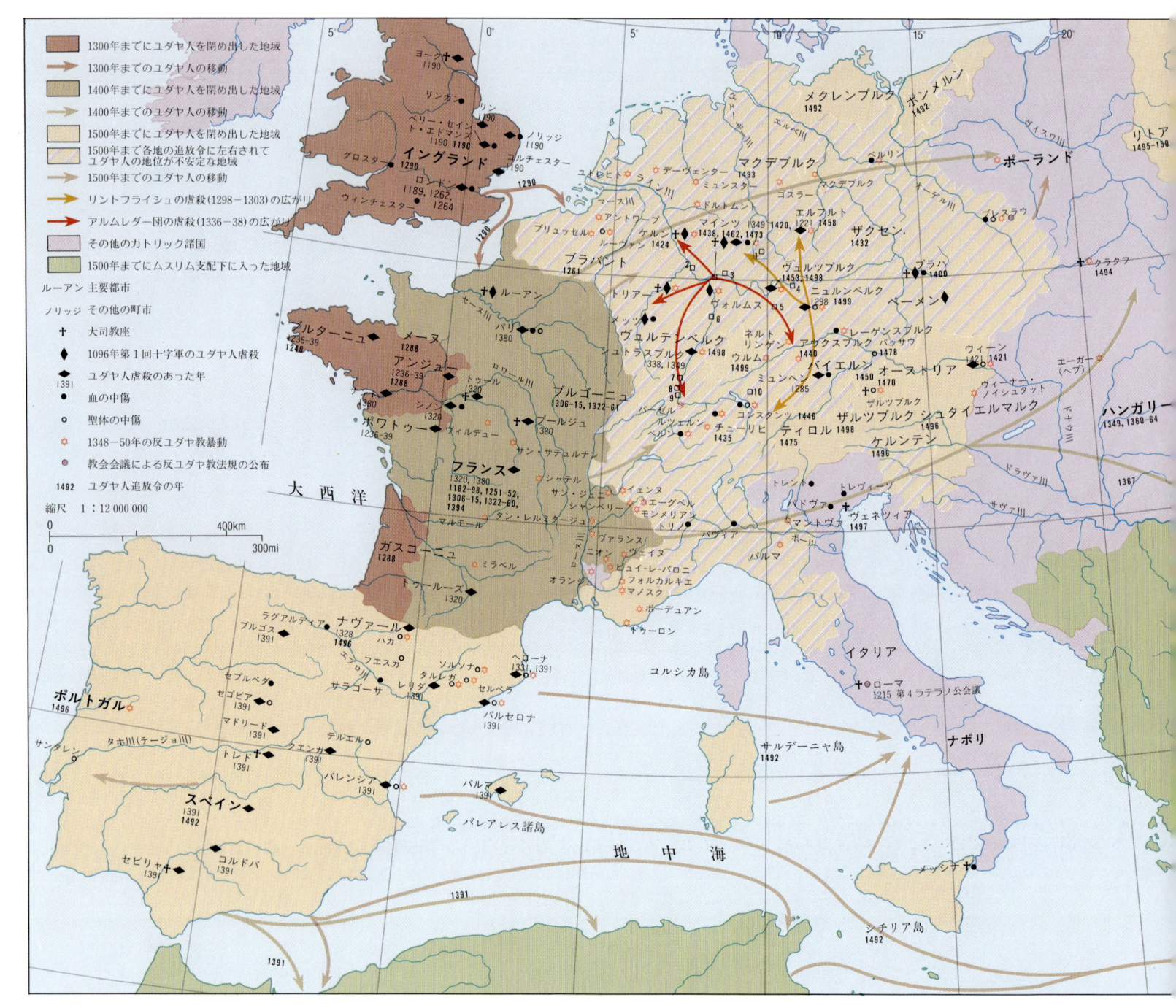

キリスト教とユダヤ人

凡例

- 1300年までにユダヤ人を閉め出した地域
- 1300年までのユダヤ人の移動
- 1400年までにユダヤ人を閉め出した地域
- 1400年までのユダヤ人の移動
- 1500年までにユダヤ人を閉め出した地域
- 1500年まで各地の追放令に左右されてユダヤ人の地位が不安定な地域
- 1500年までのユダヤ人の移動
- リントフライシュの虐殺（1298-1303）の広がり
- アルムレダー団の虐殺（1336-38）の広がり
- その他のカトリック諸国
- 1500年までにムスリム支配下に入った地域

ルーアン　主要都市
ノリッジ　その他の町市
✝　大司教座
◆　1096年第1回十字軍のユダヤ人虐殺
◆　ユダヤ人虐殺のあった年
■　血の中傷
○　聖体の中傷
✡　1348-50年の反ユダヤ教暴動
●　教会会議による反ユダヤ教法規の公布
1492　ユダヤ人追放令の年

縮尺 1:12 000 000

キリスト教徒による迫害、1200-1500年頃

劣位に格下げされ、しかもキリスト教徒の支配者の保護に左右されていたので、ユダヤ人は恣意的な法令、宗教的狂信、経済的搾取、さらには群衆の暴力を甘受しなければならなかった。第1回十字軍（1096）のあいだに深刻な攻撃が始まった。さらに暴力は12世紀になって増大したが、ときにはキリスト教徒の子どもに対して儀式殺人を行なったり（「血の中傷」）、聖体（聖餐のパン）を冒瀆しているという非難がつきまとうことになった。こうした非難が最初に公式に認められたのは1215年のことだった。最初の追放令は1182年にフランスで発布され、1500年までには、ユダヤ人は大半のキリスト教の王国や領邦から追い出された。ユダヤ人が豊かに生活していける安定した状況は、わずかにポーランドとナポリだけにあったのである。神学的には同じように非難していたにもかかわらず、東方正教会の側では反ユダヤ主義的な暴力の例はほとんどない。

教皇は強制的な洗礼には強く難色を示した（その犠牲になった者がユダヤ教に戻ることは許されなかったが）。またユダヤ人が儀式のためにキリスト教徒の子供を殺すとか、聖体を冒瀆し、井戸に毒を投げこむといった、迷信からくる告発に対しても強く非難してきた。この種の告発は、しばしば地方の聖職者に端を発しており、それが民衆のあいだのユダヤ人に対する憎しみをかきたてたのだった。司祭や修道士は、説教のなかで暴力をそそのかし、時には襲撃する暴徒の先頭に立った。ドミニコ修道会は、民衆扇動や、反ユダヤ主義的な立法を促進したり、すでに実施されているそうした法令の擁護にことのほか熱心だった。世俗権力は概してそのような破壊的行為には反対であったから、ユダヤ人に対する人身攻撃は普通、支配者の弱さを示す指標になる。しかし、暴力行為がすべて聖職者によって始められたわけではない。キリスト教徒の商人や手工業者は競争相手であるユダヤ人の営為に激しく敵対したので、ユダヤ人はそうした分野から金貸し業へとどんどん押しだされていった。この仕事は、元来教会ないし富裕一般のキリスト教徒の手にあったのだが、利子をとることに対して神学上の異議が唱えられ、それにもとづく教会規定が適用されたため、ますますユダヤ人の領分となってきたのである。ユダヤ人の金貸しには商売に差し支えるほどの重税が課されており、そのことがより高い利子率と、さらにそこからくる借りる側の憤りを導きだしていたのだが、次にその憤りはしばしば暴動になり、ユダヤ人が殺されたり貸し付け証文が焼き払われたりした。ユダヤ人がキリスト教徒を食い物にしているというスローガンが、今や、神学上の戦いの雄叫びに付け加えられたのである。

非寛容と強制は、当然ながら本気ではない、あるいは偽りの改宗なるものを生みだした。1391年、さらに1492年のスペインや、その5年後のポルトガルでのように大規模に洗礼が強制されたのに、改宗者のうちの多くはユダヤ人としての意識を持ち続け、密かに旧来の信仰や習慣を続けさえした。ユダヤ教に対する戦いは、今や教会そのもののなかにもちこまれた。改宗者やその子孫たちは、ユダヤ人の血統をひくという烙印を負わされ、差別的な処置がとられたり、異端審問所の取り調べを受けさせられたりした。このおぞましい抑圧機関は1478年にスペインにもたらされ、その後ポルトガルや、両国の海外領土へと広められていった。ユダヤ人になったと疑

キリスト教とユダヤ人

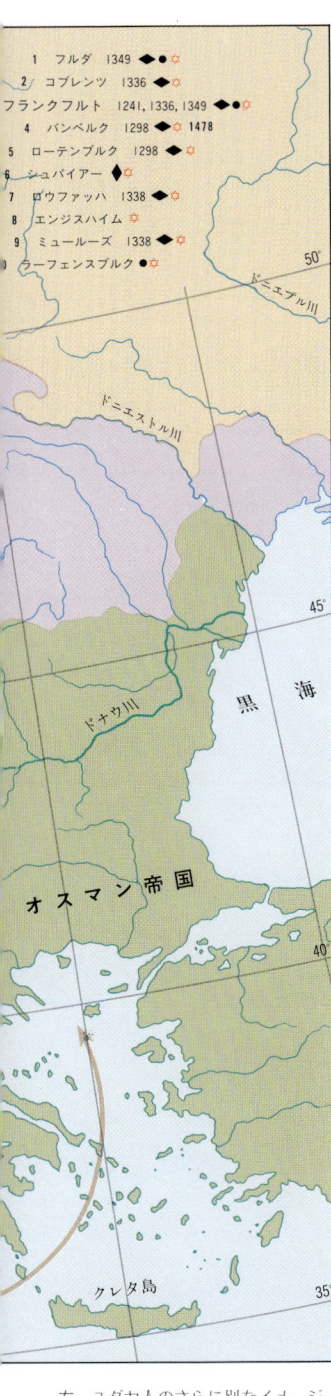

1	フルダ	1349
2	コブレンツ	1336
3	フランクフルト	1241, 1336, 1349
4	バンベルク	1478
5	ローテンブルク	1298
6	シュパイアー	
7	ロウファッハ	1338
8	エンジスハイム	
9	ミュールーズ	1338
10	ラウフェンスブルク	

右　ユダヤ人のさらに別なイメージ——まったく遊離したもの——が、このヒエロニムス・ボス(1450頃−1516頃)の描くキリストの十字架刑の絵のなかにみられる。ここでは、イエスはユダヤ人ではなく、野蛮で非人間化したユダヤ人暴徒の高貴な犠牲者である。こうしたカリカチュアは、もとはといえばキリスト教の説教のなかから出てくるものであるが、また、ナチスのプロパガンダに出てくるユダヤ人のステレオタイプの不吉な予兆ともなっている。

われた者は、罪を自白し、さらに他の罪ある人間を密告させるために拷問を受けた。ひとたび有罪とされると、その者は刑の執行のために世俗権力に引き渡された。悔い改めない者は生きながらに焼かれた。それ以外の者は火あぶりの前に首を締められるか、終身刑やガレー船での労役のような、より軽い刑に服した。処刑は、「信仰のほどを示すあかし」[原語は Acts of faith で、火刑を意味したポルトガル語 Autos da fé の英語形]として、すなわち手のこんだ異様な野外劇による公衆のための見せ物という形をとって行なわれた。ユダヤ人になった者に対する裁判は18世紀末まで続けられた(スペインでの異端審問は結局1834年まで廃止されなかった)。何千もの犠牲者が焼き殺され、何十万もの人びとがそれよりは軽い刑に服した。その間、ユダヤ人の先祖をもつ敬虔なキリスト教徒でさえも差別の対象となり、数世代にわたって聖職や官職から締めだされた。その隔離策はまことに効果的に行なわれたので、スペインやポルトガルの一部では、「新キリスト教徒」のコミュニティが今日に至るまで残っている。

16世紀の宗教改革運動は、当初はユダヤ人の境遇も改善されるのではないかという希望を与えた。マルティン・ルターは、初めはユダヤ人に対する同情の念を口にしていたが、そういう懐柔策では広い範囲にわたる改宗はかちとれないと悟ると、ユダヤ人には仮借ない敵意をもって対するようになった。ルターの影響下、プロテスタント領主はユダヤ人を追放したり、中世に行なわれた諸々の制限を当時のままに課したりした。対抗宗教改革もまた、以前からの法令を装いを新たにし、さらに補強した。ローマのユダヤ人は1556年に教皇パウロ4世によってゲットーに隔離され(この措置は最終的には1870年に世俗の支配者としての教皇の統治が終わるまで廃止されなかった)、1630年代までにはゲットーが、イタリアでユダヤ人が身柄を追放されなかった地域のすべてに作られていた。ヨーロッパのほかのカトリック支配地域でも同じような状況におおわれ、ポーランドでさえある程度似通ってきた。ポーランドの王家や貴族層はユダヤ人に好意的だったので、キリスト教の狂気が激しく暴走するところまではいかなかったが、公権力による弾圧と並んで、キリスト教の説教者は信者の心のうちに理性を失った憎しみと憤りを植えつけ続けていた。憎しみと憤りこそ、人間同士のつながりを壊し、常に現実の暴力が爆発するようにと迫るものだった。

キリスト教のなかにある反ユダヤ主義というこみいったクモの巣は、啓蒙思想の人道主義的合理主義がより建設的な考え方を説き始めてからも、ずっと長いことヨーロッパのユダヤ人を抑え続けていた。1775年に出た教皇ピウス6世の布告は、ユダヤ人を蔑視する中世的な要目をくり返すだけでなく、新たな工夫がこらされていた——たとえばユダヤ人は、馬車に乗ることや、死者を埋葬した場所に墓石を立てることが禁じられたのである。儀式殺人を行なっているという非難はずっと続いており、1880年代になってもそうした非難が突発的におこったし、それどころか20世紀に至ってさえもそうした事例が生じている。悪意の毒をもった教義があまりにも深くしみこんでいたので、反教権的な政教分離主義者でさえもしばしばこの病的な症状を現わすことがあり、ナチス時代のドイツには、有力な反ナチスのキリスト者でナチズムとユダヤ教を同等に扱う人びとすらいたのである。ユダヤ人を侮辱する教えに反対し、公的なレベルで真剣に努力する教会がいくらか出てきたのは、結局ナチスによるホロコーストを経たあとのことであった。

イスラムとユダヤ人

キリスト教とは違って，イスラムがユダヤ人に対して何らかの特定の態度を定式化したことは決してなかった．イスラム社会に全面的に参加できるのは，ムスリムだけに限られていた．したがってユダヤ人は，キリスト教徒（およびゾロアスター教徒）と同じく，保護された民（ズィンマの民あるいはズィンミ）としての従属的な地位にあった．人身の保護ならびに礼拝の自由とひきかえに，彼らには特別の税や制約が課され，そのなかには独特な服装をすることや改宗の禁止が含まれていた．これらの制約のうちのあるものは，すでにローマ帝国にあったユダヤ人を差別する立法措置に触発されたものだといわれている．この制約は常に一律に，また厳格に強制されたわけではなく，細かな点は時とともに変化したが，ユダヤ人が含まれていたズィンミの地位は一貫して従属的なものだった．ズィンミの地位は，カリフ・ウマル1世（在位634-44）が結んだとされているいわゆる「ウマルの契約」で形が整えられるのだが，おそらくはウマル2世（在位717-20）のときに成文化されたものであろう．

ユダヤ人は，ムハンマド（570-632）の時代以前に，アラビア半島の各地にすでに長いこと住みついていた．メディナ（この名前はおそらくユダヤ起源である［ヘブライ語として考えれば「国」とか「近隣」の意となるが，通常は「預言者の町」を意味するアラビア語の「町」の部分に由来するとさ

900年のユダヤ人世界

イスラムの勃興は，北アフリカやスペインへと向かう西への動きを促進したが，その一方で，南イタリアがムスリムとキリスト教徒の両世界のあいだのかけ橋になり，またハザルのユダヤ人帝国が重要な交易上の役割をになった．世界のユダヤ人人口は75万人から150万人のあいだと推定されるが，ムスリムの支配下とキリスト教徒の支配下とにほぼ二分されていた．

イスラムとユダヤ人

右　ムハンマドは，アウス一族に対して，クライザ一族に属するユダヤ人を処刑するよう命じた．イスラムの初期の広がりは，一部にはユダヤ人部族を犠牲にして達成されたのである．コーランにあるように，「〔アッラーは，……啓典の民の〕その心中に恐怖を投げ込み給うた．そのあるものは，お前たちに殺され，またあるものは生捕りにされた．そして彼らの領土，家郷，財産，それにお前たちが一度も踏んだことのない土地までお前たちに継がせて下さった」［井筒俊彦訳，岩波文庫，中巻，p. 291］．ほんの一握りのユダヤ人だけがイスラムを信奉することで命を守り，残りの者は殉教を選んだ．スルタン・ムラト3世のために1594年に作製された手稿からとった，このオスマン絵画では，ユダヤ人はその独特な丈の高い赤い帽子で区別されている．

れている］が，ここでムハンマドは622年に神に対する新しい信仰を説いた）では，ユダヤ人が住民の多数を占めていた．そこの三つのおもだったユダヤ人の部族はムハンマド率いるムスリムに敗れ，そのうちの二つは存続を許されたが，3番目のクライザ族は苛酷な運命に見舞われた．数にして600人から900人の男が殺され，女と子どもは奴隷となったのである（627年）．翌年，豊かなオアシスであったハイバルのユダヤ人たちが征服され，税を納めることになったが，この勝利によってアラビア半島におけるムスリムの優位を確立する道が開かれた．

それに続く急速なアラブの膨張は，ムスリムの支配下に莫大なユダヤ人人口を組みこむことになったのだが，そのなかには古くからバビロニアに形成されていたいくつかのコミュニティも含まれており，結局そのバビロニアがアッバース朝カリフの座所になった．多くのユダヤ人がイスラムを受け入れはしたが，相当数はズィンミとしてユダヤ教に留まり，特別税を支払って新しい信仰がもたらす保護を受けたのである．ユダヤ人内部の自治制度——エクシラルク制［31ページの「レシュ・ガルータ」制のこと］，ラビの統率，ユダヤ人法廷——は機能し続けていた．伝承によれば，エクシラルクはアラブの征服者からペルシアの王女を妻の一人として与えられたというが，これは住民のうちの有力な勢力の支持をとりつけたいという願望を示したものであろう．

アラブによる征服は，ユダヤ人人口の圧倒的大多数（おそらく90％ほど）を単一の政治的な覆いのもとに統合することとなり，またバグダードにアッバース朝の首都が設置されたことは，ユダヤ人コミュニティのなかでも最大かつもっとも裕福なものが権力の座に近いところにあることを意味している．イラクにおけるユダヤ人の生活は，しだいに農村的なものから主として都市的なものへと変わっていき，多くのユダヤ人が新たな首都にひき寄せられた．この都市で12世紀末に（この都市の運命が深刻な衰運に見舞われてからずっとのちに），トゥデラのベンヤミンは4万人にものぼるユダヤ人と28のシナゴーグ，それに10の学院を見出している．この時期のヨーロッパでは，数百人を越える人口を擁するユダヤ人コミュニティはほとんどなかった．

その一方で西に向かう，シリアや北アフリカの諸都市をめざす大きな動きがあった．そちらにはダマスクス，アレッポ，カイロ，カイラワーン，さらにフェスが，ユダヤ人の世界でとくに際立って栄えていた．また多少は，東方，ペルシアやその先に向かっての広がりもあった．ユダヤ人商人は活動をスペインやモロッコからインドや中国へと拡大しており，貿易路にそった多くの地点でコミュニティが発展していった．

近年なされたカイロ・ゲニーザの驚くべき手稿の山の精細な調査は，北アフリカのユダヤ人コミュニティや，とくにカイロのコミュニティ自体に対して新しい光を当て始めている．カイロは今や，中世に存在したすべてのユダヤ人コミュニティのうちで群を抜いてよく記録されていることになる．ユダヤ人の公共生活や私生活が，法廷や慈善財団，文化・宗教活動，政府との関わりや周辺の非ユダヤ人との関わり，それに世界中の他の地域にまではるかに及ぶユダヤ人同士の結びつきをもまじえて，生々しい細部に至るまで再構成されうるのである．えられた情報は，従来認められてきた構図の空白部分を埋め，手直しをするのにすでに役立っているし，さらに多くの調査すべき材料も出ている（18ページ参照）．

ファーティマ朝やアイユーブ朝下のエジプトと同様に，後ウマイヤ朝下のスペインやイスラム世界の多くの地域でも，ユダヤ人は10世紀，11世紀，12世紀の全般的な安定と繁栄，そして文化の開花にあずかることができた．差別的な法はあっても，しばしばゆるやかに適用されたり，無視された．とくに宗教的な活動分野以外では，ユダヤ人は自由に非ユダヤ人と交わり，商業や知的な研究作業，それからある程度の行政分野で，非ユダヤ人と活動をともにした．確かに，部分的には宗教上の教えによって動機づけられた敵意は存在したし，時おり暴力行為の爆発はあった．しかし，それらは散発的で局地的なものだった．1066年のグラナダでのユダヤ人虐殺は，他に類をみないほど耐えがたい出来事だった．同じく類例のないのが，常軌を逸していたファーティマ朝カリフのハーキムのもとで，11世紀初めに公に行なわれたユダヤ教への弾圧である．これはどのみち，もともとはキリスト教に向けられたものであって，通例からすれば短期的な例外であった．より深刻で長く続いた混乱は，11世紀後半から12世紀にモロッコと南スペインを席巻したムラービト朝（アルモラビデ）とムワッヒド朝（アルモアデ）の狂信によってひきおこされたものだった．多くのユダヤ人が逃亡し，あるいはムワッヒド朝下で剣にかかるよりはとイスラムを選びとった．

13世紀を通じてイスラム世界は，西ではキリスト教勢力からの，また東ではモンゴルからの圧力を受けていたが，この時期，経済的・社会的状況は非ムスリム住民に不利な方向へと劇的に変化した．ギヤール（差異化）の法がより厳格に適用され，宗教的不寛容に歯止めがかからなくなった．エジプトでは，アイユーブ朝支配の最後（1250年）以前に，ユダヤ人に特定の服装がすでに強制されていた．またマムルーク朝のもとでは，ズィンミを隷属状態におくことが容赦なくより厳格に実施された．モンゴル支配下のイラクとイランでは，支配王朝がひとたびイスラムを受け入れると（1295年），同じ状況が広がった．北アフリカ西部では，ユダヤ人はしばらくのあいだもっと寛容な扱いを受けており，モロッコのマリーン朝のスルタンたちはユダヤ人官吏を雇っていた．1464年にユダヤ人の宰相を任命したが，これは王朝の終焉をもたらし，さらにフェスをはじめ国中に広がったユダヤ人虐殺をひきおこしたのである．ユダヤ人の廷臣が没落すると，同じように1066年のグラナダで，あるいは1291年のイラクというような大虐殺にゆきついた．フェスには反ユダヤ主義感情の長い歴史があったが，ユダヤ人は実際，1438年の反乱の結果と

イスラムとユダヤ人

て特定区域に移住させられた．これは，のちのモロッコの都市の特色となるメッラーフに，ユダヤ人の身柄を隔離するようになるその第一歩であった．ユダヤ人は，それ以前にも多くの都市で特定の区域を占めてはいたが，これは古代にまでさかのぼる起源をもつ自発的集住である．その区域は排他的にユダヤ人だけが占拠していたわけではなく，また多くのユダヤ人がその外に住むことを選んでもいた．メッラーフの創設は，元来はユダヤ人自身の保護を意図したものであったにしても，それでも屈辱的な追放と感じられたのであり，またそののちのメッラーフは，キリスト教世界におけるゲットーと同様，間違いなく追放の目的で作られた．モロッコのかなりのユダヤ人コミュニティは最近に至るまで隔離され，屈辱的な扱いを受けてきたのである．

文書資料による証拠が欠けているため，さまざまな時代に諸々のムスリム国家で暮らしていたユダヤ人の数を正確に見積もることは不可能である．ユダヤ人の旅行者による報告はまれで，そこにあがっている数字も疑わしい．トゥデラのベンヤミンは，12世紀後半に東方に大旅行をし，数多くのコミュニティについての数字をあげている．しかし，彼がコミュニティ全体についていっているのか家長についてだけなのかは必ずしもはっきりしないし，数字に関しては写本の伝承の仕方に問題があるのは周知のことである．ベンヤミンの時代にどの程度まで正確な統計が入手しうるのかもまた疑わしく，しかも彼の記述には，ユダヤ人が住んでいたことが判明

1200年のユダヤ人世界
西ヨーロッパのコミュニティはなお重要であるが，宗教的な迫害の影響を受けていた．またヨーロッパでもアジアでも，交易路にそって東方に向かう動きが目立っている．ユダヤ人人口（100-200万と推定される）の大半は，今やムスリムの支配下で暮らしている．スペイン北部にあるトゥデラのベンヤミンによる旅行談や，カイロ・ゲニーザ（18-19ページ参照）の記録類から，この時代についての貴重な情報がえられる．

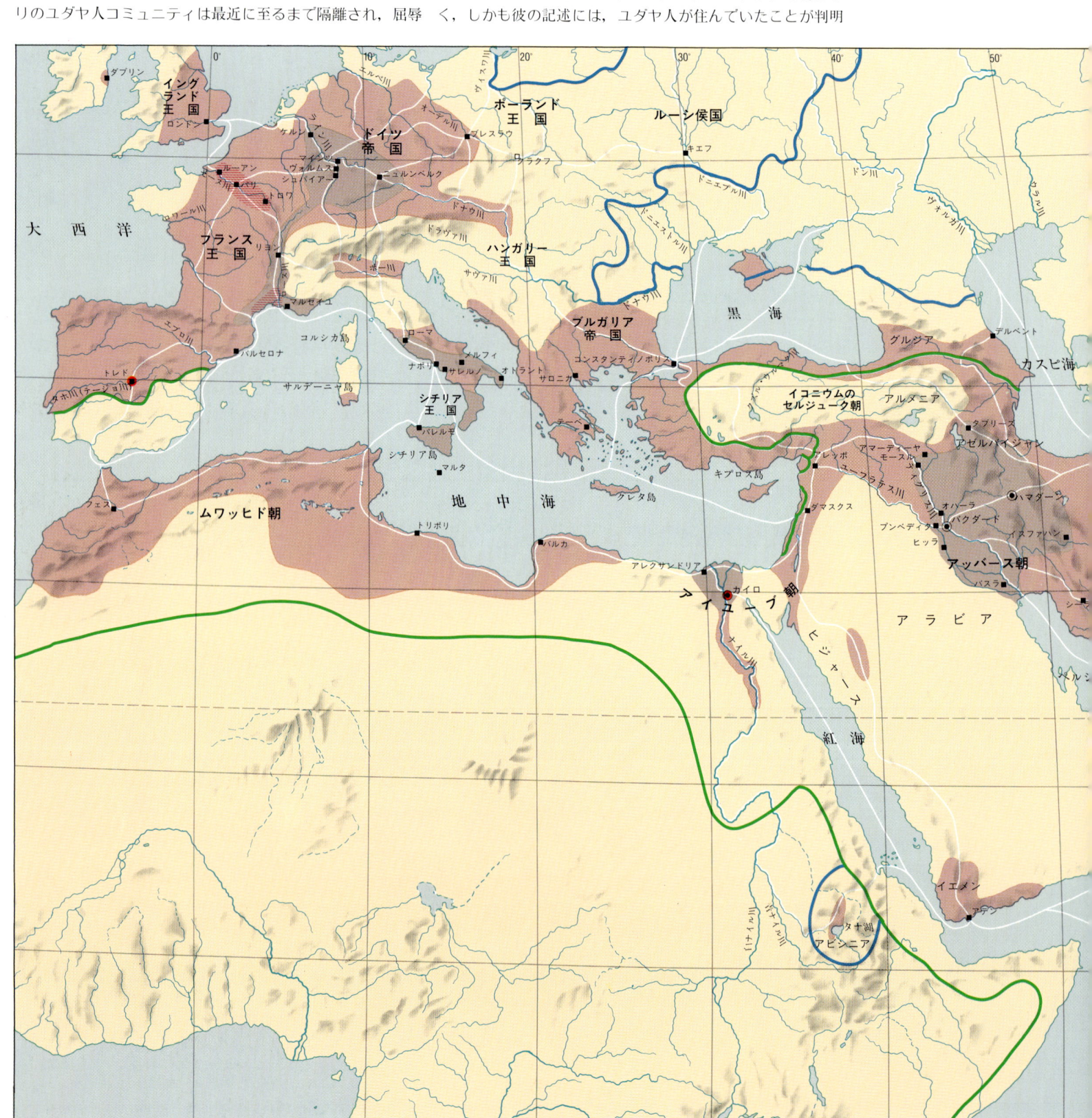

している多くの地域が省かれている．彼の報告は，その時代のユダヤ人の相対的な分布を示しているだけだとしても，それでもやはり貴重なものである．彼が述べているなかで，最大の人口を抱えているのはイラクとイランで，ガズナに8万人，サマルカンドに5万人，バグダードに4万人，およびその他の土地に合計で2万人かそれ以上という驚くべき数字をつけている．アラビアでは，ベンヤミンは同程度の大きさの数字をいくつか記録しており，外国による支配から独立したユダヤ人コミュニティについても言及している．一方，シリアとエジプトでの最大のコミュニティは，それぞれアレッポで5000人，カイロで7000人であって，さらにヨーロッパになると，コンスタンティノポリス(2500人)，テーベ(2000人)，パ

右下 「これは主の門なり．有徳の士入るべし」．ヘブライ語の銘文がなければ，イスラムの祈禱用の織物のようにもみえるが，この銘文については驚きである．シナゴーグ内にかけるために作成された(ユダヤ人によってなのか，それともムスリムによってなのか)ことは確かである．しかしデザインはイスラムのミフラーブに似ており，しかもランプは典型的なモスク用のランプである――あるいは，9個のランプが入ったカップがハヌカーのランプを象徴していることを意味するのだろうか．これは18世紀のオスマン宮廷の作品で，非常にユニークなものである．

レルモ(1500人)を別にすれば，彼が述べる最大級のコミュニティが総計で600人かそれ以下である．大きな数字のいくつかはとりわけ疑問の余地があるが，それにしても彼の報告は，イスラム世界のユダヤ人がキリスト教世界のユダヤ人に対して数のうえでは大きく勝っていることを例証するものである．何年かのちのレーゲンスブルクのペタヒアの報告によって，細部ではいくらかの矛盾はあるものの，全般的な状況については確認ができている．同種の資料は，その後300年にわたって存在しない．カイロ・ゲニーザのなかにある慈善事業のリストから，エジプトでの数を推定しようという骨の折れる試みは，ほんの部分的な，しかも地域的には非常に限られた結論しか生みだしてはおらず，またスペインにおけるユダヤ人人口を示す数種の数字は大幅な不一致をみせている．

13世紀以来ずっと続いて全般的な人口減少があったとみられるが，その原因は経済状態の悪化，戦争，そして疫病に求めることができるだろう．迫害は単なる副次的な要因でしかなく，同時代のキリスト教世界に一般的であったようなユダヤ人の追放はなかった．事実，イスラム世界内部でのかなりの人口移動――初めは東から西へ，のちにはその反対方向へ――に加えて，キリスト教ヨーロッパからムスリムの国々への継続的なユダヤ人の流入があり，その動きは，ある時期にヨーロッパでの迫害が激しくなると洪水のようになるのだった．そういった移動の一つが14世紀末におこっているが，もっとも大規模な国外への脱出が1492年のスペインからの追放の結果おこった．5万人から15万人のあいだの人びとがこのとき出ていったが，その大半はモロッコとオスマン帝国に向かった．オスマン帝国は，すでに何十年にもわたって多数のユダヤ人移民を受け入れており，また1517年以来，エジプトや，シリア，パレスティナまでもその版図に組みこんでいた．亡命者は迎え入れられ，安定し，繁栄した生活を再現する機会が与えられた．差別的な規定は，初めは強いられることはなく，まもなくユダヤ人が行政に卓越した地位を占めたり，オスマン帝国の商業や産業に重大な貢献を行なうのをみるようになる．悲しいことに，17世紀以来の帝国の経済的・政治的な衰退とともに，ユダヤ人の自由と繁栄(他の住民についても同様だった)は奪われていった．しかし，重要なユダヤ人コミュニティは近代に至るまで存続したのである．

周辺の地で

中世のユダヤ人の圧倒的多数は、キリスト教徒ないしムスリムの支配下に生きていたが、それには例外もあった。はるかかなたの地にユダヤ人の部族が住んでいたり定住地があって、キリスト教徒にもムスリムにも支配されていないという情報が時おり伝わってきたのである。そういった報告は、曖昧で誇張されたものになりがちだったし、しばしば噂や伝説にもとづいていた。主要なユダヤ人密集地とは定期的な連絡がとれておらず、その点がこうしたコミュニティの無視できない一面である（イスラム世界のなかにも著しく孤立したコミュニティはあったのだが）。そのようなコミュニティのなかには、他のユダヤ人の存在そのものに気づいていないところもあった、ということが今日ではわかっている。彼らの宗教は、主流に影響を与えることもなくまた影響されることもなく、独自のコースをたどって展開することがしばしばあった。彼らの歴史は闇に包まれたまま、旅行者の報告や周囲の人びとが書いたもののなかに言及されていることを通じて、あるいはわずかに残った彼ら自身の著作や記念建造物を通じて、もどかしい思いで垣間みるしかない。そうした情報がわずかに残存していたとしても、彼ら自身の歴史を確かで一貫した歴史叙述として描くには無理がある。それでもなおはっきりしていることは、中世には多くのそうした「失われた部族」（われわれが知っているものよりはおそらくはるかに多くの）があって、また彼らの来歴について推測できることが「中心部」のもっと見慣れたコミュニティに対して示唆に富むコントラストを与えている、ということである。

中国では、海岸部でも内陸部でも、多くの町にユダヤ人定住地があった。開封にあった一つは近年まで存在していたが、その他は消滅した。迫害によってではなく、周囲の寛容な文化に同化してしまったのである。儒教は別の形をとる信仰に対して敵意をもたず、中国のユダヤ人には何ら社会的・政治的な制約は課せられていなかった。開封の記録は、16世紀にユダヤ人が商業、農業、軍隊、行政職を含む幅広い職業に従事していたことを示している。開封のユダヤ人は、前世紀になってもユダヤ教特有の儀礼をいくらかは保持していたが、中国特有の儀礼もまた取り入れていた。彼らはほとんどヘブライ語を知らず、シナゴーグにあった中国語の銘文には儒教の書物からの引用が含まれていて、実際にも彼らはユダヤ教と儒教の価値観を同一のものとみていた。中国のユダヤ人は、極度の寛容という条件のもとでは、ユダヤ教に何がおこりうるかということの一つの実例となっている。すなわち、全面的な消滅へと導く、いかにも自然な同化の例である。

インドでは、ヒンドゥー教における寛容と宗教的な混交はカースト制度に由来する社会的な隔離と結びつけられていた。マラバル海岸およびもっと北のコンカンの定住地は、長いこと他のユダヤ人世界から（そして自分たち同士のあいだでも互いに）切り離されていたが、ヨーロッパからのユダヤ人が16世紀にマラバル海岸の定住地に参入した。カーストの障壁がユダヤ人の生存を保障してくれたのだが、それでもさまざまなヒンドゥー教徒の信条や慣習が侵入してくることは避けられず、実際二つのユダヤ人コミュニティは、ともに内部でのカースト分化を進めたのであった。

モンゴルは、13世紀にイスラムの東方諸国を席巻したが、

ユダヤ人は中国にきていたが、彼らはまず間違いなく商人として、ペルシアからの陸路か、さもなくば海路をとって到着している。彼らについて言及したもっとも古いものとしては、9世紀末の広東でおこったユダヤ人虐殺の記録がある。もっとも長く存続した居住地は、河南の都開封にあった。そこは1000年頃に設立され、19世紀まで続いていた。

左　このめずらしい「エステル記」の巻物にある挿し絵は、中国風である。

下　18世紀のイエズス会の宣教師が描いた図をもとにして復元した開封のシナゴーグ。このシナゴーグは、もともと1163年に建設されたが、1653年に、ユダヤ人の高官であった趙映乗によって再建されている。祈禱用の広間へは、エルサレムの方向である西方に向かって並んでいる四つの中庭を通っていく。

周辺の地で

左　エチオピアのファラシャ．その起源や歴史についてはほとんど知られていない．彼ら自身は自らを「イスラエルの民」と呼んでいるが，その信仰はアビシニアのキリスト教やラビのユダヤ教とも同じではない．彼らは近年まで，ユダヤ人世界から完全に切り離されていた．

下　インドのユダヤ人（ベンニ・イスラエル），1830年頃．インドでのユダヤ人の起源は知られていない．もっとも伝説では，ローマ時代，もしくはそれ以前に彼らが到来したとされているが，それに，ソロモン王の船乗りたちが貿易風に乗って南インドに運ばれたというのも，ありえないことではない．

寛容さでは同じだった．「モンゴル人にとっては，奴隷も自由人もなく，信仰者も異教徒もなく，キリスト教徒もユダヤ人もなく，すべての人間は同族に属するとみなされていた」．そのように同時代のキリスト教徒の年代記作者（バル・ヘブライオス）は報じ，さらに，ユダヤ人医師サード・アルダウラがいかにしてモンゴルの支配者アルグーン・ハン（在位1284－91年）に全権を委任された宰相にまでなったかに筆を進めている．「サード・アルダウラはおもだったアミールやら長官たちを鼻先であしらい，また世界の端々から彼のところに集まってきた多くのユダヤ人は口を揃えて語った．『まことに，この方のおかげで，主は絶えなんとしているヘブライ人の息子たちのために，贖いの角笛と栄光への希望を高々と掲げられた！』と」．だがその希望は短命に終わった．アルグーンの死に際して，サード・アルダウラとその家族，および彼に庇護されていた者たちは死刑に処され，「そして彼ゆえに世界中のユダヤ人が憎まれ，ひどい目にあった」．モンゴルはまもなくイスラムを受け入れ，短い寛容の一時期は終わった．

アフリカにユダヤ教が浸透していった範囲ははっきりしないが，大陸の中央部では，「失われた部族」についての噂が時おり流布されていた．近代に至るまで，ユダヤ人としてのアイデンティティをもち続けた唯一の部族は，エチオピアのファラシャである．その起源は不明だが，自らはソロモン王の時代かそれよりもっと以前，つまり出エジプトのあいだにアフリカにやってきたと称している．しかし一般的には，もっとあとの時期に，おそらく南アラビアからきた布教者を通じて改宗したアフリカの部族であったと考えられている．いずれにせよ，彼らはタルムードを受け入れたことはなく，その信仰は聖書のみに依拠しており，しかも女性でも割礼に相当することを行なうといった地域的な特徴とも結びついている．14世紀から17世紀にかけてのエチオピアの年代記の数々は，彼らに対してエチオピアのキリスト教徒支配者がしかけた戦争について触れている．何度も敗れてキリスト教を受け入れるよう強制されたが，そのたびに彼らは独立を取り戻してきた．しかし最終的には17世紀に屈服し，国内各地へと分散させられることとなった．洗礼に抵抗した者は，自ら隔離される側に留まり，外部の者と接触すれば汚れが生ずると主張してきた．周囲の人びとはほとんど彼らに関心をもたず，独自の信仰や暮らし方を続けるに任せていた．

おそらく周辺に位置するユダヤ人集団のなかにあって，もっとも注目すべきなのはハザル人である．彼らは中央アジアから移ってきたトルコ系の人びとで，たぶん6世紀にカフカースの北側に定住した．何世紀かにわたって，彼らはビザンツ帝国やアラブ人たちが一目おくほどの力を誇り，毛皮，奴隷，その他の商品のかなりの量の取り引きを司っていた．またハザル商人はキエフ，コンスタンティノポリス，アレクサンドリア，サーマッラーのような遠く離れたところにも出かけていた．8世紀のある時期に，彼らはユダヤ教を受け入れた．改宗の細部は未詳であるが，次の一点だけは明らかである．つまりこの改宗は，ファラシャの事例でみられたような全員の改宗ではなく，支配階級だけのものであって，おそらくアディアベネやヒムヤルのような先例になぞらえられるものなのだ．ハザル王国は数多くの民族的・宗教的集団を含んでいたのであって，住民のなかに現実にユダヤ人の一団が実在したという証拠はない．ハザル支配層のユダヤ教には外来の信仰や慣習が入りまじっており，イラクにあったユダヤ教のおもな中心部は，北方の「ユダヤ人帝国」に真剣に興味を抱いたことはなかったようである．レーゲンスブルクのペタヒアは，ハザルの国を横断していながら（1185年頃），この国とユダヤ教との関係について一言も触れてない．他のユダヤ人著述家は，ユダヤ人であるハザル人のことを述べてはいるのだが（イベリア半島のカリフであったアブド・アッラフマーン3世の廷臣でユダヤ人のハスダイ・イブン・シャブルートに対してハザルの王が10世紀中葉に送った改宗の報告書といわれるものすらある），ハザル人が完全にはユダヤ人の世界に組みこまれていなかったこと，しかも彼らがどこか好奇心をそそるものと思われていたに違いないことは明らかである．ハザル王国は，13世紀にモンゴルが来襲する以前に消滅していた．そして，その後裔のなにがしかがユダヤ教信仰を続けたかどうかは結論の出ていない問題である．

43

周辺の地で

ユダヤ人の存在を黙認し続けていたキリスト教地域では、ユダヤ人の生活は、際限のない制約と屈辱とでがんじがらめになっていた。プラハのヨブスト・メレルン(左図)はゲルブ・ゲックル、つまり「黄色いにやけ男」とあだ名されていたが、それは身につけねばならない車輪型のユダヤ人バッジのためだった。同じバッジが、1614年にフランクフルトであったユダヤ人街に対する襲撃を描いたエッチングにもみられる(左端図)。家々にかかげられている風変わりな看板は、別種の屈辱的な押しつけだった。この襲撃は、キリスト教徒の支配下ではユダヤ人の存在がいかに不安定なものであったかということを示している。多数のユダヤ人が殺害され、残った者は追放されてしまった。

周辺の地で

左　1492年のスペインからの追放は思いもよらないことではなく、数世紀にも及ぶ脅迫と圧迫の頂点なのであった。カスティリヤ王の顧問たちが、王国内からユダヤ人を追放するようにと国王に迫っているこの絵は、14世紀初期のものである。

左端　戦闘的な教会：異端審問、行列を先導するドミニコ会の修道士たちは、旗を高く掲げているが、そこには慈悲と釣り合いを保っている正義が示されている。そのうしろに、罪を告白して火あぶりの刑をまぬがれた囚人が続く、十字架は、火あぶりにされるものと、牢獄内で死んだものの人形とに対して背を向けている。

1500年のユダヤ人世界

ヨーロッパでは、西欧諸王国からの追放が続いたために、ユダヤ人の居住地の重心はたえず東に移動していた。リトアニアからの追放が一時的にぶり返した(1495-1503年)。1492年のスペインおよびシチリアからの追放と、1497年のポルトガルからの追放によって、北アフリカや東地中海域の町々は、押しだされてきたユダヤ人難民でうまった。ナポリの町は一時、シチリアから逃げてきた人たちでふくれあがった。この人たちは、しかし1511年には、ここからも追われることになる。大半のユダヤ人は、今やイスラムの支配下で暮らすことになったが、そのイスラムの支配も相当に広がっていたのである。オスマン帝国は、1世紀以上にわたってユダヤ人の移住者をひきつけていたが、亡命者も安全な場所に暖かく迎え入れた。まもなくオスマン帝国の境界が広がり、聖地やエジプト、北アフリカ沿岸、さらにハンガリーを併合していくことになる。

ユダヤ人の居住地域
- ユダヤ人の比率の高い地域
- その他の地域
- ユダヤ人が締め出された地域

ユダヤ人の居住地
- ◉ おもな居住地
- ■ その他の居住地
- ● ユダヤ教文化の及んだおもな地域と中心地
- ムスリムの支配圏
- 重要な通商路

縮尺　1:34 000 000

離散の地のセファルディーム

　1492年のスペインからのユダヤ人追放は，ユダヤ人の歴史のなかでは，一時期を画する出来事の一つとして記憶されている．スペインは，ユダヤ人がかなりの人数（コンベルソ［改宗者］を入れなくてもおそらく20万人かそれ以上）で，しかもある程度豊かな状態で残っていた最後のキリスト教国だった．追放は，新たに陥落させたグラナダのアルハンブラ宮殿で1492年3月30日に宣せられ，7月31日までにユダヤ人はすべて洗礼を受け入れるか追放されることとなった．

　10万人以上と見積もられるもっとも多くの者たちは，一番安直な道を選んでポルトガルへと逃げたが，それは賢い選択ではなかった．5年後，スペインの圧力のもとで，ポルトガルのユダヤ人はすべて酸鼻をきわめた暴力ざたのただなかで，強制的に洗礼を受けさせられたのである．

　イタリアはスペインからの亡命者を多数受け入れたが，そこも政治状況のおかげで避難所としては満足できる場所ではなくなった．国土の何か所かは（長らく定着していた多数のユダヤ人住民がいるシチリアをも含めて）スペイン領であったから，追放令に従わなければならなかった．他の部分もほどなくスペイン領となった．北部では，対抗宗教改革がまもなくユダヤ人に対する敵意を強めることとなった．

　避難民にとって最大の希望はキリスト教世界の外側にあった．ある者は，一時的に，あるいは永住者としてモロッコや北アフリカのその他の地域に落ちついた．そこには，キリスト教徒の迫害を逃れたユダヤ人がすでに何世紀にもわたって住みついていた．ここでも彼らの運命は幸福なものではなかった．ムスリムの庶民は友好的ではなく，隔離規定が厳しく押しつけられていた．亡命者たちが本当に迎え入れられたのはオスマン帝国だけだった．クレタのラビのエリア・カプサリは，カンディア［現イラクリオン］で追放された人たちがそこを通過する際，一家で何人かをもてなしたという人であるが，オスマン帝国を高く評価した記録を編むほどに心を動かされ，またトルコ人がスペイン王の愚かさをあざ笑っているという話を書きとめている．スペイン王は自分の王国を貧弱にしながらトルコ人の王国を豊かにしているというのである．オスマン帝国の人びとはキリスト教的な偏見（実のところイスラム的なそれもだが）が皆無だったので，スペインからきた者たち（スペインを意味する聖書での名称セファラドから「セファルディーム」として知られていた）は，必要な技術をもたらしたことで特別に好意的に扱われた．つまり医学や工芸的な知識，商業や政治の専門知識などである．セファルディームはすべての主要都市に住みつき，打ち砕かれて台なしにされた生活と文化を再建した．まもなくサロニカが主要なユダヤ人の町となった．この町が東地中海の最重要港にまで発展したのは，主としてユダヤ人の事業によるものであった．1517年にエジプトとパレスティナがオスマン帝国の支配下に入ると，これらの地域もまたユダヤ人移民をひきつけた．スペイン語とスペイン文化を保っているセファルディームが，帝国内のユダヤ人コミュニティでは優位を占めていたが，亡命者たちはその他の国々からもやってきた．亡命者たちのうちのある者は，オスマン国家に対して図抜けた貢献をすることで，迎え入れてくれた恩義に報いることができた．ともにポルトガル出身のナクソス島の太守ヨセフ・ナスィ（1515頃－79頃）とレスボス島の太守ソロモン・アベン-アイシュ（1520頃－1603頃），およびイタリア出身のソロモン・アシュケナジ（1520－1603）らは，当時の第一級の外交家で，国際問題についてかなりの影響力をふるった．

　ポルトガルからの移住者はキリスト教に改宗していたが，自由な土地に到着すると，すぐさまキリスト教を捨て去った．1497年の全面的な改宗は何千ものユダヤ人をキリスト教の外衣にくるみこんだが，その衣をユダヤ人はいやいやまとい，投げ捨てることを切望していた．彼らは不安のうちに逃亡の機会をうかがっていたのだ．後年のユダヤ人のもっとも重要な居住中心地の多くは，ポルトガルの新キリスト教徒の集団にその起源がある．そのリストにはロンドン，アムステルダム，ハンブルク，ニューヨークが含まれる．17世紀初頭までには，すべての主要な商業中心地に彼らの小さな定住地がみられ，ヨーロッパの商業と財政の発展・拡大に決定的な役割を果たした．（名目上は）キリスト教徒なので，その富と技術によって社会の最上層に受け入れられるようになり，さらに多くの場所で，しだいにユダヤ人として礼拝を行なう自由をえていった．こうして，この人びとは西欧世界のなかにユダヤ人が定着し，統合されていく先駆けとなった．彼らが地歩を固めたことが，ドイツやポーランドからのユダヤ人のさらに大規模な移住のよりどころとなった．ポルトガル出身者は，まもなく数の上でははるかに少数者となるが，独自のアイデンティティも宗教的伝統もともに保ち続け，そのシナゴーグの多くは今日に至るまで使われ続けている．

離散の地のセファルディーム，1500－1700年頃

スペインでは，1391年とさらにそののちの1492年に行なわれた大虐殺のあと，ユダヤ人たちは死や追放よりは洗礼を選んだ．ポルトガルでは，（スペインからの避難民を含む）ユダヤ人が1497年に強制的に洗礼を受けさせられた．マラノ（「豚」）と侮蔑的に呼ばれた「新キリスト教徒」は，しばしばユダヤ教徒としてのアイデンティティを数世代にわたって秘密のうちに保ってきた．可能な場合には，彼らはイスラムや，あるいはもっとあとになるとプロテスタントの国に，さもなければ異端審問が行なわれていないカトリックの領地に移住した．異端審問が彼らの新しい居住地にまで追跡していくこともよくあった．すでにユダヤ人住民が存在する場所に，マラノのコミュニティができることもあった．他の，とりわけ公的にはユダヤ教が禁じられている国々にできたマラノのコミュニティの場合には，それが，後年に大変に栄えて，人口密度も高くなっていくコミュニティの基礎を新たに形作ったのだ．このヨーロッパの地図はまた，スペインとポルトガルからの避難民で，全員著名な学者でもあった4人の運命をたどったものでもある．彼らの放浪は，あらゆる世代の苦悩を包みこんでいる．

「キリスト教徒のもとでより，ムスリムのもとで暮らすことのほうが，あなたにとってはよりよいことではないのか？ 当地では誰もが，自分のブドウの木とイチジクの木のもとで平和に住むことができよう」．イスタンブルのあるユダヤ人は，1454年にライン地方にいる自分の兄弟にこのように書いていた．スペインの追放後，その追放された者たちをもっとも多くひきつけていたのがトルコだった．亡命者が，ユダヤ人住民のなかで優勢になり，そのうちにオスマン国家に対して貴重な貢献をするようになった．グラシア・ナスィ（下図）は，有力な国際的銀行業の管理者であった．それに彼女の甥はナクソス公に任命されていたのである．オスマン帝国の気風は，1840年頃のイスタンブルのシナゴーグを描いた絵（左図）にみてとれる．聖櫃の上に掟の板がなかったとしたら，モスクであってもおかしくない．

離散の地のセファルディーム

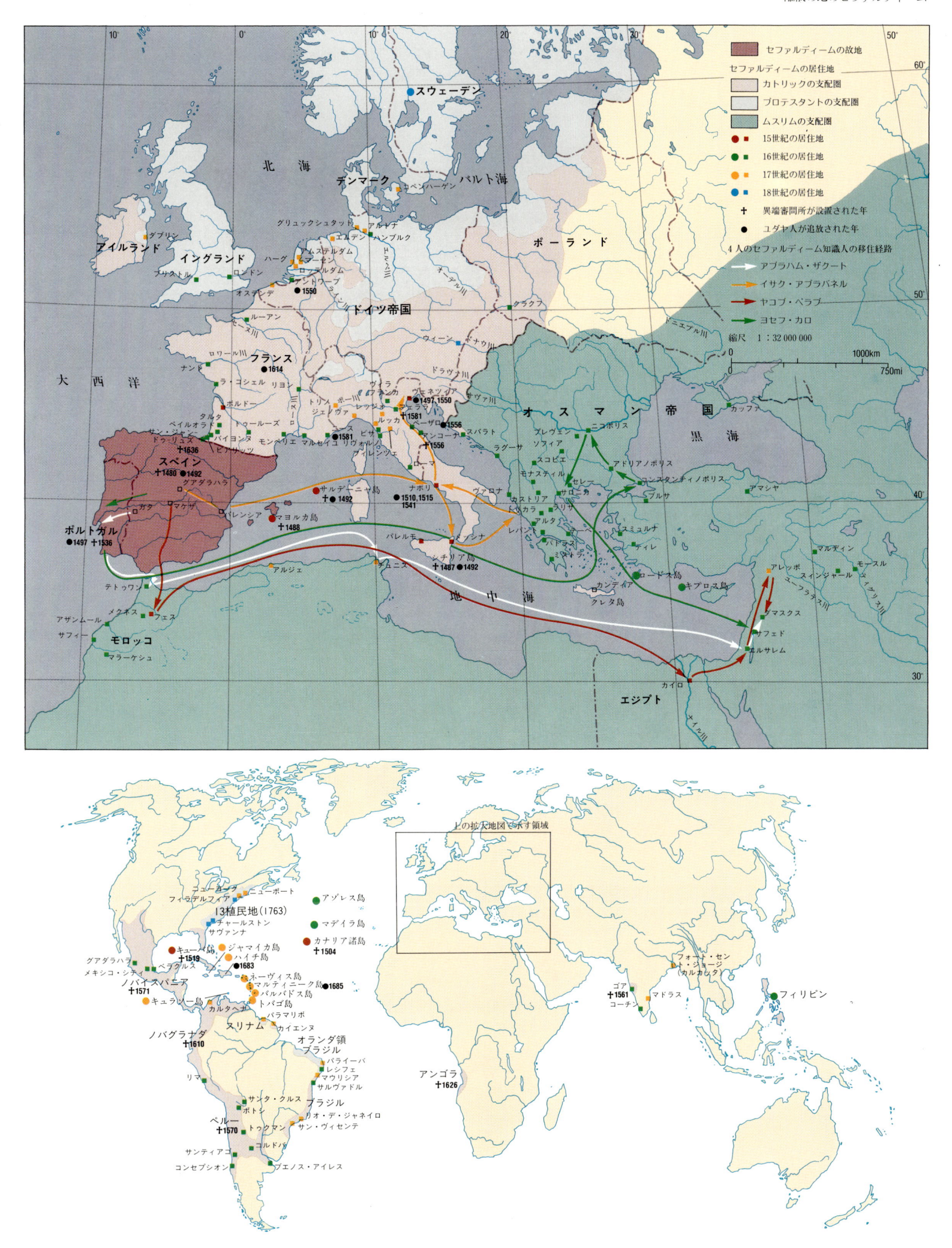

アムステルダムの黄金時代

　ベルナール・ピカール（1663-1733）はフランスの画家・版画家で、1710年にアムステルダムに住みついた。彼は1723年に、「世界中の人びとの宗教的儀式と慣習」と題する一連の習作を発表し始めたが、最初にユダヤ人をとりあげた。アムステルダムは、当時ユダヤ人世界の主要な中心地の一つであったので、ピカールは、幸いなことにユダヤ人関係の題材を同地で入手できた。シナゴーグを訪ね、ユダヤ人家庭での儀式に出席した。彼の絵からは、対象としたテーマに共感を抱きながら関心を寄せていること、細部に対する鋭い眼や一定のユーモア感覚を彼がもっていたことなどがみえてくる。こうした絵から、頂点にあったオランダのユダヤ人の生活の、精彩にとんだ魅惑的な姿を垣間みることができる。

律法が人びとに示される
「日課を終えると、律法の書をもちあげる役のものが取りあげて開き、できるだけ高くもちあげる。やがて開かれ、掲げられたものを、四方の窓に向かってかざす。そこで会衆がいう。モーセがイスラエルの子らに与えた律法をみよ」（右図）。

スィムハット・トーラー、あるいは律法を祝うこと
「……数人の祈禱者のうしろに、律法の書が全部聖櫃からもちだされ、机のまわりに行列をなして運ばれる。その列の先頭のところに詠唱者が歩みよる。……律法の冒頭と末尾の部分が、二つの別々な書から読みあげられる。読むように指名された2人の人物は、律法の配偶者と呼ばれる」（左図）。

キップール、あるいはドイツのユダヤ人によって儀式がとり行なわれている贖罪の日
「われわれはユダヤ人を、彼らに与えられて当然の公正さをもって取り扱うべきである。彼らは非常な注意を払って、たとえみかけだけといわれるにしても、万事に対して悔い改めの気持ちを守っている。しかもこうしたおりには、見習うことがあたり前になっているので、みている者自身、これをみたときに自らの罪に対する鋭い自責の念を思わず感じないではいられなくなる。……何人かの悔悟者は、ずっと祈り続けたり瞑想にふけりながら、一晩中場所も変えずに立ったままで、またときにはその次のまる一日も、そのままで過ごす」（右図）。

アムステルダムの黄金時代

新年の最初の日に角笛が吹き鳴らされる

「新年の最初の日に角笛が吹き鳴らされ，神が罪人にくだそうとしている裁きを注意深く謙虚に聞くように，また終わったばかりのこの一年間に神が与えてくれた恩恵と支えとに感謝するようにとユダヤ人に対して告げるのである．……角笛を吹く者は，律法が読みあげられる場所に立つ．角笛は，イリクの子羊をしのばせるものとして，子羊の角でできている．その曲がった形は，謙虚に控えている人間の姿勢を表わしていると説明されている」(右図)．

アムステルダムに建てられたポルトガル系ユダヤ人のシナゴーグの献堂式

「世界中でもっとも美しいこのシナゴーグは，5435年メナヘム月第10日，西暦では1675年8月2日にあたる日に献堂式が行なわれたが，その荘厳さは筆舌につくしがたいものであった．当地のユダヤ人の名士が，美々しく飾りたてられた律法の書を列をなして運び，また聖なる書のシナゴーグへの入場を，祈禱と例をみないほどの喜捨を行なうことで特別に讃えた．……この式典は8日間も続いたが，さらにその記念祭が毎年8月2日に挙行される」(下図)．

離散の地のアシュケナズィーム

ドイツは，中世ヘブライ語では聖書に由来するアシュケナズという名で知られており，そこのユダヤ人は，アシュケナズィームと呼ばれるようになった．追放や迫害によってもユダヤ人の息の根は完全に止められはしなかったが，彼らの物質的・文化的境遇は劣悪だった．都市から追放され，ユダヤ人は小さな町や村に追い散らされる傾向にあった．ポーランドへと向かって東に進む移住の流れがたえまなくあったが，ポーランドはユダヤ人に特権を授与したので，ユダヤ人が13世紀以来ひき寄せられていたのである．この動きは，宗教改革による大変動のあいだに一層顕著になった．

ポーランドに移住するアシュケナズィームの数は非常に多かったので（トルコにおけるセファルディームと同様に），彼らは地元のユダヤ人に自分たちの言語や宗教文化を押しつけた．また封建貴族と農民の中間層として重要な経済上の役割を果たし，しかも内外の取引のほとんどをとり扱っていた．階級間の憎悪も宗教上の不寛容もユダヤ人の安全を本格的に脅かすまでには至らず，彼らは16,17世紀のポーランド・ルネサンス期の富と豊かな文化にあずかっていた．支配者たちの協力をえて，ディアスポラのユダヤ人のなかでは他に類を見ない強力な内部自治を発展させ，「四邦評議会」（大ポーランド，小ポーランド，ポドリア，ヴォリニア．リトアニアには別の評議会があった）が幅広い準政府的な権力をふるったのだった．

このポーランド・ユダヤ人社会の黄金時代は，1648年のコサック反乱の最中，突然悲運の破局を迎えた．反乱指導者ボフダン・フメリニーツキーのねらいには，ウクライナからユダヤ教を根絶やしにすることも含まれていた．莫大な数のユダヤ人が殺されるか，洗礼を受けさせられるか，さもなくば

ポーランド・ユダヤ人社会のごく初期の遺物には，これと同じようにベラハー（「祝福」）と読めるヘブライ語の銘刻の入った12世紀の貨幣がある．

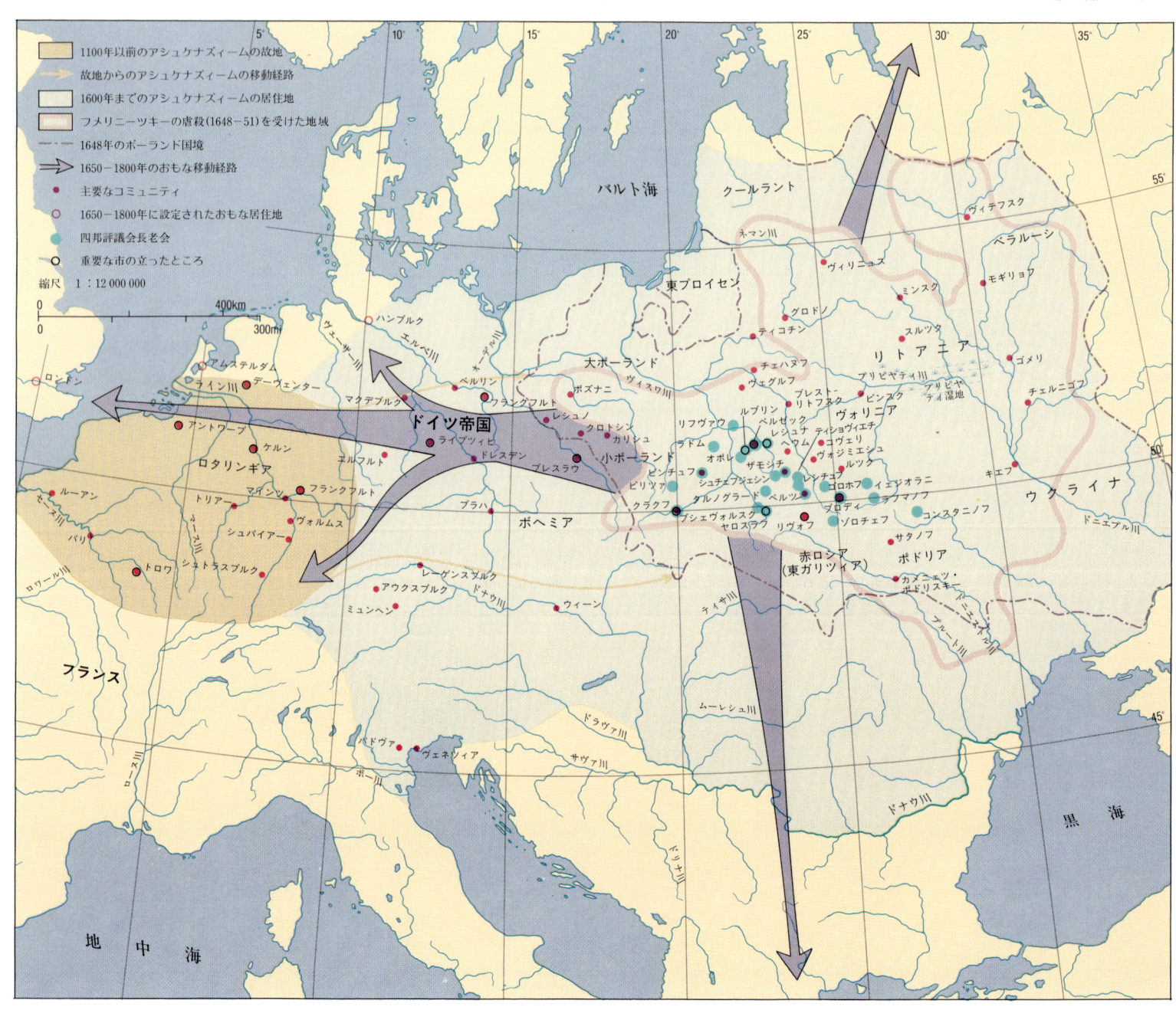

ポーランドのユダヤ人居住地は、主として西側からもたらされたもので、13世紀のモンゴル襲来によってひきおこされた経済的混乱ののちに増加していった。しかもドイツでの迫害が、さらにその増加を促進した。左図：ドイツの都市から追放されるユダヤ人。1428年頃。

次頁　リヴォフ近郊のホドロフにあるシナゴーグの天井。ここは、拡張期の1651年に建築された最初の木造シナゴーグである。この天井には、黄道十二宮図のしるしや、敬虔なテクスト、動物、装飾的な植物のモティーフなどの特徴が描かれている。

離散の地のアシュケナズィーム、1600－1800年頃

ヨーロッパでのアシュケナズィームの移住に関する話は、二方向の動きをともなっている。最初ボヘミアや、ついにはポーランド-リトアニアへと東に向かったが、やがてフメリニーツキーの大虐殺（1648－51）の悪夢ののちに西に戻った。しかし重心は東に残り、そこに移住者たちは根を深くおろして豊かで独特な文化をくり広げた。彼らはまた、自治的な行政組織である「四邦評議会」（リトアニア独立評議会とともに）を発展させ、それが広大な地域に広がるユダヤ人の生活を治めた。アシュケナズィームは、文化的外観や生活の流儀、話しことば（イディッシュ語）やヘブライ語の発音の仕方、さらには宗教儀式上の慣例といった点で、セファルディームとは異なっていた。この二つのグループは、大部分が地理的には分離していたので、直接に競合することはめったになかった。二つのグループがともに存在するところでは、概してお互いに別々なアイデンティティを保持していたのである。

逃げださざるをえなかった。ユダヤ人の記録者によれば、10万人以上が死に、300以上のコミュニティが破壊された。この虐殺はポーランド・ユダヤ人の心に深い傷を残し、アシュケナズィームのユダヤ人のなかには、今日に至るまでいまだに猛り狂うコサックのイメージに悩まされている者がいる。そのイメージはまた、ユダヤ人の神話のなかで十字軍やスペインのユダヤ人追放と同じカテゴリーのなかに入っている。フメリニーツキーの虐殺は、ポーランド・ユダヤ人に断続的に襲いかかり、やがてナチスのホロコーストで頂点に達する暴力のほんの前ぶれにすぎなかった。虐殺の結果ただちに、逆に西に向かう動きが徐々に始まり、その動きは初めのうちはドイツへ、そして最終的にはポルトガル系ユダヤ人によって開拓された新しい中心地にまで向かった。

ポーランドにユダヤ人がいなくなったわけではなく——事実ポーランドのユダヤ人人口は劇的に増え続け、19世紀初頭までに全世界のユダヤ人の半分を越えるほどになった——、ディアスポラのアシュケナズィームは世界のユダヤ人の地図を常に彩る優勢な特徴になった。

ドイツでの状況は、その間により安定したものとなった。ユダヤ人はいまだに多くの場所から締め出されていたが、いくつかの小邦は再び認めだした。三十年戦争（1618－48年）のあいだ、ユダヤ人は若干大都市への立ち入りを許され、これまでの農村部に散らばり住む傾向は逆転し始めた。都市化の傾向は続く何世紀かで非常にはっきりするようになる。戦争はまた軍隊と関係をもっている小商人たちに富を増やす機会を与え、軍需品の供給は18世紀後半までヨーロッパ中至るところでユダヤ人特有の業務となったが、北アメリカでも同様だった。浪費に明け暮れるドイツの数多くの宮廷もまた、金融業者や奢侈品販売人に機会を与えた。17世紀後半、および18世紀前半の「宮廷ユダヤ人」（ホーフユーデン）のなかには、驚くべき富と権力を備えた者たちがいた。こうした人たちは例外中の例外ではあったが、ドイツ社会のなかで彼らが築きあげた地位によって、彼らは、ユダヤ人がそのような存在として大々的に社会に受け入れられる道を開いたのであった（おそらくその過程で、ある種の反ユダヤ主義的偏見を強化させることにもなったであろう）。彼らのまわりには、支配的な文化にしだいに同化していくようになるユダヤ人のより幅の広いサークルが集まってきた。しかしそのあいだ、ドイツのユダヤ人コミュニティは移民によってふくれあがっていき、宮廷ユダヤ人の豪奢な生活スタイルとユーデンガッセ［ユダヤ人街］の貧困や混雑ぶりとは鋭い対照をなしていた。

アシュケナズィームのディアスポラは、しだいに西へと広がっていった。18世紀末までにはおよそ2万人のユダヤ人がアルザスに（ドイツでの傾向とは逆に多数の小規模な集住地に散らばっていた）、おそらくそれよりはわずかに少ない数がイングランドに（これまた驚くほど散らばってはいたが、大多数はロンドンにいた）、そして注目すべきはその2万人よりもさらに多くがアムステルダムただ一市にいたのである。アムステルダムのコミュニティは、1世紀にわたって西ヨーロッパ最大であり続けたし、現在までで考えても、おそらく世界中のどんな都市のコミュニティと比較しても最大であった。アシュケナズィームのうちのごくわずかが、富裕な金融業者や宝石商、あるいは輸入業者などからなる上流社会に属していたが、その一方で大多数の者は小商人とか半熟練工といった乏しいなりわいでかろうじて食いついないでいた。文化変容が徐々に進行してはいたが、いくつかの土地では、アシュケナズィームは19世紀に入ってもかなりイディッシュ語を話し続けていた。言語が共通であれば、他のアシュケナズィームのコミュニティとの接触は容易になるし、新しくきた移民の波を統合するのにも役立った。その上、その他の文化的な差異ともあいまって、アシュケナズィームとセファルディームとを見分けられることになる。地中海沿岸の諸国では、少数派であるアシュケナズィームが一般にセファルディームのコミュニティに溶けこんでいたが、その一方アムステルダムやロンドンのようなヨーロッパ北部におけるユダヤ人の中心地では、アシュケナズィームは圧倒的多数派であって、二つの集団はほとんど交わらなかった。両者間の通婚は苦々しく思われていて（セファルディームには、文化的優越感と、おそらくキリスト教支配下のイベリア半島での辛い歳月に由来する人種的に純粋だという深くしみこんだ感覚があるので、とくにそうだった）、別々のシナゴーグやコミュニティ組織が維持され続けた。やがて障壁のうちの幾分かは打ちこわされ、差異が本物の憎悪をひきおこすようなことはごくまれになったが、それでも二つの集団の末裔は、いまだに別々の過去への帰属感をもち続けている。

נתחדשה
ונתפאדה
בימי ד׳ משה
ב״ר יאיר
בשנת עתר

近代の世界へ

　ユダヤ人の歴史における中期は，ユダヤ人の非ユダヤ人からの強制的な隔離を特徴とする．非常に厳しくかつ明確になされたときには，この隔離はゲットーの壁という物理的な障壁に象徴される．しかし何ら物理的障壁のないときでさえ目にみえない壁があり，事実上二つの異なる世界に分かれていた．ユダヤ人は，非ユダヤ人から宗教のみならず，政治的・法的な地位によって，コミュニティの社会的・経済的構造によって，知的な文化によって，日常生活のリズムそのものによって，分け隔てられていた．

　ユダヤ人コミュニティにおける指導者の地位はラビに掌握されていたが，ラビとは伝統的な宗教文化の監督であり，そこにいつまでも留まり続ける知識層であった．ラビはかなりの独立性をもっており，しかもお互い同士依存しあう関係にはなかった．ラビは裁判官として，また宗教上の権威として実権をふるっていたが，それは概してユダヤ人に裁判の自主性と自治とを大幅に認めていた非ユダヤ人支配層の同意と支持をえてのことだった．ラビの権威に対する反抗は，あることはあったが，めずらしいことで慣例化することなどめったになかった．カライ派の運動でさえ，ラビ制度に対する挑戦としてはもっとも多くを糾合し，成功した部類だったにもかかわらず，自分たちなりの独自の形でラビ身分を発展させていった．ラビは，ヘレム，すなわち一種の破門ともいうべき絶大な威力を発揮する制裁を加えることができた．その犠牲になった者は，ユダヤ人社会の宗教的・社会的・経済的生活から締めだされた．ユダヤ人社会の機構外でユダヤ人として存在できるみこみはなかったので，これは大変有効な武器であった．ヘレムの単なるおどしをかけるだけで，ふつうは十分に服従させることができた．

　隔離は，それ自体は非ユダヤ人の権力によって導入され，また維持されていたのではあるが，一般に，ユダヤ人自らもそれを受け入れていた．そのシステムには，神の啓示だと考えている自分たちの律法のもとで，ユダヤ人が生きることを許されるという大きな利点があった．深刻な葛藤の原因となりそうなことは，したがって回避されたのである．昔からの先例や聖典中の聖句をひきながら，ユダヤ人指導者たちはイスラエルが神聖な民であり，唯一の神に仕えるために「多くの民」から峻別されたのであるという観念を広めた．肉体的に虐待されない限り，ユダヤ人は，隔離を世界のなかで自分たちが果たす特殊な役割を正当に表現するものとしてながめることができた．

　当然ながらこのシステムの否定的な側面も，みる目のある者にははっきりとみえていた．例外的に寛容な支配者のもとで，個々のユダヤ人が権力をもった卓越した地位にのぼることがあったとしても，集団としてのユダヤ人は（今でもいえることだが）第二級市民でしかなかった．それに別の階層が弱者のヒエラルキーのなかで彼らより上にいるとき，その地位はさらに下がった．おとしめられる機会には際限がなかった．——そのことは，19世紀の歴史家が身の毛もよだつほど細かい描写に至るまで記載している，すべての虐殺や追放の事例が証明している．とはいえ，中世のユダヤ人にとってのありふれた運命に比べれば，はるかにましではあった．しかしこうした出来事は，その犠牲者であるユダヤ人自身の世界観にたやすく受け入れられてしまった．その世界観によれば，ユダヤ人は祖先の犯した罪のために，まさしく愛に満ちた父親によって罰せられるべく運命づけられている過ちを犯した子どもの役割を割り当てられているのであり，父親の一撃もしばしば意を計りがたいものであったが，決して理由のないものではないということになっていた．中世の詩人たちは，人びとの苦しみに抗議の声をあげ，異教の諸々の民の残酷さに抗して叫んだが，それでもめったに神の摂理の正しさを疑うことはしなかった．人びとは，神の秩序にのっとった行為としての和解という形をとる究極の救いを待ち望んでいた．その救いのときには，異教徒のくびきは打ちくだかれ，散り散りになっていた者たちはその故地へと集まるであろうとされていた．

　キリスト教徒の側でも，現状を神学的に説明づけていた．つまりユダヤ人は，キリストを拒んだという罪の深さの証として，またキリストの再臨に際してキリストを受け入れることによって救いを証明するために，隷属状態におかれ続けているというのである．虐殺や追放すらも，ユダヤ人全体の罪深さという教義によって正当化されえたのであった．

ユダヤ人に対する態度の変化

　以上のような態度に真剣な疑問が呈され始めた時点を，正確に示すことはできない．17世紀中葉のアムステルダムでは，バルーフ・スピノザが神の法の有効性を厳密に限定した普遍哲学の基礎をおいていたのだが，それと時を同じくしてユダヤ人，キリスト教徒を問わず千年王国の熱狂がわきあがっており，マナセ・ベン・イスラエルのような西欧人文主義の伝統にひたりきったユダヤ人でさえ，イスラエルのメシア待望を強調していたほどだった．マナセは，ユダヤ人のイングランドへの再入国を求める運動に際し，うまくメシア論議を活用して成功したが，その成果の一つとしてジョン・ロックの先駆的な1689年の『寛容書簡』がある．その100年後には，ヨーロッパ社会におけるユダヤ人の統合が，開明的な思想家のあいだで広く議論されていた．1781年にC・W・ドームは，影響力の大きかった書物『ユダヤ人の市民としての改善について』を発表した．その1年後モーゼス・メンデルスゾーンが，マナセ・ベン・イスラエルの『ユダヤ人の擁護』につけた序文で，ユダヤ人の地位向上を人類の進歩一般と結びつけて論じ，さらに翌1783年には教会と国家の分離を論じて強い影響力を与えた『エルサレム』を刊行した．1785年にはメッスで，フランスのユダヤ人をもっと有用かつ幸福にする方法に関する懸賞論文のコンクールが始まり，いくつかの優れた応募作品があった．もちろん，ユダヤ人の問題は啓蒙主義の思想家たちが関心を抱く多くの論点のうちの一つにすぎなかったのだが，この時期にこの問題が突出した扱いを受けていたということは，ユダヤ人の隔離や隷従がヨーロッパ社会の病巣を形作っているという認識が増大していたことをはしなくも表わしている．それに対する診断はいつも同じというわけではなく，また処方もそうだった．ある者たちにとっては，この問題は人権の名によって異議を申し立てられるべき不正だった．つまり，ユダヤ人には基本的な市民としての同権か，少なくとも信教の自由を認めてやるべきであるというもので

安息日の礼拝を終え，シナゴーグの外に集まっているこれらのドイツのユダヤ人は，二つの世界の中間にひっかかっているようにみえる．女たちや子どもたちは，モダンな服を着ている．男たちはシナゴーグ用の伝統的な服装を守ってはいるが，ひげはこざっぱりと手入れされているし，その外観についても別段異国風なところはない．これは1800年頃の光景［南ドイツ・フュルトのシナゴーグ前で，シャバットの日に集う人びと］で，重大な変化が広まりつつあったのである．次の世代になると，「ユダヤ教文化」や宗教上の改革を求めるさまざまな運動が確立され，さらにはまたユダヤ教からの大規模な離教をみることになる．このユダヤ人たちが真剣に論議しているということ

は，そうした進展に対する初期の兆候なのだろうか？

ある．他の者たちはもっと野心的な企図をもっていた．それは，迷信的な宗教支配の廃絶をともなうか，あるいは究極的なキリスト教への改宗による全面的な統合であった．こうした筋書きは強制的手段を意味するので，ユダヤ人の反応は当然ながら用心深いものであった．だが，ユダヤ人自身が何を望んでいるか気づかう改革論者はほとんどいなかった．ユダヤ人は与えられた恩恵に感謝するであろうと思いこんでいたのである．

19世紀の初めまでに，改革は多くの国々で現実に実施されていた．その見通しや目的には，実にさまざまな違いがあった．この違いは地域ごとの条件の差を表わしているのと同じく，問題の認識の仕方の差をも表わしていた．

革命期のアメリカでは，宗教上の圧迫から逃れた移民としてのユダヤ教徒の位置づけは，周囲の人びとのそれともほとんど違いがなかった．啓蒙主義のリベラルな政治思想は十分に定着しており，ユダヤ人は「寛容」ではなく，革命を導いた原理にふさわしい十全なる平等を要求し，獲得することができたのだった．1787年の憲法は公職に就くに際しての宗教審査を明確に禁じ（いくつかの州ではもっとあとまで審査を廃止しなかったのだが），さらに1791年の権利章典は全面的な信教の自由を保障した［権利章典とは，アメリカ合衆国憲法第1－10修正のことを指し，具体的には第1修正が該当する］．アメリカ革命は，こうしてユダヤ人にとっての新しい政治的解放の時代を開いたのだった．最初はほんの数千人が直

近代の世界へ

接に影響を受けただけだったが，膨大な数のユダヤ人が移住し，さらにアメリカが世界史の舞台でしだいに主導的な役を演ずるべく台頭してきたのにつれて，究極的には莫大な数の人びとが関わりをもった．しかも，そもそもの始めからこれほどの根底的な改革が世界の中心部で実施されたということが，他の国々での事態進展の契機となったのである．

フランスでも，中世的なユダヤ人の隔離に終止符を打ったのはやはり革命であり，その他数多くの人権抑圧についても同様であった．国民議会の初期の会合では何回かユダヤ人解放が議論されたが，抵抗は根強かった．1789年末の投票では，408票対403票で敗れた．しかし自由への情熱は非常に強く，またとりわけユダヤ人自身が国民議会に対して市民としての同権を認めるよう訴えたこともあって，この問題はみすごすわけにはいかなかった．国王逮捕ののち，国民議会内での勢力バランスは，1791年9月27日の公民権付与法案の通過に十分なほどに変化した．その後のいくつかの条項に関する修正や，近年まで続いていたフランス在住ユダヤ人の地位の曖昧さのために，何人かの注釈者はこの法令の意義を軽視するようになるか，ユダヤ人のためにはむしろ事態を後戻りさせる動きであったとみなしてさえいる．しかしこの法令が，その時代や土地柄からすればとくにラディカルな声明だったのであり，ヨーロッパ全土にわたるその衝撃は相当なものであったという事実は残る．ユダヤ人解放は革命のプログラムの目玉となり，フランスの影響力や勢力の及ぶ限りのところで議論にのぼったり，不意に実施されたりした．オランダでは，信教の自由を含む平等の権利が1795年にバタヴィア共和国を樹立したときに宣言され，翌年最初の国民議会でユダヤ人への公民権付与法案が通過した．1797年の第2回議会にはアムステルダムから2名のユダヤ人議員が選出され，それ以降，オランダのユダヤ人はナチスによる占領まで隣人たちと完全に平等な条件のもとで生活した．イタリアでは，ゲットーの壁は共和国の軍隊によってひき倒され，ユダヤ人のバッジはつけていた衣服からひきはがされた．またシナゴーグの外には「自由の木」が植えられた．ドイツ西部でさえゲットーは廃止され，またプロイセンの国制改革のなかで，1812年に一時的にではあったがユダヤ人に市民権が認められたのである．

イングランドでは革命はずっと早く，17世紀中葉におこった．その革命によって，ユダヤ人には宗教儀式のために自由に集まる権利が与えられた．18世紀末までには，ユダヤ人のうちでももっとも豊かな者たちは社会の上層部に完全に組みこまれていたが，国内で生まれた少数の者を除いては市民権をもてず（移住者たちの何人かは，市民権よりは限定されたものである開封勅許状による国籍取得者の権利をえていた），市民権をもっている者でさえ市民権のうちの若干部分は制限されていたが，この状態は程度の差こそあれ他の非国教徒とも変わるところはなかった．したがってユダヤ人解放のための運動は，二つの別々な問題に集中していた．すなわち，移住者への市民権付与（主としてユダヤ人に関する問題），および公職やその他の諸活動に就く際の宗教審査の廃止（より一般的な課題）である．運動は世論に訴えたり，すでに確立されている民主的手続きの適用を要求するなどして，整然と実利本位で行なわれた．帰化の問題は1826年に解決をみて，以後半世紀のうちに宗教審査のほとんども廃止された．

ハプスブルク帝国の場合はまったく異なっていた．この国ではユダヤ人は政治体制にあずかれないだけでなく，社会的に排斥され，中世のキリスト教の規則にそっくり従わされていたのだが，そのなかには黄色いバッジをつけることも含まれていた．ユダヤ人は農業や，大半の商業・手工業，それに

フランス革命はヨーロッパのユダヤ人にとっての分水嶺だった．ユダヤ人もまた法の前では平等に市民たりうるという原則が確立されたのであった．しかし，こうした急進的な原則がもっている実際の意味あいがわかってくるには長い時間がかかった．しかもユダヤ人自身を説得して，分離主義によってえていた特権をあきらめさせることは容易なことではなかった．ナポレオンが，その独特で芝居じみた身振りで，こうした特権の放棄を裁可させるために1807年に大サンヘドリンを招集した．この銅メダルには（左図），甘んじて感謝しているモーセに対して，新しい掟の板を横柄な態度で差しだしているナポレオンがみえる．上図：アムステルダムのユダヤ人が，彼らの王ルイ・ボナパルトを熱烈に歓迎している（ポルトガル系シナゴーグが左手に，アシュケナズィームのシナゴーグが右手にある）．現実にはコミュニティは徹底的に二分されており，しかもケヒッラの伝統的な自治権をおびやかす解放は，保守的な主流派による強硬な抵抗にあった．

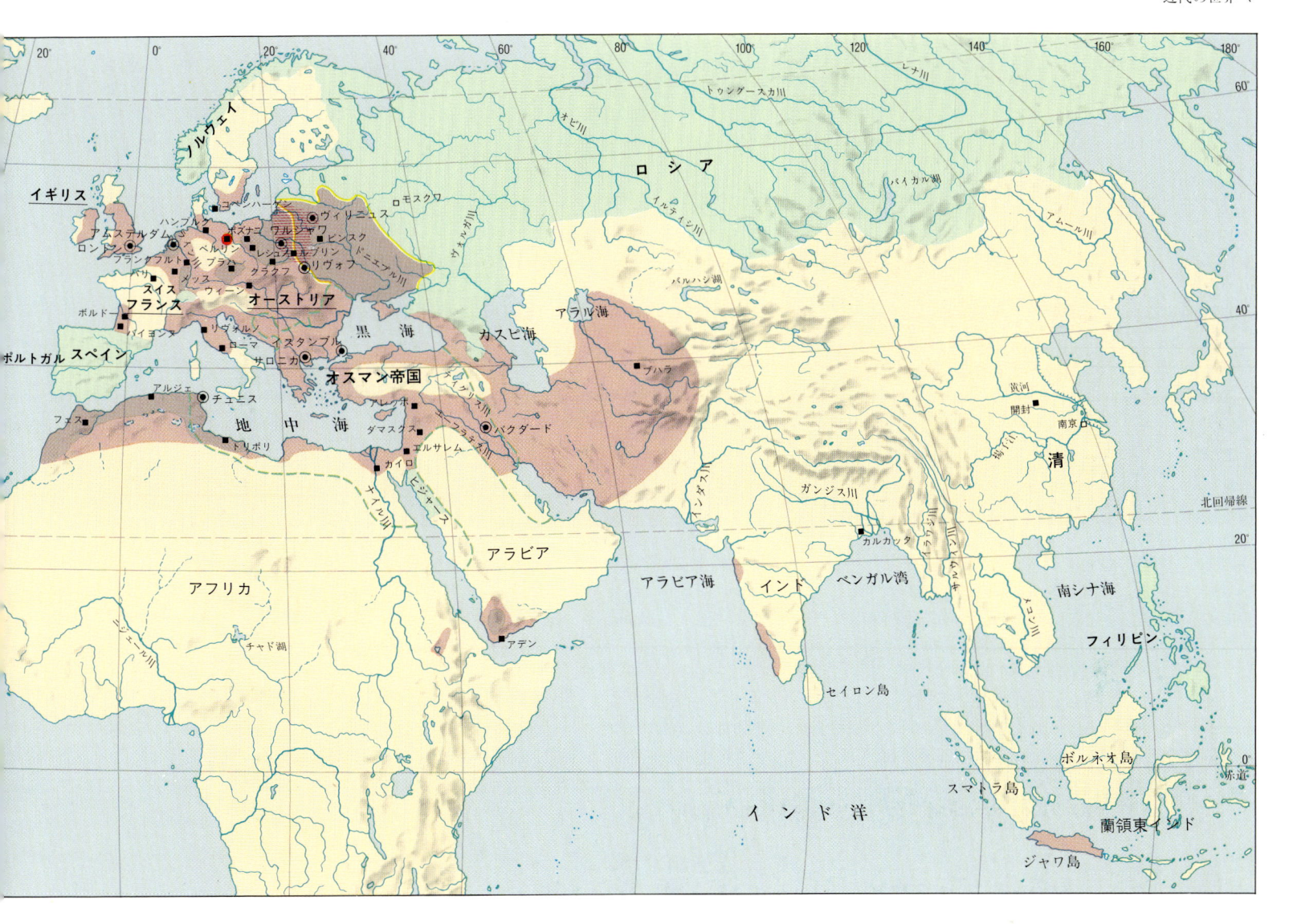

1800年のユダヤ人世界

今やヨーロッパが，世界中のユダヤ人社会の大半をひき受けることになった．1791年に強制定住区域が設定されたロシアには75万人ばかりのユダヤ人がいたし，オーストリアとプロイセンに支配されていたポーランド地域では他に45万人ほどがいた．ポーランドの多くの町では，ユダヤ人の方が数の上ではキリスト教徒よりまさっていた．中欧・西欧へと向かう一貫した動きがあったにもかかわらず，こちら側での人口はなお少なかった．ヨーロッパ以外では，アフリカやアジアでの主要なセファルディームの中心地で，大規模な集中化がおこっていた．その一方北米では，総人口400万人に対して，ユダヤ人は多くてもせいぜい3000人であった．ユダヤ人に市民権を与えようという動きはアメリカやヨーロッパでは幾分前進したが，その影響を受けた人びとは少なく，しかも依然としてユダヤ人を完全に排除している国々もいくつかあった．

学校や大学から閉めだされ，何種類もの特別税を払わねばならなかった．1781年から1789年のあいだに，皇帝ヨーゼフ2世は帝国諸州に向けた一連の勅許状を発布した．それはユダヤ人がおかれていたさまざまな無権利状態のうちの多くを廃し，それと同時に新たな義務を課すものであった．ユダヤ人はドイツ語の名前をつけなくてはならず，またドイツ語を用いるよう督励された．初等教育は，ユダヤ人の学校かキリスト教徒の学校かのどちらかで義務として受けるようになり，中等学校や大学がユダヤ人に開放された．最終的にはヨーゼフは，ユダヤ人を初めて兵役に就かせるようにしたのである．兵役就任時の宣誓は，とくにキリスト教のみに関係した部分はどれも省くよう修正された．

解放と救済

以上のようなさまざまな改革の恩恵に浴したのは，全世界のユダヤ人のうちではほんの少数にすぎず，またヨーロッパでは改革の多くがワーテルローの戦い（1815年）に続く反動期に破棄されてしまった．しかし進歩そのものが抹殺されてしまうことはありえず，もっとも反動的な体制のもとでさえ解放の記憶は残り続けた．ユダヤ人は差別の重荷に対してますます我慢できなくなり，多くの者が1848年革命で積極的な役割を果たしたのだが，この革命はいくつもの国で，短期間ではあれ，自由主義的な政体をとるところまでいったのである．ユダヤ人解放は，自由主義的な改革プログラムのなかでも大きな位置を占めるようになったので，1860年代中にしだいに西部および中部ヨーロッパのほとんどの国々で成就されていった．1871年に，ドイツ帝国憲法が万民のための信教の自由の原則を取り入れたときまでには，わずかにスイス，ノルウェイ，スペイン，ポルトガルのみが解放に依然として抵抗し続けていた．東ヨーロッパはまた別であった．それでもロシア，すなわち西ヨーロッパの様相を一変させてしまったような経済・技術・教育・社会の進歩とはほとんど無縁だった国で，しかも全世界のユダヤ人の半数が極度に不利な状況のもとで生きているというロシアにおいてさえ，アレクサンドル2世の改革が幾分かの救いをもたらし，さらによりよい事態がおこるであろうという期待を抱かせたのである．

ユダヤ人の統合を求める圧力に対する複雑な反応は，ユダヤ人自身にも及んでいた．多くの者にとっては，解放は唐突にすぎて吸収しきれないような衝撃としてやってきた．ゲットーの暗闇から自由の光のなかに出てきて，目がくらんでみえなくなりながらよろめいているユダヤ人というイメージは，19世紀のヨーロッパにおいて多くのユダヤ人が出あった経験をとてもうまく表現している．ある者は新しい状況にすばやく適応し，いくつかの国ではユダヤ人の姿がまもなく軍隊や政府，あるいは自由業や幅広い職種でみかけられるようになった．しかし，統合はユダヤ人としてのアイデンティティの喪失を意味しがちであって，そのことは少なくともユダヤ人の指導者層には受け入れる覚悟ができていなかった．1806年にナポレオンによって招集されたユダヤ人名士の会議は，ユダヤ人とフランス人の兄弟愛を力強く宣言していたが，一つの点，つまりユダヤ人とキリスト教徒との結婚が許容されうるかについては用心深い反応を示した．すなわち，ユダヤ

近代の世界へ

教の法がそうした結婚を禁じているのではなく，またキリスト教徒の連れあいとなったユダヤ人はなお依然としてユダヤ人であると考えられる，しかしラビは，その結婚を司式できないので他宗教の者との通婚には反対する，という反応であった．通婚は19世紀中にはまったく普通のことになった．したがって，ユダヤ人が存続していくことや，統合の限界についての不安を生みだす焦点が残ることになったのではあるが．

予測のつかない新しい時代に対する一般的な反応としては，キリスト教への改宗があった．初めのうちは，改宗者はユダヤ人社会の周辺部から出たが，まもなく多数を巻きこむ動きとなった．19世紀初頭のドイツのいくつかの都市では，おそらくユダヤ人住民の半分ほどがキリスト教を受け入れた．洗礼がただちに同化につながるわけでもなかった．改宗者はユダヤ人コミュニティとのつながりを断ち切らず——実際彼らは，洗礼は受けていないがユダヤ教の信仰や儀式は捨てていたユダヤ人と自由につきあっていた．これに反して，彼らはキリスト教社会に無制限に受け入れられたわけではなかった．キリスト教社会の方は，改宗の大波がもたらした諸問題に対してますます神経をとがらせるようになっていたのである．キリスト教徒のなかでも，有力なプロテスタント神学者だったシュライエルマッハーのような人たちは，教会の「ユダヤ教化」という大昔からいわれてきた危険性について警告した．改宗者たちは，もとはユダヤ人であったということを忘れ去ることは許されなかった．そのため，多くの者がユダヤ人であるとみなされ続けたが，また自分自身でさえもそう思い続けていたのであった．

ユダヤ人の集団のなかに留まった者たちには，ユダヤ人でありしかも市民であるということで，自らのアイデンティティを定めるのにいささかの困難がつきまとった．キリスト教社会の構造が，国内での宗教上のマイノリティのあり方のモデルとなっている西欧諸国で，とりわけ広くいきわたっている慣習的な方式によれば，「モーセの宗派に属する」フランス人（あるいはイギリス人，あるいはドイツ人）となるのであり，それはつまり，ユダヤ人のアイデンティティは純粋に宗教上のレッテルにまで変えられうることを示唆していることになる．アメリカでは，1885年のピッツバーグでのラビ会議がこう宣言している．「われわれは，自らをもはや民族としてではなく，宗教共同体として考える」．

もっとも，ある意味では宗教上のレッテルへのこだわりはもはや時代錯誤であった．宗教共同体を主たる政治的単位とする時代は過ぎ去ったのであり，国民国家のなかの単なる付随的な要素にすぎなくなりつつあった．これが近代世界における「ユダヤ人問題」の核心である．宗教共同体という位置づけを選んだユダヤ人は，キリスト教の諸宗派が近代国家とのあいだに作りあげてきた和解と同種のものを求めていた．ナポレオンがフランスのユダヤ人と結んだ協定と，カトリックおよびプロテスタントの諸教会と結んだそれとのあいだには，原理的な違いはほとんどない．宗教団体は自治団体的な政治勢力であることを放棄し，また教団内部の問題に対する国家の干渉を受け入れるかわりに公的な認知を受け，一定程度の特権を受けとることにした．こうしたあり方は，遅かれ早かれヨーロッパのほとんどの国々で採用された．主たる選択肢は，合衆国でのような全面的な教会と国家の分離とするか，イギリスでのような部分的な分離とするかであった．どちらの例でも，ユダヤ人に関する限りは結果は同じことだった．ユダヤ人のコミュニティは自治的な政治団体としては事実上存在しなくなり，ラビの法廷も裁判権をほとんど失った．新しいコミュニティは，要するに私的な団体であるにすぎず，そこへの加入も，一人ひとりにとっては個人的な選択の問題になったのである．もし個人が加入しないことに決めたとしても，何ら不必要な困難に耐える必要はない．宗教指導者たちとしては，自ら個々人の忠誠心をかちとり，保ち続ける努力をしなくてはならなかった．しかし離脱した者にとっては，ユダヤ人としてのアイデンティティを表わすことになる別の公的な組織体は存在しなかった．

しかしながら，東ヨーロッパでは別の傾向が表われていた．ユダヤ人は民族自決の戦いに携わっている人びとに囲まれていたし，また宗教までが民族のアイデンティティとしての性質を帯びていく傾向にあった．解放と統合はもっとゆっくりと生じたが，その前に世俗主義がおきていた．ユダヤ人内の啓蒙運動は伝統的なユダヤ教の支配と戦う一方で，ユダヤ人に独特の世俗的な文化の発展を促した．もしユダヤ人が近代国家に一体化した部分としての役割を果たすことになるとすれば（その点はますます論議にのぼっていた），それは宗教的マイノリティとしてではなく，民族的マイノリティとしてであるはずだった．この考えが具体的な表現となるまでには時間がかかったが，ついには東ヨーロッパでも，また全世界的規模でも，ユダヤ人の歴史の推移に重大な影響を及ぼすことになるのであった．

市民権には当然権利も義務も，どちらもともなう．1858年にライオネル・ド・ロスチャイルドが，キリスト教徒としての宣誓を義務づけられることなく英国議会への登院が認められたことは（左上図），ユダヤ人解放のための戦いにとって決定的な一歩であるとみなされた．もっともこの頃には，現実には英国のユダヤ人がハンディをこうむることはほとんどなかったのだが．しかし，オックスフォードやケンブリッジという古来の大学で学位を取得するためであっても，国教会の原理に賛同できない者たちは1871年までその権利を獲得できなかった．もちろんこうした改革は，ユダヤ人のためだけになされたことではなく，異端に対しても寛容さを備える近代国家の進化の一部なのである．市民権の主たる義務は兵役であり，これがユダヤ人をより広範な社会に統合していく上での重要なステップになった．ユダヤ人がまだ市民権を享受していなかったロシアでさえ，1874年の法律によって一般徴兵制に従わねばならなかった．そして3年後の露土戦争では，数千人のユダヤ人が兵士として勤務した（上図）．

この100年

　歴史の舞台へのユダヤ人の再度の登場は，苦痛に満ちた，しばしば悲劇的なものですらあった．過去100年間には，前世紀に始まった解放プロセスの完成がみとどけられたが，同時にまたそのプロセスが厳しい試練を受け，一時は，暴力的にくつがえされることまでみとどけることになった．この間二つの新しい力，つまり反セム主義とユダヤ人ナショナリズムの出現を眼のあたりにすることになったが，双方ともユダヤ人と非ユダヤ人とを，またユダヤ人同士を分断させ，さらにひき続いて二つの新しい画期的な出来事をひきおこすことになった．すなわち，ナチスによるホロコーストおよびイスラエル国家の建設である．ユダヤ人世界の地図は，破壊と移動とによって原形を留めないほどに書きかえられ，1860年代や70年代の楽観的な気分は不安と自問のそれへと変わってしまった．

　1880年代の10年間は，ヨーロッパのユダヤ人にとって不吉な様相で始まった．1881年3月13日に，改革派のツァーリ，アレクサンドル2世が暗殺された．6週間後にはポグロムの波が押しよせ，翌年までずっと続いた．200か所以上でユダヤ人たちは暴徒の襲撃を受けたが，暴徒はとがめられることもなく，明らかに官憲の後押しのもとに殺戮し，強姦し，略奪した．1882年5月には差別的な法令（五月法）が公布され，少し前に行なわれた改革をくつがえし，ユダヤ人の生活に容赦ない制約を課した．同年，ドイツでは国際的な反セム主義の会議が招集され，しかも反セム主義を掲げた一党が議会に議席をえており，その一方でハンガリーでは中世の血の中傷［ユダヤ人が，過ぎ越しの祭などの儀式に必要な血を入手するためにキリスト教徒，とくにその子どもを殺す，とする中傷］が復活していた．

　踏みにじられていたユダヤ人に自由を認めた時代が，同時に新たな種類の敵意を生みだしてもいたということは，人間性の哀しい不名誉な一面である．旧来のキリスト教徒による反ユダヤ主義は神学的な論議によって自己の正当化をしていたが，新しい「反セム主義」（1879年に初めて作りだされた悪意をこめたエセ学術用語）の方は生物学的劣等性を想定してそのことを強調し，ユダヤ人はヨーロッパ社会にやってきたよそ者で腐敗ビールスだと断言したのである．反セム主義は，昔からの反ユダヤ主義的な偏見に培われたものであるが，かつてそうした偏見を生み育てもした教会は，それを一向になくそうとはしていなかった．だがそもそも反セム主義は，ヨーロッパ社会の急激な変化の過程（ユダヤ人解放もその一つの要素だった）から強烈な刺激を受けたのであり，またその過程が多くの非常に強固な利害関係勢力に現実の，あるいは想像上の脅威をもたらしていたのである．反自由主義的な政治綱領の焦点を「ユダヤ人が及ぼす危険」に定めることで，反セム主義者たちは社会の病いに対する単純きわまりなくて本当とはとても思えない診断を提出していたように思われるかもしれない．そんな教義がドイツに始まり，フランス，オーストリア，そしてロシアにさえも劇的なほど首尾よく広がったことが，反ユダヤ主義感情の根の深さのほどを示しているのである．

　ドイツでは，反セム主義のキリスト教社会党がプロテスタントの牧師アドルフ・シュテッカーによって設立されたが，この人物は1882年，ドレスデンでの反セム主義の国際会議で議長を務めていた．同じような政党がいくつかの国で結成され，低次元の憎しみをあおったり，ユダヤ人の公民権の取消しを強く求めたりした．理づめの議論の装いのもとに偏見を隠しもった反ユダヤ主義的な文献が洪水のように出版され，やがて反ユダヤ主義暴動が勃発しだした．

　ロシアでは，1881年のポグロムに続いて官憲の後押しによるテロルが発作的にくリ返され，五月法が過酷に執行された．

「あいつの責任だ！」，アベル・パンの風刺画（1915年）．ヨーロッパにあるやっかいな問題はみな，共通のスケープゴートであるユダヤ人のせいにする．

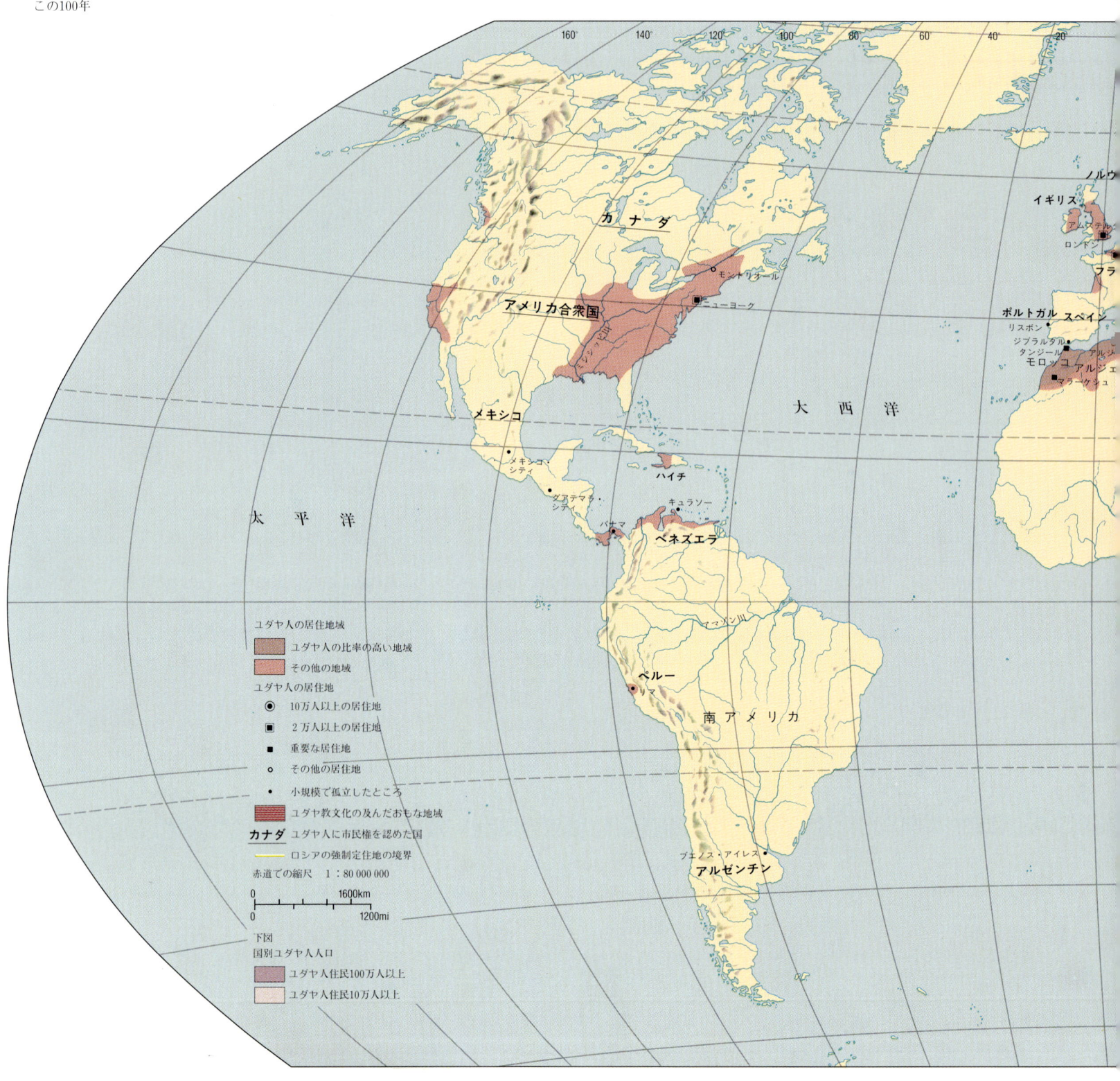

この100年

凡例
ユダヤ人の居住地域
- ユダヤ人の比率の高い地域
- その他の地域

ユダヤ人の居住地
- ⊙ 10万人以上の居住地
- ■ 2万人以上の居住地
- ▪ 重要な居住地
- ○ その他の居住地
- · 小規模で孤立したところ
- ユダヤ教文化の及んだおもな地域

<u>カナダ</u> ユダヤ人に市民権を認めた国
── ロシアの強制定住地の境界

赤道での縮尺 1:80 000 000

下図
国別ユダヤ人人口
- ユダヤ人住民100万人以上
- ユダヤ人住民10万人以上

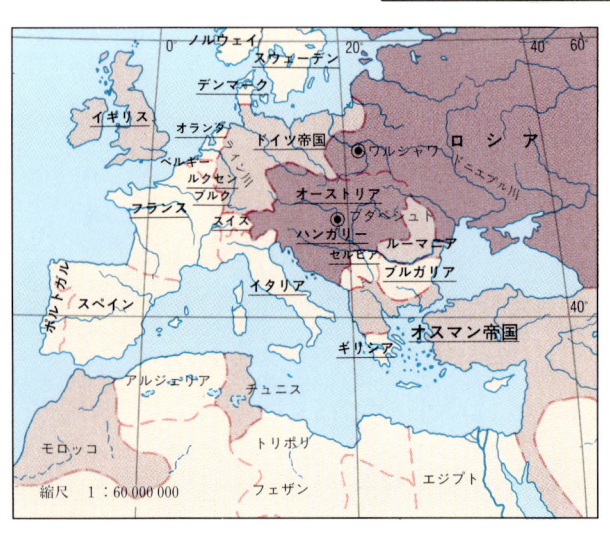

縮尺 1:60 000 000

1880年のユダヤ人世界

大移住がおきる直前には、世界中に約770万人のユダヤ人がいて、そのうちの90％がヨーロッパに住んでいた。しかもその大半がヨーロッパ大陸の東半分にいた。ワルシャワだけで、全英国ないしは全フランスのユダヤ人よりも多くのユダヤ人がいたのである。したがって、すでに解放運動がかなり進められているのに、影響を受けているのは依然として少数のユダヤ人だけで、大半はなお無権利状態や敵対的な差別に苦しんでいた。ヨーロッパ以外でも同様なことがいえる。人口の集中しているおもな場所はイスラム世界内にあり、南北アメリカ、南アフリカ、およびオーストラレーシアのコミュニティは小さく、分散していた。ニューヨークは注目に価する例外で、当時8万人を数えたが、なお急速に増大しつつあった。

ロシア人の暮らしのなかにユダヤ人を統合していくことが始まったのは、1860年代の自由化立法に由来しているが、この物理的な暴力と法による攻撃の連携により、その統合も急速に息の根を止められた。1903年に、ユダヤ人の世界征服計画といった内容のにせの文書が出版され、反セム主義の議論に新たなひとひねりが加えられたのもロシアでのことだった。それが『シオンの長老の議定書』である。これは多くの言語に翻訳され、事実上全ヨーロッパ諸国で、また同じく南北アメリカで［さらに日本でも］刊行された。この『議定書』は、とうの昔に悪意に満ちた偽書であることが明らかにされているにもかかわらず、今日でもなお反セム主義の宣伝活動の目玉商品となっている。それ以後ユダヤ人は、異質で相容れない存在としてだけではなく、破壊的な地下政治活動をする存在としても描きだされることになった。ユダヤ人の富や影響

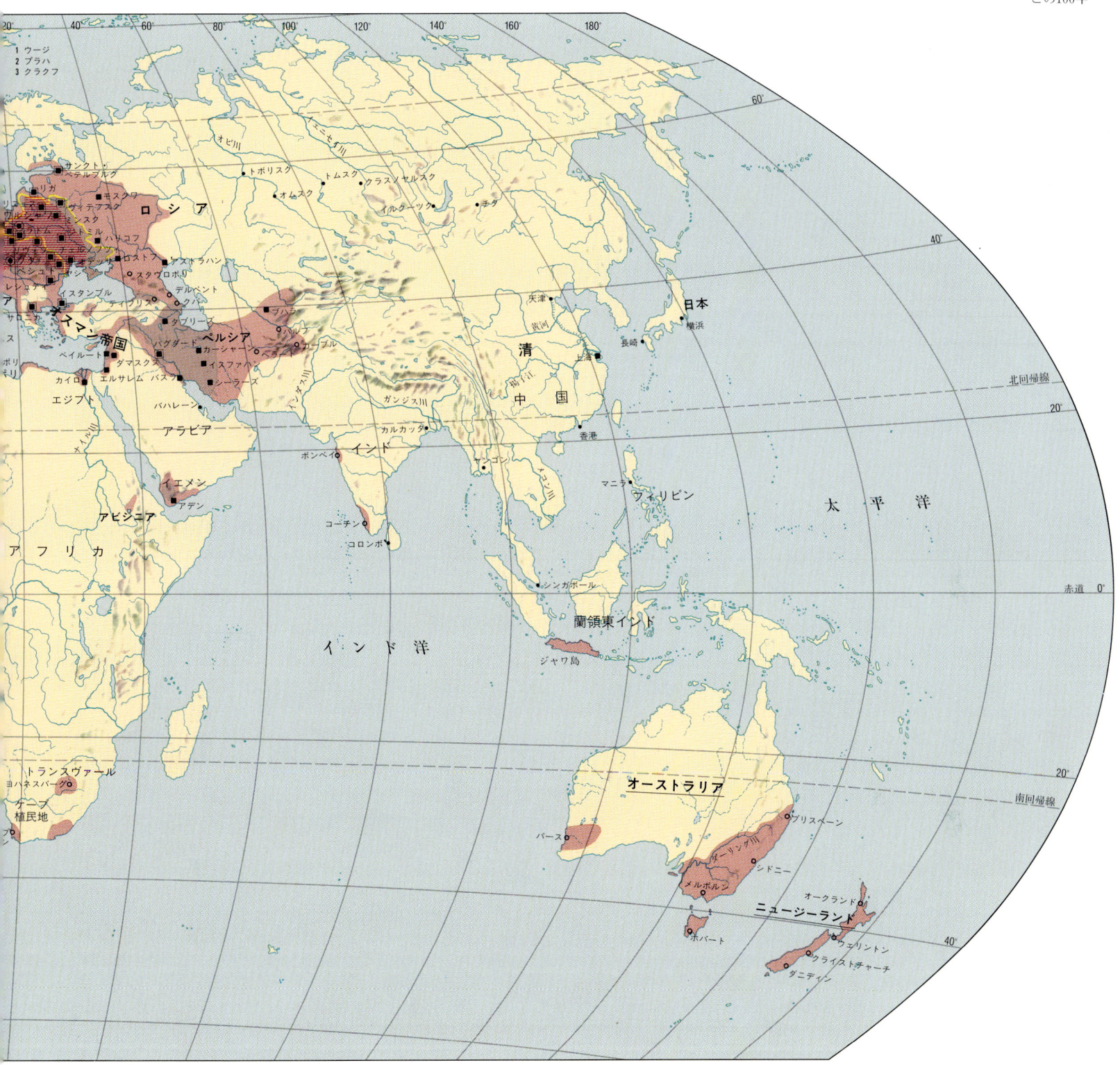

力は神話の一部となってグロテスクに誇張され，ボーア戦争からボリシェヴィキ革命に至るまで，さまざまな事件の責めを負わされたのである．

こうした展開すべてがもたらした結果の一つは，国外への移住率，それもとくにロシアから出国する移住率の劇的な増大だった．19世紀は，実際ヨーロッパ全体としても移住の時代だったが，ユダヤ人にとっても移住の時代となっていた．膨大な数の人びとが，ヨーロッパ大陸のなかであちこち移り，あるいはまた海の彼方の南北アメリカ，南アフリカ，そしてオセアニアなどで開けつつある新しい地域へ移るといったように，両方面で動いていた．移住の主たる原因は経済的なものだった．人口の急激な増加は生活苦の増大へとつながり，工業化は多くの人びとを都市へとひきつけたものの，都市は殺到する人びとを吸収しきれなかった．ユダヤ人人口の爆発的な増大はとりわけ衝撃が大きかった．1800年と1900年のあいだに全世界の人口はほぼ倍になったが，ユダヤ人の人口は4倍，すなわちほぼ250万人から1060万人へと増加したのである．さらに注目すべきことは，この増加の大部分は東ヨーロッパ，とくにロシア西部の強制定住地でおきたということであり，そこでのユダヤ人人口は，1820年には160万人だったのが，1880年には400万人に，1910年までには560万人へと増大したのだった——これは国外移住が続いていたにもかかわらずなのである．この地域は一種の貯水池のようなものになっていて，中部および西ヨーロッパのユダヤ人コミュニティが海外への移住や同化，さらには急速な都市化の影響に起因する人口減少のために枯渇していくのを，常にまた一杯に満たしていたのだ．ポグロムが開始されてから，かつては細々とした流れだったものが本物の大洪水となった．1881年と1914

この100年

凡例

ユダヤ人住民の移動のあった国または地域

- 国外に移住したおもなところ
- 国外に移住したその他のところ
- 国外移住に対して国内移入もある程度あったところ
- 国内に移入したおもなところ
- 国内に移入したその他のところ（南・北ローデシア，オーストラリアにも）
- 国内移入に対して国外移住もある程度あったところ

70 000　1881-1914年の移入ユダヤ人の総計

→ アシュケナズィームの移住のおもな向き
→ セファルディームの移住のおもな向き
■ 出港地
■ 入港地
□ 出入港地

重大な変化はなかった／ユダヤ人住民がほとんどまたはまったくいなかった

地図上の主な地名・数値

- アルゼンチン 113 000
- ブエノス・アイレス
- ウルグアイ
- パラグアイ
- ブラジル
- チリ
- ボリビア
- ペルー
- グアテマラ
- メキシコ
- ハイチ
- キューバ
- 南アフリカ 43 000
- ケープタウン
- モロッコ
- 大西洋
- アフリカ
- 地中海
- ギリシア
- オスマン帝国
- シリア
- パレスティナ 70 000
- ヤッファ
- ルーマニア
- ガリツィア
- オーストリア＝ハンガリー
- フランス
- ベルギー
- ルクセンブルク
- オランダ
- ユダヤ人強制定住地　1881-1907年のポグロム
- オデッサ
- リガ
- ロシア
- 赤道

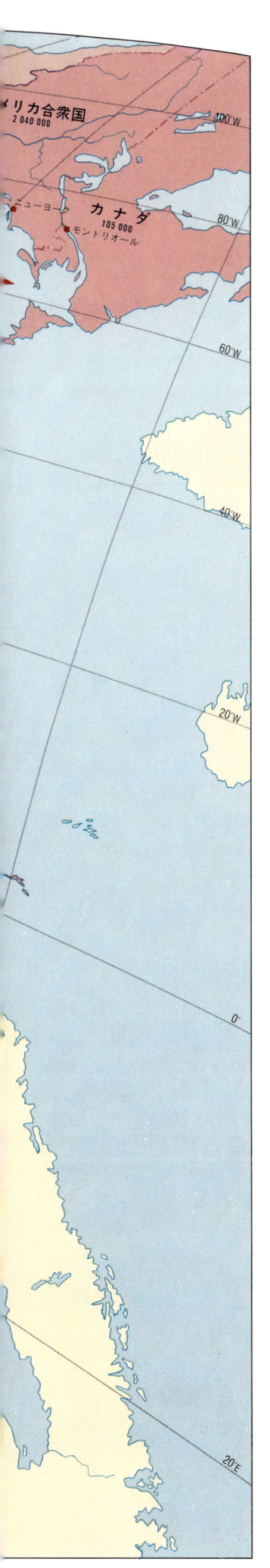

左　大移住，1881－1914年

ヨーロッパの多くの農村地域で，人口爆発が前代未聞の規模で貧困と社会的緊張をひきおこしていた．数百万の人びとが，成長しつつある都市や他の大陸にあるはずの，よりよい機会を求めて故郷をあとにした．この爆発がもっとも劇的に生じたのは東ヨーロッパで，そこでは不利な政治的条件が，去るべきさらなる理由をユダヤ人にもたらした．200万人以上のユダヤ人が，この時期にヨーロッパから移住した（それ以前の40年間では，20万人ほどだったことと比較せよ）．そのうちの85％が合衆国に定住し，そこで彼らは最大規模の移民グループの一つを組織した．さらに76万人のユダヤ人が，1915年から1931年のあいだにヨーロッパを去った．

右　ユダヤ人の詩人エンマ・ラザルスの有名な一節が記されている自由の女神像は，これらのヨーロッパからの移民にとって新しい生活の希望を象徴するものであった．彼らがヨーロッパからもちこんだ宗教的慣習（右下図）は，やがて新世界で挑戦を受け，変えられていくことになる．

年のあいだにおよそ275万人ものユダヤ人が東ヨーロッパをあとにした――それは，この地域のユダヤ人の3分の1以上であり，全世界のユダヤ人の4分の1以上にのぼった．このような規模での人口移動は，事実上ユダヤ人の歴史に前例をみないものだった．いいかえれば，ユダヤ人世界の全体像に非常にはっきりした影響を及ぼすものだったのである．

西ヨーロッパでは，小規模で比較的うまく統合されていたユダヤ人コミュニティに移住者たちが殺到していた．移住者たちの貧しさはコミュニティの財源にとって重荷になり，しかも彼らの異なった文化がコミュニティ内部での対立を生じさせることになった．イギリスでは，1914年までに新来者の方が5対1の割合で在来ユダヤ人より数が多くなっていた．この新来者は大都市に集中し，そこからあふれだし，食いものにされていた．合衆国は，どうやら無限のチャンスをそなえた自由の土地のようで，非常に多くの移住者をひきつけていたが，そこに中部ヨーロッパから早くにやってきた移民は，西部や南部へと国土が拡大するにつれて広がり，商人や職人になって生計をたてる手段を簡単にみつけだしていた．1880年代の東ヨーロッパからの流入は巨大産業の発展と表裏をなしていたので，移民は入国する際の主要港であるニューヨークやその他の大都市に集中して増え，新来の者たちの多くは衣料工場に職をえた．そういうわけで，ここでもユダヤ人の都市労働者が増加し，貧困や社会不安などの付随的な問題もすべて現われたのだった．移住してきた人びとは以前から定住していた人びとの援助を受け，またお互いに助けあった．移民たちも，ヨーロッパからの後続移住者のために資金を援助したが，輸送手段の進歩によって移住自体がしやすくなっていた．いってみれば，移住そのものが燃料を補給していたのである．1900年までに合衆国のユダヤ人人口は100万人に達し，1914年までにはさらに130万人が到着した．ニューヨークそのものに，すでにその頃には100万人ものユダヤ人住民がおり，この町は群を抜く世界最大の「ユダヤ人都市」になっていた．その一方で，別の国々がユダヤ人の所在を示す地図の上に初めて登場したり，重要性を増したりした．これは一部にはユダヤ人植民協会（ICA）の働きに負うもので，この組織は1891年に金融業者のモーリス・ドゥ・ヒルシュ男爵によって設立されたのである．ヒルシュは，ユダヤ人の悲惨な境遇を救おうと莫大な財産を使った．元来の計画はロシアのユダヤ人に教育を与え，農業や手工業のための訓練を施すことだったが，その提案がロシア政府によって拒否されると，ヒルシュは移住こそ唯一の解決法であると意を決した．ICAは，貧困と迫害という差し迫った問題に対して適宜移民を組織するというやり方で取り組むだけでなく，自由に入国できる国国のなかの未開拓地に自給自足のコロニーを建設することで，ユダヤ人の生活を長期的に向上させていくことも追求していた．アルゼンチンが農業コロニー建設のためにとくに選ばれたが，カナダ，ブラジル，パレスティナその他の地域での計画に対しても惜しみない援助が与えられた．

パレスティナはもちろん特別なケースだった．経済的にであれ政治的にであれ，ここで展望を見いだせるかどうかは不明だった．そのような状況のなかでのユダヤ人入植は（カナダやアルゼンチンへのささやかな流入と比べても小規模なものだった），揺るぎない理想主義によるものだったが，将来の見こみがもてないここの状況にしばしば挫折を味わわされて

いた．しかし外部の後援者や援助組織の助力をえて，入植者たちの運命は徐々に好転し，いくつもの農業コロニーが建設された（1914年までで43あった）．

ナショナリズムか社会主義か

他の国々での問題は，優勢な非ユダヤ人社会のなかに集団としてのユダヤ人をいかに統合するかということであったが，パレスティナでのシオニストたちの目標は，究極的には自治権をもつようになるユダヤ人社会を建設することであった．シオニズムは，同化に対する根底的な拒絶であるとも，あるいはそれ自体がヨーロッパ的ナショナリズムのモデルに対する同化の一形態であるとも考えられる．この二つの違いは強調の仕方の問題でしかない．シオニズム運動は，1880年代と90年代に，反セム主義の大合唱のなかに含まれていたユダヤ人の統合を否定する動きへの返答として生じた．その運動が初期の民族主義思想を吸収・発展させていたとしても，そこに理論的根拠と大衆へのアピール性を与えたのは反セム主義だった．レオン・ピンスカーは，1881年のポグロムに触発されて『自力解放』を刊行した．さらにテオドール・ヘルツルが，ドレフュス裁判のおりにフランスの反セム主義を体験して『ユダヤ人国家』(1896年)を著わした．彼らの思想は，西欧ユダヤ人のあいだではほとんど支持をえられなかった．むしろポグロムに苦しむロシアでこそ，その思想は初めて大衆の想像力をつかみ，その結果西欧諸国に滞在するロシアか

第一次世界大戦

戦争は，ユダヤ人の人口密度のもっとも高い，いくつかの地域で戦われた．その結果一般市民は深刻な苦しみをこうむり，さらに数多くの人間が，戦ったどちらの側でも兵士として殺され，あるいは傷ついた．ロシアのユダヤ人は，1917年の革命後にようやく解放され，しかも戦後の平和条約が，中欧・東欧のユダヤ人のためにマイノリティの権利の保証をとりいれたのである（挿入地図参照）．しかしながら，差別や反ユダヤ主義的暴力の爆発がいくつかの国ぐにでは続いていた．

この100年

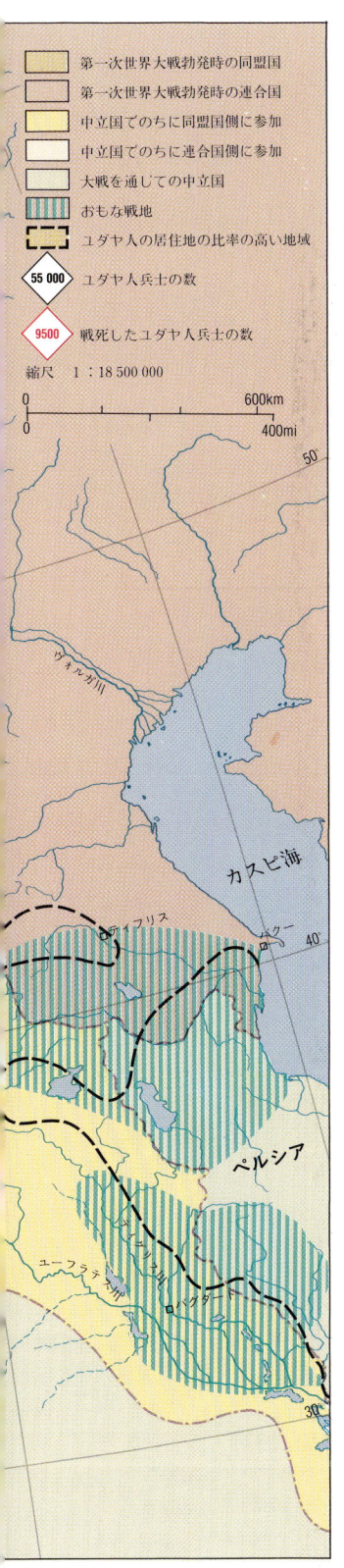

1899年のアルフレッド・ドレフュス大尉の事件（下図）は、反ユダヤ主義的偏見の強力な風潮を表面化させ、さらに人道主義の原則を誇りにしていたフランスのような国でさえ、ユダヤ人が受け入れられたというにはほど遠いことを実証した。この不祥事が、シオニズムの訴えをあと押ししたのである。シオニズムは1917年にイギリスがトルコからエルサレムを攻略したとき（下端図）、夢以上のものになった。西欧のリベラルな良心に対するもう一つの挑戦が、1903年にロシアのキエフでおきたポグロムだったが、そこでは47人のユダヤ人が虐殺されたのだ。「'仕返しを'と呼ぶ者にはのろいあれ、子どもの血に対する復讐を、悪魔自身がまだ考えついていないのだ」。このようにヘブライ語詩人のビアリクは書いている。ポグロムでみなし児になった子どもたちは、合衆国にあるヘブライ移民援護協会（HIAS）にひきとられた（左図）。一方、職業訓練による社会復帰機構（ORT）は、この写真（左下図）にあるような工場をアルゼンチンに設立した。

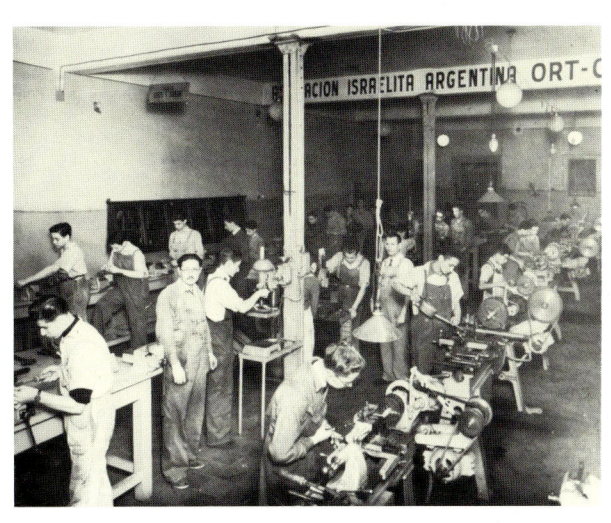

らの数多くの移民大衆のあいだに広がったのである。この思想はロシアの社会主義者のあいだにとりわけ強くアピールした。彼らは、ユダヤ人国家というもののなかに、宗教による支配、経済的搾取、さらには反セム主義の災厄から無縁な平等社会を打ち立てる機会を見いだしていた。第1回シオニスト会議は1897年にバーゼルで開かれ、旗と国歌を選定して、パレスティナにおけるユダヤ人の民族的郷土の建設という目的を遂行するための国際機関を設立した。シオニストの指導者たちのあいだでは、その目標や目標を実現するための手段においては一致がみられなかったが、ヨーロッパ各国内でのユダヤ人解放が個々のユダヤ人にいかに好機を与えたにせよ、それによって民族としてのユダヤ人の問題を解決することは不可能であるという点に関しては、全員が賛同した。

ユダヤ人社会主義者のすべてがシオニズムにひかれたわけではない。もともとユダヤ人には、モーゼス・ヘス（1812-75）やフェルディナンド・ラサール（1825-64）のような、初期の頃までさかのぼる社会主義との長い関わりの歴史があった。一般的にいってユダヤ人社会主義者は、ブルジョワ社会と資本主義経済の産物であるととらえていたユダヤ人問題に終止符を打つものとして、社会革命に期待していた。初期のポグロムののち、ロシアではさまざまな急進的運動がユダヤ人の支持者を集めたが、こうした人たちはある世界改革のイデオロギーからまた別のものへ、というようにたえまなく揺

この100年

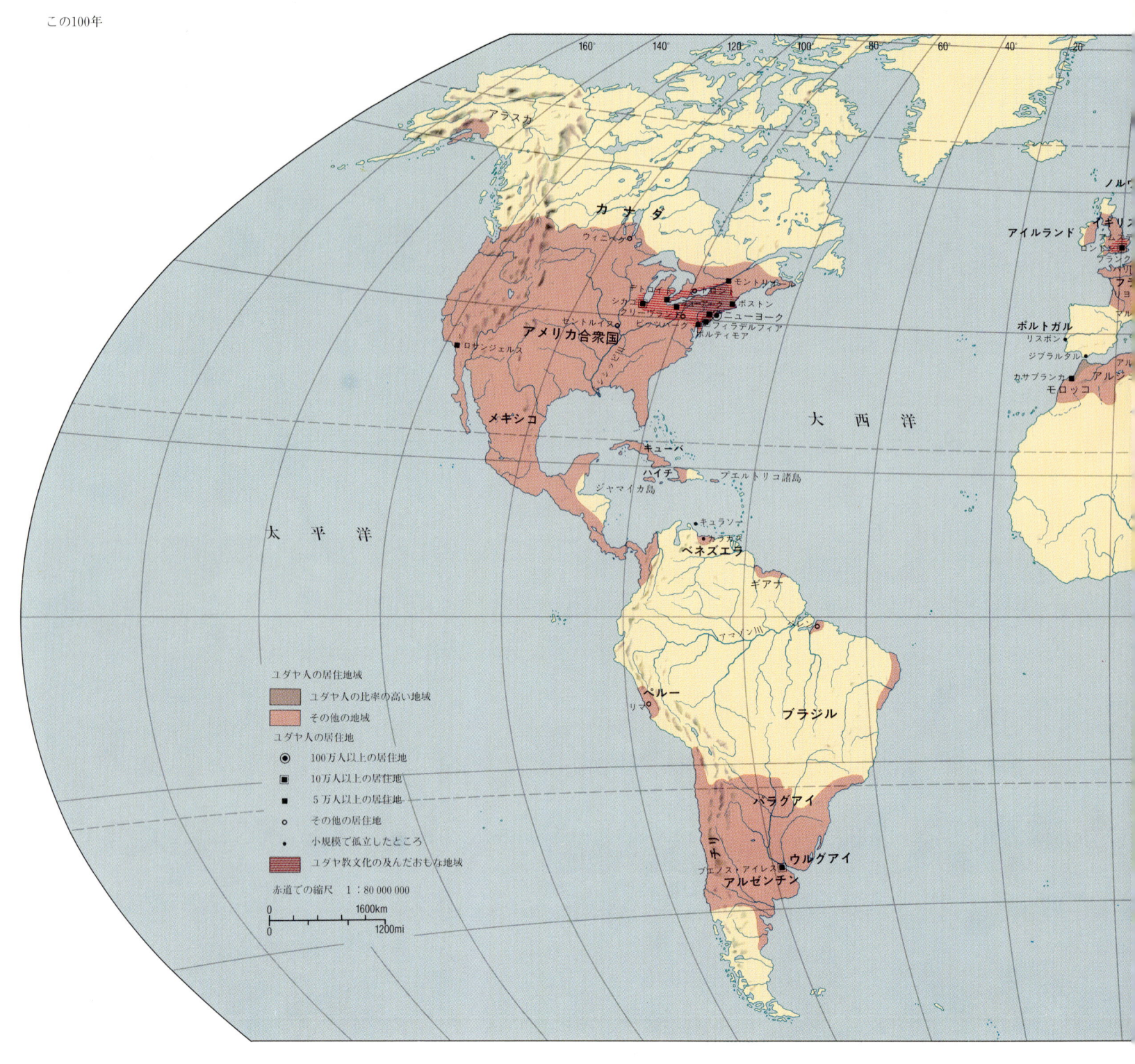

れ動いていることが多かった．最初のうちはことばの壁のため，イディッシュ語を話す多数のユダヤ人労働者のあいだでは社会主義の普及が遅れていたが，1897年にはヴィリニュスでユダヤ人に限定した社会主義運動の組織が設立された．ブントという通称で知られているこの組織（公式には「リトアニア・ポーランド・ロシアにおけるユダヤ人労働者総同盟」と名乗った）は，出発の時点からユダヤ人労働者の利益の擁護と反ユダヤ主義的差別との闘争を目標に掲げていた．「なぜならばユダヤ人労働者は，単に労働者としてのみならず，ユダヤ人としても苦しみを味わっているからである」．この運動組織は強い支持を受け，その政策のとくにユダヤ人に関する内容がしだいに重要性を増していった．1901年にはブントはユダヤ民族主義を方針として採択し，その4年後には，ロシア・ユダヤ人社会の文化的自治という構想を取り入れて，イディッシュ語を公用語として承認するよう要求した．ブント主義者，シオニスト，そしてより全人類的な立場をとる社会主義者のあいだで，三つどもえのイデオロギー闘争が続いた．社会主義者はシオニストを「ブルジョワ民族主義者」と切って捨て，レーニンは（ロシアのユダヤ人がこうむっている苦難には深く心を痛めていたのだが）ブント主義者を「船酔いをこわがっているシオニスト」と呼んだ．ユダヤ人の運動組織の双方が，互いに激しく敵対する一方で，社会主義の隊列のなかにすら反セム主義の残りかすがあるのではないかと疑っていた．その一方では社会主義陣営も民族主義陣営もともに，昔の相対的な自治社会をいまだに切望している宗教的伝統主義者から，啓蒙と進歩に確固たる信頼を寄せている（西欧の）宗教的近代主義者に至るまで，ずらりと並んでいるユダヤ人世界の広大な戦線と対立していた．この伝統主義者と近代主義の二つのグループは，お互い同士では激しい論争をくり広げていたのである．こうした分裂ぶりは，第二神殿の時代末期の特徴をなす分派抗争を思いださせるものがあった．

1930年のユダヤ人世界

ユダヤ人世界は，今やその広がり，総数，あるいはまた生活状況全般といった観点からみて，その頂点に達していた．世界中には1500万人以上のユダヤ人がいる．そのうちの半分はなお東欧・中欧で暮らしており，その地域の総人口の6％になっている．ポーランドでは300万人のユダヤ人が人口の10％近くを占めており，しかも場所によっては依然として多数派をなしていた．しかし，国外への移民が重大な変化をひきおこしていた．この時点では，アメリカ合衆国が世界最大のユダヤ人コミュニティを抱える国という地位に達しており，優に400万人以上（全アメリカ人の3.6％）もいる．その一方，イギリス統治下のパレスティナでは，16万人というユダヤ人人口は小規模ではあるが増加しつつあり，総人口の18％ほどになっている．多くのコミュニティが，この地図で初めて現われている．ユダヤ人の生活に対して厳重な制限を加えている国はほとんどない．しかも

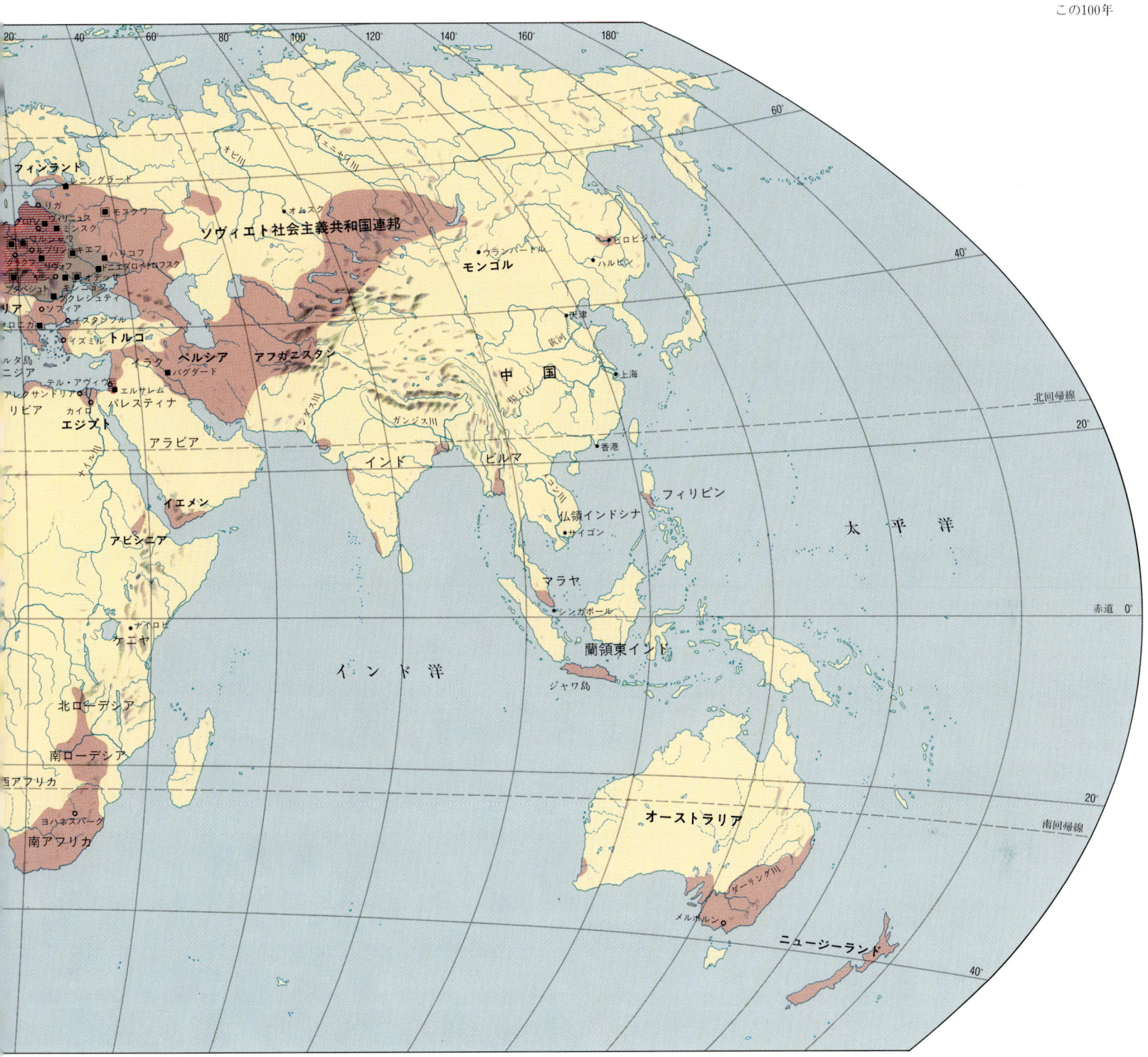

第一次世界大戦とユダヤ人の歴史

多くの場所で，今やユダヤ人は社会のあらゆるレベルでよく融和していた．経済的には不安定だったが，それにもかかわらず進歩や満足を感じる気持ちがいきわたっていた．しかし，それは嵐の前の風だった．ユダヤ人の歴史のなかで最大の悪夢のような試練をもたらそうと，すでに暗雲が群がりだしていた．

第一次世界大戦はヨーロッパ全体にとって悲惨なものであったが，ユダヤ人にとっては空前の損失であった．多くの者が敵味方に別れて兵士として死んだというだけではなく（戦死したユダヤ人の軍人の総数は14万人と見積もられており，その大部分がロシア人だった），東ヨーロッパのユダヤ人住民が密集している地域が初めて戦場のなかに含まれたのである．戦闘の際に殺された一般市民のほかに，多くの者が避難民として戦闘地帯から逃れ，また飢餓と伝染病がもとで死んだ．戦争の余波で，ハンガリー，ポーランド，ウクライナでポグロムが勃発し，何万人ものユダヤ人が死んだり，家を失ったりさせられるはめになった．戦争はまた，国外への移住を停止させた．脱出は1918年以降再開されたが，国外への移住は今や妨害されるようになり，しかも移民を受け入れていた国々がしだいに入国を制限するようになった．

戦争中には，ユダヤ人の歴史に重大な影響を及ぼすことになる三つの大きな新事態がおこった．すなわちロシア革命，イギリスのパレスティナ占領，ならびに世界強国としてのアメリカの出現である．

ロシアでの1917年3月の革命は，ユダヤ人を拘束・抑圧していた反ユダヤ主義的法律を一撃のもとに一掃したので，あらゆる宗派のユダヤ人から熱烈に歓迎された．その8か月後のボリシェヴィキによる権力奪取でさえも，初めのうちは危険なものとはみなされなかった．というのは，ボリシェヴィキの指導者たちはツァーリの圧制の格段の犠牲者としてのユダヤ人に対して共感をはっきり表明していたし，そのうちの何人かは本人自身がユダヤ人だったからである．しかしボリシェヴィキは，ロシアにおける反ユダヤ主義的偏見を根絶やしにすることはできず，それどころかユダヤ教や「反革命的」ブント主義者，さらにシオニストの運動に対して，自分たちのイデオロギーそのものからくる迫害までつけ加えたのだった．それでも，個々のユダヤ人は新たな機会による恩恵を受

けて，多くの者が共産党と政府内の高い地位に就いた．

イギリスのパレスティナ進駐は，イギリス政府が1917年11月2日のバルフォア宣言でシオニストの熱望を公に認めたことと表裏をなしていた．ユダヤ人の民族的郷土というねらいが，結果としてパレスティナの国際連盟委任統治のなかに組み入れられ，そこで初めて現実性をおびた目標となったように思えたのである．シオニストの運動は，今や西欧のユダヤ人たちからこれまで以上の大きな支持をえ始めていた．しかし反シオニズムもまた増大しており，しかもユダヤ人コミュニティが激しく分裂していたのである．トルコによる支配の終焉は，また中東におけるアラブ・ナショナリズムを高揚させ，三つどもえの戦いに発展した．その間イギリスは，敵対しあい，ますます暴力的となっていく争いをくり広げていた民族運動のあいだで，無器用にバランスをとっていた．

ヨーロッパでの戦争にアメリカが介入するのと同時に（事実としては先立って），アメリカのユダヤ人はヨーロッパの同胞に対する責任をひき受けるようになった．東欧ユダヤ人の窮状を懸念して救援活動が行なわれることになったが，その数年前からすでに政治的介入も始まっていた．1906年には全米ユダヤ人委員会（AJC）が（西ヨーロッパでの英国ユダヤ人協会や世界イスラエル人同盟のような組織をモデルとして）設置されており，その目的は世界中のあらゆる地域でユダヤ人の権利を守り，また迫害の影響を軽減するということであった．1914年にAJCは，別々のグループがさまざまに行なっていたことを，アメリカ・ユダヤ人合同分配委員会（JDC）を通じて共同で募金と救援活動が行なわれるように統合した．政治戦線では，アメリカのシオニストたちが，ベルリンで活動不能状態に陥っていた世界シオニスト執行機関が果たしてきた組織化の役割を引き継ぎ，またアメリカ・ユダヤ人会議が，戦争終結後のヨーロッパ・ユダヤ人の権利を保障するため設立された．アメリカのユダヤ人指導者たちは，ヴェルサイユ講和会議でのユダヤ人代表委員会のなかで群を抜く役割を果たした．この委員会は，新しくできた東欧諸国のなかでマイノリティの権利の保障をえようと尽力した．不幸なことに現実は理想に遅れをとっており，新興諸国のうちのほんの数か国だけが，マイノリティであるユダヤ人に法の前での完全な平等を認めたにすぎなかった．しかし，国際的な保障は重要な安全装置であり，それはまた，公民権が侵犯されたときには公的に暴露し，可能なところであれば是正できるよう保障していく上で役立つのである．

迫りくる暗い影

反セム主義は，1920年代を通じてヨーロッパの問題であり続けたが，とくにルーマニア，ポーランド，ハンガリーのような，政府の公の政策がユダヤ人に好意的でないところでそうだった．ヴァイマル時代のドイツでは，ユダヤ人は初めて完全な政治的・市民的平等を享受し，政府は概して反セム主義の不法行為は断固として処罰するという立場をとったのだが，右翼政党は活発に口汚ないプロパガンダをくり広げ続けていた．アメリカでさえも，反ユダヤ主義的論争，差別，およびもっとも重要なこととして，移民割り当て制の形をとった外国人排斥の波があった．1920年代末の経済危機は偏見をつのらせ，と同時に博愛的な救援活動に使える基金を容赦なく削減させた．

その一方で，ユダヤ人コミュニティの人口面での減少は深刻な関心をひきおこすものだった．19世紀の人口爆発は，はっきりと逆転していた．低下しつつある出生率と非ユダヤ人との結婚の傾向は，移住者によってのみ数を維持しているドイツ・ユダヤ人社会をやがて消滅へと導くことになろうと，あるドイツの社会学者がすでに第一次世界大戦前に警告して

いた．戦争後，これらの傾向はなお一層はっきりしてきた．ユダヤ人の出生率は，ヨーロッパのどこであれ，人口全体でみた場合の出生率よりもかなり低く，いくつかの大きな中心地では実際に死亡数が出生数を凌駕していた．多くの土地でユダヤ人が関わる結婚の3分の1かそれ以上，時には2分の1以上が非ユダヤ人配偶者との組み合わせだったし，そうした結婚による子どもは概して非ユダヤ人として育てられた．ユダヤ人のうち非常に多くが，キリスト教に改宗するか，自ら「無宗教」を標榜するかしてコミュニティを離れていった．アフリカやアジアのコミュニティでの保健衛生の向上によってささやかな自然増がおこっても，減少分を埋めあわせることはできなかった．1930年には世界のユダヤ人人口は1500万人と見積もられたが，それ以前の推計値と比較するとわずかに減少している．東および中部ヨーロッパはまだ全体の半数を抱えていたが，世界中のユダヤ人を示した地図の上でこの地域が長く保ってきた優位を根底からくつがえすような大惨禍が，すでに暗い影となって迫りつつあったのである．

しかしながら，当時ほとんどの人びとはヨーロッパ全体とそこにいるユダヤ人にふりかかろうとしていた惨害がどれほどになるか，見通していなかった．国家社会主義者が反セム主義を叫んで民衆を扇動し暴力を行使した記録を残しているのに，そんな彼らが1933年初頭にドイツで権力の座についたあとでさえ，しばらくのあいだ生活はほとんど平常通り続いていた．ユダヤ人の反応はまちまちで，痛ましくなるほど楽観的に考えていたグループもいくつかあった．ユダヤ人を孤立化させ，公民権を奪い，結局は追いだしてしまうというナチスの政策は，段階的に実施されていった．しかもその際，政策の意味を隠したり歪曲するような偽善的なプロパガンダが添えられていたのである．振り返ってみればユダヤ人の反応には，それまで以上に断固とした抗議もなければ，以前に増して強い切迫感もみられなかったというのは異様なことに

「夜明けの黒いミルク僕らはそれを晩に飲む／僕らはそれを昼に飲む朝に飲む僕らはそれを夜に飲む」(パウル・ツェラン)「死のフーガ」飯吉光夫訳]．ヨーロッパのユダヤ人社会にとっての最暗黒のときが急速に近づきつつあり，再び始まった移民のペース自体がそのことを示していた．1932年から1939年のあいだに，50万人以上のユダヤ人がヨーロッパを去った．しかも初めて，かなりの部分 (46%) がパレスティナに向かったのである (上図)．50年前の移民の原因が主として経済的なものであったとしたら，今度はまず第一に政治的なものであった．決して死に絶えることのなかった反セム主義が，再びヨーロッパ中で，とりわけドイツで頭をもちあげようとしていた (左端図)．「死がドイツから主人としてやってくる」．一段ごとに，ユダヤ人は公民権を剥奪され，生計を奪われ，人間としての尊厳を奪われた．1938年11月9日から10日にかけての夜，数百のシナゴーグが破壊され (左図)，また数千のユダヤ人の家や店舗が襲撃された [水晶の夜]．その後，莫大な数のユダヤ人が強制収容所に連行された．それよりもはるかに多くの人びとが国を逃げた．しかし避難する場所はほとんどなかった．1938年7月のエヴィアン会議では，32か国の代表がユダヤ人難民の問題を討議し，すべての国が同情を示したが，援助を申しでるところは情けないことにほとんどなかった．

思える．国際連盟に陳情して実際に上部シュレジエンでの人種法の破棄を取りつけたこともあったが，そういった抵抗は稀有なことだった．ナチスの指導者たち自身も，自分たちの反ユダヤ主義政策がいともたやすく実施されたことに驚いてしまった．非ユダヤ人住民は何年にもわたって吹きこまれたあげく，ナチスの政策をほとんど抵抗なく受け入れたし，外国での反ナチスの示威行動は効果がなかった．ユダヤ人たちは，1935年9月のニュルンベルク法で公民権を取りあげられたあとですら，国外移住もやむなしとあきらめるところまでなかなかいかなかった．それでも1938年には，3月のオーストリア併合と10月のズデーテン地方併合ののち，さらにまた一夜にして何百ものシナゴーグが焼かれて100人近くのユダヤ人が路上で殺害された11月9日のポグロム（水晶の夜）がおこってから，国外移住のテンポはかなり加速度的に早まった．1933年から1938年のあいだに，ドイツにいた50万人ほどのユダヤ人のうち約15万人が去った．さらに同数が，1939年9月のポーランド侵攻に先立つった1年間のうちに逃げだした．こうして，ドイツ・ユダヤ人の大多数はなんとか「最終的解決」をまぬがれたのだった．

ナチスの占領下におかれた他のたいていの国では，また話が違った．多くのユダヤ人にとって，戦時下という状況では脱出など不可能であり，また出られたとしてもたいていは行くあてがなかった．イギリスはパレスティナへの移住を厳しく制限し，さらに難民たちに対してその植民地への門戸を閉ざしていたが，多数の人間を進んで受け入れてくれる国などほかにもほとんどなかった．難民を満載した船は，港から港へとたらい回しされた．いずれにせよナチスは，追放ではなく，絶滅させることを政策として決定していたのだ．彼らはその政策を，情け容赦もなく効率的に，そしてただひたすら熱中して遂行した．

破壊と復興

1941年から1945年のあいだに，総計およそ600万人のユダヤ人がナチスとその協力者によって殺害された．この数字は，正視に耐えられるものではない．かつてないほど激しく非情な大変動のただなかにあったこの期間，非ユダヤ人市民も同程度殺されたということを知ったとしても，ユダヤ人の運命に対していだく悲痛と恐怖の念はやわらげられはしない．単に数の上の問題ではない．ユダヤ人たちは意図的に人間性を奪われ，社会からのけ者とされ，世界のあらゆる病根に対す

ナチスによるホロコースト
ナチスが行なった悪夢のような出来事の途方もなさを，公正に評することなどは不可能である．しかし，この地図上の数字はそれ自身の身の上を語っている．総計で600万人ほどのユダヤ人が狩り集められ，殺され，さらに100万人以上が家を失い，誰もが筆舌に尽くしがたい残忍さと恐怖，それに加えて恐ろしい戦争の被害に悩まされたのである．ユダヤ人だけがナチスによる積極的になった人びとだったというわけでは決してないが，ユダヤ人は，ナチスの企てのすべてを支配するに至る冷酷で一途な激情に追い回されたのだった．したがって，「ユダヤ人に対する戦争」について語るのは誇張ではない．

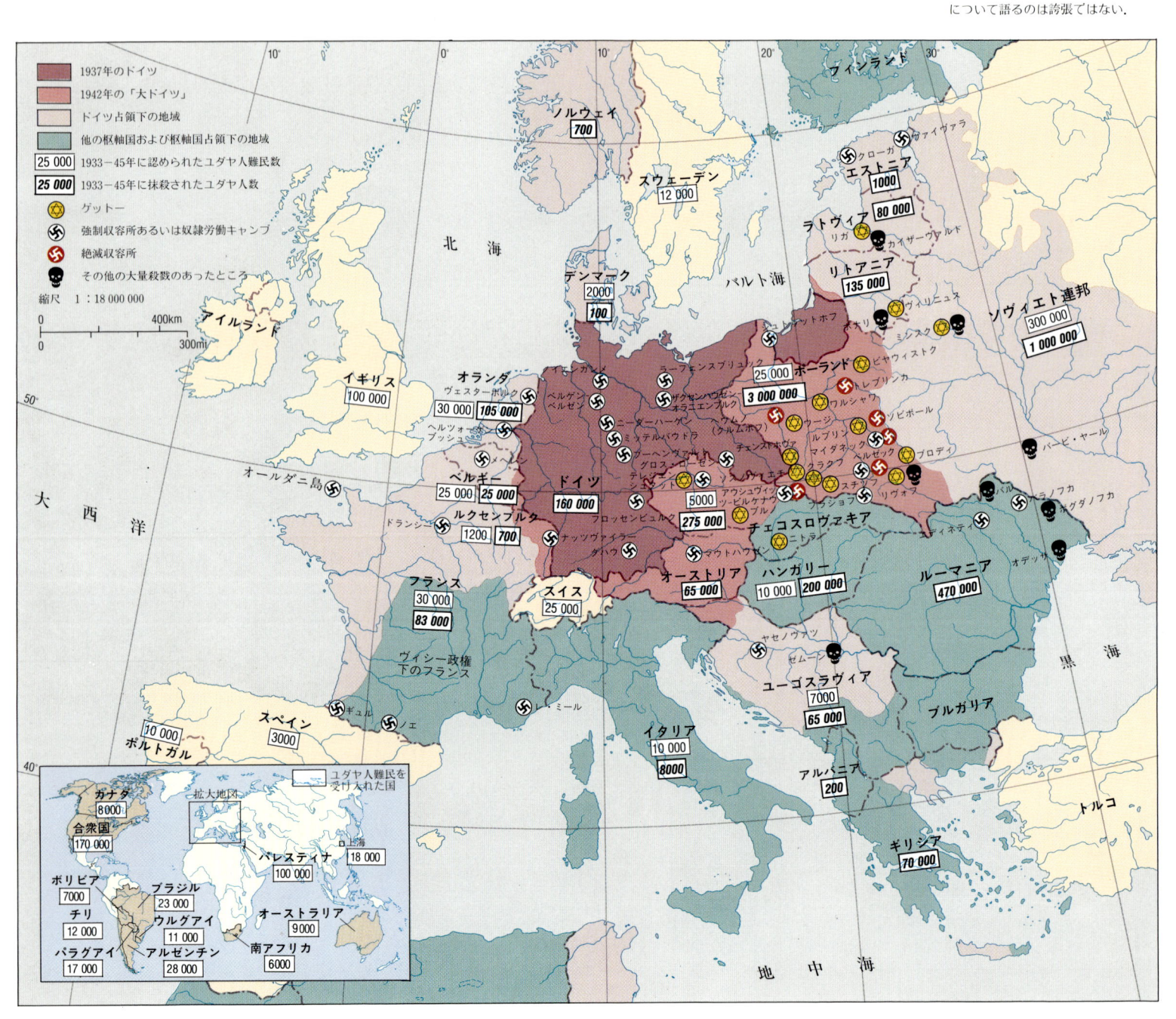

ホロコーストを統計にばらしてしまうのは，犠牲者の人間性を奪うもう一つのやり方である．誰もが顔をもち，個性をもった人間だったのである．

おまえは何と美しいことか
日々の衣を身にまとい
髪に櫛をさして．
おまえが美しかったことを誰も知らなかった．

アウシュヴィッツの乙女たちよ
ダハウの乙女たちよ
君たちはあの娘をみかけなかったのかい？

わたしたちは遠い旅の空であの娘をみました
もはや衣をまとうこともなく
髪にさした櫛もみえず．

おまえは何と美しいことか
母に甘やかされ
兄弟のキスに包まれて．
おまえが美しかったことを誰も知らなかった．

マウトハウゼンの乙女たちよ
ベルゼンの乙女たちよ
君たちはあの娘をみかけなかったのかい？

わたしたちは凍てついた広場であの娘をみました
白い手には番号を打たれ
胸には黄色い星をつけて．

ヤコヴォス・カムパネリス
「歌のなかの歌」

この100年

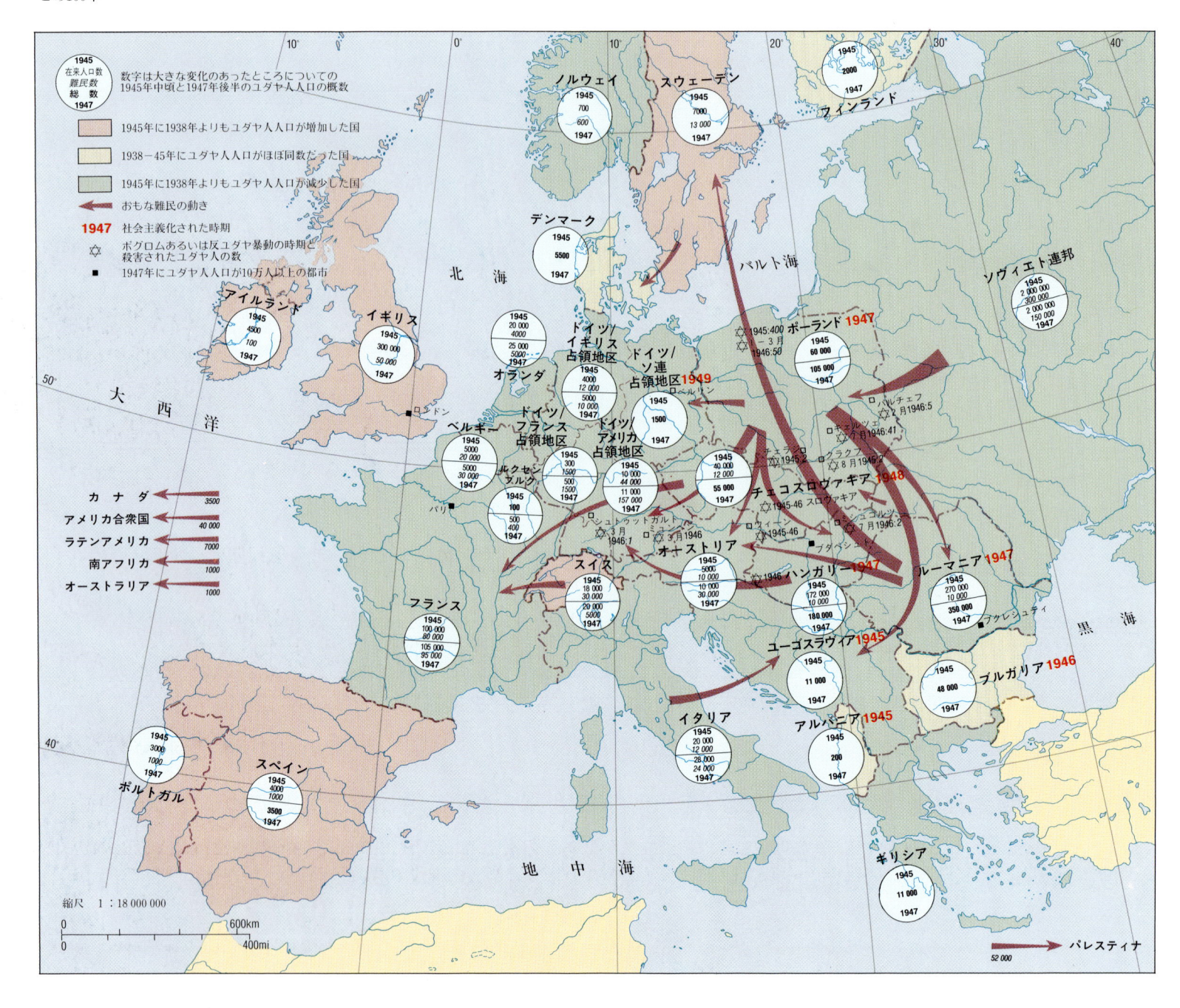

地図の凡例

- 在来人口 / 難民数 / 総数 1945 / 1947：数字は大きな変化のあったところについての1945年中頃と1947年後半のユダヤ人人口の概数
- 1945年に1938年よりもユダヤ人人口が増加した国
- 1938-45年にユダヤ人人口がほぼ同数だった国
- 1945年に1938年よりユダヤ人人口が減少した国
- おもな難民の動き
- **1947** 社会主義化された時期
- ポグロムあるいは反ユダヤ暴動の時期と殺害されたユダヤ人の数
- 1947年にユダヤ人人口が10万人以上の都市

縮尺 1：18 000 000

本文

る贖罪の山羊とされたのだ．思いつく限り，いかなる軍事的あるいは政治的目標も，ユダヤ人の死によって達成されることはありえなかった．純粋に非理性的な憎しみ，人間の本能のうちでももっとも残忍なもの，それがユダヤ人を狩りたて，殲滅したのである．ユダヤ人たちは力もなく，友もなく，希望もなく，しばしば自分自身の隣人から関係を絶たれ，裏切られたのだ．生き残った者たちでさえ，家族や，家庭や，生活のなかで慣れ親しんだ光景を失って，打ちひしがれ，茫然自失していた．個人個人の悲劇を越えて，全ユダヤ人にとっての損失は計りしれなかった．全世界のユダヤ人の3分の1以上が殺害されていた．ヨーロッパ，とりわけ中部および東ヨーロッパは，ユダヤ人にとっては荒涼たる原野となってしまった．何世代にもわたってユダヤ人の歴史の舞台の中心になってきた国々で，諸民族のあいだにあったユダヤ人の生活の基盤そのものが一掃されてしまったのである．

廃墟のはざまに生き延びたユダヤ人たちにとっては，通常の生活へとただちに復帰することはありえなかった．くだけ散った残骸は，政治的にも経済的にも大変な混乱状態のなかで，ゆっくりと苦痛をともないながらつづりあわせられなくてはならなかった．生き残った者も，病気や収容所で味わった絶望がもとで死に至ったり，永住できる家を求めて国から国へと移り住んだりした．ユダヤ人のかつての財産を回復するには障害が山積しており，いくつかの国では新たに反ユダヤ主義的な暴動やポグロムがおきた．とくにポーランドでは，広範囲に及んだ政治暴動のさなかに何百人ものユダヤ人が殺害された．ロシア人によって解放された国々に共産主義体制が導入されたので，生き残った者たちはさらなる経済上の激変にさらされ，新たな国外移住が引きおこされた．

世界中のユダヤ人の抱える問題に関して，アメリカがしだいに主要な位置を占めるようになってきた．そうした進展の過程は1880年代の移住の時期に始まり，第一次世界大戦中に初めてはっきりしてきたのだが，ここに至って完了した．合衆国の500万人のユダヤ人は，今では全世界のユダヤ人のほとんど半数にあたっていた．それにユダヤ人のなかでも，戦争という苦しい体験に大部分はさらされていないただ一つの主要な集団となっていた．ヨーロッパのユダヤ人組織は本部をアメリカに移すか，少なくとも支部を開設し，1943年にはアメリカ・ユダヤ人協議会が，ヨーロッパのユダヤ人を早急に救援する方策を立案し，戦後の問題を処理するために設立された．戦後になると，アメリカのユダヤ人は救援と復興

ヨーロッパのユダヤ人，1945-47年

ホロコーストの余燼がまだくすぶっているとき，解決すべきことでもっとも急を要することの一つが，生存者の運命の問題だった．生存者の大半が，国籍を喪失した難民として不安定な形で暮らしているか，仮設の収容施設で過ごしていた．自分たちのかつての家を取り戻そうと試みた者もいたが，すでにその家をわがものとしていた人たちの抵抗にあい，資産を回復させることはできなかった．それに多くの場所で反セム主義が力をふるっており，ときどき新たな暴力が突発的に再燃していたのである．また，自分たち自身のみつけた国に落ちつこうとした者もいれば，海外に新しい家郷を求めた者もいた．しかし，大量の難民を喜んで受け入れようとする国などほとんどなかったので，難民の再定住はなかなかはかどらず，困難な経過をたどった．1947年の暮れまでに，なお20万人以上の家を追われたユダヤ人たちがヨーロッパにいた．イギリスは，パレスティナへの自由な入植を求める圧力に頑強に抵抗しており，したがって1948年にイスラエルが独立して初めて，この脱出ルートが安全になったのである．

エクソダス1947年号事件は，ヨーロッパにいたユダヤ人生存者の苦境を目立たせることになった．4500人ばかりの難民で定員オーバーになっていたこの船は，ハイファ港についたのだが，乗客は監視つきでフランスに送還されてしまった．フランスでの上陸を拒否されたのち，乗客たちはドイツのイギリス軍占領地域［ハンブルク］に強制的に上陸させられたのである．この事件は，単にもっとも思いやりを欠いた冷淡さからくる行為としてみることもできようが，シオニストの宣伝によってイギリスにはファシストの烙印が押されることになった．国連パレスティナ特別委員会は，このとき証拠を集めていた．同委員会が，ユダヤ人とアラブ人のあいだでパレスティナを分割するよう勧告したとき，イギリスが示した反応は早期撤退を通告することだった．

のために空前の金額を拠出し，またアメリカのシオニストたちはユダヤ人の民族的郷土をめざす運動を促進させる上で主導的な役割を演じた．実際，今や目標は明らかにパレスティナを「ユダヤ人の共和国」として確立することにしぼられたのである．この議論を呼ぶ決定は，1942年にニューヨークのビルトモア・ホテルで開かれた臨時の会合で，ダヴィッド・ベン-グリオンの影響を受けて下されたものだった．このことは伝統的なシオニストの政策，すなわち「民族的郷土」を建設するという実際的な任務に専心し，その運動の究極的な政治目標を明言するのは避けて通ることになっていた政策からの，劇的な訣別を意味していた．この重大な決定がロンドンでもエルサレムでもなく，ニューヨークでなされたということは，まさしく合衆国がシオニストの政治活動にとって当然の中枢となったことの明示的な指標であるとみなせる．

「ユダヤ人に対する戦争」という試練のもたらした一つの結果は，シオニストの組織が，民族的郷土という観念については冷淡だったユダヤ人たちからも新たに大規模な支持をえたことであった．別な面では，世界ユダヤ人会議（WJC）が，ナチスの侵略という衝撃のもとで，指導的なシオニストたちの反対にもかかわらず設立された．すべての政治・宗教団体を含む，最初の，そして唯一のユダヤ人を代表する国際的な組織であるWJCは，二つの重要な役割を果たした．各地のユダヤ人の連帯を強めてその権利と利益を増進させること，それと同時に国際連合やその他の国際的な会合で，全世界のユダヤ人のための統一的な発言をすること，その二つである．

戦後，非常に差し迫ったものとして注目を要求し，また注目を浴びもしたのは，ヨーロッパでホロコーストを生きのびた者たちの苦境だった．多くの者がヨーロッパ内で，ないしは進んで受け入れてくれる海外の数少ない国々へ徐々に再定住していったものの，パレスティナへの移住だけがただ一つ残った希望であるという人びとも相当数残っていた．しかしイギリス政府は，ユダヤ人移民の流入が増加することに断固反対していた．戦時中，いずれにしても移住できない状況だったときは，この移民制限措置はアラブが枢軸国の側に加わるのを阻止する必要があると訴えることで正当化された．戦後になると立場はまったく変わったが，それでも明らかになったことは，ロンドンの新しい労働党政府がアラブとの友情を育て，シオニストの目的を妨害するという前内閣の政策を継続しようとしていることだった．ヨーロッパの難民を非合法にパレスティナに潜入させる努力が倍加され，イギリスの軍事施設に対してさまざまなシオニスト軍事グループが共同で破壊活動を行なった．1946年，ユダヤ人難民10万人をただちにヨーロッパからパレスティナへ移送すべきであるという，英米合同調査委員会による満場一致の勧告の遂行をイギリス政府が拒否したとき，危機的な局面が訪れた．以前にはテロリストの行動に反対し，イギリスとの協同によってことを進めようとしていたユダヤ人機関でさえも，今やイギリス当局と衝突するに至った．難民のおかれている絶望的な苦境に対しては，ユダヤ人の世界でだけでなく見守っている非ユダヤ人たちのあいだでも同じように同情が寄せられた．1947年8月，国連パレスティナ特別委員会は，委任統治を終結させて独立したパレスティナに移行させるべきことを勧告した．委員会の多数派は，この地域をユダヤ人国家とアラブ人国家とに分割することを勧告し，この勧告が11月29日の国連総会で支持された．アラブ諸国は分割に反対し，イギリスはその遂行を拒んだ．したがって，自らの独立国家の建設に関して，パレスティナのユダヤ人にイニシアティブは委ねられた．彼らはまさしく実行したのである．1948年5月14日，イギリスの撤退が宣言されると，その日の午後にテル・アヴィヴで民族評議会が開かれ，独立宣言が発せられた．

現代世界におけるイスラエルとユダヤ人

悲劇的なことに，またおそらく避けえないこととして，シオニストの建国者たちが描いていた夢は，調和と和解の精神

この100年

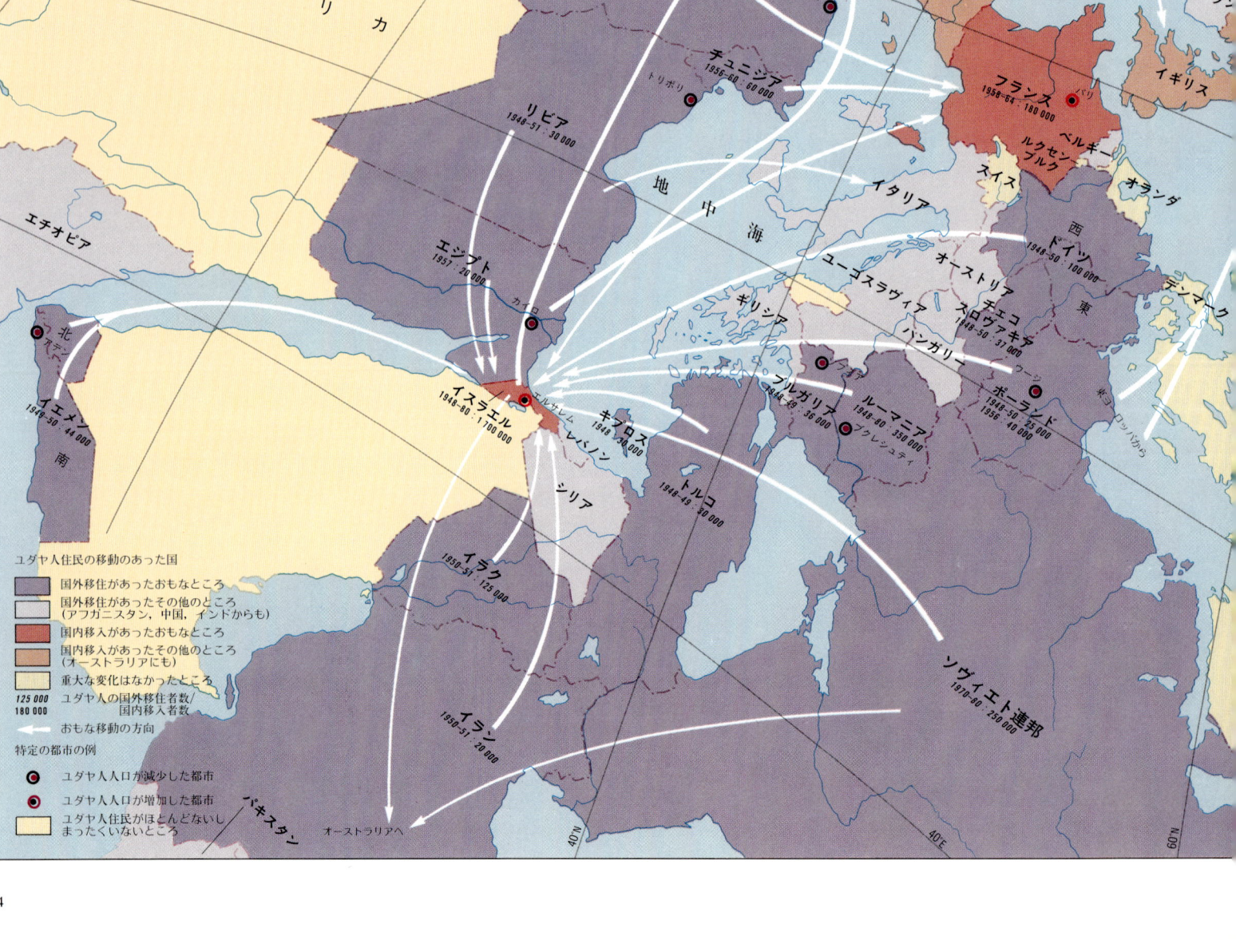

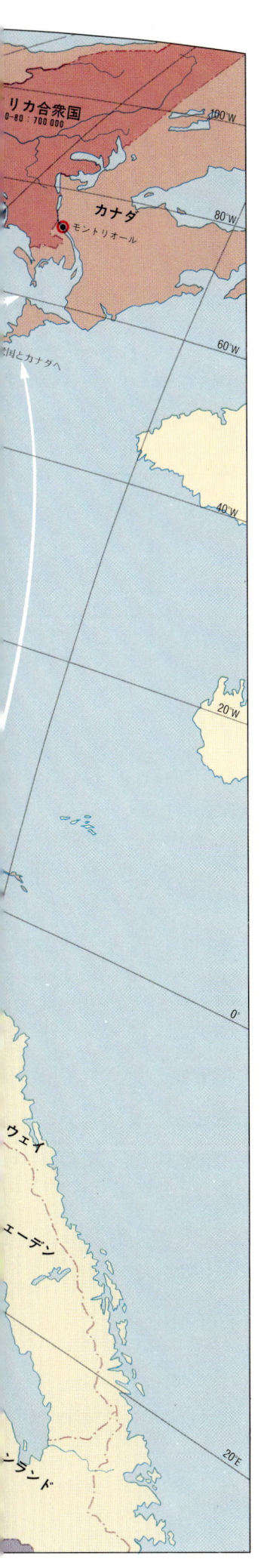

ユダヤ人移民，1948－80年

この時期の住民の移動は，規模の点では第一次世界大戦前の数十年間におけるそれに匹敵するが（62－63ページ参照），移動の方向という点では著しい違いがある．アメリカは変わることなく魅力を発揮していたが，移民していく先の主たる中心はイスラエルであった（もっとも数年間は，イスラエルに入国してくる移民の数よりも，同国からの出国者の方が多かった）．全体としての移民の効果は，東欧やイスラム世界にあったユダヤ人人口の密集する旧来の中心地を完全に除去し，その一方でイスラエルや新世界での新しい中心地を押しあげ，また西欧でのユダヤ人の生活を新たなものとするよう促進したことであった．

下左 新国家イスラエルの初代首相として，1949年12月13日，エルサレムで開かれた第1回クネセトの開会を宣するダヴィッド・ベン＝グリオン．1897年の第1回シオニスト会議のあとで，ヘルツルは，自分の日記に次のように書いた．「バーゼルで，私はユダヤ人国家を築いた．……おそらく 5 年のうちには，間違いなく50年のうちには，誰もがそのことを実感するだろう．」

下右 イスラエルに到着したソ連からのユダヤ人移民，1971年．

のうちにではなく，争いや絶望，そして冷酷な決断という雰囲気のうちに実現した．その実現は600万人を救うには遅きに失した．しかも戦争中に味わった苦いフラストレーションは，孤立無援という感覚やシオニズム運動内部での深い恨みを抱きあった争い，あるいはまたアラブ人やイギリス人，さらにはユダヤ人にまでも向けられた生の暴力行為を導きだした．イスラエル独立のための闘争は，アラブ 6 か国の優勢な侵入軍に対する激しい戦闘を必然的にともなったので，ユダヤ人諸党派の団結を促し，また精神的に深く傷ついたホロコーストの記憶をある程度まではユダヤ人の集合心性の後景へ押しやることに，おそらく役立った．成功にはそれなりの報酬があった．ユダヤ人のなかの反シオニズムの声はたいていは沈黙させられ，イスラエルはあらゆるところでユダヤ人の大多数の心からの支持をえた．移民制限措置は取り払われ，ヨーロッパの難民がこの地域に流れこみ始め，ついでアラブ諸国から，中東紛争のために国内でのそれまでの地位が脅かされていた難民が続くことになった．この国家は多くの国に承認され，1949年 5 月には国際連合への加盟を認められた．しかしアラブ諸国は，イスラエルの生存権を妥協の余地なく否定したのである．かくして独立戦争が残したものは，包囲された境遇であり，国際関係の上でたえず緊張させられ，しかもくり返し侵入してくるのではないかという恐れに何度となく悩まされることであった．

一方ソヴィエト連邦内のユダヤ人は，「世界主義」とシオニズムに対する狂暴なキャンペーンの犠牲者になり，何千人もが奴隷労働の収容所に放りこまれるか，即決で殺された．生涯かけてのコミュニストたちやソ連の市民たちが，忠誠でないというでっちあげの糾弾に屈服させられ，ユダヤ人の指導的な人物の多くが，「暗黒時代」（1948－53年）として知られるようになった時代に粛清された．もっとプラスの面でいえば，西ドイツでは（戦後はほんの少々のユダヤ人が再定住しただけだったが），償いと和解のための意識的な努力がなされていた．1951年のボンの議会で行なった重要演説のなかで，アデナウアー首相は，『ドイツ国民』の名のもとに犯されたことばではいいつくせないほどの犯罪」に対する精神的かつ物質的な償いをなすべき義務について語り，さらに政府は「前代未聞の苦しみの精神的な浄化を進めるために物質的な賠償問題の解決を遂行する」ことをいとわない，と宣言した．翌年，イスラエルならびにユダヤ人代表団とのあいだに合意が成立し，それによってドイツはホロコースト生存者の救援と復興のため，および文化・教育プロジェクトのためにかなりの額の支出を引き受けることになった．「精神的な」側面も無視されはしなかった．すなわち教会は新たな連帯の精神を表明し，若いドイツ人のグループは悔恨と和解の意思表示として，イスラエルに旅をしてユダヤ人と肩を並べて働いたのである．

イスラエルが1956年の英仏のスエズ出兵に加わったことは，西側勢力や台頭する第三世界諸国との関係を強め新時代を画するものだったが，近隣のアラブ諸国との緊張を高めることにもなった．1967年，エジプトはソ連の支持をえて 6 日

この100年

平和！　イスラエルのベギン首相と抱擁するアメリカのカーター大統領に，拍手を送るエジプトのサーダート大統領．1979年のイスラエルとエジプトの平和条約の締結は，この3人による個人外交の勝利だった．サーダートとベギンは，ノーベル平和賞を共同で受賞した．サーダートは，1981年にイスラム過激派によって暗殺された．ベギンは，1983年に健康を害して辞任した〔1992年死去〕．

戦争の引き金となる衝突を引きおこした．イスラエルは劇的な勝利をえ，その結果エルサレム旧市街と本来の領土に数倍する占領地域がイスラエルの支配下に残された．この勝利は，国内と海外のユダヤ人のあいだに救いと歓喜をもたらしたが，かつては敗残者としてのイスラエルに対して生まれていた国際的な同情の念をあらかた失うことにもなった．またソ連やその衛星国，同じく西側の左翼知識人のあいだで，昔ながらの反セム主義の強い含みをもった反シオニスト・プロパガンダの新たな洪水をひきおこしもした．もしイスラエルがユダヤ人という存在自体を体現するものだとすれば，イスラエルに対する政治的レトリックとしては反ユダヤ主義的偏見を利用することができたはずで，またその次には反ユダヤ主義的な憎悪がかきたてられるなかで，「シオニストによる災禍」も呼びおこされることになる．ポーランドでは，口汚いプロパガンダによるキャンペーンがユダヤ人をすべての公職から，そして結局は国内から追放してしまった．ソ連での反シオニスト・キャンペーンの一つの成果は，ソヴィエト市民として育ったのに今では自分自身の国であってもよそ者だと感じている人びとに，ユダヤ人としての自己認識を結晶化させたことであった．1970年にレニングラードからの一団のユダヤ人が，自分たちをイスラエルに連れていかせるために飛行機をハイジャックしようとした．彼らは逮捕され，厳しい判決を受けた．しかし移住する権利の要求はソ連全土に広がり，さらに聖書的スローガン「わたしの民を去らせよ」のもとに西側のユダヤ人にまでとりあげられた．驚くべきことにその要求は出国許可の増加をもって応えられ，それはさらに大規模な出国申請を呼びおこした．申請した者たちにとっては暮らしやすくはならなかったが——彼らは裏切り者とか寄生虫の烙印を押された——，1980年代初頭に新たな抑圧政策が出現する以前にかなりの数の人びとがうまく出国できた．

1973年にイスラエルはもう一度アラブの侵攻を撃退したが，侵攻は1967年以降の自信に満ちたムードを粉微塵にした．反イスラエルのアジテーションが激しくなった．1974年にはパレスティナ解放機構（PLO）の議長が国連総会での演説に招請され，翌年には，賛成72対反対35（棄権32）で，総会はシオニズムを人種差別主義と等しいとみなすという決議を採択した．反シオニストのレトリックに対するこの公的な承認は，シオニストのうちいくらかがパレスティナ・アラブ人の苦境に同情を表明し始めさえしているちょうどそのときに，イスラエルに対するユダヤ人の本能的な支援を強めさせる一因になったにすぎなかった．以来二つの傾向はともにより鮮明になり，ますますぶつかりあうようになった．1977年，労働党連合が右翼の連立に譲った最初の本格的な政権交代のあと，海外の労働党シオニズム支持者たちは気が楽になった．過去には，一方ではイスラエルに対する変わらぬ忠誠心を口にしながら，政府の政策を批判するという真似はできなかったからである．ヨーロッパやその他のどこかで，ネオファシストやアラブ・テロリストによるユダヤ人を対象とした暴力による攻撃がほとばしると，西欧のユダヤ人たちは自分たちの個人的な運命がイスラエルと密接に結びついているという事実（アラブやソヴィエト圏諸国のユダヤ人にとっては，とっくになじみになっていたものだが）を痛切に自覚させられた．1982年のレバノン侵攻は対テロリスト行動として始まり，ベイルート占領で終わったが，ユダヤ人世界に激しく分裂した反応と，自らシオニストと名乗るユダヤ人からの初めての，また広範であからさまなイスラエルの政策への非難をひきおこした．このディアスポラの側の反応は，15年前の6日戦争に続いて歓喜してイスラエルと自己とを同一視したことの必然の結果であり，またイスラエルと全世界のユダヤ人とのあいだの関係を考えるにあたって，おそらくよりバランスのとれた現実的な判断へと立ち戻っていく始まりを画するものでもある．

第2部 文化的背景

THE CULTURAL BACKGROUND

ユダヤ人のアイデンティティ

今日のユダヤ人の世界に関して——その刊行物や、説教、演説あるいは真剣な会話などに——さほど長々と耳をそばだてなくとも、二つの大きなテーマに強い関心が寄せられていることに気づくだろう。アイデンティティの問題と生き残りの問題とである。生き残りに対する関心はホロコーストの衝撃のせいだとみなされがちだが、その根はもっと古い。つまり、ユダヤ教からの信者の流出や19世紀に始まったユダヤ人人口の減少の問題に根ざしているのである。ユダヤ人のアイデンティティへの関心も、またこの早い時期に生じた大変動にまでさかのぼる。要するにこれは、ユダヤ人の解放が進んだことや、移住のために生じた混乱に起因するユダヤ人の地位の根底的変化を反映しているのである。

アイデンティティへの関心はいろいろな形をとって現われる。イスラエル支持についての、あるいはユダヤ人学校や異教徒との通婚についての議論のなかで現われることもあれば、両親の意見と友人の意見とのあいだでひきさかれるティーンエージャーの煩悶のなかにも、さらにはカフカやフロイトやシェーンベルクの「ユダヤ人性」に関する論文のなかに現われることもある。ユダヤ教聖職者、若者たちのリーダー、委員会メンバーなどの仕事のなかには、この問題が常に含まれている。ユダヤ人スポーツクラブや学生団体、政治的グループなどの構成でも表面化するし、同様にシナゴーグの多面的活動のなかにもみてとれる。また、イスラエルではそれは国民の焦眉の課題になっている。そこでは、「ユダヤ人とは誰なのか？」ということばが、いくたびか政府の存立を脅か

左 永遠のクエスチョン・マーク。この絵葉書は、19世紀から20世紀への変わり目の頃のものであるが、ユダヤ人の存在の不安定さを端的に示している。ユダヤ人とは何者なのか？ 近代世界のなかではどうあるべきなのか？ ユダヤ人とは一民族なのか、ある宗教のことなのか？ アイデンティティを損なうことなく生き残ることはできるのだろうか？ もし周辺社会への同化を選ぶとしたら、受け入れられるだろうか？ どこか、平和と安全のうちに生きてゆける場所があるとして、それはどこでなら可能だろうか？ また、一つの民であるということは、必然的に自分たち自身の領土をもつということを意味するのだろうか？ これらのことは、いまだに明快な答えのえられない問いである。

下 中世的な見方。ユダヤ人が一つの民として結びあわされたのは、シナイ山での出来事であった。したがって、一つの民をなしているという意識と宗教とは分かつことができない。この図は、シャヴオートのときに用いる祈禱書からとったもので、1320年頃の南ドイツで描かれた。モーセがひざまずいて契約の石板を受けとっている。そのうしろには、祭司としての冠をいただいたアロンがいる。イスラエルびとの男たちは、中世のユダヤ人の特徴である帽子をかぶっている。女たちが動物の顔をしているのは、疑いもなく礼拝に参列している男たちに、その勤めから気をそらさないようにさせるためである。

す政治問題のコードネームにさえなっているのである．

中世における結びつき

いつの時代もそうだというわけではない．中世のユダヤ人は「ユダヤ人のアイデンティティ」を探し求めたりはしなかった．アイデンティティは，数しれない世代にわたって，常に疑問の余地のない事実だった．疑問の余地がないということは，まさに現実として選択の余地がないことによるものだった．もしあなたがユダヤ人に生まれたのなら，あなたはもちろん，緊密に結合し，他からはっきりと一線を画された社会集団の一員である．死ぬこと以外に，そこから抜けだす唯一の道は別の社会集団に加わることだが，それは常に宗教を替えるだけではなく，家族や友人との絆を切断することをも意味する．コミュニティは，時にはゲットーの壁という物理的な障害物によってはっきりと境界線がひかれていることもあるが，そうでなくとも常に，宗教のみならず法，言語，教育，文化，さらには食習慣や暦までも含む周囲の非ユダヤ教的環境から隔離されることで，明瞭に区画されてきた．ユダヤ人は非ユダヤ人と通婚することができず，同じ学校に通うことさえもできなかった．この隔離は独特なものであり，かつまた社会全体に及ぶもので，広く認められ，公的な承認を受けていた．これらすべてのことが，ユダヤ人解放とともに変わることとなった．その衝撃が深く，方向を見失うほどのものであったことは，驚くにあたらない．

ユダヤ人であると非ユダヤ人であるとを問わず，解放の賛同者や反対者にとっては，ユダヤ人が形作っている社会集団はいかなるものか，という問題に関心の的があった．宗教的なものか？　民族的，経済的，文化的，人種的——あるいは何か別なものなのか？　その議論は今日でもまだこだましている．しかし，中世のユダヤ人コミュニティに関する限りは，問題は主としてアカデミックなものである．前述の諸要素はすべてあるものの，隔離こそがユダヤ人としての存在を根底から規定していたのであった．ユダヤ人を宗教的な社会集団とみなすことは慣例となっているが，それはキリスト教徒やムスリムとユダヤ人とを非常にはっきり区別するのが宗教だからである．しかし中世ヘブライ語には「宗教」にあたる言葉がないに等しく，中世ユダヤ人は，本質的な差異を信仰よりも，（聖書にあるような意味での）「民族」や「——人」の一つであることにみる傾向があった．彼らは，キリスト教徒やムスリムに言及するにあたっては，聖書の民であるエドムやイシュマエルの名を使い，一方では民族名「イスラエル」を使って自分たちのことを表わした．宗教的社会集団と民族とは同じ延長線上にあったのだが，宗教は諸民族を互いに区別する多くの枝葉的な特色の一つとみなされていたのかもしれない．

19世紀の改革論者たちが非常に関心をもっていた経済的・文化的な差異は，明らかに中世の隔離の付随的結果だった．古代では，ユダヤ人に特有の経済的役割などあったわけではない．完璧に，広く文化全般に参与し貢献する力をもっていた．中世でさえ，とくにアラブ世界では，そのような関わり方の実例がみられる．人種の問題は，もう少しこみ入っている．外部の者との通婚に関するこだわりははるか古代へとさかのぼるが，古代のユダヤ教社会は改宗者を受け入れ，時には改宗者を求めさえしていた．タルムードの規定は今日でもまだ影響力をもっているが，それによるとユダヤ人とは，ユダヤ人の母から生まれた子であるか，浸水の儀式および（男性の場合は）割礼によって正式に認められた改宗者である，と定められている．キリスト教とイスラムの双方の法は，背教に対しては死刑と定めていたので，そのような改宗者は中世においてはまれであり，したがって必然的にユダヤ人コミュニティは何よりもまず血縁による社会集団となった．やがて同族内婚は，ユダヤ人と非ユダヤ人とのあいだにいくらかの遺伝的な差異を生みだしはしたが，しかしそれは地域ごとに非常に限定されたものであった．すべてのユダヤ人に共通の遺伝的特質などは存在しなかったし，かつて存在したこともなかったのである．

もしユダヤ人コミュニティが，その成員にとって民族的な実体として感じられていたなら，その機構は，われわれには世俗的なものとしてよりは宗教的なものとして映るに違いない．非ユダヤ人支配者によって委任されるような権力であっても，その権力は学問伝統の保持者として宗教的な権威だったラビに帰属した．トーラーは，神がこれを啓示してその意志を表わしたものなのである．ラビのもとに政治的，法的および宗教的機能が統合されていることは，古代のユダヤ教に先蹤があるとしても，それは本質的には，宗教者が政治権力をふるい宗教法を実施しているキリスト教およびムスリムの社会集団の慣習を反映している．ユダヤ人は，教皇やカリフに比べられるような単独の宗教上の長を認めなかった．あちこちに散らばったユダヤ人コミュニティの結びつきと統一性は，神に認められたトーラーの戒律に対するラビの自発的な忠誠心や，またラビたち内部の相互接触のネットワークに由来するものであった．

この結びつきは絶対的なものではなかった．共同体としての一体性は，時おり，ある個人の個性やイデオロギー的性格からくる衝突によって乱された．多くのセクト運動が東方では出現したが，それはおそらくイスラムにおける同様の傾向に影響されたものであり，そうしたセクトの一つであるカライ派は，ラビの権威に対して実際に長期にわたって反旗をひるがえし続けた．この運動はイラクから始まって全中東に，ついには東ヨーロッパにまでも広がった．カライ派は，しばしばラビのユダヤ教のコミュニティと並ぶ独自のコミュニティをもっていた．自分たちのことをユダヤ人と考え，よそからもそう考えられていたのは確かであるが，しかし常に，何か特殊なケースとしてであった．1795年以後，ロシアのカライ派は，ユダヤ人がおかれていた無権利状態から解き放たれた．またナチスは，最終的にはクリミアで彼らの絶滅をはかる戦争をしたが，初めのうちは彼らをユダヤ人に分類すべきかどうかはっきりわからなかった．

カライ派は極端なケースであるが，同じ土地に別々のユダヤ人コミュニティが共存する場合としては，その他の例もある．ファーティマ朝エジプトおよびパレスティナ（10–12世紀）には，「パレスティナ人の」と「バビロニア人の」シナゴーグがあり，別々の宗教儀式を行ない，別々の法的権威を認めていた．15世紀末と16世紀初頭に西方のユダヤ人がオスマン帝国に流入してきてのち，新来の者たちは自分たち独自のシナゴーグを建て，いくつかの町には多くの別々のコミュニティができて，それぞれが出身の国や地方の名前によって区別され，自分たちの言語や儀礼を保ち続けていた．北西ヨーロッパとアメリカでも，別々にセファルディームとアシュケナズィームの信徒が並んで存在しており，そのあとに続く移民の波はその多様性を強化していった．したがってユダヤ人解放運動より以前でさえ，ユダヤ人のアイデンティティの細分化——下位グループへの忠誠——の先駆けはあったのであり，それが近代になって際立つようになったのである．

ユダヤ人解放の挑戦

解放にともなう問題とは，その措置が，できあがってすでに久しく，比較的安定しているシステムの土台を，具体的

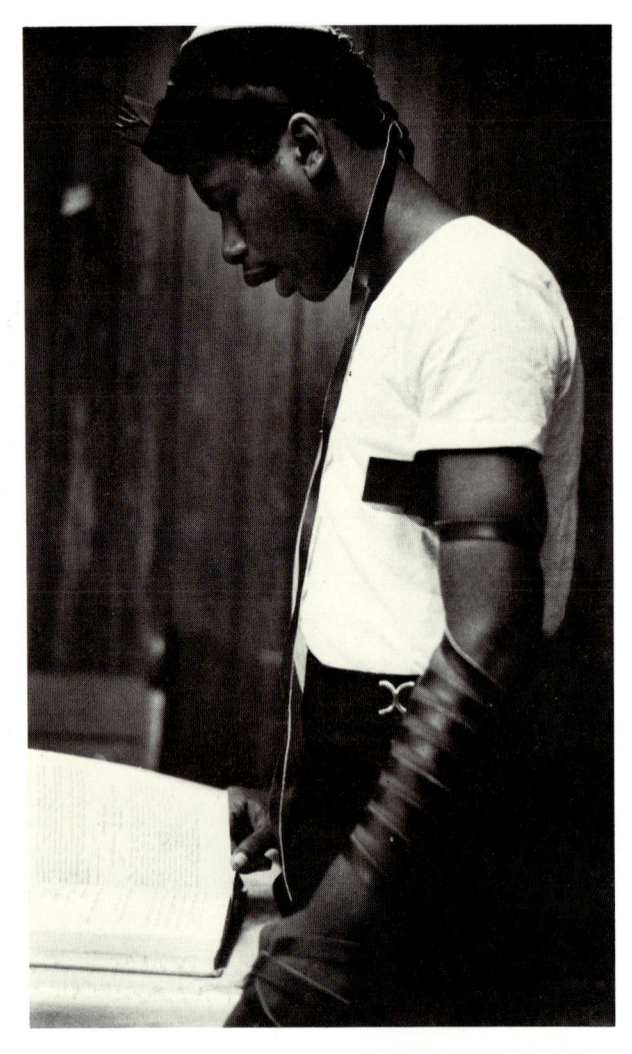

替物を示さないまま掘り崩した，ということであった．国家という新しい概念が，ユダヤ人の個別の「民族としての」アイデンティティを古臭いものとした．その理念は，1789年にフランス国民議会でユダヤ人への公民権付与について議論されるなかで，演説者の一人によって力強く表明された．「ユダヤ人が国民だというならすべてを拒まねばならない．個々人だというならすべてを与えなければならない．彼らは市民となるべきである．彼らが市民となることを望んでいないともいわれている．そういうならいわせよ．その時は放逐あるのみ．国民のなかに国民はありえないからである」．実際にはユダヤ人という分離した存在は，フランスやその他のヨーロッパ諸国では，宗教的社会集団の形をとって公に承認されることとなり，その内部では，ラビたちは権力の大部分を奪われて国家の管理下におかれるようになったが，魂の指導者としての機能は行使し続けていた．ラビの新しい役割は，キリスト教聖職者のそれに範をとったものだった．しかし，市民権の承認と，強制的な隔離の廃止は，個々人が選択を行なう上にきわめて重大な要素をもちこむこととなった．これ以降，一人ひとりのユダヤ人が，自分がどの程度までユダヤ人としてのアイデンティティをもち続けたいのか，どのようにそれを表現したいのか，を自身で決めなくてはならなくなったからである．たとえ一群のユダヤ人が新たな機会に背を向けることを選び，いうなれば崩れたゲットーの壁を再建するとしても，市民権の課す制約の範囲内であれば，自由にそうすることができるわけである．しかし，ほとんど大多数は自分たちに向かって開かれた新たな展望を断ち切りたいとはまったく思っていなかった．

多くの者が居心地の悪いジレンマから抜けだす道として，キリスト教の洗礼を受けることを選んだ．不可解なことと映るかもしれないが，教会は，かつて絶大な力をふるっていた時代に獲得したよりも多くのユダヤ人改宗者を，自由の時代になってからひき寄せるようになった．新しい時代の改宗は，そもそも基本をなす原則が変化したからこそよりたやすくなったのだ，ということは記憶に留められるべきであろう．改

ユダヤ人とはどのような人なのか？祈りを捧げている老人の姿（左図）は，広くいきわたっているユダヤ人イメージに一致する．彼はタリート［ストール］をかぶり，テフィリンをひたいにつけているが，これはユダヤ教独特の装具であり，ともにイスラエルの神への帰依を表わすシンボルである．しかし，他にもイスラエルを名乗る別の人びとがいる．ニューヨークのイェシヴァの学生（左端図）も同じ神に帰依しているのだが，ユダヤ教で見慣れた顔とは少々違う．サマリア人（中央左図）は，自分たちこそ真正のイスラエルであるとし，ユダヤ人は逸脱者とみなす．エチオピアのファラシャ（中央右図）は，自分たちのことを「イスラエルの家」というのだが，その名前をユダヤ人に認めさせることすら，非常に苦労を払ったのである．カライ派（上図）の位置づけも，それに劣らず論議を呼んでいる．他にもイスラエルを名乗ることに疑義が突きつけられた集団はある．すなわち，インドのベンニ・イスラエルやラテンアメリカのさまざまなユダヤ教化した宗派のような小規模なものから，もっと大きな改革派ユダヤ教徒のような集団，そしてとくに改革派ユダヤ教に改宗した者たちである．キリスト教徒も自らを真のイスラエルと呼ぶが，これは精神的な意味におきかえてのことである．

宗者は，もはやユダヤ人コミュニティとのつながりの断絶を強制されることはなかった．それどころかキリスト教はもはやユダヤ教の対立物とみなされることもなくなったのである．宗教には関係のない，反宗教的ですらある文化が勃興してきたので，キリスト教であろうとユダヤ教であろうと，大きな違いではなくなってしまった（「ユダヤ-キリスト教的伝統」という表現は今日普通に使われているが，どちらかを選べる慣例などなかった中世であれば，その表現は奇異に思えたことだろう）．多くの改宗者たちにとっては，洗礼は形の上の行為であり，便宜的な手段，あるいはうんざりする重荷からの逃避であったことは疑いをいれない．ベンジャミン・ディズレーリの父親は，自分が賦課金の支払いを拒んで所属シナゴーグとのあいだに確執を生じたことから，子どもたちには洗礼を受けさせた．カール・マルクスの父親は，職を失うよりはと改宗を受け入れた．この2人の高名な19世紀の「新・非ユダヤ人」は，ユダヤ人としての存在のジレンマから抜けだす方途としては洗礼がとるにたりないものだったことを例証している．ディズレーリもマルクスも同時代人からはユダヤ人とみなされたし（そして今日に至るまでそのように描かれ続けており），おのおのの著作のなかでは，それぞれ非常に違ったやり方でではあるが，ユダヤ人としてのアイデンティティに関する自分たちの強いこだわりを表明している．

ジレンマから逃れる唯一の道が，キリスト教であった．啓蒙思想の合理的普遍主義は，もはやユダヤ人もギリシア人もないであろう時代を期待していた．このような未来像を共有できるユダヤ人もいるし，そもそもこの未来像は聖書に登場する預言者の普遍主義とも一致するようにみえた．1762年には，フランスのイザーク・ド・ピントは，ヴォルテールに自分をヨーロッパ人と認めてほしいと頼んでいる．19世紀には，ユダヤ人の知識人は，排他主義を根絶し普遍的な人間的価値の樹立を求めるあらゆる運動に，熱心に参加していった．しかし，多くのユダヤ人は単にユダヤ人コミュニティから漂い出るという行動をとったにすぎない．教育を受けて社会的なつながりができたことで，彼らにとってはユダヤ人の伝統的な生活は無意味なものになった．国家への忠誠が，ユダヤ人コミュニティへの忠誠にとってかわった．ドレフュス大尉は，実は彼を異教徒の不寛容の犠牲となったユダヤ人のシンボルとするにはまったく似つかわしくない人物で，彼自身，自分の無実を弁護するよう強く求めることは気がすすまなかった．それというのも，軍とフランスの正義にとっての名誉をけなすことになりかねないからである．

自由主義者が宣伝してきた約束を実行する力は，彼らにはなかった．そのことを，ドレフュスの悲運が痛ましい形で例証している．自由主義者は，ユダヤ人にゲットーという殻から出てくるよう呼びかけることはできたが，非ユダヤ人の世界に対してユダヤ人を同等な者として受け入れるようにと命ずることはできなかったのである．反対に，ユダヤ人の同化は獰猛な反動の火に油を注いだ．人種論的な反セム主義は，中世の偏見と科学的理由づけというもっともらしいみせかけとに深く根ざしていたが，それが，ユダヤ人を外来の種族であると分類することによって，統合のための努力を掘り崩していったのであった．同化を選択したユダヤ人でさえ，その出自のゆえにののしられた．名前を変えても，以前のユダヤ人名が注意を喚起するために括弧に入れてつけ加えられた．同化した人たちは，移り気だといってあざけられるか，さもなければ異教徒の社会に不気味に潜入した破壊分子だと非難された．

おそらくは，ユダヤ人として受け継いだ遺産を捨てたり，それに疑義を呈したりしたことからくるうしろめたさに悩んでいたであろうユダヤ人が，自分たちに向かって同化を促していたまさにその社会から送られた拒絶のサインに直面したとき，混乱し，挫折感を感じることになるのは驚くにあたらない．ユダヤ人知識人の疎外──ユダヤ教からも非ユダヤ人社会からもともに疎外されている──というよく知られた現象は，反セム主義の時代におけるヨーロッパ・ユダヤ人が共通して陥った苦境を鮮明に示すものである．ユダヤ人コミュニティを二分した思想上の対立もやはり苦境の現われであって，その対立の焦点は，解放および非ユダヤ人の不信という二重の挑戦に対し，ユダヤ人としてどのように答えるのかという問題であった．自由主義のユダヤ人であれ正統派のユダヤ人であれ，ドイツ・ナショナリストであれユダヤ人ナショナリストであれ，誰もが，近代世界において，ユダヤ人であるという問題に対する解決策をもっているといい張っていた．1920年代には，ソ連のユダヤ人共産主義者が，シオニズムやブント主義に対してと同様，ユダヤ教に対しても闘争を行なう一方で，ドイツの主要なユダヤ人組織──意味深長にユダヤ教信奉ドイツ公民中央連盟と名乗っていた──は，全国ドイツ・ユダヤ人連合のとる同化主義にも，進展しつつあるシオニズムの運動にも反対していた．アメリカでさえ，ユダヤ人社会全体の利益を守るために裕福なユダヤ人エリートによって1906年に創設された全米ユダヤ人委員会は，多種多様な口やかましいシオニストや社会主義グループによる異議申し立てにさらされていた．後者は，ユダヤ人プロレタリアートを代表すると主張していたのだった．1926年アメリカ・シナゴーグ評議会が活動面の調整のため設置されるということがあったにせよ，ユダヤ教の既存の体制それ自体も，深刻に分裂していたのである．

ナチスによるホロコーストが，ユダヤ人の苦悩にみちた境遇を一層悪化させた．それは，同化を率先して進めた国々でさえ，その同化は失敗だったことを実証したからである．全面的に同化していたユダヤ人たちばかりか，キリスト教徒の2代目となっている者たちでさえもが，「非アーリア人」として分類され，信仰を守っているユダヤ人やシオニストたちと一緒に市民権を奪われた．国家への忠誠心も，いろいろな形での偽装をも含めた社会的融合も，さらにキリスト教の洗礼という最終段階を踏んでさえも，試練のときには何の逃げ道にもならないことが明らかとなった．ユダヤ人の根絶をはかった戦争を生きのびた人の多くは，当然のことながら，ユダヤ人が生き残ることそれ自体を究極の目標とみなすようになった．単に個々人の生き残りではなく，民族全体の生き残りを目標としたのである．だからこそ，アメリカやその他の西側諸国で第二次世界大戦後に高揚したシオニズムへの熱狂は，パレスティナに移住したいという個人的な願望の形ではなく，ホロコーストを生きのびた者がユダヤ人としての民族的存在を再び打ち立てることができる国家建設の構想に参画する，という形をとって典型的に表わされたのだ．1948年のイスラエルの建国は，全世界のユダヤ人のあいだに，民族としてのユダヤ人アイデンティティという感覚をもつ上で強烈な刺激を与えたのである．そのことはまた，近代国家という文脈のなかでのユダヤ人アイデンティティというまったく新しいモデルを提示することにもなった．同時に，それはユダヤ人アイデンティティに関して，個人にとってもイスラエル国家の総体にとっても，新たな問題を生じさせた．

イスラエルでは，同化の過程──マイノリティの社会的統合，支配的な精神風土や生活様式に向けての文化変容，宗教的紐帯の弱体化と国家への忠誠心の強化──はユダヤ人社会の内部で進行する．このことは，他の国々でユダヤ人の同化が行なわれた地域において不安をつのらせたおもな要因──ユダヤ人コミュニティへの侵食，ユダヤ人の生活への非ユダヤ人の影響，反セム主義の恐怖──は存在しないことを意味する．国家はユダヤ人・非ユダヤ人間の通婚に関する規定を一切作らないし，ユダヤ人の両親はわが子がユダヤ人としての養育を受けられるだろうと安心していられる．と同時に，ユダヤ人は国家との完全な一体感を抱くことができ，また無制限に公共生活のあらゆる側面に関わることができるのである．つまりその結果，イスラエルのユダヤ人は（とりわけ宗

誰がユダヤ人か？

ユダヤ人のアイデンティティ形成をめぐる問題は，個人個人の場合になると疑問が出てくるのは避けられない．ユダヤ人のアイデンティティの土台は，血統か，それとも宗教か，それともその双方か，あるいはまったく別の何物かなのか？ユダヤ人であることはやめられるか？もしそうなら，どうやって？ここに掲げられた人びとのユダヤ人としての立場は，必ずしも単純明快とか自明といったものではない．

聖書に出てくる族長アブラハムはユダヤ教の礎をすえた人とよくいわれる．しかし彼はユダヤ人なのか？後世のユダヤ人の伝承は，彼がトーラーの戒律を遵守したと主張する．だが彼の時代に，トーラーはまだ啓示されていなかった．

モーセの姿もまた，ユダヤ教，キリスト教，イスラムという三つの一神教のすべてにとって大きな存在である．ユダヤ人の伝承は，彼を，すべての預言者中最大の者，ユダヤ人に向けた神の啓示の媒介者，指導者の理想型，とりなす人，そして教師とみなしている．

ナザレのイエスは，生涯を通じて自分のことをユダヤ人と考えていたが，ムスリムにはモーセの場合と同じく預言者のひとりとして彼は記憶されている．一方，キリスト教徒にとっては，全人類に霊的メッセージをもたらす人間を超えた存在なのである．人間イエスは，ユダヤ人の伝承にはほとんど跡を留めていないが，勝ち誇るキリスト教の表看板としては，自ら生をうけた民に対する迫害者という装いをとってひんぱんに現われることになった．

スペインの異端審問所は，「新キリスト教徒」がユダヤ人に起源をもつことに対して過敏であった．それにもかかわらず，多くの人びとが信じてきたようには，コロンブスがユダヤ人の血統をもつというはっきりした証拠は存在しない．

バルーフ・スピノザは，ユダヤ人がこれまでに生んだ最大の哲学者だが，異端の見解をもったとされ，そのかどで除名されるまではアムステルダムのセファルディーム・コミュニティの一員だった．キリスト教の洗礼をも拒んだので，彼は死のその日までどの社会集団からも部外者のままであった．

19世紀初頭には多くのドイツ・ユダヤ人が洗礼を受けたが，必ずしも心からキリスト教徒になったわけではない．ある者は，カール・マルクスのように子どもの頃受洗した．マルクスの受洗は6歳で，後年彼はユダヤ人問題に関するパンフレットを書くが，そこでは反ユダヤ主義感情をつい過剰にさらけだしている．

19世紀も深まると，キリスト教徒になる必要性など何ら覚えずにユダヤ人コミュニティを出ていくユダヤ人が増えていった．ある者は休みなくイデオロギーのあいだを漂流していたが，多くの者にとっての関心事は自分をユダヤ教から隔てる亀裂だった．ジグムント・フロイト，マルセル・プルースト，フランツ・カフカなどのそれぞれの著作のなかに，われわれは近代世界におけるユダヤ人アイデンティティとその意味についてのある不安感をかぎあてることができる．他方，ピサロの絵やマーラーの音楽から，彼らがユダヤ人の生まれである形跡をみつけるのはほとんど不可能だろう．

ユダヤ人知識人のなかのある人びとには，社会主義の普遍主義的呼びかけは，ユダヤ人が拒絶されては内に閉じこもる抑圧サイクルからの出口を与えるものと映じた．レーニンの親密な同志のなかには，出自がユダヤ人の共産主義者が何人かいた．レフ・カーメネフ，ヤーコフ・スヴェルドロフ（彼にちなんでスヴェルドロフスク市は命名された），そしてもちろんレオン・トロツキーらである．革命前後に円熟期を迎えたロシアのユダヤ人芸術家たちは，ヨーロッパ中でユダヤ人知識人がそうであったように，ユダヤ人の特性に依拠するか，より普遍的立場をとるか，というむずかしい選択に直面していた．作家のイリヤ・エレンブルグは，ユダヤ人としての背景を忘れることができなかった同化知識人の典型である．ボリス・パステルナークはもっとわかりにくい態度をとった．ユダヤ教とキリスト教を次つぎに捨てた彼は，後年「信仰を失った無神論者」だと自称したといわれる．映画作家のセルゲイ・エイゼンシュテインはユダヤ人として記憶されているが，本当のところは，他の多くの人の場合と同様に異教徒間結婚から生まれたのであった．彼の母親はユダヤ人ではなかったから，もしイスラエルのラビ会議がこのケースを検討するとしたらユダヤ人と認めることはなかっただろう．他の機関の場合でも，ある程度ユダヤ人の血を受けていることがユダヤ人としての資格要件の一つなのである．

最近では，自分がユダヤ人だという背景は否定しないが，宗教的にも民族的にも，ユダヤ人アイデンティティというものにとくに興味を示さない人には事欠かなくなってきた．1970年から83年にかけてオーストリア首相だった社会民主党のブルーノ・クライスキー博士は，その一例である．別の例としては，アメリカの著名な政治家，政治理論家であるヘンリー・キッシンジャー博士がいる．世間周知の背景からは離れているということが，透徹した決定をくだす上で，このように著名人にあっては望ましい必要な対策なのである．しかし，大勢と同じ道をたどるのは，普通の人びとにとってもそれほどむずかしいことではなくなっている．

ユダヤ人で同時にキリスト教徒であることは可能か？イギリスの主教ヒュー・モンテフィオーレ博士は，可能だと主張している．近年ある程度ユダヤ教への改宗も行なわれているが，ほとんどは結婚のためである．マリリン・モンローは劇作家のアーサー・ミラーと結婚するためにユダヤ人となったが，これはショー・ビジネスの世界の人間に数多くみられた手続きの一例にすぎない．

アブラハム

モーセ

ナザレのイエス

クリストファ・コロンブス（1451-1506）

バルーフ・スピノザ（1632-77）

ユダヤ人のアイデンティティ

教心をもたない場合）自己をユダヤ人というよりも、イスラエル人として意識しがちになる．イスラエルからの移住者で宗教心をもっていない者は，移住した先の国ではめったにユダヤ人コミュニティに加わらないといわれてきたが，おそらくそれは，一部には離散ユダヤ人のアイデンティティの中核をなしていたシナゴーグを，そのまま自分にとっての中核として受け入れることが難しいということによるのであろう．他方，イスラエルにおいて信仰を守っているユダヤ人は，自分たちは少数派であるという不安にかられている症候をいろいろ示しており，自分たちの権利ないし特権を保障するための政党を結成するほどになっている．また，独自の教育，社交，扶助のための機関ももっている．この現象が極端に走ると，自ら小規模なゲットーを形作り，ユダヤ人国家は認めずに，むしろ非ユダヤ人による支配の方が好ましいとしてきたコミュニティにまで行きつく．このようにイスラエルには，明らかに極端な同化傾向と，離散の地のユダヤ人社会と同様な同化への抵抗との，両者がある．イスラエルに特有なのは，国家自体がユダヤ人のアイデンティティに意味を認めて育成し，国家の制度のなかでユダヤ人のアイデンティティを公的に承認している，ということである．

イスラエルの市民は，国民としての身分と宗教上の身分を割りあてられ，それは公式の書類に書きこまれている（ユダヤ人の大多数の場合，この二つは事実上完全に重なりあっている）．ユダヤ人として登録するということによって，その個人にとって特権という意味でも制約という意味でも重大な結果が生じてくる（たとえば，ユダヤ人として登録した人はラビ法廷の同意をえたときのみ結婚が許される）．登録制度は，政教分離をめざすシオニストと宗教化をめざすシオニストとのあいだの長期にわたる闘争と妥協の過程がもたらした結果なのであり，両者はその後もユダヤ人アイデンティティの公的な定義をめぐって激しい論争を続けている．1958年にミズラヒ（宗教的シオニスト）党のメンバーは，ユダヤ人としての登録を望む者は他宗教に属していないことを条件に誰でも登録されるべきである，とした閣議決定に反発して連立政権から下野した．それに続く政治的混乱のなかで，ダヴィド・ベン-グリオン首相は，イスラエル内外の著名ユダヤ人に対し，とくにユダヤ人の父と非ユダヤ人の母をもつ子どもの登録の問題について意見を求める書簡を送った．43通の回答は主としてタルムードにもとづく定義を支持するものだったが，その後も問題の解決にはほど遠い．次つぎとおこるむずかしい法律上の事案・紛争は，事態の異例さを目立たせるものである．しかも宗教と国家を切り離すよう求める政教分離主義者からの圧力と，改革派ユダヤ教や保守派ユダヤ教への改宗者を除外してより狭い定義づけを求める宗教政党からの圧力とは，強まる一方である．

もう一つのユダヤ人人口の密集センターであった旧ソ連でも，ユダヤ人としてのアイデンティティは公式に認められてはいるが，しかしそれが別種の問題をひきおこしてもいる．思想的，というより歴史的な理由によって，ユダヤ人は一つの民族とみなされており，民族としてのユダヤ人であることは書類にも記載される．別の側面では，ユダヤ人であることがわかると，はなはだしい不利をこうむることになる．ユダヤ人の，宗教コミュニティ単位の，あるいは社会的な組織は，地方レベルでも国家レベルでも存在しないし，ユダヤ人学校は禁じられてきた．宗教的な集会は許されてはいるが，ラビがいないことやラビ養成の手だてがないこと，また子ども向けの宗教教育の禁止や，その他の不利な条件に悩まされている．シオニズムは非合法だが，反セム主義はごく普通のことである．近年では，高等教育を受けたユダヤ人に対する差別や学問の世界での昇進に障壁があることへの不満がくすぶっている．そしてユダヤ人は，事実上共産党や公職および軍の上層部からは締めだされていたのである．このような状況のもとでは，同化がおびただしく多いことは驚くにあたらない．

フランツ・カフカ（1883-1924）

カール・マルクス（1818-83）

ジグムント・フロイト（1856-1939）

カミーユ・ピサロ（1830-1903）

グスタフ・マーラー（1860-1911）

レオン・トロツキー（1879-1940）

イリヤ・エレンブルグ（1891-1967）

ヘンリー・キッシンジャー（1923-）

ヒュー・モンテフィオーレ（1920-）

マリリン・モンロー（1926-62）とアーサー・ミラー（1915-）

非ユダヤ人との通婚はごく普通のことであり，子どもたちは通常ロシアあるいはその地方で主流を占める民族を名乗る．しかし，ユダヤ人としてのアイデンティティをもっているという感覚は根強く残っている．1976年に内密で行なわれた調査によれば，回答者の87％が，ユダヤ人のカフェやレストランがありさえすれば，そこへ行くだろうといっている．1970年以降には，多くのユダヤ人が，周囲からいやがらせを受ける危険をおかしてでも，あえてヘブライ語の私塾やユダヤ人問題セミナーなどに出席したり，ユダヤ教の祭りのおりに集会を開いたりするようになった．こうした関心の高まりは，移住を求める運動やある程度は政治上の異議申し立てとも関連しているが，本来宗教的なものではなく，社会的・文化的なものである．民族としてのユダヤ人という感情は，公的な定義や反ユダヤ主義的プロパガンダのもとでシオニズムが圧迫されていたことを考慮に入れたとしても驚くほど低調である．近年では，移住に成功したユダヤ人の多くが，シオニズムの強い働きかけを物ともせず，イスラエルには行かないと決めている．

他の多くの国々では，国家はユダヤ人市民のアイデンティティを公的に認知してはいない．宗教上の制度が国家体制にある程度まで組みこまれているような少数の例外的な国でもそうである．アメリカでは，宗教は厳密に国家と分離されている．ユダヤ教はおもな宗教の一つとして広く認められており，きわめてまともなものである．実際には，ユダヤ人はある種の社会的な圧力を受けているが，その点は何らかの宗教集団に加入しているアメリカ人一般にとっても同様である．と同時に，多くの少数民族集団の存在はユダヤ人アイデンティティの別な理解の仕方に気づかせる要因ともなるが，その際，宗教の問題は社会的・文化的理由の二の次におかれる．シナゴーグは，イスラエルや旧ソ連では宗教儀式を行なうために存在しているが，それがアメリカではコミュニティ・センターとして使われ，純粋に社交的な性質のものも含めた幅広い活動に供されている．地域ごとの条件の違いによって，社会全体のなかでのユダヤ人の位置をどう認識するかという点が少しずつ違ってくるにしても，他の国々でも事情は同じようなものである．マイノリティ・グループとして，ユダヤ人は自らの立場には敏感であり，集団としても個人としても，たえず心理的緊張状態を経験している．ユダヤ人を代表する機関は，ユダヤ人コミュニティの利益を脅かす恐れのある法の制定や政治的展開に目を光らせ続けており，また他の宗教・民族集団との交流を率先して深めている．イスラエルがユダヤ人のアイデンティティにとって重要な中心をなすということは，シオニスト組織によって表明されていたことだが，シナゴーグや代表機関の活動のなかでもだんだんそうなっている．しかしながらほとんどのユダヤ人は，自分たちのことを何にもまして現に住んでいる国の国民であると考えており，自国とイスラエルとへの二重の愛国心をもっていると疑われて非難されると腹を立てるのである．

現代のジレンマ

ユダヤ人解放という挑戦に対する応答の仕方がいかに複合的なものであるとしても，基本的な問題は世界のどこでも同一である．つまりユダヤ人としてのアイデンティティを，矛盾や葛藤に陥ることなく定義し表現するにはどうしたらよいか，ということである．古い定義はみな陳腐になったが，それにかわって提出された解答のどれもが，これまでのところ満足にはほど遠いことが判明した．解放は本質的に政治課題であったから，政治的な反応をひきおこした．その反応のうちもっとも永続きしたのはシオニズムだが，多くのユダヤ人は自らのユダヤ人としてのアイデンティティを政治的な用語で表現することは望んでいなかった．実際，ユダヤ人アイデンティティをイデオロギー的な用語で定義しようとする企ては，いずれも広い支持を集めることはできなかったのである．

中世ユダヤ人社会であれほど結合力をもっていた宗教でさえも，近代におけるユダヤ人アイデンティティの基盤としては，必要でもなければ十分でもないことが明らかになった．シオニズムとユダヤ教はいずれも，自らをユダヤ人と考える人びとにとって役に立つ選択肢のようにみえる．双方とも，ユダヤ人としての生活を目的をもち充実して送るすべを与えると主張するが，そのどちらも，それぞれの信奉者だけがユダヤ人だとはいっていない．数多くのユダヤ人がシナゴーグかシオニスト組織に所属してはいるが，ユダヤ教なりシオニズムなりが生活の中心となっているのは，そのうちのほんの少数の者だけである．ユダヤ人としてのアイデンティティは強く自覚していても，どんなユダヤ人の機関にも正式に所属していない人も多い．

もちろん，アイデンティティの問題に直面しているのは，ひとりユダヤ人だけではない．ギリシア人，バスク人，アルメニア人，ウェールズ人，その他多くの人びとにとって，マイノリティとしての存在，過激な民族主義，異民族間の通婚，特有の宗教や文化遺産の保持などの問題は，すでになじみのものである．カナダ，アルゼンチン，旧ソ連などで，ユダヤ人は，市民としての平等を前提条件としながらも自らの文化やアイデンティティを守り続けようとしている，さまざまなマイノリティ集団のうちの一つであるにすぎない．それらの社会集団のそれぞれが，個人的・集団的レベルでの緊張状態や，若い世代に伝統的価値観への順応を迫る圧力などを内側に抱えている．というのは，ジレンマをもっとも鋭敏に感じとり，親の心配をはねのけながら自己をとりまく状況の曖昧さと闘うのは，常に青年たちだからである．

ユダヤ人の親たちやコミュニティの指導者らが示す関心事のうち，際立っているのは「同化」である．多くのユダヤ人にとって，ある程度の同化は避けられないものであるし，実際にはむしろ積極的な意味で望ましいものである．要するに，問題はどこで線をひくべきかなのである．しかし，今日のユダヤ人の修辞法では，「同化」は常に軽蔑語的表現である．ユダヤ人の理想的生活から脱落することを意味しているのであり，コミュニティからの離反，おそらくは他宗教への改宗にすら等置されうるものである．実際上この言葉は，しばしば非ユダヤ人との通婚を婉曲に表現するものとして使われている．しかもその通婚が，集団としてのユダヤ人の生き残りを脅かす主因とみなされるようになってきた．これこそ，移りゆく時代の挑戦がもっとも歴然と現われている場面であり，またユダヤ人指導者層の対応が実に不適切であった分野でもある．非ユダヤ人との通婚は何世代にもわたって着実に増えてきた．つまり，ユダヤ人解放と社会的統合がもたらした不可避的結果なのである．こうして，幾分かユダヤ人の血統を引く人びとの数はしだいに増えてきたが，その人びとのユダヤ人としてのアイデンティティは不確かなものとなり，ユダヤ人コミュニティ組織への帰属意識も問題をはらむものとなった．以上のように不確かなアイデンティティしかもてない人に加えて，ユダヤ人の両親から生まれてもユダヤ人としての教育をほとんど，あるいはまったく受けなかった人びとをさらに含めれば，ユダヤ人アイデンティティに関する不安や疑問にかられる人は数多くいる．それに比べれば，ユダヤ人意識は強烈にもっているが，現代世界に生きるがゆえに，自らがユダヤ人として社会に関与していくことの特質や強み，さらには生活のなかのユダヤ教の位置を再検討せざるをえなくなった人の方が，明らかにずっと少ない．

現在のこうした不確実性がどこへ向かおうとしているのか，予見はむずかしい．ユダヤ人の歴史には，危機と変革の時代として顕著な事例がいくつか存在する．ギリシア語世界との遭遇は，そういった時代の一つである．現代の関心事の多くは，あの遠い時代の文学のなかから生き生きと呼びさまされている．大変動と痛苦に満ちた順応の時代ではあったが，それはユダヤ人の文化を著しく高め，さらにユダヤ人にとっ

ユダヤ人のアイデンティティ

て広大な世界の文化に影響を及ぼす，えがたい機会をもたらした．イスラムとの遭遇や，のちのヨーロッパ・ルネサンスとの遭遇についても同じことがいえよう．こうした遭遇のたびごとに，外からの影響にどの程度まで同化するのが妥当か深刻な議論が生じ，現代にまでこだましている．議論はしばしばとげとげしいものとなった．個々の事例からえられた一つの結論は，遭遇することによって伝統は形を変えて豊かになったにもかかわらず，慎重に活動領域を狭めることであり，ユダヤ人としての伝統のなかにひきこもることであった．しかし，そうした遭遇はまた（各分野の傑出した代表的人物のみ名前をあげるなら）フィロン，マイモニデス，およびスピノザといった，広範な文化に不朽の貢献をなした輝かしくも独創的な思想家たちを生みだした．近代世界でこの人びとに相当するのは，マルクス，フロイト，アインシュタインなど多くの創造的才能を発揮した人びとである．明らかに文化交流がもたらす大きな実りを過小評価するべきではないのである．

しかしながら，政治的解放によって一層自由になったので，歴史の教訓はわかりにくいものになっている．この自由は個個のユダヤ人にとっては疑いもなく利益だったが，集団としてのユダヤ人が将来生き残れるかどうかという問題や，その宗教と文化にとっては，限りなく不安感を抱かせるものであった．抑圧状態のもとでの生き残りか壊滅へと至る自由かといった単純な選択の問題ならば，個人と集団のあいだには抜きがたい利害の相剋が生じよう．しかし，選択すべきはそのような単純なことではない．いくつかのユダヤ人コミュニティが同化によってほとんど，あるいはまったく消滅してしまったというのは事実である．しかしその他のコミュニティは，虐殺や強制改宗によって消し去られてきたのだ．従属したところで，それだけでは生き残れる何の保障にもならない．ユダヤ人は，他のマイノリティ同様，人身の安全や宗教的文化的表現の自由を必要とし，要求しているが，それだけではなく強制からの自由，統合するために彼ら固有の遺産を捨てさせようとする圧力からの自由をも必要とし，要求している．一見自由であるかのような状況のもとでも，ユダヤ人のアイデンティティや文化の存続にとって非常な打撃となったのは，そういった圧力だったからである．マイノリティが寛容に扱われ，自分自身であることが許されているところなら，政治的には自由であったり，あるいは制限を受けていたとしても，生きのびていける．要するにこれが，ユダヤ人の歴史の経験からえた，一つのはっきりとした教訓なのである．

歴史からえられる別の教訓は，未来の動向を予言するのに役立つことだろう．すなわち，アイデンティティの問題は大きな社会集団よりも小さなそれのなかで一層深刻になるということである．ユダヤ人の主要な部分が居住する大都市には匿名性があるのに，同化の圧力を強く浴びているのはより小規模でより孤立した集団である．現在のユダヤ人世界の調査によれば，比較的小規模な(国のレベルでも地方レベルでも)コミュニティは一層小さくなり，一方大きいものは力を保持するか，移住を通じて拡大さえするであろうということである．ユダヤ人はますます，ごくわずかの地域に固まりだしている．こういった集中は，いずれにせよ同化問題の解決にはならないが，ある程度は同化のもたらすもっとも深刻な問題をやわらげている．

ユダヤ人の主たる中心地としてのイスラエルの復活は，各地のユダヤ人の自己認識にとって重要な影響を与える．たとえある国々で，政治的成行きでユダヤ人にはありがたくない緊張状態が生じたとしても，たとえば在外ギリシア人がギリシアをみ，アイルランド系アメリカ人がアイルランドをみるように，すべてのユダヤ人はイスラエルを望見することができる．民族的郷土は，散らばっている人びとにとっては強力な支えであり，文化の発展のための豊富な機会と集団全体にとっての自信を与えるものなのである．

アメリカの若いユダヤ人たちにとっては，宗教がユダヤ人としてのアイデンティティを自然に表現するものとなっている（上図）．ロシアでは（右図），シナゴーグがアイデンティティを確立するための活気にあふれた中心となっているが，そのアイデンティティは，宗教的というよりむしろ「民族的」な意味あいが強いといえよう．

ユダヤ人の一生

　ユダヤ人の人生の節目節目を区切る重要な瞬間は，それにふさわしい儀式をもって印づけられている．その儀式は，個個人は一人ぼっちではなく，時間の流れのなかでは垂直に，その上空間のなかでは水平にのび広がっている大きな共同体の一員なのだ，という事実を強調している．

　男の子の場合，誕生のすぐあとに割礼（ブリート・ミラー）がくるが，伝統的に8日目に行なわれる．施術はモヘルと呼ばれる専門家が行なう．その赤ちゃんを抱いていることは名誉と考えられている．割礼はまた，男の子が名前をつけられるときでもある．

　子どもは，思春期にユダヤ教の法で定められている年齢になると，すべての戒律を守る義務が生じる．男の子の場合には，遅くとも13歳の誕生日の翌日までにそうなるが，そのときからその子はシナゴーグでの祭儀に一人前として加わることができる．したがって家族の祝いごとの中心となるのは，子どもが，普通はトーラーか預言書を朗読するのだが，初めて一人前の権利を行使するべくシナゴーグに出席することなのである．女の子の場合，これに相当する年齢は12歳で，近代主義の立場をとるシナゴーグではこの機会を記念する儀式も編みだしている．そうしたシナゴーグの場合，16歳の少年少女のためにキリスト教の「堅信礼」の儀式すらも取り入れる傾向にある．

　結婚は古代の財産法に起源をもつ．その儀式のなかには，妻を重んじ扶養するという約束を書きとめ，贈与すべき財産として同意したものを箇条書きにした文書（ケトゥバ）を，今日なお新郎から新婦へ，指輪とともに与えることが含まれている．離婚にはとくに儀式はない．離婚もまた，妻が自由に再婚できるように解き放つ文書（ゲットと呼ばれる）によって，その効力が生じる．

　特別な宗教儀礼で画される場合は，他にもたくさんある．たとえば重い病気から回復したときとか，危険な旅を終えたときとか，新しい家に引っ越したときなどである．以上のような場合は，感謝の儀式を捧げるに価する節目であって，それにふさわしい形式が整備されている．ユダヤ教への改宗も特定の儀礼をともない，それには水に全身を浸す浸礼（テヴィラー）や，男性に対する割礼が含まれる．

　埋葬は簡素にとり行なわれる．ラビは列席せずともよく（ここで述べるその他の儀式も同様である），花も飾らない．遺骸は屍衣に包まれ，今日ではたいてい簡素な棺に納められる．喪は，最初の1週間は重く，次の3週間はそれより軽く，そのあとの11か月間はさらに軽いものとみなされる．この1年が済むと，服喪していた者は年ごとの追悼行事を除いて通常の生活に戻る．

「包皮の部分を切りとりなさい．これが，わたしとあなたたちとのあいだの契約のしるしとなる」「創世記」17：11].この割礼の要件ははるかトーラーにまで，つまり息子イサクに生後1週間後に割礼を施したアブラハムにまでさかのぼる．そこでユダヤ人の赤ん坊は，今日でもこの時機に割礼を受けるのである（下図）．これは社会的な行事であり，家族や友人たちは両親とこの喜びを分かちあう．特別の用具が用いられ，昔はしばしば美しく細工されたものが使用された（右下図）．それというのも，割礼は単なる外科手術ではなく，主要な宗教儀礼であったからである．

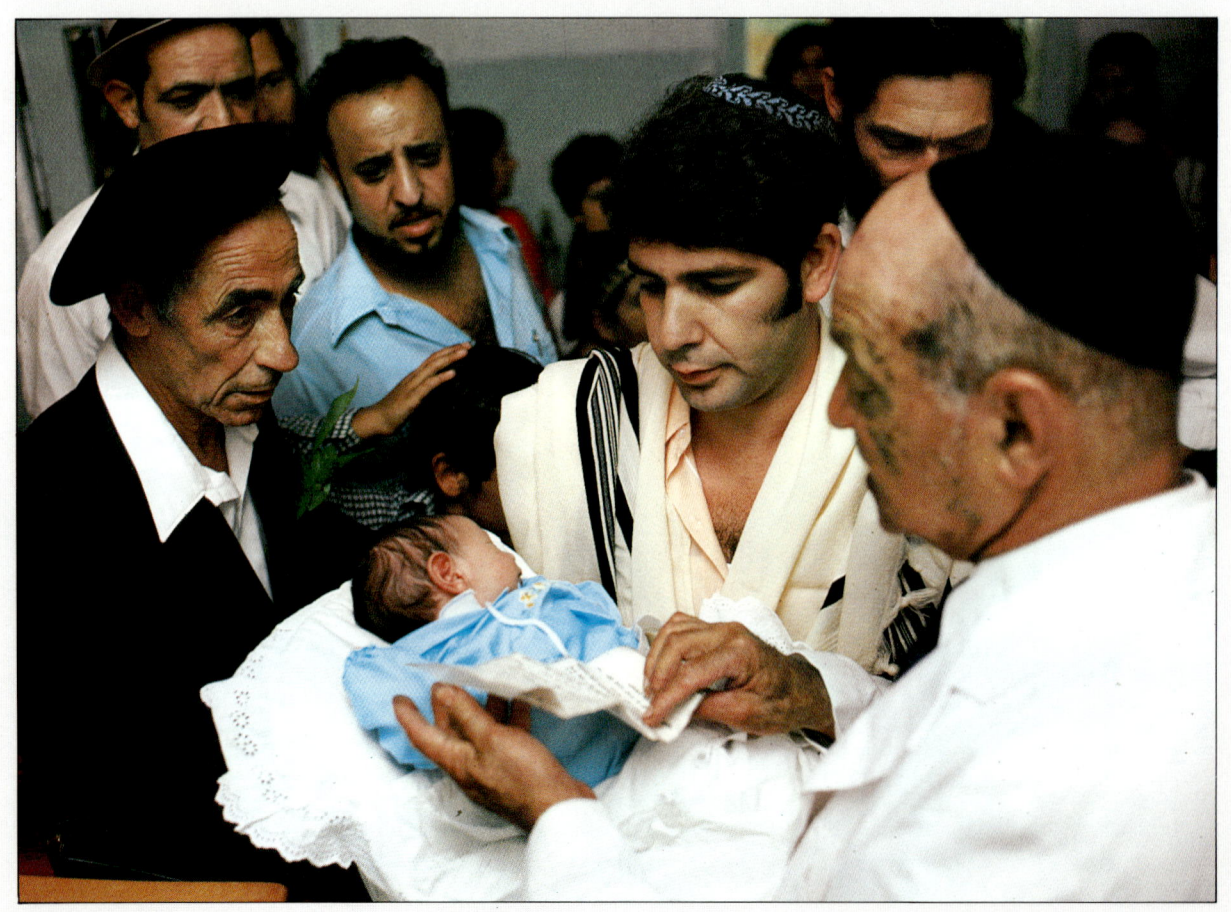

右　「13歳にして掟に」．バール・ミツヴァー（このことばは儀式ではなくて，それを受ける人間を指す方が正しい）によって成人の社会に入門するのだが，タリート［ストール］を身につけ，シナゴーグで，普通は安息日の礼拝でトーラーとハフタラを読むようにいわれてそれに応ずることで，入門することになる．この写真では，トーラーの巻物を読んでいる様子がみてとれる．羊皮紙の巻物に手が触れるのを避けるために，ラビが使用している手の形をした指示棒（ヤッド）に注目されたい．

ユダヤ人の一生

左 「喜びの声、祝いの声、花婿の声、花嫁の声」「エレミヤ書」15：9．今日では普通、結婚式はシナゴーグでとり行なわれる。もっとも伝統主義者のなかには、これはキリスト教の影響によるものであるからと異議を唱え、式は家庭で、それもなるべくなら戸外で行なわれるべきである、と主張する者もいる。欠くことのできないのが、フパー、すなわち花嫁花婿をおおう天蓋である。ワインを掲げながらの祝福の詠唱があり、ケトゥバが読誦され、花婿は花嫁の右手の人差し指に指輪をはめる。以前は、婚約指輪には非常に凝ったものがよくあった（下図）。

下 「主は与え、主は奪う．主の御名はほめたたえられよ」「ヨブ記」1：21．死は諦念をもって受けとめられ、コミュニティは喪に服する者をなぐさめ、支えるという重要な役割を担う．遺体を埋葬するための準備には厳密な手続きがあり、それをとり行なうヘヴラー・カディーシャ、すなわち「聖なる集団」に属していることは一つの特権と考えられてきた．その集団は、アダール月の第7日（モーセが死んだと伝承されている日）に年1回の宴を張り、そのおり、それらしいモチーフで飾られたグラスで酒を飲むことになっていた（右図）．

ユダヤ教の一年

暦

　ユダヤ教の暦は，ユダヤ教を守る者の生活のリズムをあらゆるところで規定している．暦は太陰暦であり，1か月は月の満ち欠けに対応し，祝祭日は常に同じ月齢にあてはまる．1か月は，29日と30日を交互にくり返し，各月の朔日（30日ある月ならその日も）は小祝日とみなされている．354日間の太陰暦年を365日の太陽暦年にあわせておくために，19年のうちに7回うるう月が挿入される．この補正で，太陽暦のどの日にでもあたる可能性のあるイスラムの祝祭日とは違って，祝祭日は毎年同じ季節にくるようにされているのだが，それでもユダヤ教の祝祭日の暦日は年によってある程度変動する．

　暦の小単位は「日」で，1日は日没によって始まり，また終わる．週は，毎土曜日にあたる聖安息日，つまりシャバットで終わりを迎える．シャバットは，ユダヤ教信者にとって，その信仰を思いださせるものとして常にあるという点で，1週間の中心をなしている．シャバットの日の安息は，世界の創造の日をかえりみ——聖書によれば神は7日目にその仕事を果たして休んだというので——，同時に，よく「永遠を前もって味わうこと」といわれるように，終末における贖いを待ち望むものでもある．休息して鋭気を養うときであり，俗世間のわずらわしさから逃れることであり，また家族がともに役割を分担してつどう機会でもある．

　1年にもやはり規則的なリズムがあり，秋と春にある二つの祝祭シーズンの期間中に宗教的な活動は頂点に達する．おもな祝祭は聖書に由来するもので，3年に一度，収穫期にはエルサレムへの巡礼をともなっていた．これらの祝祭を祝うに際して，収穫祭という主旨はずっと以前に支配的な地位を失ってしまった（現代のイスラエルでは，ある程度復活されてはいるが）．しかし，聖書の影響は今日でも非常に強く感じとれる．スッコート（仮庵の祭り）はその名を収穫のときの仮小屋からとっており，小屋は果物や緑の葉で飾り立てられて，昔のイスラエルびとがエジプト脱出ののち荒野をさまよっていた時代に住まっていた天幕を想いおこすよすがとなっている．古代にはスッコートが1年の中心点であり，古代のラビはこの祭りのことを単に「祭り」と呼んでいた．今日では，幾分新年の祝祭や，直前の厳粛な「贖罪の日」の陰に隠れてしまっているが．エジプト脱出そのものは，毎年ペサハ（過ぎ越し）の祭りで祝われ，その7週間後にはシャヴオート（「七週」または「五旬節」）をもって，シナイ山でトーラー（律法）を授かったことを記念する．ただし，祝祭の一つ一つがまた，それぞれ精神的なメッセージを帯びている．たとえばスッコートなら人の一生のはかなさを，ペサハなら抑圧からの解放を，シャヴオートなら神の啓示を表わしているように．そして祭りのそれぞれがまた，一年の特定の時期の興趣を帯びている——秋の実りは，中東ではさわやかな雨と新しい生命の芽生えだし，春は約束，夏は豊かさというように．新年の時期は内省と悔悟という特別の調子を帯びていて，そのなかには再生の喜びが敬虔な自己点検のうちにまじりあっているのである．

　その他多くの守るべきことが何世紀にもわたって展開されてきたので，暦には断食日や小さな祭日が点々と綴られている．とくに二つの儀式については，すべてのユダヤ人が強い

	ティシュリ月	ヘシュヴァン月	キスレヴ月	テヴェート月	シェヴァト月	アダール月
1	ローシュ・ハ＝シャナー（新年）	1	1	1 🕯🕯🕯🕯🕯🕯🕯🕯	1	1
2	2	2	2	2 🕯🕯🕯🕯🕯🕯🕯	2	2
3	断食	3	3	3	3	3
4	4	4	4	4	4	4
5	5	5	5	5	5	5
6	6	6	6	6	6	6
7	7	7	7	7	7	7
8	8	8	8	8	8	8
9	9	9	9	9	9	9
10	ヨーム・キップール（贖罪の日）	10	10	10 断食	10	10
11	11	11	11	11	11	11
12	12	12	12	12	12	12
13	13	13	13	13	13	エステルの
14	14	14	14	14	14	14 プーリム
15	スッコート（仮庵の祭り）	15	15	15	15 樹木の新年	15
16	16	16	16	16	16	16
17	17	17	17	17	17	17
18	18	18	18	18	18	18
19	19	19	19	19	19	19
20	20	20	20	20	20	20
21	21	21	21	21	21	21
22	シェミニ・アツェレット	22	22	22	22	22
23	スィムハト・トーラー ＊	23	23	23	23	23
24	24	24	24	24	24	24
25	25	25 ハヌカー 🕯	25	25	25	25
26	26	26 🕯🕯	26	26	26	26
27	27	27 🕯🕯🕯	27	27	27	27
28	28	28 🕯🕯🕯🕯	28	28	28	28
29	29	29 🕯🕯🕯🕯🕯	29	29	29	29
30		30 🕯🕯🕯🕯🕯🕯		30		

ユダヤ教の一年

ン月	イヤール月	スィヴァン月	タンムーズ月	アヴ月	エルール月
	1	1	1	1	1
	2	2	2	2	2
	3	3	3	3	3
	4	4	4	4	4
	5 イスラエル独立記念日	5	5	5	5
	6	6 シャヴォオート（ペンテコステ）	6	6	6
	7	7 *	7	7	7
	8	8	8	8	8
	9	9	9	9 断食	9
	10	10	10	10	10
	11	11	11	11	11
	12	12	12	12	12
	13	13	13	13	13
のための断食	14	14	14	14	14
ハ	15	15	15	15	15
ぎ越しの祭り）	16	16	16	16	16
	17	17	17 断食	17	17
	18 ラグ・バ・オーメル	18	18	18	18
	19	19	19	19	19
ハ	20	20	20	20	20
日	21	21	21	21	21
*	22	22	22	22	22
	23	23	23	23	23
	24	24	24	24	24
	25	25	25	25	25
	26	26	26	26	26
コースト	27	27	27	27	27
の日	28	28	28	28	28
	29	29	29	29	29
		30		30	

■ 大祭日
■ 巡礼祭
■ その他の祭日
□ 小断食および聖日期間

* イスラエル、および改革派ユダヤ教徒のあいだでは、これらの祭日は守られておらず、スィムハト・トーラーは前日に祝われる。

愛着を感じている。すなわち、真冬に行なわれるハヌカーは8日間にわたる光の祭りであって、ハスモン朝による神殿の再奉献を記念したものだし、一方プーリム、つまり聖書中の「エステル記」に物語られているペルシアの迫害から救われたことの祝いは、仮装パーティーやどんちゃん騒ぎでもって祝われる。近年は、暦に新たな二つの日付を加えることが企図された。イヤール月5日のイスラエルの独立宣言の日と、その1週間前のナチスによるホロコーストの犠牲者を想いおこす日とである。この両方の日付とも、イスラエルでは祭日としてとくに守られている。他の、もっと昔にできたシェヴァト月15日の植樹日や、イヤール月18日（ラグ・バ・オーメル）のかがり火とピクニックの日のような祭日についても同様である。ユダヤ教世界の大半の人びとにとって、他のすべての日よりも格別な時期が年に2回ある。すなわち、一つは畏れの日々（新年と贖罪の日）であって、その時期にはシナゴーグに参拝者がつめかける。もう一つは「過ぎ越し」で、解放の祭りを祝いながら家族の絆を新たにするのである。

このほかに暦に関する細かな点で、一つだけ説明が必要である。離散の境遇のなかで、巡礼をともなう祭りのそれぞれについて、あと1日を追加して祝うという慣習ができたのである（スッコートとペサハの初日および最終日を含む）。この慣習の起源は古代にさかのぼるが、改革派および一部の保守派ユダヤ教徒は、今日のイスラエルでも同様で、聖書に載っている祭礼のみを守って、この慣習を廃止している。

紀年は、世界の創造と伝承される紀元前3761年を起点として数えられる。そういうわけで1995年秋に始まる1年は、AM（Anno Mundi——世界暦）5756年である。

年間の祝祭日にはそれぞれ独自のおもむきがある。左端図：スィムハト・トーラーは新年の祭りの聖日期間の終わりを告げるものであるが、この聖日期間は、非常に信心深い人びとにとってはほとんど2か月続くのである。またこの日は、トーラーを読誦する一年のサイクルの終わりを画するものでもある。この祭日のテーマは喜びであるが、それはこの1920年頃のロシアの木版画にみられるように、ともすると乱痴気騒ぎへと向かいがちである。シナゴーグでの踊りには子どもが加わっていることに注目されたい。伝統的に子どもたちは、祭りをもっぱら盛りあげる役をつとめていたのだが、この絵は、実際そうだったという一例である。左図：喜ばしさでは劣らないものの、ペサハはもっと抑制がきいている。この祭りは家庭で、夕食のときに始まるものであって、その食事は一面では宴会であり、一面では礼拝であり、一面では歴史の学習でもある。ここでも、子どもは参加するものとされている。礼拝のための書物はハガダー（「語り」）と呼ばれ、ここに掲げた絵そのものも14世紀のスペインで製作されたハガダーからとっている。右図：6世紀のガリラヤのシナゴーグ（ベート・アルファ）のビザンツ風床モザイクに描かれた黄道十二宮と四季。このモザイクが何のために、どのように使われていたのか、好奇心をそそる謎である。

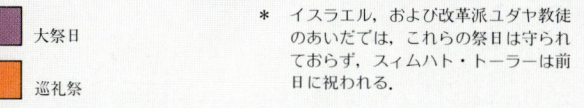

祭 り

畏れの日々

英語ではよく大祭日 (high holy days) と呼ばれているが，ヘブライ語では「畏るべき日々」（ヤミム・ノライーム）である．ローシュ・ハ=シャナー（新年）をもって始まる10日間の厳粛な日々で，キップール（贖罪）で最高潮に達する．これは裁きの時期である．すなわち書物が広げられ，個人個人の運命が，彼ないし彼女のなした行ないとの釣り合いをとって書きこまれるであろう，という．「ローシュ・ハ=シャナーにそれは書きこまれ，キップールの断食日にそれは封印される．何人の者が去っていき，何人の者が創られるのか．誰が生き，誰が死すのか．誰が定められた終わりのときにあたり，誰が早くも……」祈禱文のことばは畏怖の念をおこさせるが，しかしまた慰めと赦しを再び確かなものとするメッセージをもたらしてもいる．

下左 「新月にショファールを吹き鳴らせ！」［民数記］10：10．エルサレム，嘆きの壁での新年．ショファールの音は悔い改めの呼びかけである．

下右 「シトラスの実，なつめやしの葉，繁った木の枝，川柳の枝をとってきて，あなたたちの神，主の御前に喜び祝え」［レビ記］23：40．嘆きの壁でのスッコートの祭り．

右 「われらは灯をともして，あなたがこの季節のそのときわれらの父祖のためになした驚くべき出来事，勇ましい振る舞い，勝利そしてすばらしくも心なぐさむ行ないの数々を記念する」．ハヌカーの最終日，八つのあかりがすべてともされる．

右 「それはユダヤ人にとって輝かしく，祝うべきこと，喜ばしく，誉れあることであった」［エステル記］8：16．ブハラのユダヤ人たちがプーリムを祝っている．「エステル記」を読みあげながら，この人びとは自分たちがペルシア人の祖先をもつことを思いおこすのだろうか？

ハヌカー

真冬の暗闇のなかでの光と祝祭の8日間である．ハヌカーは，アンティオコス4世の軍に対するハスモン朝の勝利（前164年）を記念している．「しかるのちに，あなたの子らはあなたの家の聖域に入り，神殿を清め，聖所の灯をともしました．そしてあなたの偉大な名をたたえ，感謝を捧げるために8日間のハヌカーを定めたのです」．ハヌカーは「奉献」を意味するが，子どもの世代にとってはろうそくと贈り物の意味になる．メノーラー，すなわち神殿にある七枝の燭台は，九枝のハヌキーヤへとうまく変形されている．祭りの1日ごとに一つの灯がともされ，9番目（シャマシュ）は他のろうそくに火をつける種火のためにある．

スッコート

キップールのすぐあとにスッコートがくる．その名は，緑の葉で屋根をふき，果実と花で飾られた祭りのための仮小屋（スッコート）からとられている．キップールの礼拝から戻ると，スッカー「スッコート」の単数形］を建て始めるというのが信心深い習慣である．気候が許すところでは，家族は祭りの期間中スッカーで寝食をともにする．スッコートのもう一つの特別な行事は「4種」である．すなわち，しゅろの葉，ミルト［天人花］の小枝，および柳の小枝を，ルーラヴ［しゅろの若枝］の形にして一緒に束ね，エトローグをつけたものである．エトローグは，ごく普通の好みのもち主なら，心地よい香りのするかんきつ類の実である．「4種」は行列で手にされ，ホシャナーの賛歌（解放を求める祈り）とともに，6方向に打ちふられる．それは感動的な光景である．スッコートは7日ないし8日続き，そのすぐあとにスィムハト・トーラーの日がくる．このときは同様の，だがもっと大規模な行列が行なわれ，今度はトーラーの巻物が行進する．

ユダヤ教の一年

左中央　「7日のあいだ，家のなかに酵母があってはならない」［「出エジプト記」12：19］．エルサレムでハメツを燃やしている．

左下　「あなたはこの日，自分の子どもに告げなければならない．『これはわたしがエジプトから出たとき，主がわたしのために行なわれたこのゆえである』と」［「出エジプト記」13：8］．アメリカでの過ぎ越しの祭りのときのセデル．皿に儀式用の食物をのせて出してあるのに注意されたい．

ブーリム

1年の半ば近くの頃にブーリムの祭りがあり，これは，邪悪な大臣ハマンがペルシア帝国のユダヤ人を絶滅させようとしたが，その企みが失敗したこと（前5世紀）を記念するためのものである．ハヌカーと同様にこれは完全な祭日ではなく平日であるが，特定の儀式やめでたい雰囲気が際立っている．聖書の「エステル記」はブーリムの起源が物語られたものだが，手書きの巻物のそれが読みあげられ，羽目をはずして飲む．

過ぎ越しの準備

ブーリムから過ぎ越しは1か月しか隔たっておらず，過ぎ越しの準備の実務にあたる人びとにとっては，あっというまに時間が過ぎ去っていく．トーラーの命ずるところでは，家家からはパン種を一掃しなくてはならず，このことは，普通もっと一般的な春の大掃除をするのにちょうどよい表向きの理由ととらえられている．どこのユダヤ人コミュニティでも，過ぎ越しの到来する前には，家を大掃除したり，家具や布類を洗濯したりとりかえたり，台所が模様変えされたり，みるからに大騒ぎとなる．瀬戸物類や台所用品一式を新しく買いととのえるというのは古い伝統のある地区あたりではあまりみかけず，一週間の祭りと娯楽に備えて食料品が買いだめされる．パン種を入れないパン（マツァー）が焼かれるが，普通は買ってこられる．ひいたアーモンドやシナモンやその他同様の風味のよい材料を惜し気もなく使い，制約のある規定食を巧みにつくっていく伝統的な調理法が数多くある．過ぎ越しの晩の前日に準備がほとんど完了すると，残っていたハメツ（パン種）は儀式として廃棄される．

過ぎ越し

1週間続く祭りは，晩に，ユダヤ教の儀式すべてのなかでももっとも有名なものをもって始まる．それがセデルの食事である．家族が一堂に会し，家を離れている者，独り暮らしの者は温かく迎え入れられる．ユダヤ教の正式な食事はすべて，ぶどう酒とパン，およびその日自体への祝福をもって始まるが，セデルの儀式はとくに念入りに行なわれる．すなわち，エジプト脱出の聖書物語の朗読が，自由と救済についての黙想や神への讃歌と織りなされているのである．子どもたちが先導の役割を務める．つまり，口切りの質問である「どうして今夜は他のすべての夜とは違うの？」とたずねて，伝統にのっとって式次第を始めるのは，その場にいる一番年少の者なのであり，それに続くもの――出エジプトの物語を語る――がこの質問への答となるわけである．象徴となる食べ物という形をとった「教えのよすが」が出てくる．焼いた小羊の骨と卵は過ぎ越しの犠牲の，マツァーはイスラエルびとがエジプトから逃げださなくてはならなかったおりの慌ただしさの想い出として，西洋わさびあるいはその他の苦菜は彼らの受けた苦難の想い出として．セデルの儀式は，ギリシア・ローマ時代の饗宴の様相を保っている．また，きたるべき時代の救世主の饗宴を待ち望むということでもある．この晩はいくつかの有名な歌，子どもたちに終わりまで興味をもたせるのに役立つようなそれでしめくくられる．

ユダヤ人の生活

しばしばくり返される警句だが，ユダヤ教は「宗教というよりも生き方といった方がよい」というのは，おそらくユダヤ人の生活以上にユダヤ教の方をけなすつもりなのだろう．ユダヤ人のアイデンティティが，たいていは宗教が多くの要素のうちの一つにすぎないような社会との関わり方のことだというのは本当だし，また，ユダヤ教の宗教文献は常に抽象的な思考や信念よりも現実の生活に確固たる強調点をおいているというのも同様にあたっている．だがユダヤ人の生活は，現実のものとして，あるいは説教や手引きの描く理想的な青写真とは対極にあるものとしてみれば，奇妙に不可解であり，場所によっても時代によっても，あるいは同じコミュニティのなかの集団や個人のあいだでさえも，違いは大きい．この多様性は，おそらくこれまでのどの時代よりも今日非常にはっきりしているが，それでもそのことを純粋に現代の現象と思いなすのは非現実的にすぎるというものだろう．変わったのは次の点である．中世のコミュニティにあった社会の結びつきや同質性が，開かれた社会での新しい条件のもとで崩壊したということ．そしてこの崩壊が，強制的な隔離という束縛や内部での強力な統制抜きでユダヤ人アイデンティティを保持し，表現しようとする多種多様な企てを生じさせた，ということである．よくあることだが，本質的には政治上の変化が経済的・社会的生活の変容をもたらし，そうした変容が，今度は伝統的な制度や習慣の理論的な根拠の再検討を迫ったのである．

中世のコミュニティが崩壊したのは，ここ2～300年にわたる時の経過のなかで徐々におこったことで，それは未だに終わっていない．中世的な生活条件が生き残っている場所は今なお存在するが，その数はごく少なく，しかも規模も小さくて常に縮小し続けている．今日ユダヤ人の大多数は，そういった場所が存在するための公的な基盤が一掃されていたり，ユダヤ人としての生活の仕方が個々人ないし集団による選択の問題でしかない国々に住んでいる．こうした新しい条件のもとで，伝統的な生活様式に近いあり方を再現することは可能であったし，ほんの少数の者たちによってそういう選択がなされもした．しかし，それは自発的な選択であるがゆえに，それが依拠している昔のモデルとは根本的なところで違いがあり，古いものが本当に生き残ったというよりは現代の多様性の一つの現われとして判定されるべきである．伝統的な生活形態は今日のユダヤ人にも強く影響し続けており，とりわけユダヤ人解放を近年になって経験した人にとってはそうである．しかし2～3世代もたつうちに，こういった影響はしばしばセンチメンタルな衝動という形をとって残りながらも弱まっていく．新しい社会生活の形態が，意識的にであれ無意識のうちにであれ創出されていく一方で，古い制度は廃止され，解釈し直され，旧来の価値観も否定され，改変されたりして，新しい制度や価値観がとってかわるようになった．この変化の過程は規則的なものではなく，またどこであれ完結したものでもない．多くの人びと（中世的コミュニティが1940年代かそれ以降に粉砕された人びと）にとっては，その変化はなかなか始まらなかった．変化の過程は万華鏡でみえる絵のようで，最終的な結果は，かりにそんなものがあるとしてのことだが，予測できないのである．

中世のコミュニティ

中世のユダヤ人コミュニティでは，ユダヤ人としてのアイデンティティは公認のものであって，改宗や他宗の者との通婚は禁じられていた．また，ユダヤ人はしばしば目立つ服装をすることや隔離された区域に住むことが強制された．つまり，社会的な隔離が文化的な隔たりを結果としてもたらしたのである．多少の影響は避けられなかったにしても，ユダヤ人は社会の多数派の文化から遮断され，相対的に孤立したなかで独自の生活様式を発展させた．各地で，彼らは近隣の者とは違う言語を話すことさえあった．ユダヤ人と非ユダヤ人とのあいだには，しばしば注目に価する文化レベルの差異があった（とくに非ユダヤ人のあいだで全体に識字率が低いところでは，そうだった）．宗教はもちろんはっきりとした区分要因であり，隔離の結果でも原因でもあった．何らかの宗教的な作用が相互に，知的なレベルでも民衆のレベルでもしばしば働きあっていたのに，そうなっていた．

中世のコミュニティは高度に組織化されており，さまざまな活動や制度を管理運営するための有給の役人を抱えていたが，その仕組みのなかには宗教や教育の施設，税金の徴収や公的な慈善事業が含まれていた．強く密着した社会であって，イデオロギー的な意味あいでの共通目標によっても，共通の利益という自衛上の結びつきによっても固く結ばれていた．社会的責任が強く意識されていた——より豊かな成員は，より恵まれない者を慈善基金や個人の寄金を通じて支援するのである．それぞれのコミュニティは自治権をもっていたが，コミュニティ同士のあいだの協力もあった．ラビは互いに助言や援助を求め（ごくたまにだが，彼らは地域での宗教会議に集まった），法廷は一地方の司法権を越えるような事例についての情報を交換し，慈善団体は困窮している旅人や身代金を要求されている人質の面倒をみた．

ユダヤ人に課せられた制約は，かなり経済上，職業上の特殊化につながった．奴隷所有が規制されたことにより，ユダヤ人は農業と工業とからほとんど押しだされ，まもなく土地所有も禁じられるようになった．ギルドへの加入の禁止は，広い範囲にわたる手工業から彼らを締めだした．しかもまた，明示されるにせよされないにせよ，一般に軍隊や政府に加わったり「自由業」につく資格は（医術という例外はあったが）なかった．中世ヨーロッパでは，ユダヤ人はますます金融業や狭い範囲の商業活動へと追いやられていった．こういう専門化は，ユダヤ人と非ユダヤ人との分離を強調し，しかもユダヤ人が，非ユダヤ人の一般庶民，とくに取引き上の競争相手や金を借りた者から悪評を買う一因になった．ユダヤ人は都市の特定の一角に集まりがちであった．東ヨーロッパには都市はほとんどなかったので，ユダヤ人は小さな町や村に散らばっていたが，こういうところでも経済的・社会的な制約によって彼らは孤立した階層になっていたのである．

ユダヤ人の生活の基本単位は家族であった．おそらくこれこそが制度のもつ真の意味での強さだった．家族は，大家族で，強力で，そして忠誠心に富んでいた．コミュニティが個人よりも重んじられる傾向があり，独身でいることや修道院の生活がけっして美化されない社会にあって，安定性と継続性を与え，個々のユダヤ人の生活に直接関わる社会的，経

中世のユダヤ人の生活のひとこま．

上　1740年のハンブルクで，当時の優れたユダヤ人画家の一人であったヨセフ・ライプニック描くハガダーより．テクストどおりに，古代エジプトで労働するユダヤ人を描こうと意図しているのだが，その絵はドイツの都市を背景にした当時のユダヤ人の姿を示している．

右　14世紀初頭のスペインの手稿より．つぼやなべを清めるのに大釜が使われている．

済的，宗教的な環境を作るのは家族だった．個人と家族の生活にとっての重大な瞬間がちょうど宗教儀式で区切りがつけられるように，宗教は家族という場で始まり，年間の宗教行事は家族内で祝われる．宗教はまた，家族の維持と神聖化とを目的とする性行動の厳密な規範も提示していた．子どもがないことや死に別れることは家族にとっての不幸であったから，そうした家族はその悲しみを和らげ，修復しようと努めた．結婚は，しばしば家族よりひと回り広い一族や，婚姻の絆ですでに結ばれた家族同士のあいだでお膳立てされた．そういった絆は，双方の家族の成員全部を特別な関係として結びつけた．親戚や先祖の名声は家族全員の自慢の種であり，一方家族のなかの不名誉は成員全体に恥をもたらした．年寄リは尊敬を受け，世話をされた．若者は未来へ向けての家族の連続性を表わすものとして大切にされた．教育や職業訓練は，少なくとも理屈の上では家族の責任となっていた．

この体制は男を女の上位においた．権力と権威は男性の独占物であり，息子たちが幼少の頃から教育を受ける一方で，娘たちはほとんど教育を受けられなかった．女たちはシナゴーグの活発な宗教生活から締めだされており，たとえばシナゴーグに出席した場合には，回廊かついたての陰に隠されたのである．謙虚さやしきたりどおりの純潔さを保たせようとする規範は男よリも女に厳密に適用されたが，その一方で宗教上の儀礼はほとんど男によってとり行なわれた．女性の法的地位は，奴隷や未成年者（女性の場合は永続するという点で異なるが）と同程度のものでしかなかった．法廷で証言することもできなかった．公的な生活や，非常にもうかる職業からは締めだされていた（例外的な事例がよくひかれるが，それは一般には規範が存在したことの証明にほかならない）．女性がある程度の自由や尊敬を味わったのは家庭の内部だけであったが，この家庭でさえはっきりした機能の分離があり，より晴れがましい方は男のものとして指定されている．

中世のコミュニティは閉ざされた社会だった．誕生と死による以外は，そこに入りこめた者もそこを出た者もほとんどなかった．そして個々の人間の運命は，たいてい彼あるいは彼女のあずかりしらない要因によってあやつられていた．個人主義や少数意見は歓迎されず，成員は個人的な欲求よりも集団の福利を優先することが求められた．現われ方はいろいろだが，ユダヤ人の生活は非ユダヤ人世界の風潮を反映していて，その特徴の多くをそこに負っていたのである．

近代のユダヤ人の生活

ヨーロッパ中世のユダヤ人の生活の均質性は，17－18世紀に富裕な商人や銀行家が異教徒の社会と交わり，彼らが非ユダヤ人の知人の生活様式を見習い始めた頃，ゆっくりと崩壊し始めた．しかしシャバタイ運動やハスィディズムのような民衆レベルの宗教運動は，伝統的なもろもろの価値に対する，もっと潜行した，確実にもっと広がリをもった挑戦の現われであった．ヨーロッパの啓蒙思想が，容認されていた国家と教会との関係に疑問を呈し，ついにはユダヤ人の政治的な解放を導きだしたのだが，非ユダヤ人にとってもユダヤ人自身にとっても，社会的な統合がより受け入れやすくなるにつれ，啓蒙思想はさらにユダヤ人の生活様式にも深い影響を及ぼしたのだった．

19世紀のほとんどを通じて，ユダヤ人の大多数は急激な変革などまずおこりそうもない国々に集中していたので，ユダヤ人の生活のなかの変化は遅々としたものだった．しかしながら，1880年代にロシアや近東から西に向かう大規模な移住が始まる頃までには，東側の国々と西側の国々とのあいだでユダヤ人の生活に顕著な違いが生じていた．伝統の強い東側

ユダヤ人の生活

のコミュニティから新規に到着した者たちは，同化された西側のユダヤ人が服装や話し方や習慣の点で異教徒と区別がつかず，非ユダヤ人のあいだで明らかになんら気後れせず，自信をもって行動しているのを目のあたりにしてあきれかえった．1880年までには，西ヨーロッパと北アメリカで生まれたユダヤ人は，宗教的にはほとんど完全に正統派を捨て，シャバットの安息や食事制限，毎日の祈り，さらには儀式として行なう沐浴などの遵守をゆるめたり，やめてしまったりしていた．東側では対照的に，信心深いユダヤ人のあいだでの儀礼の遵守は根強く，宗教上の改革など事実上知られていなかった．ハスィディズムでさえ，改革を求める情熱が高まるなかで始まったのだが，実際には伝統的なユダヤ教の形式に従っていたのだった．大規模な移民の流入にともない，ユダヤ人の生活の昔の型が西側の国々でも一時的に回復したが，やがて文化変容の過程がまたくリ返され，そこにはさらに多くの種類の妥協や反発がつけ加えられた．次つぎ押し寄せる移民の波，とくにナチス時代の中部ヨーロッパからの移民と1948年以後のアラブ諸国からの移民は，その構図にさらに複雑の度を加えた．

いろいろな国で居住制限が撤廃されると，ユダヤ人も普通にみられる定住パターンに順応するようになった．公に決められたわけではないユダヤ人地区が存続していく傾向は確かにあった．しかも人びとが大都市の郊外に引越していくにつれて，ユダヤ人住民の密度が比較的高い地域が，特有の商店や宗教設備をともなって新しく生まれてきた．多くの国々では，一つないしはいくつかの大都市に住むユダヤ人が，全ユダヤ人住民の大多数を占めている．小さなコミュニティや，さらにばらばらに孤立した家族が広い範囲で散らばっていたにしても，そういえる．イスラエルでは，定住パターンは例外的である．すなわち，大規模移住によってユダヤ人は町にも村にも国中に広がって定住し，その町村の多くは新しく，

今日のユダヤ人の生活のひとこま．

左　ニューヨークのゲイのパレードに参加するユダヤ人．

左中央　ロンドンの鳥肉卸し売り店．

左下　ロサンジェルスでの略式の結婚式．

右　ニューヨーク，ロウアー・イーストサイドで魚の買物の駆け引き．

下　ニューヨークのあるハヴラーのメンバーのあいだにみられる一体感．安息日が始まるとき．

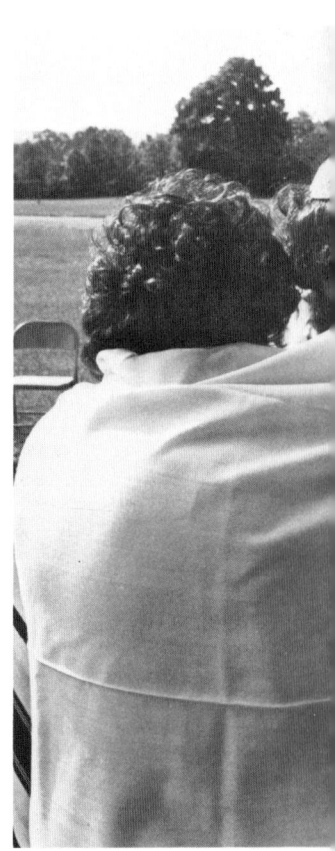

ほとんどがユダヤ人だけのものになっている．

ゲットーで特殊化していた経済は，非常に多様化したものにとってかわった．いくつかの土地では，伝統の力やその地方独自の事情によって，ユダヤ人は銀行業，商業，手工業で卓越した地位に留まり続けているものの，今日ではあらゆる種類の職業にユダヤ人が見出せる．イギリス，北アメリカおよび他のいろいろな国々での調査によれば，手仕事を離れて「ホワイトカラー」の仕事や専門職へと向かう，経済的に上昇していく流動性がはっきりと証明できる．この傾向は，現在いる国で生まれた後続世代ではもっと明らかである．もはや武器の携行を禁じられることもなくなったので，ユダヤ人は徴集兵としても職業軍人としても軍で勤務するようになった．また，農業に復帰する者も出てきた．初めは19世紀ロシアでの実験的なコロニーで，のちには南アメリカやパレスティナで農業にとり組みだしたのである．イスラエルのユダヤ人住民の大部分は，集団的・協同的な入植地か，より伝統的な農村コミュニティかで農業に従事している．法律家の仕事，学究生活，医学や科学の研究などは，すべてのユダヤ人にとって魅力的な仕事であることは明らかである．各国の幅広いさまざまな政党には，ユダヤ人が代表として出ている．ただし，国家の最高職についた者はほとんどいないが（もちろんイスラエルは，ここでも例外的なのは明らかである）．以上述べたことは，すべて当然ながら，統合がうまくいっている国々にあてはまることである．いまだに，とくにアラブ世界で，ユダヤ人に対して厳しく機会を制限している国々があるし，いくつかの国ではユダヤ人は全面的に排除されている．

ユダヤ人特有の文化は，中世ユダヤ人社会の非常にあざやかな特徴だったのに，イディッシュ語とその文学を守ろうとする個々ばらばらの試みはあったにしても，統合によってひどく衰えたものになりだした．文化というのは，変化がもっとも徹底している領域なのである．多くの国で若いユダヤ人と非ユダヤ人とのあいだには，一般的な文化に関しては目をひくような差はない——このことは彼らが同じ学校に通い，同じ価値観や世界観を吸収しているところではとくに当てはまる．ユダヤ人はまた，自分が現在住んでいる国の文化生活にも貢献しているが，その場合たとえ幾人かの作家や芸術家はユダヤ人特有のテーマにもっぱらとり組んでいるとしても，概してユダヤ人らしさをとくに強調することはない．

宗教生活の領域では，文化変容はいろいろな形をとっており，意味のある一般化はむずかしい．たとえばシナゴーグに所属するメンバーとしての資格は国によって非常に異なり，個々人の生活におけるシナゴーグの役割もまた同様に異なる．合衆国では全ユダヤ人の大部分がシナゴーグに所属しているが，しばしば，あるいは定期的に礼拝に出席するのは比較的わずかである．実際のところ多くの所属メンバーはたまにしか，ないしはまったく出席しない．したがってシナゴーグに所属するメンバーであるということそれ自体は，宗教的な態度とみなされるべきではない．つまり，社会的な必要性

に応じているといった方がよいからである．対極的にイスラエルでは，多くの信仰心の篤いユダヤ人が正式にはシナゴーグに所属していないにもかかわらず，シナゴーグの役割は宗教的役割以外の何物でもない．礼拝への出席状況もまた非常に違いがあって，ロシアでは機能しているシナゴーグはほとんどないし，アルゼンチンではシナゴーグはたくさんあるがそこに行くユダヤ人がほとんどいない．反対にイスラエルでは，1969年の調査の回答者のうち5％が毎日，さらに13％がシャバットごとに礼拝に出席すると答えている，というふうである．同じ調査では，27％がシナゴーグには通わないと答えている．それに対応する合衆国での数字は，小さなコミュニティでの10％かそこらから，大都市での30％にのぼるという答えまでの幅がある．シナゴーグに通うことと同様に，主要な国々のコミュニティは宗教儀式の遵守一般については同じパターンを示している．すなわち，少数は熱心な遵守を，同程度に少数はほとんど，ないしまったく参加しないが，大多数はある程度の宗教儀式を，自分自身ではとくに「宗教的」であると自覚していないにしても守り続けている，というパターンである．もっとも多く守られている儀式は，割礼，バール・ミツヴァーおよび過ぎ越しの食事（セデル）であり，シナゴーグが決まっていっぱいになるのは大祭日（新年および贖罪の日）である．多くのユダヤ人が何らかのやり方でシャバットを特別扱いし（よくあるのは金曜日の夕食にろうそくをともすことによって），何らかの食事制限を守っているのだが，ごく少数の者はシャバットと食事規定を伝統的な厳格さそのままに守っている．儀礼の遵守の度合いは当然ながら伝統的なコミュニティほど高いが，研究の示すところでは，名前の上では正統派や改革派と呼ばれている人びとと，さらに世俗化したユダヤ人の三者のあいだでは，宗教実践の度合いの幅は驚くほど似かよっている．この錯綜した構図の細かな点については，ユダヤ人に限定して考えたのではほんの一部しか説きあかされはしない．というのは，ユダヤ人の態度はたいていの場合その地方特有の条件に順応したものであり，大勢を占める行動様式への同化の結果でもあるからである．

ユダヤ人家族の伝統的な強さは近年激しく浸食されてきているが，それは主としてユダヤ人に非常に特徴的であったものを何もかも取り除いていく同化のプロセスによるものである．一般に，今日ユダヤ人家族と非ユダヤ人家族のあいだには，旧来のやり方への心情的なあこがれと，若い人たちに対して出世せよ，結婚せよ，とりわけユダヤ人と結婚せよと圧力をかける以外には，注目するに足るような違いは何ら存在しない．ほとんどの国々では，かつて家族とコミュニティが果たしていた教育や慈善のための役割を国家が引きついでおり，移民と移住先で生まれた最初の世代とのあいだの文化的なギャップは，伝統的な文化の継続性を掘り崩してしまいがちである．地域的にも社会的にも流動性が高まったことが，また家族の絆を弱いものにしてしまった．ユダヤ人と非ユダヤ人との通婚は，社会的統合が進んでいるところではどこでも広く行なわれている．多くの西欧諸国では，3分の1かそれ以上のユダヤ人が非ユダヤ人と結婚している．さらにいくつかのところでは，その数字はもっと高い．ユダヤ人の指導者層は，宗教的指導者であれ世俗的指導者であれ，こういった傾向について——慨嘆してみせるほかは——ほとんど認めてこなかった．むしろ，ことにその信仰をスペクトル分析してみれば，リベラルな側にいる何人かのラビの方が，非ユダヤ人配偶者の改宗を奨励し，促進したりしているのではあるが．異宗教間通婚による子どもたちはしばしば，決していつもというわけではないにせよ，ユダヤ人コミュニティの影響を受けていない．家族の仕組みが弱体化し，若い人たちが独立性を増したことに対して，シナゴーグの制度の方が独身のユダヤ人たちの要求を満たすような対応をしてこなかったが，ある程度の努力は学生向けの宗教教育の仕事のなかでなされてきたし，シオニズムの青年運動が宗教共同体にかわる魅力あるものを与えてもきた．しかしながら北アメリカでは，アメリカの若い世代に独特の気風を反映して，あまりしきたりにこだわらない宗教団体が確実に伸びている．少数のゲイのためのシナゴーグも設立されているが，それは典型的なユダヤ人の集まりのなかにある過度に家族に基礎をすえたあり方として感じられるものに対して，少数のホモ・セクシュアルのユダヤ人たちが抱く疎外感を示している．同じような絶望感を，正統派ユダヤ教や伝統的なシナゴーグを中心とした生活のなかの男性優位に対して抱いたことから，いくつかの女性グループが形成されたが，大半のユダヤ人の集まりのなかでは，女性は決められた枠組の範囲内で活動することによってその地位を向上させようとしている．いずれにしても非正統派は，すでに伝統的なユダヤ教における不平等と隔離を解消すべく多くのことを行なっている．改革派運動のなかでは，両性は理論の上では同等であり，保守派のシナゴーグでも女性がこうむってきた無能力状態は徐々に改善されつつある．イギリスでも同じような状況が広がっており，リベラル派および改革派の運動のなかでは，女性に対する偏見はしだいに衰えてきているが，この国では北アメリカとは違って非正統派集団は小さく，したがってラビを務めたり，コミュニティ内の役職についたりする女性はまだほとんどいない．その他の国々ではユダヤ教内の女性の地位は未だに非常に従属的で，非宗教的な組織でさえ男性優位という傾向がある．

きたるべき将来にもし現在の潮流が続いているとすれば，社会的統合や文化変容という傾向は，西欧での近年の移民や，ユダヤ人がやっと最近，全面的に対等な市民権をえたり，あるいはまだえていない国々での移民のあいだで，さらにはっきりとしてくることだろう．どの国の経験も，他の国のモデルとすることはできない．つまり経験の示すところでは，その地方固有の条件がユダヤ人コミュニティのなかでの発展コースを決定してしまいがちだからである．一例をあげれば，一般的にいって宗教が下火のところでは，ユダヤ人の宗教も衰えずに存続することはありそうにない．だがアメリカのユダヤ人社会は，単にその規模と活力ゆえに，また世界におけるアメリカ合衆国の占める重要な位置ゆえに，ユダヤ人世界にますます大きな影響を及ぼしそうである．つまりアメリカ・ユダヤ人の生活にみられる一定の特色が，他のいろいろなところでもかなり同じように現われるだろうということである．イスラエルも，とくに若い世代のユダヤ人アイデンティティを支えるという点では影響力を発揮しそうだが，今までのところイスラエルはディアスポラのユダヤ人にもあてはまるような何らかの注目すべき新展開を生みだしてはこなかったし，イスラエルでの事情はあまりに特殊なので，イスラエルの経験が海外のユダヤ人コミュニティに直接関係してくることは想像しにくい．イスラエルにおけるユダヤ人の生活のいくつかの問題点は，実際にはより大きな広がりをもつディアスポラのユダヤ人コミュニティのなかですでによく知られている線にそって，おそらく解消されていくことだろう．

ユダヤ人の宗教

ヤコブ・クラマーによる「贖罪の日」．贖罪の日には，ユダヤ人は裸で，身を守るものもなして神の前に立つ．その悪しき行ないのすべてが神の前で証明され，人のただ一つのよりどころは，祈りと，心からの悔恨とともに，自らを神の慈悲の前に投げだすことのみである．この日だけは，ユダヤ人はシナゴーグでひざまずき，ひれ伏すのだが，この礼拝儀式は古代の神殿での贖罪の儀式を思いおこさせる．当時は，この，１年でも一番神聖な日にあたって，大祭司が，この世でもっとも神聖な地点である至聖所に入り，もっとも神聖な神の名を唱えたのだった．この名はあまりに聖なるものであったので，その発音の仕方は秘密にされたまま，神殿が破壊されたのち，わからなくなってしまった．この祭日の，何か人を畏怖させるような特性は，今日に至るまで残存している．

　ユダヤ教は，キリスト教とイスラムを最大の代表とする一神教ファミリーの一員である．この３宗教はすべて，一神を礼拝するということのほかに，一定の共通の特色を共有している．まず三つとも，振り返れば共通の起源をもち，中東に根ざしているし，しかもアブラハムとモーセに対して神が自らを現わし示したことが圧倒的な意味をもっている．もっともこの２人の創始者は，キリスト教徒にとってはイエスの，ムスリムにとってはムハンマドの陰に隠れてしまっているにしてもである．神学的にみれば，３宗教ともその伝承のなかで神は類似のことばで表現されている．すなわち，神は世界の創造者にして支配者であり，人類を愛し，人間のことがらに直接に干渉する．それにまた，無限にして絶対であり，全知にして全能であり，非物質的存在にして不変である．３宗教はすべて自己本位の実利主義，偶像崇拝，多神教に対する根深い敵対心をもっている．三つともセム系の要素とギリシア的要素との混合物であり，思弁と，形而上学的なものから法律や政治にまでまたがる実践的な教えとの混合物である．三つともことばと知識の力を信じ，豊かな学問の伝統をもつ．また，聖典の朗読，祈禱，および歌唱を含む礼拝の似たような伝統もあり，いくつかのセクトでは法悦のトランス状態と身体運動を通じて礼拝をしている．さらに三つとも特徴的な神秘主義の伝統があり，それは幾分主流から外れたところにありながらも主流に影響を与えてきた．

　その一方で，大昔からずっと甚大な影響を相互に与えあってきたにもかかわらず，三つの宗教ともそれぞれのはっきりした特色を保っている．ユダヤ教はキリスト教とイスラムの中間に位置し，双方ともいくらかずつの特色を共有している．イスラムと似て，ユダヤ教は伝統的に形而上学や抽象的な思考よりも，現世のことがらや社会正義や道徳により関心をもっている．教条や教義は，規定や規則よりも重きをおかれない．ユダヤ教とイスラムには，当然ながら，とくに神が人間の肉体となって現われるというようなキリスト教的な教義は欠けており，多神教や偶像崇拝をほのめかすようなどんなものに対しても，キリスト教よりは一層猜疑の目を向ける．それでいて両者ともキリスト教よりもさほど「独占主義的」ではなく，一定の基本原理が守られている限りは神に対するさまざまな対応の仕方も許容する．ユダヤ教とキリスト教は聖典を共有しており（キリスト教の聖書はユダヤ教のそれよりも幾分長いのではあるが），そしてこの共通遺産がこれら二つの宗教を語彙や象徴的意味の多くの点で近しいものにしている．また両者とも，少なくともここ数世紀は西欧的伝統の支配下にあり，ヨーロッパでのユダヤ教とキリスト教との相

ユダヤ人の宗教

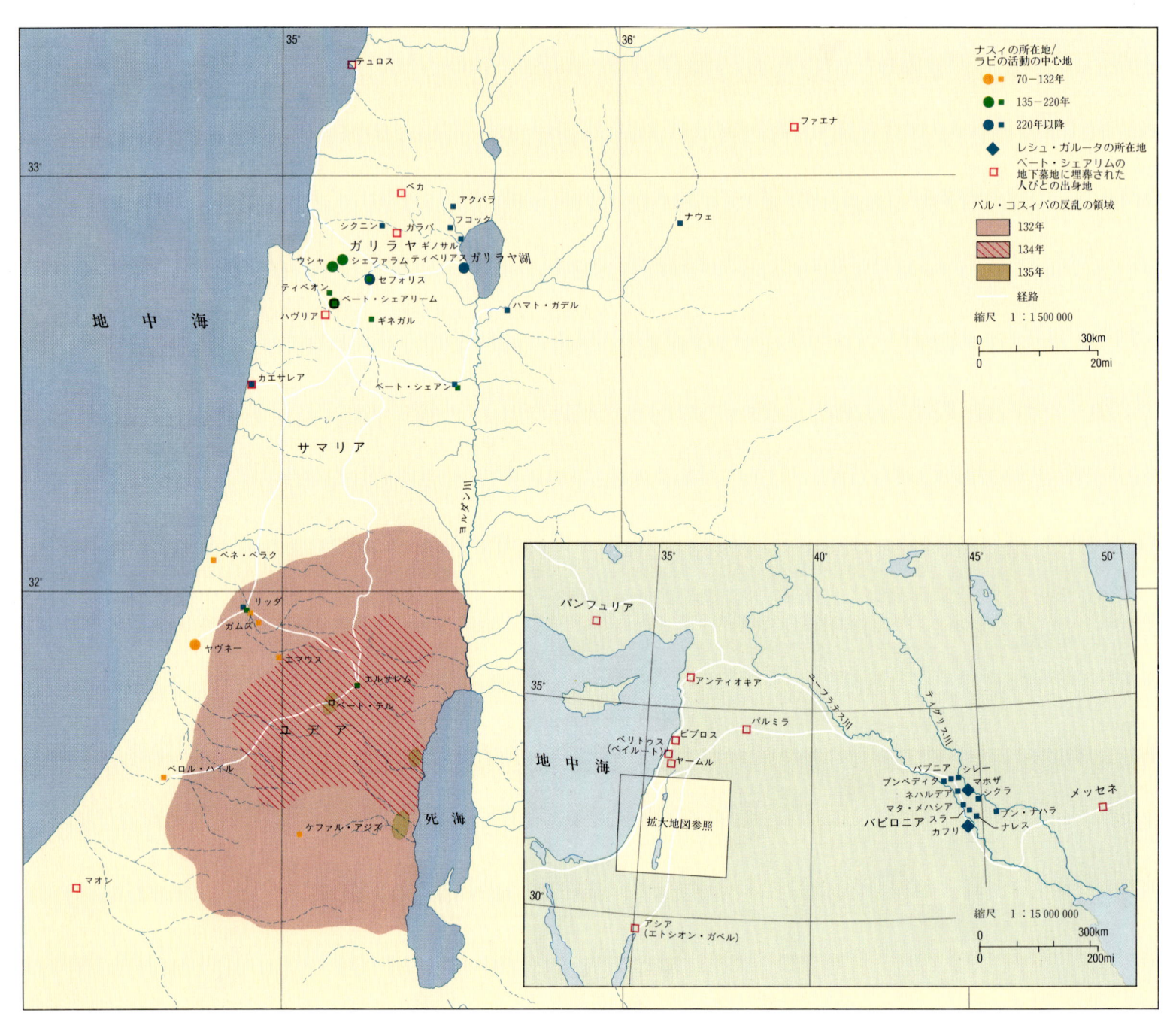

互交渉が，礼拝形式，宗教哲学，聖書学，さらには一般的思潮などにみられる多くの類似をもたらしたのである．

ユダヤ教の特色のうちで他の宗教とは共有していない点は，聖書を読み，礼拝をする言語としてのヘブライ語を保持してきたこと，独自の宗教暦，そしてさまざまなしきたりと儀礼がある．これらのなかでもとくに目立つのが，幼児の割礼と食事制限である．ムスリムが豚肉と酒を断つよう命じられているのに対して，ユダヤ教の制限は広範な動物種と食物の調理法にまで及んでいる．暦は太陰暦と太陽暦の複雑な折衷となっている．シャバット（安息日）は，土曜日に労働を禁じ，安息を求めることによって守られる．さらにさまざまな祭日があって，それぞれ独自の儀式をともなう．こういった慣習や規定はすべて聖書にもとづいているが，多くの細々したことは何世紀にもわたってみがきあげられてきたのである．それについてはタルムードやラビによるレスポンサ（応答集）のなかで議論がつくされ，諸々の便覧や摘要書に明文化してある．同じような議論や規定はキリスト教やイスラムのしきたりにも見出せるのは確かだが，おそらくユダヤ教はこうした宗教儀礼の細則にとくに留意するという点で類をみないであろう．

歴史上のユダヤ教諸派

ユダヤ教諸派のうちもっとも永く続き，影響力もあったのはラビのユダヤ教とでも呼びうる（より適切な語がないためである）ものであった．はっきりした特徴が二つあって，一つは学者と裁判官と宗教指導者の混合したものと考えられるラビの制度，もう一つはタルムード——すなわちこの運動の形成期（およそのところ西暦の1世紀から5世紀に該当する）にパレスティナとバビロニアで産みだされた秘儀的な文献の集成——に基礎をおく学問的伝統に固執することである．ラビのユダヤ教の起源ははっきりしていない．というのも，種々さまざまなものに根拠をおき，祭司制や書記制，さらには敬虔派の要素も含んではいるが，また古代イスラエルでの新しい出発点を表わすものでもあり，第二神殿の破壊（後70年）以降広範な地域にわたって非常な影響力をもつようになったからである．影響力をもつにあたっては，一部にはラビが政治的な特権をえたこと，また一部にはラビがユダヤ人コミュニティ間での布教活動をしたことが作用している．ラビのユダヤ教の影響力はあまりに強く，そのためカライ派やカバラー主義のような対抗・競合する潮流でさえ，その影響を完全に免れることはできなかった．

ラビのユダヤ教の起源

最初期のラビたちの活動は，第1次対ローマ戦争（後66－74年）のあいだに確立された，ヤヴネーにある中心地と連携して行なわれた．バル・コスィバの反乱（135年）の挫折によって，ラビたちは北のガリラヤ地方へ追いやられたが，その地で，ユダヤ人住民への影響力を強いものにしていった．ベート・シェアリームの共同墓地の発掘によって，この影響がどれほど広く網の目かひろがっているかが明らかになった．その一方で，バビロニアのユダヤ人の有力な定住地ではラビの学校が設立されていて，パレスティナにあった中心地がキリスト教徒の支配下で衰えたあとは，この地で，ラビのユダヤ教は盛んな活動を続けた．バビロニア・タルムードは，東西のラビ中心地双方の数世紀にわたった論議と決定を編纂したものであるが，近代のすぐ入リ口の時代に至るまで，ユダヤ人の生活とものの考え方の権威ある指導書であり続けた．

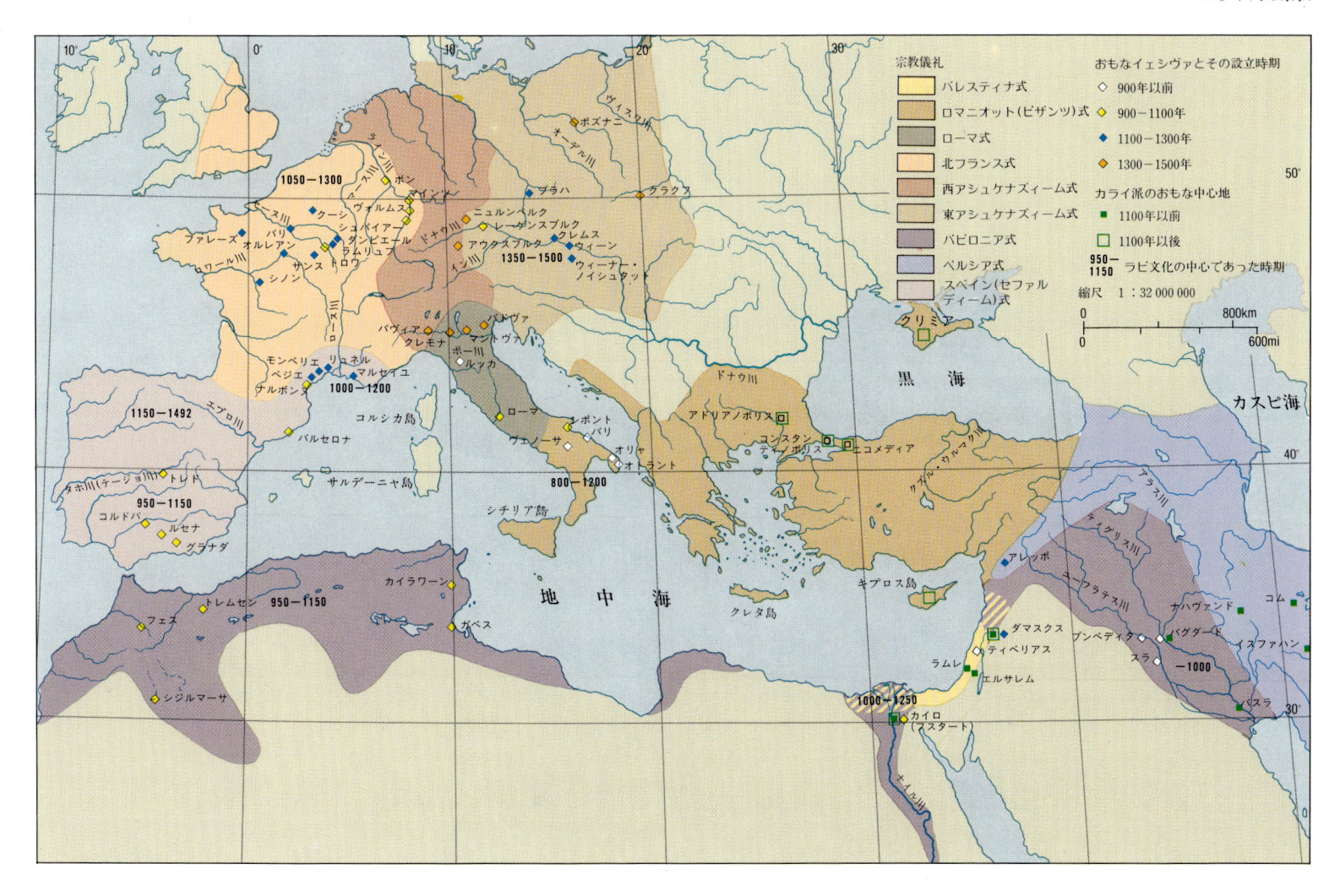

ラビのユダヤ教の広がり，650－1500年頃

ラビの制度をともなうユダヤ教は，パレスティナからイタリアへと西に向かって広がり，のちには北ヨーロッパにも，またバビロニアから北アフリカとスペインへも広がった．影響力の向かったあとは，さまざまの礼拝儀礼のありかたからたどれるが，そういう儀礼のいくつかは，今日に至るまで行なわれ続けている．ラビによる文化は，イェシヴァ（タルムード神学校）を通じて広まった．指導的立場のイェシヴァには，遠く離れた地からも学生が引き寄せられてきた．ラビのユダヤ教に対する挑戦のおもなものは，カライ派によるもので，カライ派とは，ペルシアとイラクで始まり，そのうちに東地中海に，また一時はスペインにさえも強力な根拠地を作っていた運動のことである．

カライ派は，元来タルムードに依拠するラビのユダヤ教に対抗して8世紀にイラクとペルシアでおこったが，ラビの制度とシナゴーグを維持し，事実上ラビのユダヤ教と非常に似ており，外面的な違いはただ暦といくつかの宗教的な法や慣習にみられるだけである．カバラー主義は，グノーシス主義が禁欲的苦行と時には魔術ともないまぜになった形のもので，制度的にはラビのユダヤ教の枠内に留まっている．16世紀のカバラー主義のもっとも傑出した指導者の一人であるヨセフ・カロは，ラビの法のもっとも権威ある摘要書のうちの2巻の著者でもあった．さらにのちのハスィディズムや改革派などの運動は，ラビのユダヤ教の信条や実践の多くを拒否しているものであっても，ラビのユダヤ教の主調をなす諸制度に常にしがみついていた．こうした制度の性格は変えることができたのにもかかわらず，そうだったのである．

ラビのユダヤ教は伝統と合意にもとづいていた．ラビは各地で自立しており，理論上はそれぞれ対等だったが，そうはいっても傑出した学者や聖者はその上さらに一定の権威をえていた．タルムードはすべての知恵の容れ物として崇められ，タルムードの学に精通しているということこそがラビを本質的に他から際立たせているのだ．卓越したラビ哲学者も何人かは存在したけれども，より多くの注意は思弁の学よりも実践の知恵に向けられた．論争はタルムードに照らすか，タルムード的な理屈にのっとった議論で決着がつけられた．聖書，とりわけ最初の五書（トーラー）は，神聖な真理として敬せられ，民衆のための礼拝や説教のなかで重く扱われたが，それもラビによってタルムードによる注釈の規範の光をあてて解釈されるのだった．ラビの学院で学ばれるようになったのは，むしろ聖書よりもタルムードだったのである．

永い歴史にわたって，ラビはユダヤ教の主流に対して方向性を与え，また受け入れたり否定したりすることによって，ものごとに定義づけを与えてきた．その運動の初期にキリスト教との分裂が生じている．その詳細は記録に残っていない．だが，分離に至る衝撃はユダヤ教の側からではなくキリスト教の側からだったという方がありそうなことに思える．いずれにせよタルムードはキリスト教にほとんどふれず，キリスト教会の側の大量の反ユダヤ教文書に匹敵するような，キリスト教に対抗するユダヤ教側の論争的文書は，ほとんど，あるいはまったく存在しない．初期の文書にもっとはっきりとみられるのは，二元論とグノーシス主義に対抗する動きである（初期のキリスト教にも同種の動きは間違いなくあった）．10世紀にはカライ派に対する論戦があった．13世紀にはアリストテレス哲学を容認しうるかという相当の論争があったが，しかしこれは傑出した12世紀のアリストテレス派のラビであったモーゼス・マイモニデスの著作に端を発したラビ集団内部の論争である．その一方でカバラー主義は，これを少数集団に閉じこめ，広く大衆に伝わることを妨げるべくあらゆる努力が払われたにもかかわらず，徹底的に糾弾されることはなかった．これが思慮ある方策であったことは，シャバタイ・ツヴィ（1626－76）およびバール・シェム・トヴ（1700－60）に率いられた二つの運動が，広く大衆に支持されたことからもわかる．前者は終末論的な性格をもち，後者（すなわちハスィディズム）は敬虔主義的なものだったが，両者ともカバラーにひたりきっており，またやり方は異なっていたが両者ともラビのユダヤ教には真っ向から対立していた．シャバタイ・ツヴィは自身をメシアであると主張し，トーラーの支配は終わりを告げたと宣言した．ハスィディズムは，ラビの学校や学院，すなわち自分たちがひからびた衒学とみなしているものを指弾し，タルムードにもとづく学問を

人と神のあいだにたてられた障壁とみたのだった．彼らは神との合一を，断食，舞踏，恍惚境での祈禱，人と自然との交感による歓喜を通じて追求していた．ラビの側はハスィディズムに対するすさまじい糾弾運動を行ない，とりわけリトアニアで激しかった．リトアニアでは，世俗権力の方もハスィディズムに反対しており，1772年にはラビの会議が公式にハスィディズム参加者を破門した．こうした攻撃にもかかわらず，ハスィディズムはポーランドでは貧しく無学で下積みになっていた民衆のあいだに多くの信者を獲得した．しかしラビのユダヤ教の力は非常に強かったので，やがてハスィディズムはそれに同化させられていった．ハスィディズムでいうツァディクは，村の聖者というよりも，ラビのユダヤ教でいう賢人にますます近いものになっていった．いわばハスィドの側とミスナグド（敵対者）たちが和解をとげ，そしてハスィドの学者たちもラビの法典に対する注釈を著わすようになった．

新しい思想とラビのユダヤ教へのその影響

ヨーロッパにおいてラビのユダヤ教の支配に終わりをもたらしたのは，ユダヤ教外の状況の進展であった．すなわち，反教権と合理主義を掲げた啓蒙主義の登場であり，さらにその啓蒙主義がユダヤ人解放と世俗化教育を促す圧力をもたらしたのである．ラビのユダヤ教というのは本質的には中世的な現象であって，中世的な諸制度があってこそ強みも発揮される．ラビの権力は，彼らがユダヤ人コミュニティを統制下においていること，そのコミュニティが隔離されていること，および統治者からの支持があることによって支えられていた．異議申し立てに直面した場合，ラビが世俗の権力や破門（ヘレム）に頼ることができたのは，リトアニアのラビがハスィディズムに対してしたとおりである．18世紀には，西ヨーロッパではためらうことなく破門が次つぎと浴びせられたものの，しだいにその効果はうすれていった．破門されたユダヤ人は，もはや社会から排除された者とはならず（スピノザの事例は，はるか以前の17世紀にそのことを示している），しかも伝統的に保たれてきたラビの地位の独立性が，今度ばかりは制度の維持にとって裏目に出たのである．新しい思想がユダヤ人コミュニティに入ってきたのはしばしばラビを通じてであり，彼らはその権威ある地位を，新思想を広めるために利用した．ナポレオンは数多くの開明派ラビを自分のサンヘドリンに加わらせたし，改革派ユダヤ教はドイツのラビの一団を通じて広がったのである．しかしながら19世紀の東ヨーロッパでは，ラビのユダヤ教に対するおもな攻撃は世俗主義者である「啓蒙主義者」（マスキリーム）からもたらされたのであり，そのなかにはヘブライ語詩人のJ・L・ゴードン（1830−92）のような人がいたが，この人はラビの傲慢さと腐敗・堕落，ラビの法によってひきおこされた不正など

16−17世紀におけるユダヤ教の大変動

この時期の劇的な展開は，主として政治的要因による．1492年のスペインからの追放は，セファルディーム系ユダヤ教の東地中海地域全体への移植と，その地域にもともとあったさまざまな伝統の消滅へとつながっていった．一方，アシュケナズィーム系ユダヤ教は，北イタリア，ボヘミア，ポーランド，リトアニアで強化されたが，そのことは，こうした場所に重要なイェシヴァが建設されたことで明らかである．この間，カライ派の主要な中心地は北方，クリミアやリトアニアへと移っていた．さまざまな宗教集団間の接触のパターンが変化したことは，新たな思想の出現に幸いした．ルネサンス期イタリアや北ヨーロッパのセファルディーム系の中心地でのキリスト教の学問との出合いもそうであって，そういったところでは数多くの新キリスト教徒がユダヤ教に復帰した．政治的な大変動はまた，サフェドにあるカバラー主義の中心地で目立つように，神秘主義の復活を導きだしたり，さらにまたメシア思想への熱狂もひきおこしたが，これはシャバタイ・ツヴィの率いる運動でその最高潮に達したのである．

ハスィディズムの興隆

ハスィディズムは，カバラー，メシア信仰，大衆的な敬虔主義のそれぞれの要素が結びついた運動であって，政治的な変動が生じ，さらに深い宗教的懐疑が生じた時期におこったものであった．創唱者であるイスラエル・ベン・エリエゼル，すなわちバール・シェム・トヴ（1730－60年に活躍）はおもにメジボジで教えを説いたが，その影響ははるか彼方にまで広がり，彼の死後の何十年かは驚くほどの拡大をみており，はるか北方へと伸びて，ヴィリニュスにまで足がかりを築くまでになっていた．そのヴィリニュスは，有名なタルムード学者であるエリヤ・ベン・ソロモンの率いる，ハスィディズム反対派の拠点であった．1830年までには，突き進むような膨張の時期は終わりを告げ，そのころまでにはハスィディズムは，ワルシャワからキエフへと伸びる広範な領域にまたがるユダヤ教の，もっとも有力な形態として定着するに至り，主として中部ヨーロッパ全域からのかなりの帰依者を集めていた．

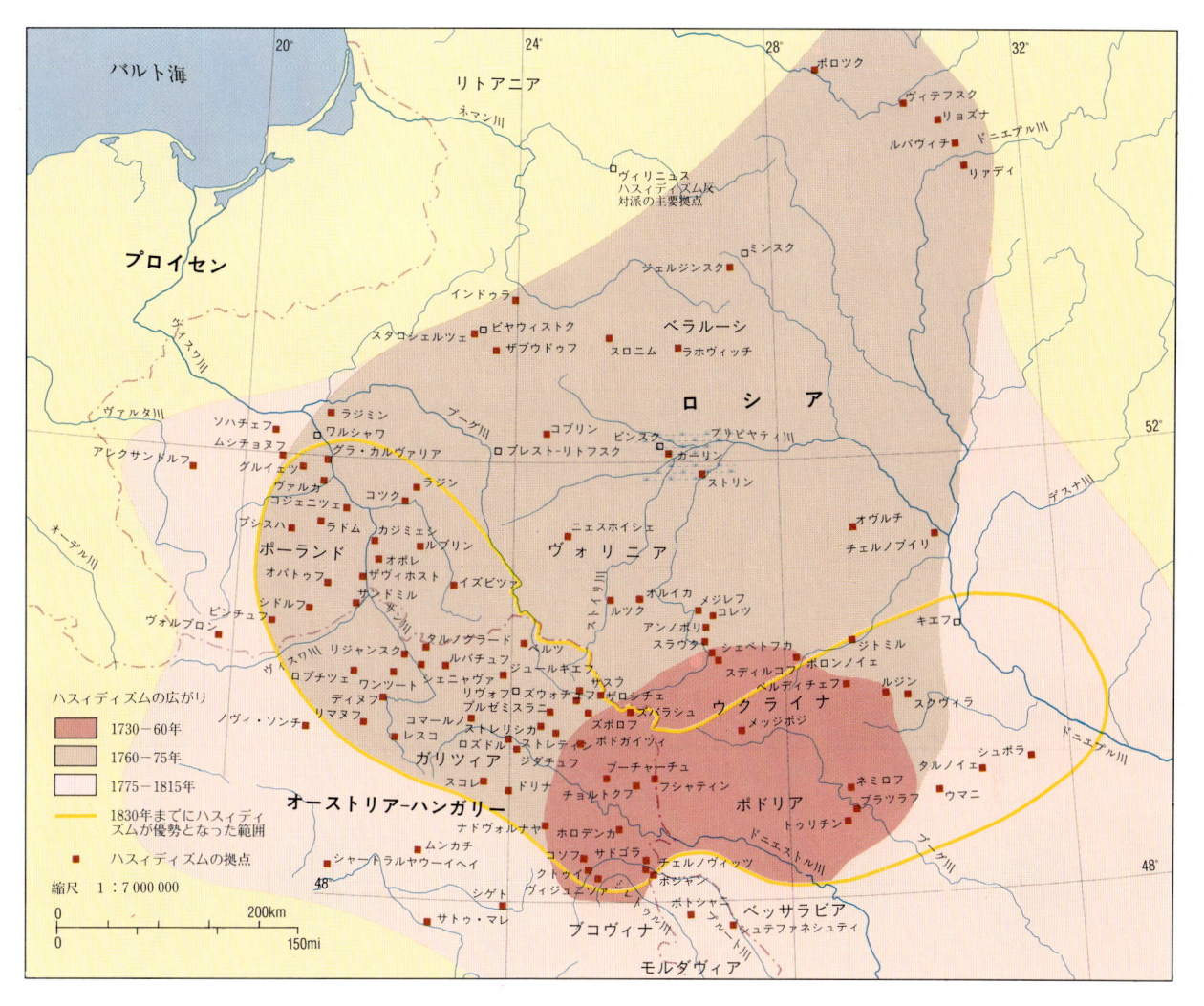

ハスィディズムの広がり
- 1730－60年
- 1760－75年
- 1775－1815年
- 1830年までにハスィディズムが優勢となった範囲
- ハスィディズムの拠点

縮尺 1：7 000 000

シャバタイ・ツヴィはイズミルの出のメシアであり，ヨーロッパ全土にわたって膨大な信奉者を引き寄せた．のちに，イスラムか死か，という選択に直面して，生きる方を望んだ．信者の多くが彼に従ってイスラムに改宗し，そのなかでデンメーという一派を形成している〔デンメーとはトルコ語で改宗者の意だが，改宗後もひそかにユダヤ教を実践し続けた者もいた〕．

を暴露する辛辣な物語を数多く執筆した．

新しい思想は，初めは神学や法律上の改革よりもまず典礼の改革として現われた．19世紀初頭に議論をひきおこした争点のなかには，現地のことばによる祈禱，説教と音楽の導入，礼拝と礼拝者儀礼の簡略化が含まれていた．もっとあとになってようやく，神学者や歴史家に助けられながら改革のための理論的な基礎が求められるようになった．14世紀にアリストテレス哲学が衰微して以来，神学上の論議はラビたちにとってなじみのないものになっていた．それが今や息を吹き返し，議論は啓示の本質と伝統のもつ権威という問題を軸として展開された．それは，同じ時代に西欧のキリスト教内で行なわれていた議論と似ていないこともなく，諸々の多様な観点が結果として出された．ありとあらゆる変化は嘆かわしいもので，ユダヤ人解放でさえも，もしそれが伝統的なユダヤ人のしきたりを崩壊に導くならば疑義を呈するに価する，とする伝統遵守の観点をもち続ける者は，西欧ではほとんどいなかった．旧来のやり方は，近代的ヨーロッパ人である，あるいはそうあろうと望んでいた世代には共感できないものだった．

新しい方向は，幅広くさまざまに定式化されたものとして姿を現わしてきていたが，その広がりはザムゾン・ラファエル・ヒルシュ（1808－88）の極端な神学的保守主義から，ザムエル・ホルトハイム（1806－60）やアブラハム・ガイガー（1810－74）の極端なリベラリズムにまで及んでいた．特徴的なこととして，この3人のドイツのラビはみな，タルムード教育と世俗的な大学教育の両方を受けており，ヒルシュはその反伝統主義の論戦の多くを費やして，この二つの伝統の結びつきを擁護しようと努めた．

ホルトハイムは，時代の変化は法における変化をも要請する，たとえその法が神に由来すると認められていてもである，という影響力の大きい見解を打ち立てた．しかし彼が，自分のベルリンの礼拝堂でのシャバットの礼拝を日曜日に移し，いくつかの祭儀を廃止し，ユダヤ人と異教徒との結婚をとり行なうに至っては，彼の同輩のほとんどにとってついていける線を越えてしまっていた．ホルトハイムは，ユダヤ教のなかの宗教的要素と民族的要素の差に依拠していた．すなわち，その後者（このとらえ方はスピノザに共鳴している）については，エルサレム神殿を失って以来退化してしまった，と彼はいい切ったのである．実際問題として，彼は多くの純粋に宗教的なしきたりをも棄てさるにやぶさかではなかった．重要なのはユダヤ教の信仰と倫理であった．

ガイガーの宗教哲学もいろいろな面で似通っていた．彼は進化しつつある信仰という点を強調した．すなわち，聖書やタルムードは現在なお継続している神の啓示の初期の原始的な段階を現わしている，と主張したのである．多くの伝統的な儀式（たとえば割礼のようなもの）は，近代人の感性には

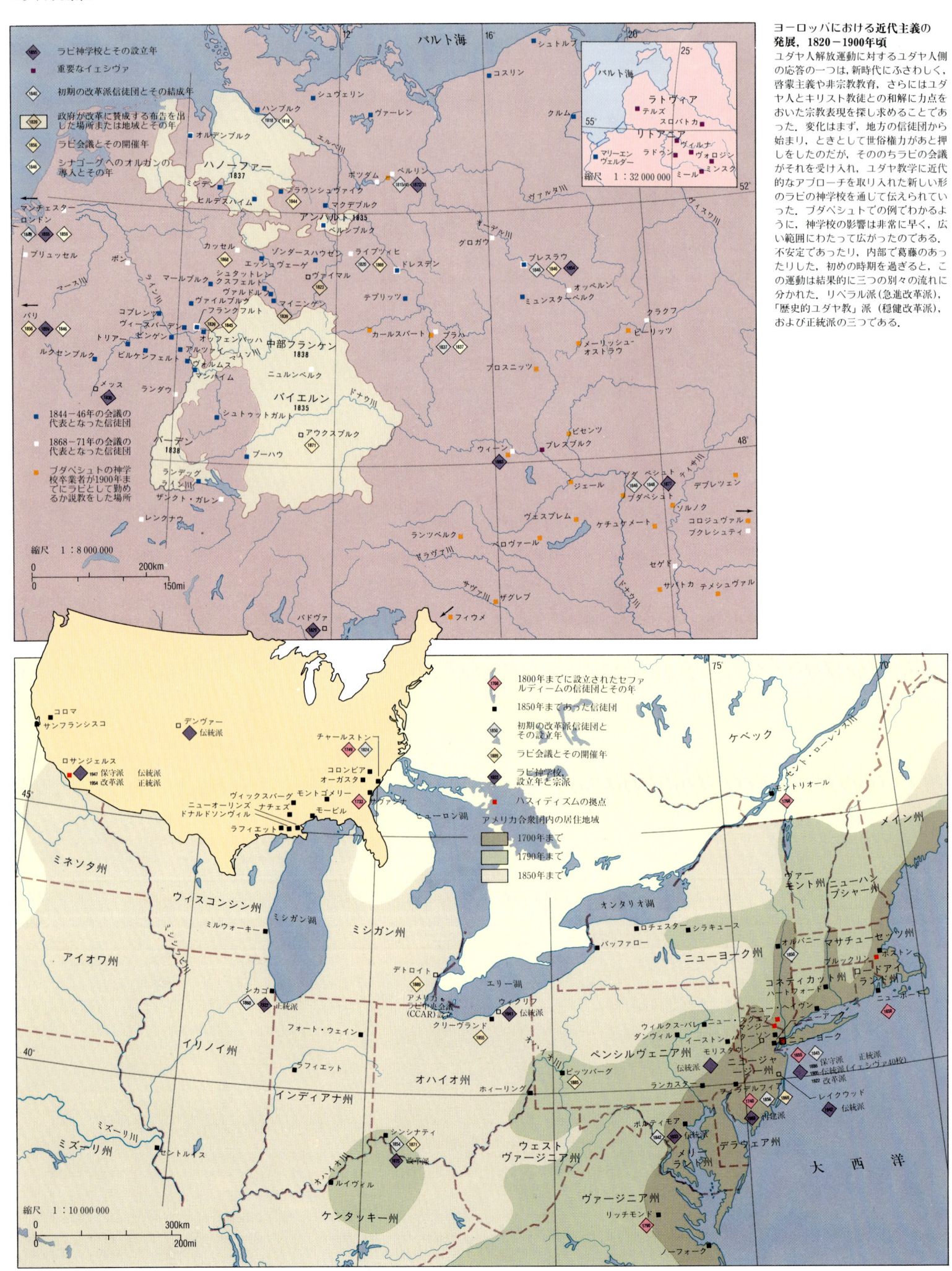

ユダヤ人の宗教

ヨーロッパにおける近代主義の発展，1820－1900年頃

ユダヤ人解放運動に対するユダヤ人側の応答の一つは，新時代にふさわしく，啓蒙主義や非宗教教育，さらにはユダヤ人とキリスト教徒との和解に力点をおいた宗教表現を探し求めることであった．変化はまず，地方の信徒団から始まり，ときとして世俗権力があと押しをしたのだが，そののちラビの会議がそれを受け入れ，ユダヤ教学に近代的なアプローチを取り入れた新しい形のラビの神学校を通じて伝えられていった．ブダペシュトでの例でわかるように，神学校の影響は非常に早く，広い範囲にわたって広がったのである．不安定であったり，内部で葛藤のあったりした，初めの時期を過ぎると，この運動は結果的に三つの別々の流れに分かれた．リベラル派（急進改革派），「歴史的ユダヤ教」派（穏健改革派），および正統派の三つである．

右　聖なるノスタルジア．エルサレム，嘆きの壁での祈り．

苦痛であるか，ないしは近代的生活とは相容れない．いずれにしても，神の律法は本質的に倫理上の問題であって儀礼の問題ではない．さらに歴史の研究によって，儀礼そのものが変化・発展したこと，聖書やタルムード自体のなかにもそういう変化を証拠だてるものがあることが明らかになっている．ガイガーはしだいに，「タルムードをひきずりおろすこと」の必要性を自覚するようになっていった．彼は聖書の批判的研究を支持し，その批判的方法をタルムード文献にも及ぼすことを望んだのであった．

ヒルシュのアプローチの仕方はまったく違うものだった．彼は，タルムードをその伝統的な役割から外そうという目論見は一切認めなかったのである．聖書批判には難色を示し，「進歩」というスローガンが使われすぎると慨嘆した．ユダヤ教ではなく，ユダヤ人こそに改革の必要があるのだと彼は説いた．教育を通じてユダヤ教の理解がより深まり，それによって過激な改革が不要となることを望んでいたのである．

ヒルシュとガイガーのあいだの不一致（2人は1829年にはボン大学の学生同士で友人だった）や，それぞれの説の後継者たちのあいだの不一致は，近代主義者と伝統主義者のあいだの場合と同じくらい激しい論争となって現われた．文献によれば，儀礼や儀式をめぐる論争の底流にあったものは純粋に神学的な違いであり，この場合は信仰上の問題であった．ヒルシュにとっては，聖書やタルムードやラビの法の集成の全体に含まれる霊感や統合性や権威を信ずることは，信仰箇条をなしていた．1インチといえどもそこから身動きすることは無制限な改革に門戸を開くことになる．おそらくそのことのゆえに，彼はゼカリア・フランケル（1801-75）に対してとくに執拗に反対したのであろう．フランケルは，非常に保守的な近代主義者であって，自身ユダヤ人の「完全なる消滅へと導くマイナスの改革」と呼んでいたものの敵であることを言明し，今日では保守派ユダヤ教と呼ばれているものの創設者であるとみなされている人である．しかし本来のユダヤ教の精神からみれば，信仰箇条などは無縁のものだ――少なくとも改革派はそのように論じた．改革派は，新しい形の伝統主義をそのドグマ的性格を際立たせるために「正統派」と名づけたのであり，その名が定着した．

20世紀におけるユダヤ教内宗教集団

19世紀中部ヨーロッパの近代主義的神学諸派のあいだの論争は，今日でも存続している諸派となって公に定着した．それぞれの差異は，礼拝の式文や教育や，ある程度は神学と儀礼の守り方のなかに感じとれるにしても，正確に定義するのはむずかしく，末端ではかなりの重なりもある．これらの諸派は，別個の宗派ではない．相互に何がしかの論争をしているときでさえ，一方の集団のメンバーは何らかの手続きをふまずに相手の集団に受け入れられうる（ただし手続き上の違いがあるために，ある種の非正統派からの改宗者は正統派当局にとっては自動的に受け入れるわけにはいかないという条件はつく）．信徒団とラビのそれぞれに，一種の地方的な，あるいは全国的な，あるいは国際的な団体が存在する．しかし多くの信徒団はそれぞれ独立していて，一つないし複数の団体に加入している信徒団であっても，かなりの程度の自律性は保っている．

合衆国には三つのおもなグループがある．改革派，保守派，正統派がそれである．アメリカ・ヘブライ信徒団連合は，穏健派の団体として1873年に創設されたが，改革派分子が優勢となったため，まもなく改革派信徒団の全国組織にかわった．これには今日700にのぼる信徒団が所属し，およそ100万人の信徒の代弁者となっている．アメリカ・ラビ中央会議（1889年設立）は改革派ラビの集まりであり，改革派運動にもとづくラビ養成学校としてヘブル―・ユニオン・カレッジのユダヤ教専門学校があって，これにはシンシナティ（1875年設立），ニューヨーク（1922年設立），ロサンジェルス（1954年設立），エルサレム（1963年設立）と四つのキャンパスがある．保守派の運動でこれに相当する機関は，まずアメリカ・シナゴーグ連合で，これは1913年に30以下の信徒団をもって設立され，今日では850以上の信徒団と優に100万人を越えるメンバーを代表するものとなっている．次にラビ会議（1919年設立），さらにユダヤ教神学校が，ニューヨーク（1886年設立），ロサンジェルス（1947年設立），エルサレム（1962年設立）にある．正統派のおもな機関では，正統派ユダヤ教信徒団連合（1898年設立）がおよそ700の信徒団と75万にのぼる信徒を擁し，またアメリカ・ラビ評議会（1923年設立），および二つのおもなラビ養成大学，すなわちニューヨークのイェシヴァ大学（1896年設立）とシカゴのヘブライ神学カレッジがある．信徒団とラビの団体からなる六つの組織は，アメリカ・シナゴーグ協議会を通じて協力しあっている．ある信徒団ないし個人が，他でもなくその運動団体を選択する理由はしばしば

アメリカにおけるユダヤ教

ヨーロッパで始まった改革運動は，アメリカに豊かな土壌を見出し，成長をとげていった．ここには，ヨーロッパで革新を妨げていたような制約がなかったからである．1880年までに，改革派が支配的な形態になった．その後の移民によって，ユダヤ教伝統主義のいくつかの形態が導入され，保守派ユダヤ教も出現するに至ったのである．この宗派は，ヨーロッパでの「歴史的ユダヤ教」派に根ざしているのだが，それがいかにもアメリカらしい妥協をとげてきたものである．やはり，いかにもアメリカらしい発展をとげているものに再建派がある．宗教面でのユダヤ人の文化は，今では世界のどこよりもアメリカで盛んに開花しており，そのなかではどこかの宗派が主導権をとっているということではなく，逆におおいに実りある協働が行なわれ，お互いに豊かに高めあっている．

ユダヤ人の宗教

かなり恣意的である．さまざまな集団のあいだにみられた伝統的な階層の差は，儀礼や慣習の差と同様，しだいにはっきりしたものではなくなりつつある．したがって，いくつかのシナゴーグでは礼拝で，正統派・保守派・改革派の儀式を混合することを決めたほどである．第四の，ずっと小規模で新しい運動は再建主義であって，これは超自然力崇拝を否定し，ユダヤ教をユダヤ人の生活に立脚した文化であるとみなす立場である．その一方で，伝統的立場も十分生き残っていて数多くのイェシヴァ（神学校）を維持している．

合衆国では，以上の主要3グループは大ざっぱにいって大きさも構成も同じようであるが，他の各地での状況はまったく異なる．近代主義的運動は，東ヨーロッパやイスラム諸国の大きなコミュニティとはほとんど接触することのなかった西欧的現象であり，そういう国々では，伝統主義と世俗主義への一種の分極化を経験してきたのである．イギリスやフランスのような国々でさえも，近代主義はずっと以前から成立していたものの，次つぎに押し寄せる移民の波のために伝統的ユダヤ教の方が信者数の上では優勢なままだった．インテリゲンチャやコミュニティの指導的な人びとが近代主義の流れに加わる傾向はあったにしてもである．急進的な近代主義は名称はさまざまで（リベラル派，改革派，進歩派など），西ヨーロッパや，また同様に南アフリカやオーストラリアや，その他西欧移民の定着地にあって少数派としての立場を守り続けていたが，近年強い反対に抗してイスラエルにももちこまれている．今あげた各地のすべてで，この派は伝統的立場に立つラビ集団の容赦ない敵意に耐えていかねばならない．近代主義的正統派は，中間的な位置を占めているが，このような裂け目があるために苦しい立場に追いこまれており，伝統主義者の陣営に与する傾向が増している．実際問題としては，近代主義の立場は現在のところその看板や組織の裏側でかなりな混迷に陥っており，また正統派ユダヤ教徒のあいだでの改革を求める声は，より急進的な派での伝統へのあこがれと釣り合いがとれている，といったところである．

今日のユダヤ教が直面している諸問題

今日のユダヤ教は数多くの挑戦にさらされているが，そのうちで最強のものはホロコーストの経験，および近年の移民のおかげで伝統的な生活と疎遠になったこと，この二つに由来する信仰心の喪失である．この特徴と，一般に社会のなかで増加している世俗主義とが相まって，多くのユダヤ人が宗教の意味と価値に疑問を投げかけるようになった．信心深いユダヤ教徒のあいだでさえも伝統的な神の観念についてや，旧来の行動規範が適切かどうか疑問が出されている．ハラハー，すなわち理想的なユダヤ人の生活のための指針が最終的な決定として明示されたのは16世紀のことで，スペインからの追放のすぐあとであった．多くのユダヤ人が新しい時代の光に照らして改訂される必要があると感じているが，神の啓示によるものと理解されている細々した規定に導かれた生活という観念全体が，時代錯誤だと感じている者も一方にはいる．規範が不確実であるということは，過激かつ非合理的な反応を呼びおこす．原理主義は決して死に絶えていたわけではないが，近年復活をみており，イスラエルではいくつかの結社のなかで極端なナショナリズムと結びついている．その点，近隣のイスラム諸国でおきていることと同様である．その一方で，19世紀の神学の厳密な合理主義は実存主義的な考え方にとってかわられ，それはマルティン・ブーバーやフランツ・ローゼンツヴァイクを先駆とするものだった．この新しい神学では，古典的なユダヤ教の四つのおもな要素——合理主義，スコラ主義，神秘主義，およびメシア論——が，これまでよりもバランスよく融合し，渾然一体となっている．しかも古くからの問題に対処するにあたっては，かなり説得力のある解決策が進められている．

今日のユダヤ教は，タルムードに依拠するラビのユダヤ教のもつ均質性と比較すると，細分化された外観を呈している．ずっと以前のある時期，すなわちさまざまな宗派が競合していた第二神殿の時代の後期と比べられるかもしれない．当時問題であったことのうちの多く，たとえば敬虔であることと学識があることとはどちらが相対的に優れているか，新しいことを導入するに際して妥当な範囲はどこまでか，宗教と政治との関係はどうか，外からの影響に対して適応するべきか（礼拝でその土地のことばを使うことも含む），といったことなどが今よみがえってきている．もっとも，重大な相違は存在する．ユダヤ人ははるかに広範囲に散らばり，宗教的な感情が集中する単一の焦点——つまり「方向性」——を欠いている．たとえば，かつてはエルサレムの神殿がそれだった．エルサレムが今いちど「トーラーの源」になるであろうという希望は，これまでのところかなえられはしなかった．アメリカはかなりの影響力を，少なくとも知的な面での指導性をふるうようになりはしたが，本物の宗教的な焦点を設けることはできていない．その一方で，さまざまな国に住むユダヤ人が独自の特徴的な態度や慣習を身につけている．キリスト教のとった路線にそって「国別の教会」を発展させることはありそうにないとしても，国による違いはすでにローマ・

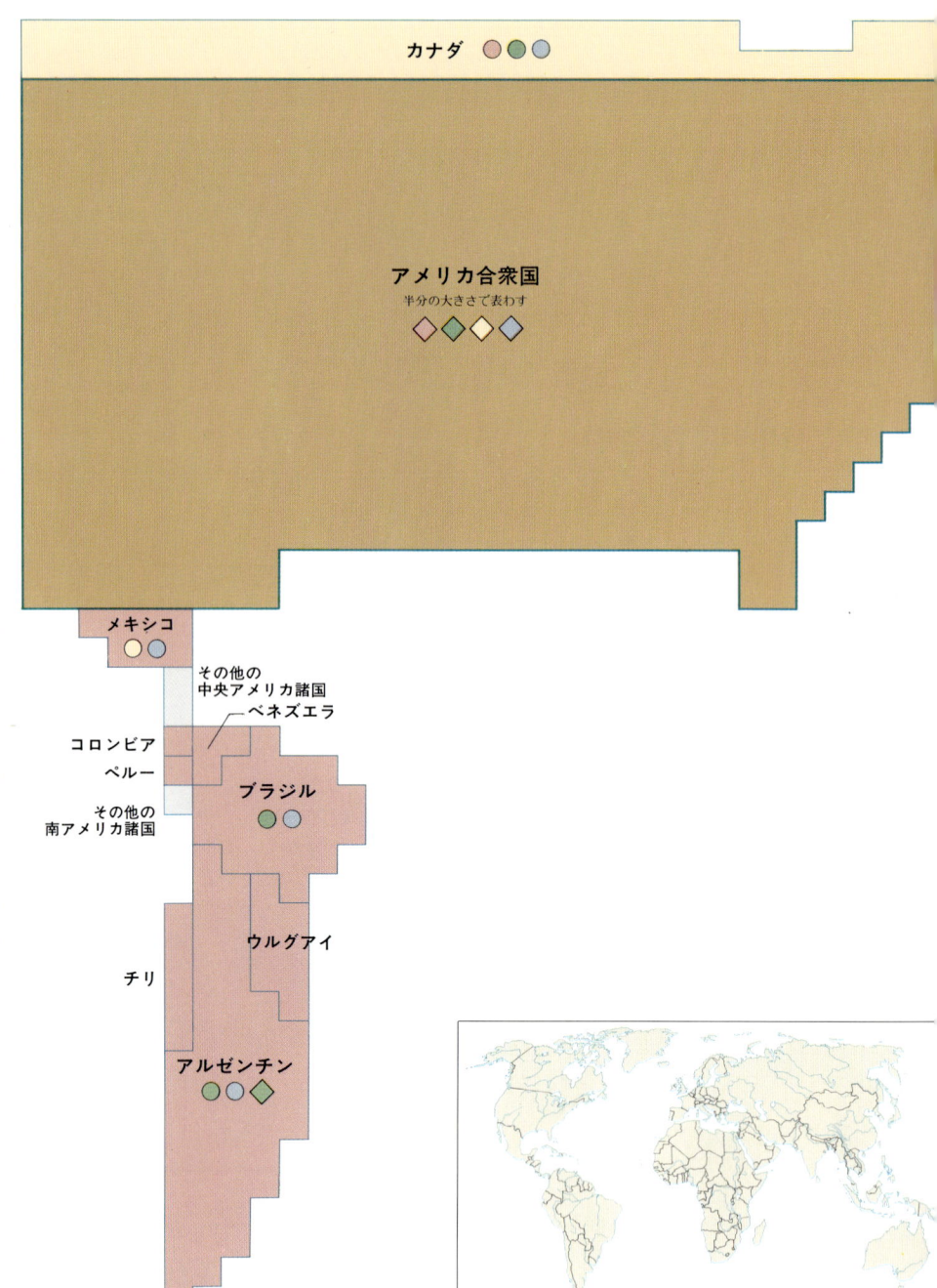

今日のユダヤ人の宗教

上の地図はカルトグラム，すなわちさまざまな宗教上の傾向が各国のユダヤ人人口の規模に応じてどのように分布しているか，幾何学的にわかるように表わした統計地図である．これらの傾向というのが，特定の宗派を指すのではないこと，さらにその名称が国によっては別々のものを表わしているということは，強調しておかなくてはならない．ここでいう「伝統主義」とは，古い形態が意識されないまま残っていることとともに，「新ゲットー」において意図的に維持されていることの双方を含むものだし，それに対して「保守派」とは，リベラルな正統派から保守的な改革派にまで及んでいるものなのである．このように精緻さにおいて欠けるところがあるにせよ，全体としての見取り図は明快である．伝統的ユダヤ教は，さまざまな形をとっていまだにユダヤ人世界の大部分を覆っており，それは古くからの（かつ人が激減してしまった）東ヨーロッパの核心であった土地や，旧オスマン帝国から始まって，フランス，スペイン，ラテンアメリカの主として移民によってできあがったコミュニティにまで及ぶの

ユダヤ人の宗教

地図上の各国はそのユダヤ人人口に比例した大きさで示される（人口は第3部参照）

ユダヤ人人口の表示法
- 50000人
- 5000人

おもな宗派
- 伝統派
- 近代的正統派
- 保守派/穏健改革派
- 急進改革派
- 全宗派
- ○ 少数派でおもだったもの
- ◇ 重要なラビ神学校またはイェシヴァ

地図上の国名：
イギリス、旧ソヴィエト連邦、その他のヨーロッパ諸国、スウェーデン、オランダ、デンマーク、ベルギー、ドイツ、ポーランド、チェコ/スロヴァキア、スイス、オーストリア、イタリア、ハンガリー、ルーマニア、トルコ、イラン、その他のアジア諸国、フランス、旧ユーゴスラヴィア、ブルガリア、ギリシア、イスラエル（半分の大きさで表わす）、スペイン、モロッコ、その他のアフリカ諸国、エチオピア、南アフリカ共和国、オーストラリア

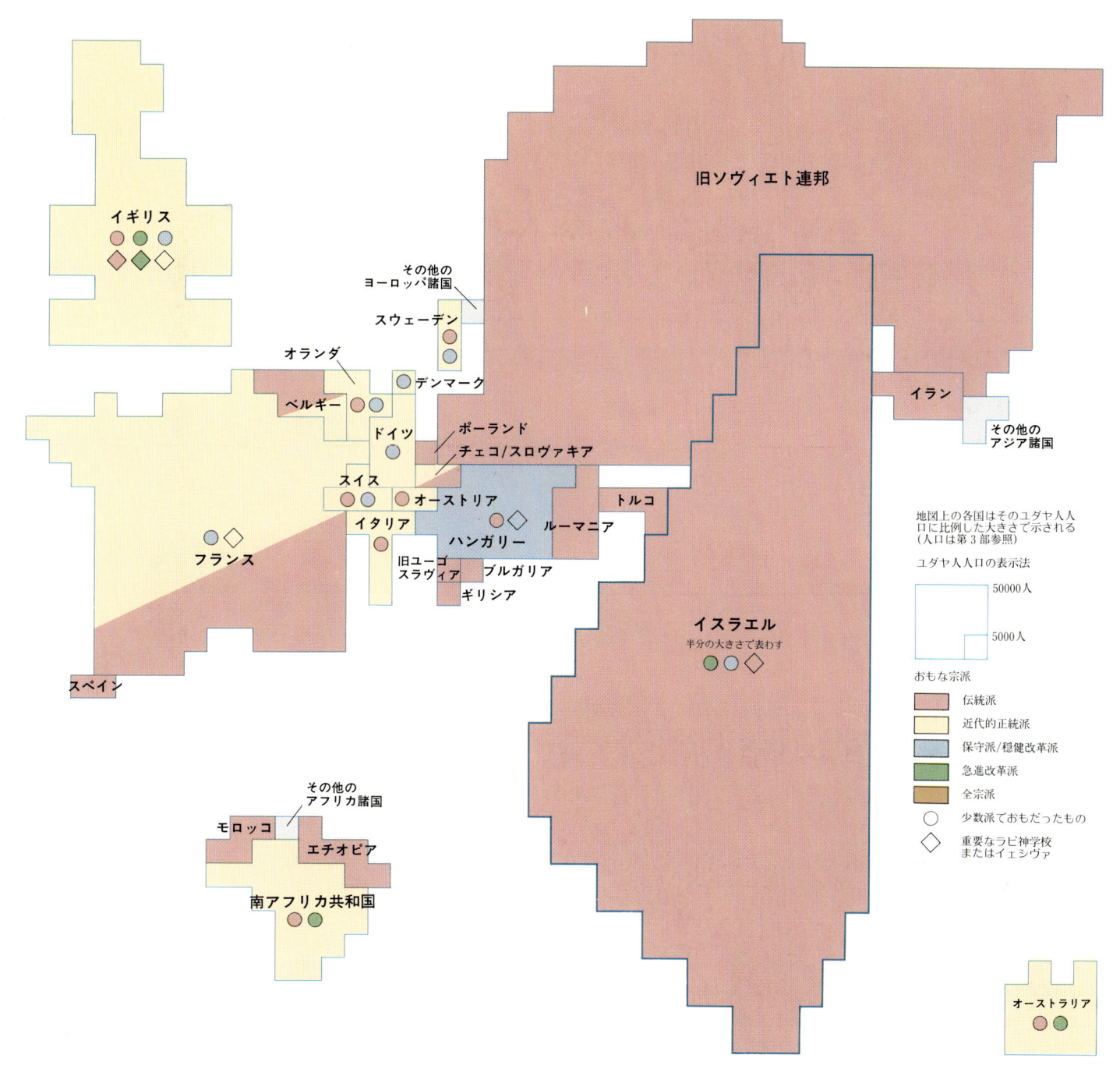

である．近代化路線をとる正統派は，西ヨーロッパと，かつての大英帝国内に重要な支持層を獲得しており，一方改革派ユダヤ教徒は，英語圏の国々で，実際には少数派となっている．宗教生活およびイェシヴァや神学校という点からみるならば，飛び抜けて重要な中心地となっているのは合衆国とイスラエルである．

カトリックのなかでの国による違いと同じくらいには目立っているし，統一を守るために中央の宗教的権威の恩恵をこうむることもないのである．そうした統一を守っていく機能は，現在のところ強固な民族的アイデンティティの感覚が果たしているが，単なる感覚などというものはもろくて予測のつかない力なので，さらなる細分化の可能性も否定できない．

また，ユダヤ人社会において宗教が占める場所に関わるすべての問題にわたって，不確実性も幅をきかせている．今日，史上初めてはっきりしたのだが，ユダヤ人の民族としての感情は，ユダヤ教の信仰なしでもやっていけるほど，あるいはそれと衝突したとしてももちこたえるほど十分に強くなっているのである．ユダヤ人が（少なくとも理論の上では）宗教を全面的に廃して，かつ民族として存続していくという事態に直面することはおこりうることである．このシナリオは，いかに受け入れがたいものであるにせよ，宗教の指導性ということだけに留まらない数多くの難問をつきつけている．おもな宗教組織はすべて，暗黙のうちにか，あるいは公然とユダヤ人の宗教回帰を実現させようと試みている．ただし今のところ，アメリカでのルバヴィッチのハスィディズムの精力的なキャンペーンや，エルサレムのイェシヴァの「悔い改めた者たち」を信仰の囲いに連れ戻す努力だとかは，孤立した現象でしかない．ユダヤ人の数が減少しつつあるという認識は深まっているにもかかわらず，異教徒をユダヤ教に改宗させようという運動はさらに少ない．しかしながら，非ユダヤ人の結婚相手の改宗は，とくにユダヤ教のより急進的諸派でますます奨励されている．その一方では，宗教上の諸制度の内部では世俗化が進みつつあることがみてとれる．たとえばシナゴーグは社会的・文化的センターとなり，ラビはソーシャル・ワーカーやまとめ役として動くことが期待される，というふうである．ある意味では，ユダヤ教はキリスト教に比べてそういう類いの世俗化をそれほど恐れなくともよい．というのも，ユダヤ教の諸制度はまず第一に，キリスト教の側で対応している諸制度のように「霊化」されておらず，ユダヤ教の本質そのものが，キリスト教の本質ほどには排他的に「宗教的」ではないからである．しかし，ユダヤ教が今や現代の社会・文化に統合されていく限り，社会の一般的な流れとは無縁でいられると思ったとしたら，想定を誤るであろう．

シナゴーグ

建築様式の多様性

　多様性こそがシナゴーグ建築の基調をなすものであり，どんな伝統的な特徴よりも地方的な影響の方が目をひく．シナゴーグの建物に関しては，大きさや形について何ら規定がなく，時によってはエルサレムの方角へ向けるという制約がありはするが，シナゴーグのおかれている社会の要素がしばしばものをいうのである．つまり，つつましくしていたり，抑制をきかせたり，さらには物理的に防衛したり，逆にはっきりと公的に自己主張したりする必要があるかどうか，ということである．近代西欧のシナゴーグは，たいていその時期にはやりの建築様式で建てられていて，どことなく（必ずしもそうでなくてもよいが）デザインにみられるオリエンタル風な趣味やヘブライ文字でそれと知れるのである．シナゴーグを壮大なものにすることもできた．昔のシナゴーグはたいていもっとつつましく，時として中庭や小路の奥に隠れていたが，ユダヤ人が多いか，あるいはほとんどという地域では，もっと野心的なデザインにする余地があった．シナゴーグの建物は，集会や勉強用の部屋がつけ加えられたり，時には沐浴場，図書室，（今日では）スポーツ設備まであったりして，コミュニティ・センターとして使われることもある．

下　ポーランドの木造シナゴーグは，シナゴーグ建築がその土地に根ざして独特のスタイルをもっためずらしい例である．数百にのぼるこのようなシナゴーグが17-18世紀に建てられたが，偶然，あるいは意図的に破壊されることが非常に多く，現在はほとんど残っていない．こうしたシナゴーグは，奇妙な上向きの曲線を描くひさしのついた，ひとつながりになった屋根でしばしば覆われており，その内部は色彩豊かに彩られている．利用できる木材が手近にあったということと，強い土着の伝統をもつ職人技とが反映されたものである．

左　ヨーロッパ中世のシナゴーグは，たいてい大きさも外観も地味なもので，その当時流行のロマネスクないしはゴシックの様式にのっとって建てられている．プラハの「旧-新シナゴーグ（アルトノイシュル）」は，13世紀末か14世紀初めに建てられたものだが，通例に反して堂々とした建築であり，これはおそらくユダヤ人街の中心に建てられたためと思われる．人目をひくレンガの破風は，15世紀につけ加えられたものである．

シナゴーグ

下 ヘルムート・ゴルトシュミット設計のボンのシナゴーグ（1959年）は，1938年の「水晶の夜」の襲撃で破壊されたかつてのシナゴーグにかわって建てられたもので，ゴルトシュミットが戦後のドイツに建てた数多くのシナゴーグの一つである．その落ちついた簡素さはかつての自意識の強い華麗さと対照的で，建物の規模の小ささはドイツ・ユダヤ人の悲劇的な壊滅を静かに想いおこさせるものである．

右 南インド，コーチンの「白いユダヤ人」のパラデシィ・シナゴーグには，オランダと東洋の影響が入りまじっている．創建は1568年とされているが，1761年に増築され，そのとき時計塔がつけ加えられた．

上 ヨーロッパや北アメリカの都市に大規模なシナゴーグ建築が現われたのは，西欧建築のいささか無目的な折衷主義の時代と一致していた．19世紀後半になるとムーア風の様式に対するはっきりとした好みが出てくるのだが，それは（おそらくキリスト教の様式としての）ゴシックに対抗するものとして，スペインにおけるユダヤ人の黄金時代の記憶を想いおこしてのことであった．もっともドラマチックにムーア様式を復元したシナゴーグの一つに，フィレンツェの新シナゴーグ（1874-82年建築）がある．イスタンブルの聖ソフィア大聖堂に想をえて設計された建物が，グラナダのアルハンブラ宮殿を模倣した装飾によってひきたてられている．

左 第二次世界大戦以来，多くのシナゴーグ建築が合衆国で行なわれた．建築の近代的潮流が，裕福で想像力に富んだ会衆の要望を満たすのに利用され，いくつかの刺激的な新しい建築を生みだしたが，そうした建築の多くは都心から離れた魅力的な環境に作られた．ここに掲げた目をみはるようなシナゴーグは1959年，フィラデルフィア近郊エルキンスパークにあるベート・シャローム信徒団のために，著名な非ユダヤ人建築家フランク・ロイド・ライトが建てたものである．

中央 現代イスラエルのシナゴーグ建築は，はっきりとした特徴のないものとなる傾向がある．例外といえるのは，この西エルサレムのギヴァト・ラムのキャンパスにあるヘブライ大学シナゴーグの，ハインツ・ラウによる人目をひくデザインだろう．

107

シナゴーグ

内部の配置

　シナゴーグでの礼拝の主たる部分を占め，しかも祈禱ホールの内部の配置を決定する行為は，トーラーの朗誦である．トーラーの巻物は聖櫃に納めて，エルサレムの方角に向いた壁の内側に安置され，平らな机の上で読みあげられる．伝統的なシナゴーグでは，朗誦者は聖櫃に向かいあい，机はホールの中央か向こうのはしに，「二極の」焦点を作るようにしておかれる．ということは，会衆が座る座席の向きと，説教者の位置と，祈禱のときに会衆をリードする先唱者の位置に関して問題が生じるわけである．多くの近代的なシナゴーグでは，机は聖櫃のすぐ正面におかれて，朗誦者と祈禱の先導者と説教者が，みな同じあたりから語りかけて会衆と向きあうようにしてある．聖櫃と朗誦用の机のほかはこれといって重要な調度品はないが，大きなシナゴーグほど，しばしばヘブライ文字や象徴的なモチーフと結合した建築上の造作や彫刻，その他の装飾でふんだんに飾られる傾向にある．

下　聖櫃はシナゴーグ内部で主たる位置を占める．階段をあがって近づいていけるようになっており，聖櫃にはたいてい，彫刻やヘブライ語の文句で精巧な飾りつけがなされている．この聖櫃のヘブライ語での呼び名（アロン・ハ゠コデシュ，あるいはヘイカール）は，そこにあるランプ（ネル・タミード）やカーテン（パロヘト）の呼び名とあいまって，古代の聖所を想いおこすよすがをもたらしてくれる．また聖櫃は，なかにトーラーを収めるものであるから，厳粛かつ崇敬の念をもって取り扱われる．

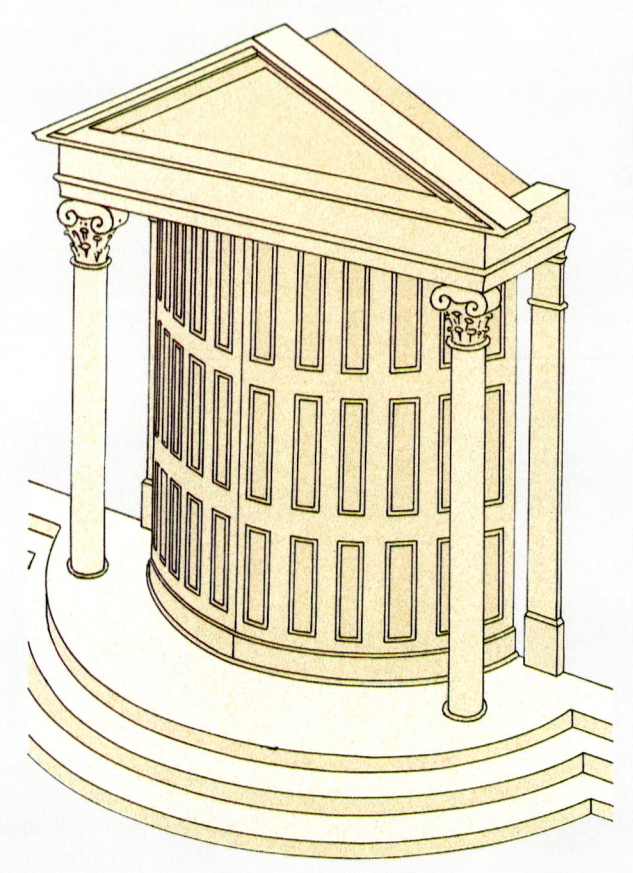

右　高くなった囲いのなかの朗誦用の机は，セファルディームにはテバー（「箱」の意で，聖櫃の古いヘブライ語名），アシュケナズィームにはアルメマルあるいはビーマー（「壇」を意味するアラビア語およびギリシア語に由来する）と呼ばれる．いくつかのシナゴーグでは，机のところで祈りのことばが朗誦されるが，机の主たる役割はトーラーの巻物を載せることである．トーラーは，朗誦のために広げられると大きくてかさばるものである．伝統主義のシナゴーグでは説教はめったに行なわれず，行なわれるときはアルメマルからか，聖櫃の前からかである．改革派はとくに説教を重視し，多くのシナゴーグでは現在聖櫃に近いところに説教壇があって，それはしばしば朗誦用の机を含めた一つの建築上のまとまりとして一体化している．この配置の仕方は，改革派同様，西欧の正統派のシナゴーグにもみられるが，疑いもなくこれにはキリスト教の慣習が反映されている．

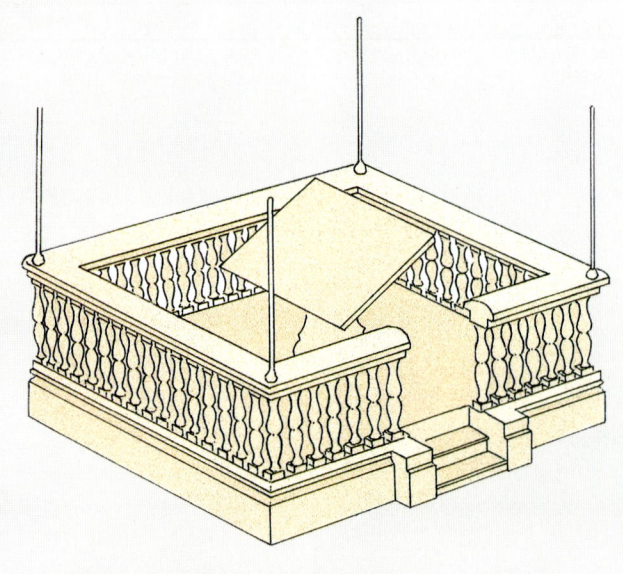

シナゴーグ

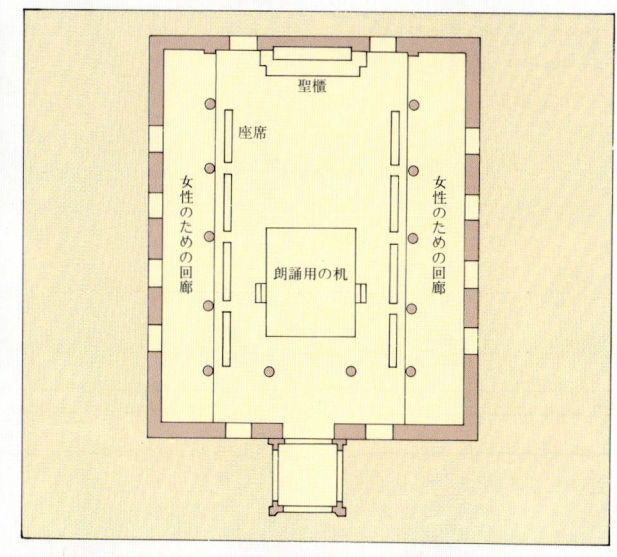

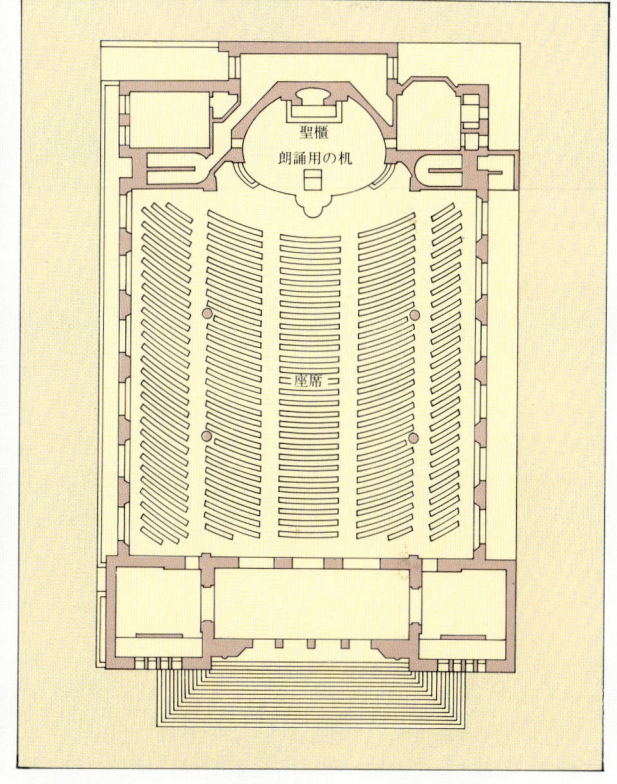

右 シナゴーグで，最初に女性が男性から隔離されたのがいつのことかはわかっていない．しかし中世のシナゴーグのなかには，女性のみの広間（フラウエンシュル）であったり，回廊であったりするが，女性を収容する分離された場がみられることもある．時として女性は格子やカーテンのうしろに隠れており，「学識ある女」が，その土地のことばを使って女性たちの先唱者を務めることがあった．両性の分離は，正統派のシナゴーグでは続けられているが，その他の近代主義の運動のなかでは両性は再び一つにまとまっている．

左上 伝統的なシナゴーグ（ジブラルタルのネフソト・イェフーダ）．朗誦者は聖櫃に向かって机のところに立ち，聖櫃のわきに，このシナゴーグの場合はコミュニティの役員の席が並んでいる．机は慣習として，布で覆われており，多くのもっと古いシナゴーグでは，ろうそくや油のランプを使い続けているが，これは実用的機能をもつのと同じく，ときとして儀式的な機能を果たす．この写真では，聖櫃は，覆いや銀の飾りのついた巻物をみせるために開けられている．ただし，普段は閉めておく．

上 この二つの配置図は，朗誦用の机を聖櫃の近くに動かした場合の効果を示すためのものである．伝統的なシナゴーグ（上端図）では，中央においている場所の多くが，テバーのためにとられ，座席は両側にそって，内側を向いてしつらえられる．列柱が女性のための回廊の支えとなる．改革派の大きな礼拝堂（上図）では，礼拝行為はすべて正面でとり行なわれ，広間の残りは座席を作るためにあけられる．これによって劇場のような効果が生じ，会衆は司祭者と，ますますはっきりと分かれるようになる．

民間信仰

「公式」のユダヤ教は、トーラーとラビの規定に由来する法的な義務を定めているが、それと並んで民衆の慣行にもとづく宗教儀礼のさまざまも豊富に存在している。こういう慣行の多くは地方に伝承されたものだが、あるものは非常に広い範囲にわたって守られており、人を動かす強い力をふるうことがよくあった。多くのユダヤ人にとって、それは宗教に生気を与える魂ともいうべきものであり、一方公式の規定や神学上の教義などは単なるひからびた骨にすぎない。

プーリムの祭りは、広く行きわたった民衆慣行の驚くべき一例を示している。プーリムは、公式には「エステル記」の巻物を朗読すること、慈善のための喜捨をすることをもって儀礼とするものである。しかし世界中の数知れぬユダヤ人や、とりわけ子どもたちにとって、プーリムとは仮装で着飾ることとしてある。この慣行は祭りと切り離せないものになっている。

明らかに起源は民衆ないし民俗的なものにありながら、ユダヤ教の公式の手引きにとりこまれるようになった慣行もその他にある。そうしたものとして、新年にあたって諸々の罪が水の上に投げ捨てられるというタシュリフや、あるいは贖罪のにわとりが高いところで振られるキップールの際のカッパロートといった慣習がある。こういった儀式は、今日では広く行なわれているわけではない。しかし、いくつかの十分に根づいている慣習——バール・ミツヴァーの祝いとか、スィムハト・トーラーの祭りなど——は、つきつめていくと民衆の求めるところに起源をもっている。

地方に根強くある儀礼の一例としては、聖者や聖地の崇拝がある。公式のユダヤ教には、聖なる男ないし女を、生死にかかわらず超人的な力のもち主とみなすような根拠は、実際にはまるでなかった。しかしいくつかのコミュニティでは、聖者・聖地崇拝は信仰生活の主たる部分を占めている。こうした傾向は、とくにカバラー主義と結びついているようにみえるし、北アフリカと中東では非常に強く、ハスィディズムのあいだにも存在する。カバラー主義者が作者不詳の神秘的著作『ゾハルの書』の実の著者とみなして崇めているラビ、スィムオン・バール・ヨハイのものだとされている墓は祈りと巡礼の地となっていて、とくにその命日とされるラグ・バ・オーメルの日や、彼の霊魂が神と霊的な結婚をとげたというヒルラの日には盛んになる。ランプがともされたり、祈りが捧げられたりしている墓はガリラヤでは他にもあり、また聖なる洞窟も同様に存在する。しかし、こういう民衆の儀礼がもっとも強力なのはモロッコで、ここではムスリムも一緒に儀礼を行なっている。1940年代のある調査者によれば、ユダヤ人が崇めているムスリムの聖者が13人、ムスリムが崇めるユダヤ教の聖者は50人を下らないということだった。

聖地崇敬は、ユダヤ教のなかの民間信仰の注目すべき実例である。ある国々では民間信仰の部分が非常に強く、その他の国々ではまったく知られていなかったりするのだが、いずれにせよ公式のユダヤ教の教えでは何の役目も果たしてはいない。

右　ガリラヤは、とりわけ聖者にちなむ聖地の多いところである。ハスィドたちは年に一度、ティベリアスの墓所で祈るために集まってくる。

右中央　エルサレム、シオンの丘のダヴィデ王の墓は、信仰深い参拝者たちの流れがとぎれることがない。

右上　モロッコも聖地の多いことでは目立つ国である。このアトラス山中にあるアスニのユダヤ人の写真は、1955年、聖者の墓への巡礼の途中で撮影されたものである。

右　プーリムの祭りの仮装は、民間信仰としてのユダヤ教のもっとも大衆的な現われである。仮装はまったくの娯楽表現であって、何らはっきりした宗教上の目的をもつものではないが、それでも祭りとは不可分に結びつけられている。しかも、プーリムの物語に出てくる喜びという特徴に、大好きな原型を見出しているのである。

民間信仰

上 贖罪の日の前夜のカッパロート。鶏をもって頭上で振り回すのである。これは、古代にあった贖罪のためのいけにえの名残なのだろうが、先例としては、あやしげなものもあったことだろう。

左 ガリラヤは、メイロンのラビ、スィムオン・バール・ヨハイの墓への毎年の巡礼の舞台である。かがり火のまわりで忘我の境に至るダンスが行なわれ、子どもたちが初めて髪を切るのもこのときである。

111

偶像の禁止

下　ドゥラのシナゴーグ（245年頃）のトーラー安置所の控えめな装飾は、その他の部分のあふれんばかりの装飾とは対照的である。礼拝者らしい象徴的な図像がエルサレムの方を望んでいる。イサクの奉献の場面の登場人物たちをうしろからみる形となっていて、上方にあるのは神の手を表現したものとして知られている最初の例である。

「あなたは自分のために刻んだ像やそれに類するものを作ってはならない……」［「出エジプト記」20：4］。この聖書による禁止令は、いろいろなやり方で守られてきているが、一般的にいってこの問題には注意深い対処がなされている。たとえば、彫像の禁止、および人間の画像（とくに宗教的な文脈での）の強い禁止などであり、これにはのちの偶像破壊運動へと至る傾向が潜在している。何にも増して、神を描くことを禁止し、偶像を崇めることを禁止する。ドゥラにあるシナゴーグの壁画は、古代には特異なものではなかっただろう（古代のシナゴーグの壁そのものがほとんど残っていないが）。しかし中世や近代にできたシナゴーグでは、芸術表現は制約を受けるか、もっと普通には避けられている。聖書や祈禱書の挿絵は、今ではやはりほとんどない（過ぎ越しのハガダーは例外）。ただし、中世やルネサンスの美しく彩色挿画で飾られた多くの手稿本は残っている。だが宗教的な文脈での具象芸術が黙認されていたところですら、しばしばはっきりとした禁止令のあとがみられる。禁止は一貫した形をとってはいないが、人間の姿と顔を避けるということは共通している。聖書の場面での神の存在は、天からおりてくる手で表わされることがある——これは古代から延々と続いているモチーフである。

偶像の禁止

上 「トーラーの授与」。モーセがシナイ山の頂きに立ち、神から2枚の石板を受けとっているが、神の手が雲のなかから突きててみえる。このテーマは、手稿本の挿し絵として好まれていたものの一つである。1300年頃にドイツで製作されたこのハガダーのなかでは、人間はすべて鳥の頭をかぶせて描かれている。

左 救世主の降臨のときが宴会の図として描き表わされている。『アンブロシウス聖書』(ドイツ、1236-38年成立) 3巻本の結びの場面である。人間の顔を描くことを避けるのは、13世紀ドイツのユダヤ教美術では典型的な特色である。イスラムやキリスト教の美術にも、こうしたやり方に比べられるものはあるが、禁欲主義的なドイツ・ハスィディズムの影響も、一役買っているものと思われる。

右 デヴィッド・ヒルマン (1895-1974) が、ロンドンのセントラル・シナゴーグのためにデザインした一連のステンドグラスの一つ。主題となるのはハヌカーであり、画像もさることながら、主題に適したヘブライ語の聖句を使って表現されている。人間の顔の描写を避けているのは (一番上の人物像はタリート [ストール] で完全に覆われている)、中世の慣行を復活させているのである。

113

儀礼と芸術

過去においては，家庭やシナゴーグでの宗教儀礼に関連するさまざまな器物の製作に惜しみない関心が寄せられていた．概して最上の素材で，もっとも腕のよい職人によって，伝統的な様式と芸術的な創造性の両方に目配りしながら作られた．大量生産の現代にあって，安っぽい複製品が間にあわせに作られ自らをおとしめることがあるが，こんな時代でさえ傑出した出来映えの独創的な見本ともいうべきものが，いまだに製作され続けている．

これらの器物は，実にさまざまに，製作された国も違えば時代も異なっており，しかもそれぞれの好みを様式に反映しているので，非常な多様性をみせている．常にではないが，しばしばユダヤ人によって製作され，一定の象徴的なテーマを表わすことが一般的になった．ライオンと王冠は，とくにシナゴーグ芸術の場合，よくデザインにおりこまれ，トーラーの巻物やその巻物を安置する聖櫃と密接に結びつけて考えられるようになった．また，聖書に映しだされたイメージや本文を取り入れようとするのも自然の成り行きである．奇妙なくらいよく出てくる模様はコロンナ・サンタ，すなわちローマのサン・ピエトロ寺院にあるらせん状の溝のあるブロンズの柱で，これはエルサレム神殿からもたらされたといわれている．その他にも，神殿やそこに付属する儀礼用具を偲ぶ模様が装飾のなかにみつかっている．

家庭には，メズーザーのような据えつけられたものから，キドゥーシュのカップとか，安息日やハヌカーのためのランプのように特別の場合のために備えておくものに至るまでの儀礼用具があるが，芸術性も象徴性も微妙な違いをみせることがある．とはいえ，そのどれもが，もっとも美しく貴重なものは何であれ神の礼拝に捧げたいという願いを表わしているのである．

下左 ほとんどのユダヤ人家庭は，安息日や祭日の「聖別」に使うキドゥーシュ用のワイングラスを備えている．普通銀製であるが，ただしここに載せたイギリスのもの（1803年製）は，紫檀の柄のついたココナッツの殻でできている．

下右 安息日にともすあかりは，対になった燭台を使うことが多いが，人気がある昔からの型は「ユダヤ人の星」型，すなわち六つか，それ以上の口のついた吊り下げ式の油ランプだった．ここに掲げた美しい作例は，冠，球体，七つの芯のあるランプ，それに油受けのついたもので，1734年にロンドンのセファルディームの銀細工師アブラハム・ドリヴェイラの製作になる．

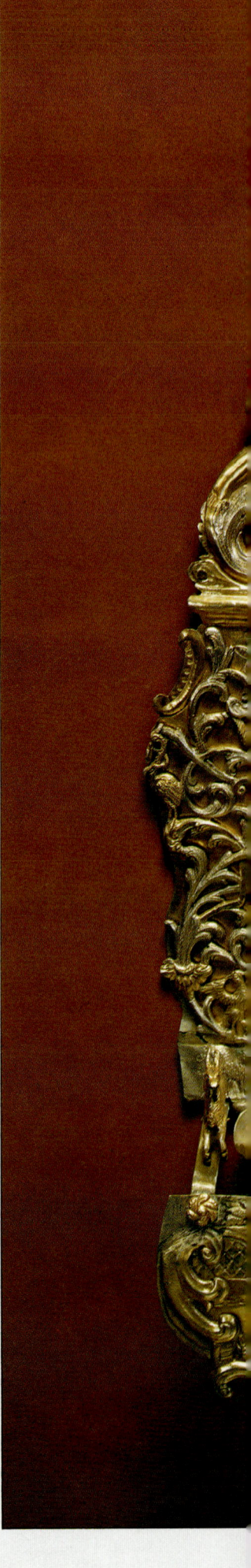

下 トーラーの巻物は，銀でできた胸板，ないし盾状の飾りで飾られていて，それには内容にふさわしく，惜し気もなく装飾が施されている．ここに示した一例は，通常のものよりも華麗に飾られてはいるが，本質的には中央ヨーロッパで共通のものとなっているお定まりの型を踏襲している．コロンナ・サンタとライオンと冠に注目してほしい．これらはみな，完全にシナゴーグ美術に特徴的なものである．この作品は，1820年頃ベルリンで作られた．

上 メズーザー．聖書中の聖句を書いた小さな羊皮紙の巻物を容器に収めたもの．ユダヤ人家庭を外から見分けるしるしとなる．この骨製の容器は15世紀イタリアの作品である．

右 トーラーの巻物は，神聖すぎて触れることができないので，普通は手の形をした銀の指示棒（ヤッド）が，朗誦者によって使用される．

儀礼と芸術

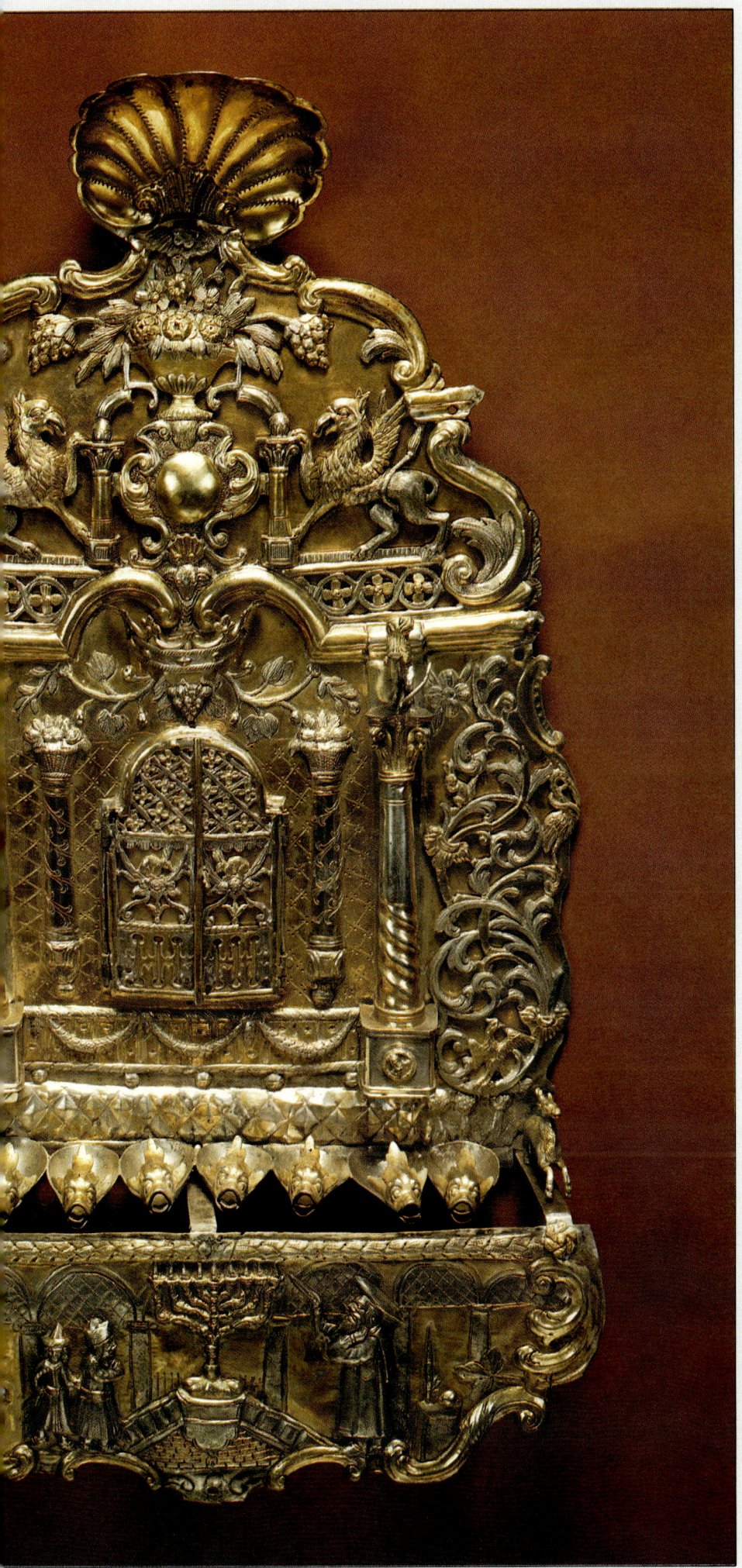

左　この金メッキのハヌカー用ランプは、1770年頃ドイツで作られたものである。両側にコロンナ・サンタのある神殿と、下の方のハヌカーの祭りの光景に注意されたい。

上　トーラーの巻物は、西欧では刺繍のついた覆いをかけられる（東方諸国では木製の容器に納められる）。アシュケナズィームの覆いは手のこんだ装飾が施されていることが多い。この18世紀イギリスの作例には、簡素な優雅さがみられる。銀の先端飾りは17世紀のヴェネツィア製である。

左　先端飾りにはいろいろな形があるが、必ずちりちりと鳴る鈴がついていて、これは神殿での祭司の式服に由来する。

言語と文献

　ユダヤ人の使っている諸々の言語のなかで，どうみても最高位とされるのは，ユダヤ人による使用歴のもっとも長い言語，すなわちヘブライ語である．ヘブライ語はセム系の言語で，アラム語とアラビア語に近縁関係をもつ．その起源は古く，不明である．想像力にあふれた神話によれば，神が世界を創造したときに使ったことばだというのだが．それはともかく，これは聖書のほとんどが書かれた元来の言語であり，それゆえユダヤ人のあいだでは古典言語としての地位を保っている．伝統的なユダヤ人の教育は，何世紀にもわたって聖書にもとづいており，アレフ・ベート（ヘブライ語のアルファベット）を習うことから子どもたちの学校での勉強が始まった．同時にまた，ヘブライ語はユダヤ教の礼拝での主たる言語だったので，話しことばではなくなってからも，祈りのことばとして，教育がある者にとってもまたそうでない者にとっても同様になじみぶかいものだった．そういうわけでヘブライ語は，本当の意味で「死語」だったことはまったくなく，実際に古代から現代に至るまで継続的に変化・発展しながら使われ続けている．昔のラビの著作物の多くが書かれた言語であり，聖俗の詩の言語であって，中世の法典と注釈の言語であったし，しばしば異なる国々のユダヤ人同士のコミュニケーション手段としても役立ってきた．現代になると，ヘブライ語はイスラエルの主たる話しことばとして復活した．非ユダヤ人（とくに聖書に関心を払うキリスト教学者）もヘブライ語を研究したが，それでも独特の意味あいて，これはユダヤ人の言語であるとみなされていたに違いない．ユダヤ人のあいだでは，ヘブライ語はしばしば「聖別されたことば」として知られている．

　格別の地歩を占めているもう一つの言語はアラム語であり，これはかつてはエジプトからインドへと広がる広大な地域で使用されていた．聖書のなかには，アラム語で書かれたくだりもあり，ユダヤ人によるアラム語写本は前5世紀までさかのぼるものが残っている．アラム語は，古代における多数のユダヤ人，とくにイスラエルとバビロニアのユダヤ人の言語で，その文献のなかにはタルムードもタルグム（聖書の翻訳）も含まれている．こうした背景があるためにアラム語は，もはや話しことばではなくなったときでも使われ続けていた．カバラーの古典的なテクストである『ゾハルの書』は，13世紀のスペインでアラム語で書かれており，今日でもアラム語は，法律文書や人口に膾炙した祈祷や賛歌に使われている．今でもごく少数のユダヤ人だけがアラム語を話すが，クルディスタンでは，広い範囲にわたって口承と書かれたものの両方の文芸のなかにアラム語が生き残っている．

　ヘブライ語とアラム語だけが，これほどにも永く，ユダヤ人による途絶えることのない使用の歴史をもっていて，世界中のあらゆるところのユダヤ人に出自や宗派を問わず使われてきたし，また宗教上の目的のための「公式」言語とみなされてきた．古代にはギリシア語が強力なライバルであったが，この言語は前4世紀のアレクサンドロス大王による征服ののちイスラエルの地にもたらされ，しだいに全東地中海地方や，それよりもっと先にまで広がる地域のリンガ・フランカ（共通語）となったものだった．イスラエルのユダヤ人によるギリシア語使用の詳細な歴史は，熱のこもった学問的な論争の主題となっている．しかし碑文や文献史料によれば，ローマとビザンツの時代のユダヤ人は，ヘブライ語やアラム語も使い続けていたにせよ，ギリシア語で話し，読み，書き，祈りまでもしていたということが豊富に証拠立てられている（事実，ユダヤ人のなかには三つの言語をみな使っていた者もいた）．他の地中海沿岸の国々では，ギリシア語が圧倒的な優位を保っていた．ユダヤ人がギリシア語で書いた文献で残存しているものには，聖書の翻訳や，歴史家ヨセフスと哲学者フィロンの膨大な著作などが含まれている．この2人の著述家は，興味深い対照をみせている．ヨセフスはエルサレムで生まれ，ローマで生涯を閉じた．元来はアラム語で書いていたが，後年になってようやくギリシア語に転じた．フィロンはアレクサンドリアで暮らし，ギリシア語以外のいかなる言語も知っていた形跡はない．2人とも，ユダヤ人と非ユダヤ人の両方の読者を想定しながら書いた．事情が違っていたとしたら，ギリシア語は，キリスト教徒にとってと同じくらいユダヤ人にとっても重要な言語として残ったかもしれない．そうならなかったのは，いくつかの要因によるのだが，なかでもギリシア語を話す国々でキリスト教が成功したこと，ラビたちがヘブライ語とアラム語に固執したこと，および，のちにアラビア語が広まったことが数えられる．ユダヤ人のあいだのギリシア語使用は，中世を通して，さらに近代に至るまで続くには続いたが，きわめて限られた地域でのことで，しかも何ら注目に価するような作品を生みださなかった．

　古代におけるユダヤ人の言語地図は，そういうわけで比較的単純だった．ユダヤ人は他の人びと同様，とくに自分たちのものというわけではなく大帝国の公用語であったいくつかの言語で話し，考え，書いていた（西洋のユダヤ人にはラテン語が使われた．ここでも，しばらくはギリシア語が残っていたのではあるが）．それに加えて，ヘブライ語が宗教や文学のために使われ続けた．やがて，さまざまな歴史のプロセスを経て，この単純な構図は非常に錯綜したものとなっていった．たとえば西洋では，さまざまなロマンス諸語や方言がラテン語から派生してきた．その地のユダヤ人たちも，キリスト教徒がラテン語を使うのと同じような目的でヘブライ語を保ちながら，この言語の展開に関わった．12世紀のものと認められるイタリア語によるユダヤ人の詩が，現存している最初期のイタリア語の詩のなかにあって，いくつかのはっきりとユダヤ人方言と化したイタリア語が現われているが，そのいくつかは今日でも耳にすることができる．ユダヤ系プロヴァンス語（シュアディト）は今では死滅しているが，12世紀から今世紀初めまでの記録的な裏づけのある歴史をもっている．その上，フランス語，カタロニア語やその他のロマンス諸語も，中世にはユダヤ人に使われていた．「ユダヤ系ロマンス」諸語のなかでもっとも広がりをもち，存続したのはユダヤ系スペイン語（ジュデズモ語あるいはラディノ語）であった．中世には，イベリア半島のユダヤ人はさまざまな言語を話しており，通訳としてのみならずその土地の文筆文化にも貢献していた．1492年のスペインからのユダヤ人追放は，彼らが使っていた言語を移住先にもたらすこととなった．現在に至るも，その言語で話したり，書いたりし続けているところがいくつかある．

上　トーラーの巻物を修正している律法学者。羊皮紙とペンとインクは、すべて手作りであり、それぞれの文字を筆記するにあたっては、細かで厳密な伝統に支配される。もし、ことば一つでも判読できなかったり、間違って書いてあったりすると、巻物全体が儀式で使用できなくなる。

左　ユダヤ人は、ごく普通のこととして2言語使用の経験を積み重ねてきた。それどころか、それなりの状況では、3ないしそれ以上の言語を使うことさえユダヤ人にとってめずらしいことではなかった。この18世紀のコルフからもたらされた聖歌集のなかの一篇は3種の言語を用いて、すべてヘブライ文字で書いてある。つながりあった各行が、ヘブライ語、ギリシア語、イタリア語となっているのである。文の意味内容は、一つの言語から続きの言語へと続いていて、別々の言語が2行ずつ組になった韻を踏んでいる。この聖歌を筆記した者は誰であれ、この3つの言語すべてになじんでいたわけだし、さらに重要なのは、それを歌った会衆の存在が仮定できることである。

このようにロマンス諸語のいくつかをざっとみたところでも、ユダヤ人の言語の渦を巻くような歴史は、主たる錯綜要因のいくつかに触れるまでもなく明らかである。学者たちは、初期の母語による書き物のうちの一部が、非ユダヤ人のあいだにあった時期に通用していた言語の形をとっているのか、あるいは明らかにユダヤ人方言として現われているのかを決定しかねている。また、多言語主義という問題もある。今日残っているなかには、すべてイベリア半島のユダヤ人の手になるカスティリャ語、カタロニア語、アラビア語、ヘブライ語の書き物があるばかりではなく、数言語が混ざって書かれた詩もいくらかある（多言語主義は、実際決してユダヤ人に限らず、中世イベリア半島に目立つ特色である）。フランスでは、ラシー（1040-1105）がヘブライ語で聖書とタルムードの注解を著わしたが、しばしば単語や句にフランス語の訳を加えている。いろいろな言語で書かれたこの種の「語彙集」は、さまざまな中世のヘブライ語テクストにみられる。ユダヤ人が話したり書いたりする言語は、周辺の人びとの言語に近似しているものであっても、しばしばヘブライ語の影響が明らかで、それは語彙の面にもあり（ユダヤ人は非ユダヤ人にはなじみのない対象や概念を表わす語を必要としたし、あ

まりにキリスト教的な意味づけが重くのしかかっているような表現は避けようとしたからである）、統語法や形態論の面にもある（ヘブライ語的な思考や表現のパターンを、無意識のうちにあるいは意図的に保ちたいという欲求のため）。聖書や祈りのことばで、ユダヤ系スペイン語に訳されたうちのあるものはヘブライ語に深い影響を受けているので、スペイン語はわかるがヘブライ語は知らないという者にとっては非常に奇妙なものに読める。さらにオスマン帝国やモロッコに移住したユダヤ人のスペイン語は、アラビア語、ギリシア語、トルコ語など他の言語の影響を受けている。オランダや、ユダヤ人コミュニティがイベリア半島とひんぱんに接触し続けていたその他の国々では、話したり書いたりするスペイン語やポルトガル語が、イベリア半島で通用していた形により近いまま残った。

こうした複雑な展開のパターンは、世界各地の多くで並行してみることができる。北部ヨーロッパのイディッシュ語は、多少のヘブライ語、スラヴ語その他の言語の要素をあわせもったゲルマン系言語だが、中世後期にはドイツから東方へと向かって広がった。それから、別々の時期にオランダやライン地方からラトヴィアや西部ロシアへ、さらにはもっと近年

言語と文献

下の二つの地図は、二つの基本的な事実を示すものである。第一に、はるかな古代からこの方、ユダヤ人が単一の共通言語を話していたことはないということ。第二に、概してユダヤ人は周辺の人びとと同じ言語を話してきたことである。広範にわたる一般原則の常として、以上述べたことが成り立つにはいくつかの条件を必要とする。第一には、ラビの支配力の及ぶ地域では、出身地の違うユダヤ人同士の意思疎通のための言語として、ヘブライ語がいつでも役に立った。第二に、ユダヤ人は時として、必要になったそれぞれの言語を自分たち流の方言に変えて使っていた。第三に、移住のおかげで、ユダヤ人が周囲の者とは違う言語を話すという結果になることがよくあり、それは一般的にいえば一時的な現象だったが、いくつか驚くべき例外もあった。とくにスラヴ諸国ではユダヤ系ドイツ語（イディッシュ語）が、またオスマン帝国ではユダヤ系スペイン語（ラディノ語）が残ったのである。

下　古代におけるユダヤ人の言語
地図は比較的単純なものである。ほとんどのユダヤ人は、ギリシア語、あるいはアラム語を話していた。この二つの集団のあいだでは、現実には大きな文化的隔絶がみられ、パレスティナの地が両者を結ぶ橋の役割を果たしている。

下端　中世におけるユダヤ人の言語
この場合の地図は、上のものよりもっと複雑で細分化されたものとなっている。ギリシア語、アラム語の両方とも、その他の言語に席を譲って、しだいに小さな領域へと縮んでいっている。もっとも広範に話されている言語は、アラビア語、イディッシュ語、そ

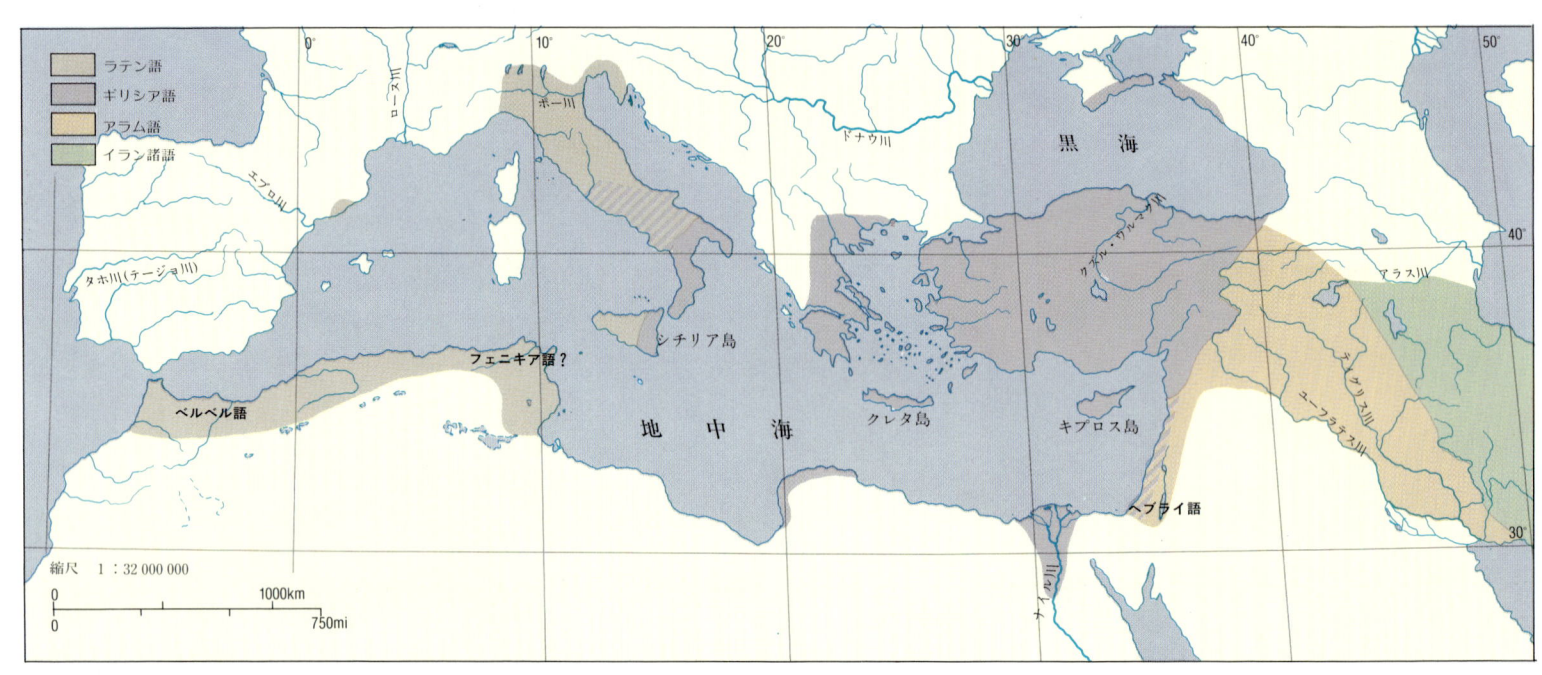

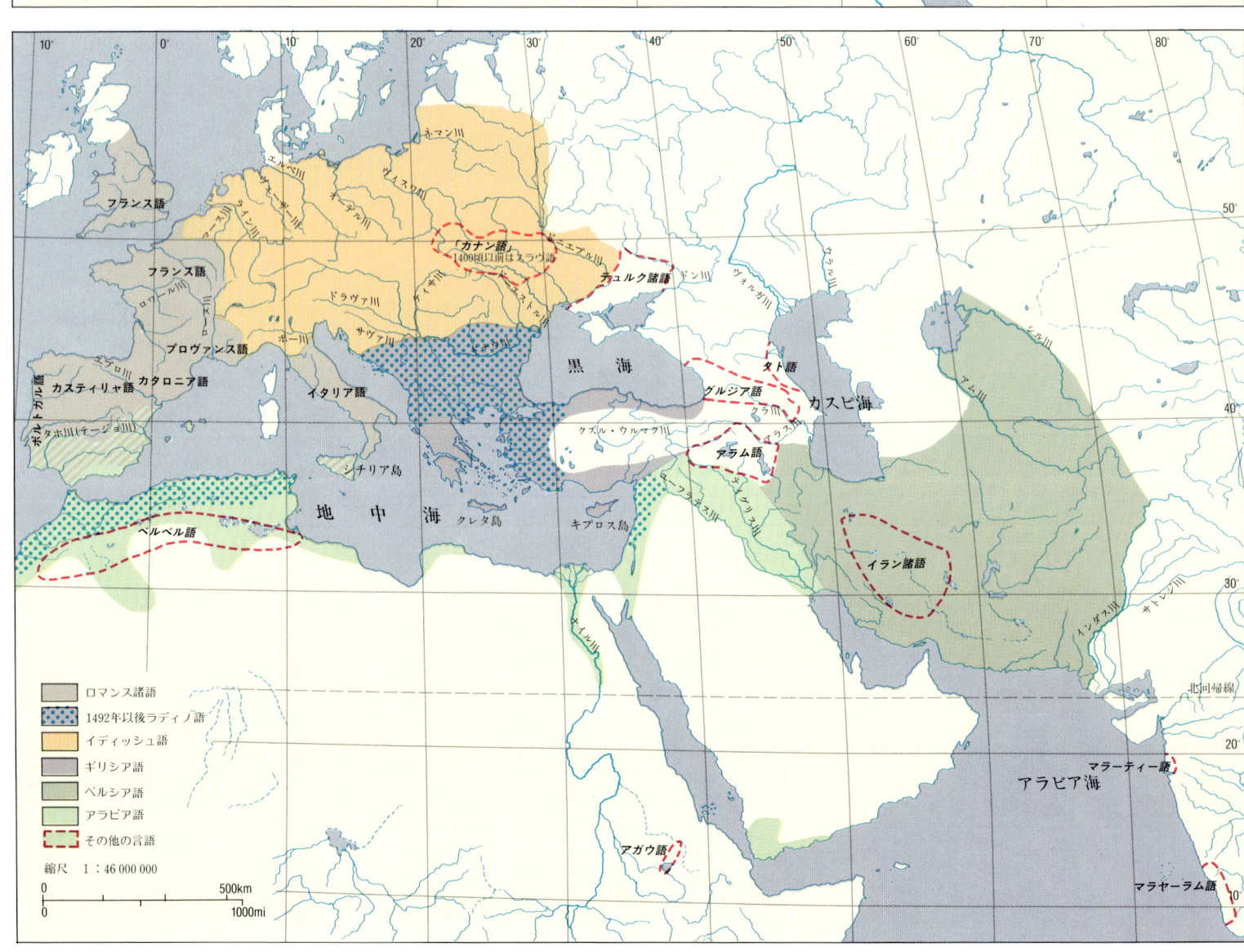

言語と文献

してのちにはラディノ語である．「カナーン語」はスラヴ系の言語で，14－15世紀にはイディッシュ語がそれにとってかわった．

今日のユダヤ人の言語
いくつかの地域ごとに残っている言語や，移住による例外を別にすれば，ユダヤ人は，事実上どこでもその国の言語を話している．英語は，世界中のユダヤ人の半数が話している言語である．イスラエルでは，ユダヤ人は主としてヘブライ語を話し，非ユダヤ人はたいていアラビア語を話す．だが多くのユダヤ人はアラビア語も話すし，移住してきた者たちのあいだでは，さまざまな種類にわたるその他の言語が使われている．

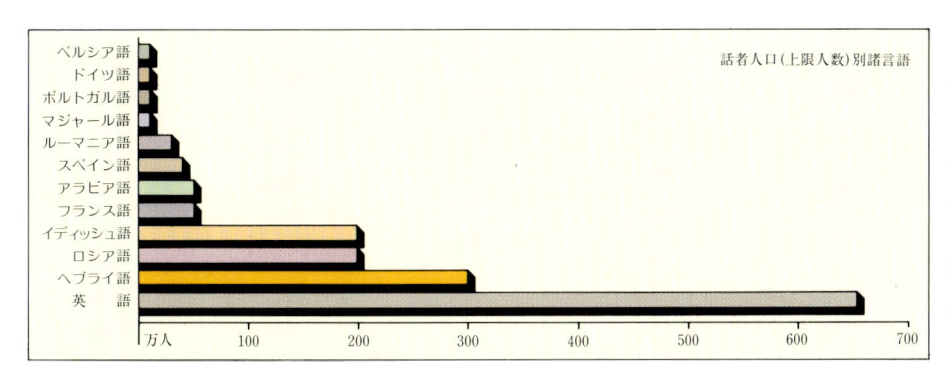

話者人口（上限人数）別諸言語

- ペルシア語
- ドイツ語
- ポルトガル語
- マジャール語
- ルーマニア語
- スペイン語
- アラビア語
- フランス語
- イディッシュ語
- ロシア語
- ヘブライ語
- 英語

今日のユダヤ人が話すおもな言語
- 英語
- ヘブライ語
- ロシア語
- フランス語
- アラビア語
- スペイン語
- ルーマニア語
- マジャール語（ハンガリー語）
- ポルトガル語
- ドイツ語
- ペルシア語
- ユダヤ人が主としてその土地の言語を話すその他の国々

アラビア語 少数言語

リリアン・ヘルマン（1905－84），アメリカ人

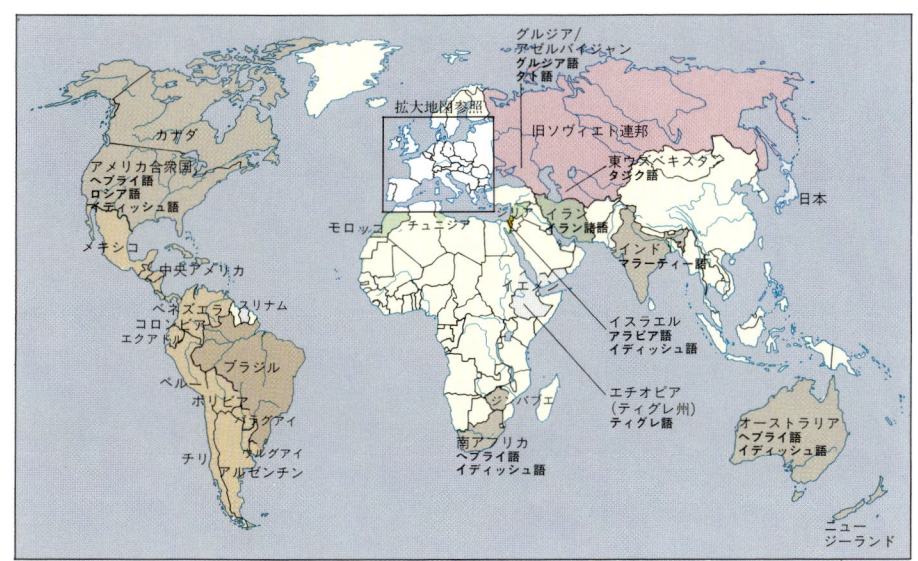

ソール・ベロウ（1915－），アメリカ人

プリモ・レーヴィ（1919－87），イタリア人

アルベルト・モラヴィア（1907－90），イタリア人

言語と文献

の支流として南北アメリカ，そして事実上全世界へと延び広がっていった巨大ユダヤ人集団が用いてきた，あの言語となったのである．7世紀以来のアラビア語の広がりは，かつてはアラム語やギリシア語を話していた多くのコミュニティに深刻な影響を与えた．アラビア語は，西はイベリア半島やモロッコから東はバビロニア（イラク）に及ぶ，アラブの支配下となった土地のユダヤ人の話しことば——そしてかなりの程度，書きことば——として，いちはやくその地歩を固め始めた．この広大な地域には，世界中でもっとも古くもっとも豊かで重要なユダヤ人コミュニティのほとんどが含まれており，中世を通じてアラビア語がユダヤ人の重要言語の一つであり続けたから，そこで産みだされたもののなかにはマイモニデスの『当惑せし者の指針』のようなユダヤ哲学の主要業績に数えあげられるものがある．さまざまな形のアラビア語が今日でもまだ多くのユダヤ人に話されており，実際イスラエルの学校でも広く教えられている．

さらに東では，ペルシア語が中世には非常に広い範囲で使われていた．近代ペルシア語で書かれたテクスト群の現存するもっとも古いものは，ヘブライ文字を用いてユダヤ人によって書かれたものであり，アフガニスタンの辺境の碑文と新疆で発見された書状に端を発するのだが，その両者ともおそらく8世紀のものである．ペルシアには，ユダヤ人の手になる多方面にわたった文献があり，西欧ではやっと最近本格的に研究が始められたばかりだが，ペルシア語のさまざまな形態やイラン系の言語は，今でもイランや中央アジアやカフカースの何千というユダヤ人が話している．

過去200年のあいだに，言語的な同化の進行がまたしても強く感じられるようになった．18世紀末には，ほとんどのアシュケナズィームのユダヤ人はイディッシュ語を話しており，その多くは他の言語をまったく使わなかった．しかし，ユダヤ人社会でもより統合が進んだ部分では，その土地の言語の使用がすでに増えつつあった．19世紀末までにはイディッシュ語は，ヨーロッパのどこであれその地方の言語にとってかわられ，ロシアでこそユダヤ人の97％が1897年の人口調査ではイディッシュ語を母語と呼んでいたものの，西ヨーロッパでは移民によって話されるだけになっていた．西ヨーロッパのセファルディームのあいだでは，オスマン帝国の支配下にあった（あるいは，かつてあった）地域ではスペイン語が地歩を譲らずにいたが（1925年にはブルガリアのユダヤ人の90％に，1927年にはトルコのユダヤ人の84％に使われていた），同化の傾向はさらにはっきりとしたものになっていた．しだいに社会的統合が進み，世俗的な教育が増すにつれ，ユ

下　イディッシュ語の広がり

イディッシュ語についての物語は，アシュケナズィームのユダヤ人の物語（50ページ参照）と密接に結びついている．東方へ移住したドイツ系ユダヤ人たちは自分たちの言語を保持し，比較的孤立した状況のなかでそれを発展させた結果，独特のドイツ系の言語が成立するに至った．しかもスラヴ語，その他の言語の影響を受けて言語としての豊かさを増し，またそれ自体の諸方言と，独自のユダヤ人らしいひびきを備えたものになっている．その後の移動によって，この言語は歴史上の故地からはるか遠くにまで広がり，1939年までには1000万人以上のイディッシュ語を話す人びとが，地球上の全域に散らばっていたとみられている．ホロコーストと，言語面での周囲との急速な同化とによって，この数字は驚くほど減ってしまったものの，熱烈にこの言語を愛する人びとによってイディッシュ語は大切に守られ続け，近年では少しずつ復活の兆しをみせている．1978年のアイザック・バシュヴィス・シンガー（挿入写真）のノーベル文学賞受賞によって，長く，貴重な伝統にもとづいたイディッシュ文学の存続に注意が向けられるようになった．

言語と文献

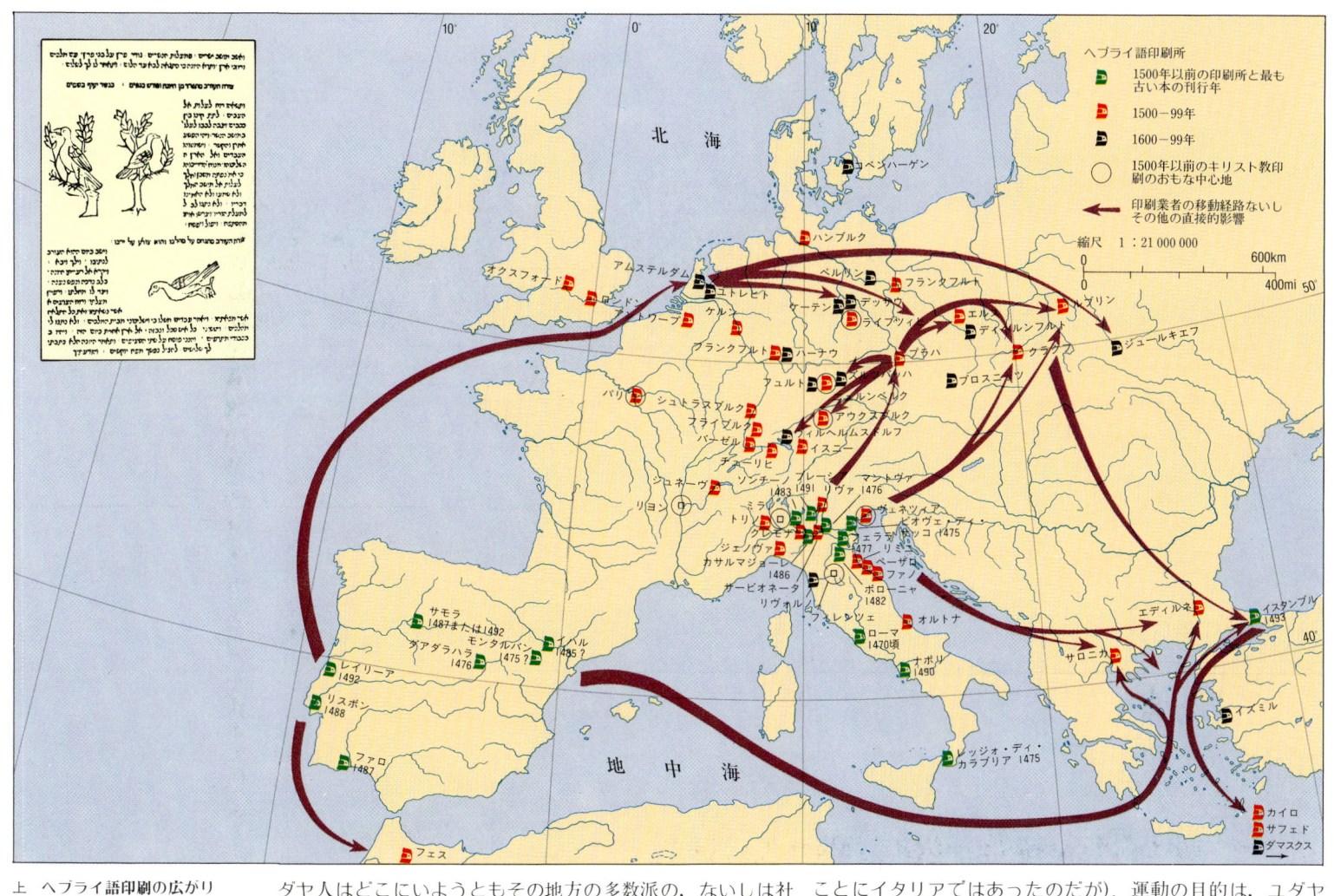

上 ヘブライ語印刷の広がり

活版用の，1本1本が動かせる金属活字を使った印刷術が発明されると（1445年頃），それによってみえてきた将来性に，ユダヤ人はいち早く飛びついた．1500年までには，200点近くのヘブライ語の本が印刷されていた．初期のヘブライ語印刷業者の多くは，キリスト教徒であった．その一人，ダニエル・ボンベルクは，16世紀前半のヴェネツィアで200点に及ぶヘブライ語の本を印刷していた．そのなかには，ラビによる注釈のついた聖書や2種類のタルムードが初めて活版で印刷された刊本も含まれている．印刷術は，ユダヤ人文化の普及に対してのみならず，ユダヤ人の学問の性格や礼拝における儀礼の基準を定めるにあたっても深い影響を与えた．

挿入図 印刷術は家業として営まれることが多く，印刷業者のなかには驚くほど各地を仕事で渡り歩く者もいた．ゲルショム（ジェローム）・ソンチーノは，もっとも有名な印刷業者の一群に含まれる家柄のメンバーであり，ヘブライ語，ラテン語，ギリシア語，イタリア語，おそらくはまたイディッシュ語で，当時もっとも多くの仕事をした印刷業者のうちに数えられる．彼は，1489年から1527年までのあいだに，10ばかりのイタリアのさまざまな都市で書物の印刷をしたが，その後サロニカに，さらにイスタンブルにまで移っている．ここに掲げた本は，イサーク・イブン・サハラによって道徳的な格言と動物の寓話が集められたものだが，おそらくソンチーノが1491年にブレシアで印刷したものである．これが，初めて挿し絵入りで印刷されたユダヤ人のための本であった．

ダヤ人はどこにいようともその地方の多数派の，ないしは社会のなかで勢力をもつ少数派の言語を話すようになり，それとともに元々の言語は時により第二言語としてしばらくのあいだ残存していた．ドイツ語は，19世紀初頭以来ドイツおよびオーストリア-ハンガリーで着実に広がっていき，1900年までにはドイツ語を話すユダヤ人は100万人以上にもなっていた．英語も重要なユダヤ人の言語となり，1900年には話す者が100万人を越えていた．今日では，英語は世界中のユダヤ人の半数にとって第一言語となっている．一方フランス語の使用は，世界イスラエル人同盟の設立した学校を通じて北アフリカや中東に広められた．

言語上の同化の進行は，話しことば同様に，書きことばにも影響を与えた．ユダヤ人の著述家たちは，その地で優勢な文化の言語や文章形式をとり入れ，英語，フランス語，ドイツ語，イタリア語，スペイン語，ロシア語その他一連の多くの言語を使って書いた．彼らが各地でその国民文学に貢献してきたことは，すでに定評のあるところである．時として，その作品のなかでユダヤ人特有のテーマをとりあげることはあったが，はっきりしたユダヤ人としての特徴を何ら著作に留めていないことも多かった．

こうした同化傾向に対して，一つ注目に価する例外はヘブライ語が強化されたことであった．すでにみたように，ヘブライ語は中世を通じて書きことばおよび礼拝のことばとして広く用いられており，この動きは持続していた．西欧での儀式の多くで，礼拝のためにその土地の言語が採用されることはあっても，ヘブライ語が恒久的に礼拝のための言語の座から追われたところはまったくなく，ヘブライ語はほとんどのユダヤ人にとっては礼拝における第一言語であり続けた．19世紀にはヨーロッパの啓蒙主義の影響のもとに，ヘブライ語使用を完全に世俗的な領域にまで広げようという強力な運動が台頭した（ヘブライ語による世俗的な詩作の長い伝統が，

ことにイタリアではあったのだが）．運動の目的は，ユダヤ人が独自の言語文化の枠組みのなかでヨーロッパ文明への接近を図れるようにすること，しかしイディッシュ語を通じてではなく，ということであった．イディッシュ語はドイツ語の堕落した俗語とみなされていたのである．ロマン主義の運動は，ヘブライ語の散文および韻文によるおびただしい数の文学作品を，他言語からの翻訳も含めて育んだ．この作者たちはみなヘブライ語以外の言語を話し，その多くは他の言語でも同じように書いていた．

19世紀後半になると，おもにロシアだが，同化に抗してユダヤ人の民族的アイデンティティを確立しようと熱狂的に活動する人びとのいくつかのグループが，ヘブライ語を話しことばとして復活させ始めた．何といっても，一民族であるならば自分自身の言語をもたねばならないのである．その言語は，まず初めは小規模な文化サークルのなかで育まれた．やがて，ユダヤ人学校の教育言語としてパレスティナやポーランド，その他各地に伝えられるようになった．話しことばとしてのヘブライ語の復活はシオニストの企てた事業であったから，それが最大の成功をおさめたのはイスラエルでのことだったというのは驚くにあたらない．イスラエルでは，ヘブライ語は今や国の主たる公用語であり，教育に関する諸組織の統合機関である言語アカデミーや，とりわけ移民たちが急速にこの言語の実用的な知識を習得するための教育システムである有名なウルパン［成人のためのヘブライ語集中教育センター］によって支えられている．ヘブライ語は現代語としての要求にうまく適応させられ，現代イスラエル人による広範囲に及ぶ豊かなヘブライ語文学が存在している．一方，イスラエルにおける話しことばとしてのヘブライ語の復活は，全世界のユダヤ人にそれを学んだり使ったりしようという刺激を与えた．これは，現代における言語上の偉大なサクセス・ストーリーの一つなのである．

ヘブライ語

　ヘブライ語は本当に永遠の言語であるかのように思われる．ローマ時代に話しことばであることをやめたまさにその時点で，ヘブライ語は学問および礼拝の言語としての本領を発揮するようになった．このように装いを変えて世界中のあらゆる部分に広がり，苦もなく何世紀ものあいだ使われ続けた．そして，まさに運命づけられたときと思えるような時期に言語面での同化が力をもったおかげで，ヘブライ語による啓蒙運動は，叙情詩から科学論文に至る幅広い使われ方をさせるべく，この言語を復活させたのだった．ヘブライ語の話しことばとしての復活とイスラエルの公用語の一つとしての採用をもって，ついにひと回りして円環が完成したのである．

　かつてヘブライ語が発展し，変化をとげなかった時期は一度もなかった．それでもイスラエルの学童ならば，何ら特別な教育なしに聖書のかなりの部分を読んで理解することができる．現代ヘブライ語を話す者は，意識的にも無意識的にも，3000年ばかり昔のこの言語が記録された最古の層で見出すことができるような語や句を，日常的に使っている．しかし，ごく今日的な物や考えがヘブライ語で命名されたり検討されたりすることもありうるので，数多く多彩に産みだされる現代の文学は，より近年のヨーロッパからの影響と，何世紀もさかのぼるヘブライ語固有の書法の伝統にともに依拠している．

　聖俗いずれの言語なのか？　過去と結びつけて考えるのか，今日のイスラエルと結びつけて考えるのか？　霊的な言語か，民族的なあこがれの言語か？　ヘブライ語は，今日のユダヤ人にとってはさまざまに異なるものとして存在する．イスラエルでは，演説，放送，教育，漫画，兵役などで使われることばとして，当然のものと受けとめられている．旧ソ連では，男女を問わず，その自由を賭して守った貴重な遺産とされている．

下　ウィンペル（トーラーの巻物をたばねておく布）に，装飾的な文字が書かれている．(5)596年（西暦1836年）の作である．割礼のときに使用されたリンネルを，たばねるための布に仕立て上げ，子どもの名と誕生日，それに敬虔なことばを刺繡したり，(この場合のように) 書いたりするのがドイツでの習慣だった．そのことばは，「神がこの子を，トーラーのため，結婚のため，善き行ないをなすために，育たせてくださいますよう」，とある．

右　ヘブライ語のアルファベットは22の文字からなり，それは子音のみを表わす文字である．母音は，点や短い線という形で加えることもできるが，普通は省略される．アルファベットは多くのさまざまな字形をとってきたが，そのうちのおもなもののみをここで示しておく．文字を数字として用いることも可能で，組みあわさって一定の数を表わすことになる．

名称	数値	発音	古ヘブライ文字	語末での形	本来の形
アレフ	1	–			
ヴェート	2	b,v			
ギメル	3	g			
ダレット	4	d			
ヘー	5	h			
ヴァヴ	6	v			
ザイン	7	z			
ヘット	8	h (kh)			
テット	9	t			
ヨッド	10	y			
ハフ	20	k,kh			
ラメッド	30	l			
メム	40	m			
ヌン	50	n			
サメフ	60	s			
アイン	70	–			
フェー	80	p,f			
ツァディ	90	ts			
コフ	100	k			
レーシュ	200	r			
シン	300	sh,s			
タヴ	400	t (t,s)			

ヘブライ語

左 子どもにトーラーを教えるのは、宗教上の基本的な義務である（両親がこの仕事をメラメド、すなわち教師に任せることが多いのではあるが）。したがって、ユダヤ人のあいだでの読み書きの能力は一般的にいって高く、またヘブライ語が教育の基礎にあったため、ヘブライ語のアルファベットはその他の言語を書き表わすのにも使われた。

下 コルドバのシナゴーグの定礎に刻まれた銘文の優雅なヘブライ文字、1315年と記されている。かなり四角い形をした文字が碑文として用いるにはいかに申し分なくふさわしいか、また使えるスペースにあわせていかにやすやすとこの文字は押しつぶしたり、引き伸ばしたりできるものか、注目していただきたい。

下中央 「モアブの石」、すなわちモアブの王メシャ（前850年頃）による歴史的に重要な碑文。使われていることばはヘブライ語に非常に近く、書体も初期のヘブライ語文書で使われているものと同じである。ギリシア語やラテン語の書体の祖型にあたるもので、バル・コスィバの反乱の時代でもなお使われていた。

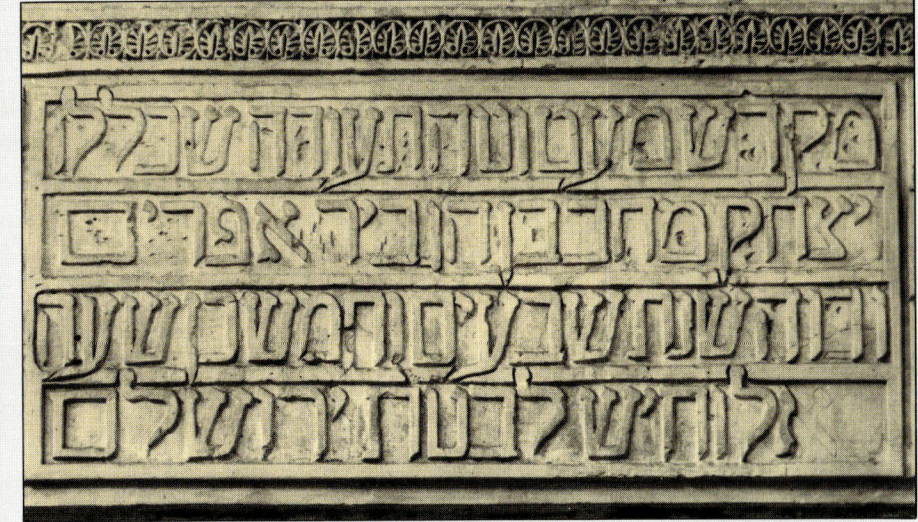

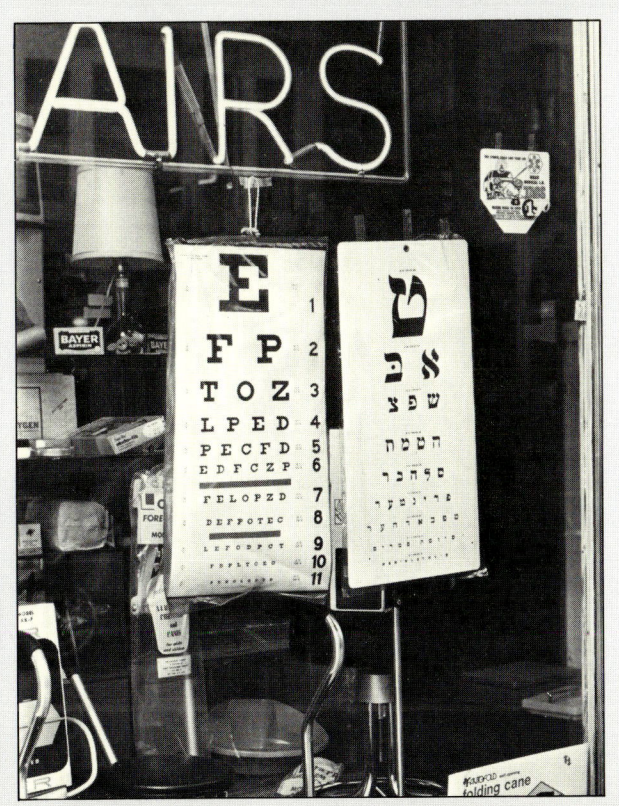

左 古いアルファベットの文字が姿を消してしまうよりもずっと以前から、われわれに一層なじみのある四角い文字がそれらを駆逐し始めていた。この文字が今日に至るまで使われているのは、このニューヨークのショウィンドウに展示してある視力検査表にみられるとおりである。おそらくイディッシュ語を話す人びとのためのもので、彼らも同じアルファベットを使っているのである。

聖書

聖書は，古代から現代に至るまでもっぱらユダヤ人の生活，思考，礼拝の基礎であり続けてきた．シナゴーグでそれを読み，またそれについての説教が行なわれ，さらに学校でそれを学んだ．したがって，必要に応じて聖書を引用するのが教養あるユダヤ人の洗練を表わすことであったし，ヘブライ語作品で聖書の影響を免れることのできたものも何一つなかった．聖書というのは，本質的には書かれた，聖なる文書のことであり，非常に敬虔な注意を払って幾世代にもわたって書写されてきたので，写本の伝来には――とくにトーラーのそれであるが，トーラーは聖典のなかでもっとも神聖で権威ある部分であったので――はるかに新しいテクスト，たとえばキリスト教の福音書などと比べてさえも，驚くほどわずかの異同しかみられない．現存する最初期の聖書テクストは2000年以上さかのぼるものであるのに，テクストを手で書き写すという方法は今日に至るまで続いており，それはトーラーが今でもシナゴーグで手写本の巻物を使って読みあげられているからである．聖書の写本を絵で飾る芸術は，おそらく古代にまでその源をさかのぼれるであろうが，ただし古代の実例は現存していない．しかしながら中世のものではいくつかのすばらしい作例があるし，聖書の諸々のテーマが今日の芸術家たちに対しても霊感を与え続けている．

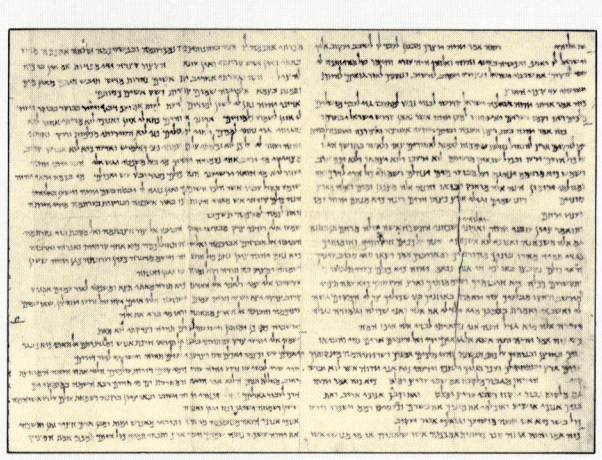

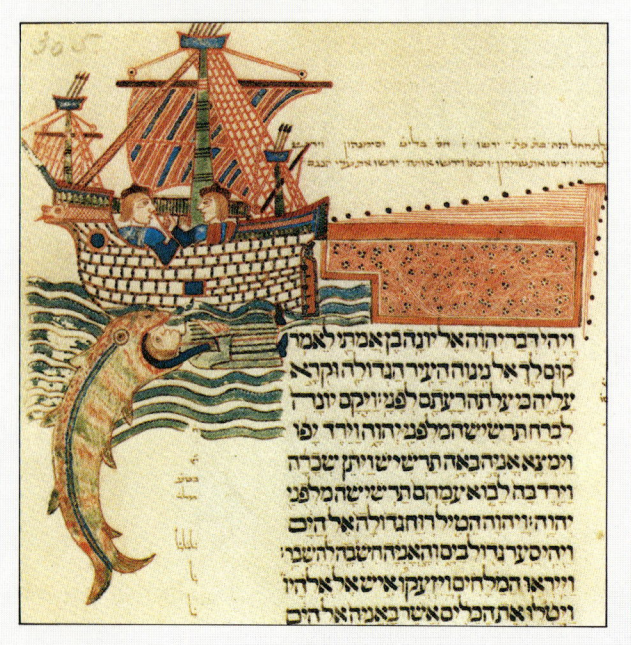

左上 聖書の手写本の現存する最初期のものは，イスラエルのクムランで発見された．ここに示すのは有名な「イザヤ書」の巻物の一部である．レイアウトやスタイルの点で，今日使われているトーラーの巻物とよく似ている．このように飾りの何もつかない本文のみの紙面は，ことばそのものをほとんど誇大なまでに浮きあがらせる．

左下 ヨナが大魚に飲みこまれる場面．もっとも美しい挿し絵の入ったヘブライ語聖書の一つからとったもので，ユダヤ人追放のわずか10年前，北スペインで書写，挿画されたものである．画家の名はヨセフ・イブン・ハイムであるが，この人物についてはそれ以上のことは何もわかっていない．

聖書

下　ここでもことばが至上のものとして扱われている。何かを表現するような挿し絵ではなく、人目をひき、紙面を飾る装飾的なデザインが施されているだけである。そのデザインそのものも、大部分は、細かな文字で書かれたヘブライ語文で構成されている。このような「文字を敷きつめたページ」は、その芸術的な効果をねらった文字表現の利用や、金色の絵の具の使用、さらに人物像を厳しく避けることなどを含めて、イスラム諸国での初期の聖書の彩飾に典型的なものである。

下　イスラムの影響と、トーラーによる図像禁止の強い影響力が結びついたため、聖書の手写本では、表象的な美術表現はほとんどみられない。聖書よりも神聖さの度合いの少ないテキストでは、もう少し普通に挿し絵がみられ、たとえば過ぎ越しの祭りのハガダーには、少なくとも14世紀までさかのぼる豊富な挿し絵の伝統がみられる。ここに掲げたものは、現代の作品の見本として、ベン・シャーン（1898-1969）製作の有名なハガダーの1ページである。「出エジプト記」のモーセによる「10の災い」を描いたもの。

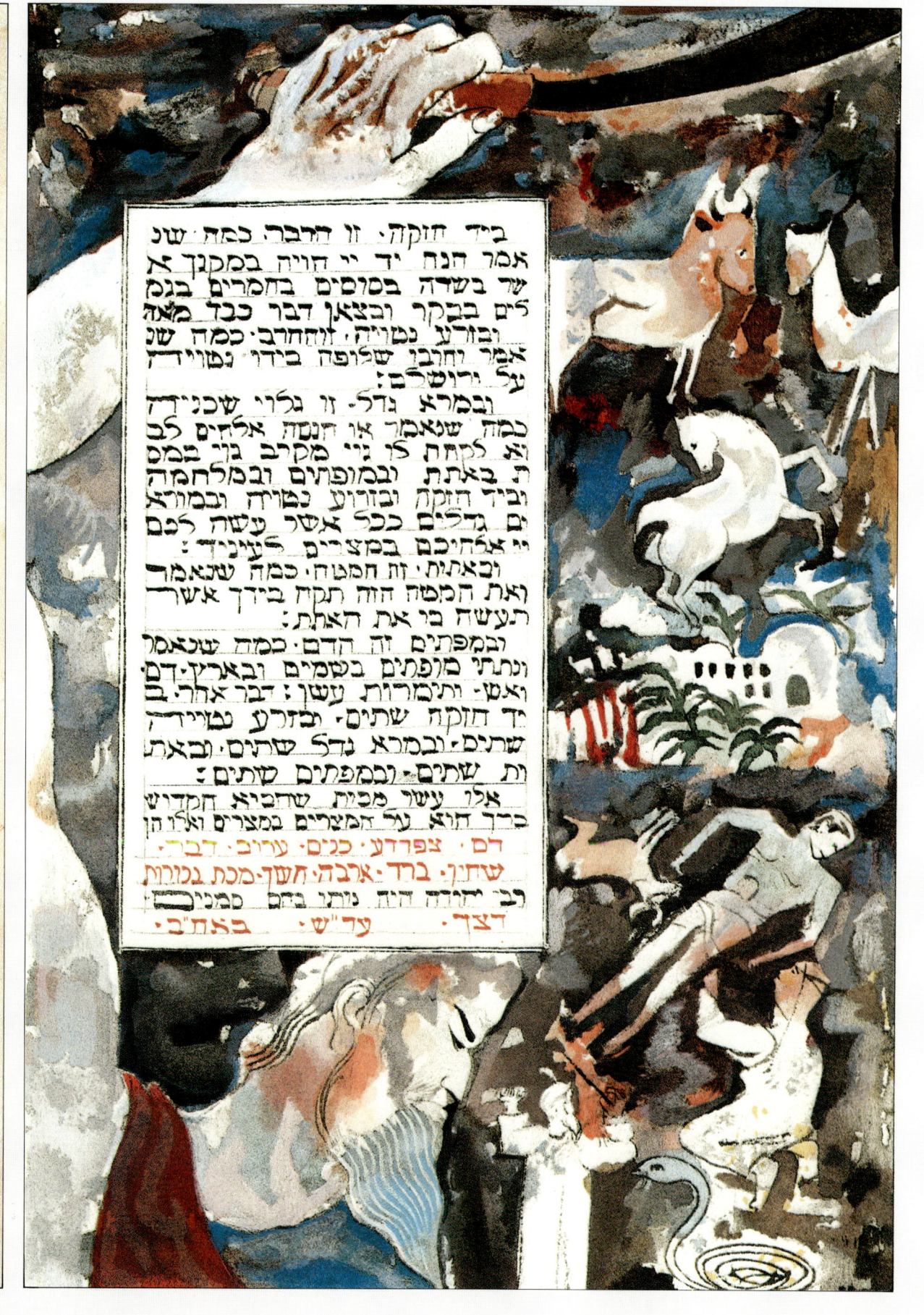

ホロコーストの衝撃

　ヒロシマと同じように，アウシュヴィッツは，終わりと始まりをしるす一つの境界石として，過去の過ちのまがまがしい記念碑でありながら，またおそらくはよりよい未来への道しるべとしても佇立している．

　われわれは，ホロコーストでおきた出来事を冷静に裁断するには，今なおあまりに近すぎるところにいる．関係者の多くはまだ存命中なのである．犠牲者たちの多く（そのうちの150万人は赤ん坊および幼児であった）は，もし命永らえていたなら，今，人生の盛りを迎えていたことだろう．あまりにも多くの人びとが悲嘆にくれ，罪悪感や悪夢を胸に抱き続けている．しかしホロコーストは，決して死んだ過去の物語のなかの安全な位置に，ましてユダヤ人の苦難とヨーロッパの戦争についての恐ろしい出来事の一覧表のなかのどうということのない見出し項目として葬りさられてしまったりはしないであろう，ということもすでにはっきりとわかっている．ヨーロッパの歴史においても，ユダヤ人の歴史においても，かつてこれに匹敵するようなものは一つとしてなかった．

　ナチスによるヨーロッパ・ユダヤ人社会の組織的な絶滅をさして使われる「ホロコースト」という用語そのものが，これが何らかの新しいもの，新しい名前をつけるに価するものであるという認識を示している．この用語は，1950年代の終わり頃に初めて一般的に使われるようになった．それ以前は，書くにあたってはもっと曖昧でもっと特色の出ない用語，たとえば「大惨事」や「惨害」のようなものが使われていた．しかしこれらの用語では，実際に行なわれたことの極悪さと新しさを要約して表わすには不十分であることがはっきりしてきたのである．「ホロコースト」ということばは，大量殺戮という意味あいをもち，さらに手法としてもっている意味あい（完全に火で焼きつくされるいけにえ）がユダヤ教神学とひびきあったこともあって用語としての支持をえたが，それは一部にはそれ以前のいかなる歴史上の出来事にも先例をみないものだったからでもあった．

　ホロコーストに関して何が新しかったのか，そのことを正確に定義するのはむずかしい．このような規模の破壊は，ユダヤ人の歴史にも，またおそらくは他のいかなる人びとの歴史にも前例をみないものであったにしても，単に惨禍の激しさの度合いの問題ではない．また遂行に際して示された無慈悲な効率性——近代技術を破壊のイデオロギーのために利用したこと——ということでもない．もっとも，この事実がまた確かにショックを与えることになったのではあったが．ヨーロッパのユダヤ人たちは，昔から試練や災難——暴動や虐殺，差別や追放——ならば知っていた．しかし，ナチス自らが「ヨーロッパにおけるユダヤ人問題の最終的解決」と呼んで遂行した，連携しあって総合的に効果を発揮するような絶滅政策に直面せばならないことはなかった．この計画のもつ恐るべき「最終性」は，たとえ結局のところは達成されなかったにしても，自らを「永遠の民族」と呼び続け，耐え抜いていく力を誇りとし，自らの運命は全能の主自体によって保証されているとすら感じてきた人びとのあいだに，心底からの戦慄をもたらす以外の何物でもなかった．これゆえに，惨害の結果として生じた神学上の疑問の数々は，個人的な幻滅の体験や，信仰の喪失という以上のものだった．しかし無宗教のユダヤ人にとってさえも，「最終的解決」は，中世には知られていなかったような問題を提起したのであって，おそらくここに問題の核心がある．

　ユダヤ人解放がユダヤ人としてのあり方に新たな基盤を創出したのとちょうど同じように，ナチスによるユダヤ人の抑圧は新たな種類の攻撃を示すものだった．中世のユダヤ人は隔離された人びとであって，他の人びとと同じように扱われることなど期待してはいなかった．ナチスの人種法の犠牲者たちは，そのほとんどが近代ヨーロッパ国家の市民だった．その多くは，第一次世界大戦で自分たちの国のために戦い，ある者は公的な生活でずばぬけた貢献をしていたのである．彼らは，ヨーロッパ文明の最前線にあると考えられていた国から発せられたこのような拒絶など，とうてい受け入れがたいとする見通しや信念とともに育ってきたのだ．もちろんユダヤ人は，ナチス十字軍の唯一の犠牲者ではなかった．しかし彼らは，特別待遇のために選りぬかれたのだ．つまりユダヤ人は，手のこんだ悪魔学の対象とされ，ナチスの傾けた努力はすべて「対ユダヤ人戦争」としてなされたとさえ思えるほどの，一筋にこりかたまった無慈悲さでとり除かれたのである．ユダヤ人自身にとっては，ナチズムは，単に自分たちが与えるようになったヨーロッパ文化への攻撃に留まらず，近代ユダヤ人の生活の基盤そのものであったすべての進歩を否定するものであった．

　以上に述べたことすべては，東ヨーロッパよりも西ヨーロッパに一層あてはまるのだが，その東ヨーロッパこそ人的な損失がもっともひどかったのであり，しかもそこでは，社会組織のなかにユダヤ人が統合されていた度合いが西に比べればずっと遅れていた．ここではまた，ポグロムの記憶はより近い，より生々しいものであり，新たな惨禍も伝統的なユダヤ人の世界観のなかに容易に融けあわされていったのかもしれない．しかし，そもそも東ヨーロッパで破壊が全面的であったというまさにそのことのゆえに，また伝統的なユダヤ教の信仰が非常に強かったというそのことのゆえに，ホロコーストの衝撃は以前のポグロムの性格をしのぎ，ユダヤ人が存在するすべての基盤に対して疑義をさしはさむことになったのだった．

　これらの要素のすべてが，ユダヤ人にホロコーストを単なる一つの歴史的事実としては受け入れがたくさせている．生き残った世代は，この恐るべき経験と取り組まなくてはならなかった．回復し再建するために肉体的な努力を続けるなかで，ユダヤ人は，恐るべき損失をあきらめて受け入れるというだけではなく，惨禍の意味を理解するために受け継いできた基準の再考を余儀なくされた．あるレベルでいえば，このことは実際の出来事に対する研究を意味した．すなわち，その起源を明らかにし，進展のあとをたどり，無数ともいえるくらい別々の場所で現実に行なわれたことを調査し，そして誰が責めを負わせられるべきか，免れることができたのは何だったのか，誰が，いつ，どこで，そしてなぜ死滅したのかを見出そうとすることである．「ホロコースト学」は，独自の研究機関や図書館，さらに膨大な量の書物をともなう，歴史学において旺盛な研究がなされる独立した一部門となっている（1968年までに「ホロコースト」ということばは，印刷されて出ている大量の資料のために米国議会図書館目録中の見出し語として採録された）．惨害そのものの研究だけが問題なのではない．それ以前の歴史も，とりわけキリスト教 - ユダヤ教関係，反セム主義，およびユダヤ人解放の運動全般の歴史についても，あとに続くホロコーストという出来事の光をあてて再考されるようになった．

ったことの実状をあとから知る際の心構えをさせるべきなのか，という問題があった．こうした疑問点のどれをとっても安直な答はなく，しかも当座の実務的な決定が下されなくてはならなかった．

決定はなされた．賠償交渉が行なわれ，不一致を残したとはいえ受諾した．賠償金の一部は記録作成の事業や，犠牲者の記念施設に使われた．教育課程が立案され，ユダヤ人と異教徒との和解のための実践計画も立てられた．しかし，根本的な疑問点は残り，そしてユダヤ人の良心をさいなみ続けているのである．

一部の歴史家たちは，ホロコーストの「神話」と自分たちが呼ぶものに反対を表明してきた．例を見ないほど精神の傷を残すようなものであるとはいえ，これは歴史上の事象なのだ，だから他の歴史上の事象と同じように記述，分析されることが必要だと彼らは論じる．この論議は，神学者たちのあいだにみられるような，何百万の個々の人びとの現実の苦しみからしばしば遊離したところで一般化した抽象論にふける傾向に対する抗議の声である．その対極として，神学者たちが，脚注や統計資料の森のなかで中心的な問題を見失ってしまうという，アカデミックな歴史家たちのあいだの傾向に異議を申し立てたこともあった．両方の批判とも当をえている．ホロコーストを理解し，あきらめて慣れていくという課題は，歴史家と神学者の一致協力した努力を要する．これほどの重大な出来事は安易な一般化を招くことがある．詳細な事実は集め直すのがむずかしく（証拠の多くは故意に破壊されている），努力を続けても気力を萎えさせるばかりか，苦しみを増しさえもする．しかしどのように一般化しても，それが無意味になったり，まったくの虚構にならないためには，歴史的知識にもとづいたものでなくてはならない．それに，ナチスの記録を糊塗する（ホロコーストが行なわれたということを否定しさえする）修正主義の歴史家の企みには徹底して反駁を加える必要がある．しかしそうした歴史家には，歴史そのもののなかの「神話的」要素を観察することはできない．ナチスのイデオロギーは神話に支えられたものだったのであり，「最終的解決」の終末論的な性格にははっきりとした神学的な含みがある．犠牲者の方の実際の反応もまた，しばしば宗教的な前提条件に左右されていた．歴史家は，歴史のすべてを神学的な観点から判断するという，ユダヤ人に伝統的な傾向について不満をもらすかもしれないが，ホロコーストの物語には「歴史的」な探究を必要とするイデオロギー的構成要素が含まれていることを，認識しなくてはならない．しかしながら，神学者のアプローチが根ざしているのは，何がおきたのかを明らかにするという科学的な必要性ではなく，生き残った者が切りぬけてきたものの意味を理解するという心理学的な必要性である．神学者たちは，遺された世代の衝撃的な幻滅や，目標の欠如，信仰の喪失に本気で取り組まなくてはならない．ユダヤ人が常に歴史を神の活動の場とみなしてきた，まさにそのゆえに次の質問に答えることが必要となる．「アウシュヴィッツで，神はいずこに在りしか？」

ホロコーストに対する肯定的な反応

先の質問からは不可避的に多くの他の疑問，すなわちおこったことに対する究極的な責任はどこにあるのか，この惨害から引きだすことのできる積極的な教訓は何か，などについての疑問が導きだされる．一つの単純明快な答は，迫害は迫害者の側の問題なのであって犠牲になった者の問題ではない，というものである．その意味するところは，アウシュヴィッツの出来事に向かいあわされるのは異教徒，とりわけキリスト教徒なのだ，ということである．すなわち，自身の信仰の破壊的な影響を直視しなくてはならないのは彼らの方だ，というのである．実際キリスト教神学者たちは，キリスト教神学にとってのアウシュヴィッツの意味，とりわけ近代の反セム主義が勃興する基盤となった，キリスト教に伝統的

ローマ教皇ヨハネ・パウロ2世によるアウシュヴィッツ（オシフィエンチム）の絶滅収容所跡への歴史的巡礼は，ナチス時代の惨禍を，心をゆさぶられつつ思いださせるものであった．アウシュヴィッツの名は，この時代の恐怖と破壊の象徴となっている．この時代こそ，ヨーロッパ文明と，ユダヤ人が非ユダヤ人と普通に共存していく可能性とに対して，恐怖に満ちた挑戦をつきつけた時代なのであった．もしアウシュヴィッツの灰のなかから立ち現われる積極的な意味をもったメッセージがあるとすれば，それは必ず，キリスト教徒とユダヤ人が，過去の確執を消滅させ，このような惨禍が今後再びおこらないように互いに試みる，和解の努力のうちに求められるべある．

別の，だがそれに関連するレベルでは，神学者たちはホロコーストの意味するものを，神とイスラエル，およびその両者の関係についての，さらには苦しみと信仰，人間の性質一般についての伝統的なユダヤ教における理解に照らして，追求しなくてはならなかった．これは，単なる抽象的かつ学問的な問題ではない．生き残った者たちは，指針と新たな確信を緊急に必要としていた．多くの者は神に対する信仰や人間への信頼を失い，苦痛と絶望で揺らいでいた．これほどの破壊的な苦難に対しては，適切な返答などあやしいものだった．だとすれば，人は沈黙してこの苦難を受け入れるべきか，あるいは天命に対して反抗するべきなのだろうか？　断罪して復讐ないし賠償を求めるべきか，あるいはむしろ許しを与えようとするべきなのだろうか？　これは，宗教指導者にとっての問題というだけではなく，教育者や心理学者や政治家にとっての問題でもあった．エルサレムで1961年に行なわれたナチス将校アドルフ・アイヒマンの裁判は，それらの問題を劇的な形で提起し，人びとのあいだに痛苦に満ちた論議をまきおこしたのだが，その10年前のドイツの賠償金問題のときもやはり同様であった．子どもたちに何を教えたらよいのか，精神的衝撃から子どもたちを守るべきなのか，それともおこ

ホロコーストの衝撃

ホロコーストの犠牲者のための記念碑は，多くの国々で建立されており，しかもさまざまに違った形をとっている．もっとも痛切な想いを誘うものの一つが，このプラハの旧ユダヤ人地区にあるピンカス・シナゴーグ（上端図）である．建物そのものは，16世紀かそれ以上にさかのぼるものであるが，今はほとんど消滅してしまったユダヤ人コミュニティのかつての活気を，この建物が証言しているのである．壁には，ボヘミアとモラヴィアのユダヤ人で，ナチス支配下に非業の死をとげた人びとの名が，誕生と，死亡もしくは収容所送りの日付とともに刻まれている．その他の記念碑は，惨禍のおきた場所からははるかに離れて，生き残った者たちが新しい生活を築きだした土地に建立されている．ヨハネスブーグのウェスト・パーク墓地にある記念碑（上図）は，彫刻家ハーマン・ウォールド（1906-70）の手になるもので，ウォールド自身ハンガリー生まれであるが，ナチス時代に南アフリカに入植した人である．イスラエルの公式の殉難者記念施設であるヤド・ヴァシェムの床には，犠牲者たちの苦悩と，抵抗した者たちの英雄的行為を想いおこさせるような彫刻がはめこまれている．右図は，リー・マイケルソンによる「沈黙の叫び」像である．

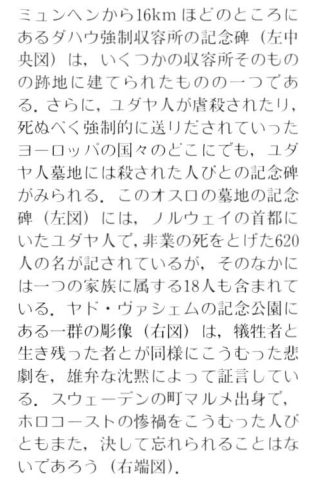

ミュンヘンから16kmほどのところにあるダハウ強制収容所の記念碑（左中央図）は，いくつかの収容所そのものの跡地に建てられたものの一つである．さらに，ユダヤ人が虐殺されたり，死ぬべく強制的に送りだされていったヨーロッパの国々のどこにでも，ユダヤ人墓地には殺された人びとの記念碑がみられる．このオスロの墓地の記念碑（左図）には，ノルウェイの首都にいたユダヤ人で，非業の死をとげた620人の名が記されているが，そのなかには一つの家族に属する18人も含まれている．ヤド・ヴァシェムの記念公園にある一群の彫像（右図）は，犠牲者と生き残った者とが同様にこうむった悲劇を，雄弁な沈黙によって証言している．スウェーデンの町マルメ出身で，ホロコーストの惨禍をこうむった人びとも，決して忘れられることはないであろう（右端図）．

ホロコーストの衝撃

左　ホロコースト記念式典．個人的な記憶でもあり，集団の記憶でもある．こうしたさまざまな記憶を，忘れないでいて思いだすことは，厳粛な義務であり，心の底からの要求である．アウシュヴィッツ解放30周年に，パリの首座シナゴーグで行なわれたこの記念式典では，前の方にいる出席者は収容所の囚人服を着ている．歳月が過ぎてゆくにつれて，記憶は更新され，焦点をあて直されなくてはならない．また，語りつくすことのできないほどの出来事が，新しい世代に説いて聞かせられねばならないのである．

な反ユダヤ主義の意味と格闘すべく，真剣な努力を重ねている．しかしこの面からのアプローチは，神がいかにして，かくも恐るべき惨禍がユダヤ人の上にふりかかることを許しえたのか理解したい，という絶望的な欲求を抱き続けてきたユダヤ人に対しては，何も告げていない．アウシュヴィッツは，単に迫害した側にとっての問題なのではなく，愛と信頼に満ちた神を信ずる人すべてにとっての問題なのである．ラディカルな神学者であるリチャード・ルーベンステインが，死の収容所に対するただ一つの正直な答は，神は死んだと結論づけることだと論じたのには，ほとんどのユダヤ人は全面的には賛同しようとしなかった．しかし多くの者が，死の収容所と神の問題こそ20世紀のユダヤ教神学にとっての中心課題だ，という点ではルーベンステインと一致していると思われる．

　神およびアウシュヴィッツの問題と格闘する神学者たちは，第一神殿の破壊やバビロン捕囚の問題と格闘した預言者たち，さらには第二神殿の破壊やエルサレム追放の問題と格闘したラビたちの足取りをたどっていることに気づく．その足取りとは，苦しみに対する伝統的なユダヤ人の反応の型をなすもので，これは罪に対する正しい罰なのだという考え方である．この信念は，神の，その民に対する変わることのない愛という教義と相まって，くり返される惨害の経験から希望のメッセージを抽出し，ユダヤ人がそれに続く惨禍をも切りぬけるのに役立ってきた．現代の神学者のなかには，上のような使い古された公式を忠実にくり返している者もいる．しかし，多少矛先を鈍らせることはできるにしても150万人もの子どもたちの大量殺戮を目の前にしては，説得力をもちえない．これでは犠牲者の記憶に対する公然たる侮辱であり，ありえないほど矛盾した神の見方であるとして，そのような考え方を糾弾したルーベンステインの極端な反応はここから生じたのである．すなわち，いかにして愛の神がその選ばれし民の3分の1の虐殺を望むことができたもうたのか？

　もう一方の極端な説は，イグナツ・マイバウムの心の底からの信仰であって，そこから彼は，まさに次のように断言するに至る．すなわち，神が破壊を望みたもうたのであって，ヒトラーはその代弁者であり，ちょうどネブカドネザルを通じて最初の破壊を，ティトゥスを通じて第二の破壊を望みた

もうたのと同じである．しかしながら，600万人は自分たち自身の罪によって罰せられたのではない．罪深いこの世界にもたらされた破壊の御業の罪なき犠牲者なのである．ホロコーストは，それ以前の二つの破壊と同じく，一つの時代に終末をもたらし，新しい時代を開始するエポックメーキングな出来事である．これは進歩なのであり，神が歴史のうちに御業を現わすことの目にみえる印である，と．

こうした両極端の説のあいだに，この理解しがたい出来事について神学的に考究すべき全領域が存在する．しかしながら各説の目的とするところは，過去の意味を明らかにするというだけではなく，現在の指針を引きだすということでもある．実存主義者ルーベンステインにとってみれば，歴史とは無意味なのだという発見は，したがって自ら生に意味を注入しなくてはならないという重荷を人間に負わせるものである．ホロコーストは，その他になしたことが何であれ，ユダヤ人の一体性をあらためて明らかにしたのである．「もし，われわれにあるのは互い同士だけなのだとすれば，それならば確かにわれわれは以前にも増して互い同士を必要としていることになる」．それゆえに彼は，伝統的なユダヤ教の儀礼を守ることに価値を見出すことができた．たとえその価値が，伝統自体がその儀礼に与えてきた価値とは違うものであったとしても．マイバウムにしてみれば，ホロコーストは，神が世界に対してもっている意図を尊重するというさし迫った義務を人間に課すものである．もう一人，影響力の大きな神学者エミール・ファッケンハイムにとっては，ホロコーストは，ユダヤ人に対して新しい戒律――生きのびること――を啓示するものであった．「ユダヤ人は，ヒトラーに，死後に生じる勝利を与えることを禁じられているのだ」．生きのびることは，本来的な目的としても神による命令なのである．

現代のユダヤ教神学はすべて，ホロコーストの惨禍をイスラエルの再生と結びつけている（この点では，神学者たちは喜んで歴史家たちと手をとりあっている）．イスラエルは，慰めや希望や再生――あるいは単に（ファッケンハイムの用語にしたがえば）生き残り――の隠喩として使われている．イスラエルという結果を欠いては，ホロコーストの物語はもっと違ったはるかに沈うつなものと思えることだろう．イスラエルの存在によって，信仰の存する余地もより大きくなったかのようである．マイバウムのような，国家が存在することによって生じてくる政治にユダヤ人が関わることについて，心底から批判的であった（彼は人類史の悲劇の数々はそのせいだとしている）神学者でさえ，シオンへの帰還のうちに，その民を家郷へと導く救い主たる神の声を了解するにやぶさかではなかった．

イスラエル国内では，ホロコーストを記憶することが国家公認のイデオロギーに加えられた．すでに1951年に，イスラエルの国会は年に一度のホロコースト追憶の日を布告している．その2年後には，公の「殉難者・英雄追憶機関」（ヤド・ヴァシェム）を設立し，600万人に没後の市民権を授けた．この機関は，ホロコーストおよびユダヤ人の反ナチス抵抗運動の証拠物件をすべて収集し，公表すること，同様に記念施設を建立し，ホロコースト追憶の日の儀式をイスラエルおよびユダヤ人すべてのあいだでとり行なうこと，という業務を委託されている．エルサレムにあるヤド・ヴァシェムの立派な記念館は，他の国々での無名戦士の墓に匹敵するような国家的聖地となった．その機関に付属して，文献調査という途方もない事業に献身している研究所がある．以上を複合したもの全体が，犠牲者の記憶を恒久化するために，同時にまたホロコーストの教訓の意識化を促すために作られたのである．

教訓とは正確にいって何なのか，が常にはっきりしているわけではない．イスラエルの学童は，ホロコーストの歴史を戦慄すべき細部のすべてにわたって教えられてはいるが，惨害の犠牲者たちと自分たち自身とを直接には何ら関係づけられないでいることもしばしばある．つまり，二つの違う世界に住んでいるようなものだ．抵抗運動のグループについて意図的に強調するのは，おそらく一部には，犠牲者たちの無力さと，イスラエルの若者たちなら当然のことと考える自己防衛とのあいだのギャップに橋をかけようという企てなのだろう．彼らにすれば，その無力さがまったく信じられないからである．その受け身さゆえに犠牲者たちをさげすむという危険性も現実にある――アイヒマン裁判のときには，明らかにそういった感想がみてとれた．ホロコーストの問題に対する心の底からの感受性がイスラエルにはあるが，しかしその感受性が感情の葛藤や混乱をひきおこしてもいる．国家という次元では，考えるにあたって特定の焦点が与えられているが，それはまたホロコーストにある種の価値の低下をもたらすことになりかねない．ホロコーストの意味が，イスラエルという観念よりも下位におかれることは避けられないからである．この観念は，政治的なレトリックのための情緒的なキャッチフレーズを飾り立てたり，しばしば過激な政策の支持を求めて引っぱりだされてきた．そのような悪用に対して抗議の声があげられてはいるものの，ひとたびホロコーストが国家的シンボルにされるなら，政治的目的に利用されるのは避けられないだろう．

もっと建設的なきざしとしては，惨禍の一つの結果として，キリスト教徒とユダヤ人とのあいだに和解のための真摯な努力を出現させたということがある．戦争が終わってすぐに反セム主義の現われを検証し，教育と宗教の活動を通じてそれと戦うにはどんな方法が可能かを示す目的で，キリスト教徒とユダヤ人の緊急の会議がスイスのゼーリスベルクに招集された．いち早くこの会議が開始されると，続いて多くの自発的な試みが企てられた．1948年にアムステルダムで開催された世界教会協議会の第1回総会は，傘下の会員に対して，「反セム主義はキリスト教信仰の実践とは相いれないものであり，神と人とに対する罪であると非難する」よう訴えた．1964年には，第2ヴァチカン公会議がユダヤ人についての宣言を出したが，それは（明らかに，ホロコーストについての直接の言及を避けたものだったが）「教会は，ユダヤ人と共有している過去の遺産を心に留めているし，福音が有する霊的な愛によって動かされるものであり，政治的な理由によってではなく，いかなる時代いかなる人によるのであれ，ユダヤ人に向けられた憎しみ，迫害，反セム主義の誇示を非難する」という重要な文言を含んでいた．これらの公式の言明は，キリスト教神学者たちの先駆的な活動と相まって，キリスト教‐ユダヤ教関係に新時代を切り開いた．キリスト教徒は，過去の有害な教えや行動との関係を断ち始め，ユダヤ人はこの痛苦に満ちた努力に誠意を認め，友愛をこめて差しだされた手を受け入れ始めた．それでも何世紀にもわたる偏見が一夜にしてくつがえされることはありえない，という現実的な自覚はあった．多くのユダヤ人は，教皇ヨハネ・パウロ2世がアウシュヴィッツへの歴史的な訪問の折りにユダヤ人という名を口に出さなかったことにショックを受け，失望したし，教皇庁のイスラエル承認拒否は憤激のもととなったのである．しかし，障壁は少なくとも崩れ始めてはいる．そして，多くの国々，とりわけ北アメリカと西ヨーロッパでは，教会とシナゴーグのあいだの建設的な意味での協力関係ができている．こうした和解をもたらすために，アウシュヴィッツほどの規模の惨禍を要したということは，ただ悲しむべきことだが［イスラエル政府とヴァチカンは，1993年12月30日，外交関係樹立に関する基本合意書に調印した］．

シオニズム

シオニズムは，その要素として，からみあい，時には反発しあう何本かのより糸をもっている．テオドール・ヘルツルは西欧知識人であり，下の写真では（後方に座っている），故郷のウィーンのカフェにその姿がみえる．1897年の初夏のことである．数週間後，第1回シオニスト会議が，華やかに儀式めいてバーゼルでとり行なわれよう．この会議は一種の国際的なユダヤ人議会で，具体的な政治行動計画を採択することになっている．

もしシオニズムの精神を西欧のものだとするなら，その心と筋肉は東側のものである．ロシアのシオニストの大半は，失われた故地に再定住するという考えを熱狂的に支持したが，その熱狂には，多くの者にとって，労働の尊厳と骨身を削って働く大衆の連帯感に社会主義者としての忠誠心を捧げるという意味合いがまざっていた．ここにみえるのは若き日のベン・グリオン（右上図）で，ブロンスクで家族やポアレ・ツィオン（「シオンの労働者」）党の仲間たちと一緒だが，これは彼が1906年にパレスティナへ向けて出発する直前のことであった．

第三のより糸は，戦闘的民族主義である．1920年に，アクレの監獄にいるところが写っているウラジーミル・ジャボティンスキー（右下図）は，第一次世界大戦でイギリス軍に加わって戦ったユダヤ人部隊をすでに建設していた．1935年には，ジャボティンスキーは新シオニスト機構（のちにヘルート となる）と，民族軍事機構（イルグン）を結成することになる．後者は，パレスティナのイギリス統治に対してテロ活動を企てることになる．

ウィーン出身の著述家テオドール・ヘルツル（1860-1904）は，その最後の小説『アルトノイラント』のなかで未来のユダヤ人共和国の生き生きと理想化された全体像を描いた．『アルトノイラント』という名（「古くて新しい国」という意味で，テル・アヴィヴというのが非常に近いヘブライ語訳である）には，いにしえの民がいにしえの地へと帰還し，その地を一新して逆に自らも新しくなるという展望がこめられていた．

「シオニズム」というのは，さまざまな人びとにとってさまざまなものを意味してきた雲をつかむような情緒的なことばではあるが，その核心には，ユダヤ人のアイデンティティや諸民族のなかでユダヤ人が占める位置といった古来からの問題に対して，根底的な解決法が示されている．シオニストにとって，ユダヤ人とは宗教コミュニティでもなければ，さまざまな国にいる少数民族集団のゆるやかな連合体でもなく，自分自身の祖国をもつ単一の民族であった．もはやユニークで，一般通則では説明しにくい例外なのではなく，世界中の他の民族と同等の足場に立つ普通の民族だとするのである．シオニズムは，「ユダヤ人問題」の複雑な様相を解きほぐす唯一の公式をみつけだそうとする過激な企ての一つである．現実には，そういう単純なものは，シオニストですら手の届かないところにあるということが判明した．シオニズムが誕生して100年たってもなお，シオニズムの目的についての明確で広く受け入れられる定義というものはなく，シオニストの修辞法では，「正常化」という古いスローガンはもう一度「独自性」ということばにとってかわられ始めている．

この曖昧さは，ある程度はシオニズムが，一か所ないしは一グループのなかに，あるいは一個人の未来像のなかに源を発するものではなかったという事実による．シオニズムは，一定期間にわたって，各地で，問題の複雑さに応じて，諸々の他のイデオロギーの影響のもとに発生した．ヘルツル自身は西欧の同化ユダヤ人だった．ブダペシュトに生まれ，ジグムント・フロイトやオットー・ヴァイニンガー，あるいはカール・クラウスの時代のウィーンに生き，ドレフュス事件の際にパリで個人としては重大な局面を迎えるに至った．西欧反セム主義の経験を通じて，ユダヤ人にとっての同化とはキメラだったと認識するようになり，その結果「ユダヤ人国家」形成に向けた政治的綱領を定式化するに至った．「ユダヤ人国家」とは，政治的シオニズム運動の引き金をひいた彼の1896年のパンフレットの標題であった．ヘルツルの綱領は，ヒルシュ男爵やロスチャイルド家といった指導的立場のユダヤ人篤志家たちからは即座に一蹴されたが，東ヨーロッパのユダヤ人で，すでにユダヤ人問題を民族的に解決する方向で結集しつつあった者たちには熱狂的に迎えられた．1890年代の東ヨーロッパでは，状況は西とはまったく異なっていた．ユダヤ人たちは大規模に固まった人口集団を形作り，同化も解放もされておらず，貧困とポグロムの犠牲になっていて，その不寛容な境遇から脱出する道として示されたものならどんな方針にも必死になって飛びつこうと望んでいた．民族主義，反セム主義，宗教的不寛容，それに政治的独裁などのすべてが西欧よりもずっと荒っぽく強力で，しかも一層むきだしの形ではびこっており，社会的・政治的改革を求める急進的な地下運動もまた熾烈であった．

こういった事情のもとでは，一部のユダヤ人が自分たち自身の民族主義を頼りとし，あるいは外国への移住が大規模に進行している地域で，パレスティナが故郷としてふさわしい

シオニズム

と考え始めていたとしても，まず驚くに価しない．1881年のオデッサでのポグロムの生き証人で，のちにシオニストの殿堂では名誉ある地位をともに占める運命にあった2人の人物が，民族自決主義を通じての救済というヘルツルの呼びかけに期待をかけた．モーゼス・リーリエンブルム（1843-1910）は，かつてユダヤ教伝統主義からロシア積極派へと転向した人で，パレスティナへの大規模ユダヤ人入植を求めていた．レオン・ピンスカー（1821-91）は高名な内科医で，初めはパレスティナを解決策とはみなしていなかったが，ユダヤ人の「異人」としての地位を終わらせ，独立の領土をえて正常化を実現するために強力な論陣を張っていた．彼のパンフレット『自力解放』はベルリンで1882年に匿名で刊行されたが，ヘルツルはのちに，もしこのパンフレットのことを知っていたら自分は『ユダヤ人国家』は書かなかっただろう，と述べている．同じ年にビールー運動が組織され，リション・レ＝ツィヨンに定住地を設けたが，これがパレスティナへのユダヤ人の本格的な入植の第一歩となった．

シオニズムの根源

イスラエルの地にユダヤ人が帰還するという考えは，新しいものではない．ナポレオン・ボナパルトは，1799年にアフリカとアジアのユダヤ人に対して，自分の旗印のもとに太古のエルサレムを再建するよう呼びかけ，またシャフツベリ卿は1840年に「パレスティナ植民計画」を提唱した．ディズレーリ，ジョージ・エリオット，さらにアレクサンドル・デュマ（「小デュマ」）といった著述家たちは，聖地への帰還というロマンチックな思いつきを宣伝していた．ユダヤ人のあいだですら，ヨーロッパ民族主義の諸潮流をユダヤ人のことばに移しかえる者は少なかった．そのような人びととしては，ドイツの共産主義者モーゼス・ヘス（1812-75），およびラビではサライェボのユダ・アルカライ（1798-1878）やポーゼンのツヴィ・ヒルシュ・カリシャー（1795-1874）がいる．この人たちはシオニズムを暗示する先駆者で，したがってユダヤ人啓蒙主義運動の知識人でもあり，自立的なユダヤ人文化の創造のためにたゆまず骨を折っていたのである．ヘブライ語で執筆した評論家アハド・ハ＝アム（アシェル・ギンズベルク，1856-1927，の筆名）は，「文化的シオニズム」の創始者として記憶されているが，この運動は，パレスティナへの再定住を，世界的規模で広範囲になされるユダヤ人の文化と民族精神の再活性化の一部である，とみなすものであった．

しかしながら空想的民族主義は，初期シオニズムの，クモの巣状に走る複雑な網のなかのたった一筋の糸にすぎない．同じくらい強力だったのが，世紀の変わりめのロシアで盛んだったさまざまな急進主義運動，とりわけ社会主義の影響である．シオニズムの指導者たちも支持者たちも，それぞれに異なる多くの急進主義運動の潮流と結びついていて，革命的な熱情とユダヤ人の再生とを性急に混合して表現しようと，さまざまな道をたどっていた．もっとも影響力があったのは，少しも読みやすくはなかったのだが，ベル・ボロホフ（1881-1917）で，彼はマルクス主義とシオニズム思想の手のこんだ混合物を提起し，ポアレ・ツィオン（「シオンの労働者」）党のイデオロギー的指導者であった．その党は，1906年に「プロレタリア的な」ロシア-ユダヤ人の運動のモザイクのなかから創設されたものである．ポアレ・ツィオン党はその思想を，同年に，ユダヤ民族主義と世界社会主義との結合という形でパレスティナの地にもちこみ，「ラムレ綱領」としてまとめあげた（そこに居合わせた者のなかには，のちにイスラエルの初代首相となったダヴィッド・ベン-グリオンがいた）．この一歩は，開拓民のなかでのハ＝ポエル・ハ＝ツァイル（「青年労働者」）党の出現と相まって，新しいイシューヴ（シオニズムによる入植者たちは，以前からいたパレスティナのユダヤ人住民，すなわち古いイシューヴと区別してこ

左　シオニズムの第四のより糸は宗教的シオニズムで，何世紀も昔からの，救済や帰還に対する熱望の政治的な表現である．宗教的シオニストは，長いあいだ，シオニストや宗教を重んずるユダヤ人のなかで，ごく少数派であった．かなりの妥協や和解があったのに，今日までシオニズムを消化できないでいるユダヤ人がまだある程度いることは，エルサレムの壁に書かれたこのスローガンで明らかである．聖都の守護者［ネトレイ・カルタのこと］や，純粋に精神上の動機だけでエルサレムに住みついている者にとって，ユダヤ人国家は，よくていらだちの種，悪ければ神聖冒瀆としか映らない．

ハルーツ，すなわち農業開拓者は，初期の世代のシオニスト入植者の典型であった．ハルーツたちは，自らの手で，農業を営み，定住するために土地を開墾したが，アラブ人住民の攻撃に直面したこともしばしばであった．武装したトラクター（左図）は，1930年代のシオニストの事業のある一面を象徴するものとなっている．

もう一つ別の面は移民である．イギリス統治下では，「自由な移民を！」という叫びがあげられていた．そしてイギリスが撤退すると，それは現実のものとなり，何千何万という移民を，しかもその多くが極貧の人びとであるのを，生まれたての国家がひき受けるということが大きな実際問題となった．新来の人びとは，旧式で不便な，混雑しきったキャンプ（上図）に収容され，自分たちの困難を多少とも解決できるまで留まっていた．

移民の受け入れ・吸収は，主としてユダヤ人機関の手で行なわれたが，これはシオニスト機構の一翼をになうもので，今日，シオニスト機構はユダヤ人国家のなかにあって最大かつもっとも力のある勢力となっている．この機構は，毎年移民の入植地，教育，その他の活動のための何億ドルという金額の配分窓口となっている．ヘルツル博士とワイツマン博士（左図）の肖像が，ユダヤ人機関の1983年次総会を重々しい顔でみおろしている．

上 ラビのツヴィ・ヒルシュ・カリシャー（1795-1874）には，最初のシオニストという呼び名がふさわしい．彼は，イスラエルの地への帰還を呼びかけるパンフレットを著わし，実際に英国財界人サー・モーゼス・モンテフィオーレを説得して，イスラエルの地のオレンジ園を1841年に購入させた——ユダヤ人所有になる最初の果樹園．

上端「ヘブライの羊飼い」．この絵葉書は，ハルーツの生活の牧歌的な見方を表わしている．現実はのんびりしたものではないが，多くのハルーツが学生や知識人の出で，ひまな時間には読書をし，あるいは文学や思想上の問題に関して熱のこもった議論に没頭していたことは確かに本当だった．「ヘブライの」は，開拓者たちが好んだ修飾語で，いかなる宗教的な含みももたないように使われている．

のように呼ばれるようになった）に，政党政治を導入することとなった．ハ＝ポエル・ハ＝ツァイル党は社会主義の理論化についてはあまり関心をもたず，農業開拓の実践事業に一層の関心を向けていた．その精神的な指導者はA・D・ゴードン（1856-1922）で，彼は，精神の救済に至る唯一の道としての手作業による労働に情熱をこめて信をおいた独自の思想家である．二つの運動は，イデオロギー上の闘争はあったものの，基本的な目的を共有するようになっていった．開拓者たちの理想主義と勤勉さが，イスラエル国家の制度の多くにとって，シオニズムという主要な精神風土におとらぬ基礎を築いたのである．

しかし，シオニズム運動がその真の強さを引きだしたのは，思想家たちの理論からでもなければ，開拓者たちの自己犠牲的な労働からでもなく，まったくの現実として広がっている反セム主義の脅威からだった．この運動がどれほど反セム主義者の前提や，その語法のいくつかをも受け入れていたか，振り返ってみれば驚くべきほどである．もしシオニズムが反セム主義に対する反作用を表現しているのだとすれば，それはまたある意味で次のような大前提を認めることにもなる．すなわち，ユダヤ人は異教徒社会における相いれない同化不可能な要素を表わしている，ということになる．シオニストが提起した大規模移住という解決法は，反セム主義者自身の好みに合わなくはない一案だった．

シオニズムの敵のなかでも，目立つのはあらゆる色あいの同化主義者たちだった．すなわち，自分たちが住んでいる国で，完全な市民となるほかは何も望んでいないユダヤ人たち，過去には多くの憎悪や搾取をひきおこしてきた歴史的な障壁をとり除こうと望む自由主義者や社会主義者たちである．リベラルなユダヤ人は，ユダヤ人特異論をにおわせるものは何

であれ否認した．ボリシェヴィキはシオニズムとの闘争を遂行し，力ずくで撲滅した（それでも「正常化」を説くシオニストは，彼らなりのやり方で同化を支持していた．とはいっても，その同化とはユダヤ人の民族としての実在を保つような同化でしかない）．別の反対は，それぞれ別の動機から出たものだった．ブントは，ユダヤ人が生まれた国に留まり，社会全体としての進歩に向かって努めることを義務とみなしていた．ユダヤ教伝統派の人びとの大部分は，シオニズムを危険きわまる世俗的異端派で，あの世のものであるはずの救済をこの世のものにおきかえ，事実上神の御手に無理強いすることを試みようとしている，とみていた．そして，シオニストの企てが現実的な脅威として降りかかる人びと——パレスティナの古いイシューヴとアラブ人——がいた．

アラブ人に関する初期シオニストの愚かなほどの無邪気さは，あとから考えれば驚くべきものである．シオニストのある者は，パレスティナにアラブ人が存在することにまったく気づきさえしなかったようで，シオニストがアラブ民族主義の上げ潮をいくらかでも現実のものとして感知したのは非常に遅かった．ヘルツルは，確かにアラブ人の存在に気づいてはいたが，アラブ人は経済発展の恩恵をありがたく思うだろうと考えていた．他の者たちは，ロマンチックにもアラブ人を永らく去っていたセム族の兄弟で，新しくきたユダヤ人入植者とは熱烈に手を取りあうだろうとみなしていた（ごく少数のアラブ人は，実際にこのバラ色の幻想を共有していたかに思える）．シオニストとアラブ人のあいだの利害の衝突という現実は，双方の側で人命が奪われ始めたのちもなお長いこと，定住者のある者にとっては全面的には受け入れがたいものであった．1920年代と1930年代に争いが激化し，ユダヤ人国家は，結局のところセム族としての仲間意識や汗水たら

して働く大衆の兄弟愛のうちにではなく，血と炎のうちに生まれることになるだろうということが確実になった．イスラエル人シオニストのなかにも，パレスティナ・アラブ人を「新しいユダヤ人」と呼び，「アラブ・シオニズム」について語る者が出るような状況がひきおこされた．

　その間に，ナチスのホロコーストとして現われたヨーロッパの反セム主義の極致が，シオニズムが成長してきた世界を完全に変質させてしまった．ナチズムは，ユダヤ人の同化を絶対的に否定することによって，シオニストの主張が真実であるという，反論の余地のない証拠を提供したかのようであった．多くのユダヤ人が1930年代と1940年代にシオニズムに転向したが，かつては断固としてそれに抵抗していた土地でさえそうだった．悲劇的なことに，ユダヤ人の祖国は犠牲者の大多数の救済に間にあわなかった．そしてシオニストは，兄弟たちが壊滅していくのを無力に目撃している，警告が現実のものとして示されてしまった悲運の預言者という役回りを運命づけられた．ホロコーストはシオニストの要求を実現するのに好都合な雰囲気を作りだし，その国土が大量の避難民と打ちひしがれた生き残りの人びととの流入を受け入れた．その当時受けた傷はいやしにくいものだった．シオニズムの勝利は屈辱的な失敗のなかから生まれたのである．開拓者たちの土地には難民が住みこんだ．アラブ人との争いはさらなる難民の流入をもたらしたが，この人びとはシオニストの苦闘もホロコーストの心の傷という体験も共有していない人びとであり，しかも彼らの文化や将来に対する希望はロシアからの入植地創建者たちの希望とはあわなかった．これら創建者たちの描いた展望は新しい国のうちにも生きていて，その点，彼らが創設した諸制度も同じだった．しかし労働シオニスト党の夢は長びく戦争や経済の混乱，さらには社会的紛争などの厳しい現実のうちに立ち消えてしまい，そういった現実が労働党を1977年選挙での敗北という事態にまで立ち至らせたのであった．今日のイスラエルに階級闘争があるとすれば，それは創建者たちとその後継者たちが支配階級とみなされるようなものである．すなわち，その目的の高潔さや禁欲的努力にもかかわらず，この人びとは植民地主義と搾取という自ら作りだしたことばの罠にとらえられてしまったのだ．

シオニズムと世界のユダヤ人

　世界のユダヤ人に関しては，話が違う．シオニストは離散ユダヤ人をなくすという目的は達成できなかった．しかし離散ユダヤ人の方で，1942年，あるいは1948年を経て，自分たちにとっていかにシオニストが必要かということに気づいた．ホロコーストはユダヤ人を屈服させたが，イスラエルにはふたたびその頭を高くあげさせた．反シオニズムはほとんど沈黙し，ユダヤ人はどこに住んでいようとイスラエルの成し遂げたことを誇りにし，その国を，声をあげて，自腹を切って，また深刻な危機に際しては自分の血を流してでも支えたのだ．ユダヤ人としてのアイデンティティをなくしたり，それに肩をすくめたりしていた人びとが，イスラエルを通じて再発見したのである．ヘブライ語が，ユダヤ人の第二の言語としてイディッシュ語にとってかわった．ユダヤ教進歩派は，その世界本部をエルサレムに移すことすら行なって，シオニズムにお墨つきを与えた．正統派も，神学的な留保はより強かったものの，この熱狂に加わった．海外在住のユダヤ人は，エルサレムにある政府のあらゆる行動，あらゆる宣言を，イスラエルの民衆以上に声高に承認した．いってみれば，異議は裏切りと同一視されたのであった．

　この盲目的な熱狂はホロコーストから生まれたのだが，それに引き続くアラブ-イスラエルの紛争に支えられたものでもあった．それは，1967年の戦争で興奮の極に達した．当時は本当に「シオニスト」の語は廃語になりそうに思えた．要するに，夢は実現し，イスラエルは分かたれないユダヤの人びとの高鳴る心臓となったのだ，と．だが，たちどころに亀裂が現われ始めた．ソヴィエト連邦が新たに始めた反シオニズム・キャンペーンは，新左翼に追随するユダヤ人によっておうむ返しされた．アラブ難民の苦境は，少数の疎外されていたユダヤ人知識人だけでなく，何人かの宗教的指導者を含む体制側ユダヤ人をも動かすようになった．ディアスポラのユダヤ人コミュニティに及ぼすシオニズムの効果についての疑念が表明されたが，これらのコミュニティでは資金や活動的な人的資源が枯渇しかけていたのだった．ソ連からの亡命者がディアスポラの地に定住する権利をめぐって意見の相違があり，占領地域へのユダヤ人入植政策に対する批判が急増した．1977年の政権交代は，新たな要素を導き入れた．アメリカのイスラエル支持団体のうち，もっとも頑強な労働シオニスト党が，イスラエルの政策を批判することは正当であり，国家それ自体への忠誠の欠如を意味するものではない，と今や論じるようになった．イスラエルでの宗教紛争のおかげで，伝統派のユダヤ教徒がロンドンやニューヨークの路上でシオニズムとナチズムを同一視するような旗を掲げて歩く仕儀となった．1982年のイスラエルのレバノン侵攻は本物の危機を勃発させた．ユダヤ人社会の指導的な人びとは，心の底からのシオニストでさえも当惑した．イスラエルの行為を支持するように求められても，言葉を濁したり，激しい非難を表明する者すらいた．ラビたちは遅まきながら，権力には堕落をもたらす効果のあることやパレスティナのアラブ人問題の公正な解決の必要について説教をした．新しい機運が確信のなさや不安をひきおこすもとになった．イスラエルに対する批判がユダヤ人の敵に与するものとして非難された．反シオニズムは反セム主義と同一視された．あるユダヤ人たちは，イスラエルのなかに相当な反対意見があることを指摘し，離散しているユダヤ人がなぜイスラエル自体にも欠けているような統一性を示さなくてはいけないのか，と問いかけた．

　パレスティナに初めてユダヤ人のぽん引きだの強盗だのが出現したときには，それは「正常化」が健全に進んでいる印だとして歓迎されたものだが，またイスラエルに対する盲目的で強硬な愛国の熱狂が消滅したことも，おそらくは同じ光をあてて評価されるべきだろう．シオニズムは，ホロコーストによって打ちひしがれ，進む方向を見失っていたユダヤ人に向かって気を取り直せという意義ある呼びかけを与えたものだった．それはいまだに，それぞれ何らかの理由があって，住んでいる社会からの疎外を感じている人びとに対して，ユダヤ人としてのアイデンティティを確立する上での集中点を提供している．しかし，しだいに要点はイスラエルなのであって，シオニズムではないというふうになっている．ユダヤ人たちは，どこに住んでいようともイスラエルとの共通の絆を感じ，自分たちの運命がユダヤ人国家の運命と何らかの形で結びついていると感じている．イスラエルの問題に共感をもち，不安の入りまじった関心を抱きながらイスラエルの発展を見守っている．彼らは心からその平和と繁栄を祈っている．しかし，もはやイスラエルをディアスポラの問題に終わりをもたらすものとみなすことはないし，イスラエルには世界中のユダヤ人を代弁したり，ディアスポラのユダヤ人コミュニティの事態に干渉したりする権利がある，というシオニストの考え方にますます慎慨するようになっている．とくにディアスポラのユダヤ人が，イスラエルに対して助言や批判を申してる相補的な権利を否定されているときにはそうである．イスラエルとディアスポラのユダヤ人とのあいだの理想的な関係はいまだにうまく描きだされてはいないが，そうこうするうち，健全で実りある共生関係が進み，そうなればイスラエルはディアスポラのユダヤ人に対して，これまでのように単に受け取る一方でなく，多くのものを与えることができるようになるだろう．アハド・ハ=アムが想像した，イスラエルが世界中のユダヤ人の文化と民族精神に新しい活力を与えるという未来像は，こうして，力強い現実となっていくのである．

第3部　現代世界のなかのユダヤ人
THE JEWISH WORLD TODAY

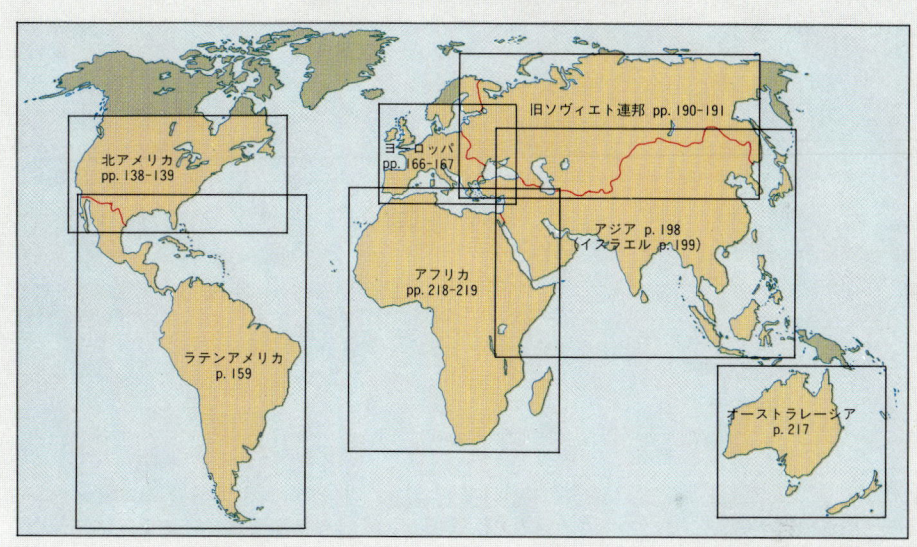

北アメリカ pp. 138-139
ヨーロッパ pp. 166-167
旧ソヴィエト連邦 pp. 190-191
アジア p. 198 (イスラエル p. 199)
アフリカ pp. 218-219
ラテンアメリカ p. 159
オーストラレーシア p. 217

ユダヤ人の世界の姿かたち

世界中の，あるいはどこか特定の国のユダヤ人の数を見積もろうとすれば，かなりの程度はやむをえず推測にもとづかなくてはならない．国勢調査のなかでユダヤ人をよりわけて確認している国はほとんどないし，確認している場合でもユダヤ人のアイデンティティは非常に主観的な問題であるため，その結果は常に疑問の余地を残すのである．公刊された統計類のほとんどは，地域のユダヤ人コミュニティが収集した資料にもとづいているので，主観性の問題はここでかえって大きくなる．調査者は何に着目すべきなのだろうか？　自分をユダヤ人だと思っている人びとにだろうか？　ユダヤ人としての地位が「タルムードによる定義」に合致している人びとにだろうか？　シナゴーグの成員にだろうか？　情報収集が実際は恐ろしく困難だということを別にしても，そもそもまず基本的定義の問題について意見が大きく食い違ってしまっている．その結果，合計の数字はみな役に立つ近似値ではあろうが，それ以上のものではなく，ある程度割り引いて聞くべきなのである．

しかし，どんな計算法をとるにせよ，おおづかみの概数としては十分はっきりしている．全世界のユダヤ人のほとんどは，少数の国に集中しているのだ．三つの国——アメリカ合衆国，イスラエル，および旧ソ連——で，全ユダヤ人の80％以上を数えるし，九つの最大級のコミュニティ（それぞれ10万人以上の成員が見積もられる）でもって，世界中のユダヤ人のおそらく95％を構成しているのである．

数字をみる別の見方としては，総人口に占めるユダヤ人の比率という視点がある．ここでは国別でいえば，イスラエルはまったくの例外であって，人口の85％近くがユダヤ人からなっている（占領地域は除く）．その他では，5か国だけ（アメリカ，ジブラルタル，ウルグアイ，カナダ，フランス）が100分の1ないしそれ以上のユダヤ人人口を有する．その他すべての国で，ユダヤ人は数の上では重要ではない．

もっとも信ずるにたる推計によれば，今日の世界にはおよそ1300万人のユダヤ人がいる．その半数が南北アメリカに住み，およそ4分の1ずつがヨーロッパとアジア（おもにイスラエル）に住んでいる．半数以上のユダヤ人は英語を話す国に住む．移民は，前世紀には大規模な波のうねりがみられたが，現在は比較的鎮静化しているといえよう．近年では，政情が不穏な国々（アフガニスタン，イラン，ジンバブエなど）からの移住がいくらかみられるほか，イスラエルにたえず入ったり出たりする動きがみられる．本当に画期的，かつまとまった移住は，旧ソ連からのものだけであった．1970年代には，およそ25万人のユダヤ人が出国した．この動きは，今日では実質的には停止されているが，かなりの数のユダヤ人がすでに出国許可を申請しており，状況が好転すれば申請者はさらに増すだろう，ということはたしかだ．

ユダヤ人は，圧倒的に都市生活者が多い．ほとんどどこでも，ユダヤ人は他と比べると巨大都市への集中度が高い．多くの国でユダヤ人の半数以上が首都ないし巨大都市に住んでおり，小都市や農村部に暮らしているのは，おそらく世界中のユダヤ人の4分の1弱程度でしかない．都市への集中は決してユダヤ人に独得な現象ではないとしても，その影響はユダヤ人についてことさら顕著である．とりわけホロコーストが東ヨーロッパの農村部にあったユダヤ人居住地のほとんどを一掃してしまったことにより，それははっきりした．

ユダヤ人人口は，世界全体でみても，また国別にみても，増加率は全人口のそれに比べてゆるやかである．これにはいくつもの理由があるが，なかでももっとも重要なのは比較的低い出生率であると思われる．これは，各コミュニティから転出や離脱が生じることとあいまって，多くの国で，ユダヤ人がその数を維持できず，まして人口全体の伸びに足並みを揃えることなどできない高齢化した集団となってしまう状況を生みだしてきた．その一方で（旧ソ連は例外として），集中地域ほど，若いユダヤ人移民をひきつける傾向がある．少数の国々にユダヤ人が集中していく傾向は，それゆえなお持続しそうである．世界中のユダヤ人人口はほんの少しずつしか増加せず，そのため非常に近い将来に静止状態に至ることだっておこりうる．

世界のユダヤ人人口，1800－1980年
ユダヤ人人口は，どのように見積もったものであっても，ただ近似的な値でしかありえないが，それでも下の図は近代における主たる進展を表現しており，とりわけナチスのホロコーストがもたらした恐るべき惨害を示すものとなっている．1940年以前には，たえまない移民流出が時おり異常に大規模な割合に達することがあったにもかかわらず，東ヨーロッパが一貫して世界のユダヤ人人口の半分以上をひき受けていた．ホロコースト以降，アメリカが抜きんでて主要な中心地となり，それと相まってイスラエルが全体のなかでの比率を急速に伸ばしている．

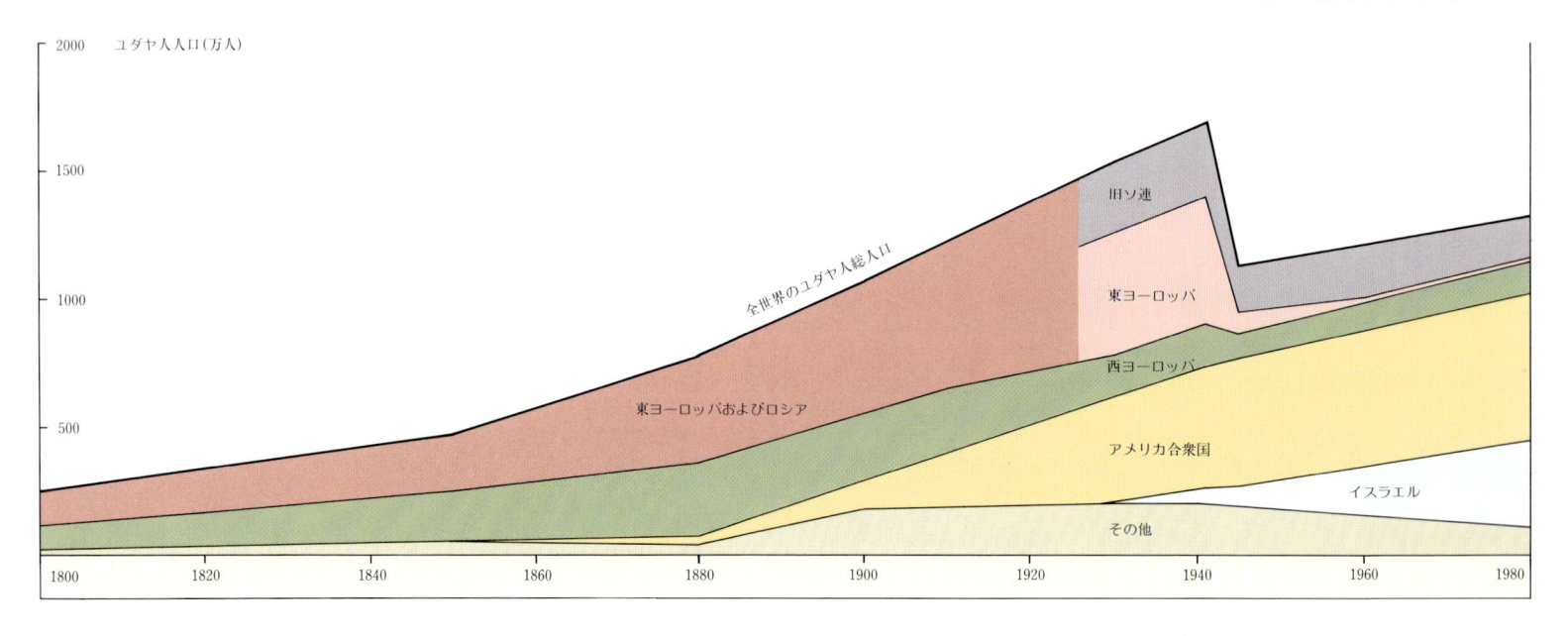

ユダヤ人の世界の姿かたち

ユダヤ人の世界の姿かたち

下の二つの世界地図は、今日の世界におけるユダヤ人の分布をみる上で、二つの方法を示すものである。上段の地図が示すように、全ユダヤ人の80％以上は3か国だけに住んでおり、その上一つの都市、すなわちニューヨークが全体の15％にものぼる数を擁している。下段の地図では、イスラエルを特別の例外として、各国の人口のうちで、ユダヤ人がいかに小さな構成要素でしかないかを明らかにしている。世界中の多くの地域で、とりわけ「第三世界」では、住民のほとんどはユダヤ人をみたこともない（臨時に現われる旅行者は勘定に入れないとしてだが）。このような偏りの現象は、それぞれの国のなかでユダヤ人住民が一つか二つの大都市に極度に集中することによって、さらにその度合いを増していくのである。

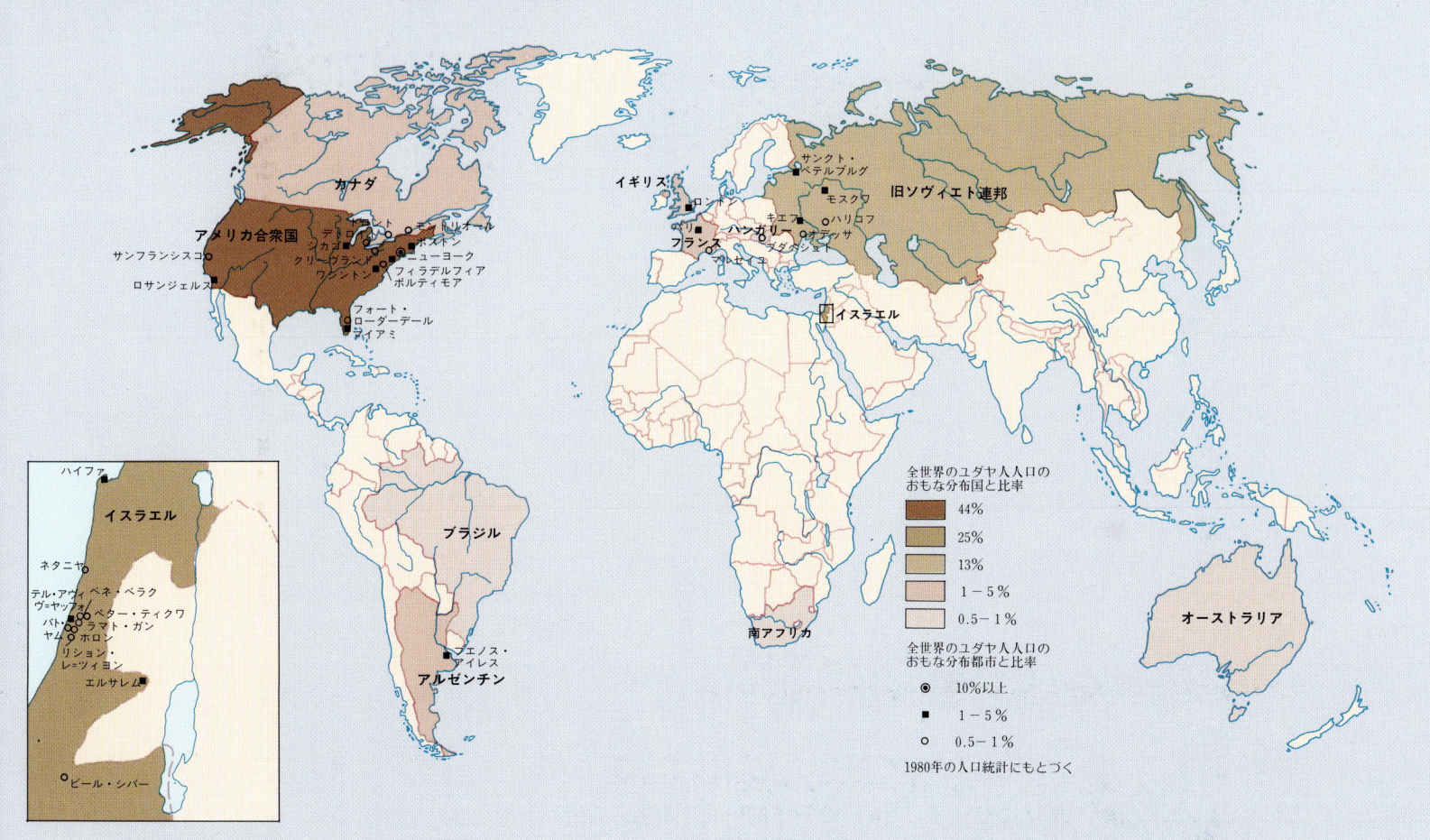

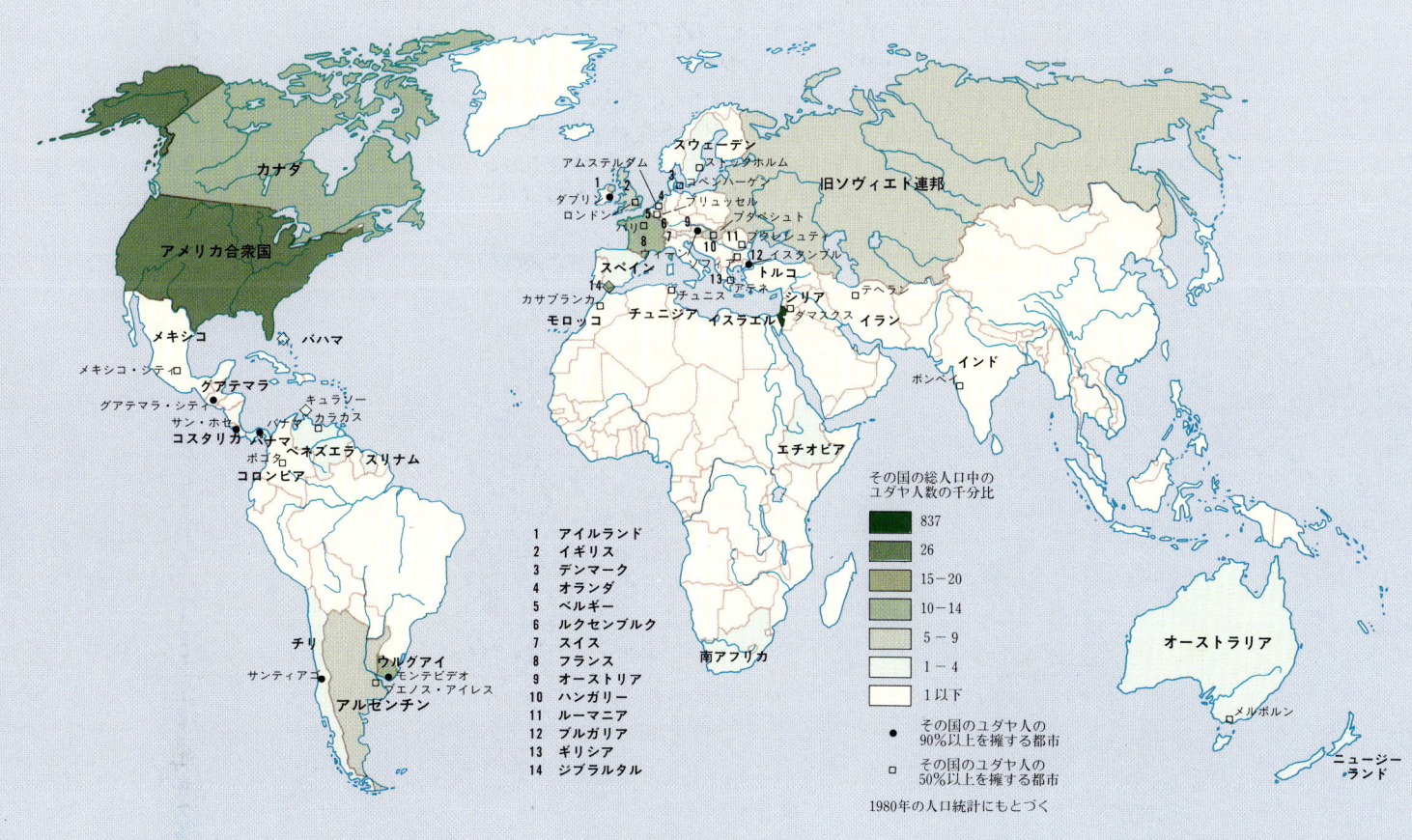

北アメリカ

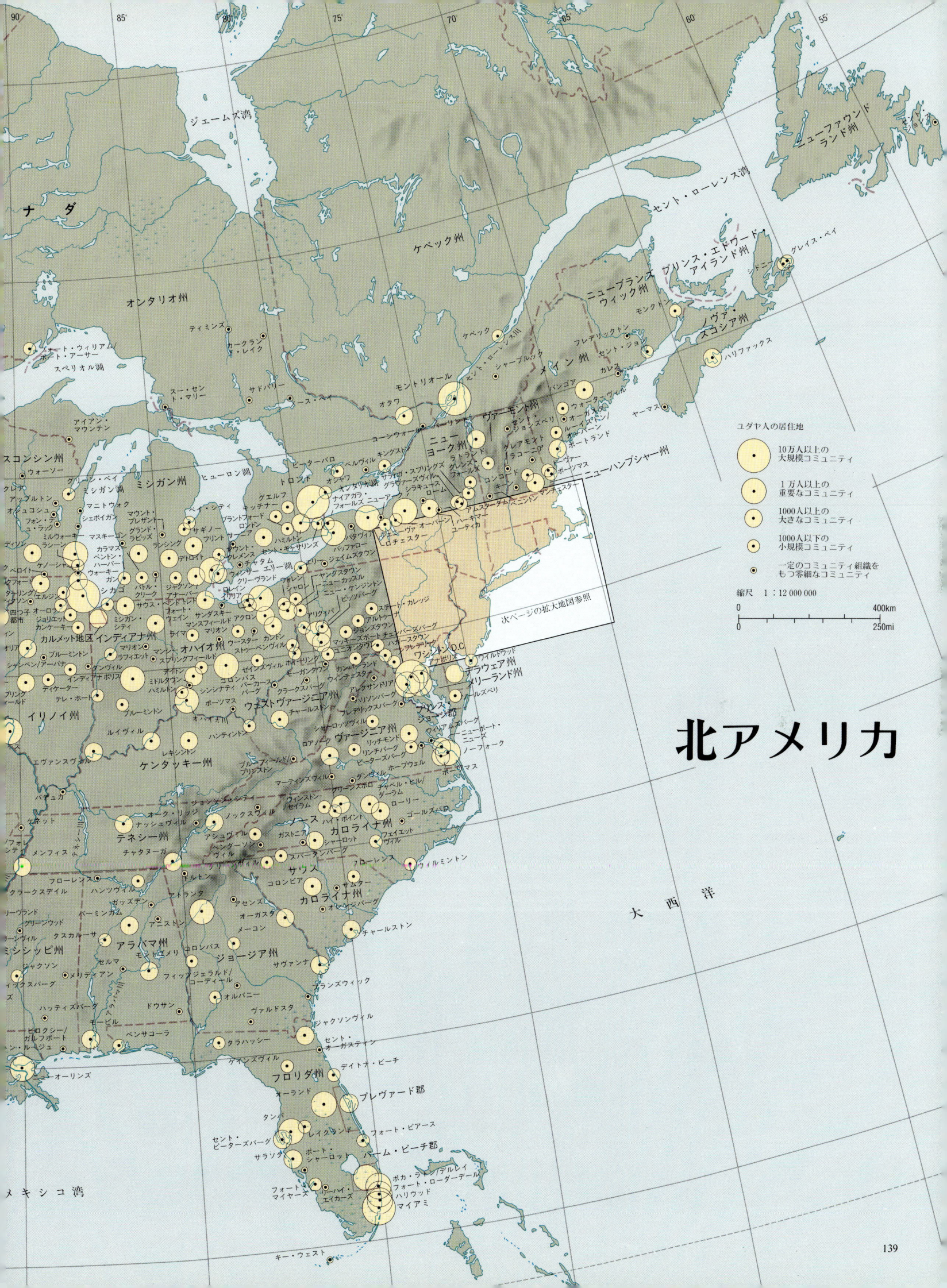

ユダヤ人の居住地
- 10万人以上の大規模コミュニティ
- 1万人以上の重要なコミュニティ
- 1000人以上の大きなコミュニティ
- 1000人以下の小規模コミュニティ
- 一定のコミュニティ組織をもつ零細なコミュニティ

縮尺 1:12 000 000
400km / 250mi

次ページの拡大地図参照

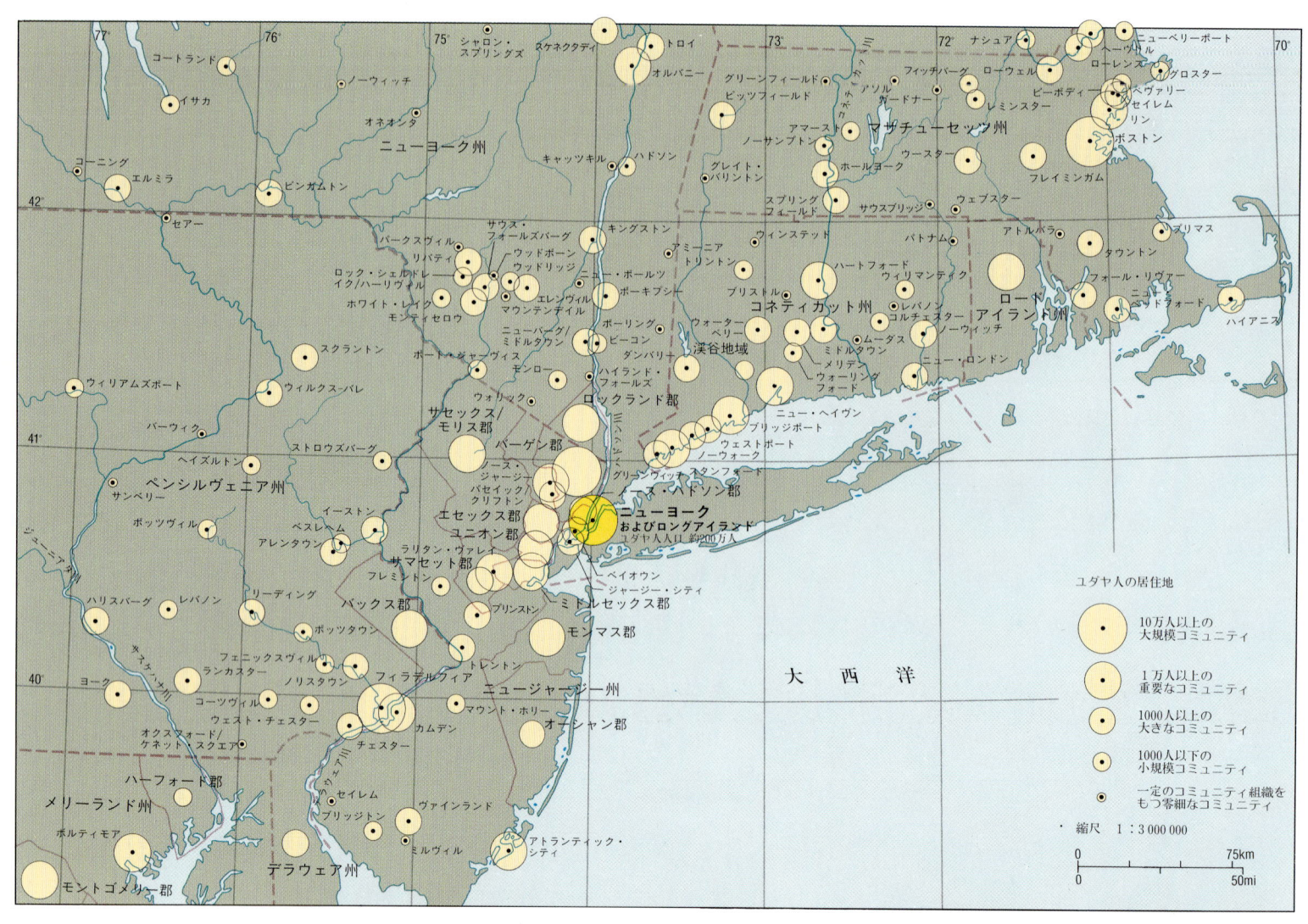

北アメリカ

上　アメリカ合衆国北東部

レナード・バーンスタイン（1918－90），指揮者・作曲家

ジョージ・ガーシュイン（1898－1937），作曲家

マルクス兄弟，喜劇俳優

ユダヤ人が安心して過ごせる場所ではどこでも，その国の公的生活や文化に対して，ずば抜けた貢献をしている個個のユダヤ人には事欠かないが，その貢献は，ユダヤ人としててではなく，自分が属すより広範な社会の一員としての貢献なのである．このページ，および本書第3部のなかで，そうした人びとのうちの何人かが登場する．これはあくまで無作為に選んだのであって，それらが代表的人物だとか，これで完全に網羅されているとかではまったくない．しかし，これだけでも，ユダヤ人の社会的貢献の豊かさと幅広さがうかがえるだろう．

北アメリカ

	1930年		1980年	
	ユダヤ人人口(概数)	1000人当りのユダヤ人数	ユダヤ人人口(概数)	1000人当りのユダヤ人数
カナダ	156 000	15	308 000	13
アメリカ合衆国	4 228 000	36	5 750 000	26
アイオワ	16 000	7	8000	3
アイダホ	1000	2	500	1
アーカンソー	9000	5	3500	1
アラスカ	700	12	1000	2
アラバマ	13 000	5	9000	2
アリゾナ	1500	3	45 000	17
イリノイ	346 000	47	266 000	23
インディアナ	27 000	9	23 000	4
ヴァージニア	26 000	10	59 000	11
ヴァーモント	2000	6	2500	5
ウィスコンシン	36 000	12	30 000	6
ウェストヴァージニア	7500	4	7500	4
オクラホマ	8000	3	6500	2
オハイオ	174 000	26	144 000	13
オレゴン	13 000	15	11 000	4
カリフォルニア	123 000	28	754 000	32
カンザス	8000	6	11 000	5
ケンタッキー	20 000	8	12 000	3
コネティカット	92 000	56	102 000	33
コロラド	20 000	19	32 000	11
コロンビア特別区	16 000	30	40 000	63
サウスカロライナ	7000	4	8500	3
サウスダコタ	1500	2	600	1
ジョージア	23 000	8	36 000	7
テキサス	47 000	9	73 000	5
テネシー	23 000	9	17 000	4
デラウェア	5500	22	9500	16
ニュージャージー	225 000	60	437 000	59
ニューハンプシャー	3000	6	4500	5
ニューメキシコ	1000	3	7000	6
ニューヨーク	1 904 000	167	2 139 000	122
ネヴァダ	250	3	15 000	18
ネブラスカ	14 000	10	8000	5
ノースカロライナ	8500	3	15 000	2
ノースダコタ	2500	4	1000	2
ハワイ	80	1	5500	6
フロリダ	13 000	10	467 000	48
ペンシルヴェニア	405 000	42	414 000	35
マサチューセッツ	226 000	53	241 000	42
ミシガン	89 000	20	90 000	10
ミシシッピ	6500	4	3000	1
ミズーリ	81 000	23	72 000	15
ミネソタ	43 000	16	35 000	9
メイン	8500	11	7000	6
メリーランド	71 000	14	186 000	44
モンタナ	1500	2	650	1
ユタ	3000	6	2300	2
ルイジアナ	16 000	9	16 000	4
ロードアイランド	25 000	36	22 000	23
ワイオミング	1300	6	300	1
ワシントン	15 000	9	22 000	5

G・ハーツバーグ, 物理学者(カナダ)

レナード・コーエン (1934-), 詩人, シンガー・ソングライター(カナダ)

ノーマン・メイラー (1923-), 小説家

ボブ・ディラン (1941-), 歌手

アルバート・アインシュタイン (1879-1955), 物理学者

S・デイヴィス・Jr. (1925-90), 歌手

ヘンリー・モーゲンソー (1856-1946), 外交官

サミュエル・ゴールドウィン (1882-1974), 映画製作者

ウッディ・アレン (1935-), 映画監督

アーロン・コープランド (1900-91), 作曲家

バーナード・バルーク (1870-1965), 銀行家

ルイス・ブランダイス (1856-1941), 法律家

ニューヨーク：
移民たちの経験

　1880年から1915年のあいだにニューヨーク港から流れこんできた200万人の移民，すなわち貧困とポグロムを逃れてきた難民がいなかったら，今日，ユダヤ人とユダヤ教はどうなっていただろうか？　この質問は一種の修辞的な表現でしかないが，しかしどう考えてもこの人びとがいなければ状況は非常に違ったもの，おそらく非常に陰うつなものになっていたことだろう．国土をもたぬ民は，依然として根拠地を，つまりそれ自体は一切の脅威から守られて指針を与え，支援の手を差しのべることができる一種の司令部を必要としていた．それまでもこの類の根拠地はいつでも存在し，それは何世紀にもわたってヨーロッパにあった．しかし1880年代には，ヨーロッパの状況は好都合なものではなくなりだした．その道筋は結局完全な破壊に行き着くものであったことを，後世のわれわれは知っている．アメリカは自由と経済活動の機会とを提供し――いずれも当然のことのようにみなすべきではない――，それとともに力強い知的・精神的刺激や，さらには世界政治に影響を及ぼす可能性をも与えたのだった．これは，強力かつ魅力的な組み合わせであった．こうして大量移住は，結果として（誇張していうのではまったくないが），ユダヤ人およびユダヤ人の宗教の救済となったのだった．

右　東ヨーロッパからの移民が押し寄せた時期の1891年に刊行された案内書からとったニューヨーク市街図．移民たちが最初に住みついた地域は，マンハッタン島の南端であった．

下　ロシアから到着した移民は，汽車と蒸気船に乗って，長く，行く先も定かでない悪夢のような旅をしてきたあとで，さらにまだ入国管理当局の課す試練に直面しなければならなかった．質問責め，身体検査，ことばの障害，そして全体的な混乱状態といった試練である．これはエリス島で行なわれる．すべてがうまくいけば，そこからイーストサイドに移り，運がよければ，働き口にありつき，共同で間借りをし，してそしておそらくは先住国で別れて以来ながらく音信のなかった友人や親戚と出くわしたりするのである．一時期，ロウアー・イーストサイドはほとんどユダヤ人ばかりとなり，その人口は150万人であった．現在では，ユダヤ人はほとんど他の移民にとってかわられている．

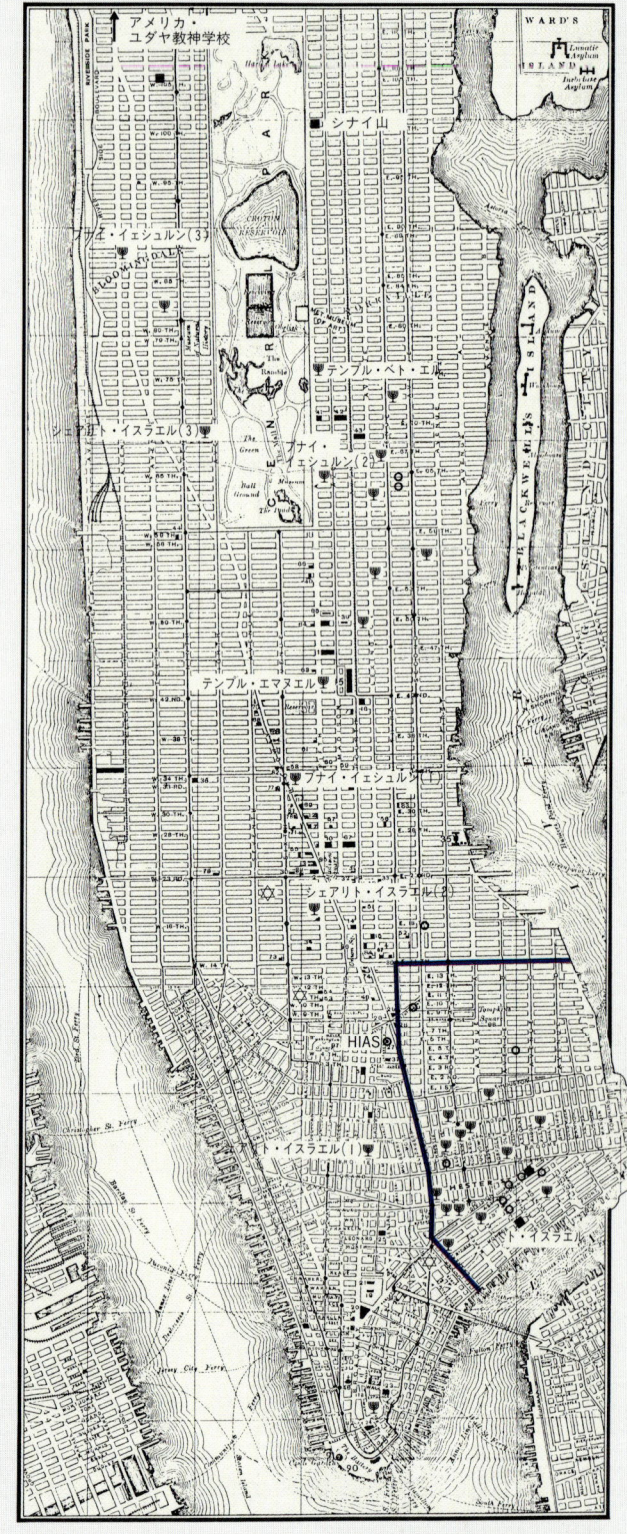

✡ 墓地
■ 病院または福祉施設
　 教育または慈善施設
✡ シナゴーグ
　 ロウアー・イーストサイド：1870－1920年に東ヨーロッパからのユダヤ人を受け入れたおもな地域
　 ユダヤ人の移住の方向

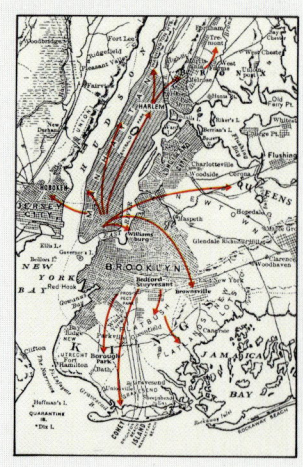

ニューヨーク：移民たちの経験

下　ロウアー・イーストサイド．手押し車で商売する行商人．ぼろをまとい身一つから始めて金持ちにたどりつく夢がかなうのは，移民のうちのほんのわずかの者だけである．大多数は貧困と窮乏のなかで辛抱していた．多くの者は衣料産業の悪徳工場で働いていた．その労働条件は恐るべきものだったが，労働者たちは改善のため圧力をかけることをためらっていた．しかしついに1909年，ブラウス縫製工場の労働者たちはゼネストを呼びかけるに至る．そのとき以来，労働者側はよく組織されるようになり，しだいによりよい労働条件を獲得していった．組合指導者のサミュエル・ゴンパース（左図）は，彼自身ユダヤ人移民であった．

中央　ラファイエット街のヘブライ移民援護協会（HIAS）事務所．HIASは，移民たちにとっての守護天使ともいうべきもので，ロシア系ユダヤ人移民がアメリカで作りあげた最初の組織の一つであった．

上　ヘスター街のタルムード学校．生き残るための闘いに痛めつけられていたユダヤ人にとって，教育は伝統的に重要なものであった．しだいに教育水準はあがり，コミュニティによる学校が開設され，カリキュラムには非宗教的な科目もとり入れられるようになった．

右　1899年のヘスター街は，ユダヤ人たちが住むロウアー・イーストサイドの核心部にあった．この時期，ここはニューヨークでもっとも人口密度の高い地区であった．

143

アメリカ合衆国

　3世紀に，ローマ支配下のパレスティナのユダヤ人指導者たちが，ササン朝バビロニアのユダヤ人たちはイスラエルの地に定住するという自らの義務を怠っている，とこぼしたとき，バビロニア・ユダヤ人らはそれに答えていった．「神はわれわれが〈ナツメヤシの実を食べながらトーラーを学ぶ〉ことができるように，わざとわれわれをここに追放したもうたのだ」と．アメリカのユダヤ人たちは，今日，あのバビロニア原産のマント（かくれみの）を東ヨーロッパから受けついでいる．東ヨーロッパは，アメリカにマントを渡すまで，ユダヤ人の学問や創造性の活力源であった．しかし東ヨーロッパのユダヤ人は，アメリカ・ユダヤ人の特徴となる経済的成功や自信満々な態度とは無縁だった．

　アメリカの事例は，長いことヨーロッパ・ユダヤ人の悩みの種だった同化と疎外とが巻きおこすうず潮をゆるめる強力な対抗力となっている．ほとんどその出発点からして自由で平等であったため，アメリカのユダヤ人は，ユダヤ人としてのアイデンティティと結合力について強い意識をもち続けつつ，同時に，真実自分たちのものと呼ぶことのできる国の，由緒正しい欠くべからざる部分ともなっているのである．アメリカが彼らを作り，彼らがアメリカを作ったのだ．アメリカ的生活にみられるもので，ユダヤ人が貢献していないものはほとんどない．同様に，アメリカ・ユダヤ人の生活にみられるもので，くっきりとアメリカ的刻印を打たれていないものはほとんどないのである．

　「われら国民の大多数は，いくつものマイノリティ・グループ――宗教的なものであれ，人種的なものであれ――から成り立っている．このような構成の多様性こそ，アメリカの強さであり豊かさなのである．アメリカはるつぼでもなければ，オーケストラでもない」．このバラ色の評言は，1954年公民権運動の集会での演説で，指導的ユダヤ人政治家の口から出たものだが，ここにはアメリカ・ユダヤ人の経験から割り出された成功の鍵への認識が含まれている．アメリカのマイノリティには，分裂主義者だとか破壊主義者だとかいった疑いを受けることなく，自分たちがあるがままでいられる自由がある．アメリカは，この点では実際，世界中の国々のなかでも他に類をみない．長きにわたり，アメリカがユダヤ人移民の目にもっとも好ましい国と映ってきたことは，ほとんど驚くに価しない．

　数の点では，アメリカのユダヤ人は世界中でも飛び抜けて大きいユダヤ人コミュニティを形成している．世界におけるアメリカの地位の圧倒的重要性のために，アメリカ・ユダヤ人には，世界中のユダヤ人の問題に関して特別な役割が課せられている．

　合衆国のユダヤ人人口については信頼しうる数字がない．1980年の全人口は，550万人から600万人のあいだと見積もられている．細かい数字はほとんど推定に頼るものであり，容易に根本的訂正が必要になるようなものではあるが，全体の3分の1以上（およそ200万人）がニューヨークの大都市圏に，50万人以上がロサンジェルスの大都市圏に住んでいるとみられる．全体としては，優に半数以上のユダヤ人住民が，全アメリカ人人口の20％を擁しているにすぎない北東部諸州に居住するが，この地域のユダヤ人人口は減少の兆候を示しており，その一方南部と西部では増加しつつある．

　ユダヤ人は，合衆国の総人口の2.6％ほどを占めているだけだが，その率はいくつかの州ではもっとずっと高い――ニュ

北アメリカ

北アメリカ

ージャージーとコロンビア特別区ではおよそ6％，ニューヨーク州では12％以上，ニューヨーク市ではその率は16％を数え，マンハッタンとなると20％にものぼる．

アメリカは，引き続きユダヤ人移民の受け入れ国である．ただし近年は，その大部分がイスラエル，旧ソ連，イランからやってくるようになった．しかしアメリカのユダヤ人の多くは，今日ではアメリカで生まれた人びとである．出生率は人口の再生産レベルぎりぎりか，それを下回るほどなので，外からの移民がこの低い出生率を埋め合わせる役目をしている．その一方，異宗教間の結婚が増える顕著な趨勢は，非ユダヤ人配偶者がユダヤ教に改宗したり，さまざまな異教徒同士の結びつきから生まれた子どもたちがユダヤ人として育てられたりする傾向によって，相殺されるようになっている．

アメリカでの最初のシナゴーグの恒久的建物は，1730年にニューヨークに建てられたものだが，その地におけるユダヤ人定住の起源は，いわゆる「ユダヤ人のメイフラワー号」にまでさかのぼる．つまり，ポルトガルの再占領によってブラジルを追われた23人のユダヤ人難民が，乗ってきたセント・チャールズ号という船から，1654年ニューアムステルダム港に降りたったのである．独立革命の時期には，イギリス領植民地に居住したユダヤ人は1500人ないし3000人になっていたが，その多くはセファルディームの出で，よくまとまっていて，まあまあの豊かさに恵まれていた．彼らはすでに公民権をもっていたが，さらに革命政体のもとで国家と教会が分離されたことにより，非キリスト教徒を公職から排除していた審査法はとり除かれた．19世紀を通じて，数人のユダヤ人が議会や裁判所や外交の仕事に入っていった．

1840年から1880年のあいだに，ユダヤ人人口は概算で1万5000人から25万人以上へとかなり増加した．新来の人びとは，中部ヨーロッパのさまざまな地域からきたにもかかわらず，「ドイツ系」として知られた．彼らは急速な経済成長から恩恵を受け，つましく始めて財をなす者が多くいた．地理的拡大の時期にもあたっていたので，当初東海岸に集中していたユダヤ人コミュニティは，この頃にはシカゴ，シンシナティ，セントルイス，サンフランシスコにも出現したのだった．

本当に重大な意味をもつユダヤ人移住の時期は，1880年代に始まる．1900年までにユダヤ人人口は，ほぼ100万人と4倍に増えた．さらに1910年までには200万人以上，1914年までにはほとんど300万人，そして1920年代半ばには400万人と見積もられている．新来の移民は，主として東ヨーロッパからだった．この人びとは概して大変貧しかった．しかも彼らが到着した時期は，発展途上地域に古くからあった交易や小規模な手工業で働く機会が，急成長する都市での産業用労働力の需要にとってかわられた時期であった．彼らはニューヨークや，その他フィラデルフィア，シカゴ，ボストンといった2～3の都市に集まる傾向があり，主として衣料・タバコ産業に，また一定程度は建設業や小売業に働き口をみつけた．低賃金や，よく失業したり，病気にかかったりしたにもかかわらず，彼らは勤勉な労働と自助努力のおかげでしだいに地位を向上させていった．つまり，ごみごみしたゲットーからもっと健康によい地域へと引っ越し，教育の機会を貪欲に利用して，ほどなくホワイトカラーの職業や専門職へと移っていったのである．数多くある移民グループのなかでも，この人びとはもっとも劇的な成功をとげたのだった．

第一次世界大戦後に高まったアメリカの外国人ぎらいや人種的偏見の風潮は，反セム主義の扇動や年間移民割り当て数制度，さらには権威ある名門大学での入学許可数割り当て制度を生みだした．その効果といえば，同じ時期のヨーロッパの苛酷さとはほど遠いものだったが，ただ一つ結果的に生じた現実の被害は，ヨーロッパの反セム主義から絶望して逃れてくる多数の人びとの移入を阻止したことである．その間に，今度は「ドイツ系」ユダヤ人が自分たちの地位を確立していき，議会や州の立法府，市議会などで彼らの姿がみられるようになった．F・D・ローズヴェルト政権下(1933-45年)では，彼らのうちの何人かは連邦政府内の有力な地位についたのである．同時期にロシアからの移民とその2世たちも，主流の文化に適応して経済的・社会的な地位を一貫して高めていった．

ユダヤ人は，今ではアメリカ社会に十分統合されたが，またユダヤ人としての強い自覚やコミュニティでの生活を維持している．このことに彼らが矛盾を感じていないのは，他のマイノリティ・グループもユダヤ人同様に交錯した態度を示しているからである．全面的な信教の自由と結びついた教会と国家の分離が，そうした態度に都合よく働いている．1980年には，アメリカの政治に宗教的な論点がますますもちこまれるようになったことと，とりわけ「キリスト教ニューライト」の独断的な傾向について，懸念が表明され始めた．それと同時に反セム主義的な事件が，ここ数十年なかったほどの規模で驚くほど急増している（個人や私有財産に対するおよそ500件の襲撃が報告された）．社会の末端で現われるこうした過激に走る傾向に，過大な意味を付与するのはバランスを欠くことだとはいえ（1981年のギャラップ世論調査は，回答者の40％がユダヤ人を「非常に信用している」が，ほんの2％は「全然信用していない」と報告している），やはりこれらの事件は不寛容という問題が続いており，しかもたぶん増加していることを示している．国家と教会の関係は，教会付属学校に対して，あるいは公立学校での礼拝や宗教教育に対して公共の基金を支出することなどの問題を含めて，微妙な問題となり続けている．1983年，ニューヨーク州控訴院は僅差の多数決で，ユダヤ教にもとづく結婚契約については州裁判所がその契約を守るよう命じてもよいという決定をくだした．しかし反対意見を述べた判事の一人は，この決定がユダヤ教の宗教上の問題に対する憲法違反の侵害になるだろう，

前頁　ニューヨーク，ハスィディズムのシナゴーグでのスッコートの祭り．ハスィディズムは数世代にわたって強固に生き続けてきた移民集団の典型的な一例である．

初期にアメリカに定住したユダヤ人の数はわずかだったが，その他の一般の住民と同じように大西洋側に集中していた．主として中部ヨーロッパからの大規模な移民は，1820-80年の時期に生じたが，その時期は急速に西部へと進んでいくアメリカ国内の膨張や，工業化の始まりとときを同じくするものだった．この時期にはユダヤ人は，大陸を横断して広がっていたが，たいていは小規模な商人や職人としてであった．「大平原コシェル馬車」のこのユーモラスなスケッチ（左上図）にも，ほんの少々の真実は含まれている［幌にコシェルと書かれている］．ユダヤ人には開拓者もいれば，カウボーイもおり，少数ではあるがユダヤ人のインディアンすらいたのだった！　オットー・ミアーズ（1841-1931，上図）は，コロラドで定住して有名な鉄道建設者となる以前には，カウボーイや兵士になっていた．開拓時代にはユダヤ人は，土地を手に入れて定住することをほとんどしなかった．しかし，東ヨーロッパからの大移住が始まってからは，ここに掲げたニュージャージーのユダヤ人農業コロニー（左図）のごときものが生まれるようになった．

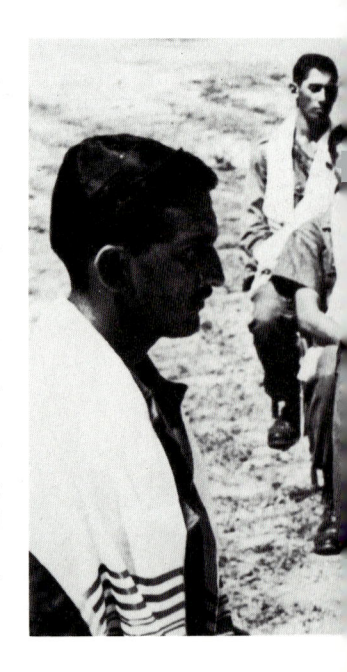

右　ほとんどのユダヤ人が，アメリカ独立革命に際しては，独立派の側に味方した．ハイム・サロモンはポーランド系の移民だったが，革命政府のための資金集めに功績をあげた．シカゴにあるこの記念像では，サロモンは，北アメリカ銀行の創業者ロバート・モリスと並んで顕彰されている．

下　イーストサイドの統一ユダヤ人評議会の2種類の言語（英語とイディッシュ語）による看板は，東ヨーロッパからの移民たちの郷愁を誘うよすがである．

下端　ヴェトナム戦争の最中，従軍しているユダヤ人アメリカ兵が，ヨーム・キップールを祝っている．

右下　アメリカ合衆国では，反セム主義が，ヨーロッパや若干のラテンアメリカ諸国でのように，毒性を発揮したり，あるいは公に是認されることはなかった．ここに写っているのは，アメリカ・ナチス党の一団が，ユダヤ人防衛連盟を襲撃したあとで，自分たちの司令部を守っているところ．1972年の情景．

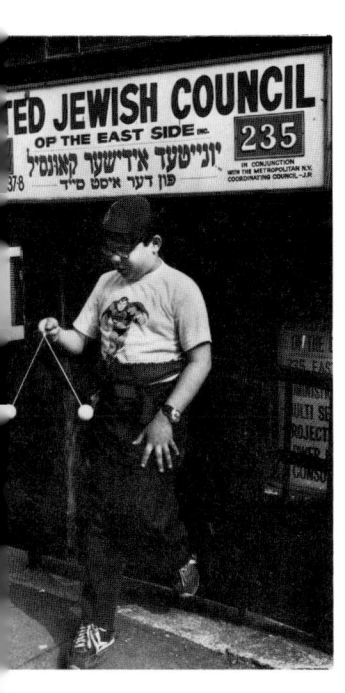

北アメリカ

という懸念を表明し、こういう全体に関係してくる問題にきわめて敏感に反応する姿勢を表わした。

コミュニティの諸組織

根本的には移民集団がそれぞれ異なる環境のもとで成立したことからくる多様性が、アメリカのユダヤ人社会を特徴づけている。その結果、とくに統一的なコミュニティ機構の出現にとって、地方のレベルでもまた全国のレベルでも、いつも多様性が妨げになってきた。1859年には、全米イスラエル人代表理事会がイギリス・ユダヤ人代表理事会をモデルとして結成された。これは20年続いたのちアメリカ・ヘブライ信徒団連合に吸収されるが、今度はこの組織も、アメリカ・ユダヤ人全体を代弁するという目的を達成することには明らかに失敗してしまった。ニューヨークのユダヤ人を代表する団体、ニューヨーク・ケヒッラは、1909年、ニューヨークの犯罪者の半数がユダヤ人だという市警察長官の爆弾発言ののち設立された。ケヒッラは他の200以上もの組織を糾合して短期間のうちに大きな成果をあげたが、13年続いてから消滅した。

幅広い支持をとりつけることができた代表団体のうちで、長期にわたってもっとも影響力があったのは、アメリカ・ユダヤ人委員会（AJC）である。1906年、反セム主義が台頭しつつある時期に、アメリカ・ユダヤ人（ことに典型的には「ドイツ系」）のエリートで、銀行家のジェイコブ・シフ、オスカー・ストラウス（メイシー・デパートの創設者で、のちに駐トルコ大使）や、法律家のルイス・マーシャルや学者のサイラス・アドラーのような人たちによって設立された。彼らは、アメリカ社会ですでに社会的地位を確立していたが、また国内外のユダヤ人の福祉に深い関心をもつ人びとであった。その関心は単に社会的および政治的なものだけではなく、文化的・精神的なものに及んだ。彼らはすでに、アメリカ・ユダヤ人出版協会（1888年）やアメリカ・ユダヤ人歴史協会（1892年）の設立、さらにアメリカ・ユダヤ教神学校再開事業（1902年）を発議していた。その上、東ヨーロッパでのユダヤ人迫害の問題についてセオドア・ローズヴェルト（大統領、1901－09年）にくり返し請願し、ポグロムの犠牲者たちのための基金設立をめざして奮闘した。AJCは民主的な組織というよりも、エリート主導の組織だと思われていた。つまり穏健さとともに慎重なやり方を好んだのである。差別と偏見に対抗する運動を進めたその輝かしい歴史のなかでも、AJCは、しばしば他の団体、とりわけ歯に衣着せぬ物言いをする社会主義者やシオニストの諸団体からの反対にあっている。

もっと声高で党派的だったのはアメリカ・ユダヤ人会議で、これは断固たるシオニズムへの志向をもつ「草の根」組織である。だがシオニストには、アメリカ・シオニスト機構（1897年創設）に率いられた独自の諸組織があり、女性のシオニスト組織であるハダサ（1912年創設）もある。その他の代表団体はといえば、過剰なほどあって、さまざまな利害や重点を声高に主張したり、重なりあうとともにある程度対立しあう目標を追求しているのである。

アメリカ合衆国にあって多数のメンバーを育成し、真に国際的な広がりをもつ活動に従事している一つの組織はブネイ・ブリスである。これは1843年にフリーメーソン風の友愛会として生まれたが、今では幅広い基盤をもつ組織になっていて、とりわけ反セム主義との戦いや、青年活動、あるいは学生対象のカウンセリングなどに熱心にとり組んでいる。

組織が錯綜していることが、実際にはうまく機能している。多様性と活発さという点では、アメリカのユダヤ教に匹敵するものはない。組織の確立したユダヤ教は、3派に分かれて通称がつけられており――つまり正統派、保守派、改革派である――、それぞれ独自の神学、精神的特質、組織構造をもっている。しかし三者ともみな、制度を重んじるタイプの宗教がもつ基本的な特徴は備えていて、大きく、人目に立つものであろうとする、生来の志向がある。それにもかかわらず、多くの少数宗派が精一杯の活動をしていて、そのすべてが別のものであり、それぞれが別々の要求に応えるものとなっている。移民集団からの、自分たちの伝統を守りたいという要求であれ、新たに当地で生まれた世代からの、過去から受け継いだ伝統に挑みたいという要求であれ、とにかくさまざまに異なる要求があるのだから、今あげた後者の方の傾向の一例が再建派で、この宗派の場合には、伝統的なユダヤ人の生活様式と、すべてに対して疑問を投げかけずにはおかない急進的な神学理論とが、結びついているのである。もう一つ例をあげれば、親密な個人的相互関係にもとづいて心の内奥から生まれる自発性のうちに、真正の宗教体験を求めようとする小グループ、つまりハウラーが、急速に増えているということがある。自発性という点はまた、ここに掲げた黒人ユダヤ教徒（上図）の祈祷にもみられる。彼らは、自分たちのユダヤ教を他の源泉からくる要素とまぜあわせ、大胆な混合物を作りあげているのである。そのヨーム・キップールの礼拝は、初期ハスィディズムのなごりとも思え、恍惚境にあるかのような熱狂ぶりを示していて、対極にある改革派会堂のそっけない、やや不自然なくらいの気配とは驚くほどの対照を示している。

北アメリカ

下　ロードアイランド州ニューポートのトゥーロ・シナゴーグは、今では国定の史跡に指定されているが、植民地時代に定住したセファルディーム系ユダヤ人が残したものである。1763年に、西インド諸島からの移民であるアイザック・トゥーロが奉献した。北アメリカではもっとも古い信徒団であるシェアリト・イスラエルのニューヨーク支部である。

下端　イェシヴァ大学は、ユダヤ人の後援により設立された最初の総合的学問研究機関である。もともとは、1886年に東ヨーロッパのイェシヴァをモデルとして設立されたが、現在はラビ教育から医学に至るまでの全分野にわたる学問研究の場となっている。

ある程度現実に存在する差異が反映しているから錯綜もおこるわけで（組織には、長続きするあいだにその有用性を薄れさせるという避けがたい傾向があるにしても）、しかも決定的な問題に関しては互いに資力や労力をプールするのにやぶさかでないからである。協同の動きは、ユダヤ人アピール連合（1939年創設）の場合明らかだが、この組織は毎年の大規模な運動で集めたかなりの額の資金を、援助に価するいろいろな目標のために振り分けている。そのおもな受益者はイスラエルで、とくに移民受け入れのために使うように指定された莫大な金額を受領している。しかしまた、数多くの国々での人道的事業にも援助は与えられている。他にも二つの重要な組織が、幸運にめぐまれない者に実際的な援助の手をさしのべるアメリカ・ユダヤ人の伝統を引きついでいる。それはヘブライ移民援護協会（HIAS, 1880年創設）とアメリカ・ユダヤ人合同配分委員会（JDC, 1914年創設）である。HIASは難民の再定住と社会復帰事業で、きわめて貴重な実質的活動をしている世界的規模の移民斡旋団体である。その活動対象はユダヤ人だけに限定されてはいない。1981年にはおよそ1200万ドルにのぼる額（合衆国政府の補助金を含む）を、1万3000人近くの難民救援に支出した。その半分以上は旧ソ連のユダヤ人だったが、4000人は非ユダヤ人難民で、主としてインドシナからきた人びとである。JDCはおもに海外のユダ

北アメリカ

移民のユダヤ教．旧ソ連領中央アジアからやってきたばかりのこの人びと（下図と右図）は自分たちのコミュニティを設立し，そこで独自の慣習を守っている．このような分立コミュニティがどこまで続くものか，誰にもわからない．もし過去の経験が何らかの指針を与えてくれるとすれば，この「るつぼ」であるアメリカにおいても，それは非常に長くもつであろうといえよう．

中央　「あなたはユダヤ人である必要はありません……」．おそらくニューヨークを除けば，世界中のどこにもこのような宣伝の仕方ができる場所はない．

ヤ人──イスラエル，北アフリカ，東ヨーロッパや，その他どこであれ──の苦境を救うという仕事をしており，これまた非ユダヤ人にも援助をしている．たとえば1982年には，レバノンでの戦闘犠牲者に緊急物資を送る援助活動を組織した．

アメリカ合衆国におけるユダヤ教

アメリカのユダヤ教が活動的で，多様性をもちつつ，かつユニークなことは，まさしくアメリカのユダヤ人のごとくである．アメリカのユダヤ教は，アメリカ・ユダヤ人の経験からくる要求に応えつつ，独自の道を発展してきたのだが，それはすなわち，実に多様な背景を負って次つぎと打ち寄せる移民の波が自由で開かれた社会に自らを順応させていく，という経験なのだった．

植民地時代の数少ない信徒団はセファルディーム系で，伝統派であり，宗教的な指針をロンドンにあおいでいた．19世紀の「ドイツ系」移民はヨーロッパからアシュケナズィームの指導者たちをもたらしたが，この人びとはヨーロッパのユダヤ教近代化のなかで鍛えられており，それは，正統派では最初のアメリカ・ラビ神学校であるマイモニデス・カレッジの設立に功があったフィラデルフィアのアイザック・リーサーのような人びとであろうと，また改革派ではシンシナティでさらに長い歴史をもつヘブルー・ユニオン・カレッジの創設者アイザック・メイヤー・ワイズのような人びとであろうとも，同じであった．ユダヤ人移民の大多数は，教義上の問題にわずらわされることはなかった．つまり冒険心に富むが妥協も辞さないという気質のおかげで，彼らは，ドイツではあれほど論争が戦わされていた宗教上の改革を進んでとり入れ，またそうした改革は，彼らの新しい生活条件にも都合よく適合していったのである．1880年までには200以上の信徒団があったが，そのうちのほんの一握り以外はみな改革派であった．

それに続く膨大な移民は，主として伝統主義的なロシアからやってきた．移民たちの多くは，あらゆる宗教に対して根深い嫌悪感をもった非宗教者であるとすでに認められた人びとであったが，それでもほとんどがゲットーの古いスタイルの宗教的制度にはなじんでいた．すでに存在している正統派のシナゴーグに対しても，そのアメリカ的な雰囲気には一体感をもてなかったので，彼らは自分たちのシナゴーグを驚くべき速度で設立した（1880年から1890年のあいだにアメリカにおけるシナゴーグ数は2倍に増えて500となった）．東方からの人びとが落ち着いて，新たなゲットーから外部へと出てくるようになるにつれ，その人びともアメリカのシナゴーグに加入した．ただし彼らは，自分たちの伝統的宗教を，正統派の新しいスタイルという形でアメリカ式生活に適合させていった．それは現実には，旧来のアメリカ・ユダヤ教のより保守的な勢力からそれほど隔たってはいなかった．一方，旧オスマン帝国領からの移民は，在来のアメリカのセファルデ

ニューヨーク．スッコート用の「4種」を売っている露店風景などがみられる都市は，最近では世界でもほとんどない（右端図）．これは，「新バビロン」におけるユダヤ人の生活の活力を示す，写真による証言である．ルバヴィッチ派ハスィディズムの世界本部はニューヨークにある．彼らはとくに教育に力を注いでいて（右図），世界中に広がる学校のネットワークをもっている．

北アメリカ

下　祈りのための休止．ワイン工場で宗教監督官が，何百万ガロンというワインをコシェルに変えている．このワインは，過ぎ越しの祭りに用いるのに適合していると正式に証明されることになる．

北アメリカ

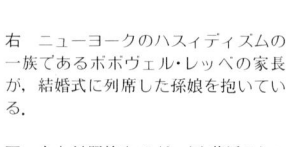

右　ニューヨークのハスィディズムの一族であるボボヴェル・レッベの家長が，結婚式に列席した孫娘を抱いている．

下　上と対照的なのが，(改革派の)ヘブルー・ユニオン・カレッジで任命された最初の女性ラビである．この事態は，はるか昔にハスィッドたちが予期していた展開であり，新しい分野を切り開く第一歩はあったものの，それに続くものがなかったのである．保守派のラビ神学校が女性を任命するという決定をくだしたことで，アメリカの説教壇の半分以上が，現在少なくとも原理的には両性いずれのラビに対しても開かれている．

上　このハスィディズムの子どもたちはウィリアムズバーグに住んでいる．この町は，世界中のではないにしても，アメリカのハスィディズムの信者たちが生活する主たる中心地である．

右　新しくできたゲットーは，今日では本質的に自発的に作られたものだが，そこの住民と，新しい活動の場に移ってきたユダヤ人との双方の要求を満たすものである．この店の並びは，古いヨーロッパのゲットーがそのままやってきたものだ．しかし，たとえ新しく入ってきた者にとっては英語しか理解できないのだとしても，今では表示が英語になっていることに注意してほしい．

ィームのシナゴーグの精神的雰囲気とは遠く隔たったセファルディーム伝統主義をもちこんでおり，この人びとは新しい定住地に独自のシナゴーグを創設した．

　遅れてナチス時代のヨーロッパから避難してきた人びとは，さらにもっと多様であった．彼らのなかには，ヨーロッパ自由主義の一層進化した形に固執する人びともいれば，外部からの文化的影響に頑強に抵抗すること自体が伝統的習俗と化した，ハスィディズムのコミュニティもあった．移民の最後の波，すなわち旧ソ連とイスラエルからの者だけがアメリカ・ユダヤ教に付け加えるべきものを何ももたなかったのだが，それはこの人びとが，高度に同化されて宗教が生命力を失った社会からやってきたからである．

　アメリカのユダヤ教内部の分裂ぶりは，きちんとした分類を受けつけない．高度に組織化された諸団体（信徒団の連合体，ラビの会議や神学校）のあいだではっきりした区分線があるかのような印象を表面的には与えるにしても，である．普通はおもな三つの潮流――改革派，保守派，正統派――を区別する．それぞれの流れには，さらにそこから分化した細流があり，それらすべてのあいだで宗教儀礼やイデオロギーに関しては部分的に相当共通している．みながみな互いに影響を受けていて，外部からの影響も同様に受けている（たとえばシオニズムから，あるいはキリスト教の神学・信仰の新展開から）．

　アメリカの改革派ユダヤ教の建設者中の中心人物であるアイザック・ワイズは，過激な変革には反対し，正統派の指導者たちとも協調して事を運ぼうとした実験精神とプラグマティズムに富む改革者であった．彼は，自分の役割を，新しい時代に即した宗教を創るため過去との関係を断ち切るのではなく，むしろすべてのアメリカ・ユダヤ人の精神的需要に応じられるようユダヤ教を発展させようとしているのだ，と考えていた．祈禱書の改訂版を編み，それを彼らしく『アメリカの儀礼（ミンハグ・アメリカ）』と名づけ，またコミュニティ全体に役立つことができるように特定の立場には立たない機関として，ヘブルー・ユニオン・カレッジとアメリカ・ヘブライ信徒団連合の創設を構想した．ワイズには，自分がデヴィッド・アインホーンの過激で教条的な改革派や，その他東海岸のドイツ語を話すラビたちとは反りがあわないことがわかった．結局のところ，改革派の運動内部での断絶は1885年のピッツバーグ会議で解消され，そこで改革派教義の明確な定式化がなされ，アメリカ・ラビ中央会議が結成されるに

至った．ワイズは1900年に亡くなるまでその議長を務めた．
ピッツバーグ会議はまた，アメリカのユダヤ人社会がさまざまな宗教諸派に細分化していくことをさらに助長した．サバト・モウレイスなど正統派の指導者たちは，初めはヘブルー・ユニオン・カレッジを後援していたが，1886年に，より保守的なラビ教育の大学であるユダヤ教神学校を創設したのである（リーサーのマイモニデス・カレッジは1873年に廃止されていた）．そのときですら，正統派のユダヤ人の何人かは新たな神学校の創建を遺憾として，ヘブルー・ユニオン・カレッジ内部で改革派勢力と戦わねばならぬと論じたのだった．

ユダヤ教神学校は正統派の大学としては長続きしなかった．1902年には，新たな目的での組織がえが行なわれた．すなわち，保守傾向のラビで英語が話せる者を，東ヨーロッパからの移民に役立つよう教育するということになった．この事業に責任をもったのは，主として改革派のユダヤ人だった．その目的は，移民のあいだに改革派ユダヤ教を広めることではなく，彼らを異文化に適応させ，アメリカナイズするよう援助することだった．改革派ユダヤ教が移民の心を動かすことはまずないだろうとはわかっていたが，それでも神学校が

守っているアメリカに順応した伝統主義が移民たちの宗教となり、その一方で改革派ユダヤ教がもっと以前から定住しているユダヤ人たちの宗教であり続けるだろう、という期待をもってのことだった。同神学校はまもなく、その校長ソロモン・シェクターのカリスマ的指導のもとでユダヤ教修得の傑出したセンターとなり、またそれがアメリカ独自の妥協をとげた保守派ユダヤ教の原動力となった。1913年には、同神学校の指導者や卒業生たちが、新しい運動の戦力となる信徒団としてアメリカ・シナゴーグ連合を創設した。この名称は、この事業の普遍的目的を表わすもので、センターとしての「ヘブライ連合(ユニオン)」を創設しようとしたワイズの努力を思いおこさせる。新しくできた団体を「保守派信徒団連合」と呼ぼうという提案は、党派的にすぎるとして否決されたのであった。

そうこうするうちに移民問題の取り扱いに関してまた違った提案がなされ、1898年には正統派ユダヤ教信徒団連合が設立されるに至った。大多数の創設者たちはユダヤ教神学校と関わりをもっていたが、この連合はまもなく、保守派の雰囲気に不満を抱いていた移民たちに乗っ取られてしまった。彼らはまた、のちに明らかにアメリカの正統派ユダヤ教の神学校がそこから芽生えていく種となったいくつものイェシヴァや、ニューヨーク・イェシヴァ(現イェシヴァ大学)、そしてシカゴのヘブライ神学大学を設立した。ラビとなったそこの卒業生たちは、主として1923年設立のアメリカ・ラビ評議会に所属し、1902年にイディッシュ語を話す移民のラビたちが結成した、より伝統主義的なアメリカ・カナダ正統派ラビ連合(アグダス・ホ=ラボニーム)とは一線を画していた。伝統主義的な東ヨーロッパからのユダヤ教は、1930年代および40年代の移民のおかげで大いに強化された。その移民の一人であるラビのアーロン・コトラーは、ニュージャージー州レイクウッドに、ひどく古風なイェシヴァを設立した。その卒業生の多くが、またそれぞれのイェシヴァを建てたが、そのほとんどは信徒団をもつラビとはならなかった。それというのも、自らがタルムードの学習そのものにはげむ方を好んだからである。その一方で、信徒団の連合という一般的な傾向にのっとって、1929年にはセファルディーム信徒団連合が設置された。

伝統主義的正統派の陣営内部でおきた明白な分裂は、さまざまな潮流のすべてに存在している内部分裂の姿を、特定局面での具体例として示している。分裂の主たる問題は、アメリカ化が、また他の宗派のユダヤ人との協力が、どこまで許容できるかというその度合いなのである(正統派ユダヤ教信徒団連合とラビ評議会は、保守派と改革派のそれに相当する団体とともに、アメリカ・シナゴーグ委員会に所属する。一方アグダス・ホ=ラボニームは他のどんなグループとも滅多に協働しない)。ピッツバーグでの再合同のあとの改革派にとっては、議論の骨組の中心は長いことシオニズムだった。古典的な改革派は、その支持者のなかに多くのシオニストがいたにせよ、それでもなお本来的には反シオニストだった。アメリカのユダヤ教の歴史でもっとも傑出した人物にして論客であり、かつアメリカ・ユダヤ人会議の指導的人物でもあったスティーヴン・ワイズは、1922年にユダヤ教研究所を設立し、改革派の(実際には保守派や正統派もだったが)ラビをシオニズムの雰囲気のなかで教育しようとした。この研究所の卒業生の多くがアメリカ・ラビ中央会議に加入し、同会議はしだいにシオニズムに対して好意的になっていき、1942年にはパレスティナにユダヤ人の軍隊を建設することを認める決議を通過させたのだった。何十人かのラビは、その時点で、「ユダヤ教思想のなかの人種主義的・民族主義的な側面にますます力点がおかれるようになったこと」に遺憾の意を表明して脱退し、ユダヤ教のための反シオニズム・アメリカ評議会を設立した。ひとたびユダヤ人国家が現実のものとなるや、そのような反シオニズムはますます時代錯誤とみなさ

アメリカの生活が民主主義にもとづいて進められていくなかで、ユダヤ人はもちろん、全面的にその役割を果たしている。自分たち自身の特定の政治的利害について表明することもある。

下 あるラビとその妻が、1980年の民主党大会で代議員となった。

右 イスラエルとの連帯。ニューヨークでのイスラエル独立記念日のパレード。

右下 旧ソ連のユダヤ人との連帯。ロサンジェルスで行なわれた徹夜の祈禱会。

れるようになり、孤立した。ユダヤ教研究所はヘブルー・ユニオン・カレッジと合併し、最終的にはエルサレムにキャンパスが設置された。改革派の運動は、依然として急進的な部分と保守的な部分の両翼を擁しており、したがって異宗派間の通婚におけるラビの司式や、ユダヤ教信者を外れる自発的改宗のような問題点について、両者の対立はあからさまである。儀礼上のことがらに関しては、改革派ユダヤ教は明瞭により伝統主義的な雰囲気に向かって変化してきているが、この変化もまた、ある程度の論争をひきおこした。

保守派ユダヤ教は、出発点からして自由主義的伝統派と伝統主義的自由派の同盟だったのであり、今日ですらこの両翼のあいだには緊張が感じられる(1960年代と70年代には、女性のラビ任命をめぐってその緊張は目にみえて明らかになった)。保守派は儀礼と宗教法に関することがらではすこぶる現実的な妥協を示すので、このことがその強さや人気の源泉となるが、イデオロギーの面では弱体である。しかしながら、保守派はモルデカイ・カプランの再建主義となって現われた一つの重要な思想上の革新を生みだした。カプランは、ユダヤ教で普通にみられる表現の仕方すべてに強硬に反対し、新しい考え方を擁護する論陣をはったのだが、それは、人格神とその神によるイスラエルの選びという信仰の出発点を捨て、ユダヤ教を文明とみなす、というものなのである。その文明にあっては、組織された宗教は一つの要素でしかない。

カプランが、ユダヤ人の集合的な生活の基本単位として、

北アメリカ

宗教上の信徒団よりもむしろ「有機的コミュニティ」を強調したことは，その他のどんな選択肢よりもユダヤ人が存在する実際の現実に理論的根拠を与えることになるのであり，事実アメリカのすべての宗派の信徒団は，ますますカプランの教説を奉じるようになりつつある．シナゴーグはコミュニティセンター，すなわち全部が明らかに宗教的なものとは限らない幅広い活動のための場と化している．日常生活のなかで，きちんと宗教儀礼が遵守されているのはラビたちのあいだか，小規模な伝統主義者のコミュニティを除けばまれなことである．ところが通過儀礼（割礼，バール・ミツヴァーとバート・ミツヴァー，結婚や埋葬の宗教儀式）や特定の祭礼（大祭日，過ぎ越し，ハヌカー）に対しては一般に強い愛着があるが，こうした行事自体が，ユダヤ人のアイデンティティを育み，そのアイデンティティを代々伝えていくことに重点をおいて行なわれているのである．若い人たちが，伝統的な儀式をより深く理解しようと積極的に探究し，宗教による自己表現の新しい形を作りだしている徴候がみられる．こうした関心も，失われたルーツを再発見しようという衝動に結びついたユダヤ人特有のアイデンティティ感覚からひきだされているようである．

155

北アメリカ

カナダ

　カナダとアメリカ合衆国との比較には心をそそるものがある．確かに，ユダヤ人が経験してきたこと，とりわけ移住と定住のパターンという点では，一見して似通ったところがあるし，またカナダとアメリカのユダヤ人社会のあいだには個人や制度の上での密接なつながりはある．しかし，それだけの比較では見当外れだろう．カナダの政治史は合衆国のそれと非常に違っているし，また多数かつ多様なエスニック集団のあいだの関係がまったく違う．アメリカのユダヤ人が自分たちを主としてアメリカ人であると考えるのに対して，カナダのユダヤ人は自分たちをまず何よりもユダヤ人であるとみなす傾向がある．シオニズムはカナダの方がずっと強く，反シオニズムは存在しないに等しい．とはいえ，ユダヤ人はすべてのレベルで，カナダにも寄与してきたのである．ことに文学分野での寄与はもっとも注目される．

　1867年，オンタリオ，ケベック，ニューブランズウィック，ノヴァスコシアの4州が連合してカナダ自治領となったとき，ユダヤ人の人口はおよそ1000人にすぎなかった．最大のコミュニティはモントリオールにあったが，そこでの一番古いシナゴーグは，起源を1759年のイギリスによる征服の年にまでさかのぼることができ，創立100周年を祝おうとしているところだった．ケベック州のユダヤ人の多くはイギリス出身で，13州植民地とは家族的な結びつきがあったにもかかわらず，アメリカ独立革命や1812年のアメリカによる侵攻，さらには1836年の反乱に際して，おおむねイギリスに忠誠の立場をとった．彼らは，1832年に完全な市民権を認められたが，それはイギリスの場合よりもかなり先んじていた．地域社会には十分統合されており，すでに州レベルでの生活に対して重要な貢献をするようになっていた．オンタリオ州のユダヤ人は多くの町に分散していて，ほとんどがヨーロッパ大陸からの比較的近年にやってきた定住者たちであった．はるか西の方には，ブリティッシュ・コロンビア州の居留地に100人のユダヤ人がおり，彼らは1858年のゴールドラッシュのときカリフォルニアやイギリス，さらにはオーストラリアからやってきた人たちであった．ヴィクトリアにある彼らのシナゴーグの建物は1863年に建立されたものだが，今ではカナダでもっとも古いものになっている．

　しかし，合衆国での場合と同様に，今日の大規模なユダヤ人社会の基礎をすえたのは，1881年以降の東ヨーロッパからの移民だった．1881年から1891年のあいだに，ユダヤ人人口は2400人から6400人へと増加し，1921年までには，ほぼ900万人に近い総人口のなかで12万6000人を越えていた．移民のほとんどはモントリオールとトロントに住みついたが，そこでは人口密度の高い自生のゲットーに集中する傾向はあったものの，多くの者が平原を横断して西部の発展しつつある町へと旅したのだった．ウィニペグはまもなく3番目に大きなユダヤ人コミュニティの地位をえ，1921年までには1万4500人のユダヤ人を抱えるようになった．その一方で，マニトバ州，サスカチェワン州，アルバータ州にはユダヤ人植民協会の援助でいくつかの農業開拓地が作られていた．

　1931年の国勢調査によれば，カナダには15万6726人のユダヤ人がいて，総人口の1.5％を占めていた（その比率は，それ以来実質的に変わっていない）．ユダヤ人の定住パターンには，定住一般と比べると明らかな変則性があった．ユダヤ人はほとんど全員といってよいほど都市志向であって，一般住民とは際立ったコントラストをなしており，その半分以上が

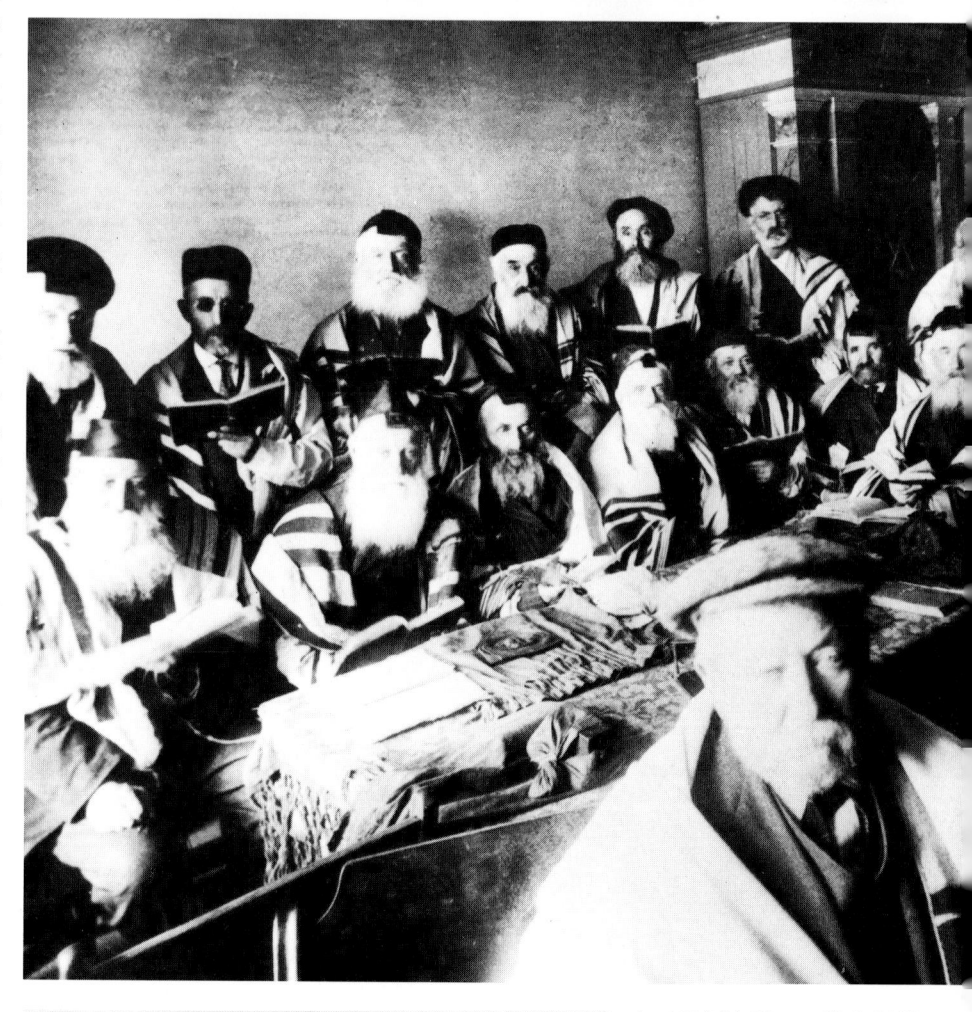

左　1890年代初頭に，ユダヤ人が入植して農場経営を始めていくに際しては，ヒルシュ男爵基金とユダヤ人植民協会が率先して事業を進めていった．1930年までに，カナダ西部では10万エーカーがユダヤ人農民によって耕作されていた．

北アメリカ

トロントのホウリー・ブロッサム聖堂（下図）は、1840年代の小規模な移民に起源をさかのぼるものである。当時トロントには、ほんの一握りのユダヤ人しかいなかった。それが現在では、10万人を越える繁栄したコミュニティになっていて、40にのぼるシナゴーグや10のユダヤ人学校があり、このハヌカーの儀式がとり行なわれている連合ヘブライ語学校（左図）もそのうちに数えられる。

ウィニペグにユダヤ人が住むようになったのは1882年以来で、そのもとは東ヨーロッパからの大量移民に始まる。1900年までにウィニペグのユダヤ人は、カナダ第3位の強力なコミュニティを確固たるものにした。

上　老人ホームでの礼拝、1922年頃。

左上　メーデー行進のイディッシュ語と英語で書かれたスローガン、1932年。

モントリオールとトロントに集中していたのである。オンタリオおよびケベック両州に、カナダ全体のユダヤ人の80％近くが住んでいたが、カナダの総人口との比較では両州の人口は60％にすぎない。マニトバ州には、ユダヤ人の12％が住んでいたが、それにひきかえ総人口でみるとその7％以下しか住んでいないのだった。ユダヤ人人口の移民的な性格もまたはっきりしていた。当時でも44％のユダヤ人がカナダ生まれだったが、47％は東ヨーロッパ生まれであり、しかも95％（多くの地域では99％以上）がイディッシュ語を自分たちの母語だとしていた。その一方で、ほんの3％ばかりは英語を話せなかった。1941年までには、この様相はかなり変化した。カナダ生まれがユダヤ人の多数派（51％）になり、77％がイディッシュ語を母語だとしているにすぎず、いくつかの地域ではその比率は55％か、それ以下であった。

1930年代は移民受け入れ制限の時期であり（ユダヤ人で入国が認められたのは毎年1000人以下で、年によっては出国する移民数が入国する移民数を越えていた）、また初めて反セム主義の声があがった時期でもあった。この二つの傾向に対しては、代表団体であるカナダ・ユダヤ人会議が激しく戦った。しかし、第二次世界大戦初期にドイツとオーストリアからの2000人にのぼる「敵性外国人」抑留者が受け入れられ、その後釈放された（そのなかには、少なからず著名な学者、ラビ、創造的な芸術家が含まれていた）のを別にすれば、移民の受け入れは1947年まで厳しく制限されていた。1947年、カナダは行き場を失った数多くの人びとを受け入れることに同意したが、そのなかには1000人以上の戦災孤児や、衣料品産業との特別契約によってやってきた仕立て職人や皮革職人たちの一団が含まれていた。1950年代を通じて、移民の受け入れはさらに数を増しながら続いていた。1956年にはハンガリー難民のなかにいた何千人かのユダヤ人が受け入れられ、また北アフリカからの、フランス語を話すユダヤ人という新たなタイプのユダヤ人難民の受け入れが始まりだした。さらに近年では、カナダはアメリカ同様に（規模はもっと小さいにしても）、旧ソ連およびイスラエルからの移民にも宿泊所を与えている。

移民集団はどれもみなうまく落ちつき、新たな機会によく適応してきた。ただ一つの不安要因は、ケベック州のフランス語系分離派住民の運動であった。この州からの若いユダヤ人の流出が顕著であると報告されており、1980年の住民投票では分離主義が否決されたが、将来に対する懸念は全面的には緩和されていない［1995年の住民投票でも、僅差で分離主義が否決された］。

カナダのユダヤ教はアメリカよりもイギリスを手本として、それに近いものとなっているので、シナゴーグの大多数は正統派で、ほんの少数（東ヨーロッパからの移住以前に建てられたもののほとんどを含む）だけが保守派か改革派である。しかし、以前にはカナダのシナゴーグはラビによる指導や教示をイギリスから受けていたにもかかわらず、今日、もっとも密接なつながりは合衆国とのあいだにある。シナゴーグ組織やラビ団体はアメリカを模倣しており、それに相応するアメリカの団体と連携していく傾向にある。

イギリスのように、そしてアメリカとは違って、唯一の代表団体であるカナダ・ユダヤ人会議（1919年創設）があり、これはユダヤ人社会の福祉に関わったり、カナダ・ユダヤ人のための統一的な発言を行なったりしている。種々のシオニズム組織は一致協力して活動しており、カナダ・シオニスト連盟に結集している。合衆国でのように、寄金集めはユダヤ人アピール連合を通じて行ない、その収入のうちの多くをイスラエルに送っているが、また地元の運動に役立ってもいる。

カナダ・ユダヤ人社会の独特な一面は、ユダヤ教教育に強く力点をおくところである。どんな規模であれ、すべてのコミュニティには少なくとも一つのユダヤ人向けの通学学校があり、生徒集めも実にうまくいっている。トロントの連合ヘブライ語学校（創立は今世紀初頭にさかのぼる）は世界最大級のユダヤ人学校の一つで、1982年には3000人近い生徒を擁していた。

ラテンアメリカ

　ラテンアメリカ各国にはそれぞれ独自の歴史や特色があるが，総じて，16世紀初頭のスペイン人とポルトガル人の到来から19世紀初めの独立戦争に至るまで，何世紀にもわたるヨーロッパの植民地支配の痕跡を今にとどめている．独立をとげたことで，各国には移民の流入と経済発展の道が開け，社会構造に重大な変化がもたらされたが，とりわけ都市と新たな商工業の支配者層が急成長した．この地域でのユダヤ人コミュニティを形作ったのは，こうした近代における展開であった．

　ユダヤ人は，1492年，スペインからの追放のあったその年に，クリストファ・コロンブスとともに初めてヨーロッパから西インド諸島に到着した．スペインとポルトガルが支配した何世紀かのあいだ，ユダヤ教はアメリカ大陸の植民地でも公には禁じられ，そのかなりの時期はユダヤ人の出自をもつ者の立ち入りさえ禁じられていた．それにもかかわらず，秘密裡にユダヤ教を守り続けた新キリスト教徒の移民が多少はいて，この人びとが数々の入植地の発展にめざましい貢献をしたのである．彼らは，先住民のあいだに自分たちの信仰を広めさえしたので，先住民のなかには今日でも自分はユダヤ人だと称する者がいる．カトリックの宗教裁判所は，それでもユダヤ教化の動きには目を光らせており，ユダヤ教徒化したとの疑いを受けた多くの人びとが逮捕され，裁判にかけられた．

　イギリスやオランダ，それにフランスの，それぞれ狭い領土でのみ，ユダヤ教は公然と信仰を実践することができた．1631年から1654年までのあいだ，オランダ支配下のブラジルの首都レシフェには繁栄したユダヤ人コミュニティがあったが，それはユダヤ教に復帰した新キリスト教徒およびオランダからの新しい移民からなっていた．ポルトガルの再占領ののち，これらセファルディームは別の土地へと散らばっていき，スリナム，キュラソー，バルバドス，ジャマイカ，さらにニューヨークにもコミュニティの基礎を築くことになった．

　ラテン系植民地だったところでは，独立にともない宗教裁判所が廃止され，信教の自由もしだいに広がっていったが，それでもローマ・カトリックがつねに優位に立っていた．ユダヤ人だけがとくに解放されたというわけではなく（政治的な問題となるには数が少なすぎた），むしろ少数派のプロテスタントを念頭に立案された法の恩恵を受けたということである．

　独立をとげた諸共和国には入植のみこみがあったのに，ユダヤ人の移住は遅々として進まず，大規模な移民の波が到着したのは19世紀も末になってのことだった．ただしメキシコは，マクシミリアン皇帝（在位，1864-67）の下で，オーストリアと西ヨーロッパからの入植者たちをすでにいくらかは受け入れていた．1880年から1914年のあいだに，13万人のユダヤ人がやってきて，その大多数はアルゼンチンに住みついた．20％ほどが北アフリカ，バルカン諸国，オスマン帝国からのセファルディームであって，残りは中・東ヨーロッパからのアシュケナズィームであった．移民たちは，ほとんどが大きな町にひきつけられていったが，農村地域，それもとくにアルゼンチン（およびそれよりは小規模だがブラジル）の農村地域には何らかの入植地らしきものがあった．そうした場所には，ユダヤ人植民協会の後援で農業コロニーが設置されたのである．未開発地域の開発は商業や手工業の経験をもつ移民にはまたとない機会を与え，さらに工業化が徐々に進むにつれて一層の機会がもたらされたので，その結果，行商人や労働者として出発した多くのユダヤ人は，まもなくその社会経済的な地位を向上させることができるようになった．

　第一次世界大戦後，1940年まで，年平均およそ1万人の割合で移民の流入が続いたが，1940年はユダヤ人移民が厳しく制限された年であった．ユダヤ人移民の大部分はアルゼンチンとブラジルへの移住を続けたが，ウルグアイもまた多数を受け入れていた．その結果今日では，この国は世界のなかでもユダヤ人が総人口の1％以上を占める数少ない国の一つとなっている．ユダヤ人移民を多く引き寄せた国々は，概してヨーロッパ系の都市人口の比率が高く，経済的にもより発展しているところである．第二次世界大戦以来，流入してくる移民はかなり減り，むしろ流出する移民の方が多くなったが，その場合は，同じラテンアメリカ地域内のある国から他の国へというものもあれば，合衆国やイスラエルへ向けてのものもあった．ユダヤ人の経済的地位は上昇を続け，今日では，比較的少数の中産階級にたいてい属している．ユダヤ人は商業と製造業の分野で目立っているし，多くの者が自由業にも就いているが，政治家の道に足を踏み入れた者はほとんどいなかった．いくつかの国では民族主義的感情が，経済的不満や宗教上の偏見と結びついて，少数者であるユダヤ人に対する敵意となって現われてきており，しかも反セム主義が，ヨーロッパからのナチスの逃亡者やさらに近年ではアラブ人たちにあおられて，出版物や場合によっては法律のなかで，あるいは暴力行為という形をとってその存在を誇示するに至っている．しかしながら，全般的にはユダヤ人コミュニティは，民族主義の高揚した時期でさえも十分寛容な扱いを受けてきた．

　ラテンアメリカでは，さまざまな土着および移民集団がそれぞれ独自のアイデンティティ感覚を強くもち続ける傾向があり，ユダヤ人もその例外ではない．実際問題として，ユダヤ人移民の種々雑多なグループはそれぞれの組織を発達させており，ユダヤ人全体の機構を作ろうという努力もないわけではないが，個別組織が残り続ける傾向がある．初期の団体は主としてシナゴーグを中心とする宗教的なもので，同じ系統の移民たちの社会生活の中心となっていた．宗教的な団体は，今でもアシュケナズィームとセファルディームのあいだの相違を反映しているのみならず，セファルディームでもスペイン語を話す者とアラビア語を話す者，アシュケナズィームでもイディッシュ語を話す者とドイツ語を話す者，あるいはヨーロッパなり中東なりの特定地域・都市からの入植者相互のあいだの相違を反映してもいる．1950年代初頭に，アメリカの保守派ユダヤ教の運動によって多くの国々にシナゴーグが設立され，さらに近年では改革派ユダヤ教もかなりの発展をとげている．宗教的な団体と並んで，東欧からの移民が設立したイデオロギー中心の団体（主としてブント主義者，シオニスト，共産主義者）を始めとする各種の世俗的組織が結成された．これら諸組織は，学校運営やイディッシュ語新聞の発行など，社会的・文化的活動を続けた．数多くのラン

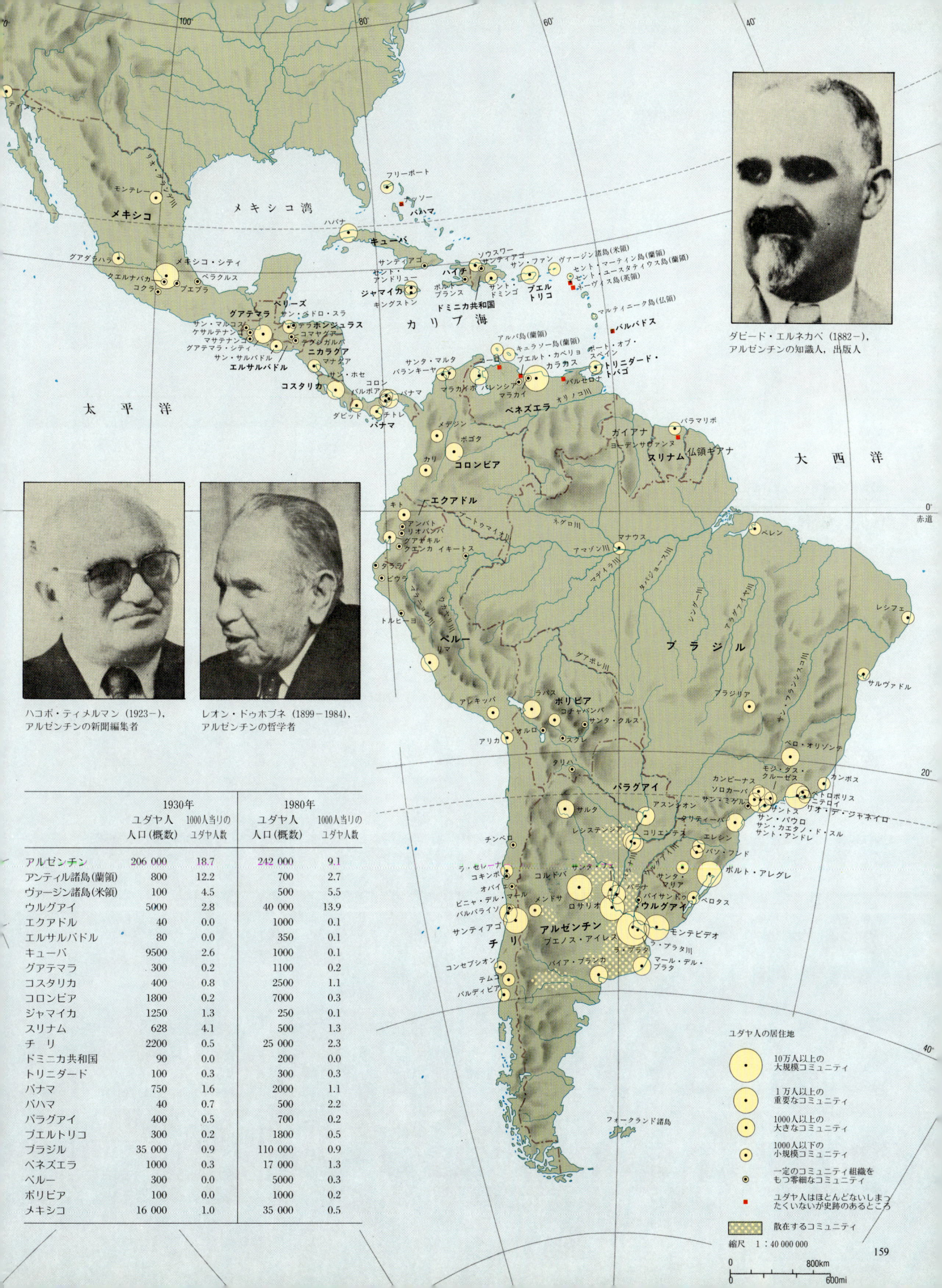

ダビード・エルネカベ (1882-)、
アルゼンチンの知識人、出版人

ハコボ・ティメルマン (1923-)、
アルゼンチンの新聞編集者

レオン・ドゥホブネ (1899-1984)、
アルゼンチンの哲学者

	1930年		1980年	
	ユダヤ人人口(概数)	1000人当りのユダヤ人数	ユダヤ人人口(概数)	1000人当りのユダヤ人数
アルゼンチン	206 000	18.7	242 000	9.1
アンティル諸島(蘭領)	800	12.2	700	2.7
ヴァージン諸島(米領)	100	4.5	500	5.5
ウルグアイ	5000	2.8	40 000	13.9
エクアドル	40	0.0	1000	0.1
エルサルバドル	80	0.0	350	0.1
キューバ	9500	2.6	1000	0.1
グアテマラ	300	0.2	1100	0.2
コスタリカ	400	0.8	2500	1.1
コロンビア	1800	0.2	7000	0.3
ジャマイカ	1250	1.3	250	0.1
スリナム	628	4.1	500	1.3
チ リ	2200	0.5	25 000	2.3
ドミニカ共和国	90	0.0	200	0.0
トリニダード	100	0.3	300	0.2
パナマ	750	1.6	2000	1.1
バハマ	40	0.7	500	2.2
パラグアイ	400	0.5	700	0.2
プエルトリコ	300	0.2	1800	0.5
ブラジル	35 000	0.9	110 000	0.9
ベネズエラ	1000	0.3	17 000	1.3
ペルー	300	0.0	5000	0.3
ボリビア	100	0.0	1000	0.2
メキシコ	16 000	1.0	35 000	0.5

ユダヤ人の居住地

- 10万人以上の大規模コミュニティ
- 1万人以上の重要なコミュニティ
- 1000人以上の大きなコミュニティ
- 1000人以下の小規模コミュニティ
- 一定のコミュニティ組織をもつ零細なコミュニティ
- ユダヤ人はほとんどないしまったくいないが史跡のあるところ
- 散在するコミュニティ

縮尺 1:40 000 000

0　　　800km
0　　600mi

ツマンシャフト（特定のヨーロッパのコミュニティ出身の同郷移民の団体）さえ登場した．現地生まれの若い世代が台頭するにつれ，スポーツ・文化活動に基礎をおく新しいタイプの団体も育ってきた．しかもこうした活動が，ユダヤ人アイデンティティの表現の場として大変歓迎されていることがわかった．反セム主義の成長に刺激された結果，さまざまな活動を調整し，政府に対して団結して代表を選出するために，地域別ないし全国組織が発達してきた．それらの組織は世界ユダヤ人会議に所属している．しかしこのように中央集権化していく傾向があっても，今までのところは色とりどりのユダヤ人コミュニティ組織の多様性は薄れていない．

移民世代がその地で生まれた新しい世代に道を譲るにつれ，明確なユダヤ人アイデンティティを保っていくことはますます困難になってきている．ユダヤ人としての文化と教育を強調することは，両親が子どもに結婚相手をコミュニティ内部でみつけるようにと迫る圧力も加わって，たしかにこのアイデンティティを強化することに役立つ．また，反セム主義的な感情がしつこく続いたり，国によっては独自の社会的・文化的なつながりをもった他の集団の存在が，それと同じ役割を果たしている．しかし，ラテンアメリカ以外の世界各地の場合と同じように，社会的な統合が進んでいけば，シオニストたちの一致協力をもってしても，独自のアイデンティティを維持することはむずかしくなっているのである．最初期の移民集団は通婚と改宗によってずっと以前に消滅しており，より小規模な現代のコミュニティも同じ運命に脅かされている．いくつかの国では，政治・経済上の困難がユダヤ人の国外流出をひきおこしている．それにもかかわらず，大きなコミュニティのほとんどは（アルゼンチンを例外として），正確な統計はないのだが，どうも現在のところは数の面で安定しているか，あるいは主として移民の流入によって少々の増加を示しているらしい．

アルゼンチン

現代のアルゼンチンは，19世紀末のヨーロッパにおける人口の爆発的増加が，安価な食料を求めてパンパスの農業開発を促すと同時に，またこの開発に不可欠な労働力を提供することによって創りだしたものだといえよう．1850年代の初めには，白人人口は100万人そこそこで，ブエノス・アイレスにはほんの9万人ほどの住民しかいなかった．最初の鉄道が敷設された1857年から1930年のあいだに600万人以上の移民が到着したが，そのほとんどすべてはヨーロッパからで，さらに1930年代と第二次世界大戦の経済的・政治的危機を経て2～3のうちに，大規模な移民の到来が始まった．人口は今や2800万人となり，1000万人近くもの住民を擁するブエノス・アイレスは世界でも最大級の都市の一つとなっている．

ユダヤ人移民は，初めのうちはゆるやかに，しかし1880年代末には本格的に始まった．1881年から1900年のあいだにおよそ2万6000人が，さらに8万8000人が1901年から1914年のあいだにやってきた．ユダヤ人移民はこれまでにも増して厳しく制限されながら，1920年代，30年代を通じて続いていた．1947年の国勢調査によれば，1600万人近い総人口のうちでユダヤ人は25万人，1960年の国勢調査では，総人口2000万人のうち27万6000人である（ユダヤ人を表わす数字の信頼性は疑問視されており，あるユダヤ人筋は人口40万人から50万人と主張している）．

移民の多くはパンパスに吸い寄せられていった．ことに，ヒルシュ男爵がロシアおよびアルゼンチン政府と交渉し，ユダヤ人に特定した入植計画に応じて移住するロシアのユダヤ人のためにとりつけた協定が1892年に結ばれて以来，その傾向が著しかった．そういった入植地が数多く設けられ，すでに1925年には3万人を越えるユダヤ人が150万エーカー以上の土地を耕作していた．しかしその入植計画には困難がつきまとっていたので，今ではほとんどのユダヤ人がその土地に残っていない．ユダヤ人人口の3分の2は首都に住んでおり，またほとんどの主要都市にはかなりの規模のコミュニティがある．

貧困が完全に絶えてなくなりはしなかったが，ユダヤ人は急速な経済発展をとげた．国の工業化には大いに貢献し，商業や金融業でも活躍した．一般的にいって，ユダヤ人は経済のうえでは中・上流層だった．しかし2～3の者が州知事や閣僚になりはしたものの，この国の政府部内で実際に役目を果たすことはほとんどなく，そのことが，いずれにしても近年ではむしろ変則的なことになっている．

1853年憲法はアルゼンチンの住民すべてに信教の自由を保証しているが，それでもローマ・カトリックがこの国の公式の宗教であり続けている．反セム主義は，1917年以降に支配層のあいだで反ボリシェヴィキ感情が高まり，ロシア系ユダヤ人が犠牲となるまでは事実上知られていなかった．1919年1月，ゼネストのあとでユダヤ人が，かつてのロシアのポグロムほどではないにしても，それを想い出させるような騒動のなか，しかも警察官の面前で殴られ，略奪された．1930年代には，反セム主義はドイツのナチスに誘発されて深刻な問題となり，DAIA（アルゼンチン・イスラエル協会代表団），すなわちアシュケナズィームとセファルディームのユダヤ人を統括する政治組織代表部が設立されるに至った．反セム主義的なアジテーションは，ペロン大統領が何かとユダヤ人を助ける姿勢を示し，そのうえ1949年憲法に明確に人種差別を非合法とする条項が入れられたにもかかわらず，戦後，ナチスの残党が流れこむのにともなって増加した．ナチスの戦犯アドルフ・アイヒマンがアルゼンチンで誘拐され，イスラエルで1961年に死刑判決を下されたことが［翌年処刑］，反セム主義の活動をエスカレートさせるという結果をひきおこし，こうした事態を憂慮して抗議行動がくり返されたにもかかわらず，歴代の政府は事実上何らそれを鎮静化させる措置をとらなかった．1976年3月の軍事クーデタ後，ユダヤ人やユダヤ人組織が度重なる襲撃にさらされ，2万人ともそれ以上と

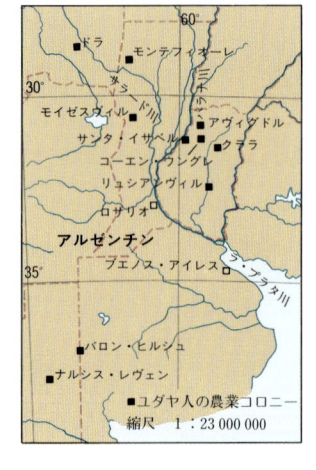

アルゼンチンのユダヤ人農業入植地は，東ヨーロッパからの大量移民の時期に始まった．最初の農業コロニー，モイゼスヴィル（上図）は，1889年に世界イスラエル人同盟の援助によって建設された．のちにヒルシュ男爵とそのICA（ユダヤ人植民協会）が，ユダヤ人自治区域を創設するという究極的な目的を掲げて主導権を握るようになった．各コロニーの位置関係は下の地図にみるとおりである．

右　元来はICAの援助で作られた農業協同組合のおかげで，アルゼンチン農業は豊かな発展をとげた．

ラテンアメリカ

アルゼンチンのユダヤ人アルベルト・ゲルチュノフがスペイン語で書いた最初の本では，ユダヤ人のガウチョたち（上図）がテーマとしてとりあげられた．ICAの計画の野心的な目的は理解されていなかったが，入植地は移民の受け入れに大きな役割を果たし，さらに協同組合運動の発展に関しても同様であった．

右　学校の遠足の古い写真．学校名は有名なイディッシュ語作家I・L・ペレッツにちなんでいる．

もいわれる「行方不明者」のなかで，ユダヤ人は不釣り合いなほどの割合を占めていた（これが，公権力による反セム主義をどの程度反映してのことだったのか，議論の余地ある問題ではあるが）．1981年に大統領ビオラ将軍は，政府は反セム主義的な事件に終止符を打たせると確約し，さらに翌年あとを襲ったガルティエリ将軍も，墓地に鉤十字が塗りたくられるという事件後に同様の所信を表明したが，しかし何らの明確な行動もとらなかった．

考えられる限りのあらゆる種類のシナゴーグが数多くあるにもかかわらず，信仰を遵守しているかという点からすれば水準は低く，そのことがしばしば論議の的となってきた．ほとんどの国々でみられる傾向とは逆行して，大祭日の礼拝ですら参会者を数多く呼ぶことができず，しかも国内にはほとんどラビがいないのである．1962年にラテンアメリカ・ラビ養成神学校がアメリカ・ユダヤ教神学校と提携して開校されたことは，画期的な進展であった．この神学校の卒業生は，南アメリカのいくつかの国々で信徒のために奉仕している．しかしながらユダヤ人のほとんどは，みたところユダヤ人としてのアイデンティティを，宗教的なものでも文化的なものでもなく，社会的なものとしてもっているようである．一時盛んだったイディッシュ語新聞は消滅したも同然で，ユダヤ人学校には少数の生徒しか集まらず，財政的支援もほとんどえられない．そのユダヤ人学校にしたところで，カリキュラム中のユダヤ教的な内容はだいたいにおいてごくわずかでしかないのだが．現在の傾向が続くとすれば，アルゼンチンのユダヤ人は，次の世代には通婚と同化とを通じて，非常に数を減じてしまいそうである．間断なく続く経済的・政治的不安定が大量の国外脱出をひきおこすことにはならないと仮定しても，そうなるであろう．

ラテンアメリカ

ブラジル

　ラテンアメリカにきたユダヤ人移民をアルゼンチンについで数多く引き受けたのはブラジルで、ここにも農業コロニーがユダヤ人植民協会によって設置された。それらのコロニーは、アルゼンチンの場合よりも一層急速にかつ完璧に消滅してしまった。ブラジルのユダヤ人住民のほとんどは、二つの大都市、リオ・デ・ジャネイロとサン・パウロに分かれている。ポルト・アレグレのもっと小さなコミュニティは、すぐ近くのフィリップソンやクアトロ・イルマンスといったコロニーでかつて農業入植者だった人たちが設立したものであった。ブラジルで最初のシナゴーグが実際に建てられたのははるか北方のベレンで、1824年、モロッコからの移民の手になるものである。さらに、その他の小規模なモロッコ系コミュニティが、19世紀を通じて北方諸州に広がっていったが、ブラジル・ユダヤ人の大多数はアシュケナズィームの出自である。ブラジル連邦の新首都ブラジリアには、イスラエル大使館の開設にともなって、小規模のユダヤ人集団が集まり始めている。ユダヤ人の移住は、控えめな調子ながら今も続いている。

　ブラジルでは、人種的な相違に関しては伝統的におおらかで寛容な姿勢がみられ、ユダヤ人もうまく溶けこんでいる。国家のあらゆるレベルの政治活動で十全に役割を果たしており、芸術や科学の分野でも積極的に活躍しているし、先駆的な産業発展の場でも同様である。

　反セム主義はほとんど存在しないに等しく、またブラジルはイスラエルと友好関係を保っている。アルゼンチン同様、広く各派に及ぶシナゴーグがあり（最大のものは保守派のである）、数多くのユダヤ人向けのスポーツ・社交クラブがある。

ウルグアイ

　南アメリカのその他の国々には、ずっと小規模なユダヤ人コミュニティしかない。そのうちの最大のものはウルグアイにあるが、この国は、南米大陸にあっては自由主義的伝統や高い識字率、実質的には全人口が白人である、などの点で他と異なっている。完全な信教の自由があり、国教会はない。初期の移民集団はかなり同化されており、ユダヤ人とてもその例外ではない。しかしユダヤ人のかなりの部分は第一世代移民であって、ユダヤ人としてのアイデンティティ感情を強く保っている。少数のユダヤ人しか政治には関わってこなかったが、この人たちも、一般的にいって社会の最高レベルにまでは到達しておらず、1973年以来事実上この国を支配してきた軍部にも加わっていない。アルゼンチンとつながりのあるナチスの末端組織にたいていは関係している多少の反セム主義活動があるが、全体としてはユダヤ人はうまく社会に統合されており、ウルグアイはイスラエルときわめて良好な関係を保っている。国の東部で着手された2～3の農業開発計画はうまくいっておらず、ユダヤ人人口の大多数は首都に集中していて、そこにはさまざまな由来をもつ数多くのユダヤ人学校と、四つの別々の宗教コミュニティ、すなわちアシュケナズィーム、セファルディーム、ドイツ語を話す人びと、そしてハンガリー出身者のコミュニティがある。

　南アメリカでは、シオニズムは長く重要な歴史をもっており、この地域の各国政府はイスラエルに同情的な関心を示している。ウルグアイにある大きなコミュニティはユダヤ人国家に対する強い支持を表明してきたが、そのことは1966年のシャザール大統領の来訪時に寄せられた熱狂的な歓迎ぶり（右中央図）や、1967年の六日戦争のときの支持のデモ（右図）が証明している。

右　サン・パウロには、優に5万人を擁する強力なユダヤ人コミュニティがあり、20のシナゴーグがさまざまに異なる宗派を代表している。

下　ブラジルは、イスラエルとは友好的な関係を保ってきた。事実1947年に、パレスティナ分割案とユダヤ人国家建設の投票を行なった際の国連総会の議長を務めたのは、ブラジルの政治家オズワルド・アラニャである。テル・アヴィヴには彼の名をつけた通りがあり、一方リオ・デ・ジャネイロの広場にはイスラエルの初代大統領ハイム・ワイツマンの名がつけられている。

左　ブラジルは，アルゼンチンと同じように農業入植地としてICAに選ばれたが，結果的にはアルゼンチンほどうまくいかなかった．クアトロ・イルマオスのコロニーは1909年に創建され，一連の苦しい失敗をくぐり抜けながら苦闘してきたが，50年後，ついに解散が決定された．

るユダヤ教徒化したインディオの「イホス・デ・シオン」［「シオンの子ら」の意］の代表者も交えて開催された．1930年代にはドイツから難民が殺到し，重大な影響をもたらした．またハンガリーからの難民もいる．反セム主義はチリ国内に豊かな土壌を見出しているが，それはこの国が内部抗争で割れており，しかもナチスとアラブ双方の移民を引き寄せていたからである．サルバドール・アジェンデ率いるマルクス主義者の政府（1970-73年）の下で生じた社会的・経済的混乱のさなか，多くのユダヤ人が国を立ち去ったが，ある者はピノチェト将軍の相対的に安定した軍政下に戻ってきた．ピノチェトの厳しい検閲体制は，結果的には，かつて合法だった反セム主義的定期刊行物の主張を沈黙させたのである．同化は強力に進められた——非ユダヤ人との通婚率はおよそ30％と見積もられている．それにもかかわらずユダヤ人組織は数多くあり，とりわけ首都に多いが，そこにはチリ・ユダヤ人の90％以上が住んでいる．

ベネズエラ

ベネズエラでは，独立戦争中に発布された初期の憲法（1819年および1821年のもの）で信教の自由が確立されており，これに励まされて，キュラソーからユダヤ人が数人移民した（解放者シモン・ボリーバルは，戦争中キュラソーで，ユダヤ人の家に避難したことがあった）．コミュニティへの組織化はなかなか進まず，結果的には入植者たちはユダヤ教を捨てたが，この人たちは数多くの古い墓地を残しており，そのうちの一つは国定史跡として復元されている．1958年に至るまで，一連のリベラルな憲法が何度も長期にわたり強硬な独裁権力によって中断させられ，そのあいだに何回かユダヤ人移民に制限が課されたが，ベネズエラ（石油収益のおかげでラテンアメリカではもっとも裕福な国である）は，ヨーロッパからも中東からも，また他の南米諸国からもユダヤ人を変わることなくひきつけている．

その他の南アメリカ諸国

コロンビア，エクアドル，ペルー，ボリビア，パラグアイは，ユダヤ人入植に関しては，規模こそずっと小さかったがどれも同じような歴史をたどった．ナチス時代のヨーロッパからの避難民が目立ったが，多くはアルゼンチンその他の国国へ移る前にほんの短期間留まったにすぎなかった．これらの国々のユダヤ人人口は，かなりの数のシナゴーグやコミュニティ組織が残ってはいるものの，今日では問題にならないほどである．ギアナ地域にはユダヤ人移民は大して集まらなかったが，17世紀には若干の入植地があった．その証拠にスリナムには，西半球でもっとも古く，ずっと続いているユダヤ人入植地があるとされている（1639年にまでさかのぼる）．この国のパラマリボには，いまだに小さなコミュニティがあるし，ヨーデンサヴァンヌ（「ユダヤ人のサヴァンナ」）のシナゴーグは修復され，観光名所となっている．

上　カラカスのアシュケナズィームの大シナゴーグ．この町は戦後劇的な発展をとげ，そこのユダヤ人コミュニティもかなり拡大された．現在では，およそ1万人といわれる．セファルディームとアシュケナズィームには別々のシナゴーグがあるが，コミュニティ組織やシオニスト組織だとか，また大規模なユダヤ人通学校を支えていく活動では一緒になっている．

チリ

チリの大荒れに荒れた歴史は，ユダヤ人が安全に生存できる心地よい条件を与えはしなかった．1833年の保守的な憲法はローマ・カトリックを国教とし，1925年まで非カトリック教徒には信教の自由を完全には認めてこなかった．初期のユダヤ人入植者には，主流の宗教を受け入れるか，あるいは偽名を使って自分たちのつながりを隠すかする傾向があった．この人びとのなかには，アルゼンチンからのアシュケナズィームやマケドニアからのセファルディームがいた．第1回チリ・ユダヤ人会議が1919年，両グループの代表者と，植民地時代に新キリスト教徒からその宗教を受け継いだと称してい

ラテンアメリカ

メキシコ

　1960年に，メキシコの国勢調査は11万750人のユダヤ人（イスラエリタス）を記録している．しかしこの数字には，ある過激なプロテスタントの宗派の信者で，その人たち自身を除けばふつうはユダヤ人とみなされていない人たちが含まれている．そのほかには信頼のおける統計値がないので，およその見積りでは，はっきりユダヤ人と認められるタイプがおよそ3万5000人で，そのうちの2万人が東ヨーロッパ出身，残りはセファルディーム，シリア，ドイツ，ハンガリー，アメリカの出身である．それぞれの民族的異文化集団は独自のコミュニティ機構をもっているが，それよりはもっと大きな組織もいくつかあって，そうしたもののなかで一番うまくいっているのは若い世代向けのものである——2万5000人以上のメンバーを擁するスポーツクラブや多くの学校を含んだ幅広いネットワークなど．宗派的な広がりという点では，非常に伝統主義的なアレッポのコミュニティから保守派にまで及んでいるが，宗教を遵守しているかという点では，一般的にいって緩やかである．ユダヤ人は，その多くが両大戦間にこの国へやってきて，1940年代と1950年代の経済の繁栄で潤ったが，横行する反セム主義には苦しめられてきた．政府は，伝統的にユダヤ人コミュニティともイスラエルともよい関係を保ってきている．しかしながら1982年には，ユダヤ人たちは，国の経済問題と，イスラエルのレバノン侵攻後に生じたイスラエル敵視の雰囲気に対して，不安感を表明している．

　メキシコのめずらしい点の一つに，「イスラエルびと」と自称し，ユダヤ教儀礼をある程度行なうインディオ，ないしはメスティソのそれぞれいくつかの集団が存在する，ということがある．ベンタ・ブリエタ（下図と下端図）の「イスラエルびと」は，1596年の異端審問で火あぶりになった者を何人か出したカルバハル一族の子孫である，と主張している．

キュラソー．ミクヴェー・イスラエル信徒団は1651年に設立されているが，現在のシナゴーグ（左図）は1732年に完成をみた．これは，新世界で今もって使用されているシナゴーグとしては最古のもので，1982年には250年記念祭が祝われ，オランダ政府の高官たちも列席して公式礼拝（左端図）が行なわれた．

上　この手洗い用水盤は，かつてバルバドスのブリッジタウンのシナゴーグの中庭を飾っていたものである．1680年には，ブリッジタウンの405人の家屋所有者のうち，54人がユダヤ人だった．しかし，もともとあったセファルディームのコミュニティは19世紀には急速に衰退し，その最後の一人は1934年に亡くなっている．それに続く何年かのうちに，ナチス制圧下のヨーロッパから避難してきた少数の人びとが小さなアシュケナズィームのコミュニティを設け，それが今日まで続いている．

左　自宅にいるパナマのあるユダヤ人女性．うしろの壁にかかっている写真の中央は，彼女の義理の兄で，ヴァージン諸島の知事となった数人のユダヤ人のうちの一人である人物のもの．

中央アメリカの諸共和国

　中央アメリカ6共和国のコミュニティは，あわせてもたったの2〜3000人にしかならないが，1964年に中央アメリカ・ユダヤ人コミュニティ連盟としてまとまった．南アメリカでの入植パターンにならって，生活水準が高く主として住民が白人であるコスタリカに一番多く集中し，一方その対極の発展途上にあってメスティソの多いホンジュラス，ニカラグア，エルサルバドルには，ユダヤ人はほとんど集まってこない．政治的・軍事的な衝突もまた，これらの国々への入植を思いとどまらせる理由となっている．たとえばニカラグアにあった小規模なコミュニティは，1979年の左翼クーデタ後に国を離れた．コスタリカとグアテマラは，とりわけイスラエルと親密な関係を保っている．これらの国のユダヤ人コミュニティは，局地的には反セム主義もあるが，ある程度安定した経験を積んできた．パナマのコミュニティは主としてセファルディームなのだが，一般社会への統合はかなり進んでおり，同国の文化や政治の世界でめざましく貢献している．運河地帯には，アメリカ・ユダヤ人もわずかにいる．

上　キュラソーのエマニュエル・シナゴーグ（1864年設立）．

左　1959年の革命以前にいた1万人以上のユダヤ人住民のうち，キューバにはわずか1000人ばかりしか残っていない．

カリブ海域

　西インド諸島には，17世紀にさかのぼる非常に多彩な，そして興味をそそられるユダヤ人の歴史がある．その時代，オランダ領ブラジルを再征服したポルトガル勢から逃れた者は，オランダ，イギリスまたはフランス統治下の数々の島々へ，さらにスペイン領キューバにも落ちつくことになった．彼らはこの地域の商業で重要な役割を果たし，その定住地の遺構は，今でもキュラソー，バルバドスその他の土地でみることができる．キュラソーのコミュニティは，1651年までとぎれることなくさかのぼることができるし，ユダヤ人はこの島の諸々の出来事で目立った働きをしている．しかしほとんどの定住地は，それほど永く続いてはいない．1683年には，フランスがその植民地からユダヤ人を追放し，それとは別な激変がその後もあった．諸々のコミュニティは，ともかくそれぞれの島の運命の転変につれて衰微していき，今日まで残っているものは，一般的にいって，ここ100年間にヨーロッパでの紛争を逃れた者と，近年合衆国からその領土であるプエルトリコやヴァージン諸島，さらにバハマ諸島へと向かう者との，新しい移住があった結果である．キューバには，今世紀初め改革派シナゴーグのあるアメリカ系コミュニティが一つあったが，まもなく近東からも多少移民を受け入れるようになり，そのうち東ヨーロッパから合衆国へと向かう途上の多数のユダヤ人にとっての中継港となった．アメリカの移民制限によって，1920年代を通じてかなりの数のアシュケナズィームが滞留する結果となり，そこに1933年から1944年のあいだにナチス時代のヨーロッパから何千という避難民が加わった．戦後になると優に1万人を越えるユダヤ人が，多くはハバナに住みついたものの，島全体に広く散っていた．貧弱な出発点から，彼らは経済的には見事な発展をとげたが，その大半は1959年の革命以後，主として合衆国に向けて移住することを選んだ．ナチズムからの避難所をハイチやドミニカ共和国に見出したさらに少数の人びとも今ではほとんど立ち去り，かつては大きく栄えていたジャマイカのコミュニティも政治的な不安定のために近年ではほんの一握りにまで減少してしまった．

ヨーロッパ

　近代ヨーロッパにおけるユダヤ人の歴史は, ナチスによるホロコーストに全面的に規定されてしまった. 1930年のヨーロッパには (アジアの章で扱われているトルコ, および旧ソ連領にあたるところは除く), 650万人以上のユダヤ人がいた. そのうちの300万人はポーランド, 100万人近くがルーマニア, そして数十万人ずつがハンガリー, チェコ・スロヴァキア, ドイツ, フランス, イギリスに住んでいた. 今日ではかろうじて125万人がおり, フランス, イギリスの2国だけが10万人以上のユダヤ人住民をかかえている (そしてこの人びとの多くは非ヨーロッパ系の移民である). 残りの人びとは死の収容所で消え去ったか, 世界の他の場所へ移住していったのである.

　第二次世界大戦の惨害は, 東ヨーロッパのユダヤ人の上に重くのしかかった. 戦前には500万人もの人びとがいたのに, 収容所への強制移送や爆撃を生き抜いたのはそのうちのわずか100万人かそこらだった. ユダヤ人の損失は, 桁違いに並外れたもので, ナチスの絶滅政策と, 実によくあることだったが, 各地の非ユダヤ人の敵意ないしは無関心によって生じたものであった. 戦争はこの地域の経済を打ち砕き, しかも戦後の遅々として進まぬ復興に際して, ほとんどの国でユダヤ人は特別に不利な立場に立たされたのであった. とりわけ, 共産主義政権が中産階級のわずかに残っていた財産を没収した国々で不利になった. 経済的困難や政治の大変動, さらにうち続く反セム主義は大規模な国外移住をもたらし, その結果今日では, ハンガリーとルーマニアだけに相当数のユダヤ人がいるものの, かつてはユダヤ人世界でもっとも人口が密集していた都市や地方に, ほとんどユダヤ人住民がいなくなってしまった. 旧ソ連の影響下にあった国々では, ユダヤ人はまた, 強硬な統合策や宗教に対する国家統制によって, あるいは, 国外ユダヤ人のおもな中心地域から隔離されていることによって痛手をこうむった.

　東ヨーロッパは, 戦前多くのユダヤ人がいたばかりか, もっとも重要な文化的中心地をいくつか擁し, 国境を越えて強い影響力を及ぼすような旺盛な宗教的・知的生活が営まれていたから, 二重の意味で悲惨な消滅がおこったのである. イェシヴァ, ラビを養成する神学校, 印刷所, 新聞, ハスィディズムのコミュニティから, 破滅以前のユダヤ人社会で大いに貢献していたシオニスト・グループまでのほとんどすべてが, 跡形もなく消え去ったのだ. 東・中部ヨーロッパのユダヤ人文化の名残りは, あちこちで保存され, 復活されてもいる. しかし, 根こそぎにされた木はもちろん実を結べるはずがない. ユダヤ教的ないい方をすれば, この地域は荒れ野さとして変わらぬところになってしまったのである.

　幸運にもナチスの占領を免れたほんのわずかの国々だけが無傷のユダヤ人住民とともに抜け出てきた. そういう国は, 実際のところ難民によって人口が増加している. 最近では, 北アフリカや中東, 南アフリカ, さらに南アメリカから新しい血が注入されている. この新たな移民は, フランスのユダヤ人コミュニティを一変させ, スペインではユダヤ人の新しい生活を生みだした. イギリスもまた, 種々さまざまな移民の流入を受け入れた. しかし多くのヨーロッパ諸国では, ユダヤ人人口は, 国外移住, 同化, 人口統計に現われた低下などからみて, 少数であるか, 減少しつつある.

オッフェンバック(1819-80), 作曲家(仏)

サー・J・エプスタイン(1880-1959), イギリスの彫刻家

イギリスにおけるその他のユダヤ人居住地
1000人以上
1　ブシー
2　チグウェル
1000人以下
3　セント・オールバンズ
4　ルートン
5　セント・アンズ
6　プレストン

その他のコート・ダジュールのユダヤ人居住地
1000人以下のもの
1　フレジュス
2　グラース
3　アンティーブ
4　マントン

サー・ジョシュア・ハサン(1915-), ジブラルタルの政治家

ブルーノ・クライスキー(1911-90), オーストリアの政治家

サラ・ベルナール(1844-1923), フランスの女優

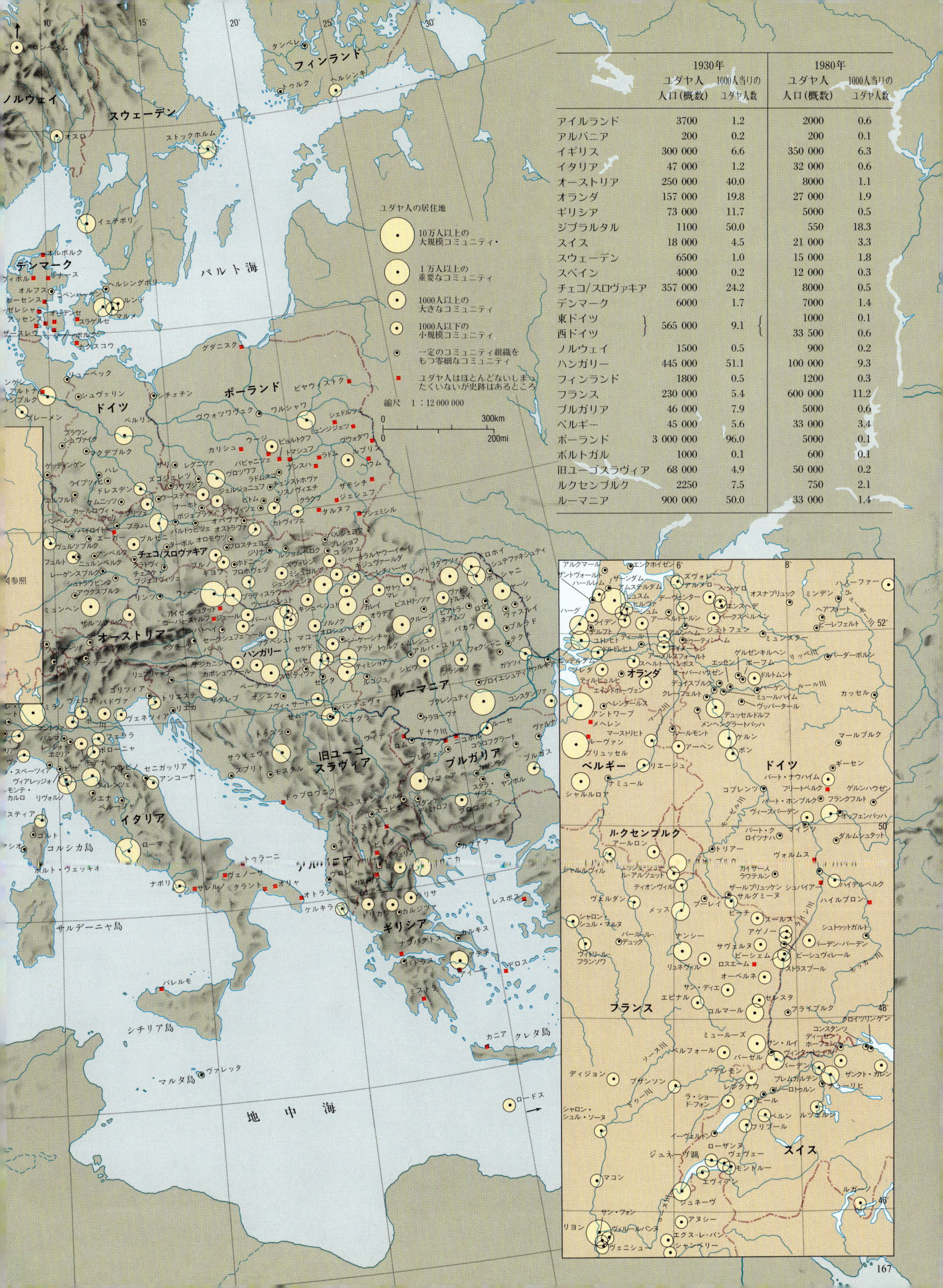

	1930年		1980年	
	ユダヤ人人口（概数）	1000人当りのユダヤ人数	ユダヤ人人口（概数）	1000人当りのユダヤ人数
アイルランド	3700	1.2	2000	0.6
アルバニア	200	0.2	200	0.1
イギリス	300 000	6.6	350 000	6.3
イタリア	47 000	1.2	32 000	0.6
オーストリア	250 000	40.0	8000	1.1
オランダ	157 000	19.8	27 000	1.9
ギリシア	73 000	11.7	5000	0.5
ジブラルタル	1100	50.0	550	18.3
スイス	18 000	4.5	21 000	3.3
スウェーデン	6500	1.0	15 000	1.8
スペイン	4000	0.2	12 000	0.3
チェコ/スロヴァキア	357 000	24.2	8000	0.5
デンマーク	6000	1.7	7000	1.4
東ドイツ	565 000	9.1	1000	0.1
西ドイツ			33 500	0.6
ノルウェイ	1500	0.5	900	0.2
ハンガリー	445 000	51.1	100 000	9.3
フィンランド	1800	0.5	1200	0.3
フランス	230 000	5.4	600 000	11.2
ブルガリア	46 000	7.9	5000	0.6
ベルギー	45 000	5.6	33 000	3.4
ポーランド	3 000 000	96.0	5000	0.1
ポルトガル	1000	0.1	600	0.1
旧ユーゴスラヴィア	68 000	4.9	50 000	0.2
ルクセンブルク	2250	7.5	750	2.1
ルーマニア	900 000	50.0	33 000	1.4

ヨーロッパ

イギリス

　地理上，歴史上の位置のため，イギリスはヨーロッパ本土とは幾分違ったところがあるが，この国でのユダヤ人の経験もまたかなり異例といえるようなものだった．ユダヤ人は，社会への参入を認められたのは遅かったが，一度認められるとヨーロッパの他のどの国よりもずっと長く基本的な諸権利を享受し，深刻な暴動や広範な大衆の敵意に直面させられたためしがなかった．イギリス社会の構成が均質でない（民族的・宗教的双方の意味で）ということが，その要因の一つかもしれない．偏見は一般に口にされてはいたものの，差別的な法律として制度化されたり，群衆の暴力という形で現われたりすることはまれだった．国教会が存在するということは（今も続いているが），必然的に他の宗教集団の権利を制約するということを意味したが，こうした制約のほとんどは19世紀初頭以来しだいに取り除かれ，わずかに残っているものもほとんど，ないしはまったく実効力をもってはいない．

　イギリスはマイノリティであるユダヤ人に，理想に近い環境を提供しているかのようである．ユダヤ教の戒律を守っている人びとの多くは，その祖先を17世紀，18世紀に，そもそも定住を始めた人たちにまでさかのぼることができるが，これこそ宗教上の多様性が受け入れられ，伝統が認められている国における寛容な状況を説明して余りあるものである．異教徒との通婚は多少ともコミュニティからの離脱へとつながり，とくに上流階級ではその傾向が強かったが，また非ユダヤ人の結婚相手がユダヤ教徒になるという傾向も増えている．もっとも小さな，人目を引くことの少ないマイノリティの一つとして，ユダヤ人はめったに大衆の敵意に満ちた注意を引いたことがなく，個々のユダヤ人は政治・商業・芸術・科学——実際，国民生活のあらゆる面で目立った業績をあげてきている．イギリスがかつては世界情勢を動かす地位を占めていたので，この国のユダヤ人指導者は，たとえば19世紀においてユダヤ人の権利を擁護する場合や，シオニズムが発展していく初期の段階で，国際的な役割を受けもつことになった．今日でも，イギリスのユダヤ人は世界のユダヤ人の状況に関して，その数的な勢力とは不釣り合いなほどの発言力をもっている．

　ユダヤ人人口についての公式統計はない（ユダヤ人コミュニティは，連合王国の10年ごとの国勢調査に宗教ないし民族的出自の質問を含めることに常に反対してきた）．近年の非常に周到な研究によれば，1977年の人口は35万4000人で，1965年以来5万6000人減少していると推計されている．この減少の原因は，低い出生率と国外移住とにもとづくものとされている．3分の2強の人口がロンドン市域に居住し，残りは100に近い地方都市に散らばっている．

　現在のコミュニティの基礎は，17世紀後半に主としてオランダとドイツからやってきたセファルディームとアシュケナズィームの移民が築いた．19世紀半ばまでには3万人ほどのユダヤ人がいた．ロシアからの大量移住によって，1914年までにその総計は優に25万人以上に増加した．1930年代には，さらに重大な，ナチズムを逃れた難民の殺到があったし，戦争終結後は，より少数ではあるが東ヨーロッパ，中東その他からの到着が続いている．

　ユダヤ人の地位の合法化は，たいていは長い期間をかけて，目立たずに行なわれてきた．礼拝に出席する許可は，1656年にオリヴァー・クロムウェルがセファルディームの小グループに対して認めており，それが1660年の王政復古後も維持さ

　イギリスのユダヤ人のうちの5分の4は，1880年以降ロシアからやってきた膨大な移民に由来する人びとである．移民たちは，スラム街や過酷な労働を課す工場で，生存のための厳しい闘争に直面していた．暮らしぶりの安定したユダヤ人からはさげすまれ，仲間の労働者たちからも受け入れてもらえなかった．既存の労働組合のなかにユダヤ人支部を結成しようとしても妨害されたので，彼らは，たとえばユダヤ人パン職人組合（左図）のように，自分たち独自の組合を結成した．ユダヤ人移民の大半は，衣料産業で働いていた．1912年には，ユダヤ人労働者のストライキでこの産業全体が操業停止に追いこまれた．この実力行使で搾取工場はなくなり，さらにイギリスの労働組合運動との関係も改善されて，のちにはユダヤ人が運動の主力をになうまでになった．

　下　1900年のロンドン，イーストエンド．中世のユダヤ人街からも遠くないこの場所に，ユダヤ人移民は最初に住みついた．しかも1900年には，通りの多くが丸ごとユダヤ人の住むところとなって——事実上，一種の自発的なゲットーになっていた．しかし，富裕になったユダヤ人は，この頃すでに上流社会の人たちの集まるウェストエンドに，また郊外へと移っていており，イーストエンドに満ちあふれていたユダヤ人風の暮らしぶりも，今ではほとんどノスタルジーにあふれた想い出以上のものではなくなった．

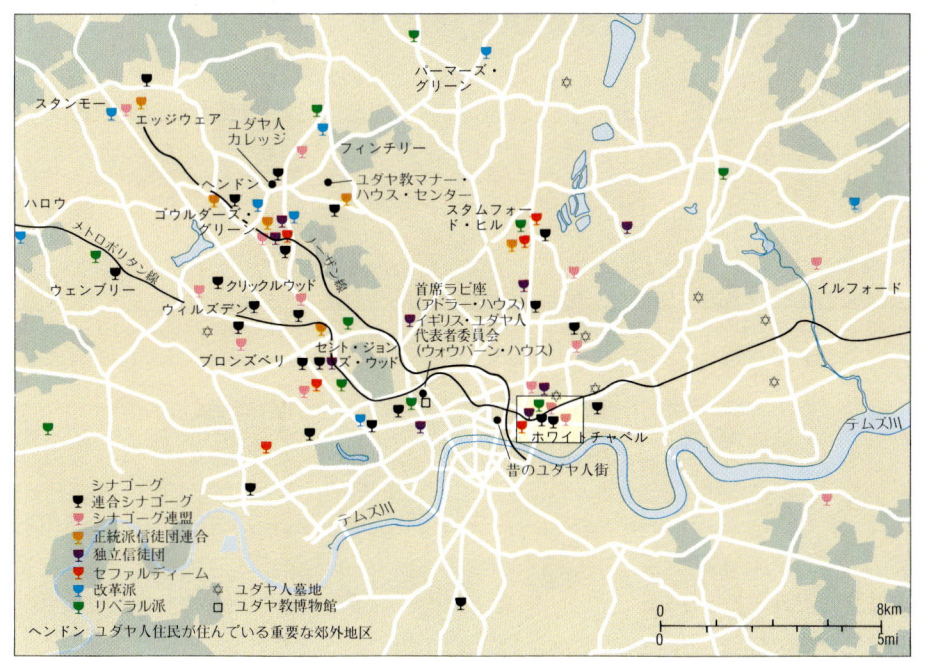

イギリスのユダヤ人を代表する団体であるイギリス・ユダヤ人代表理事会は，セファルディームが新王に忠誠を表明する代表団を選任した1760年にまでその歴史をさかのぼることができる．しかしながらその実質的な起源は，1836年に最初の規約を受け入れたときである．当時は，ロンドンの四つの主要なシナゴーグの22名の代表からなっていた．今日では優に500人を越えるメンバーがいるが，それはロンドンや地方のシナゴーグを代表する人びとであり，同様に，いくつかの非宗教組織や英連邦内のコミュニティを代表する人びとでもある．長いこと，理事会は主としてユダヤ人の政治的および市民的権利を擁護し，拡大させる活動を行なってきており，現在でも新たな立法に関して精査し，それが適正なものであると公に意見表明を行なったりしている．しかし1930年代に，イギリス・ファシスト連合の成長にともなって，イギリスで短期間ではあれ反セム主義が先鋭な形をとったときには，理事会は反ファシズム闘争をまとめあげ，以来共同防衛はその主たる関心事の一つとなった．理事会は人種的な憎悪をあおることの非合法化を強く支持し，結局，1965年に起訴されるべき犯罪であると規定されることになったが，なおユダヤ人やユダヤ人組織に対する暴力事件に関しては厳重な監視を続けている．1943年になると，理事会の主導権が結束したシオニスト運動家たちに握られたので，理事会はイスラエルに関する問題に積極的な関心をもつようになった．しかし代表理事会の本来の力は，それが代表組織であるというところにある．理事会は，さまざまに異なる宗教的・政治的見解をもつ代表を一堂に集めた，イギリス・ユダヤ人が公に討論する唯一の場であり，とくに近年は，イギリス・ユダヤ人のある意味での「統治体」だと自称するに至っている．また政府も，イギリス・ユダヤ人の結束した意見の表明として，誠実に受けとめている．1982年に理事会は，英連邦13か国のユダヤ人指導者からなる会議を招集した．この会議の結果，英連邦諸国間の連絡を強化し，小規模コミュニティを支援するために，ロンドンに本拠をおく恒久的な評議会を設置することになった．小規模コミュニティのうちには，急速に消滅しかけているものもあるからである．

英連邦という規模になるのは，古くからの経緯があるためである．ロンドンの首席ラビは，公式には英連邦首席ラビと呼ばれているが，1953年以前では大英帝国首席ラビとなっていた．第一次世界大戦後，当時の首席ラビは管区の大巡察旅行を行なったが，その旅程は42のコミュニティそれぞれを回るものであった．その後南アフリカが英連邦から離脱し，カナダは首席ラビの権威を認めなくなったが，またオーストラリアも同様な動きをする恐れがある．それでもイギリス国内では首席ラビはいまだに尊敬を集めており，それは主として，彼が非ユダヤ人からユダヤ教を奉じる人びとの代弁者とみなされることが多いという事情によっている．

実際問題としては，イギリスでユダヤ教を奉じるユダヤ人のあいだには深い亀裂があり，しかも非常に多くの敬虔なユダヤ教徒が，首席ラビを自分たちの代弁者とはみなしていないのである．首席ラビへの支持は，主としてシナゴーグ連合（ロンドンにある正統派シナゴーグの連合組織）およびそれと似た考えをもつ地方の信徒団からのものである．シナゴーグ連合は，3万5000家族以上の会員を擁するイギリス最大のシナゴーグ組織体であって，1870年に議会制定法によって設立されており，英国国教会のユダヤ教版に相当するもので，首席ラビは大主教に相当する．彼の権威を認めない反対派は，右派にも左派にもいる．たとえば右派では，正統派ヘブライ信徒団連合（1926年に中部ヨーロッパからの過激な正統派に

上端　このユダヤ人の警官は，小さな，だが確実に進む改宗者の流れを示す一例である．ユダヤ教は，改宗者を積極的につのるようなことはしていない．

上　新たに郊外に進出していく動きは，シナゴーグの広がり具合を通じてそのあとをたどることができる．1900年までには，イーストエンドの外にすでに12のシナゴーグがあり，主として西方や南方へと広がっていたが，東へ向かったり，テムズ川の南に移っていったユダヤ人もいることはいた．やがて，ロンドンの北ないし北西部，とくにスタムフォードヒル，ゴールダーズ・グリーン，（のちには）エッジウェアといった特定の地域に住みつく傾向が，非常にはっきりしてきた．そうした地域には，今日でもまだユダヤ人社会独特の雰囲気が色濃く残っている．

左　100年前，ロンドンは大英帝国の心臓部であり，ユダヤ人にとってもまた同様であった．カナダ，南アフリカ，オーストラリアのコミュニティ，さらにジャマイカや香港のようにもっと小規模な形でユダヤ人が集中している地域は，イギリスに宗教上の指針や支援を求めて目を向けていた．その関係は，非常に衰えたものになってはいるが，英連邦のなかで続けられている．この写真では，13の連邦諸国のコミュニティ指導者が，1982年にロンドンで開かれた会議の際，当時のイギリス首相マーガレット・サッチャーと並んでいるところが写っている．

れたのである．公職就任時に行なっていた宗教審査は19世紀になって徐々に廃止されたが，それはしばしば——典型的にイギリス流のプラグマティックなやり方で——個々の事例への対応という形をとって行なわれた．このようにして，1833年には一人のユダヤ人が初めて法曹界に入ることが認められた．さらにこの人物とは別のユダヤ人が，1835年にロンドン・カウンティの長官に，1855年にはシティーの市長に就任した．1847年には初めて，あるユダヤ人が下院議員に選出されたが，「キリスト教徒としての真実の信仰にかけて」という宣誓をしなかったために議席を占めることはできなかった．この議員を支持する選挙民たちは，年々彼を議会に送り続け，とうとう1858年に妥協が成立し，彼はついに宣誓なしで議席をえたのだった．その息子は1886年に貴族に列せられている（初代ロスチャイルド卿である）．1871年には最初のユダヤ人が政府の一員となり，1909年には閣僚となった．今日では，ユダヤ人に認められている諸々の機会に関してはほとんど障害はない（ユダヤ人が大法官すなわち上院議長となってよいかどうかは，君主が英国国教会と結びついていることもあって，幾分疑問があるが）．1983年の選挙で選ばれた下院には28人のユダヤ人議員がおり，そのなかには内務大臣や大蔵大臣も含まれていた．また40人を越えるユダヤ人貴族がおり，うち10人は世襲貴族である．ユダヤ人に対しては宗教上の必要や伝統を認め，さまざまな議会制定法で特別な認可を与えており，なかには家で結婚式をあげる権利などのユニークなものもある．しかしユダヤ人コミュニティの生活に関しては，国家による規制はまったくない．

ヨーロッパ

イギリス的なものとユダヤ人的なもの。イギリスでも、他と同様、ユダヤ人は自分たち自身のアイデンティティを、自らの努力で獲得しようと努めている。毎年11月、イギリスは二つの世界大戦での死者を追悼する。イギリスのユダヤ人も同じ被害をこうむっているが、同じ場所で1週間後に独自の記念式典を行なう方を好んでいる（左図）。それは、ユダヤ人もイギリスのために戦い、命を落としたことを強く想いおこさせるものであると同時に、独自性の表明でもある。イギリス・ユダヤ人社会の内部にもまた、民族的・社会的・宗教的な多くの差異がみられる。イングランド北東部ゲイツヘッドには、ユニークなコミュニティが一つある。小さいが堅く信仰を守っているこのコミュニティの起源は、リトアニアからの一団の移民にさかのぼる。

右中央　コシェルの店。社会生活の中心の一つである。ミルクにさえコシェルがある（下図）。

中世では、ユダヤ人は国王の所有物であり、銀行業という経済上不可欠の役割を任されていた。このリンカンのもの（右図）のように、安全を期して石で作られた中世のユダヤ人の家は、この役割の名残りである。もっとあとになっても、ユダヤ人のなかには傑出した金融業者がいた。もっとも有名なのがロスチャイルド家であり、彼らは1875年に政府に対して、スエズ運河を支配できるだけの株を購入するための400万ポンドを、劇的な宣伝効果をねらって貸しつけたのだった。ウォッドン・マナー（下図）はロスチャイルド家の建てた一連の壮麗な邸宅のうちのほんの一つにすぎない。

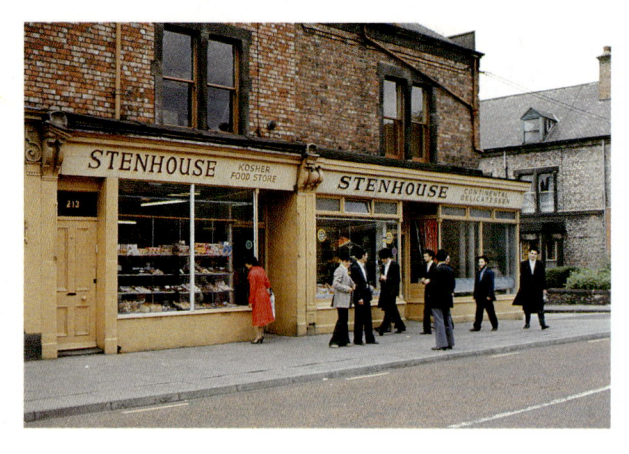

上　ロスチャイルド家の富は、人びとの心に強い衝撃をもたらした。ロシアの貧困に打ちひしがれたユダヤ人のあいだでは伝説と化している。大半のユダヤ人は、富裕というにはほど遠く、多くの者が最低生活水準以下の暮らしだった。しかし自助のためのチャリティ活動は、常にコミュニティでは目立つ呼び物行事であったので、飢えて死ぬユダヤ人はまれだった。写真は、ロンドンのイーストエンドで無料食料配給に列を作るユダヤ人たちである。

右　アイルランドのシオニスト青少年キャンプ。シオニズムは、ユダヤ人としてのアイデンティティをより強く自覚させ、ヘブライ語の知識を獲得するよう働きかける役目をしている。

下　18世紀には，ユダヤ人はロンドンから，それぞれの地方ごとにできた中心地へと広がりだしていった．1763年創建の優雅なエクセターのシナゴーグは，その時代の名残りである．

下中央　スコットランドのユダヤ人には，彼ら特有の雰囲気がある．グラスゴーの青年団．スコットランド伝統のバグパイプ・バンドの練習中．

よって設立され，今日では，ハスィディズムを守るその後の移民に支配されている）や，シナゴーグ連盟（元来はロシア系移民の祈禱所の連合体で，1887年に設立）がある．また左派には，大英改革派シナゴーグ（起源は1840年にさかのぼる）と，自由と進歩のシナゴーグ連合（1902年にまでさかのぼるより急進的な連合組織）がある．セファルディームはそれらとは別個に，しかも似たような集団を作っている．そうした集団は，ヨーロッパと西インド諸島からの移民の子孫がずっと以前から作ってきたものだが，近年になって海外から到着した移民がさらに加わり，現在でも拡大している．以上の集団には，それぞれラビとスポークスマンがいる．

　これらのさまざまな宗派間の相違はほとんど教義上のものではない．つまり，出自と気質の方が一層問題なのである．たとえ実際には，シナゴーグ連盟とシナゴーグ連合とのあいだの，あるいは改革派と自由と進歩のシナゴーグとのあいだの違いを見分けるのは難しいとしても，それぞれの集団に対する忠誠心は強い．合併に関しては議論されてきたし，さまざまな団体間での実際上の協力も相当に行なわれているのだが，一度成立した組織は容易には滅びないものなのである．

　実際に影響力をもち続けている一つの教義上の論点は，トーラーには神の権威があるかという問題であって，この問題こそが，19世紀に改革派と正統派とのあいだの亀裂を決定的なものにしたのだ．この論点は1842年，首席ラビが最初の改革派シナゴーグに破門を宣告した際にもちだしたものである．これがイギリス・ユダヤ人社会に最初にもちこまれた，しかも長引いている分裂なのである（セファルディームとアシュケナズィームの分裂はもっと以前からあったが，当時はかなり修復されていた）．シナゴーグ連合でも穏健な改革が19世紀を通じて受け入れられていったのに，この問題は年を追うごとに激しいものとなっていった．今世紀になってからの歴代の首席ラビは，「改革派の異端」の危険性を強調してきた（その理由はおそらく，ロシアからの伝統主義者たちの流入と関係がなくはあるまい．彼らにとっては，シナゴーグ連合でさえも危険なほど改革派に近づいているようにみえるのである）．1960年代初頭，正統派の教義上の問題に関してシナゴーグ連合内にできていた亀裂が大いに喧伝され，ほとんど（だが，完全にではなかった）アメリカ式の保守派運動の結成に至るところだった．この10年間，反改革派の宣伝が正統派の指導者たちによってまたしてもかきたてられているが，その効果はほとんどない．要するに，イギリスのユダヤ人は神学にはとくに興味を示さないからである．

　1960年代の分裂騒ぎが及ぼした効果で一つ長続きしたのは，ユダヤ人カレッジ，すなわち1855年に近代化志向の正統派の路線にそって設立され，ユダヤ教学の重要な伝統を担っていたラビ養成神学校の命運に関することだった．教条的な正統派路線を外れずにいたことが災いして，このカレッジは最良の人材をひきつけることができなくなり，今では名のみの存在になっている．伝統主義に立つラビたちの需要は，ゲイツヘッドのイェシヴァ，つまり世界でも最良の伝統的なタルムード研究機関の一つである神学校で満たされているのである．改革派の運動は，1930年代にヨーロッパ大陸から避難してきたラビによって大いに強化され，ナチス時代のドイツ・ユダヤ人の精神的指導者の名にちなんでレオ・ベック・カレッジと名づけられた独自の神学校を，1956年に設立するに至った．のちにこの神学校は，さらにリベラル派の支持も受けることになった．近代的なタイプのイギリスの青年ラビが，一世代全員ここから育っていった．

　興味をひくことだが，レオ・ベック・カレッジはまた，ヨーロッパ大陸からの学生もひきつけており，彼らの多くがヨーロッパ大陸の信徒を司るために戻っていくのである．このことは，ホロコーストによる破壊と，またある程度はヨーロッパ共同体へのイギリスの加盟に起因して，ヨーロッパにおけるイギリス・ユダヤ人社会の新しい役割意識が育ちつつあることの一つの兆候といえる．もう一つ別の兆候は，ヨーロッパ・ラビ会議，すなわちイギリスの首席ラビが統括し，ロンドンに本拠地をおく正統派の討議の場である．とはいうものの，全体としてはイギリスのユダヤ人は新しいヨーロッパの挑戦になかなか反応してこなかった．

アイルランド共和国

　アイルランドのユダヤ人コミュニティは2000人以下と見積もられており，ほとんどすべてが首都のダブリンに集中している．規模が小さく，その数も急速な減少傾向を示しているにもかかわらず，コミュニティにはユダヤ人学校，さまざまなコミュニティ組織，および伝統主義に立つものや，正統派，リベラル派の信徒団が別々に存続している．

フランス

フランス・ユダヤ人の体験は，近代フランスを全体として支配してきた，互いに衝突しあう諸々の主張，つまり革命と伝統，外国人に対する親切と嫌悪，ナショナリズムと少数民族意識などを，忠実に反映したものとなっている．19世紀は，ユダヤ人の地位を一般市民並みにしようとする真剣な企てをもって始まり，反セム主義によるとんでもないスキャンダルをもって終わったのである．要するに，この二つの出来事は理想主義の非常な高みと頑迷固陋の底深さを明らかにしてみせたのだ．1930年代には，フランスは，ナチスからの避難民を世界の他のどの国よりも多く受け入れ，また公的な資金で彼らを支援したただ一つの国であった．2～3年もすると，その同じ人びとを，明らかな冷淡さと，容赦なく強制されてというよりもむしろ喜んで服従するといった態度で，ナチスに対して引き渡したのだ．同じように対照的な振る舞いは，1980年代初頭の反セム主義的な残虐行為に対する反応のうちにもみられる——ユダヤ人との連帯を表明する行動の数々と，無関心ないしあからさまな敵意とが表裏をなしている（シナゴーグで礼拝している人びとを殺そうとした爆弾で，かわりに4人の通行人が殺され，その1人がイスラエル人旅行者だったというときに，ある高名なフランスの政治家が，「4人の犠牲者が出，そのうちの3人は無辜のフランス人であった」と述べた）．

こんなパラドックスが入り組んでいる一つの要因は，フランスのユダヤ人住民の構成の多様さそのものにある．古いセファルディームやアシュケナズィームのコミュニティは，地理的にも離れていたし，文化的にはまったく違っていて，共通のアイデンティティを認めあうことなど長いあいだほとんどなかった（1950年代初頭というつい最近のことでも，ある反セム主義的な新聞は，指導的政治家であるルネ・マイエールとピエール・マンデス＝フランスの互いの敵意を古くからのアシュケナズィームとセファルディームの対立のせいだとしている！）．1930年代後半には，フランス・ユダヤ人の半数はフランス社会に同化されていない移民たちで，その時代の反セム主義の多くは単なる外国人嫌いに根ざすものだった．たとえば1940年代前半には，ナチス占領下のフランスでも，またヴィシー政権下のフランスでも，「フランス人である」ユダヤ人を守るための純粋な努力が続けられる一方で，移民がまず最初に狼の群れに投げだされたのである．今日，またしてもユダヤ人の半分は，今回は北アフリカからの移民であって，この人びとは外国人一般，なかでもとりわけアラブ人に向けられる偏見をもたれることが多い．歴代政府や何人かの指導的なキリスト教聖職者が制止の努力を続けているにもかかわらず，確信犯的な本物の反セム主義がフランスでは根絶されていない．フランスは古典的な反セム主義の主たる温床であり，そういう反セム主義はなかなか死に絶えることなく継承されていくものだからである．

同化は公的に是認されたことであって，常に市民にふさわしい公的な形をとって具体化される傾向があった．フランスのユダヤ人は，自分がフランスの市民であることや，フランスという祖国に対する忠誠心をもっていることに誇りを感じていた．いいかえれば，フランスの文化や政治にユダヤ人が貢献していることを強く意識していたのである（こういった態度は，常に，フランスに生まれ育ったユダヤ人と外国からきたユダヤ人とのあいだの断絶を誇張しがちである）．このようなユダヤ人は，まず第一にフランス人であり，ユダヤ人であることは二の次だった．彼らは純粋なユダヤ教文化にはほとんど関心をもたず，シオニズムに対してはなおさらで，彼らにとっての重要な博愛事業はヒューマニズムにもとづくものであり，ユダヤ人中心主義的というよりも間違いなく愛国的なものといえる．世界イスラエル人同盟が北アフリカと中東で経営していた学校は，ユダヤ人子弟にフランス語教育を施すためのものだった．近年は精神的風潮が変わってきた．ユダヤ人としてのアイデンティティが表立ってきたのである．とくに若い人たちのあいだでは，ユダヤ教の歴史や文化に対する関心が強くなり，世界のユダヤ人問題に敏感に反応するようになって，イスラエルへの強い連帯感を抱くようになった．ユダヤ人内部の統一という機運が盛りあがり，旧来の分裂も克服されつつある．

およそ予期しえなかった運命により，結果としてフランスのコミュニティは，現代ユダヤ人世界で最大のコミュニティの一つとなり，しかもヨーロッパ大陸では，本当に力強く活気あるユダヤ人の生活が営まれる唯一のコミュニティとなっている．ヨーロッパという規模であれ世界的な規模であれ，より広がったユダヤ人の場に対する影響力という点では，今までのところはフランスのコミュニティにはみるべきものはないが，潜在的な力は確実に大きい．

現在のフランスのユダヤ人人口は50万人から70万人とみられ，その半分以上がパリ地域に住んでいる．統計は信頼性に乏しく，同化が進んだ国の常として，ユダヤ人の定義についても同じく曖昧である．

フランス革命（1789年）の時代，フランスには何千人かのユダヤ人がいたが，そのうちパリに住んでいたのは数百人にすぎなかった．残りは三つの離れた地方に集中していて，それぞれの集団が独自の歴史と文化をもっていた．もっとも人数が多かった集団は，アルザス・ロレーヌ地方のイディッシュ語を話すアシュケナズィームで，ドイツとの強いつながりをもっていた．南部では，アヴィニョンを中心とするヴェネッ

下 1942年から44年のあいだに，8万人のユダヤ人が，パリ近郊ドランシーの抑留所経由で強制的に輸送され，殺されていった．解放後生存者たちは，こうした収容所跡への粛然とした巡礼を行ない，今日でも毎年の記念行事がここで行なわれている．

左中央 ナチズムの悪夢の年月に，ユダヤ人がすべてのフランス人とともに分かちあった苦しみですらも，反セム主義の亡霊を追い払うには至らなかった．「新しいヨーロッパの一員となるに値しない者ども」，こんなネオナチのスローガンが，1981年パリ郊外のホロコースト犠牲者の記念碑に書きなぐってあった．

暴力は，フランスのユダヤ人につきまとい続けている．何百という最近の事件のうちで，二つが突出している．1980年10月3日，安息日の夕方の礼拝のさなかに，パリの満員のシナゴーグの外側で爆弾が爆発した．明らかに礼拝参加者をねらったものだったが，4人の通行人が殺された．それに対する反応の一つとして，すべての派のユダヤ人コミュニティと数多くの同情を寄せた人びとが一緒になった——1945年以来，パリでみられた最大規模のものだという——デモ行進が行なわれた（上端図）．横断幕に書かれた Renouveau Juif の文字はユダヤ人再生運動を表わしており，この運動は1979年，ユダヤ人としてのアイデンティティとイスラエルへの支持の公然たる表明として結成された．第二の事件は，1982年8月9日におきた，パリの「ゲットー」であるロジェール通りにある有名なユダヤ人向けレストランへの銃撃である．6人が殺され，多くが重傷を負った．フランス大統領フランソワ・ミッテラン［1996年没］が，この事件の1周年記念で追悼の意を表しているところである（上図）．一緒にいるのは公安担当閣外相で，このポストは銃撃への対応策として新たに作られたものである．

フランスのユダヤ人人口は，現在はパリと，その他若干の中心地にほとんど集中しているが，過去の名残りとして，数多くの地方都市には古いシナゴーグが建っている．カルパントラの場合，シナゴーグ（右上図）は14世紀にさかのぼるもので，18世紀に修復され，歴史的建造物の指定を受けている．このシナゴーグは，ユダヤ人がフランス国王の領土から追放されていたあいだ，何世紀もの長期間にわたって留まっていたコンタ・ヴェナッサン教皇領内の，教皇保護下のユダヤ人の存在を示すものである．七枝の燭台があるのはかなりめずらしい．近年北アフリカからの移民が，南フランスのこの種の多くの消えゆく運命にあったコミュニティを復活させている．

サン伯領のユダヤ人が，教皇の支配下，南ヨーロッパの中世的な文化とともにゲットーのなかで生き残っていた．南西部のセファルディームはポルトガルに出自をもち，しだいにキリスト教の束縛を振り切りながら，高度なフランス文化を身につけていったのち，商人として確固たる地位を築いた人びとであった．フランス革命にともなって，ユダヤ人は皆，市民と同等の権利と義務を負うことになり，ナポレオン1世のもとでは，国家の統制を受ける公認のコミュニティとしての宗教法院に組織された．そこではラビがその会衆を，忠良なるフランス市民に転換させる義務を負わされたのである．やがてこの処方がうまく効き，別々の出自の痕跡が幾分かは残っていたにしても，ユダヤ人はフランス人（「イスラエルの宗教の」——あるいはただのフランス人，というのも，多くの者がキリスト教徒になったので）となったのだった．中央宗教法院がパリにおかれたので，必然的にパリは，フランス全体にとってと同じようにフランスのユダヤ人にとっても人口統計上の主たる地位を占めるに至った．1905年に教会と国家が分離されたことにより，宗教法院は（当時ドイツの統治下にあったアルザス・ロレーヌ地方の宗教法院を除いて），純粋に宗教上の組織となり，中央宗教法院はフランスおよびアルジェリア・ユダヤ教団体連合へと転じた．

中部および東ヨーロッパからの間断ない移民の流れは，ユダヤ人人口を1939年までに約35万人に増大させたが，そのうちの20万人はフランス国籍をもっていなかった．フランス国籍をもっているユダヤ人と非ユダヤ人とのあいだの絆は第一次世界大戦でともに軍務につくことによって強められ，大戦では6500人のユダヤ人が生命を落とした．あるユダヤ人（レオン・ブルム）は首相になったし，他の者たちも閣僚の座についた．しかし，外国籍のユダヤ人も第一次世界大戦では徴兵に応じて自ら選んだ国のために死に，1939年9月に再び戦争が勃発すると彼らの多くが兵役に志願した．

1940年6月の敗北はフランス全体にとっても災厄であったが，しかし，とくにユダヤ人にとってはその存在そのものがただちに危うくなるものだった．公の反セム主義キャンペーンが休戦直後から国内至るところで進められ，9月には占領された地帯で，一連の反ユダヤ人政策の最初のものがドイツ軍の手で実施された．多くのユダヤ人が南部の占領されていない地帯に逃げこんだが，そこでのヴィシー政府の反ユダヤ人立法は，ある点では，占領軍のものより一層過酷でさえあった．いずれにせよ，ドイツ軍はまもなくフランス全土を占領したが，そこには結果として，かつてイタリアの占領軍が数多くのユダヤ人難民を保護下においていた南東部までが含まれていた．抵抗や絶望的な偽装工作にもかかわらず，何万人ものユダヤ人が収容所送りにされ，しかも数多くの者が即座に，ほかならぬフランスで殺された．生き長らえた者は財産を失い，打ちのめされ，肉親を奪われた．戦後の復旧と復権の作業は莫大なものであったが，それはとくにナチスのプロパガンダの悪しき残存効果や，戦時に個人個人の関係に課された試練が尾をひき，またユダヤ人財産が横領されたりしたためであった．

実際には，復興は驚くほどうまく進んだ．戦後の代々の政府は，反セム主義を踏み砕き，東ヨーロッパでの生存者を数多く受け入れるという措置を講じた．復興にともなう厳しい経済上の問題は，大部分，アメリカ・ユダヤ人合同配分委員会が肩代わりした．資産の損害賠償は多くの問題をひきおこしたので，それに対する請求は，対独協力者たちの抵抗にもかかわらずあっさりと無視されたのである．そこで，対独協力者たちは自らの「権利」を守るための組織を結成した．この問題はある程度反セム主義感情を誘発したが，またカトリックが行なった，パレスティナの聖地に対してイスラエルの主権は及ぶのかというプロパガンダも，同様な効果を発揮した．ユダヤ人のコミュニティでの生活は，ばらばらで不安定

パリ：さまざまな文化の出会うところ

1807年にナポレオンが大サンヘドリン［用語解説参照］を招集し，その結果，パリがフランス・ユダヤ人の行政上の中心地となったとき，この町に常住しているユダヤ人は3000人に満たなかった．19世紀を通じて，徐々に数多くのユダヤ人が主としてアルザス・ロレーヌ地方からやってき始めた．この時期は，パリのユダヤ人たちにとっては同化の時期にあたり，彼らの多くは市民としての生活様式を確立させていた．宗教面では謹厳な正統派が発展しており，壮麗なシナゴーグが建設されていた．ヴィクトワール通りにある宗教法院の首座シナゴーグの献堂式は，1874年に，3人のロスチャイルド男爵およびユダヤ人で政府要人のアドルフ・クレミューが出席してとり行なわれた．シナゴーグを建築したアルドロフはパリ市の主任建築師であり，建築費用は市が宗教法院と分担した．

20世紀の初頭は，東ヨーロッパからの移民の時代だった．パリの街は，知識人たちにとってとくに魅力的であり，そしてもちろんハイム・スーティン，マルク・シャガール，その他多くのエコール・ド・パリの芸術家集団に属するユダヤ人メンバーにとっても同じだった．

ナチスの占領と収容所送りという惨事が終わっても，復興は遅かった．かつてはユダヤ人の生活の輝かしい中心地で，西・中部ヨーロッパにあった他の都市と同じ運命がパリを見舞うかのように思えた．それから，思いがけず北アフリカからの大量の新たな人口流入があり，かつての東ヨーロッパからの移民がエキゾチックな気風をもっていると思われたのと同じように，まさにエキゾチックなユダヤ人の暮しぶりをもちこんだ．

パリは今日，ユダヤ人的生活のセンターとしては，全ヨーロッパで最大かつもっとも活気にあふれた場所である——そしてそのキーワードは多様性である．

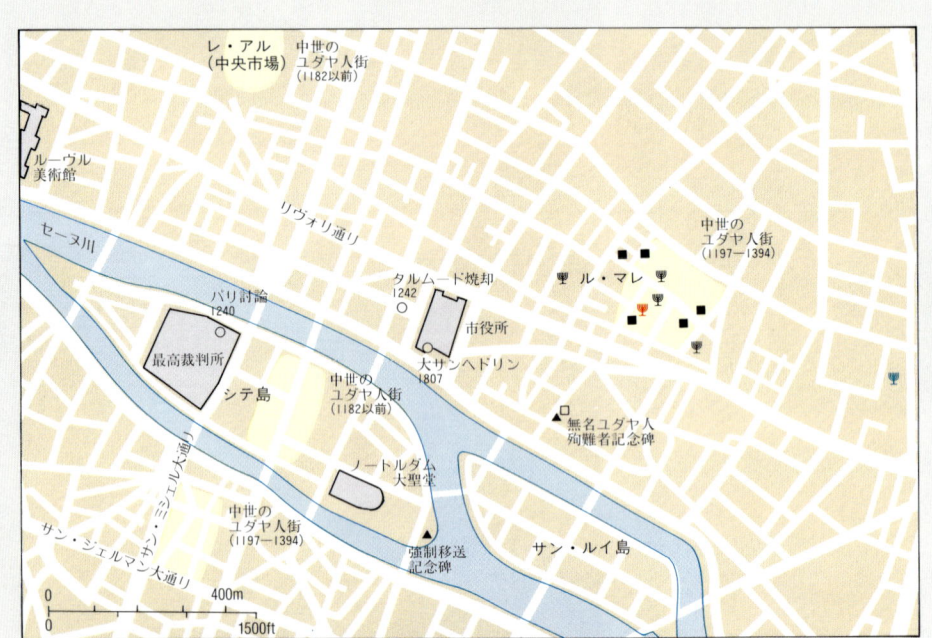

シナゴーグ
🍷 セファルディーム
🍷 アシュケナズィーム
🍷 セファルディームとアシュケナズィーム共用
▲ 記念碑
▢ ユダヤ図書館
○ 史跡
■ ユダヤ・レストラン

下　パリはシテ島に始まるのだが，最初にユダヤ人コミュニティが営まれたのもここだった——中央の通りは，フランス革命までは「ユダヤ人通り」として知られていた．のちに，短期間の国外追放後，ユダヤ人はセーヌ川両岸に再び住みついた．バヴェ通り周辺の区域は，13世紀には「古いユダヤ人街」として知られていた．おもしろいこと

上　ヴィクトワール通りのシナゴーグはパリでは最大のもので，フランスの首席ラビの座でもあるが，それが19世紀末の威厳があって重々しいユダヤ教のモニュメントとしてそびえ立っている．巨大なロマネスク様式の建物は，ムーア風の異質な雰囲気を抑えており，外観からはシナゴーグであることがわかるようなものはほとんどない．

左端　ベルヴィルには，第一次世界大戦後，短時日のうちにポーランド系ユダヤ人が住みついたが，現在ではユダヤ教徒ならびにムスリムの，双方のアラブ人が多数住んでおり，明らかに調和を保って暮らしている．界隈の店やレストランは，チュニジアやモロッコ風の味つけのおいしい料理を出す．

左　ロジェール通りのベート・ハ＝ミドラシュ［用語解説参照］は，ブレッツェルの脈打つ心臓部であり，伝統にもとづく生活が今日なお保たれている．

右　北アフリカからのユダヤ人の到来は，多くの面でユダヤ人の生活をよみがえらせた．1950年には，パリ全体でわずか5軒しかコシェルの肉屋はなかった．それが今では70軒以上もある．

には，長期にわたって離れたのち，18,19世紀になってユダヤ人は再びここに居を定めたのだった．そこはプレッツェル（小広場）として知られるようになり，今日でもユダヤ人の生活の中心である．とはいえ，ここではイディッシュ語はほとんどアラビア語に駆逐されてしまっている．

下　今日では，ユダヤ人はパリ中に，実際には郊外にまで広がって散らばっている．しかし地図をみると，主として右岸に明らかに集中しており，そこからモンマルトルやベルヴィル，また規模はもっと小さいが，西側の上流社会の人びとが集まる地区の方へと広がっていることがわかる．

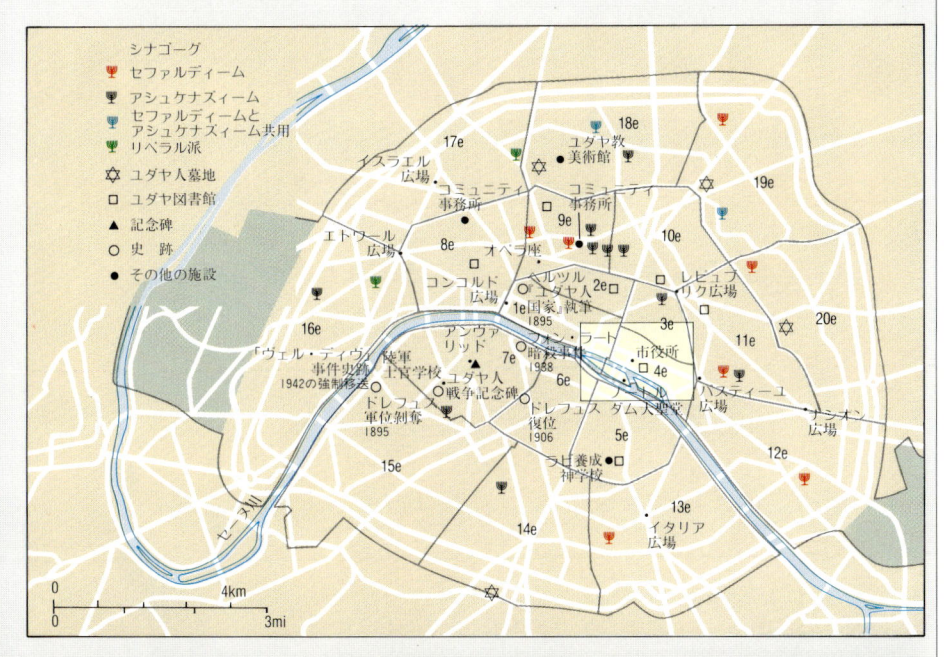

なものとなり，長いこと，そのようなあらわな敵意との戦いで中心となる組織体は存在しなかった．ドイツ軍の占領による重圧の下で，おもなコミュニティ組織が寄り集まる結果となって，フランス・ユダヤ人代表者委員会（Crif）が結成された．これには，中央宗教法院，シオニスト機構，ユダヤ人共産主義者，ブント，およびさまざまな福利厚生事業のグループや行動委員会が含まれていた．ナチス・ドイツからの解放後は再び遠心力が優勢に働くようになり，しかもさまざまな党派間の抗争が共同行動の努力を無にしがちであった．シオニストと共産主義者間の抗争はとりわけ抑制を欠いたものになったが，ただしどちらの運動もフランスにもともといたユダヤ人からはあまり支持をえられなかった．最終的にはCrifは，中央宗教法院と並んで幾分活気をとり戻したし，新たな文化・福祉機関である統一ユダヤ人社会基金も設立された．この三者が，フランス・ユダヤ人社会の主要コミュニティ組織であり続けている．

1950年代中葉にはアルジェリア，チュニジア，モロッコからの大規模なユダヤ人の流入があったが，これは，フランス政府とイスラエルとのあいだの友好関係の進展とあいまって，フランスにおけるユダヤ人の生活に著しい再活性化をもたらした．フランス・ユダヤ人社会は，一層人口が増大し，より活動的になり，さらに自信をもつようにもなった．イスラエルへの支持は，ずっと保守的なユダヤ人たちによってもおおっぴらに口にされるようになった．要するにこの問題は，もはやフランスへの忠誠心と衝突するようなものではなくなったのである．ユダヤ人が新たに見出した自信は，1968年にド・ゴール大統領がシオニズムを攻撃しても物ともしなかったが，この年はまた，フランスの若者たちのあいだに劇的な戦闘性の盛りあがりがみられた年でもあった．若いユダヤ人たちは，自らのユダヤ人としてのアイデンティティやイスラエルへの連帯感を断固として表明し，その熱狂ぶりや率直さはしだいに年長の人びとのあいだにも浸透していった．1979年以来のユダヤ人資産やパリのコミュニティ施設に対するテロ攻撃の高まりは，何百もの紛争や何人かの死をもたらしはしたが，それもフランス・ユダヤ人社会の連帯と活動への参加を補強する役に立っただけだった．ユダヤ人に関わる問題は，今日では報道機関のあいだで幅広く自由に論議されているし，すべての政党があからさまにユダヤ人票にすりよってきている．フランソワ・ミッテラン大統領の政府は1981年6月に発足したが，何人ものユダヤ人メンバーが加わっており，その一人は公債担当の副大統領になった．

フランスのユダヤ教は，伝統的に穏健な正統派へ向かう傾向にあり，しかも宗教法院制度がセファルディームとアシュケナズィームの分裂を徐々に解消させていった．もっとも，正式に両者が再統合されたということでは決してなかったが，リベラル派から極端な伝統主義者にまで広がる多くの信徒団は，宗教法院とは無関係に発展してきている．シナゴーグは純粋に宗教的な機能だけを負うことが多く，ユダヤ教的な文化や教育は，移住後まもない移民集団以外ではあまり高いレベルではなかった．近年，こうした状況は変化してきている．より積極的にユダヤ人としてのアイデンティティを主張しながら，文学・教育・文化活動などに対する要求が強まってきている．ある限度までは，こうした要求にシナゴーグが対応しているが，それとは別に，学校や大学の講座から，独立の学習サークルや出版企画に至るまでの幅広いさまざまな方法でも応じていくようになっている．

パリにはラビを養成する神学校があり，これは今日でもなおヨーロッパ大陸部で機能している，ほんの数えるほどしかない学校のなかの一つだが，ユダヤ人の人口規模からすれば，相対的にラビはまだまだ不足している．

オランダ

　オランダではナチスは容赦ない絶滅政策を敢行し，忘れることのできない抵抗運動がくり広げられたにもかかわらず，ナチスは多大な成功をおさめたのだった．戦前の15万以上のユダヤ人人口のうち，収容所送りを逃れて生き残ったのはたった2万5000人ほどでしかなかった．急速な経済復興も，政府・教会・一般大衆の物心両面にわたる支援も，限りない喪失感をつぐなうことはできず，多くのユダヤ人がコミュニティにはもはや未来はないと感じながらこの国を去っていった．踏みとどまった者たちは，痛ましいほど規模を縮小してはいたものの，非ユダヤ人民衆の同情をこめて寄せる関心に助けられ，大いに活気あるユダヤ人の生活を回復することに成功した．オランダのユダヤ人社会が残した豊かな文化遺産については，神経質すぎるくらいの気遣いがなされている．たとえば，いくつかの古いシナゴーグは公費で修復され，そのあるものはユダヤ人が使うように返還されている．ユダヤ人人口の半数はアムステルダムにおり，そこには多くのシナゴーグ（セファルディームやアシュケナズィーム，伝統主義者やリベラル派のものなど）や，有名なユダヤ教博物館があるが，他の諸都市には小規模なコミュニティしかない．リベラル派ユダヤ教は，元来1930年代にドイツからの難民によってもたらされ，ロンドンで教育を受けたラビの指導のもとである程度の成功をおさめている．しかし正統派は影がうすく，由緒あるセファルディームのコミュニティはホロコーストでほとんど完全に破壊されてしまった．

密に組織されたユダヤ人コミュニティがあり，そこの人びとは特定の区域に住んで主としてダイヤモンド産業に従事している．もっと大きなブリュッセルのコミュニティは，その出自も特徴も均質さに欠けており，周辺社会にあらかた同化されていて宗教や伝統的なユダヤ教文化にほとんど関心を示さない．双方のコミュニティとも近年，テロリストによる襲撃をこうむっている．1980年7月，アントワープで学童の一団が襲われ，1人が殺され，17人が負傷した．1981年10月，同市のダイヤモンド街にあるセファルディームのシナゴーグの外側で，爆弾が爆発して3人を殺し，90人に傷を負わせ，その多くが重傷だった．ブリュッセルでは1982年9月，新年の礼拝の最中の大シナゴーグで銃をもった者が発砲した．

ルクセンブルク

　ルクセンブルクでは，ユダヤ人はフランス革命（1789年）以後対等な市民権を獲得し，1808年には小規模なコミュニティが成立した．1890年に1000人のユダヤ人がいたが，1930年までには2000人近くになり，この大公国のあちこちの町に異様なほど拡散していた．戦後は，ほんの数百人となって，大半が首都に住んでいる．

ベルギー

　ベルギーは，1830年まではオランダの一部だったが，そのオランダに比べると，常にユダヤ人を喜んで受け入れたりはしなかった．ユダヤ人は1831年憲法で礼拝の自由が認められていたが，大衆感情となると反発が強く，ユダヤ人がベルギーの市民権を獲得するのはむずかしかった．したがって非常に多くのユダヤ人が，この国で生まれても外国人扱いであった．第二次世界大戦前のベルギーには8万人のユダヤ人がいたが，今日ではその半分にも及ばず，ほとんど全員が二つの主要都市，ブリュッセルとアントワープに住んでいる．この二つのコミュニティは，これ以上ないほど完璧なコントラストをなしている．アントワープには，東ヨーロッパ出身でイディッシュ語を話し，宗教的には伝統主義に立つ，非常に緊

ホロコーストの影は，ユダヤ人の輝かしい過去と，非常に不確かな未来をあわせもつこれらの国々の上に，今日なお，のしかかるように現われている．アムステルダムのヴェースパーブレインの記念碑（上端図）は，この町のユダヤ人たちが，ナチスによる過酷な試練のさなかにユダヤ人を助けてくれた人びとすべてへの感謝のしるしとして，1947年に建立したものである．

上　ロッテルダムにあるオシップ・ザッキン作の彫像「破壊された町」は，1940年の情け容赦ないドイツの爆撃による恐怖と苦しみを彷彿とさせる．
左　ルクセンブルク市のシナゴーグは，ナチスによって破壊された以前の建物のかわりに，1953年に建設された．

ドイツ

ドイツでは，ユダヤ人は数の上では問題にならない．しかし，その存在はナチズムの体験を克服するための努力という文脈では象徴的な価値をもっている．根の深い戸惑いと不安の時期が過ぎ去ると，過去の傷に関して和解と公の論議を求める雰囲気が強くなってきた．かつて東西両ドイツ政府はくり返しナチスのユダヤ人への仕打ちを非難し，反セム主義との戦いの策を講じてきた．戦後のドイツでは，ユダヤ人の復権と，ホロコースト犠牲者の記念事業に援助がなされてきた．旧西ドイツ政府は，犠牲者に対する責任を認識し，賠償として巨額の金を支払ったが，一方旧東ドイツ政府は，ドイツの社会主義者もユダヤ人同様にナチズムの犠牲者であるという点を指摘し，ドイツの問題として責任を検討することを拒んだ．教会関係者たちは，和解のための運動の最前線に立った．現在，キリスト教徒＝ユダヤ教徒間の友情を表明するデモ行進がしばしば行なわれている．

旧西ドイツでの1970年の国勢調査では，3万1684人のユダヤ教徒が記録されている（ローマ・カトリックの信者は2700万人，プロテスタントは3000万人いた）．66のユダヤ教徒コミュニティに登録されているメンバーは1981年初めで2万8173人を数え，前年より405人の増加であった．死亡数（456人）に対する出生数（95人）の比率が非常に小さい以上，増加は主として移民によるものであり，ほんのごくわずかが改宗によるものである．最大のコミュニティはベルリンにあって（6530人のメンバーがいた），ついでフランクフルト（4897人）とミュンヘン（3920人）の順である．その代表団体であるドイツ・ユダヤ教徒中央評議会は，反ユダヤ主義過激派の急増，とりわけ右翼からのそれに関して深刻な懸念を表明している．近年の何百という反セム主義的な事件，とくに墓地が荒らされたり，反ユダヤ主義プロパガンダがくり広げられたりしているのは，ネオナチ・グループの仕業である．

旧東ドイツには，650人ばかりがメンバーとして登録されているたった八つのコミュニティしかなく，その半数はベルリンにいる．彼らは全員ドイツ民主共和国ユダヤ教徒コミュニティ連盟に加入していた．平均年齢は高く，ラビはいない．彼らの未来は極度に危ういものであった．
〔1990年10月3日，東西ドイツは統一された．ドイツ・ユダヤ教徒中央評議会によれば，1994年1月現在，全ドイツ在住のユダヤ教徒は約4万2000人である．〕

スイス

スイスには2万人以上のユダヤ人がいるが，スイス・ユダヤ教徒コミュニティ連盟に加入しているユダヤ教徒コミュニティの全成員はわずかに6000人でしかなく，22の町に分散して住んでいる．このことは，十分な社会的統合をとげ，高い率で異教徒との通婚を行なっているユダヤ人住民たちが，何を優先させているかということを反映するものである．最大級のコミュニティは，チューリヒ，バーゼル，そしてジュネーヴにあるが，ジュネーヴにはまた数多くの国際的ユダヤ人組織や救済機関の世界ないしヨーロッパ本部がおかれている．この国のシナゴーグのほとんどは正統派ないし伝統派だが，チューリヒとジュネーヴにはリベラル派の信徒団があり，セファルディームのシナゴーグもジュネーヴにはある．

上　ドイツの経済相ルートヴィヒ・エアハルトが，1961年，ヴォルムスでのラシー・シナゴーグの再献堂式でスピーチしているところ．「水晶の夜」（1938年11月9日）にナチスによって破壊されるまで，ここは，現役のものとしてはヨーロッパ最古のシナゴーグであり，部分によっては1034年にまでさかのぼるものであった．

下　レンクナウのシナゴーグ．レンクナウは，17世紀初頭から19世紀中葉にかけて，スイスでたった2か所だけ，ユダヤ人の居住が許されていた場所の一つである．

左　1981年にベルギーでおきた爆弾による襲撃の被害．1979年から1982年のあいだに，ユダヤ人の至るところで，ユダヤ人の生命や財産への襲撃が何百となくおきた．そのいくつかはアラブ人テロリストによるものであるが，多くは国内の政治的過激派によるものである．

右　ミュンヘン近郊のダハウ強制収容所で行なわれたこの記念式典も，おぞましい過去をまた別の意味で想いおこさせる．ナチスの残虐行為の記憶をぬぐい去ったり，振り捨てようとする強い圧力のあるドイツでは，こうして想いおこすことはまだまだ必要なのである．

ヨーロッパ

下端 ユダヤ人がスウェーデンで,最初に居住を許されたのは1775年のことにすぎない.ユダヤ人解放をかちとるには1870年までかかった.しかしスウェーデンのユダヤ人は,まわりの人びとと仲よく暮らしてきた——実際,その一番深刻な問題といえば周囲との同化が進みすぎるということなのである.この写真では,カール16世グスタフ国王がシルヴィア王妃とともにシナゴーグを訪問している.

右 旧ソ連で出国を許されてこなかったボリス・カッツが,1978年,ウィーンの空港に降り立ったところ.ウィーンは,ソ連を離れる国外退去者たちにとって,出口の役割を果たしていた.そのうちの一部は,実際にはこの町に住みついてしまっている.

オーストリア

ウィーンは,かつてはユダヤ人世界の知的な中心地の一つだったが,沈滞の淵に沈んでしまっている.1934年には,ウィーンの総人口が200万人にも満たないなかで,この街には17万8000人のユダヤ人がいた.今日ではわずか数千人のユダヤ人がいるだけで,その多くは東ヨーロッパと中央アジアからの移民である.オーストリアの他の主要都市にも小規模なコミュニティがある.根深い反セム主義は,オーストリアのユダヤ人にとって暮らしにくい状況を作りだしており,場合によっては暴力行為が突発することもある.ウィーンは,1981年8月のアラブ・テロリストによる大シナゴーグ襲撃の舞台となり,そのとき2人が殺された.当時のオーストリア首相,ブルーノ・クライスキーはユダヤ系の出自なのに,パレスティナ人活動家をあからさまに支持したり,その後パレスティナのアラブ人に関するイスラエルの敵対的な態度を非難する発言を行ない,強い批判を浴びた.

スカンディナヴィア

スカンディナヴィアのユダヤ人はほんの数千人を数えるにすぎない.デンマークとスウェーデンには200年以上さかのぼるユダヤ人の歴史があるが,両国の場合は,そのコミュニティが今世紀になって移民によって発展したというヨーロッパでは稀有な事例に属する.両国とも,1968年にはポーランドからの難民のために受け入れ施設を整えた.スウェーデンは,第二次世界大戦中も,また戦後になっても多くの難民を受け入れており,実際デンマークのコミュニティがそっくりそこに含まれるほどだったが,その多くはのちに出国している.現在は国内に5000人ばかりのユダヤ人がいて,その半数が首都に住んでいる.デンマークのユダヤ人のほとんどはコペンハーゲンに暮らしている.ノルウェイとフィンランドのもっとずっと小規模なコミュニティとなると,その起源をさかのぼることせいぜい1850年代にすぎない.やはり主として首都に集中して住んでいる.

左　もっとも著名なウィーンのユダヤ人の一人，テオドール・ヘルツルの元来の墓．1949年，彼の遺体は掘りだされてイスラエルの国立廟に埋葬し直された．

下　スペインのありとあらゆるところで，中世にユダヤ人が存在したあとをたどることができる．その多くが近年になって復元されている．この壮麗な12世紀のシナゴーグは，サンタ・マリア・ラ・ブランカというキリスト教の名で一般には知られているが，コルドバの大モスクを想いおこさせるような，その幾列も連なる列柱と馬蹄形のアーチに，トレドを訪れる誰もが感動してしまう．

左　この彫像の献辞には，「コルドバからマイモニデスへ」とある．この町の生んだもっとも著名な一人のために，1964年に建造された．

下　ポルトガルでは，1497年に強制的にキリスト教の洗礼を授けられたが，多くの者はまったくの秘密のうちにユダヤ教信仰を守り続け，自分たちのあいだだけで結婚し，何世代にもわたって祈禱や儀礼を口伝えに伝えてきた．祈りの先導をしたり，伝統を守り伝えていたのはしばしば女たちであった．人里離れたところにあった数少ない新キリスト教徒のコミュニティがかろうじて生き残り，自分たちを，この世に残された最後のユダヤ人であると信じこんでいたのであるが，1917年に彼らが偶然に「発見」されるまで，そうしたことが続いたのである．

何世紀にもわたる荒廃した状態ののち，スペインでユダヤ人たちの生活が再び営まれるようになったのは，ほとんど奇跡に等しい．事実上，それは1960年代に始まった．それ以前は，ユダヤ人は他の宗教上のマイノリティ同様，不安にかられながら生活してきたのであり，スペインの公式の歴史のなかでの否定的なユダヤ人イメージによって憎悪さえされていた．

左　ソフィア王妃が，1976年にマドリードのシナゴーグを訪れた際，訪問者名簿に署名している．

左中央　マヨルカ島のコミュニティは，公式には1971年に設立された．同コミュニティは，この島が休暇用リゾート地や外国人の隠居所として人気があるために成り立っている．

イベリア半島

スペインのコミュニティもまた発展しつつある．1931年に共和政を宣言する以前は，国内にはユダヤ人はほとんど存在せず，厳しく自由を制限されていた．臨時共和国政府は進んでユダヤ人移民を受け入れる旨宣言し，マドリード市当局も地元のユダヤ人コミュニティに墓地用の土地一区画を譲渡した．まもなく，モロッコや中東からのセファルディーム，中部および東ヨーロッパからのアシュケナズィーム双方の移民がやってきだした．1936年に勃発した国家主義者の反乱には，その底流に明らかな反ユダヤ主義があったのだが，フランコ将軍は，ナチズムを逃れた多くの避難民にスペインでの避難所を提供し，のちに1967年，ユダヤ人コミュニティを宗教団体として全面的に承認した．現在のスペインには，1万2000人ほどのユダヤ人がいると見積もられており，マドリードとバルセロナにはそれぞれ3000人以上が住んでいるし，マラガや，その他にももっと小さなコミュニティが何か所もある．移民も続いているが，とくにモロッコや南アメリカからが多く，それにスペイン・ユダヤ人社会の文化遺産についての関心が，より大衆的な広がりをみせながらめざましく復活してきている．

ポルトガルでは，1910年の王政廃止後ユダヤ人には礼拝の自由が認められていたが，コミュニティは小さなままである．実際ポルトガルには，ジブラルタルにも及ばないくらいのユダヤ人しかいないのだが，そのジブラルタルの場合は，驚くべきことに18世紀にさかのぼる重要なユダヤ人の歴史があり，四つの由緒あるシナゴーグが互いに数百mのところにあって，今なお使用されている．ユダヤ人は，1704年にジブラルタルがイギリスに占領されてすぐにここに住み始め，定住権が正式に認められた1749年までには，全人口の3分の1を占めるに至った．彼らは，一方ではこの町の生活に十全の役割を果たしながらも，ユダヤ人として先祖伝来受け継いできたものを誇りとして固く守り，その宗教的伝統に忠実である．

ヨーロッパ

イタリア

　イタリアでのユダヤ人の存在は，2000年以上にわたって途絶えることのない歴史をもち，また近代のユダヤ人は，イタリア人としての生活のすべての面にわたって積極的な活動をくり広げてきている（もっとも著名なイタリアの作家の何人かはユダヤ人の出である）．ナチスの圧力下でファシスト政権が人種法を導入し，しかも多くのユダヤ人が戦時中に収容所に送られたにもかかわらず，反セム主義はイタリアではあまり声高に叫ばれず，ユダヤ人住民の大部分が生き長らえた．戦後イタリアは，強制的に故国を追われた何千もの避難民に一時的な生活の場を与えた（ある時には，彼らはもとからたユダヤ人よりも多いほどだった）．その多くは，やがてイスラエルへと去っていった．さらに近年では，リビアからのユダヤ人が流れこんだり，ソ連から出国した多くの人びとが，他国へ向かう途上イタリアを経由していった．

　イタリアの現在のユダヤ人人口は，3万人を多少上回ると見積もられているが，そのうちのほぼ半数がローマに住んでおり，ついて重要なコミュニティがミラノにある．中心となる組織のイタリア・ユダヤ人コミュニティ連合は，コミュニティ活動の調整を行なっている．イタリアのユダヤ人社会は，移民のおかげで伝統的な宗教の形態が保たれているとはいえ，伝統的に周囲の社会によく統合され，同化されている．ユダヤ人としての教育と文化をはぐくもうと熱心な努力がなされてはいるが，ほとんど成功していない．ネオファシストの活動が活発になり，近年，不安をひきおこしている．1982年には何件かの暴力事件があり，そのいくつかは，とくにリビアからの移民を標的にしたものだった．しかしもっとも野蛮な暴力行為は，1982年10月の祭日の礼拝のあと，ローマの大シナゴーグから出てきた信者たちに向けられた襲撃で，2歳の子どもが殺され，多くの者が負傷した．アラブ人テロリストの犯行だとされている．

右　戦時中，ローマや北イタリアからユダヤ人を収容所へ強制移送したことは，敗北と，1943年秋のドイツによる占領とによって受けた精神的な傷の一部となっている．移送された人数は，ナチスに占領された他の国々と比べて大きなものではなかったにしても，衝撃は深刻なものだった．6週間のうちに，1万人近いユダヤ人がアウシュヴィッツに送られた．そのほとんどは生き残らなかった．1963年10月に行なわれた，ローマからの強制移送20周年を記念するこの式典には，ローマ市議会があげて出席している．記念式典はポルティコ・ドッタヴィオで行なわれたが，そこの大通りのところにかつてのゲットーがあった．

下　ローマの南，セルモネタの中世のシナゴーグ．1555年の教皇令でユダヤ人が追放されたおりに放棄された．

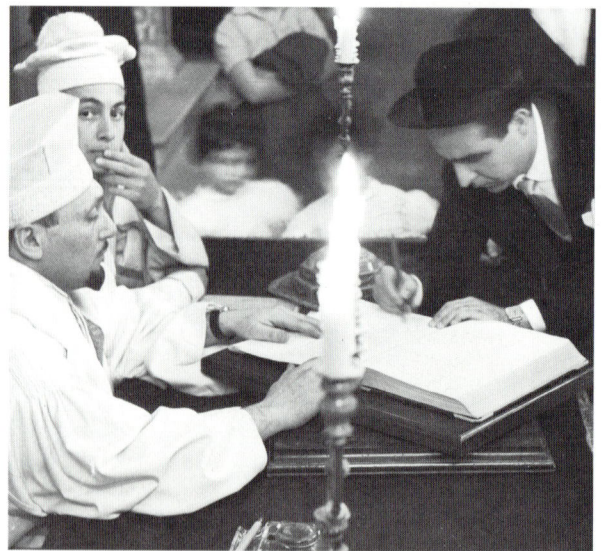

右下　ローマのシナゴーグでの結婚登録．

右　1870年のガリヴァルディのローマ入城は，ユダヤ人コミュニティの存亡にとっては事態の好転をもたらしたが，ローマの再開発計画の一環として，テベレ川岸にあって，狭くて混み合っていたゲットーが一掃されるという事態をも生じた．そこでユダヤ人コミュニティは，五つの古いシナゴーグがあった場所に，新たに見出した自由と自尊心にふさわしい堂々たる建物の建設を決めた．新しい建物は1904年に落成し，川をみおろす眺望のよい位置を占めている．シナゴーグ建築の主流であるムーア風リバイバル様式を避けて，建築家たちはオリエント的な特徴を目立たせながら，より純粋なイタリア・ネオクラシック様式をめざしている．

ヨーロッパ

ユダヤ人の歴史的建造物の豊富さでは，世界中のどの都市も，二つのゲットーと五つの立派なシナゴーグが隣りあって密集しているヴェネツィアと比べられるようなところはない．「ゲットー」ということばは，おそらくヴェネツィアが起源であろう．いずれにしても，ユダヤ人が最初に特定区域に閉じこめられ，夜には鍵をかけてしめこまれるようになったのは，1516年にここでおきたことなのである．新ゲットーの大ドイツ・シナゴーグ（下端図）は1528年に献堂されたが，今日みられるのは，主として17世紀末以降に修復されたものである．

ヨーロッパ

ハンガリー

　ハンガリーは，いまだに比較的多くのユダヤ人人口をかかえ，少なくとも首都ではユダヤ人が盛んに暮らしているという点で例外的である．実際ブダペシュトは，活動している多数のシナゴーグ，何人ものラビ，典礼歌独唱者，ユダヤ人の屠畜業者，および独自のラビ養成神学校を誇る，ヨーロッパでも数少ない都市の一つである．

　1930年の国勢調査では，ハンガリーで44万4567人のユダヤ人を記録しており，これはほぼ870万人に近い総人口の5.11％にあたる．しかしブダペシュトではその比率はもっとずっと高く，100万人を少し越える都市総人口のなかで，ユダヤ人は20万4371人だった．ハンガリー・ユダヤ人の約半数は，ほとんどが1944年3月のドイツ軍占領に続く数か月のあいだに，ホロコーストで根絶やしにされた．戦争が終わってみると，ブダペシュトには約11万人のユダヤ人が，そして国内の他の地域にはほんの3万人ほどが残っていた．1956年の挫折した蜂起の時期，2万人以上の若いユダヤ人が，一時的に国境が開かれたときに脱出したものとみられるが，このとき以外には国外移住はほとんど不可能だった．1975年では，ユダヤ人人口は総人口1050万人のうちの10万人であって，その5分の4が首都に住んでいる．

　古代ローマの時代にユダヤ人が存在していた証跡があるが，ユダヤ人の定住の基礎は，13世紀に国王ベラ4世が，モ　ハンガリーのユダヤ人社会は，今なおヨーロッパ的な近代主義の原理を固く守っている宗教組織がある，という点で独特である．ネオローグ運動は，18世紀末に始まったものだが，ナチス時代の傷あとと，共産主義支配に移行したときの苦しみにも耐え，今日では若いハンガリーのユダヤ人たちのあいだで，新たな共感をえるに至っている．

右　ブダペシュトでの葬儀．棺はラビたちが運んでいる．彼らはネオローグ派独自の聖職者の衣をまとっている．

下　正統派は非常に数を減じていて，この写真にみえる，美しいが，痛ましいほどに荒れ果てたコジンツィ街シナゴーグの裏の中庭に集まって暮らしている．

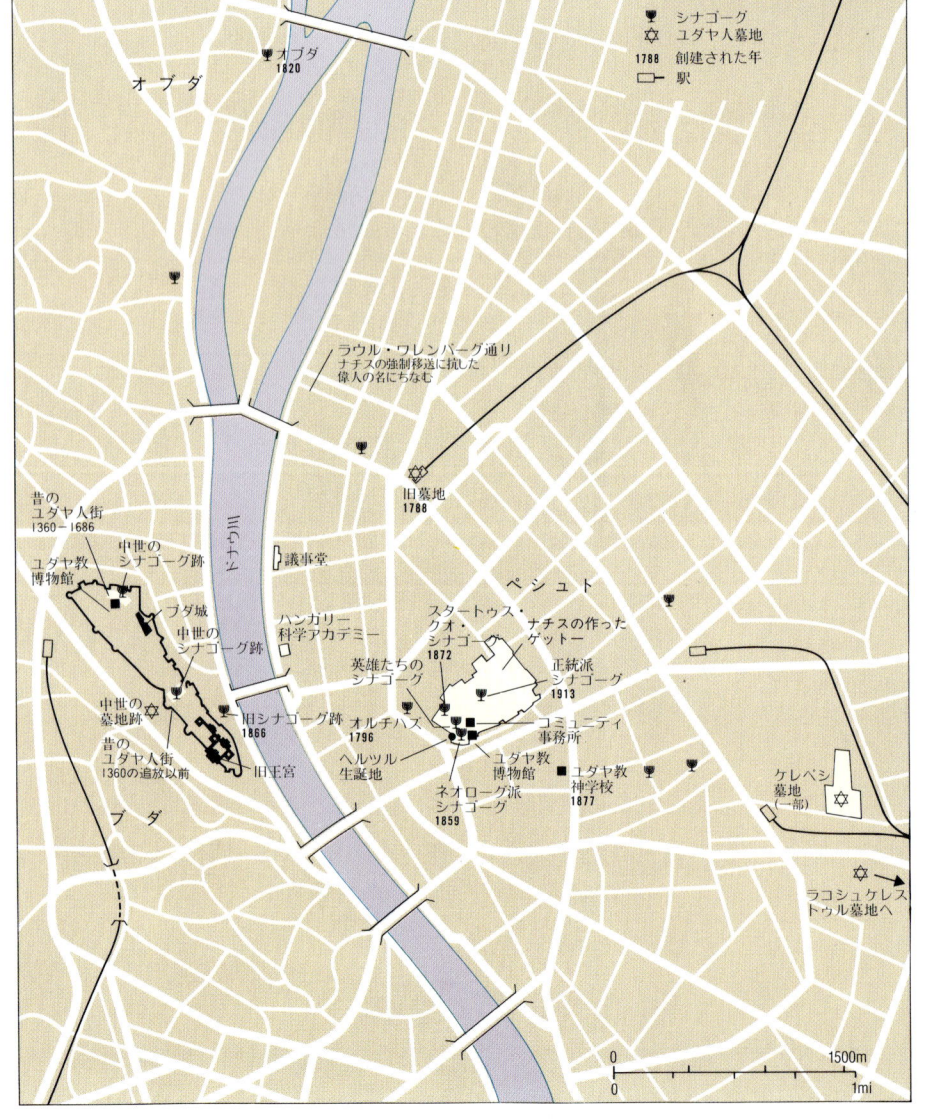

上　ペシュトのユダヤ人中央墓地．後景にみえるのは，ナチスによる強制移送の追悼記念碑で，亡くなった人びとの名が刻まれている．

左　ユダヤ人のブダペシュト．中世のコミュニティはブダの城壁内に集中していた．ユダヤ人は，1783年の皇帝勅令ののちペシュトに定住することを許された．

ヨーロッパ

ンゴル人による侵略のあとの経済復興の一助に，商業の経験を積んでいる人びとを国内へ招き寄せたときに築かれたものである．近代でも，ユダヤ人はこの国の経済発展に図抜けた貢献をしている．ユダヤ人解放の翌1868年，政府はコミュニティの構造整備をめざしてユダヤ人全体会議を招集した．ユダヤ人はその当時，正統派とネオローグ（穏健改革派）の運動とに極端に分断されていた．1895年になって，ユダヤ教は少数者の宗教として公式に認められた．正統派は，全体会議のなかでは自分たちがかなり数で優ることを知ると，独自の別組織を結成したが，ほんのいくつかの信徒団はどちらの傘下にも入ることを拒否した．この3種の別々の宗教組織が，1950年まで並立して続いていたのである（正統派の人びとは主として地方に住んでいて，戦時中の収容所送りでは不釣り合いなほど悲惨な目にあっていた）．その後，種々多様な宗派を，もっと上からの国家統制のもとにおくことをめざす一連の動きが進むなかで，一つの組織体として合併させられることになった．政府はすでに1948年末に，ハンガリー・ユダヤ人中央委員会と協定を結び，公的な承認を与えること，宗教行為の自由や他宗教と同じ基準で財政援助を与えることを定めていた．そしてこの協定は1968年に更新されている．シオニズムの諸組織は，1949年に解散させられた．

現在ブダペシュトには30か所にのぼるシナゴーグや祈禱所があり，首都以外では70か所ある．すべてが中央委員会に所属しているが，ネオローグと正統派のラビ団は別々に分かれている．1877年に設立されたユダヤ教神学校は，ハンガリーおよびその他の東ヨーロッパ諸国に派遣するラビの教育を行なっている．

右上　ドハーニ街シナゴーグは，ブダペシュトでは目立つ建物の一つであり，ヨーロッパ最大のシナゴーグ建築でもある．1859年にムーア様式で建てられたもので，優に3000人以上の礼拝者の席が設けられる．うしろにみえるドームは英雄たちのシナゴーグに属すもので，第一次世界大戦での死者を記念するものだが，一方中庭は，ナチスの凶行の犠牲者となってそこに葬られている人びとを記念するために捧げられている．

右下　大祭日の礼拝が行なわれているシナゴーグの内部．ひげをはやした司式者はラースロー・シャルゴー博士で，ネオローグ派の首席ラビであり，ハンガリー国会の議員でもある．

左　1877年創立のユダヤ教神学校でのラビ任命の儀式．ラビや学者の教育におけるこの神学校の役割は，ここ何十年かてますます重要なものとなってきている．学識ある校長のアレクサンダー・シャイバー教授が，ラビ任命候補者に対して説教をしているところである．

ヨーロッパ

左 1977年に，イスラエルの首相になった直後のメナヘム・ベギンが，ブクレシュティのシナゴーグの満員の会衆に演説をしている．ルーマニアは，どのワルシャワ条約機構諸国よりも，イスラエルに対して友好的であった．すなわちワルシャワ条約機構諸国のなかで，イスラエルと外交関係を保ち，しかもシオニズムを人種主義とみなす立場を否定する唯一の国だった．

左下 ルーマニアの首席ラビであるモーゼス・ローゼン博士が，ナチスによって北トランシルヴァニアから強制移送された，15万人を越える犠牲者の記念式典に出席している．ローゼン博士はルーマニア国会の議員でもあり，ユダヤ人コミュニティを代表して政府との微妙な折衝の指揮をとってきた．またルーマニア・ユダヤ人の大量の国外移住をとりしきり，同様に残った者たちについても，ユダヤ人としての生活の条件をひきあげることもしている．

上 プラハでもホロコーストの記憶は強い．この写真は，アウシュヴィッツで殺された人びとを追悼する祈禱が捧げられているところである．

右 ゴシック様式の「旧‐新シナゴーグ」は，古くからプラハのユダヤ人社会が受け継いできたもっとも重要な遺跡である．現在は，プラハ・ユダヤ人宗教コミュニティの所有に帰していて，定期的に礼拝に使われている．

右端 ロマネスク様式の霊廟は，今世紀の初めに建設されたもので，ここには戦前，ユダヤ教関係の美術館として第一級の品々が集められていた．現在では，テレジン強制収容所の子どもたちの胸を打つような絵画と詩のコレクションが収められている．

ルーマニア

ルーマニアには，3万人にのぼるユダヤ人が残されていて，その半数がブクレシュティに，残りは70近くの小規模なコミュニティに散在しているとみられる．ユダヤ人の半数以上は60歳以上で，20歳以下はほんのわずかの割合でしかないといわれている．

第一次世界大戦後に付け加えられた領土を含む大ルーマニアには，第二次世界大戦前，80万人以上のユダヤ人がいた．その付加された領土——とくにベッサラビア，ブコヴィナおよびトランシルヴァニア——では，ユダヤ人の収容所送りは非常に悲惨なものとなった．旧ルーマニアのユダヤ人社会は，無傷のものはなくとも，その厳しい試練によく耐え（1941年のブクレシュティとヤシのポグロムのおりには，何千ものユダヤ人が残虐に殺害され，今日でも恐怖とともに記憶に残されている），その結果，少なくとも相対的には壊滅を免れた．1948年，生き残った者や収容所からの帰還者たちが恐怖に駆られて出国していったあとでさえ，まだ35万人ばかりが残っていた——これは旧ソ連とイギリスを除けば，ヨーロッパ諸国で最大のユダヤ人人口であった．スターリン時代には，国外移住は阻止され，ユダヤ人のコミュニティ組織や政治組織は，解散させられるか，共産党の統制下におかれた．宗教的な行事は厳しく規制され，宗教はシオニズムと並んで共産主義者であるユダヤ人の指揮によって激しく指弾された．ニコラエ・チャウシェスクの政権下では，コミュニティの諸組織に対する共産主義者の支配は除かれ，宗教や教育関係の，あるいは社会的な組織が徐々に復活されていったが，それと表裏をなして，ユダヤ人住民の計画的なイスラエルへの移送が行なわれた．この新しい政策は，カリスマ性のある政治的手腕にたけた首席ラビが巧みに操りながら実行していった．

ルーマニアのユダヤ人社会は，主としてアシュケナズィームで，かつ正統派であるが，セファルディームも少数存在し，マジャール語（ハンガリー語）地域のトランシルヴァニアには，ネオローグのシナゴーグがいくつかある．1949年に，各市にあった別々の信徒団が，政令によって単一のコミュニティとして合併させられた．反セム主義は，王政の末期まではびこっていたが，共産主義政権下では徐々に根絶されてきている．

チェコ/スロヴァキア

チェコ/スロヴァキアでユダヤ人であるとはっきり名乗っている人びとの数は，一般にはおよそ8000人とされ，その半数はチェコ（ボヘミアとモラヴィア）に，半数はスロヴァキアに住んでいる．

1930年の国勢調査では，ユダヤ教を信仰する者35万6000人が登録されており，うち19万1000人は自らをユダヤ民族であると述べている（この民族区分は1920年の憲法で認められたものだが，戦後に廃止された）．ドイツからの解放後，国内には4万5000人にのぼるユダヤ人がいた（下カルパティアのルテニア地方は含めない．ここは1945年にソ連に併合されたが，1939年以前には10万人以上のユダヤ人を擁していた）．そのうちの3分の2ほどが1950年までに国外移住し，さらに1968年のソ連の干渉後もより小規模な国外移住の波がおこった．

最初の社会主義憲法（1948年）は，信教の自由を宣言し，人種的ないし宗教的な憎悪感情の扇動を禁止していた．宗教組織を規制する一連の法律（1949年）は，カトリック教会の強硬な反対にあったが，ユダヤ人コミュニティからは平等と財政面での安全を保障するものとして歓迎された．結果的には宗教資産（シナゴーグを含む）は没収され，若干の事例ではキリスト教のコミュニティに寄贈されたが，その一方でユダヤ人コミュニティを支えるには資金が不足し，多くのコミュニティが消滅してしまった．1951年には党と政府の要職を占めていたユダヤ人たちが排除され，「西側帝国主義の手先」の烙印を押されて逮捕された．1952年のみせしめ裁判では14人の被告のうち11人がユダヤ人であり，なかには副首相であり前共産党書記長であったルドルフ・スラーンスキーが入っていた．1968年に指導的立場にあった「リベラルな共産主義者たち」の何人かは，ユダヤ人の出自であった．ソヴィエト側の宣伝は反セム主義的な偏見を利用してこの点を強調し，その結果ユダヤ系の指導者たちは結局更迭された．

ユダヤ教の礼拝は，現在プラハの二つのシナゴーグやその他数多くの中心地で定期的に行なわれている．スロヴァキアにはいくつか伝統主義に立つコミュニティがあるが，チェコのユダヤ教は伝統的に改革派に傾きがちである．ラビのうちでも古い世代はいなくなり，何年間か，チェコ/スロヴァキアには宗教的指導層がいなくなった．しかし今日では，ブダペシュトで養成された若いラビが1人，プラハにいる．

ヨーロッパ

ポーランド

ポーランドのユダヤ人コミュニティは6000人以下とみられ，ほとんどが年老いた恩給生活者である．宗教信徒団連合によれば，メンバーとなっているのは19の信徒団とのことで，その最大のものはワルシャワとヴロツワフにある．

第二次世界大戦前，ポーランドには300万人を越えるユダヤ人がいた．ドイツからの解放時には，わずか5万人しか残っていなかった．その上，何百人かはその後に勃発した反セム主義暴動で殺された．その後何年間かのうちに20万人ほどが主としてソ連から戻ってきたが，その大多数はまもなく再度出国し，1950年までには6万から7万のあいだの人口を数えるばかりとなった．ヴワディスワフ・ゴムウカが1956年に権力の座につくと，4万人から5万人が国外移住を許可され，国内に留まった者の多くは，1968年に政府のあと押しでくり広げられた激しい反セム主義キャンペーンにさらされた．

他の共産圏諸国と同様に，ユダヤ人組織は，1940年代後半

左　クラクフの旧ゲットー，カジミエシュの入り口．1937年．ポーランド・ユダヤ人のイメージを描いてみると，それは否応なく，過去の豊かさと現在の貧しさの対照を際立たせるものとなる．ホロコースト以前には1万7000もの別々のコミュニティが，大都市から小さな村々に至るまで存在していた．歴史上の経験や，あるいは印象に残る記念建造物という点に関しては，クラクフと肩を並べられるところはほとんどない．現在ではユダヤ人はほとんど残っていないが，それでも細心の注意を払って修復された壮麗なレマ・シナゴーグでは，今なおお礼拝が行なわれている．「古い」シナゴーグは，ヨーロッパ最古のものの一つだが，やはり修復されてユダヤ教博物館となっている．しかし実際上は，ポーランド全体がユダヤ教博物館だといえる——あるいは，むしろ手入れがされていない墓地なのだと．

下端　祝福のためにあげた聖職者の両手，シェニャヴァの墓石より．

下　野原に砕け散った石——かつては人口豊かな地方コミュニティであったものの，残ったすべてである．

ヨーロッパ

下 ラビ，ワルシャワ，1938年．破壊される以前，ワルシャワはヨーロッパにおけるユダヤ教文化の中心地の一つであり，実際，恵まれているユダヤ人の暮らしぶりも目立つものだった．書物は尊重され，敬意をもって取り扱われていた．今日では，残ったものはほとんど何もなく，失われた過去を記念する遺跡としてみなされるものすらない．

右 リヴォフは，同地のユダヤ人社会が繁栄したのはオーストリア支配下にあったときだし，今ではウクライナになっているのだが，やはりポーランドを語るのに欠かせない．ポーランドの人びとは，常に恣意的に決められる国境線に左右されながら，暮らしてきた．

右中央 ポーランドのシュティーブルのハヌカーの祭り．ハヌカーの灯は，年老いて消えかかっているコミュニティに小さな希望をもたらす．

上 クラクフで1978年に撮影されたポーランド最後のコシェルの肉屋．週に一度開店していた．最後のコシェル・レストランは10年前に店じまいした．

下 驚くべき発見．1950年，かつてワルシャワ・ゲットーのあったところで，二つの封印された牛乳缶が掘り出された．なかには，ゲットーに関する文書が入っていた．1943年の歴史的な蜂起直前に，密閉されたものだった．

に解散させられるか，共産党の統制下におかれるかした．いくつものシオニズム政党が抑圧され，ブント［66頁参照］は統一労働者党に合流させられた．のちに1952年憲法に編入されることになる1949年の法令は，信教の自由を認めていた．そこで宗教連合（63の信徒団が加わっている）が結成され，公式に承認された．同時に，共産党主導のユダヤ教文化・社会連合が，ユダヤ教文化を「形態は民族的なものとして，内容は社会主義的なものとして」奨励するために設立された．共産党政府は，一般論としては，長いことポーランドに根づいていた反セム主義を抑えこむ努力をしていた．しかしそれには深刻な逸脱がみられ，とりわけ1968年と，さらに1980年以来のものは，ともに国家の政治的・経済的危機と関連している．

ポーランドのユダヤ教は伝統主義に立つものであるが，ラビはおらず，宗教教育の施設もなく，宗教活動はほとんど行なわれていない．

その他のバルカン諸国

　バルカン半島南部では，ユダヤ人の存在は古代に端を発するが，実際にはオスマン帝国の統治下に入ってから，スペインや，もっと小規模だが東ヨーロッパからの避難民によって増加したのである．何世紀にもわたってキリスト教会から反ユダヤ主義を吹きこまれてきたにもかかわらず，一般大衆はナチス時代にも好意的にユダヤ人を支え，ブルガリアでは，ユダヤ人の数は実際，戦争中に少々増加さえした．それでも，あちらこちらで深刻な損失がみられ，そのうちもっとも悲惨だったのはサロニカの総勢6万人を擁するコミュニティが全滅させられたことだった．戦争終結時には，ブルガリアに4万9000人，ユーゴスラヴィアに1万1000人，ギリシアに同数，そしてアルバニアに2～300人のユダヤ人がいた．1948年10月から1949年5月にかけて，4万人にのぼるユダヤ人がブルガリアから出国し，さらに4000人が1950年夏に去っていった．同じ時期に，ユーゴスラヴィアとギリシアから何千人かが出国し，その結果，この3国のどのコミュニティも現在，ほんの2～3000人台の成員を数えるにすぎない．

上　サロニカの一家族．19世紀には，サロニカは，事実上ユダヤ人の町だった．非ユダヤ人の少数者——ギリシア人，トルコ人，アルバニア人——もユダヤ教の祝日には店を閉じ，多くの者はユダヤ系スペイン語を話しさえした．1930年にサロニカにあった60のシナゴーグのうち，今日では二つしか使われていない．

右上　16世紀にロードス島がオスマン帝国に征服されたのち，そこで栄えたかつてのすばらしいユダヤ人社会は，今日，ほとんどあとを留めていない．しかし，今なお機能しているシナゴーグはある．これはギリシア全体でたった12しかないうちの一つである．

右下　ソフィアのシナゴーグは，前世紀に流行したビザンティン・ムーア様式で建てられている．ソフィアのユダヤ人社会の起源は古代ローマにさかのぼるが，ユダヤ人の一中心地となって繁栄するのは，スペインがユダヤ人を追放して以後のことである．シナゴーグは主としてセファルディームのものだが，バイエルンから避難してきた人びとの建てたアシュケナズィームのものも一つある．

下　ドゥブロヴニク旧市街の景観．この魅力的で小さなシナゴーグは，かつてはユダヤ人居住区だった小路に隠れているが，わざわざ訪れる旅行者はほとんどいない．

右下端　ボスニアはゼニカの，この修復なったシナゴーグは，現在博物館になっている．

旧ソヴィエト連邦

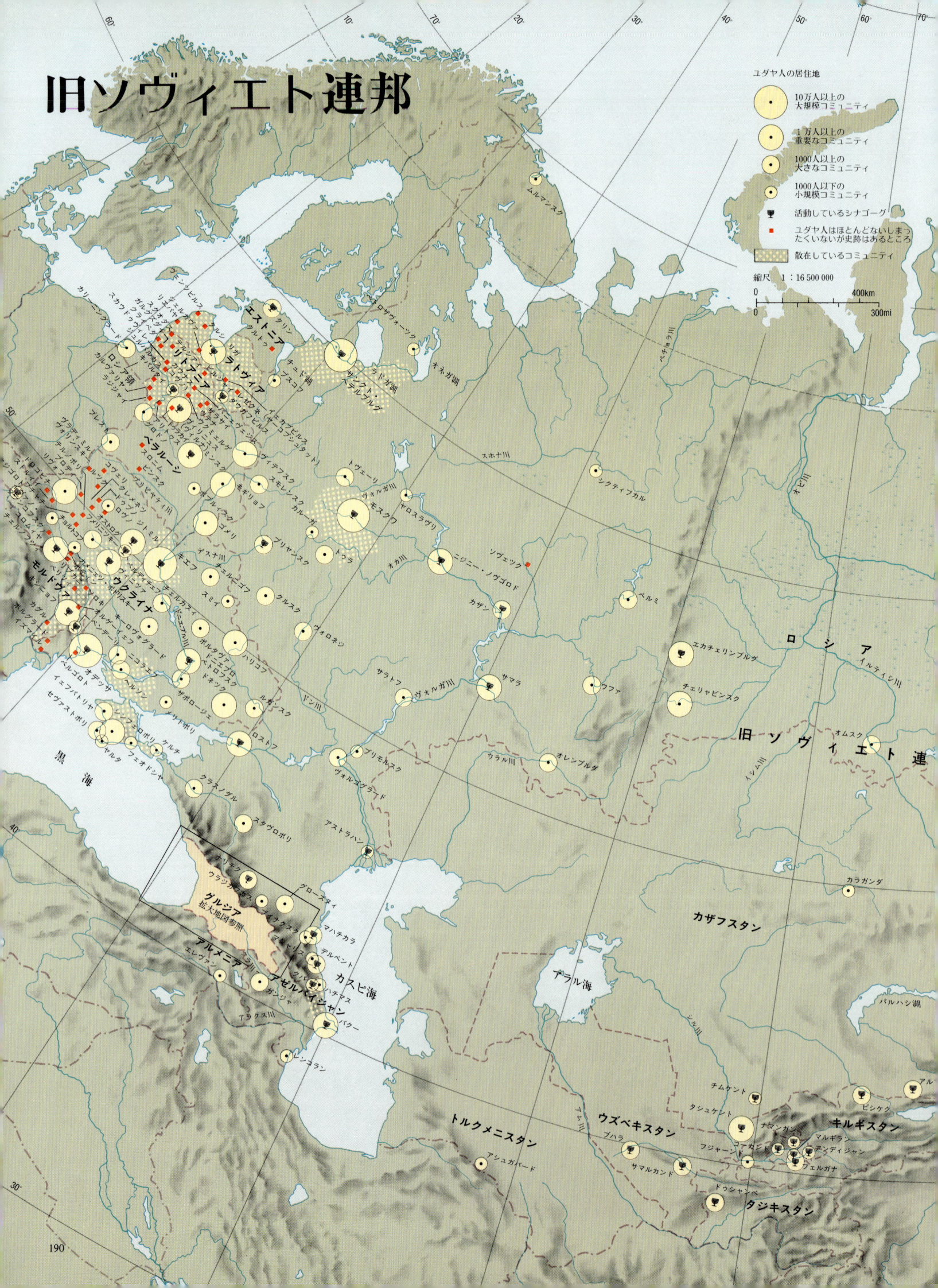

パステルナーク（1890－1960）、作家

エイゼンシュテイン（1898－1948）、映画監督

ダヴィッド（1908－74）とイーゴリ・オイストラフ（1931－）、ヴァイオリニスト

ボリス・ヴォリノフ（1934－）、宇宙飛行士

M・M・リトヴィノフ（1876－1951）、政治家

Y・L・レーヴィン、モスクワの首席ラビ

	1930年		1980年	
	ユダヤ人人口(概数)	1000人当りのユダヤ人数	ユダヤ人人口(概数)	1000人当りのユダヤ人数
旧ソ連	2 672 000	18	1 811 000	7
ロシア	589 000	6	700 000	5
ウクライナ	1 574 000	34	634 000	13
ベラルーシ	407 000	82	135 000	14
モルダヴィア*	—	—	80 000	20
リトアニア*	155 000	56	15 000	4
ラトヴィア*	96 000	52	28 000	11
エストニア*	4500	4	5000	3
ウズベキスタン	38 000	7	100 000	6
アゼルバイジャン	31 000	14	35 000	6
グルジア	31 000	12	28 000	6
タジキスタン	—		15 000	4
トルクメニスタン カザフスタン キルギスタン アルメニア			35 000	4

*1930年の時点では旧ソ連に入っていない．人口の欄の数値はもっとも近い年次の調査値を示している．その他の共和国のなかにも，1930年以降国境線が変わっている国があることに注意せよ．

旧ソ連からのユダヤ人移民

1948－1970	24 000	1976	14 000
1971	14 000	1977	17 000
1972	31 000	1978	29 000
1973	34 000	1979	50 000
1974	20 000	1980	21 000
1975	13 000		

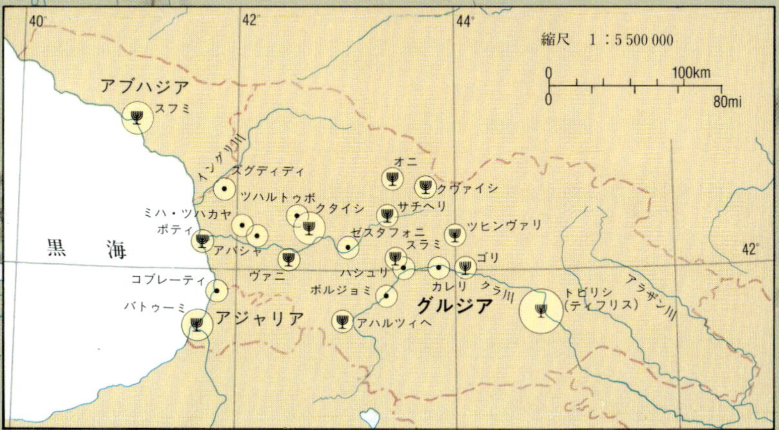

旧ソヴィエト連邦

右　旧ソヴィエト連邦のユダヤ人たちは、いくつかの別々の民族グループに属している。このブハラのユダヤ人の祖先はペルシアの出自であり、自身の母語はタジク語のユダヤ系方言、すなわちペルシア語である。1920年代および30年代には、ユダヤ系タジク語で書かれた文学も現われたが、それは1938年に始まった大粛清で完膚なきまでに抑圧されてしまった——旧ソ連におけるユダヤ人の第一級の文化は、このようにして根絶される羽目になったのであった。

戦争中の莫大な損失と1970年代に続いた相当数の国外移住にもかかわらず、旧ソヴィエト連邦はいまだに世界第3位の大量のユダヤ人人口を擁していて、その数はもっとも近い競争相手であるフランスの少なくとも3倍にはなる。しかしながら、この人びとは深刻な不利益をこうむっていたのである。旧ソヴィエト連邦下の他の宗教と同じく、ユダヤ教も厳しい制約のもとで活動していた。2～3のシナゴーグを除くと、ユダヤ人のコミュニティ施設はなかった。文化を発展させたり、ユダヤ人としての自己を表現する機会はほとんどなく、外国への旅行や外国からの移民、あるいは国際的な集会への参加などを通じて、実り多く視野を広げる機会もまったくなかった。シオニズムは禁止されていて、イスラエルとの接触もなかった。それに、ユダヤ教と社会主義ないしキリスト教との建設的な対話の兆候もみられなかった。ユダヤ人は一民族として人為的に区分されているが、他の諸民族とは違って独自の領土というべきものをもたず、その他の点でも、この分類は矛盾をはらんでいた。1917年までは、ロシアのユダヤ人は、世界を見回してももっとも遅れ、もっとも抑圧されたユダヤ人コミュニティをなしていた。革命ののちには、彼らのおかれた状況を「正常化」し、ソヴィエト社会に統合するための真剣な努力が払われたが、そのためにとられた手段はしばしば拙劣で荒っぽいものであったし、また、公然たる差別や隠れた差別、さらには当局の後盾さえ受けたもっとも原始的なたぐいの反セム主義によって妨害を受けたのである。1970年以降、反ユダヤ人差別や嫌がらせは、国外移住の急激な高まりと表裏をなして増加してきたようにみえた。さらに1980年からは、差別の方は激しさを増したが、一方移民は事実上止まってしまった。旧ソヴィエトのユダヤ人の問題がイスラエルおよび西側のユダヤ人の関心事のうちに大きな場を占めるようになったのは、一部にはこの地域に関係のある人たちが数多くいるためであり、また一部には多くの東方アシュケナズィームたちの父祖の地に対する情緒的な愛着によるものである。

1979年の国勢調査によれば、ソ連には181万人のユダヤ人がいて、総人口の約0.8％を構成していた。彼らは連邦の「民族」リストの16番目に位置し、キルギス人とチュヴァシ人のあいだにあった。それ以前の国勢調査では、1897年に500万人以上、1939年に300万人、1970年に215万人と報告されている（版図は各回で違っている）。

以上の人口数には異論も多く、総計250万人から300万人のあいだというのが旧ソヴィエト当局と西側専門家の引きあいに出される数であった。国勢調査の数はユダヤ人アイデンティティに関する民族的定義と、調査者に対する回答者自身の返答にもとづいている。定義の難しさ（とくに異教徒との通婚比率が高いこともあって）や、ユダヤ民族であることを認めたがらない可能性もあるとすれば、もっと大きな数もありえないことではないが、国勢調査の数は何らかの正確さや一貫性を主張しうるただ一つのものなのである。イスラエルを別とすれば、その他のユダヤ人人口の大きな中心地の細かな公式統計は存在しないということもあって、この数はとくに興味をひくものである。

旧ソヴィエトのユダヤ人は、さまざまな歴史的・宗教的・

上　グルジア共和国の首都トビリシ（ティフリス）にあって、役目を果たしている二つのシナゴーグのうちの一つ、セファルディームのシナゴーグで。グルジアのユダヤ人は、ユダヤ人としてのアイデンティティと非常に強力な宗教的伝統を維持し続けている。1930年代には、グルジア・ユダヤ教博物館がトビリシで開館されたが、たちどころに閉鎖となった。そこに収められた豊富なコレクションは、グルジア・ユダヤ人のよって立つ根の深さを証拠だてるものであった。

左　1893年に完成したサンクト・ペテルブルグのシナゴーグ。当時はツァーリ体制下のロシアの首都であった。ユダヤ人は、強制定住地域内に閉じこめられていて、首都にもごくゆっくりと引き寄せられていただけなのだが、それでも19世紀末までには、堅固でしっかりしたコミュニティができていた。以後、モスクワに追い越されはしたものの、このコミュニティはいまだにかなりのユダヤ人人口を抱えている。

上端　シナゴーグにて．壮大なモスクワの中央シナゴーグは，旧ソ連の首都でまだ活動しているわずか二つのシナゴーグの一つで，コミュニティとしてのアイデンティティを感じとることのできる焦点に自然となっているが，その女性用の座席がみえる．礼拝参加者は，今日なお，おもに高齢者であることが多いが，若いユダヤ人でもシナゴーグへ現われる人びとが近年数を増している．

次頁　ベラルーシ共和国の首都ミンスクのシナゴーグでの礼拝．この地にユダヤ人が現われるようになったのは15世紀にまでさかのぼるが，その当時のミンスクは，ベラルーシのおもな商業中心地であった．それが19世紀までには，全ロシアで最大のコミュニティの一つとなったのである．大シナゴーグは1959年に閉鎖された．この写真の小さな木造の祈禱集会所は，のちに市の郊外に建てられたものである．

言語的背景を背負っていくつかの別々の民族別コミュニティに属している．ほとんど90％を占める最大多数は，ヨーロッパ出自のアシュケナズィームで，彼らの祖先が話していた言語はイディッシュ語だった．もともとはポーランドにルーツがあり，そのポーランドの大部分が18世紀後半から19世紀初頭にかけてロシアに併合されたのである．ツァーリの支配下では，ユダヤ人は「強制定住地」の範囲を越えて広がってはならなかった．しかし1920年代以降，ロシアや事実上ソ連全土のおもな中心都市へと向かうかなりの移住が行なわれた．第二次世界大戦中と戦後に，東ヨーロッパの周縁地域まで（バルト三国，西ベラルーシ，モルダヴィア，北ブコヴィナとトランスカルパティアを含む西ウクライナ）がソヴィエト連邦に併合されたが，これら西部地域のユダヤ人は今日でも，もともとソ連国内で育った人たちとは著しい文化的な差異を示している．後者がロシアの文化と社会にかなり同化してしまっているのに比して，「西部」ユダヤ人はイディッシュ語や伝統的な宗教儀礼を守ることにずっと強度の愛着をもち続けている．

その他のユダヤ人集団はさらに東方に出自をもっている．グルジアでは古代から定着してきている．母語はグルジア語で，強い宗教文化と社会的結合力を保ってきた．1897年の国勢調査では，グルジアで1万9000人近いユダヤ人が記録されている．それが1970年には5万5000人以上で，そのうち3万2000人はグルジア語を母語とする．このとき以後，かなりな数のイスラエルへの移民があった．

さらに少し東，ダゲスタンとアゼルバイジャンには「山岳ユダヤ人」が住んでいるが，彼らは伝統的に，タト語と呼ばれるトルコ系言語を用いている．元来は山間の村々に住んでいたが，ここ数十年のあいだに地域の都市部へと移ってきている．

東部のユダヤ人でもっとも数が多いのはブハラ人で，その名を昔のブハラ＝ハン国からとっている．起源を古代ペルシア帝国にまでさかのぼることができる．母語はタジク語（ペルシア語の一形態）で，おもな中心地はサマルカンド，タシュケント，ドゥシャンベ，およびその他のウズベキスタン，タジキスタンの町々である．ブハラ人たちは前世紀からエルサレムに移住しており，そこで他と隔絶した民族的コミュニティを形成している．

第4のグループは，タタール語を話すクリミアのクリムチャク人で，ナチスによって事実上絶滅させられた．

ユダヤ人は旧ソヴィエト連邦を形成した15の国家に散らばっている．かなり多数が，ロシア連邦とウクライナに住んでいる．同じくベラルーシ，ウズベキスタン，モルドヴァにもかなりユダヤ人の集中がみられる．

彼らはほとんどすべて都市の住民である．ユダヤ人の98％は都市部に居住していて（総人口でみた場合，およそ60％が都市部に居住していることと対照をなす），その4分の1が三大都市モスクワ，サンクト・ペテルブルグ，キエフに住んでいる．彼らはまた，老いゆく人びとでもある．1970年の国勢調査によると，ロシアではユダヤ人のわずか15.1％が20歳未満で，一方，26.4％が60歳を越えていた（ロシア人でみると，それに対応する数字は35.5％と12％である）．出生率は非常に低い——通婚と国外移住による減少がなかったとしても，現在の人口を維持できないほど低い．実際，それ以後の国勢調査は，着実かつ劇的な，旧ソヴィエト・ユダヤ人人口の規模の縮小を示していたのである．

ツァーリの支配および共産主義体制下のユダヤ人

ツァーリのもとで，ユダヤ人は耐えがたい不利益をこうむってきた．1772年の第一次ポーランド分割以前には，ロシア帝国には事実上ユダヤ人はまったくいなかった．その後の数十年間に何十万ものユダヤ人がロシアの支配下に入ることになったが，彼らは制度として強制定住地に閉じこめられ，疑いとさげすみをもってとり扱われた．劣等な地位，反セム主義，貧困，強制定住地内の人口過剰，それに自らを向上させる機会がないことが相まって，欲求不満と絶望感を醸成した．この状況は，1881年のアレクサンドル2世の暗殺に続く反動時代にはさらに悪くなる一方だった．政府はあからさまな反ユダヤ主義政策をとり，野蛮なポグロムの波がおきた．多くのユダヤ人が国外へ移住するか，革命運動に身を投じていった．

1917年2月の革命は熱狂的な歓迎を受けた．臨時政府の出した最初の法令の一つは，ユダヤ人に課せられていたすべての法的制約を廃止するというもので，ユダヤ人たちはただちに，かつてない政治・文化活動への熱狂にめざめたのだった．シオニズムや社会主義，さらには宗教にもとづく諸政党が，支持者大衆を引きつけた．初めて，ユダヤ人が前進するのに何らの障害もなく，全面的な自由への現実的な希望があるように思えた．それと同時にユダヤ人は，内戦とそれに続くポグロム，また経済改造によって，過酷な苦しみを味わった．ウクライナだけで，20万人以上が虐殺され，さらに何十万人もが家を失い，窮乏化した．ユダヤ人は強制定住地からあふれだし，ロシアの大都市をめざした．多数が共産党に入党した——実際1927年までには，彼らは党員のなかで3番目に大きい民族グループとなっていた．

ユダヤ人に対するソヴィエトの公式的な姿勢は，混乱し，矛盾していた．社会主義理論は宗教に対しては否定的見解をもっていたが，しかし厳格に社会主義の諸目的に役立つ一時的な手段としてなら，民族文化の奨励もある程度認める余地があった．だが，ユダヤ人は民族なのだろうか？　スターリンは，その権威ある論文「マルクス主義と民族問題」（1913年）のなかで，その問いに否定的に答えている．「民族とは，言語，領土，経済生活および文化共同体として表わされる心理的な構造をもち，歴史的に発展し，安定した共同体である」．しかしユダヤ人は，スターリンのいうところでは，「彼らの宗教，共通の出自，民族的な特性のある種の残存物」を除けば，何も共通のものをもっていない．必然的に彼らは同化への道を進むのであって，ユダヤ人の民族自治の要求はこの過程に対する反動にすぎないことになる．しかしながら，実際問題

旧ソヴィエト連邦

としてはユダヤ人は暗黙のうちに民族的な実体として認められていた．1918年初頭，ユダヤ民族問題担当人民委員部（イェフコム）が設置された．これは，現存している自治的なユダヤ人組織を解散させ，その資金，財産を不当に没収した．それと時を同じくして，党の方針を遂行し，ユダヤ人労働者に共産主義の宣伝を行なうために，共産党内にユダヤ人部会（イェフセクツィ）が創設された．イェフコムは1924年に，イェフセクツィは1930年に廃止されたが，それでもユダヤ人はすべての公的刊行物のなかで一民族として扱われ続けていた．1933年に国内パスポート制が導入されてからは，ユダヤ人の両親をもつ子どもは個人記録の上でユダヤ民族であると認定された．

ユダヤ人を民族として区分することの明らかな矛盾点の一つは，彼らには民族としての領土が欠けているということだった．共産党はシオニズムには強硬に反対し，シオニズムは1920年代以来仮借なく弾圧されてきた．そのうちに，ユダヤ人を彼ら自身の領土となるべき土地に入植させる計画が策定されるようになった．ソヴィエト中央執行委員会議長のミハイル・カリーニンは，ゲセルド（あるいはオゼット，すなわち「ソ連邦におけるユダヤ人労働者の入植のための協会」）の一員でもあった人だが，1926年，その協会に対して次のように述べている．「ユダヤ人は現在，その民族性を維持するという大きな課題に直面している．この目的のためには，ユダヤ人住民の大部分が，固まって住む農業人口へと自ら姿を変えていかなければならず，その数は少なくとも数十万をくだらないものとする」．極東地域の広大で人口がまばらな地で，ソ連と中国東北部を隔てるアムール川沿いのビロビジャンが，この計画のための土地として選定された．その目的は，一部には攻撃を受けやすい国境地帯に入植させること，一部にはシオニズムから注意をそらし，その一方で国外のユダヤ人から財政的な援助をえて，貧困化しているユダヤ人の経済的窮状を救うということだった．計画は容認されたが，現実の成果は当てが外れた．極東の地で，冬季の気温がマイナス14℃にもなる困難な環境のなかで，厳しい労働をするために自発的に入植するよう人びとを説得するのは厄介であった．挑戦に乗りだしたユダヤ人はほとんどなく，しかも数年のうちに，その土地を去る者の方がやってくる者よりも数で上回るようになった．1934年，この地域が公式に「ユダヤ人自治州」と宣言されたとき，カリーニンは，もし10万人のユダヤ人がその地に入植したならば，政府はソヴィエト・ユダヤ人共和国の創設を考慮するであろう，と述べた．翌年末までにビロビジャンのユダヤ人は，自治州総人口の23％，わずか1万4000人を数えるにすぎなかった．このパーセンテージがこれ以上になることはなかった．戦争中にはこの地域は，ユダヤ人避難民には閉ざされており，1948年にはそこのユダヤ人組織が弾圧を受けた．1970年の国勢調査は，ユダヤ人自治州には1万1452人，あるいは総人口17万2449人に対して6.64％のユダヤ人がいると報告している．

民族問題は，ソ連の理論に二つの対立する傾向があったためにこみいったものとなった．ソヴィエト連邦は多民族国家であり，100以上の異なる民族の存在を認めていた．それぞれの民族の平等が明示され，また保護されており，さらに民族文化を発展させることが認められ，奨励されてすらいた．同時に，ソヴィエト国家の中央集権制や，社会主義イデオロギーからくる要求，およびロシア人が主導的な地位を占めていることによって，政治・経済・文化の領域で緊張が生みだされていた．人民の権利宣言は，1917年11月のボリシェヴィキの政権掌握直後に発布され，「少数民族およびエスニック・グループの自由な発展」を謳っていたし，1920年代には，ユダ

旧ソヴィエト連邦

ヤ人の行政・司法機関がユダヤ人人口の密集した地域に設置された．1926年の国勢調査によると，ユダヤ人全体の70％以上が，イディッシュ語が母語であると明記していたので，ユダヤ人「人民大衆」のソヴィエト化のための道具として利用するべく，イディッシュ語の学校，劇場，新聞，出版社などを設置する計画が意識的に立案された．このような施設の数かずは，あらかた第二次世界大戦のさなかに破壊され，残ったものも，1948年にスターリンによるユダヤ文化迫害の時期が始まったときに閉鎖された．1959年以来，ほんの少しだが状況は緩和された．たとえば，イディッシュ語で書かれた本がわずかばかり刊行され，演劇活動がある程度認められて，定期刊行物も2点出版された．つまり，月刊の文学評論誌『祖国ソヴィエト』(1961年発刊)と，ビロビジャンで発行された新聞である．イディッシュ語の学校やイディッシュ語の講習はまったくなかった．その間に，イディッシュ語の使用は非常な衰えをみせてきている．1979年の国勢調査では，ユダヤ人全体のわずかに14％がイディッシュ語を母語だと記している．ソヴィエト連邦の他のどの民族も，母語としての民族語を話す人びとのパーセンテージがこれほど低くは記録されていない．イディッシュ語を話す人びとの比率は高年齢のグループの方が明らかに高く，また都市部よりも農村部での方がいくらか高い．重要なのは，第二次世界大戦の結果ソ連の支配下に入った西部地域では，イディッシュ語を話す人びとのパーセンテージがずっと高いと記録されていることである．リトアニアでは，ユダヤ人の43％にのぼる人びとがイディッシュ語を母語であるとしていた．

言語に関する統計は，文化的な同化の度合いをはかる指標となるが，とりわけ，最初からソヴィエト連邦に住んでいたユダヤ人家族のあいだではそうである．事実，同化は1925年の有名な演説でスターリンが定式化したソ連の政策の長期的目標だった．すなわち，もろもろの民族文化は「発展し，伸長し，そのあらゆる可能性を示す機会を与えられねばならないが，それは，個々の民族文化が単一の共通言語をもった単一の共通文化へと溶解を遂げる条件を確立するためなのである」．1948年から53年にかけての暗黒時代に，ユダヤ人の民族主義と「コスモポリタニズム」に対して行なわれた宣伝活動のなかで，スターリン自身にあった反セム主義がはっきり目にみえるようになったが，それは，ユダヤ人の文化を発展させたり，伸長させる余地を何ら許すものではなかった．スターリンの死後も，同化を促す圧力が中断させられることはまったくなかった．フルシチョフは1956年，フランス社会党の議員の代表団に対して，ユダヤ人学校が存在しないのはユダヤ人の同化が進んでいるという事情によるものであると説明し，「ユダヤ人学校が設立されたとしても，自発的に通う者はほとんどいないだろう」とも述べた．1961年の党大会は，「民族的特性──言語的特性を含む──の抹消」を要求した．これは，必然的にロシア語化へのより大きな圧力を意味した．1970年には，全ユダヤ人の80％近くがロシア語が母語であるとし，さらに16％がロシア語は第二言語だ，といっている．1979年までには，この数字はそれぞれ83％と14％になったのである．

多民族政策というものは，いくつかの民族を他の民族の犠牲において優遇するという結果をもたらしがちになる．さまざまな住民の，数の上での相対的な強さにもとづいて割当て制を行なうからである．このような処理の仕方は，ユダヤ人にとって不利に働くことが多い．ユダヤ人は伝統的に，高いレベルの教育を求め，実際に獲得してきた．1970年には，旧ロシア共和国のユダヤ人被雇用者の46.8％が高等教育を受けており，それに対してロシア人被雇用者は6.5％だった．そ

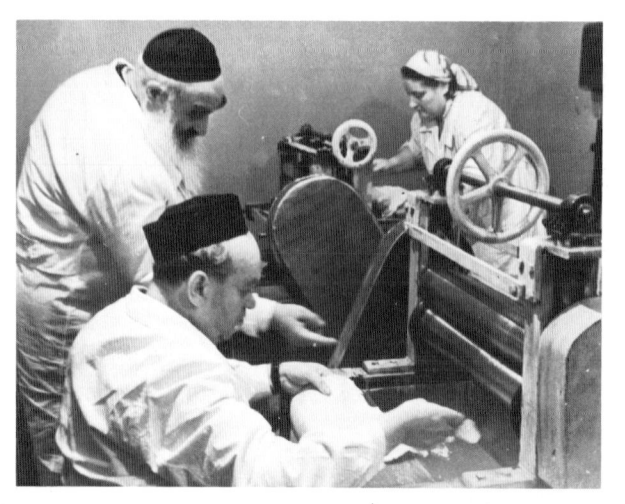

左　過ぎ越しの祭りのためにマツァーを焼く．宗教上の慣習のためにはかられる便宜は限られていて，しかも，いつどうなるかの予測がいささかつけがたい．マツァーを焼くことに関する制約は，1965年にゆるめられはしたが，多くの場所では，いまだに必要な物資の供給がまかないきれないのである．

右　1973年，モスクワの内務省前で抗議するユダヤ人．プラカードには，「私はイスラエルへ行きたい」とか，「イスラエルへのビザか，全員刑務所行きか」などとある．当時は，絶望感が募った時期であったが，またユダヤ人の要求もあからさまな声となってあがっていた．そのなかには，イスラエルへの移住要求もあった．こうした努力は，あえて関わった人びとに困難が降りかかりはしたが，にもかかわらず最終的には成功することで報われた．

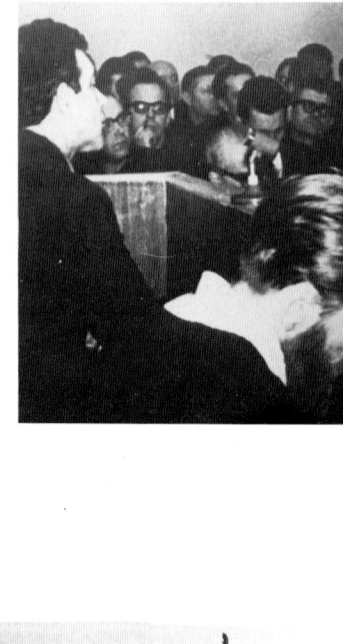

上　旧ソ連における反セム主義という問題は，1966年モスクワで行なわれたユーリ・ダニエル（左）とアンドレイ・シニャフスキーという作家たちの裁判のなかで表面化してきた．この2人は，秘密裏に国外に持ちだして刊行された著書のなかでロシアの名誉を傷つけた，という罪によって告発されたのだが，ソヴィエト社会は反セム主義と無縁であるとはいえないと主張することによってソヴィエト社会を中傷したのだ，とされた．ダニエルは5年の禁固刑を宣告され，シニャフスキーは7年だった．2人とも無罪を主張して抗告した．

左中央　若いミュージシャンたちが，1973年にビロビジャンでコンサートを開いた．ビロビジャンは，同名のユダヤ人自治州の首都である．背後の壁は，自治州の地図である．1920年代に，領域なき民というユダヤ人の特殊な状況を合理的に解消すべく設定されたビロビジャンであったが，多くのユダヤ人を居住させるためにひきつけることはついにできず，イディッシュ語によって教育する学校やその他の施設は閉鎖されてしまった．現在では，旧ソ連のユダヤ人の1％以下しかこの地に住んではいない．すなわち，ビロビジャンは色あせた夢になってしまったのである．

左　ウクライナにあるこの古いユダヤ人墓地をみれば，東ヨーロッパの地にユダヤ人が深く根づいていたことが，痛切に想いおこされてくる．ここは，この地域のなかの他の多くと同様に農村定住地だった．

のとき以来，厳しい割当て制が導入されてきたのである．ユダヤ人はほとんど高等教育機関，とりわけ大都市のより優れたところに入学できなくなっている．若干のユダヤ人学生は，シベリアやアジア系共和国にある入学許可がとりやすい学校へうまく入学できたが，総じてユダヤ人の学生数の減少は劇的であり，まもなく，ユダヤ人住民全体の性格に明らかな影響を及ぼすことは避けられない．ユダヤ人だけがこのような差別政策で被害をこうむる唯一の人びとではないにしても，他よりも一層厳しい差別にあってきた．いくつかの地域では，ユダヤ人の代議員選出数は，総人口のなかでの割当て率を理由として，当然彼らに与えられるべきわずかの割合よりもなおはるかに下回っていた．共産党の中央委員会，旧ソ連邦および旧ソ連邦を構成していた各共和国の最高会議，軍隊のピラミッド型序列，外交官組織，いずれにもほとんどまったくユダヤ人はいない．そのもっとも重要な要素はユダヤ人に対する差別そのものなのではないか，という疑いを捨てるのはむずかしい．

旧ソ連における反セム主義とユダヤ教

旧ソ連における反セム主義の問題は複雑である．反セム主義は革命前のロシアに広がっていた．その根源はたぶん，一部には，15世紀後半のいわゆる「ユダヤ化」思想に反対する闘争にまでさかのぼることだろう．反セム主義は社会のあらゆる階層で現われており，教会や政府が積極的にあと押ししていた．ボリシェヴィズムが勝利をおさめたことは，現実には一般大衆の反セム主義に拍車をかけることとなった．ボリシェヴィキの運動にユダヤ人の参加が目立っていることが，ユダヤ人によるロシアの乗っ取りという恐怖感を育んだのである．ボリシェヴィキ自身としては，この問題に対して非常に敏感になっていたし，意識的に反ユダヤ主義をとり除く努力をしていた．人種的ないし民族的な憎悪をあおりたてることは歴代の刑法や憲法でも犯罪行為とされており，以前からの規定を模して，「いかなる人種的ないし民族的排外，敵意，ないしは侮蔑を鼓吹すること」を非合法とする1977年のソ連邦憲法もその一つといえる．しかし反セム主義は，公的なレベルでみてさえ根絶されたというにはほど遠く，古典的な反セム主義に由来するユダヤ人やユダヤ教の露骨なカリカチュアが，当局の承認を受けた刊行物にも相変わらず登場し続けている．

反セム主義の宣伝活動は，ユダヤ人に対する現実の場での差別とあいまって，1967年の六日戦争［第3次中東戦争のこと］に続いて再び盛んになった反シオニズム・キャンペーン以来，ますます目につくようになった．ユダヤ人の側の強力な抗議運動も進んだし，より広く人権擁護を求める運動や，他のマイノリティの運動団体との連携もないではなかった．当局の反応はといえば，ユダヤ人の活動や個々の活動家に対する警察の動きの明らかな増加であり，活動家の多くに厳しい禁固刑か国内流刑の判決がくだされたのだった．同時に，一時的には，国外移住を許可されたユダヤ人の数が予期しなかったほど増加した．出国ビザを申請することで，反体制派や非公認の文化活動と関係ありとみなされる大きな危険がつきまとったにもかかわらず，多数のユダヤ人が，ユダヤ人としてのアイデンティティを掘りおこしたり，再び主張するようになり，またヘブライ語やユダヤ人の歴史についての関心の異様なほどの高まりがみられた．

ロシアのユダヤ教は，ほとんど西側の影響を受けてこなかった．ツァーリのもとでユダヤ人は，伝えられているところでは因習的な宗教やラビ支配の有害な影響に対して，内部では激しい論争があったものの，かなりの程度の信教の自由を享受していた．革命後，イェフセクツィの仕事として反宗教活動が制度化された．伝統的なコミュニティ組織は1919年に解体され，それにとってかわるものは作られなかった．1920年代には，ユダヤ教の慣習や制度，さらに宗教一般に向けての広く喧伝された「コミュニティ裁判」があった．ユダヤ人の初等・中等学校やシナゴーグは徐々に閉鎖されていき，ラビやその他の宗教上の職務についている者たちは逮捕，追放され，宗教書や祭具も押収された．ヘブライ語は反動的であると宣告され，そしてついには1920年代後半に禁じられた．これらすべての禁圧措置にもかかわらず，何グループものユダヤ人（とくにハスィディズム派セクトのいくつか）が，秘密裏に礼拝や宗教教育を続けていたし，さらに，今なお伝統的ユダヤ教を固守している多くのユダヤ人住民が，第二次世界大戦によって旧ソ連の支配下に組みこまれた．「暗黒時代」のあいだのユダヤ人の文化への圧迫は，とくに宗教に向けられたものではなかったが，1957年には精力的な反宗教キャンペーンが再びくり広げられ，その結果，生き残っていたシナゴーグの多くが閉鎖されることになった．現在では，旧ソヴィエト連邦にはほんの60ばかりのシナゴーグしかなく，その半数は，反宗教キャンペーンが西部地域ほど仮借なく遂行されはしなかったカフカースやアジア系共和国にある．中心となる宗教組織も代表となる団体もない．ラビや典礼歌独唱者を養成するための施設もないのだが，それでもとにかく，一握りの選ばれた学生がハンガリーに教育を受けに送りだされている．最近になってユダヤ人意識が復活してきた結果，集まる場としてシナゴーグが人びとの目を引くようになり，多くの群衆が安息日や祭礼のおりにはシナゴーグの周辺によく集まるようになったが，このことは宗教への回帰を示すものでもなく，他にユダヤ人の集まる場所がないということを示すものですらない．実のところユダヤ人のなかには，精神的な充足を求めてキリスト教に転ずる傾向が，ある程度現われてきたのである．旧ソヴィエト連邦におけるユダヤ人の宗教の未来に関しては，きわめて厳しいものがあると思われていた．

［1991年12月25日をもってソヴィエト連邦は消滅し，ユダヤ人の活動は活発になっているが，その一方では反セム主義を公然と叫ぶ団体も出現してきている．なお，ソ連を構成していた15の共和国のうち，エストニア，ラトヴィア，リトアニアのバルト三国は，1991年9月に独立し，残りの12か国は現在，ロシア連邦を中心にCIS（独立国家共同体）を結成している．］

アジア

　旧ソ連を別にすれば，ユダヤ人世界で何らかの実質的な重要性をもつアジアの国はただ一つ，すなわちイスラエルがそれである．イスラエルはアジアにあるが，アジアの国とはいえない．その東側は砂漠とアラブ諸国の敵意によって断ち切られている．いずれにせよ，アジアの西岸地域は地中海世界の一部をなす．そこは，常に東よりも西に向いてきたのであって，この地域のユダヤ人についてもそれは事実である——ローマ支配下のギリシア系ユダヤ人も，オスマン帝国に避難場所を見出したセファルディームも，あるいは現代のイスラエル人も．しかし古代でも，メソポタミアや，世界に対する態度が今日とはまったく異なっていたイランには，人口の多いユダヤ人コミュニティがあった．彼らは西側との接触を保っており，バビロニア・タルムードが北アフリカ海岸ぞいにヨーロッパにまでもたらされたイスラムの全盛期には，その接触ぶりは際立っていた．しかし彼らはアジアに深く根づき，貿易によるつながりはインドまでのび，さらにシルクロードを渡って中国に及んでいた．近代になってもバグダードのサスーン一族は貿易帝国を維持し続けており，その支店は，ボンベイ，カルカッタ，広州，香港，上海，横浜に広がっていた．

　しかし，アジア史の流れはユダヤ人にとっては逆流となった．経済的・政治的な変化によって，極東地域から商人たちが追いだされ，近東の人口が密集した中心地からは大量の国外移住がおこった．ヨーロッパにおけるナチスの猛攻のため，何千という避難民が，陸路を上海やその他の東方の港へと苦しい旅をする羽目になったが，しかし彼らは，条件が許すが早いかもっとなじみのある気候の場所へと移るので，あとまで残るような影響を与えることはほとんどなかった．最悪だったのは，イスラエルの建国以来，アラブ諸国からユダヤ人の存在をほとんど抹消し，さらに最近，規模はともかくとしてイランに残っていた最後のコミュニティを壊滅させたムスリムの狂信とアラブ民族主義である．

　現時点では，かなりまとまった数のユダヤ人移民を引きつけている国はアジアにはないが，ただ一つの例外がイスラエルであり，建国以来の短い期間に何十万というアジアからの難民を受け入れてきた．政治的な安全，未知の人びとを快く受け入れるということ，外国から移住したくなるように魅了する経済的チャンスなどを，そっくりまとめて与えられる国がほとんどまったくないのである．

　アジアにあるコミュニティの大半は，目にもはっきりみえるような割合で衰えつつあり，いくつかは最近数年間のうちに消滅してしまった．インダス川より東側では，インドが1000人以上のユダヤ人住民を擁する現在唯一の国である．

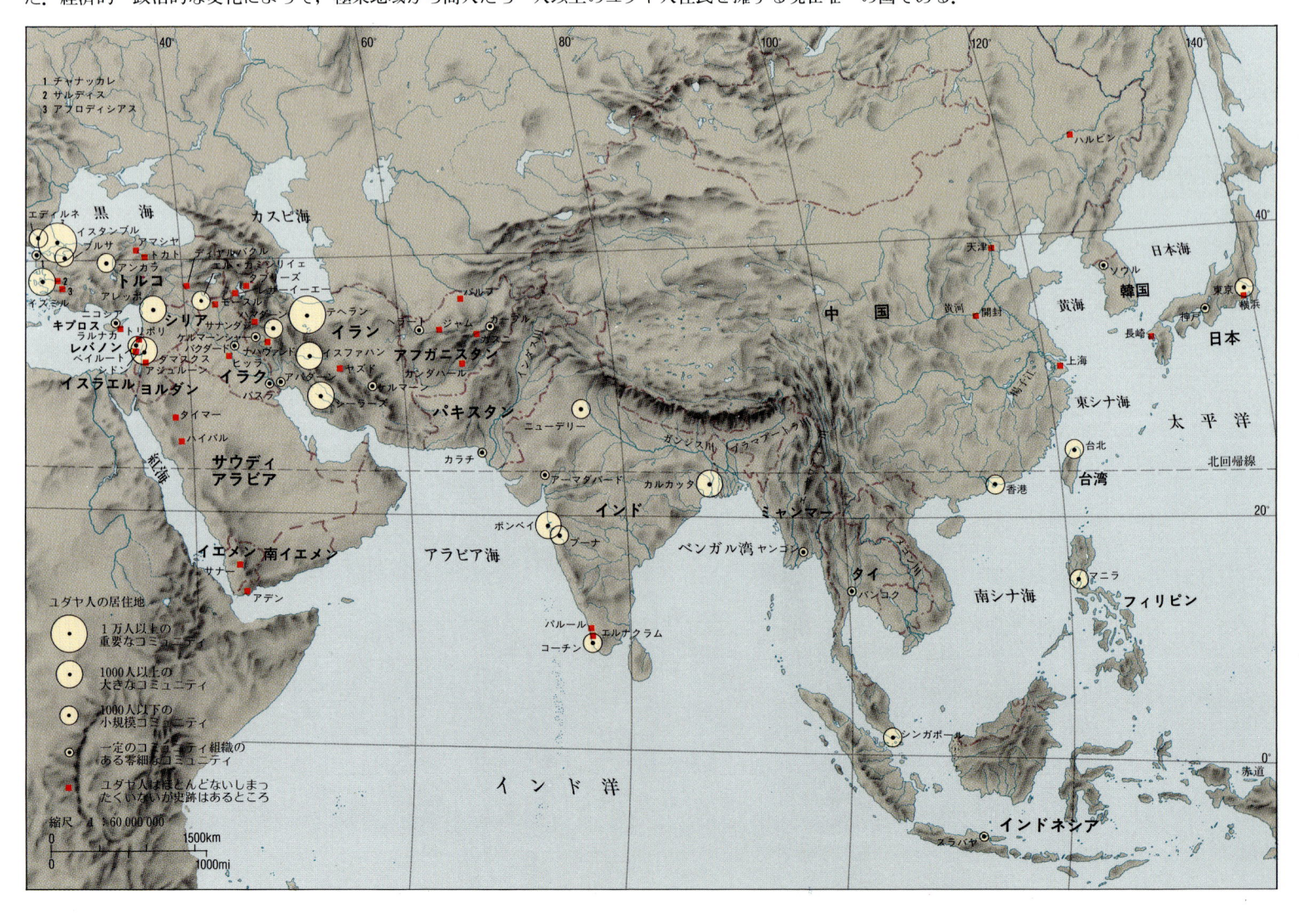

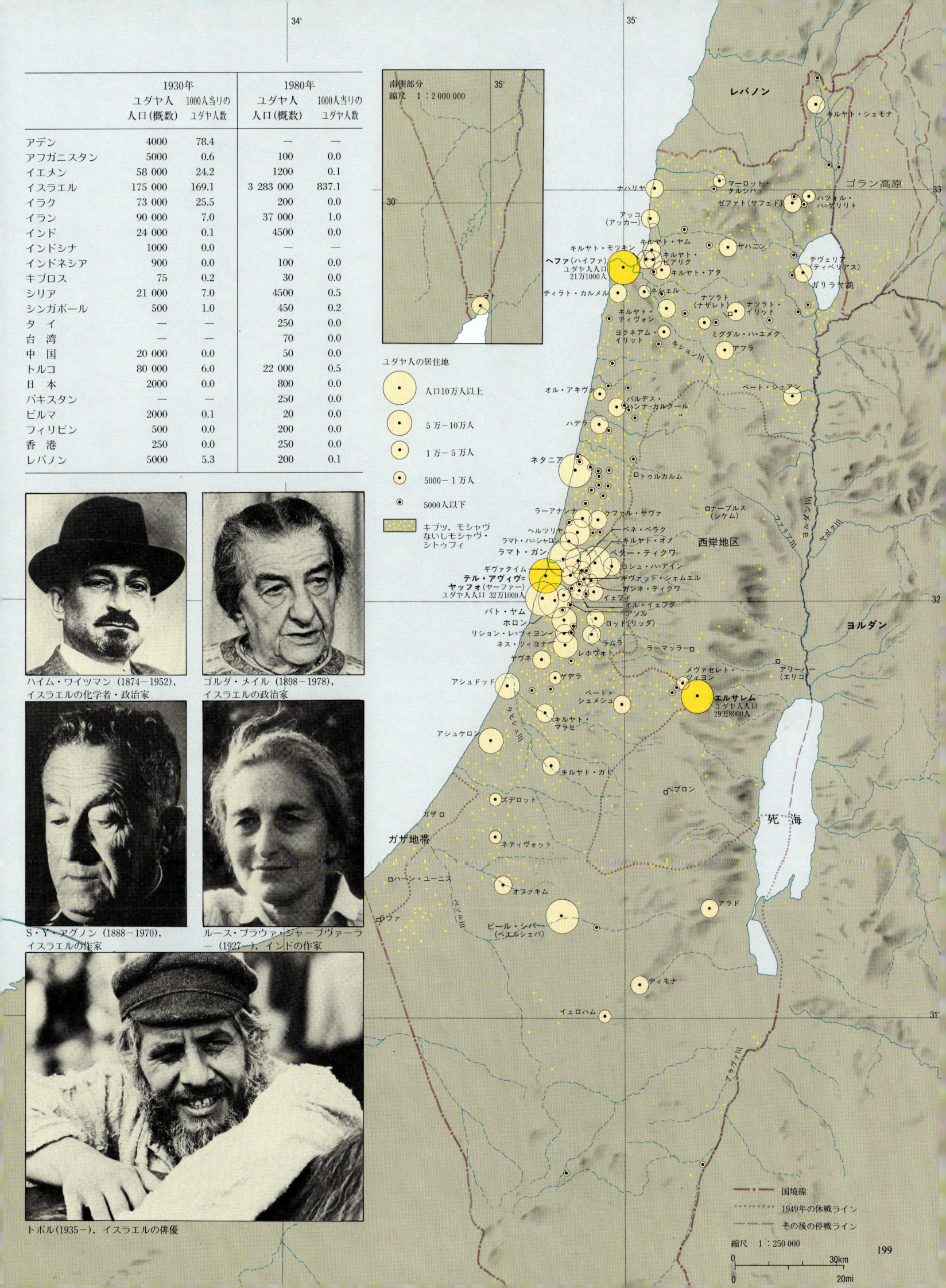

	1930年		1980年	
	ユダヤ人人口(概数)	1000人当りのユダヤ人数	ユダヤ人人口(概数)	1000人当りのユダヤ人数
アデン	4000	78.4	—	—
アフガニスタン	5000	0.6	100	0.0
イエメン	58 000	24.2	1200	0.1
イスラエル	175 000	169.1	3 283 000	837.1
イラク	73 000	25.5	200	0.0
イラン	90 000	7.0	37 000	1.0
インド	24 000	0.1	4500	0.0
インドシナ	1000	0.0	—	—
インドネシア	900	0.0	100	0.0
キプロス	75	0.2	30	0.0
シリア	21 000	7.0	4500	0.5
シンガポール	500	1.0	450	0.2
タイ	—	—	250	
台湾	—	—	70	0.0
中国	20 000	0.0	50	0.0
トルコ	80 000	6.0	22 000	0.5
日本	2000	0.0	800	0.0
パキスタン	—	—	250	
ビルマ	2000	0.1	20	0.0
フィリピン	500	0.0	200	0.0
香港	250	0.0	250	0.0
レバノン	5000	5.3	200	0.1

ハイム・ワイツマン(1874-1952),
イスラエルの化学者・政治家

ゴルダ・メイル(1898-1978),
イスラエルの政治家

S・Y・アグノン(1888-1970),
イスラエルの作家

ルース・ブラウ・ジャーブヴァーラー(1927-),インドの作家

トポル(1935-),イスラエルの俳優

アジア

イスラエル

　イスラエルがユダヤ人世界でユニークな存在であるのは，単にその住民が主としてユダヤ人であるというだけでなく，この国が「ユダヤ人国家」と自ら定義していることにもよる．この概念は今までにないものであり，またかなりの程度，実験的なものである．国家の内部構造や，ユダヤ人世界のその他の部分との関係に与える影響は，はるかな広がりをもっており，その境界を定めることはむずかしい．つまり影響は複雑で，現実の紛争や潜在的な紛争に満ちているのである．1948年の建国はシオニストの夢の実現であり，一時代を画する，救世主的とすらいえる事件として世界中のユダヤ人に歓呼で迎えられた．古代イスラエル王国の再建であり，19世紀間の長きにわたる放浪の終結であるとみなされた．そして，世界中のあらゆるところからユダヤ人が流入してくるさまは，「さすらい人の獲り入れ」という典型的に宗教的ないいまわしで表現された．建国によって，多くの国々を追われたユダヤ人たちには希望と新生が与えられ，彼らを融合させて新しい社会が作られた．初めてユダヤ人は自分たち自身の国をもち，そこに自由に住みつき，自分たちのことは自分たちで治めることができたのである．ユダヤ人の大多数は，イスラエルに住みつく気はまったくなかったが，その人びとでさえ，この国が建設され，近隣のアラブ諸国の容赦ない敵意に直面しながらも，その存立を保っていくのを誇りをもって見守った．イスラエルは，まっくら闇のなかを通り抜けてきた世代に対しては待望久しい保障を与え，また明確なユダヤ人としてのアイデンティティを求めていたより若い世代の想像力をとりこにしながら，ユダヤ人世界全体にとって注目の焦点となった．しかしこの国にとって，問題は数多かった．たとえば，内部での不一致，近隣諸国とのひき続く国境紛争，さらにはイスラエルとディアスポラのユダヤ人とのあいだの関係が不確かなこと（建国以来イスラエルを悩ましてきた慢性の経済危機のことはいうに及ばない）など．パレスティナ・アラブ難民の悲劇的な窮状も，また夢が実現した幸福感を苦いものにしており，その上イスラエル内外での一層の不和をかきたてているのである．

　イスラエルは，ユダヤ人としてのアイデンティティに新しい型を創りだした——それは民族主義的で，自信に満ちており，何よりも世俗主義的である．若いイスラエル人たちは（しばしばサブラとあだ名されるが，それはよく知られたサボテンの汁気が多いがとげのある果実にちなんでいる），往々にしてディアスポラのユダヤ人のステレオタイプの対極にあるようなイメージを，作りあげようとしているようにみえる．日に焼けて，傲慢とみえるほど自分に自信をもっていて，ユダヤ教や異教徒の反セム主義という重荷に身をかがめてはいない，というイメージである．この対比は古風とすらいえるし，その単純さは現代イスラエルの生活の複雑な現実とは矛盾している．イスラエル人は多くのさまざまな背景を背負って集まってきた人びとであって，すべてが開拓者らしい「男のなかの男」イメージにぴったりだというわけではない．心理学の研究が示すところでは，サブラたちの不遜な外観のかげには，深くしみついた不安感が横たわっているということであり，勝利するイスラエル兵士の像は，最近では少なからぬイスラエルの青年たちのうちに，将来への不安をひきおこすようになり始めている．

　イスラエル人は，無理もないことだが，民主主義，人権，社会福祉，農業の発展，教育，テクノロジー，防衛，その他過剰といえるくらい多くの分野で，自分たちの達成したものを誇りにしている．もっとも，なすべきことはまだはるかに多く残っているということを，一応はまず認めもするが，逆説的なことではあるが，イスラエルでもっとも目立つ失敗は，ユダヤ人の宗教という領域でおこったのである．そこではイスラエルは，過去から受け継いだものや，元来外国で遂げた発展に依存し続けている．現代イスラエルは，何ら重要な意義のあるユダヤ教の運動も，ユダヤ教神学に対する注目すべき貢献も，今日ユダヤ教が直面している焦眉の問題に対する何らの実行可能な解決策も生みだしてきてはいない．「トーラーはシオンからもたらされるであろう」と預言された光景はいまだに実現してはいないし，事実イスラエルは，ユダヤ人世界のうちでも，宗教の一般的イメージがほとんど完全に否定的な唯一のコミュニティなのである．

　パレスティナで1922年に行なわれた最初の国勢調査では，8万4000人のユダヤ人が記録されているが，これは，総人口75万2000人の11%であり，また，1931年には，ユダヤ人は17万5000人，総人口103万6000人の17%であった．1946年までには，総人口190万人にのぼるうち，60万人以上がユダヤ人となっていた．1982年の公式の見積りによれば，イスラエルには総人口403万8000人のうち335万4000人のユダヤ人がいる．

　イスラエルのユダヤ人は，今日では国内で生まれた者が多数を占めているとはいえ，本質的には移住してきた人びとである．彼らの出身地は世界中のあらゆるところに広がっているので，話す母語はバベルの塔のように錯綜している．国家は意識的に彼らを融合させ，ヘブライ語を話す単一の社会にする計画を立て，その過程では学校やとりわけ軍隊が重要な役割を果たすはずだった．しかし，民族的な相違は世代を越えて予想以上に持続し，いまだに民族的にも言語的にも一致していないという意識が強く残っている．政治的・社会的に常に国家の主流であった西欧系ユダヤ人は，アフリカやアジアに出自をもつユダヤ人をみくだしがちだったが，この二つのおもなグループ区分の内部にさえ多くの下位グループができていて，特定の国や特定の地域出身のユダヤ人たちが同じ

　理論上は，イスラエルは政教分離の民主主義国家である．実際には，イスラエルの生活には，政教分離でもなければ民主主義でもない特徴がある．その多くが，宗教派と政教分離派，双方の活動家たちのあいだでの「文化闘争」に関わるものである．宗教派のなかには，政府あるいは国家というものの権威を認めることを拒絶する者がいる．他方，宗教政党を結成するという程度までは妥協する者もいる．ただし，この政党は非常に小規模なものであるにもかかわらず，連立政権という体制をとっているためにかなりの力をふるっている．政教分離派の方は，自分たちの主要な武器である理性を捨てることをいさぎよしとしないためか，聖職者を迫害する者たちであるかのようにみられるのを嫌ったためであるかはいざしらず，ふるう力はもっと小さい．さまざまな理由で衝突がおこっているが，外部の者にとっては，おそらくもっとも驚くべき理由なのが考古学であろう．しかしイスラエルでは，考古学は事実上国技のようなものであり，はるかな過去から受け継いだものを明らかにしていくことは，誇りと魅力の源泉なのである．エルサレムのテンプル山南側の「ダヴィデの町」で行なわれた発掘ほど人心を動揺させたことは，ほとんどあったためしがなかった．何シーズンかにわたって発掘が順調に進んでいったとき，発掘隊が，古代の墓所を，それともおそらくはダヴィデ王とその家族の墓すらも無遠慮にかき乱している，との噂が広まった．宗教的に過激なデモ隊は，考古学者たちが墓とおぼしきものを冒瀆するのを許すまいと一戦を交えたが，その一団を追い散らすのに，警察と国境警備隊とで何時間もかかった（左図）．問題はたちどころに国家の危機にまで至り，連立政権をひきずりおろす恐れさえも出てきたのだった．上図：政教分離派と考古学者たちが，発掘に対する宗教勢力の不当な妨害に抗議している．ブラカードには，イスラエルのアシュケナズィームの首席ラビが2枚の律法の石板をもっているカリカチュアが描かれているが，その石板には「汝，掘るなかれ．汝，調べるなかれ．汝，知るなかれ．我は，汝を法の治める地より連れだしたるラビ職なればなり」とある．

アジア

地域や職業に集中するということも，普通のこととして続いている．

　世界中でみられる傾向と軌を一にして，イスラエルのユダヤ人も都市にひきつけられがちなのだが，シオニズムの政策は農地への定着を奨励した．イスラエルの農村地帯に特徴的なのは，キブーツ，すなわちシオニズム特有の形をとった集団入植地である．全体としてみればキブーツは，その数や規模に比べて不釣り合いなほど，国家の軍事面や，同じく政治・経済生活の面で一定の役割を果たしてきた．しかしながら，農業入植地がすべてキブーツだというわけではない．協同組合入植地（モシャヴ）もあり，これはキブーツよりも私的な家族生活を認める度合いが大きい．同じくモシャヴ・シトゥフィと呼ばれる折衷的な制度もあって，この場合は，先の二つのもつ要素が組み合わさっている．

　イスラエルの地には，これまでも常にユダヤ人コミュニティがあった．今世紀以前では，その数は少なかった．しかし，たいていは宗教的な熱情が動機となって，かなりの移民の波が何度もあった．1880年代になると新しい型の移民が始まったが，それは，従来よりも非宗教的な考え方の強いロシアのユダヤ人たちによるものだった．この二つの集団，すなわち「古いイシューヴ」と「新しいイシューヴ」には共通点がほとんどなく，まずもって溶けあうこともなかった．20世紀初めには，双方の集団の人数はおよそ等しくなり，さらに第二，第三の移民の波（1903−14年と1918−23年）となって東ヨーロッパから多数の新来者がやってきたが，そのかなりを占めていたのは労働シオニズムの立場の人びとだった．彼らは，自らの運命を自律的にコントロールする階級なきユダヤ人国家，というビジョンを共有していたのである．一方パレスティナのこの地域は，オスマン帝国からイギリスへと支配者が替わり，1917年のバルフォア宣言によって，「パレスティナにおけるユダヤ人のための民族的郷土の建設」にあてられることになった．この目標は，国際連盟による委任統治状にも書きこまれ（1922年7月24日付，正式には1923年9月29日付で履行），それによって，ユダヤ人の民族的郷土の建設とユダヤ人住民の利益とに関わることがらを扱う執行機関に，助言し，協力するためのユダヤ人機関が承認されたのである．ユダヤ人機関は，正式には1929年まで設立されなかった．この機関は世界的規模でユダヤ人を代表するものとみなされたが，実際には，ユダヤ人機関はシオニスト組織の一機関にすぎなかった．パレスティナのユダヤ人は議会を選出しており，その行政機関となったのが民族評議会であった．ユダヤ人機関と民族評議会のあいだで一種の影の政府が結成され，1948年にイギリスの統治が終わりを告げたのちにユダヤ民族政府を形成する道を整えていた．一方，1924−26年には第四の移民の波がポーランドから，1933−39年には第五の波がナチス・ドイツやその他のヨーロッパ諸国から押し寄せていた．ユダヤ人移民の問題は，シオニスト，イギリス，アラブ人の三つどもえの争いの焦点となった．混乱の度が増すなかで国際連合は，1947年11月29日にユダヤ人とアラブ人のあいだの領土分割を決議した．この計画は，シオニストの大多数には受け入れられたものの，アラブ人とイギリスには拒否された．1948年5月14日にイギリスは撤退し，ユダヤ民族評議会は独立宣言を発布したのである．ただちに，新生まもないこの国はアラブ5か国（エジプト，トランスヨルダン，イラク，シリア，レバノン）の軍隊に侵攻された．独立戦争の結果，イスラエルは，分割案でユダヤ人に割り当てられたよりも広い地域を勢力下に納めるようになり，また周辺のすべての国々と一触即発の戦争状態に入ることとなった．全面的な戦争は，その後1956年（シナイ戦争），1967年（六日戦争），1973年（ヨーム・キップール戦争），1982年（レバノン侵攻）と，たびたび勃発した．平和へと向かう積極的な歩みとしては，1979年に署名されたエジプトとの平和条約がある．これは，その2年前にエジプトのアンワール・サーダート大統領が歴史的な

上　1949年にイスラエルに到着した移民たち．ユダヤ人国家が創建され，ただちに移住制限がとり除かれたことは，ヨーロッパの難民キャンプに閉じこめられていた何万というユダヤ人に，奇跡ともいうべき救いをもたらした．彼らは，家族も，家も，財産も失い，多くの場合生きる意欲さえ失っていた．その人びとが，ついに人間として，そして国歌である「ハ＝ティクヴァー［希望］」にあるように，「われら自身の国で自由な民でいる」ユダヤ人として，未来に期待をかけることができるようになったのだ．

右　イスラエルの国土は，過去と関わりのある土地である．ある時点でシオニズム運動は，ある苦渋に満ちた決断をめぐってほとんど分裂せんばかりであった――獲得できそうには思えないイスラエルの郷土を追求し続けるか，それともどこか別の地域に甘んずるか，である．主流は，イスラエルの民のまさにその名を負い，イスラエルの民の初期の歴史が演じられた土地に固執した．この土地はすでにアラブ人によって占拠されており，彼らもまたこの土地に過去をもっているのだという事実は，一時の熱狂のなかでみおとされていた．

アジア

イスラエルは、年配の人びとがとりしきっている国だという印象を与えかねないが、実感としてはむしろ若い人びとの、若い人びとのための国である。右図：この若者たちをよくみると、その多様な出自や、また多様な文化的影響を受けている様子がみてとれるだろう。上図：キブーツでは、両親が自由に働けるように、子どもたちの世話は共同で行なわれている。

見開き中央　ナハラルは、協同組合村落（モシャヴ）では初期に計画されたもので、1921年にリヒャルト・カウフマンの計画に従って建設された。そのデザインは大胆で、象徴的かつ非妥協的である。

エルサレム訪問を行なった成果であった。その一方で、前代未聞の大規模なユダヤ人の移住によって、ユダヤ人の人口比は30%から80%以上へとあがったのだった。

「ユダヤ人国家」の性格

独立宣言は「ユダヤ人国家」の建設を謳っているが、そのような国家の厳密な意味での性格は、正式に定義されたことがない。ユダヤ人は、国の内外で、この問題について大きく異なるか、相反する見解を示してきた。多くの者にとって、「ユダヤ人の」という要素は純粋に民族的なものだった。イスラエルは近代国家となるはずのものであって、その存在理由は、ユダヤ人の民族としての存在を「正常化する」必要性にあった。その他の者にとっては、「ユダヤ人の」という言葉は必然的に、宗教への関わりを意味した。両者の葛藤は今なお解決をみていない。理論の上からいえば、イスラエルは宗教とは無縁の民主主義国家であって、国内では信教の自由が誰に対しても保証されており、非ユダヤ人もユダヤ人と同等の市民としての諸権利を享受している、ということになる。現実は、往々にしてこの理想には及ばない様相を呈する。住民のなかのさまざまな集団が、長年にわたって、法に適う範囲内で不満の声をあげているし、また誰もが知っている深刻な利害の衝突もおきていて、時には暴力事件や民衆暴動も発生してきたのである。問題の最大の焦点となってきたのは、伝統的なユダヤ教の法（ハラハー）の国家にとっての位置づけであり、ラビの法廷の司法権についてであった。これは広い範囲にわたって枝分かれしている諸問題が複合したものである。しかしまた、非ユダヤ人マイノリティの権利や、ユダヤ人住民のなかのさまざまな集団の地位についても、深刻な問題が生じている。現状は、さまざまな利益集団のあいだでのいやいやながらの不安定な妥協というところであり、集団のどれ一つとして、今行なわれている取り決めに全面的に満足しているわけではない。

宗教と国家の諸々の関係は厄介な争点となっている。国教はない。しかし「ユダヤ人国家」という概念が、ユダヤ人が国家の大多数を占めていることと表裏をなして保証している

ことは、ユダヤ教が首座を占め、他の諸宗教は従属的な役割を割り当てられるだろうということである。イスラエルのユダヤ人の大多数は自らを宗教的だとは思っていないし、さらにその多くは積極的な世俗主義者だが、ほとんどは実生活の場では多少なりとも宗教儀礼を受け入れており、たとえば多くの分野で安息日を法で強制的に守らせている。これは、一部には信仰厚い少数派への譲歩であり、一部には政教分離しているユダヤ人国家であっても、明らかにユダヤ人らしい生き方を示す何らかの基本的な特徴は具体的に示すべきだということが容認されたためである。さらには、外国住まいのユダヤ人で、ユダヤ教では間違いなくよく知られている制度がユダヤ人国家にもみられることを期待している人びとに対して、そうした人びととも絆があることをおそらく明言したいためである。しかし世俗主義者は、公共の領域に少しでも宗教が侵入してくるということには敏感であって、個人生活への宗教の干渉に対して強い憤りを示すのである。多くの信仰深いユダヤ人の方は、ユダヤ人国家というからにはその生活にもっと宗教的な内容が多くあってもいいはずだと感じており、そういう感覚が宗教政党という形で具体的に表現されたのである。

国民宗教党（NRP）は、シオニズム運動の宗教面を担ったミズラヒの二つの分派の合併によって1956年に結成された。この党は、全部で120議席のクネセト（国会）のうち10から12議席を獲得してきたが、それも1981年の第10回クネセトへ向けての選挙までであって、このときには得票率で9%から5%以下に、議席数でも12から6へと支持が減った。ポーランドで1912年に結成されたアグーダト・イスラーエールは、シオニズムとの関わりがもっと希薄である（実際1947年までは、シオニズムの政策からは距離をおいていた）。その「労働者支部」であるポアレイ・アグーダト・イスラーエールとともに、初期の国会では5ないし6議席を占めていたが、1981年には4議席を確保している。

比例代表制のもとでは、もし連立政権に参加するつもりがあるなら、小党もかなりの影響力をふるうことが許される。NRPは、国家創建以来の各政権に参画してきており、重要

な閣僚ポストをえることができた．1977年，労働党が初めて政権を失ったときに，アグーダトもリクード連立政権に参加することになり，そこで，宗教政党は自分たちが協力する見返りに，リクードからかなりの譲歩をうまくもぎ取ったのだった．NRPの大臣たちは国内問題，つまり警察，宗教，教育，文化に責任をもった．アグーダトは，自らの政策決定機関である「トーラー賢人会議」から，いかなる大臣職も受けてはならないと禁じられていたので，その他の重要な官職についた．政府はまた，ハラハーを守らせることや，イスラエル・ユダヤ人社会の宗教的な部分に有利に働くことをもくろんだ数多くの特別措置にも同意した．国会ならびに地方レベルでの政治活動に加えて，宗教政党は，農業入植，経済企業体，教育機関なども発展させてきた（NRPは，実際にバール・イラン大学の後援資金を提供している）．

宗教政党の存在を理論的に解釈すれば，宗教的なユダヤ人と世俗的なユダヤ人とのあいだの利害が目にみえる形で衝突したものなのである．実際には多くの宗教的なユダヤ人が宗教政党とは違う政党を支持しているし，その一方では極端に宗教的なユダヤ人で，イスラエルの政治にはまったく近寄らない者もいる．さらに宗教政党の活動は，一部には宗教コミュニティ内の分派，つまり非正統派に対しても向けられている．それは，1902年に東ヨーロッパ系伝統主義者たちによってミズラヒが，中部ヨーロッパ系の正統派ユダヤ教徒によってアグーダトが結成されて以来のことであり，両党派ともユダヤ教の改革には断固反対し続けてきた（あるアグーダトの議員は，かつてクネセトでの議論の最中に改革派の祈禱書を床に投げつけ，唾を吐きかけたところを目撃されている）．この宗教的保守主義こそ，おそらく，なぜ宗教政党がイスラエルをハラハーによって統治される「神権国家」に変容させるよう公然と要求してこなかったのか，ということの説明となるだろう．すなわち，そのような変化は，現在の形では近代国家の要求にそぐわないハラハーを，必ず大規模に改定せざるをえなくなるからである．それゆえ，これらの政党は概して，教義を遵守するユダヤ教徒が不利な立場におかれないよう保証すること，自分たちの組織のもっている特権を維持・拡大すること，公的な領域においてもハラハーの一定の基本原理を守らせることなどに，限定して取り組んでいるのである．

立法の分野で宗教政党が最初に成功したことは，この国の全面的な成文憲法の制定を阻止したことだった．しかしながら，成果としてもっとも広く影響力を発揮することになったのが，ラビ法廷の管轄権を拡大したことと，宗教が関与しない民事婚と離婚の導入を中止させたことである．委任統治は実際にはオスマン帝国のミッレト制を引き継いだものであり，この制度のもとでは，各宗教コミュニティは独自の法廷をもつことによって，個人の地位に関わる問題については事実上の自治権をもっていた．この規定はパレスティナ人にのみ適用され，宗教コミュニティのメンバーとなるか否かは自由意志で決められる行為だった．1953年に可決された法律は，ラビ法廷の結婚と離婚に関する管轄権を，イスラエル市民であろうが外国籍であろうが，信仰をもっていようが無神論者であろうが，イスラエル在住のすべてのユダヤ人に拡大したのだった．その結果イスラエルでは，ユダヤ人は，（ラビの許可によって確定された）ユダヤ人との結婚しか許されなくなり，また，ある種の結びつきは禁じられた（たとえば世襲の聖職者は離婚した女性と結婚してはならない）．その上，ユダヤ教を信じていないユダヤ人でさえも，ユダヤ教による結婚式をあげなくてはならないのだった．それでも，外国で結ばれた結婚（非ユダヤ人との通婚や民事婚を含む）は認知されたので，多くのイスラエル人カップルがこの抜け道を活用して，結婚するために外国旅行に出かけている．イスラエルに民事婚を導入しようとする動きは，すべて宗教政党に阻止されてきた．

アジア

宗教政党が監視の目を光らせてきたもう一つの分野は，宗教教育に関してである．これは，1951年に第1回のクネセトを解散に追いこんだほどの議題であって，それ以来デリケートな話題であることがはっきりしている．イスラエルの教育は義務制で，（公立の制度では）無料である．ミズラヒが運営する学校は，信仰をもつ教師のみを雇い，宗教的なテーマに重点をおいた教育をしているが，1953年には国の教育制度のなかに組みこまれた．しかしミズラヒは，これらの学校は宗教とは無関係の普通学校の制度から切り離して，宗教的な教育内容を維持させておくべきである，と主張している（とはいえ，宗教教育は授業時間の25％に制限されている）．アグーダトの学校は，事実上他のあらゆることがらを排して宗教的テーマを教育しており，国の制度からは離れているものの，所定の非宗教的カリキュラムを導入するのとひきかえに，国からの財政援助が認められた認可団体になっている．少数の独立した宗教学校が，国の教育制度の枠外に留まっていて，イディッシュ語による教育を行ない，世俗のことがらに対してはほとんど注意も払わずにいる．すべての公立の小学校では，教育省によって策定された講義要目のもとで「ユダヤ教文化の価値」を教えており，そのなかには聖書やユダヤ教史の勉強も含まれている．こうした課目も，非宗教的あるいは反宗教的でさえある教師が教えた場合の効果に関して，しばしば異議がとなえられた．1977年の選挙後，NRP は初めて教育相のポストを獲得し，新大臣は，現代的で魅力的に組み立てられた授業課程を作ることによって，普通学校の講義要目に含まれる宗教的な内容をより豊かにするべく細心の注意を払った．この新展開は，イスラエルの教育における深刻な欠陥を克服するという点で，広範な影響を与えたといえよう．「宗教的」学童と「非宗教的」学童を社会的に隔離したことに起因するイスラエル社会の亀裂を修復することに関しては，それ自体何一つ役立ちはしないとしても，その点は指摘できる．

その他，宗教政党が強硬路線をとり，論議の的となったことがらには，安息日の遵守，豚の飼育，ポルノグラフィ，堕胎，死体解剖，女性とラビ実習生の兵役といった諸問題があった．宗教政党は，さまざまな事業の財政的利益を確保することにも熱心で，地方行政レベルでは宗教上の利益を活発に追求した．

宗教政策はまた，基本的な憲法上の問題，すなわち国内のユダヤ人としてのアイデンティティをどう定義するかという問題と，必然的に関わってくる．1950年にクネセトを通過した帰還法は，あらゆるユダヤ人に対してイスラエルに移住してくる権利を付与することによって，シオニズムの理論を公式に法律によって表現したものだった．1952年のナショナリティ法は，いかなるユダヤ人移民にも自動的にイスラエルの市民権を与えた．行政上の目的のため，ユダヤ人の国籍登録は内務省の管轄となり，ナショナリティ（市民権とも宗教とも区別される）は住民各自の公式書類に書きこまれた．当初，ナショナリティ法は「ユダヤ人の」という用語を定義していなかった．ラビ法廷についての1953年の法は，事実上ユダヤ人のアイデンティティに関する基準を持ちだしてきた．というのは，すべてのユダヤ人に対して結婚と離婚に関する独占的な管轄権を有していたユダヤ教の法廷が，タルムードにもとづくユダヤ人の定義，すなわちユダヤ人の母親から生まれるか，所定の手続きに従って改宗した者をユダヤ人とする，を適用していたからである（実際問題としてその独特な機構のもとではそうせざるをえなかった）．この定義は，誰でも自分をユダヤ人と考える者，あるいはユダヤ人として差別を味わわされた者に対して，狭義のタルムード的基準にあてはまるか否かを問わず，ユダヤ人としての身分を与えようとする傾向のあるユダヤ人国家の民族概念とは折りあっていない．イスラエルへの初期の移民には，ナチスの人種法の犠牲者ではあったが，「ハラハーにもとづく」ユダヤ人ではないという人びとも多く含まれていた．タルムードによる定義はまた，旧ソ連からの多くの移民をも除外することになる．つまりそのなかには，異教徒との結婚でできあがった家族の出身者もいれば，国外の非正統派のラビ法廷で改宗した人びともおり，そういう法廷での手続きはイスラエルのラビ当局によっては正当なものと認められていなかったからである．もし，反ユダヤ主義による差別からの避難所を求めている人びとや，あるいは世界中のユダヤ人社会の大部分からユダヤ人だと思われている人びとが，帰還法によってイスラエルに近づくことを拒まれたり，またユダヤ人国家のなかで差別を受けるとすれば，それは逆説的なことにもまた不公平にも思えることだろう．同様にラビ法廷に対して，異教徒との通婚を公認するように強いたり説き伏せたりすることなども，思いもよらないことである．宗教的な意味でのユダヤ人アイデンティティから，「民族的」な意味でのユダヤ人としての身分を正式に切り離すという考えは，宗教界の指導層からと同様，世俗主義の立場のシオニストの一部からも強い反対を受けたが，それはまた，宗教政党が断固として反対している民事婚の導入を命じることになるはずだった．結果としては，用心深い妥協という状態に留まったので，個々の人間にとっては難儀なことになり，断続的に大衆から反対の声があがっている．1958年に物議をかもしたあの有名な事件［いわゆるダニエル神父事件のこと］では，ユダヤ人の生まれで，誰はばか

左上　キブーツでの葬列．キブーツは，しっかりと編みあわされた共同体であり，ほとんど拡大家族といってよい．

上　マサダでのバート・ミツヴァーの儀式．この厳粛な，ユダヤ人として専心することを確約する儀式を行なうにしては，あっと驚くような場所である．屋外でバート・ミツヴァーの式を行なう場合には，エルサレムの嘆きの壁が人気のある場所となっている．もう一つの国民的な聖地であるマサダは，そうした考え方の論理的な延長線上に位置するが，おそらく伝統的なユダヤ教における女性の扱いについて感ずるところのある者にとっては，一層魅力を感じる場所なのである．

右　「エルサレムの日」の明け方の祝い．1967年の六日戦争を通じてなされたエルサレムの再統一は，あらゆるイスラエル人の心をかきたてる出来事であった．それ以前は，イスラエル側のエルサレムは西郊部分に限られていた．エルサレムの心臓部である旧市街は，瞥見することはできても，入ることはできなかったのである．そして，一夜にして何もかもが一転した．旧市街そのものは，今なおみなれない，近づきがたいところがあり，外国人でごった返しているが，このなかには，常にユダヤ人の年来の熱望を象徴化してきた壁が建っているのである．当時，エルサレムの詩人イェフーダ・アミハイはこう書いた．「私はこの街に戻ってきた．ここでは，はるかかなたの場所に，人間のように名前がつけられていて，そこに至る道には数字がついている——バス路線の数字ではなく，紀元70年，1917年，紀元前500年，それに1948年という数．これらこそ，われわれが実際に旅をしてきた道筋なのである」．

次々頁　東からみたエルサレム．前景はオリーブ山のユダヤ人墓地である．ここは，何世紀にもわたってユダヤ人たちがメシアの到来に際して，早々と簡単に復活をとげられるようにとの期待をこめて，埋葬されるためにやってきたところである．中央には岩のドームが建っている．これは，イスラム最初期の傑作が残ったものであって，アブラハムが息子を唯一の神への犠牲に差しだしたとされている丘の頂上をおおう，宝石を散りばめた聖骨箱に似ている．ここは，三つの一神教の信仰が共通の起源を有することを考えてみれば，それぞれが結びつくまさにその地点なのである．

ることなくシオニズムを信奉していたあるカルメル派の修道士が，帰還法の下での市民権と，ユダヤ人としての登録を拒否された．たとえハラハーに従ったとしても，自分はユダヤ人であるとする申請者の主張はおそらく有効であったのに，内務省の決定は最高裁判所によって支持されたのだった．ユダヤ人登録の問題は，すでに同年のもっと早い時期に，政府の危機へと至る導火線となっており，その後もイスラエル内外で激昂した声が引き続き，1968年の最高裁の決定でさらに世論が沸騰したのち，ついにクネセトは1970年，帰還法のために「ユダヤ人」という用語を，「ユダヤ人の母親から生まれたか，ユダヤ教に改宗したかのどちらかで，ユダヤ教以外の宗教の信者ではない者」と定義した．この解決案は，イスラエル内外の多数意見にとって受け入れうるものだったが，極端な世俗主義者や，「ユダヤ教に改宗」につなげて「ハラハーに従って」という数語を入れたがっていた宗教政党にとってはそうではなかった．1977年，NRPとアグーダトが連立政権に参加する見返りの一部として，首相は，その方向での帰還法の修正に向けて議会の多数派工作を進めるために，「あらゆる努力をする」ことを請けあった．この約束は抗議の嵐をひきおこしたが，その少なからぬものは，信仰をもつユダヤ人の大多数が改革派か保守派のシナゴーグに所属しているアメリカの非正統派宗教団体からだった．

イスラエルで公認されている宗教組織は，すべて宗教省の管轄下に入る．宗教省(ほとんど抵抗なくNRPの指名でその長が決まってきた)は，宗教組織とその活動に財政援助をし，さまざまなコミュニティの宗教法廷に責任をもつ．ユダヤ教の宗教上の指導層は，首席ラビ，国家任命ラビ，宗教評議会およびラビ法廷からなる．イギリスと，淵源をたどればオスマン帝国から受け継いだ制度に従って，2人のイスラエル首席ラビ，すなわちアシュケナズィームから1人，セファルディームから1人がおり，各都市には地方首席ラビがいる(四つの主要都市では首席ラビ2人制をとっている)．首席ラビの選任にあたっては，くり返し問題がひきおこされていて，首席ラビ2人制は深刻にしてばかげた紛争につながっている．地域のラビ，その他の公的な地位にある地方ラビたちは，首席ラビ職の承認をえた上で地方宗教評議会によって任命されるが，この評議会もまた，ラビの俸給を負担している．宗教評議会は，委任統治時代のもう一つの遺産なのだが，事実上，地方自治体政府の機構の一部をなしている．評議会は，宗教省と地方自治体当局，それに地方ラビ職が共同して任命するもので，全体としてNRPの影響のもとにある．かなりの額になるその財源は，宗教省と地方当局，それから事業報酬(たとえばコシェル食品の監督など)からえている．ラビ法廷(バティ・ディーン)はそれぞれ，双方の首席ラビの承認によって大統領に正式に任命された3人の判事(ダヤニーム)からなる．その地位は給料もよく，人のなりたがる職である．バティ・ディーンは24あるが，そのうちの8がテル・アヴィヴに，また3がエルサレムにある．ラビ控訴法廷(最高ベート・ディーン)は2人のイスラエル首席ラビが率いている．1983年3月に選挙されたイスラエル首席ラビの2人とも，長年にわたって最高ベート・ディーンのメンバーを勤めてきた．

首席ラビ，ラビ法廷の判事，および公式に任命されたラビたちは国家公務員であり，その権威は，ユダヤ人コミュニティの同意ないしは彼らに備わっている霊的指導力ではなく，国家に由来するものである．ほんの数人の首席ラビは，その個人的資質のゆえに幅広い尊敬をかちえているが，彼らは例外でしかない．それとは対照的に，宗教官職についている他の者たちが大衆からは嘲笑されていたりするし，そうした存在が，若いイスラエルのユダヤ人たちのほとんどが明らかに宗教から離れてしまっていることに一役買ったりしてきたのである．ラビ職のイメージは，とりわけ非宗教的なユダヤ人のあいだでは，否定的なものになりがちである．ラビは，しばしば我慢ならない感情や，あからさまな敵意を呼び覚ましたりもする国家機構の一部分である，と了解されている．これは，宗教権力が政治介入することに反対することからくる単なる偏見といった問題ではない．国家任命ラビは，ディアスポラのユダヤ人コミュニティのラビたちが行なっているように，直接信徒の面倒をみたり，信仰上の指示を与えたりすることは滅多にしない．したがって，多くのディアスポラのユダヤ人のラビやキリスト教の聖職者，あるいはイスラエルでも，国家制度の枠外にある少数の宗教指導者などがかちえている，尊敬と愛情の入りまじったものをもって遇されるということがないのである．ユダヤ教学から専門的に考えてみても，ラビのヒエラルヒーという観念そのものがユダヤ教の伝統や法とは相容れないものであり，首席ラビや最高ベート・ディーンという本質的には世俗政治によって作りだされた職も，ハラハーにその根拠があるわけではない．首席ラビの権威は，より過激な正統派グループ(古いイシューヴおよびアグーダト)にも非正統派の運動(保守派および改革派)にも認められていない．

ディアスポラの地にあるシナゴーグは，通常はそのメンバーが建設し，維持し，運営し，しばしば広範囲にわたる宗教・教育・社会活動をになっているが，イスラエルではその点もまた違っている．イスラエルにある正統派のシナゴーグは，会員制的な運営をしていないのである．シナゴーグは社会的なセンターではなく，普通は小さく，建築学的にはこれといった特徴のない祈禱のためのホールであって，宗教儀式にのみ用いられる．しかも，地方宗教評議会を通じて政府の財政で資金供与されている．

改革派や保守派のシナゴーグでは事情が違う．宗教省に認知されていないし，政府の資金を受給する資格がない．イスラエルにおける非正統派のユダヤ教の成長は，遅々として困難なものであった．どちらの運動も初期のシオニズムの発展には関わりがなかったし，相当数の改革派や保守派のユダヤ人がこの国にやってきたのは，ヨーロッパがナチスの危機にさらされているあいだだけだった．最初の改革派のシナゴーグは1935年にハイファに開設されており，またエルサレムに最初の保守派のシナゴーグができたのが1937年だった．どちらも小規模で控えめなものであり，ほとんど影響力を発揮しえなかった．両派の運動は，主としてアメリカからの移民のおかげで，数の上ではしだいに大きくなっていった．アメリカのおもなラビ養成神学校であるヘブルー・ユニオン・カレッジ(改革派)とユダヤ教神学校(保守派)が，イスラエル人や外国からの来訪者をますます多くひきつけるようになっていたシナゴーグを統合して，エルサレムに分校を開設した．また主要都市にはシナゴーグが設置された．1976年に建設されたヤハルのような，改革派のキブーツすら存在する．非正統派のユダヤ教が成長していくと，既存の正統派の体制側からの激しい反対運動に直面した．正統派は，非正統派の運動に対して精力的な反対宣伝をくり広げ，非正統派コミュニティに料理などの仕出しをする企業の職員の免許を取り消すと脅して，活動を弾圧しようとすらした．あるときには，改革派と保守派のユダヤ教はユダヤ教以外の諸宗教の地位に甘んじるべきであり，したがってキリスト教やイスラムと同じ基準で認定を受け，国庫補助の受給資格を与えるべきだという提案が出されたりした．1976年には，宗教大臣が改革派ラビのエルサレム宗教評議会への任命を取り消し，さらに1980年にはエルサレムの2人の首席ラビが共同宣言を発して，新年にあたって保守派のシナゴーグで吹き鳴らされたショファールを聞いた礼拝参加者は，ショファールを聞いたとはみなさないとした(ショファールを聞くことは宗教上の義務である)．こうしたやり方は広く人びとに知られるところとなり，むしろ非正統派の二つの運動に同情と支持が寄せられることが多かった．現在では運動は急成長をとげ，国庫補助の要求もある程度かなえられだした．1981年，10年間にわたる関係当局との抗争の末，テル・アヴィヴ改革派コミュニティは，つ

エルサレム：聖なる街

　エルサレムは幾多の世紀と人びとの出会うところ，希望と夢の出会うところである．コントラストと紛争の街，古さと再生のシンボルでもあるが，そのことは終生そこで暮らしてきた人びとにとっても謎である．三つの宗教にとっての聖なる都であり，そこにある数々の聖なる場所は，アダムやアブラハム，ダヴィデやソロモン，イエスやムハンマドらの名にゆかりをもつ．ユダヤ人にとって，エルサレムは，表現に限りあることばをもってしては表わしきれないほどの聖性を帯びている．つまりエルサレムとは，一つの抽象概念であり，苦痛に満ちた切望であり，ついぞ手の届くことのなかった完成と実現を暗示するものなのである．何世紀にもわたって，老境を迎えたユダヤ人たちが，救済が最初に宣せられるだろう地に近いところで死に，埋葬されようと，はるばる遠くの地からここへ旅をしてきたものだった．しかしエルサレムは，また政府の庁舎や公共の記念建造物の立ち並ぶ近代国家の首都でもあって，記念建造物のなかには，ヤド・ヴァシェムのようにエルサレムとユダヤ人全体との独特のつながりを示すものもある．そして，（あるエルサレムの詩人が記しているように）「死者さえも投票権をもつ」この街では，あらゆるところで，過去が現在にのしかかっているのである．

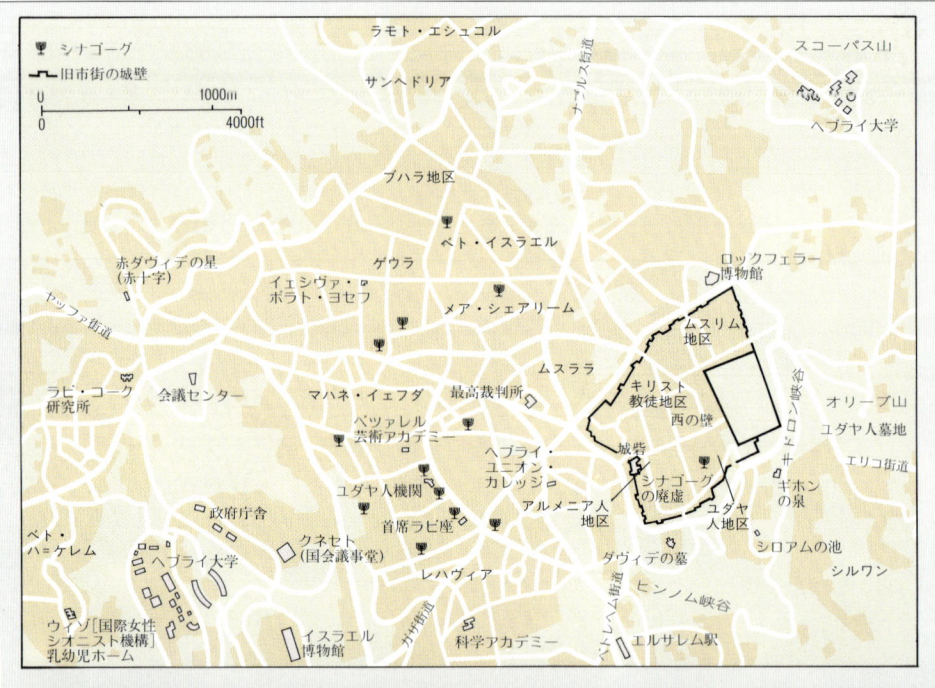

アジア

いにこの町で初めての改革派シナゴーグとコミュニティ・センター専用の建物を建てる許可を市当局から受けた（イスラエルにおけるこの種のシナゴーグの最初の建物は，その前年，ハイファに開設されている）．

非正統派の運動の側は，正統派と同じ基準でとり扱われることを望んでいるのである．その場合，国家からの財政的援助や，自分たちのラビが結婚式を正式にとり行ない，また宗教評議会のメンバーになる権利が与えられる公的認可によってか，あるいはその代案である官職としてのラビ職の廃止によって，対等になることを考えていた．（改革派の）アメリカ・ラビ中央会議の年次大会は，1981年にエルサレムで開催されたが，ラビ官職の廃止を求めて次のように強い調子で要求した．「専断的な権力を剥ぎとった上で，すべてのラビは，イスラエルの大多数を占めているばらばらなユダヤ人に手を差し伸べるべく，道義に訴える説得と霊感に満ちた教えに信をおくことが必要であろう．……国教的なラビ制度という現状は，ユダヤ教が社会に対して発揮すべき，いかなる精神的な感化力をも減衰させてしまうものである」．二つの運動の指導者たちは，1981年の選挙後，宗教政党の要求に対してなされた諸々の譲歩，とりわけ改革派と保守派への改宗者を閉めだす帰還法の修正に対して，強い懸念を表明した．現在は，エルサレムに本部をおく世界進歩的ユダヤ教連合の一員である（改革派の）イスラエル進歩的ユダヤ教運動に加盟する15ほどのシナゴーグと，世界シナゴーグ評議会所属の（保守派の）イスラエル・シナゴーグ連合に加盟する30ばかりのシナゴーグがある．

反対の極では，もっとも伝統主義の強いユダヤ人グループもまた，国家の制度の枠外に留まっている——この場合は，彼ら自身の選択による．古いイシューヴに属するユダヤ人は，だいたいにおいてシオニズムに無関心であり，ユダヤ人国家の創設には反対していた．第二次世界大戦後，とりつかれたように伝統主義にこだわるハンガリーからの移民のおかげで，彼らの隊列はふくれあがった．彼らは，主としてエルサレムのメア・シェアリーム地区に集中している自分たちの固く結束したコミュニティで，他とは隔絶して暮らしている．そのなかで彼らは，昔ながらのゲットーの生活様式を維持し続け，非ユダヤ人の支配下でくり広げられていた内部自治システムを保っていこうとしている．自分たちの学校とイェシヴァをもち，伝統主義的なユダヤ教の教えを高い水準で保っている．人数としては少なく，しばしば世俗勢力と周知の衝突をひきおこすことが宗教的に熱狂する傾向のためだとはいえないにしても，彼らは古風な骨董品であり続けるつもりのようである．こうした衝突事件では，たいてい極端な反シオニズムの立場のネトレイ・カルタ（「聖都の守護者」）が思い浮かぶが，実際のところ，国内各地に住むもっと幅広い伝統主義者たちで，安息日の休息やその他の宗教儀礼を遵守するためには，法律によらず勝手に制裁を加えることも辞さない者たちまで加わっていた．1966年には，安息日にエルサレムの道路を不法にふさいでいた太い綱に，ある有名な芸術家がオートバイをひっかけられて殺され，1977年にもブネイ・ブラクで同じような死亡事件があった．また他の事例では，緊急の要請で出動した救急車に石が投げつけられ，猥褻な広告をつけていると非難を浴びせる暴徒にバスが襲われたり，男女両性に公開されているスポーツ・社交・文化センターに暴力的なデモがかけられたことがあった．

当局はそうした事件には慎重な扱いをする傾向があるが，それは一部にはおそらく宗教的に敏感な感情を尊重するがゆえであり，一部にはユダヤ教の体制内部での不一致がさらに広がる危険性のゆえであろう．この危険性が現実のものとなったのは，1981年8月，昔のユダヤ人墓地が含まれていると伝えられてきたエルサレムの遺跡で，考古学上の発掘調査をめぐっておきた騒動によってであった．警察とデモ隊のあいだで延々と続いた戦いの末，著名なシオニストたちの墓には

左　クネセト（国会議事堂）の夜景．前景に建っているのは，「文書の殿堂」で，このなかに死海文書が展示してある．

左端上　ハンガリー風の建築群．19世紀にエルサレムが拡張された地域にあり，東ヨーロッパのシュテートルの雰囲気を今に残している．

左端下　イェミン・モシェにそびえる風車．この地区は，ユダヤ人によって市壁外に拡張された地域の，もっとも初期のものの一つである．この地区の名前は，サー・モーゼス・モンテフィオーレにちなむもので，彼は旧市街の不健康なまでの過密状態を緩和するためにこの地区を建設した．

上端　エルサレムには，古いものと新しいものとが魅力的に入りまじっている．手前の壁で囲まれた広々とした区域は，ソロモンの神殿の跡を示しているが，壮大なイスラムの聖域であって，二つのすばらしいモスクが建っている．そのすぐ左側で行なわれている発掘によって，ダヴィデの町の魅惑的な遺跡が日の目をみるようになった．そのすぐ上，テュロポエオン峡谷の反対側には，新たに復興された旧市街のユダヤ人地区が建設されており，その右手にはキリスト教徒地区の心臓部である聖墳墓教会がみえる．

上　メア・シェアリーム地区の光景．

カギ十字と侮辱的なスローガンが塗りたくられた．伝統主義者のグループ全体の上部団体であるエダ・ハレディットは，墓に対する冒瀆を非難したが，発掘の中止も要求し，その要求がアシュケナズィームのイスラエル首席ラビの支持をえたのだった．この公的な支持によって，NRP の一員である教育文化相は厄介な立場に立たされた．彼は首席ラビに対し，発掘の許容範囲についての裁定を要請した．2人の首席ラビと最高ラビ評議会が，発掘は停止されるべきであると裁定すると，教育文化相は中止命令を出したのである．一見些細なことにみえた発掘問題は，全面的な政治および憲政の危機となって吹きあがり，そのなかで連立政権はおびやかされ，NRPと首席ラビ職との直接的な抗争がもたらされた．最高裁判所と検事総長は，それぞれ独自にラビ職が政府閣僚に命令する権利を否定し，それに対してラビ評議会は，「ハラハーは永遠であり，いかなる世俗権力にも従属するものではない」という宣言をもって応えた．この事件によって際立たせられたのは，憲法上での妥協の不安定さ，および宗教と世俗の要素とのあいだだけではなく，宗教勢力そのものの内部にも存在する緊張関係であった．

イスラエルにおける東方系コミュニティと西方系コミュニティ

緊張や紛争を生じているもう一つの領域は，シオニズムの楯のもとに，単一の国民にまとめあげられた「東方」と「西方」のユダヤ人コミュニティのあいだの関係である．カッコつきの「東方の」とか「西方の」という用語は，本来的には誤用である．というのは，双方とも多くの別々なコミュニティから成り立っており，それぞれが多様で，しかもある程度は重なりあった地理的・文化的背景をもっているからである．しかし，東西のコミュニティ相互の関係は現実に問題を抱えているのであり，それに広く使われている「東方系コミュニティ」という用語は（基本的にはアラブ諸国からのユダヤ人について呼び，矛盾するようでもあるが，アラブ世界の西部，マグリブ地方も含んでいる），少なくとも「西方」の観点からすれば，問題の根源のありかを示す共通認識を表わしている．伝統的な「アシュケナズィーム」および「セファルディーム」の用語もまた，（イスラエル独特の語感で）東西の両者を規定するのに使われている．

セファルディームとアシュケナズィームのコミュニティは，オスマン帝国の支配下で，長きにわたってそれぞれ別個にユダヤ人としてのアイデンティティを保ち続けてきたのであり，そこではセファルディームの方が一定の優位を保っていた．セファルディームの首席ラビはオスマン政府から承認されており，新たに西方からやってきたシオニストたちはセファルディームから高圧的な恩着せがましいとり扱いを受けたものだった．シオニストの方はといえば，東方流のやり方に影響されてヘブライ語のセファルディーム式発音を受け入れるところまで至った．だがイギリスの支配下に入ると，支配権力により近いのは西方出身者となり，西方からの移民が増えるにつれて，セファルディームの方がとるに足らない見下されるマイノリティへと転落していった．1948年以後，人口統計に現われていたパターンはもう一度逆転し，東方系ユダヤ人ないしその子どもたちが今やユダヤ人人口の多数派となっている．しかしながら，体制の中枢はがっちりと西方系で固められたままである．東方出身者で，政界や知的専門職，あるいは軍での高い地位に到達した者はごくわずかしかいない．東方系移民は都市のスラムにひしめくようになった．経済的にも，教育面でも，西方系と比べると不利益をこうむっていたからである．学校や軍隊では，東方系の若い人びとが，自分たち自身が受け継いできた文化遺産を無視したり軽蔑したりすることを教えこまれ，「同化吸収」への道として西方文化による教育を受けた．1960年代にふつふつと沸きあがった恨みは，70年代初頭には暴力を伴う直接的な政治行動となって爆発した．労働党政府は改善策を実施し始めたが，その規模は小さく，時すでに遅かった．1977年の選挙における労働党の思いがけない敗北は，一部には，コミュニティ内の貧困層を形作り，高まるインフレによって激しい打撃を受けていた東方系選挙民の離反によるものだとされている．1年後，イツハク・ナヴォンが最初のセファルディーム出身のイスラエル大統領となった．彼が選出されたということは，この問題の一面が公に認知されたことを示してはいるが，難題であることには変わらず，東方系の人びとはデモをしたり，民族的な性格の政党に拠ることまでして抗議の意を表わしている．そうした政党の一つは，1981年の選挙では3議席をえた．

イスラエルの非ユダヤ人市民

多数派のユダヤ人と少数派の非ユダヤ人（主としてアラブ人）の関係は，シオニストとアラブ民族主義者のあいだの政治・軍事にわたる闘争のために混乱をきたしている．ユダヤ人のなかでも，公然と反アラブ政策を支持しているのは少数派だが，大多数はシオニズム的な考えに傾いていて，非ユダヤ人を全面的に一人前のイスラエル人とみなすことに難色を示している．このように，イスラエル内のアラブ人はかなりの民族主義的な偏見に苦しんでいるが，その偏見はユダヤ人自身が他の国々で犠牲になってきたものであり，しかも，アラブ人は安全保障上の危険要因となっているのではないかというますます固陋な恐怖心のために，その偏見が強められてもいる．大半のアラブ人は，他の面では全面的に市民権を享受していても，軍務には就いていない．アラビア語で教える学校は国家からの財政的援助を受けているが，教育システムが二重になっていることで，ユダヤ人と非ユダヤ人を隔てる社会的・文化的障壁がかえって強調され，固定化される結果を生んでいる．

イスラエル国家はすべての宗教に対して礼拝の全面的な自

イスラエルはたえず，意識的に，正気を保とうと努力することに没頭している——これは，現在が過去からのあまりに多くの亡霊につきまとわれているとあっては，なかなか手の届かない目標である．ナチスの収容所の名称がヤド・ヴァシェムの殉難者記念碑に刻まれている（上端図）が，これはイスラエル国家の創設にまで至った悪夢のような出来事と，死後にイスラエルの市民権を贈られた600万人のことを思いおこすためのものなのである．テル・アヴィヴの浜辺で，悔悟の祈りのために集まった礼拝者たち（上図）は，伝統的な宗教の力と，それがこの聖地の土に深く根を下ろしていることを，目にみえる形で表わしている．1967年の戦争で，アラブ人の街ガザを占領するあいまに祈りのことばを唱えるユダ

由を与え，認定された諸宗派のコミュニティはユダヤ人コミュニティと同等の基準で内部自治を享受している．とはいえ，改宗を促進する活動は強く制止されている．国家はまた，すべての宗教に対しその聖所を保護し，そこに出入りすることを保障している．さまざまな宗教の狂信者たちがひきおこした数件の暴力事件は厳しく訴追された．だが，宗教が際立って他に優越し，しかも普通の国ではみられないくらい数多くの宗派が市民のあいだに存在する国では，宗教間の相互理解を進めるようなことはほとんどなされていないし，イスラエル人にとって，宗派の障壁を越えた出会いの機会は公的にはこれまでほとんどなかった．立派で，先駆的な，しかし冒険的ともいえる試みもあったが，非常に限定された慎重な反響しか返ってこなかった．

イスラエルとディアスポラのユダヤ人

イスラエルと世界のユダヤ人社会との結びつきは固く，整然としているが，それでも多くの面でとらえにくく，議論の余地すらある．イギリスの委任統治下では，ユダヤ人の民族的郷土建設にあたっての世界のユダヤ人の役割は，シオニスト機構と，1930年以降はシオニスト機構を継承したユダヤ人機関（名目上は非シオニストの代表権をも統合していた）とに対して与えられた公式の資格のなかに認められていた．シオニストの政策には，パレスティナ在住のユダヤ人の生命に関わるような重大な決定が含まれていたが，それがほとんど国外で決定されていた．その結果は，たえまない衝突であった．1947年，ユダヤ人の独立達成が差し迫った現実となったとき，パレスティナのユダヤ人指導部は，自らの運命を決定する権利を強く主張した．独立達成ののち，イスラエル政府はディアスポラのユダヤ人との有益なつながりを維持することを望んだが，その一方で自律性を保つべく努め，実際，その影響力を国外のユダヤ人コミュニティ内に広げていったのである．1952年，クネセトは，国外ユダヤ人との関係を公式に規定する次のような法律を制定した．

> イスラエル国は，自らをすべてのユダヤ人の創造になるものとして任じており，その門戸は，その法の定めるところに従って，移住を望むあらゆるユダヤ人に対して開放されている．……イスラエル国は，イスラエル国内における国土の開発と入植，ディアスポラの地からの移民の受け入れ，および上記の分野で活動を行なっているユダヤ人の諸機関および諸機構のイスラエルにおける活動の調整のために，活動を継続して行なう公認機関として，世界シオニスト機構を承認する．イスラエル国の中心課題である，国を追われた人びとを結集させる使命，ならびに今日におけるシオニズム運動は，ディアスポラのユダヤ人たちの不断の尽力を必要としている．したがってイスラエル国は，この国を築きあげ，この国への多数の人びととの移住を支援するにあたって，個人としてであれ集団としてであれ，すべてのユダヤ人の協働を期待し，さらにこの目的の必要とする限りですべての党派・階層のユダヤ人の団結を重視するものである．……

この文言は，ユダヤ人全体に向かっての要請を表明するもので，国際的なユダヤ人組織に対しては，一定の限度はあるにせよ，この国のなかでの公的な役割を分担させるものであって，以来ずっと，イスラエルとディアスポラのユダヤ人のあいだの関係を規定し続けてきた．イスラエルがユダヤ人の「入植地」であるかわりに，ユダヤ人の方がユダヤ人国家のための「給水池」となったのである．ユダヤ人は，この国に対して忠誠を示し，財政面での援助を行なったり，究極的にはその身柄を捧げたりすることを要求されているが，この国の方は，シオニストの活動を奨励し，資金集めをすることを通じて，あるいは（旧ソ連の事例でみられたように）統治政策の変更を求め，ユダヤ人にはイスラエルに移住する権利があると認めさせるために運動することを通じて，在外ユダヤ人の行動に介入する権利がある，と主張しているのである．

そのような関係は全体としては安定し，うまくいっていた．世界中に散らばっているユダヤ人たちは，イスラエルの存在に満足感をえ，誇りを見出し，イスラエルがいだく不安も勝利も，ともに分かちあったのだった．シオニズム諸機関は，ディアスポラのユダヤ人の主要な中心地には事務局を設け，ユダヤ人としての意識を高めることに努めたり，イスラエルとヘブライ語に関する知識を広めることをとくに目的とした教育活動を引き受けている．ユダヤ人たちは，万難を排してイスラエルに断固たる支持を与えることで応えてきた．しかしながら，近年はこの関係の基本構造にひびが入り始めたのである．イスラエルの政策に対する批判の声が，より大胆にあげられるようになってきている．ユダヤ人たちがイスラエルを自己と同一視したその当然の結果として，彼らは，イスラエルの行動によって背負いこんだ道徳的非難に心を傷つけられ，さらにディアスポラのユダヤ人コミュニティでおこるアラブ過激派による襲撃のために，関係はますます損なわれていった．本格的な亀裂ができるのは避けられたとしても，いつの日にか緊張状態を解消しなくてはならなくなることだろう．当面は，感情と自己の利益が結びついて，危機のときさえ生じなければ，現状維持が守られているのである．

［中東和平のための2国間の直接交渉が，1991年12月以来，イスラエルとシリア・ヨルダン・レバノン・PLO（パレスティナ解放機構）とのあいだで進められ，ノルウェイで行なわれた秘密交渉によって，93年8月にイスラエルとPLOは，パレスティナ暫定自治に関する原則宣言に合意するに至り，同年9月13日に，ワシントンのホワイトハウスで宣言に正式調印した．宣言によれば，最初にガザ地帯とヨルダン川西岸のエリコで部分的自治を開始し，その後西岸・ガザ地帯全体に自治を拡大するとしており，また暫定自治開始後2年以内に，占領地の最終的地位に関する協議を開始し，さらに5年以内に，最終的地位を決定することになっていた．そして94年5月になって，イスラエルとPLOは，ガザ地帯とエリコからのイスラエル軍再配置・撤退と先行自治の実施に関する協定に調印し，同年7月，暫定自治政府が発足した．またイスラエルは，94年10月にヨルダンとの平和条約にも調印した．95年9月，イスラエルとPLOは，さらにパレスティナ自治拡大協定に調印したが，同年11月，ラビン・イスラエル首相が極右のユダヤ人学生に暗殺され，ただちに後継のペレス政権が発足した．こうした事件にもかかわらず，96年1月20日，パレスティナ自治政府議長と評議会議員の初の選挙が行なわれ，アラファトPLO議長が自治政府議長に選出された．最終的には，1999年5月までに暫定自治期間を終了させることが予定されている．］

人の兵士（右上図）が想いおこさせるのは，市民権や礼拝の自由や自らの運命を自ら支配するための権力をめざした，ユダヤ人たちの長く困難な闘いなのである．その同じ兵士の姿をみていると，長く耐え忍んできた二つの民の，この狭い帯状の地域に対する対立しあう主張についてもまた，想いおこさないわけにはいかないのだが．

アジア

トルコ

　トルコのユダヤ人は，かつて繁栄していたいくつものコミュニティの貧弱な名残にすぎない．そのコミュニティは，主として1492年にスペインから追放された避難民から成り立っていた．19世紀を通じて非ムスリム・マイノリティの地位は実際には向上していたが，第一次世界大戦前の数十年間に，経済的な逼迫によって大規模な国外移住が生じるに至った．しかしながら，何代にもわたるスルタンたちの理想主義的な布告にもかかわらず，イスラムが優位を占めているということは，すなわちマイノリティは決して全面的に安全であるわけではないということを意味した．近代的な政教分離の国家としてのトルコを基礎づけたのは1923年のローザンヌ条約であって，そこにはマイノリティに対する安全保障が含まれていたが，新体制は伝統的なユダヤ教文化に戦いを挑んだ（ユダヤ人は初めてトルコ語を第一言語として受け入れたわけで，政教分離主義が伝統的な宗教の価値観を掘り崩したのである）．その一方で，ムスリムの政教分離に対する反発は，時として反ユダヤ人感情を爆発させてそのはけ口を求めたのだった．それでも多くのユダヤ人が，積極的にトルコ国家に対して一体感を抱き，トルコの経済的・知的生活との関わりをますます深めるようになった．

　1927年に行なわれた最初のトルコ国勢調査では，8万2000人のユダヤ人人口が記録されており，これは総人口の0.6％を占めていた．ユダヤ人の大多数（4万7000人）はイスタンブルに住み，この市の人口の7％近くをなしていた．その他のコミュニティとしては，規模がかなり大きいのがイズミル（1万6000人）とエディルネ（6000人）にあった．総計すると，ユダヤ人の68％はヨーロッパ側のトルコに住み，27％がアジア側の，ヨーロッパ側に近接する3州で暮らしていた．その後の20年間には，ほんのわずかの減少しかみられなかったが，イスラエルの独立後に突如として予期しなかった国外脱出がおきた．すなわち，3万人のユダヤ人が最初の2年間に国を去り，その流れはさらに続いた．現在のトルコには，わずか2万人のユダヤ人が残っているだけで，そのうちの1万8000人がイスタンブルに住んでいる，とされている．

イラク

　第一次世界大戦後に，オスマン帝国の支配を脱して現われたその他の国々では，ユダヤ人コミュニティはほとんど消滅してしまった．1920年にイギリスの委任統治が始まった時点では，イラクには8万7500人のユダヤ人がおり（ちょうど人口の3％を越える），そのうちの5万人はバグダードに住んでいて，この市の総人口の5分の1を占めていた．1万5000人が，クルディスタンの小さな町や村に散らばっていた．バグダードのコミュニティはかなりの程度安全で，繁栄を享受していたが，それも1930年代以来高まっていったアラブ民族主義と過激な反シオニズムが断続的な暴動をひきおこすようになるまでのことであり，その暴動は，100人以上のユダヤ人が殺された1941年の凶暴な襲撃で頂点に達した．1948年のイスラエル独立の時点までに，イラクにおけるユダヤ人の地位は住んでいられないほどのものとなっていて，彼らは，財産を残したまま一団となって出国していった．1947年にはおよそ15万人のユダヤ人がいたと思われるが，それが，1952年までにはわずか6000人ばかりが残るだけとなった．この人びとのほとんども，1958年の共和政支配の開始時点で去っていった．1968年以来のバース党体制下では，いまだにこの国に留まっている何百人かしかいないユダヤ人にとって，状況はひどく悪いものとなっている．

シリア

　シリアでは，19世紀の経済的困窮，それもとりわけスエズ運河の開通の結果としておこった困窮により，大規模な国外

左　トルコの2万人のユダヤ人の大多数は，以前の帝国の首都であったイスタンブルに住んでいるが，ここには今なお20ばかりの活動しているシナゴーグがある．かつてはスタンブルの中心的なユダヤ人街だったバラット地区にあるアフリダ・シナゴーグの内部は，非常にトルコ風の様式をとっていて，奇妙な舟型のテバーや堂々たるシャンデリアがみられる．

左下　クルディスタンの山岳地帯は，悲劇的にもトルコ，イラク，イランのあいだで政治的に分割されているが，近年に至るまで少数のユダヤ人の故地でもあった．周辺のキリスト教徒と同様に，彼らはアラム語を話し，多くは町に住んでいたが，かなりの数の農民もいた．実際，全員か，あるいはほとんど全員がユダヤ人の村落もいくつかあった．絨緞作りはクルドの女たちの特技である．1950年から51年に，事実上3万人ほどにのぼるクルディスタンのユダヤ人住民すべてが，イスラエルに向かって出国していった．

右　過ぎ越しの祭りを祝うイエメンのユダヤ人．ユダヤ人は，イエメンには古代から暮らしている．彼らは，主たるユダヤ教の中心地とは恒常的な接触を断たれていたので，その結果，伝統の何がしかや，すでに他のどこにも残っていない文書をも保存しながら，自分たち独自の慣習を発展させてきたのである．ほぼ全員が窮乏状態にあった．1949年から50年にかけて，住民のほとんどはイスラエルへ向けて出国した．

下　イスラエルでのイエメン式の結婚式．イエメン系ユダヤ人の女性はその伝統的な花嫁衣装で有名である．

右端　シリア系ユダヤ人の，上とはまったく違った結婚の慣習．ニューヨークで撮影されたもの．

アジア

移住がひきおこされ，その多くがラテンアメリカへと向かった．第二次世界大戦中に独立を達成したときまでには，わずか3万人ほどのユダヤ人しかおらず，そのほとんどがダマスクスとアレッポにいた．フランス委任統治下の1930年代に反シオニズムの扇動が始まり，独立直後の数年間に激しい暴動がおきたが，さらにイスラエル独立戦争を経て一層凶暴化した．多くのユダヤ人がかなりの危険をおかしてシリアから逃げだしたので，1950年代半ばまでにコミュニティは数千名に減ってしまった．この人びとは差別され，いやがらせを受けており，さらに断続的に人身に対する襲撃がなされていると報じられているが，そういう襲撃に対して，政府は阻止することができないか，あるいは望んでいないかのようにみえる．

レバノン

レバノンはいくつものマイノリティからなる国であり，ベイルートの商業的繁栄にはユダヤ人も一役買っているが，同時に，近年この国を襲った悲劇的な運命をもユダヤ人は共有したのである．1944年の国勢調査では5666人のユダヤ人住民が報じられていたが，シリアからかなりの難民が流入したので，1958年にはユダヤ人人口は9000人と見積もられた．イスラエルとの引き続く戦争や，1975年以来この国を狂わせてしまった共倒れ的な内戦の期間中も，反ユダヤ人の暴力事件は報告されていないが，経済的な崩壊によって多くの人びとが国外に移住する結果となり，現在ではわずかに数百人のユダヤ人が残っているだけである．

アラビア半島

初期イスラム時代の数世紀のうちに，ユダヤ人は，シーア派であるザイド派王朝の支配下にあったイエメンを例外として，徐々にアラビア半島から消えていった．このイエメンの地では，何千というユダヤ人が，言語に絶する窮乏と屈辱的な状況におかれながらも，非常に多くの地点に散らばって残留していた．イギリス統治下のアデンではもっとよい暮らしをしていたが，それも，パレスティナ分割決議がなされた結果，1947年12月に暴動が発生するまでのことであった．1949年から50年にかけては，4万4000人のイエメンのユダヤ人と3000人のアデンのユダヤ人のイスラエルへ向けての劇的な空輸作戦が行なわれ，これは「魔法のじゅうたん作戦」と呼ばれた．さらに何千人かが，それに続く何年かで退去し，現在はわずかに数百人が残っているだけであると思われる．

213

イラン

　イランのユダヤ人に関しては，信頼に足る統計資料がない．1950年には総人口1650万人のうち10万人のユダヤ人がいて，そのうちの4万人がテヘランに，1万5000人がシーラーズに，1万人がイスファハンに住み，そして残りは100以上にのぼる小さな町や村に散らばっていた，と推定されている．大多数は貧しく遅れていて，過密のゲットーで，栄養状態が悪く病気に悩まされながら暮らしてきた．少数の者は（10%ほど）中流階級に属し，多少富裕な人びとがいた．世界イスラエル人同盟が，大都会では全部で7000人ほどの生徒を抱える20校ほどの学校を維持していたにもかかわらず，教育とユダヤ教に関する知識水準は低かった．ユダヤ人は1906年の憲法で市民権を認められており，宗教別代議制の下で議会に1名の代議員を出してはいたが，勢力の強いシーア派の指導者たちが敵意をもっているため，ユダヤ人にとって向上する機会はほとんどなきに等しかった．

　1979年のイスラム革命以来，ユダヤ人の地位は他のマイノリティと同じく，ひどく悪化した．何百人ものユダヤ人が逮捕・投獄され，何人かは経済犯罪のかどで，あるいは「シオニストのスパイ」として処刑されている．現在，大半はこの国を逃れ去った．

アフガニスタン

　1930年代には，およそ5000人と数えられるユダヤ人がアフガニスタンにいた．1933年のナーディル・シャーの暗殺に続いて，ユダヤ人は一連の抑圧措置のもとにおかれるようになった．すなわち，小さな町や村から追放され，カーブル，ヘラート，バルフで「ゲットー化」されたのである．市民権はとりあげられ，商業活動が禁じられ，また国を出ることも禁止された．しかし多くの者が非合法に逃亡し，残った者のうちのほとんどが，1960年代に再度国外移住が許可されたときにここを立ち去った．現在は，ヘラートとカーブルにほんの数家族がいるだけである．

アジア

左　クルドやイエメンと同様，ペルシア系ユダヤ人も，セファルディームの影響をまったく受けていない．自国にあって，彼らがどれほどペルシア化しているかは，イスファハンのユダヤ人が自分たちの死者を埋葬するこのビル・バクランの墓地から推しはかれる．

左下　ペルシア系ユダヤ人の世界には，ブハラやアフガニスタンのユダヤ人たちも属している．

右下　日本人でユダヤ教徒になっている者は，今までのところ，日本にいるユダヤ人のなかのごくわずかな一団でしかない．日本のユダヤ人の大半は，職業上の用件でアメリカやその他からやってきた人たちであるが，第二次世界大戦後に中国からわたってきたロシア系ユダヤ人も何人かいる．

右上　ベンニ・イスラエルは，インドの生活にうまく統合されていて，コミュニティ成員のなかには，地方政府や軍隊で飛び抜けた地位にのぼった者さえいる．

下　コーチンのスィムハト・トーラー．ある地方的ないい伝えによれば，「コーチンのスィムハト・トーラーをみたことがないとしたら，人生での幸福を知らないことになる」．

インド

　1947年にインドが分割されたとき，この亜大陸には2万5000人以上のユダヤ人がいて，三つの別々の集団を作っていたとされている．すなわちベンニ・イスラエル（最大のグループで1万7000人を擁する），バグダード出身者（6000人），コーチン・ユダヤ人（2000人）の三つである．このうち2番目のバグダード出身者は比較的近年になってやってきたもので，18世紀末以降にイラクからきている．裕福な商人や企業経営者たちであって，イギリス人社会との一体感をもっており，他の2集団，つまり「土着ユダヤ人」とは距離をおいていた．土着ユダヤ人たちにはインドでの古い歴史があった——事実，彼らは聖書時代に自分たちはイスラエルからやってきたのである，と称している．実際の起源についてはいろいろな推測が可能だが，はっきりしているのは，彼ら同士は完全に孤立した存在となっていて，18世紀までは互いの接触はまったくなかったということだろう．ベンニ・イスラエルは，18～19世紀にボンベイへ移り始め，そこで繁栄をとげるが，それまではコンカン海岸沿いの村々に散らばっていた．コーチン・ユダヤ人のコミュニティは，南部のマラバル海岸にあり，その地方のヒンドゥー領主の庇護のもとに発展していたものである．両集団ともさらにサブ・グループに分かれていて，ベンニ・イスラエルの場合は「白」と「黒」，コーチン・ユダヤ人の場合は「茶」と「黒」がある．最近まで，集団やサブ・グループが異なっていると通婚しなかった．

　インドの独立以来，どの集団も国外への移住によってかなり人数が減少している．コーチンには数家族だけしか残っていないし，ボンベイには3000人ほどのユダヤ人がいるが，インド全体となると，おそらくわずかに5000人というところだろう．

極東

　極東のごく小規模な諸コミュニティは，主として，前世紀に設立された貿易事業の遺物である．当時は繁栄を謳歌していたが，今日では，いくつかの堂々たる建築物と，2～3の家族や，個人で残っている人びとを除いては，かつての栄光を偲ぶよすがはほとんど残っていない．しかし，シンガポール，台湾，日本には少数の移民が集まってきており，香港とマニラでは先頃，新しくシナゴーグが建てられた．

オーストラレーシア

オーストラリアのユダヤ人入植地は，その起源を19世紀初頭にまでさかのぼる．最初のコミュニティ組織は1817年にシドニーに設けられ，メルボルンでは1839年だった．1850年までにこの二つの町には恒久的なシナゴーグの建物ができ，さらにアデレード，ホウバート，ローンストンにもシナゴーグが建てられた．この時期に重なるゴールドラッシュが，際立った人口流入をもたらしたので，世紀末までには，ブリスベーン，フリーマントル，パース，カルグアリで信徒団が形成されていた．しかしながら，入植者たちは早々と周囲に同化されてしまったので，これら初期コミュニティのうちのいくつかは消滅してしまった．1930年代には移住が再び始まり，戦後はさらに増えた．1933年には2万7000人のユダヤ人がいたが，1971年には6万人になっていた．その半数がメルボルンに住んでおり，ここはたいていが東ヨーロッパ系のコミュニティで，ユダヤ人としてのアイデンティティの感覚や，イディッシュ語とその文化への愛着が保たれている．しかし，同化へ向かう傾向はユダヤ人コミュニティの人数にマイナスの効果を与え続けており，この間ソ連やイスラエル，および南アフリカから数千人のユダヤ人移民があったにもかかわらず，1981年の国勢調査では，6万2000人のオーストラリア人だけが自らユダヤ人であると名乗ったのである．

オーストラリアのユダヤ人は，公的な場面で目立った活躍をしており，州や連邦の議会，また司法界に十分代表を送りこんでいる．オーストラリア人として最初に軍司令官となったサー・ジョン・モナシュはユダヤ人であり，1930年代に最初の現地出身の総督となったサー・アイザック・アイザックスも同様であった．2人目のユダヤ人総督サー・ゼルマン・コーウェンは，1978年から1982年までその任にあった．

オーストラリアのユダヤ人の出身がさまざまであるということは，諸信徒団の性格にも反映していて，一方の極のハスィディズムから他方の極のリベラル派までという広がりをみせている．ユダヤ人のための通学学校はとりわけて重視されており，1980年にはメルボルンに8校，シドニーに3校あって，この11校でオーストラリアのユダヤ人学童のあらましに対する教育の責任を受けもっている．メルボルンのコミュニティは，モントリオールやヨハネスバーグのそれと比較してみたくなる．というのも，3都市ともすべて東ヨーロッパ系で，元来はイディッシュ語を話していたという背景が色濃くあり，例のごとくかわりばえしない議論の数々が，ただし今では英語でなされるのだが，いまだに続いているところだからである．しかもこの3都市の場合，通学学校運動の強さは，一部にはそれにかわる教育が持っている民族的・宗教的な性格に満足できないということの反映でもあるが，それ以上に，コミュニティ内部での社会的な一体感覚を幼いうちから身につけさせて，ユダヤ人というアイデンティティを感覚として長続きさせたいという願望を反映しているのである．オーストラリアの通学校は，一般科目ではよい成績をあげているのだが，特定のユダヤ教関連の教育では高い水準に達するのがむずかしく，またおそらく，そもそもそのことに価値がおかれなくなっているのである．20％という他宗教の信者との通婚率（いくつかのもっと小規模なコミュニティでは50％に達している）は，オーストラリア・ユダヤ人社会の，長期的にみた将来に関して深刻な不安を抱かせるものである．

ニュージーランドの場合も，多くの点でオーストラリアの場合と非常によく似ていて，ただ単にずっと規模が小さいだけである．コミュニティの起源は，1840年にイギリスの主権が打ち立てられるより以前にやってきた個々の入植者にまでさかのぼるが，組織としてのコミュニティが創設され始めるのはそのすぐあとのことである．ユダヤ人はこの国の商工業の繁栄の基礎を築くのに力を貸し，公職の分野でも立派な貢献を記録してきている（1873年にサー・ジュリアス・ヴォーゲルは，大英帝国のなかでユダヤ人であることを公言した最初の首相となった）．しかし，コミュニティはその成員数を維持するのが難しくなっており，「自然消耗」を補うための新たな移民の導入を緊急に求めている．ユダヤ人人口は，この何年かでは4000人から5000人のあいだと，かなり一定した状態を保ってはいるが，間断ない移民の流入がなければ急速に減衰していくものとみられる．

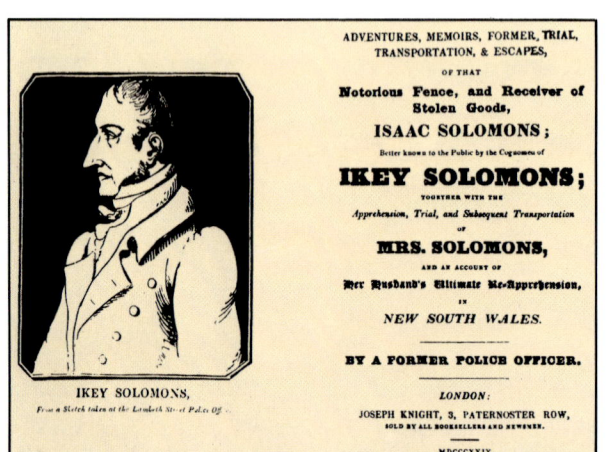

上 サー・ジョン・モナシュ将軍（1865-1931），オーストラリアの技術者・軍人．

左 オーストラリアにおける初期のユダヤ人入植者は，イギリス本国から流刑にされた犯罪者たちであった．なかでも，もっとも有名な囚人の一人がアイキイ・ソロモンズで，ディケンズの『オリヴァー・トゥイスト』に出てくるユダヤ人の犯罪者フェイギン親方のモデルとなったとされている．

左下 シドニーの大シナゴーグは，オーストラリアのユダヤ人社会における信徒団の原型である．現在の建物は1878年に献堂されたものだが，信徒団の方は，1828年にまでその起源をさかのぼる．この建築は，その時代の大規模なイギリスのシナゴーグを思わせるもので，シドニーではイギリス系の正統派がずっと優勢であり続けている．

下 ニュージーランドで最大のコミュニティは，ウェリントンとオークランドにある．ウェリントンでは，1870年に最初のシナゴーグが建てられた．さらに，正統派のシナゴーグを組みこんだ新しいコミュニティ・センターが1977年に開設されている．

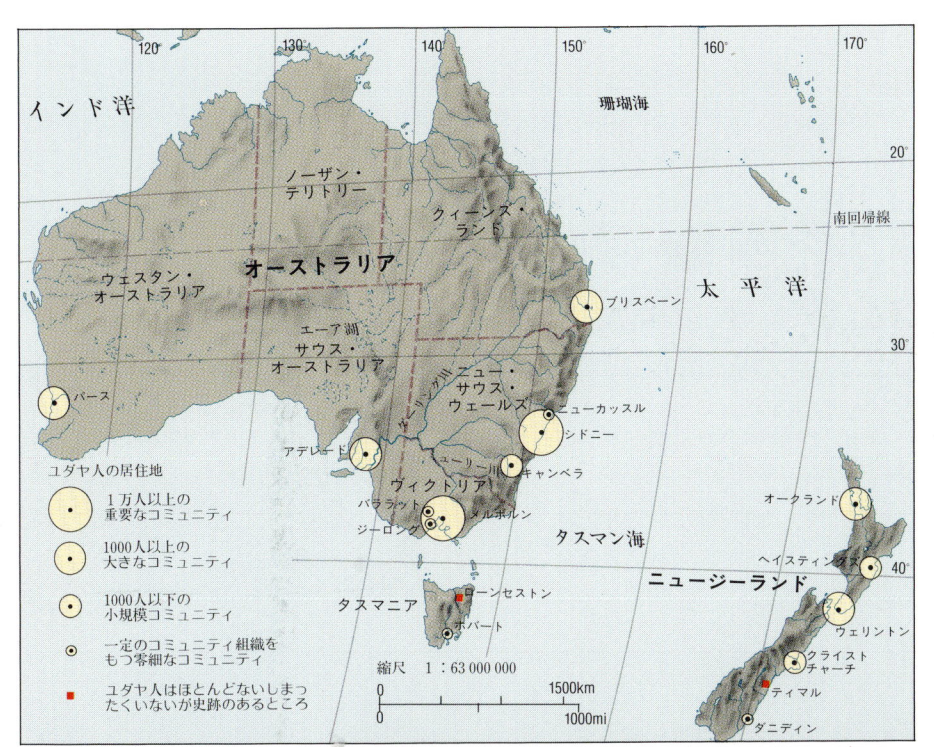

オーストラレーシア

	1930年		1980年	
	ユダヤ人 人口(概数)	1000人当りの ユダヤ人数	ユダヤ人 人口(概数)	1000人当りの ユダヤ人数
オーストラリア	24 000	3.6	70 000	4.9
ニュージーランド	2800	1.8	4000	1.3

上　サー・ゼルマン・コーウェン(左)，1978－82年のオーストラリア総督

左　コミュニティから離脱したり，国外に移住していくために，しだいに縮小していく住民にとっては，移民は貴重な防壁となる．近年，移民は主として旧ソ連，南アフリカ，イスラエルからきている．この写真では，2000人目のロシア系ユダヤ人移民が，シドニー空港でユダヤ人福祉協会の代表による歓迎を受けている．

下　シドニー・ユダヤ人通学学校の生徒たちが，スィムハト・トーラーを祝う勉強をしている．オーストラリアにはユダヤ人通学学校が15あり，それで子どもたち全体の75%が何らかのユダヤ教育を受けられるようになる，とみられている．これは明らかに，侵食に対して非常に無防備なコミュニティの，将来に対するきわめて重要な安全装置である．

上　サー・ジュリアス・ヴォーゲル(1835－99)，ニュージーランドの政治家

アフリカ

大西洋

モロッコ

カナリア諸島
(スペイン領)

アルジェリア

アフリカには，アジアと同様，砂漠で大陸の他の部分からは隔てられた地中海沿岸地方がある．そしてここに，すなわち狭い帯状の海岸地帯に，はるか悠久の古代から比較的近年に至るまでユダヤ人の活動が集中していたのである．エジプトは，そもそもの始めからイスラエルの民と関係をもっていた．プトレマイオス朝時代にはリビアにユダヤ人がいたし，ローマ支配下ではユダヤ人は北アフリカ西部に姿を現わしていた．アラブのもとで，この地域は，長きにわたってユダヤ教文化の花開く故地であったし，中世を通じて，あるいはさらに近年になってからも，スペインなり，その他の各地なりから避難民が断続的に流入するところでもあった．1930年代には，その当時は国外移住の波が盛りあがっていたにもかかわらず，40万人を優に越えるユダヤ人が北アフリカ諸国におり，それらの国々の4分の3はフランスの支配下にあった．その時代以後，アラブ民族主義によって大量の国外脱出という事態がひきおこされ，今日では，この地域全体でわずか2万人しかユダヤ人はおらず，その90％はモロッコ在住である．

サハラ砂漠以南では，ユダヤ人の歴史は，ヨーロッパ人による植民地化の歴史の一部となっている．ユダヤ人の航海者たちは，初期のポルトガル人たちが成功した探検航海に功労があったし，オランダ在住のユダヤ人商人たちは，ケープ地方の白人入植地を開いたオランダ東インド会社に加わっていた．イギリスからやってきたユダヤ人たちは，19世紀にアフリカ南部の探検と開発に加わり，さらに1880年代に東ヨーロッパ系ユダヤ人の大量移住が始まると，この地域には大量の流入者たちがひきつけられてきたが，それはとくにバルト海沿岸部の諸共和国からの人びとであり，一方ロードス島からのユダヤ人は（その名にふさわしく）ローデシアに落ちついた．多数派である黒人の支配をめざす運動が広がるにつれ，またその結果として白人の存在が後退するとともに，小規模なユダヤ人コミュニティは劇的に縮小されるか，あるいは消滅してしまった．しかし，南アフリカには富裕で自尊心の並外れたユダヤ人たちがおり，いまだにユダヤ人世界では大きな中心地の一つとして位置を占めている．

サー・ロイ・ウェレンスキー(1907－)，ローデシアの政治家

ヘレン・シュズマン(1917－)，南アフリカの政治家

	1930年		1980年	
	ユダヤ人人口(概数)	1000人当りのユダヤ人数	ユダヤ人人口(概数)	1000人当りのユダヤ人数
アルジェリア	110 000	16.5	300	0.0
エジプト	66 000	4.8	250	0.0
エチオピア	51 000	6.8	32 000	1.1
ケニア	300	0.1	450	0.0
ザイール	200	0.0	200	0.0
ザンビア	400	0.3	300	0.1
ジンバブエ	2000	2.0	1500	0.2
チュニジア	70 000	29.9	2500	0.8
南アフリカ	85 000	9.4	108 000	3.7
モロッコ	143 000	23.8	18 000	1.0
リビア	24 500	34.4	0	0.0

地図

地中海／北アフリカ（エジプト・リビア・チュニジア）

- チュニジア: ビゼルト、チュニス、ナブール、ハンマメト、スース、カイラワーン、マフディーヤ、スファックス、ガベス、ジェルバ、ケビリ、ゼルジス、ベン・ガルダネ、メデニン、タタウーン、ズワラ、ナールート、ジャード
- リビア: トリポリ、レプダ、ガルヤーン、ミスラタ、メスラタ、シルテ、ヤフーディーヤ、ベンガジ、バルカ、キュレネ、トブルク
- エジプト: アレクサンドリア、ダマンフール、ドゥムヤート、エル・マハラ、エル・クブラ、カイロ、メンフィス、ヘルワン、ファイユーム、ナイル川、アフミーム、キフト、クス、テーベ、アスワン、ナセル湖
- 紅海、北回帰線

凡例：ユダヤ人の居住地

- 10万人以上の大規模コミュニティ
- 1万人以上の重要なコミュニティ
- 1000人以上の大きなコミュニティ
- 1000人以下の小規模コミュニティ
- 一定のコミュニティ組織をもつ零細なコミュニティ
- ユダヤ人はほとんどないしまったくいないが史跡はあるところ

縮尺 1:12 000 000　　400km／300mi

挿入図：アフリカ全図

モロッコ、アルジェリア、チュニジア、リビア、エジプト、北回帰線、アスマラ、ゴンダル、タンボヴァテル、アディス・アババ、エチオピア、ケニア、ナイロビ、ザイール、キンシャサ、ルブンバシ、ルサカ、ザンビア、ハラレ（ソールズベリ）、ガトゥーマ、クェ・クェ、グウェロ、ジンバブエ、ナミビア、ウィントフック、ブラワヨ、レユニオン（仏領）、サン・ドニ、南回帰線、南アフリカ、赤道、0°

挿入図：南アフリカ

ウィトウォーターズランド
1 ラントフォンテーン
2 クルーガーズドープ
3 ルーデプールト
4 ジャーミストン
5 ケンプトン・パーク
6 ボクスブルグ
7 ベノニ
8 ブラクパン
9 スプリングス

リンポポ川、南回帰線、ピーターズバーグ、プレトリア、ミデルバーグ、ラステンバーグ、ヨハネスバーグ、リクテンバーグ、カールトンヴィル、ポッチェフストルーム、クラークスドープ、フェリーニヒング、ナイジェル、ベタール、スワジランド、フレーヘート、クルーンスタート、ベスレヘム、アビントン、キンバリー、ブルームフォンテーン、ヴァール川、カレドン川、レソト、ピーターマリッツバーグ、ダーバン、オレンジ川、ドラケンスバーグ、クィーンズタウン、サンダーズ川、グラハムズタウン、イースト・ロンドン、ベルヴィル、ウェリントン、ウースター、オーツホーン、ジョージ、ポートエリザベス、ケープタウン、パール、ステレンボス

縮尺 1:14 000 000　　400km／300mi

219

アフリカ

モロッコ

　1947年の国勢調査によれば，フランス領モロッコには20万3800人のユダヤ人がいて，総人口の2.3％，非ムスリム人口の38.5％を占めていた．さらにスペイン領モロッコとタンジールの国際管理地帯には2万5000人のユダヤ人が住んでいた．モロッコのユダヤ人は主に都市住民であり，小さな町々，村々から都市へと間断なく人びとが移り住んできた．もっとも大規模に集中しているのはカサブランカであって，ここは1945年に5万人，1951年までには8万人のユダヤ人住民を擁していた．1947年のマラーケシュには1万8000人のユダヤ人がいて，それからフェス，メクネス，ラバート，タンジールには，1万人かそれ以上のかなりの大きさのコミュニティができていた．35年にわたるフランス支配の影響があったにもかかわらず，ユダヤ人はほとんど完全に政治の世界からは閉めだされており，多数派のムスリムたちにみくだされたり，憎まれたりしている．1948年5月のイスラエル建国の直後に大量の国外脱出が始まり，2～3か所で発生した猛烈な反ユダヤ人暴動の勃発がそれに拍車をかけた．10年後には，モロッコ（このときは独立している）とアラブ連盟のあいだの関係が強化されてきたのにともなって，反ユダヤ人政策の実施をみるようになり，それと時を同じくして国外移住が停止された．それでもユダヤ人たちは，かなりの危険を冒しながらも非合法に国外へ逃げ続けた．1961年にハサン2世国王が即位してのち，国外移住の権利が復活され，ユダヤ人コミュニティが受けてきたいやがらせも終わりを告げた．現在では，モロッコには2万人にも満たないユダヤ人しか残留していないが，その4分の3がカサブランカで生活している．これは，アラブの国としては最大のユダヤ人人口であり，国王はユダヤ人コミュニティが安全と繁栄のうちに暮らしていくのをみたいものである，との表明をくり返している．

アルジェリア

　フランスの統治下にあったアルジェリアで，とりわけ行政上はフランスの一部であって，しかもユダヤ人が集中していた北部地方では，ユダヤ人はかなりの程度の自由を享受していた．ユダヤ人は，1870年のクレミュー法でフランス市民と認められ，地元の政治活動では重要な役割を果たすようになった．フランス文化はユダヤ人のあいだに強く根を張ったのだが，それでいて彼らは，モロッコで一般に行なわれているよりも良好な関係を，ムスリム住民とのあいだにえていた．イスラエルの建国は，ここではほとんど衝撃とはならなかった．むしろこの古くからのコミュニティに破壊をもたらしたのは，フランスからの独立をめぐる闘争であった．フランスに対する忠誠心とアルジェリアに対する忠誠心との衝突に巻きこまれ，ユダヤ人は，自分たちが容易でない立場におかれていることに気づいた．そして，1962年の独立を前にしての大量脱出に我も我もと加わっていったのである．2～3か月のあいだに，11万5000人ものアルジェリア出身のユダヤ人がフランスにやってきたので，最初のうちは，フランスのユダヤ人コミュニティはひどく困惑し，また苦境にも陥ったが，その後コミュニティは，アルジェリアからのユダヤ人をえたことで目立って活気を取り戻した．そのときに残留した数千人のうち，ほとんどがそれ以後に国を出てしまい，今では，アルジェにわずか2～300人，その他あちらこちらに一握りのユダヤ人がいるばかりである．

現在のモロッコは，どのアラブ諸国と比べても最大のユダヤ人人口を抱えているが，それとて，イスラエル建国以前にこの国の至るところに存在していたおびただしいコミュニティの，残りさみしくなったものにすぎない．ここに掲げた昔の写真は，モロッコ・ユダヤ人の生活の雰囲気を，幾分か今に伝えるものである．上図：マラーケシュの路上風景．1930年には，今日モロッコにいるユダヤ人全体よりも多くがマラーケシュにいた．左図：マラーケシュから遠くない山中にある，アスニのシナゴーグにて．

左下　この古い絵葉書は，アルジェのシナゴーグの姿をとどめている．1960年のクリスマス・イヴにおこった大シナゴーグへの襲撃は，アルジェリアにユダヤ人が在住するのに好都合だった諸条件が最終的に崩壊する先がけとなり，アルジェリア・ユダヤ人の大量出国を促したのだった．

下　チュニジアのジェルバ島では，移民の流出があったにもかかわらず，これまでの何世紀もと同じようにユダヤ人の生活が続いている．右：島の数多くのシナゴーグのうち，逸品はグリバである．伝説によれば，エルサレムの神殿の扉がここの壁に組みこまれているという．

左 マイムーナ祭は，北アフリカ出身のユダヤ人特有のものである．過ぎ越しの祭りの最後に行なわれ，その主題となるのは，再生，豊穣，好運である．イスラエルでは，北アフリカ系ユダヤ人が自分たちのアイデンティティを表わすやり方の一つとして，非常によく知られている祭りである．

下 宗教的な献身と学問は，常に北アフリカ系のユダヤ教のはっきりした特色をなしていて，その点ではカバラーへの愛着も同じである．この男性は，ジェルバのグリバ・シナゴーグで個人の祈りを捧げるのに余念がない．

チュニジア

　1950年代初頭，チュニジアのユダヤ人人口は10万5000人を数え，そのなかにはフランス国籍をもつ者も多くいた．60％がチュニス市内とその周辺に住んでいたし，チュニジア国内ではヨーロッパ人が一番多くいる北部の町々には他の重要なコミュニティもあったが，さらに南部にはもっと伝統的な生活条件で暮らしているコミュニティもあれば，同様にまた何百もの家族単位で散らばっている人びともいた．全体で，ユダヤ人は非ムスリム人口の3分の1近くを占めていた．彼らには，他とは区別される政治的な位置づけがなされていて，国および地方の議会に自分たちの代表を送っていた．

　1956年3月の独立に際しては，対等な市民権を獲得し，チュニジア初代の内閣には短期間ながら1人，ユダヤ人がメンバーとなった．しかし，独立国家への移行は秩序立って行なわれたにもかかわらず，まもなく大規模な国外移住が続き，1962年までに国内には3万人ほどのユダヤ人しかいなくなった．現在のユダヤ人人口は，3500人から7000人のあいだでさまざまに推計されており，主としてチュニスに集中しているが，スファックスやスース，それからジェルバ島にも，さらに小規模なコミュニティが残っている．

アフリカ

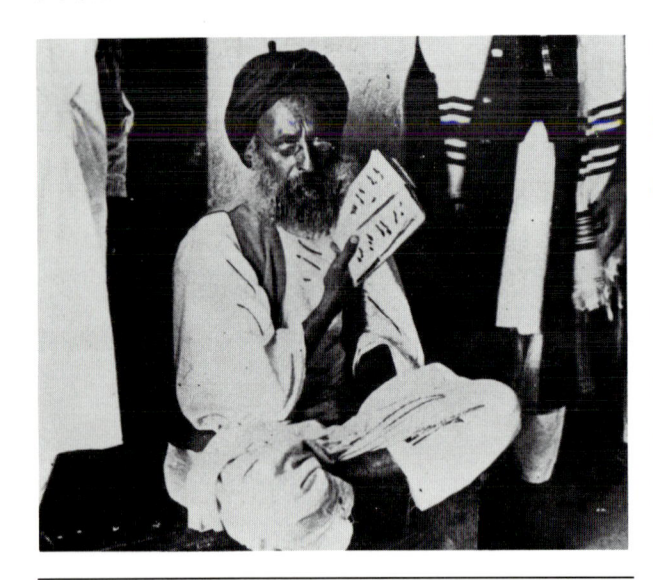

リビア

　1931年の国勢調査では，リビアには2万4500人のユダヤ人が記録されていて，その大部分はトリポリに住んでいたが，そこは北アフリカ全体でも，もっとも活発なユダヤ人の生活中心地の一つであった．キュレナイカおよび南部地域にはもっと小規模なコミュニティがあり，南部で洞穴生活を営むユダヤ人たちは，時おり訪れる旅行者たちの興味をかきたてたものであった．ユダヤ人は，第二次世界大戦のあいだはイタリア・ファシスト勢力に迫害され，1945年には，中立の立場をとったイギリスの支配下で，トリポリでおきたムスリムの襲撃に苦しみ，しかも再び，1948年のイスラエル建国後に同じ憂き目にあった．国外移住の動きが始まり，それは，この国の独立を認める決定が出された次の年には奔流となってほとばしりでた．リビアが独立王国となった1951年の末までには，わずか2～3000人しか残留しておらず，その人びとも大部分は外国籍であった．この人たちの多くが1967年の中東戦争後にこの国を離れ，さらに残った者も1969年の王政打倒のあと去っていった．

エジプト

　エジプトでは，1917年の国勢調査で6万人近いユダヤ人が報告されているが，その半分以上は外国人で，主としてヨーロッパとパレスティナから少し以前に移住してきた人びとだった．彼らは，この国の経済および政治生活で重要な役割を果たした．1937年，外国人が享受していた特権が廃止され，その10年後には非エジプト国籍の者の活動を制限する法律ができて，ユダヤ人コミュニティの経済的な基盤は深刻な打撃を受けた（コミュニティのうち，15％のみがエジプト国籍で，20％は外国籍，その他は無国籍であった）．1948年のイスラエルとの戦争では，暴徒と化した群衆による騒乱や公のいやがらせがひきおこされ，何千人ものユダヤ人が国を立ち去った．ガマール・アブドン・ナーセルが1954年に権力を掌握したのち，いやがらせはさらにひどくなった．1956年のスエズ戦争に続いてさらに何千人ものユダヤ人が財産を没収された上，国外へ退去させられた．追放と国外移住は，エジプト・イスラエル間に不安定ながらも講和が成立する1979年まで続いたが，そのときにはカイロとアレクサンドリアにわずか数百人のユダヤ人が残っているのみであった．イスラエルとのつながりが再びできあがったことで，この小さなコミュニティは自信を回復し，1982年には世界ユダヤ人会議に加盟した．

上　アレクサンドリアの堂々たる近代的なシナゴーグは，かつての世代の名残である．1900年には，ここは1万人の成員を擁するエジプト最大のコミュニティであった．1917年までにはユダヤ人人口は2倍以上になった．ユダヤ人の多くは富裕な移住者たちで，彼らは近代エジプトの発展のために重要な貢献をなした．しかし，その当時のアレクサンドリアはもはや存在しなくない．

左中央　カイロのカライ派シナゴーグ．カライ派は，何世紀にもわたってカイロに住みついてきた．そして40年前，クリミアでの同信者たちが絶滅させられてからのち，カイロのコミュニティが世界最大のカライ派コミュニティとなった．今日では，多くの人びとは去っていき，印象的なシナゴーグといっても，40人かそこらの残った人びとにとっては広すぎるのである．カライ派はシナゴーグに入る前に靴を脱ぎ，ラビのユダヤ教とは違って，祈禱の最中にひざまずいたり，ひれ伏したりする．

左　古い絵葉書にみられるポート・サイドの銅細工職人．古代のエジプトでは，ユダヤ人の銅細工職人が存在した．しかも彼らは，アレクサンドリアの大シナゴーグのなかに，専用の区画をもっていたほどであった．

左端 ユダヤ人写字生．1945年トリポリでの反ユダヤ人暴動の被害者である．イギリス軍の保護があてにならないので、ユダヤ人は独自の自衛組織を作ったが、ユダヤ人が生活していけるような状況ではなくなったため、1951年までにはリビアのユダヤ人のほとんどが国外へ移住していった．

左 1979年のエジプト・イスラエル間の和平の成立は、ほぼ30年に及ぶ戦争をへたのち、エジプトに残留していた少数のユダヤ人にとって、新しい時代を切り開くものとなった．この写真は、イスラエルの代表団がアレクサンドリアのシナゴーグを訪問しているところである．

下 エチオピアのファラシャ、ないしはベタ・イスラエル［自称、「イスラエルの家」の意］は、伝統的に、主として農耕によっている人びとであり、大部分があちこちに散らばった村落に暮らしている．彼らが礼拝で使う言葉はゲエズ語（古エチオピア語）で、その宗教は聖書的要素とアフリカ土着の要素とが結びついたものである．何世紀にもわたって、彼らはユダヤ人世界とは隔絶して暮らしてきた．かなり最近になって、再び連絡がとれるようになり、かなりのファラシャがイスラエルに移住してきている．

エチオピア

エチオピアでは1974年の軍事クーデターまでは、アディス・アババとアスマラにアデン・ユダヤ人の小規模なコミュニティがあった．また数千人のファラシャ、すなわち主としてこの国の北西部、スーダン国境に近いゴンダル州の数多くある村落に散らばって住んでいる土着ユダヤ人もいた．ファラシャは、貧しくて孤立したコミュニティをなしていて、しばしば近隣の人びとの偏見や支配層による気ままな命令、さらにはヨーロッパからのキリスト教宣教師たちの援助活動などに苦しめられてきた．ファラシャをユダヤ人であるとみなせるかどうかについては相当な議論があり、そういう議論があったためにファラシャは、遠隔地にあって経済的に恵まれない他の諸々のコミュニティを世話してきた国際的なユダヤ人福祉諸機関からの、誠意のこもった支持や物質的援助を受けられないできた．それでも、ある程度の教育や援助事業が実施されてきた．そして1975年、イスラエルのセファルディームの首席ラビがファラシャは確かにユダヤ人であるとようやく決定してから2年後のことだが、イスラエル議会は、ファラシャは帰還法のもとにイスラエルの市民権をえる資格があると宣言した．1984年には1万5000人以上のファラシャが、飢饉に襲われていたエチオピアから救出され、劇的な「モーセ作戦」のもとに秘密裏にイスラエルへと空輸された．

南アフリカ

1910年に、旧自治植民地であるケープ・コロニー、ナタール、トランスヴァール、およびオレンジ・リバー・コロニーが連合して南アフリカ連邦が形成されたとき、住民のうちの4万6000人ばかりはユダヤ人であった．ほとんどがその時期近くに移住してきた人びとである．ケープ州では、最初期の信徒団が1840年代に、イギリスとドイツからの入植者によってケープタウンとグラハムズタウンに設立された．少数の人びとが未開発の内陸地域へとあえて探索に入っていた．キンバリー周辺のダイヤモンド産出地帯とウィトウォーターズランドの金鉱の開発は、白人入植地の形態を一変させ、ヨーロッパ人移民が増加したが、それはちょうど抑圧され、窮乏化していた東ヨーロッパのユダヤ人が、海外に新しい機会を探し求めていた時期でもあった．イギリスおよび西ヨーロッパからのユダヤ人移民も続いていたが、まもなくリトアニアからの人びとが多数を占める東ヨーロッパ系の人びとに圧倒されてしまった．1880年から1910年のあいだに、4万人ほどのユダヤ人移民がやってきて、今日ある諸コミュニティのネットワークの輪郭が形作られたが、その重要な中心地は、トランスヴァールではヨハネスブルグやプレトリアに、オレンジ自由州ではブルームフォンテーンに、ナタールではダーバンに、ケープ州ではケープタウンとポートエリザベスにおかれた．さらに小規模な信徒団の連なりが、ウィトウォーターズランドを横切り、南部の海岸にそって広がっており、一人離れて商売しているユダヤ人商人ならほとんどの村でみかけることができた．

南アフリカの国勢調査は、ユダヤ人人口の発展について信頼でき、かつ示唆に富んだ情報をもたらしてくれる．1926年では、7万2000人近くの南アフリカ国民が自分はユダヤ教を信奉しているとはっきり述べているが、それは168万の全白人人口の4.28％である．しかし、ユダヤ人の93％が都市部に住んでいるのに対し、総人口でみれば58％でしかない．なかでもヨハネスブルグには2万5000人近いユダヤ人がいて、白人人口の15％を占めていた．ケープタウンには1万1000人、ダーバン、ブレトリア、ポートエリザベス、ブルームフォンテーン、ベノニには、それぞれ1000人以上のユダヤ人がいた．

1960年は、共和政体の地位を厳密に決めるための国民投票の年だったのだが、この年には11万5000人近いユダヤ人がいて（白人の3.62％）、そのうちの11万3000人が都市部に住んでいた．ヨハネスブルグに5万7800人、ケープタウンに2万2700人、ダーバン、ブレトリア、ポートエリザベスでは、3000人かそれ以上であった．唯一の重要な違いといえば、1926年にはまだ移民が多数を占めていたのに対し、その頃にはもう大多数が南アフリカ生まれになっていたということである．このことは、第二次世界大戦勃発以来、ユダヤ人移民は実質的に停止されていたことを反映している．実際には、とくにイスラエルやイギリスへ向けての一定数の国外移住があった．1960年以来、小規模ながら双方向の移民が続いており、中央アフリカや、それ以上にとりわけイスラエルからの移民も流入している（1982年には、永住するイスラエル移民が1万5000人から3万人のあいだであると見積もられている）．

南アフリカ社会の明らかに多民族的な性格が、住民の白人部分によく統合されてはいるものの、なおかつ自らの独自のアイデンティティを強く維持しているユダヤ人コミュニティを作りあげてきたのである．東ヨーロッパ系移民のイディッシュ語は、アフリカーンス語の使用が近年増加してきているという全般的傾向とも一致することではあるが、第一言語としては徐々に英語にその座を譲り渡してきた（アフリカーンス語を使うユダヤ人作家はこれまでにも何人かいたが、ユダヤ系南アフリカ人が南アフリカの文化に対して多大な貢献をしてきたのは、英語によってである）．初期のオランダ人入植者たちが抱いていた強固なカルヴァン主義の精神は、自分たち以外の宗教が現われる機会をほとんど許さなかったが、19世紀初頭、オランダの政体が改まり、この地域でイギリスが優位に立ち始めると、ケープ地方ではより寛容な態度がとられるようになった．トランスヴァールでは、公職に就く者と政府設立の学校で教育にあたる者とに対して行なう宗教審査が、1902年にそれまでの共和国がイギリスの支配下に入るまで続けられていた．この1902年以来、ユダヤ人市民は、完全な市民としての平等と信教の自由を享受しているのである．

ナチズムの時代に、反セム主義が特定の地域で明るみに出てきて、しばらくのあいだ国民党の公の政策として掲げられたが、1948年、同党が総選挙に勝利したときには、「ユダヤ人問題」は正式にその綱領から落とされ、その後は白人住民全階層の平等と非差別という政策を固守するようになった．反セム主義は、右翼アフリカーナーグループのあいだではずっと宣言されてきたが、総じて政府は、過激派を厳しく押えこむ行動に出ている．

アフリカ

　ユダヤ人は，この国の市民生活や政治の場にあって，いかなるレベルでも十全な役割を果たしてきた．多くの者が市長を勤め，あるいは地方議会や国会にさまざまな政党の代表として出てきた．またユダヤ人は，貿易，鉱山業およびその他の工業，それに数はそれよりかなり少ないが農場経営などの分野でも，南アフリカの経済発展に参画してきている．個々のユダヤ人をみた場合には，南アフリカの富の基盤である鉱山業の発展や，大規模な商事会社のなかでとくに目立った活躍をしている．その他には，法曹界，学界，医療や文化活動の面で優れた働きをしている人びともいる．

　南アフリカのユダヤ教は，コミュニティが大部分はリトアニア系であることと，また伝統的にイギリスとのつながりをもっていることを反映している．伝統的なユダヤ教の学問を尊重することとか，正統派の信徒団が優勢ではあるが，と同時に，より反啓蒙主義的な外観を呈するポーランド伝統主義が存在しないことなど，リトアニアからもちこまれたものは今なお目にみえる形で残存している．しかしながら，宗教それ自体に対する関心はほとんどなく，多くのシナゴーグも，精神に活力を与えるものというより，ユダヤ教に形の上では一体感を感じていることを表わすものとして機能している．1930年代に改革派ユダヤ教が導入され，現在でも強力な支持を訴えているが，これまで常に正統派からの激しい反対にあい，その対立のため，非宗教的なコミュニティ組織ですらしばしば分裂の危機に脅かされてきた．1980年には，ケープタウンにセファルディームのシナゴーグが開設され（ジンバブエやザイールからの移民の結果である），1982年にはヨハネスバーグに保守派信徒団の結成をみた．

　南アフリカのユダヤ人社会は，活動目的がきわめて変化に富んでいることに照応して多様なコミュニティ組織を発達させてきたが，特徴的といえるほど強く力を入れてきたのは慈善事業と教育であった．ユダヤ人通学学校の広大なネットワークが広がっていて（最初のものは1948年にヨハネスバーグで開校された），その学校では，完全に非宗教的なカリキュラムのなかにユダヤ教の学習が組みこまれている．これらの学校は，ユダヤ人学童全体の3分の1に対して，需要に応えているとみられる．

　全コミュニティを代表する団体としては南アフリカ代表理事会があり，この名はイギリスの同名の団体にちなんだもので，同様の機能を果たしている．南アフリカ・シオニスト連盟も，コミュニティの組織体のなかでは強力かつ中心的な位置を占めている．この二つの団体は膨大な数のさまざまな一団の代表となって，両者協力しあいながら活動している．シオニズムは南アフリカでは伝統的に非常に強い．莫大な財政援助と人的な動員力を指揮しているのである．それに南アフリカのユダヤ人社会とイスラエルのあいだには密接なつながりがあり，イスラエルでは南アフリカからの移民が国家の生存にとって重大な貢献をしている（それとは対照的に，南アフリカでのイスラエルからの移民は，他の国々でと同様，ユダヤ人コミュニティの生存にほとんど資するところがない）．シオニズムの主張は，南アフリカの公衆と歴代の政府から強い共感と支持を受けてきた．ヤーン・スマッツは，バルフォア宣言を公布したイギリスの内閣の閣僚でもあったし，生涯，シオニズムを支持していた．彼の率いる政府が，1948年5月にとった最後の国政上の行動の一つは，新たに宣言されたイスラエル国家に事実上の承認を与えることであった．国民党政府も友好政策を引き継ぎ，1949年，イスラエルの国連加盟にもとづいて同国を法律上正式に承認した．それ以来両国は，イスラエルが南アフリカの人種政策に対する国際的な非難に同調しているにもかかわらず，誠意ある友好関係を保ってい

南アフリカのユダヤ人は，その大部分が東ヨーロッパ，とりわけリトアニアからの入植者の子孫であったが，入植者たちは，19世紀最後の10年間に，つまりちょうどトランスヴァールの金鉱が開かれ，かつては未開発のこの地域に突然の移民の大波が引き寄せられてきたのと時を同じくしてやってきた．ヨハネスバーグや，その周辺の町のユダヤ人コミュニティに関する物語は，これらの町の歴史自体と深く結びついている．ユダヤ人は，最初期の入植者のなかにも入っており，経済的・市民的・文化的生活に対して全面的な貢献をずっと果たしてきたのである．

左 家の外でポーズをとっているユダヤ人の家族と，家業として営んでいる写真店．1920年頃のガーミストン．この町では，ユダヤ人コミュニティは1896年に町が創建されたときにまで，その起源をさかのぼることができる．

左中央 ヨハネスバーグのユダヤ人の食料品店．ここでも，ユダヤ人の暮らしはちょうど1886年の町の創建にまでさかのぼる．

下 このズールー族の宗派の儀式用ローブにも，ユダヤ人のシンボルがはっきりとつけられている．

るのだが，その人種政策が時として，南アフリカ政府と国内のマイノリティであるユダヤ人との関係に緊張をひきおこすこともあった．

南アフリカのユダヤ人は，人種問題に関しては伝統的に慎重な道を歩んできた．政治問題に対しては本能的に控えめな態度をとりながら，ユダヤ人は，自分たち自身の権利や自由に直接関わりのない問題については，結束して意見を表明することを明らかに拒否していた．それでも個々のユダヤ人には，アパルトヘイト反対運動で顕著な役割を果たした者がいたし，とりわけ改革派ユダヤ教の方は，黒人社会である程度福祉活動に携わっている．しかしながら，1980年，南アフリカ代表理事会はもっと率直に意見表明していく路線をとることとし，すべての関係者，「とりわけわれわれ自身のコミュニティ成員すべては，人種，信条，皮膚の色にもとづくすべての不公正な差別の速やかな改善と，究極における除去を保証するために協力すること」を主張する決議をあげた．

南アフリカに人種にもとづく境界線が存在するのであれば，ユダヤ教が黒人住民のあいだにはほとんど影響してこなかったということも，別段不思議ではない．ソウェトの黒人ユダヤ教徒コミュニティは，ポーランドでホロコーストを生き延びた人びとの信仰を目撃してからのち，ユダヤ教を受け入れるようになったというあるアフリカ人ラビの指導のもと

左 イスラエル支援のためのガーデン・パーティ．シオニズム運動は，南アフリカでは驚くべき成功をおさめており，ユダヤ人コミュニティに一体感をもたらすための重要な中心を供する一方，イスラエルの多くの重要な事業計画に資金を提供している．イスラエルとの絆は，相手国に対して，相互に大規模な移民を行なうことによって強められている．

右 ヨハネスバーグのハスィディズムのラジオ局．南アフリカに現われているユダヤ教は，ハスィディズムから改革派にいたるまでのすべてにわたっているが，主流は常に，イギリス的な雰囲気を備えた正統派であり，伝統的な教理に対する強い尊敬の念が結びついていた．

にあるが，一種奇異の目でみられている．その一方で，北トランスヴァールの部族であるレンバ族は，自分たちはユダヤ系であると主張しているが，それは信用されていない．

南アフリカのユダヤ人社会の将来は，全体としては，明らかに白人住民の将来と結びついている．多くの他の国々のコミュニティとは違って，ここの強力なコミュニティは，周辺との同化に脅かされているのではなく，その存在のよって立つところである経済的・政治的な諸条件が崩壊する可能性があるという幻影におびえているのだが，それこそ，すでにこの大陸の他のコミュニティのほとんどに降りかかっていった運命なのである．

その他のアフリカ諸国

中央アフリカの諸コミュニティは非常に大きなものではなかったし，そのほとんどが今日では完全に消滅してしまっている．ローデシアでは，1880年代に主として南アフリカからだが，ユダヤ人の小規模な流入があって，ただちにブラワヨ（1894年），ソールズベリ（1895年），グウェロ（1901年）に信徒団が形成された．移民によってユダヤ人口は着実に増加し，ローデシア・ニヤサランド連邦が成立した1953年までには，クエ・クエやガトゥーマに，同じくルサカや北ローデシアの銅山地帯の多くの中心地にも信徒団が作られた（ニヤサランドは，ほんの一握りのユダヤ人移民より多くは決して受け入れなかった）．これらのコミュニティはすべて連邦が存続していたあいだは繁栄しており，また連邦は，何年かにわたってユダヤ人首相サー・ロイ・ウェレンスキーに率いられていた．1963年に連邦が解体したのち，北ローデシア（ザンビア）のコミュニティは衰退し始め，今ではわずかに数家族がルサカに残っているだけである．南ローデシアのユダヤ人社会は，1960年代には7000人ほどを数え，強固なコミュニティ機関同士のネットワークをもっていたが，反差別経済ボイコットや将来の政治状況の不安定のために1970年代にはかなりの国外移住が生じ，1980年にジンバブエが独立共和国の宣言をしたときには2000人以下のユダヤ人しか残っていなかった．ザイールでは，独立前から存在していて，結束の固い2500人の成員を擁していた八つのコミュニティの遺跡が，今となってはかすかに残るのみである．

ケニヤのユダヤ人入植地は1903年にまでさかのぼる．この年イギリス政府は，シオニスト機構に対して自治権をもつユダヤ人入植地のための領域を提示した――この提案は拒否されたが，シオニズム運動の戦列に深い亀裂をひきおこさないわけにはいかなかった．少数のユダヤ人はこの領域に入植し，その後ナチズムからの避難民の小規模の流入が続いた．現在あるナイロビのコミュニティは非常に小さなもので，主としてイスラエル人からなっている．

その他若干のアフリカ諸国の首都にわずかなユダヤ人外交官やビジネスマンからなるグループができていて，社交的な集まりを開いたり，おもな祭日をともに祝ったりしているが，この人たちはその地に恒常的な基盤をもっているわけではない．

用語解説

アシュケナズィーム（ドイツと同一視された聖書中の人名アシュケナーズ［「創世記」10：3］に由来する）
ドイツ・ポーランド系ユダヤ人．

アロン・ハ=コデシュ（ヘブライ語，「聖櫃」）
元来は聖書に出てくる契約の箱——神がシナイ山でモーセに与えた2枚の石板を納めた箱——を指すが，今日ではシナゴーグ内のトーラーの巻物を安置した聖所を指す．

イェシヴァ（複数形はイェシヴォット）（ヘブライ語）
とくにタルムードの研究に関連した学知を教える高等教育機関．ただしイェシヴァのなかには，より広いカリキュラムを組むところもある．このことばはまた，今日，宗教教育を行なうユダヤ人向けのハイスクールに対しても用いられる．

イスラエル
イスラエルとは，聖書に登場する族長ヤコブの別名であるが，ヘブライ語では，全ユダヤ民族ないしは個々のユダヤ人（すなわち「イスラエルの民」）をも意味する．ユダヤ教徒だけでなくキリスト教徒も，神学上では現在でもなお，このことばはこのような意味あいで用いる（たとえばキリストの教会が「新しきイスラエル」であるとされるように）．現代の国家としてのイスラエルの名前は，「イスラエルの地」という古くからのいい方に由来する．

イディッシュ語
中世ドイツ語からの派生言語で，東ヨーロッパのアシュケナズィームの固有の言語となった．その後，この言語を話す人びとは世界のいろいろな地域に広がった．

エトナルケス（ギリシア語，「民族の首長」）
ハスモン朝の歴代の王や，ローマ支配下でのユダヤ教団の世襲支配者によって用いられた称号（パトリアルケスとも呼ばれたが，これは「族長」を意味する）．

エトローグ（ヘブライ語，「シトロン」）
スッコートの祭りに使われる「4種」のうちの1種．レモンに似たこの果物は，墓石やその他ユダヤ教の古い遺物の上に描かれたシンボルとして広くみられる．「ルーラヴ」の項をみよ．

改革派ユダヤ教
19世紀ドイツからおこった宗教運動．ユダヤ教の伝統を近代的生活の諸条件に適合させることをめざす．イギリスではこのことばは，改革派運動のなかで急進的リベラル派とは対照的な，より伝統主義的な一派だけを指して用いられる．

会堂（テンプル）
シナゴーグをテンプルと呼ぶのは，改革派ユダヤ教に限られる．

ガオン（ヘブライ語，「卓越」）
狭義には，6—12世紀の中東における主要なタルムード学校の長に対して用いられた称号．より一般的には，傑出した学者を指す場合に用いられる．

カバラー（ヘブライ語，「伝承」）
ユダヤ教の神秘主義思想．『ゾハルの書』が著わされた13世紀スペインにおいて創造性の頂点がきわめられ，ついで16世紀パレスティナのサフェド（現代イスラエルではツェファト）でのイサク・ルリアの学派において第二の頂点がきわめられた神智学的体系．本質的に密儀的な性格をもつ，カバラーは，とりわけルネサンス期のキリスト教，ハスィディズム，さらには北アフリカやイエメンでの民衆信仰としてのユダヤ教に相当な影響を与えてきた．

カライ派（（聖書を）「読む」という意味のヘブライ語カラに由来する）
タルムードの権威を主張するラビ的伝統を拒否し，教義の基礎を聖書にのみ求めた宗教運動．

キドゥーシュ（ヘブライ語，「聖別」）
安息日や祭りのとき，家庭やシナゴーグで，カップについたワインを祝福して朗唱される祈り．

キブツ（ヘブライ語，「集団，集合」）
イスラエルにおける共同入植村．

グノーシス主義（ギリシア語グノーシス，「（秘義の）知識」）
制度化されたユダヤ教・キリスト教の境界をあふれでた複合的な宗教運動．古代にあっては，ユダヤ教やキリスト教の正統派信仰の発展において重要な役割を果たし，また中世では，カバラーの展開に影響を与えた．

契約の箱
「アロン・ハ=コデシュ」の項をみよ．

ゲットー
ユダヤ人解放前のヨーロッパのいくつかの都市において，ユダヤ人がそこに住むことを強制された，壁で囲まれた指定居住区域．このことばは1516年にヴェネツィアでこうした目的のために区画された地区の名前からきている．今日では漠然と，都市のなかで，あるマイノリティ集団が居住している地区を指すこともあり，自発的に居住している場合にも用いられることがある．

ケトゥバ（ヘブライ語，「文書」）
婚姻の成立と，それにともなって新郎が新婦に対して負う義務とを，記録した法的文書．

ゲニーザ（ヘブライ語，「保管庫」）
不要となったが神聖で破棄できない文書や物品を保管しておく場所．もっとも有名なゲニーザはオールド・カイロのシナゴーグにあったものだが，中世においては，実際にはどのシナゴーグにも備えられていた（18—19ページ参照）．

ケヒッラ（ヘブライ語，「会衆」）
伝統的な意味あいでは，中世的制度としてあったユダヤ人の自治的コミュニティ．

コシェルあるいは**カシェル**（ヘブライ語，「適した」）
「儀式上の条件にあった」ということで，このことばは通常，食事の規則に適合した食品，もしくはそうした食品を販売している肉屋や食料品店に対して用いられる．

コンベルソ
14，15世紀に行なわれた迫害の結果，キリスト教に改宗したユダヤ人を指すスペイン語．

再建主義
アメリカ合衆国で始まった宗教運動．ユダヤ教がそれ自身の宗教的妥当性をもつ一つの文明だとする理解を自然論的神学に結びつけた．

サンヘドリン（「会議，協議」を意味するギリシア語シュネドリオンに由来する）
古代において審議機能と司法上の権能とをもつさまざまな「議会」的機関を一般的に指す名称．これは，のちにナポレオンの改革事業の証拠として，1807年にパリに招集されたラビ会議の名称としても復活させられた．

シオニズム
イスラエルの地にユダヤ人を帰還させようとする運動．19世紀ヨーロッパに起源をもつ．

シナゴーグ（「集会」を意味するギリシア語シュナゴーゲーに由来する）
集合礼拝のためのホール，あるいは建物．今日では，しばしば教育や社会事業の会合といった信者のコミュニティ活動のための施設を備えている．抽象的な意味あいで，このことばがそこに集まる信徒団体を指すこともないとはいえないが，しかし「シナゴーグ」という表現を（「教会」からの類推で）「ユダヤ人一般」や「ユダヤ教」の同義語として用いるのは，もっぱらキリスト教徒だけの語法である．

シャバタイ主義
シャバタイ・ツヴィの名前にちなむメシア運動．17世紀には広くヨーロッパや近東を席捲したが，最終的には，局地的なセクト間抗争と魔女狩りとのなかで消滅した．

シュティーブル（イディッシュ語，「小さな家」）
アシュケナズィーム・ユダヤ人，ことにハスィディームの小さな祈祷所．

シュテートル（イディッシュ語，「小さな町」）
東ヨーロッパのユダヤ人居住地．現在では，東ヨーロッパのユダヤ人社会の失われてしまった世界を総体的にあらわすものとしても使われる．

贖罪の日
「ヨーム・キップール」の項をみよ．

ショファール（ヘブライ語）
新年の礼拝のあいだとヨーム・キップールの終了時とに吹き鳴らされる雄羊の角笛．イスラエルではさらに，厳粛な公的行事のおりや，宗教的傾向の強い地域社会に安息日の到来を告げるためにも，吹き鳴らされる．

水晶の夜（ドイツ語，クリスタルナハト）
「ガラスの割れた夜」（1938年11月9—10日）に，ナチスはいっせいにユダヤ人の資産を襲撃し，ドイツにあった数百のシナゴーグが破壊された［在パリ・ドイツ大使館員フォン・ラートがユダヤ人青年に暗殺された（175頁地図参照）ことが口実とされた］．

スィムハト・トーラー（ヘブライ語，「トーラーの喜び」）
トーラー読誦の1年のサイクルの終わりを画する祭り．中世末期に始まり，喜びに満ちた祝祭としての地位を確立するようになった．トーラーの巻物を抱えてシナゴーグ内部を，ときには町中をも練り歩く．

過ぎ越しの祭り（ヘブライ語，ペサハ）
ヘブライの民が奴隷状態から解放されエジプト脱出を果たしたことを祝う春の祭り．この祭りはまるまる1週間続くが，定められた順序に従う儀式的な夕べの食事（セデル）から始まる．その際，エジプト脱出（出エジプト）の物語が語られ，解放というテーマについての問答がかわされる．

スッコート（ヘブライ語，「仮庵」，「仮小屋」あるいは「幕屋」）
緑の木々や果実で飾った小屋（スッカー）を建てて祝う秋の祭り．シナゴーグのなかでは「4種」が打ち振られる（「ルーラヴ」，「エトローグ」の項をみよ）．

聖体のパンの冒瀆
中世のキリスト教徒たちがユダヤ人をおとしいれるために行なった中傷．ユダヤ人が，キリストの体そのものであるとされる聖体，すなわち聖餐式のために聖別されたパンを冒瀆している，といいたてるもの．しばしばこうした中傷に付随して，あるいはそれが呼び水となって，ユダヤ人に対する襲撃がおこった．

正統派ユダヤ教
ユダヤ教における近代主義的潮流のなかでもっとも保守的なもの．この用語（キリスト教からの借用）は，ユダヤ教のなかの厳密に伝統主義的な諸形態（「超正統派」として知られることもある）にまで拡張して使われることもある．

セデル
「過ぎ越しの祭り」の項をみよ．

セファルディーム（ヘブライ語でスペインを意味するセファラドに由来する）
スペイン・ポルトガル出身のユダヤ人．アシュケナズィームに対置される．イスラエルでは，非アシュケナズィーム・ユダヤ人のすべてに対してこのことばが用いられることも多い．

ゾハル（ヘブライ語，「輝き」）**の書**
カバラーの古典的なテクスト．さまざまな要素を寄せ集めた編者不詳の作品．中核部分はトーラーに関する神秘主義的な注解で，13世紀末のスペインでレオンのモシェーによってアラム語で書かれた．

大祭日
新年とヨーム・キップール．この二つの祭りが，ユダヤ教暦の一年のあいだでもっとも厳粛なものである．

第二神殿の時代
ユダヤ教とその文化が形成された重要な時期．紀元前6世紀のバビロン捕囚から紀元後70年に第二神殿が破壊されるまでのあいだの時代．

ダヴィデの盾（ヘブライ語，マゲン・ダヴィド）
6線星形，すなわち六つの頂角のある星形で，17世紀以来ユダヤ教特有のシンボルないし記章になった．とりわけシオニズムの組織と結びつけて考えられるようになっているが，ナチスもユダ

人を辱める記章にこの形を選んだ．

タリート（ヘブライ語）
朝の祈りの際，また特定の宗教行事の際に，（しきたりでは成人男子のユダヤ教徒のみが）かぶるふさ飾りのついたストール．普通は，黒い筋の入った白いウール地か，青い筋の入った絹地でできている．

タルムード（ヘブライ語，「教えること」）
ヘブライ語とアラム語で書かれた文献の集大成で，かつてラビたちが広い範囲にわたる論題について行なった討議や論争を記録したもの［ラビたちの口伝を編纂したものがミシュナーで，タルムードの重要な土台をなす］パレスティナ・タルムードとバビロニア・タルムードという別個に編集された2種が現存する．タルムードはラビのユダヤ教の土台になったが，その権威はカライ派やキリスト教，さらに改革派ユダヤ教からの攻撃にさらされるようになった．しかし，タルムードは依然としてイェシヴァでの教育の基礎である．

血（儀式殺人）の中傷
ユダヤ人はマツォート（「マツァー」の項をみよ）を作るのに人間の血を使っている，とするいいがかり．このような現象は，中世キリスト教社会に特有のものとみられるが（最初におこったのは1144年イングランドのノリッジにおいてだった），古代エジプトに起源をもち，近代でもなお認められ，その広がりはヨーロッパからオスマン帝国やアメリカにまで及んでいる．しばしば血の中傷を口実にして，ユダヤ人に対する襲撃がくり返されてきた．

ツァディク（ヘブライ語，「義人」）
ハスィディズムの指導者（レッペとも呼ばれる）．カリスマ的な権威をもち，世襲で継承される．

追放者の長（ヘブライ語，ローシュ・ハ＝ゴーラー）
バビロニア捕囚のもとでのユダヤ人社会の世襲の長．

ディアスポラ（ギリシア語，「離散」）
イスラエルの地の外にあるユダヤ人コミュニティを集合的に指すことば．ディアスポラは，古代にまでさかのぼるユダヤ教の法と儀礼においては，イスラエルとは異なった地位におかれていた．近代にあっては，ディアスポラの概念は，シオニズムの思想のなかで重要な役目を果たしている．

テバー（ヘブライ語，「箱」）
シナゴーグ内の一段高くなった壇に対するセファルディームの呼称，読唱用の机がしつらえられている．アシュケナズィームは，これをアルメマルとかビーマーと呼ぶ．

テフィリン（ヘブライ語）
聖書の聖句を記した羊皮紙が革ひもつきの2個の小さな革箱に封入されている．2個1組の聖句箱で，週日の朝の祈りのとき，一つは額に，もう一つは上腕部に，革ひもを巻いてくくりつける．

トーラー（ヘブライ語，「教示」）
一般には，啓示による，あるいは伝統のなかでもちこされてきたユダヤ教の教えであり，「書かれたトーラー」（聖書に含まれる）と「口伝のトーラー」（タルムードおよび聖書以外の集録文書に含まれる）とに分けられることもある．より限定していえば，モーセ5書（創世記，出エジプト記，レヴィ記，民数記，申命記），あるいはシナゴーグで用いられるそれらを手写した巻物を指す．「律法」という誤解を招きやすい翻訳は，古代からあったものだが，英語の用法のなかに定着してしまっている．伝統主義に立つユダヤ教徒のなかには，「トーラーに照らして真実の」という表現を，他の宗派や世俗主義的な傾向とは正反対の自分たち独特のユダヤ教の様態を表わすものとして，使う者もいる．

ネオローグ運動
ハンガリーにおける穏健改革派の宗教運動．

ハウダラー（ヘブライ語，「区別」）
聖と俗の区切を示すため，安息日や祭りが終わるときに朗唱される祈り．

ハウラー（ヘブライ語）
小規模な信仰上の集団．

ハガダー（ヘブライ語，「物語」）
過ぎ越しの祭りの晩，家族でとる食事において，エジプト脱出について，またその永続的意味について，朗唱される式文．

ハスィディズム（「敬虔な」を意味するヘブライ語のハスィドに由来する）
18世紀ポーランドで始まったユダヤ教の信仰復興運動．これに帰依したものはハスィディームと呼ばれた．ただし用語自体は，古い歴史をもつ．つまりハスィドの運動は，ハスモン朝の時代に存在したし，また別の場合は13世紀のドイツでも盛んだった．

バート・ミツヴァー（ヘブライ語，「戒律の娘」）
男性のバール・ミツヴァーに相当する女性の通過儀礼．規定によれば，少女は12歳で成年となる．

ハヌカー（ヘブライ語，「献納，奉献」）
西暦紀元前165年キスレヴ月25日にユダス・マカバイオスがエルサレム神殿を再奉献したことを記念する冬の祭り．8日間続き，あかりをつけたランプかろうそくに火をともして祝われる．

ハフタラ（ヘブライ語，「終結」）
安息日あるいは祭日の朝の礼拝において，トーラーの読誦に続いて聖書の預言書からの諸節を読誦すること．

ハメツ（ヘブライ語，「パン種」）
実態は小麦粉と水をこねて作ったパン生地を酸っぱくなるまで寝かしたもの．聖書上，律法は，過ぎ越しの祭りの期間中，あるいは神殿に供えるものについては，ハメツを用いることを禁じている．過ぎ越しの祭りのときには，どんな形になっていようが，ハメツが家のなかにあってはならないので，それを取り除くための掃除は，祭りの準備のなかでは不可欠の仕事である．

ハラハー（ヘブライ語，「規則」）
ユダヤ教徒の信仰と思想のうち，生活のルール，人の歩み方に関わる部分．法でもあれば倫理規定でもある．

バール・ミツヴァー（アラム語およびヘブライ語，「戒律の息子」）
一般的な用法では，少年が，成人として礼拝に出席する集団に加入する儀式．この成人式は，通常13歳になると行なわれる．このことばは，厳密にいえば，成年となる少年だけでなく，だれであれ成人男子のユダヤ教徒のすべてにあてはまるのであり，十分厳格に戒律を遵守している者一般を指す．

パロヘト（複数形はパロホト）（ヘブライ語）
アシュケナズィームのシナゴーグでアロン・ハ＝コデシュの前にかかっているカーテン．

フパー（ヘブライ語，「天蓋」）
（新婚の部屋を象徴する）天蓋．その下で結婚の儀式がとり行なわれる．ここから，単に「結婚」を意味する場合もある．

ブリート・ミラー（ヘブライ語，「割礼の契約」）
陰茎の包皮を切除すること．神とイスラエルとの契約の象徴的なしるしとみなされている．手術は，生後8日目の男児に対してモヘルが行なうが，男性改宗者に対しても行なわれる．

プーリム（ヘブライ語，「くじ」）
聖書のエステル記に語られているように，ペルシア帝国下のユダヤ人が，民族皆殺しをはかった大臣ハマンの陰謀から，その救出を祝う祭り．地域社会ごとに，時には家族単位でも，危難からの救出を祝うプーリムの祭りはそれぞれのやり方で祝われてきた．

ペオト（ヘブライ語，「かど」）
ポーランド出身またイエメン出身の伝統主義的ユダヤ教徒の男性が伸びるままにしておくびんの巻き毛．

ペサハ
「過ぎ越しの祭り」の項をみよ．

ベート・ハ＝ミドラシュ（ヘブライ語，「学びの家」）
トーラー研究の目的にあてられる部屋もしくは建物．ラビのユダヤ教では，トーラー研究はラビの地位の高さにみあうものだったから，ベート・ハ＝ミドラシュをシナゴーグよりもより神聖なものとみなす伝統があった．

ヘレム（ヘブライ語，「呪い」）
もっとも厳粛かつ極端な禁止の形態．すなわちユダヤ人共同体から個人を追放・排除するような場合である．中世の共同体の構造が崩壊した結果，ヘレムは実際には効力を失うようになり，今日ではめったに発動されることはない．

ポグロム（ロシア語）
怒りを買う理由も何もないのに突発的におこる襲撃事件．もともと，ロシアの帝政末期の数十年間に蔓延したユダヤ人居住地襲撃を指すものだったが，ユダヤ人社会に対する暴力的攻撃一般を意味するようにもなった．

保守派ユダヤ教
20世紀初頭にアメリカ合衆国で発展した運動で，ごく最近ではイスラエルやイギリス，さらにその他の国々にも拡大した．本質的には心深い近代主義であって，信仰と慣習の面で幅広い適応を示すが，厳格な伝統主義と急進的な改革とをともに拒絶する立場に立つ．

ホロコースト（ギリシア語，「全燔祭」）
元来は焼きつくされたいけにえを意味したが，現在このことばは，ナチスとその協力者が行なった約600万人のユダヤ人の大量虐殺を指すものとして用いられる．

マツァー（複数形はマツォート）（ヘブライ語）
種入れぬパン．とくに過ぎ越しの祭りで用いられるもの．

マラノ（スペイン語，「豚」）
キリスト教に強制的に改宗させられたスペインやポルトガルのユダヤ人およびその子孫を，侮蔑的に指したことば．その多くが，ユダヤ教の信仰・儀礼をひそかに守り続けた．

ミスナグディーム（ヘブライ語，「反対者」）
東ヨーロッパにおけるハシディズム運動に対する反対者．

ミズラヒ
シオニズム運動内で宗教的立場をとる一翼．

メズーザー（ヘブライ語，「戸口の側柱」）
聖書中の聖句二つを書きこんだ小さな羊皮紙の巻物で，箱に入っており，ユダヤ教徒の家の戸口の柱にとりつける．

メッラーフ（アラビア語）
モロッコの町々にあるユダヤ教徒地区．

メノーラー（ヘブライ語，「枝つき燭台」）
エルサレムの神殿に立っていた7枝のランプ台．ユダヤ教のもっとも有名なシンボルの一つになった．しばしばその形を模して，ハヌカーで用いられる8枝のランプ台や燭台が作られたりする．

メラメド（ヘブライ語）
子どもたちを教える教師．

モシャヴ（ヘブライ語）
イスラエルにおける協同組合入植村．

モヘル
ブリート・ミラー（割礼）の手術を行なう人物．

ユダヤ人解放
市民としての無資格状態を解除すること．ユダヤ人解放は，信教の自由や政教分離を求める闘争と密接に関連する政治的課題であった．

ヨーム・キップール（ヘブライ語，「贖罪の日」）
ユダヤ教暦のなかでもっとも厳粛な断食の日であり，同時に，晩夏に始まる罪の悔い改めの期間を経て到達するクライマックスでもある．

ラディノ語
セファルディームのユダヤ人が用いたスペイン語に対してあてられた名称［今日では，バルカン半島などにも，この言語の使用者が存在している］．

ラビ（ヘブライ語）
元来は，ユダヤ教の法において，裁定をくだす資格をもった賢人に対して与えられる称号．近代主義のユダヤ教にあっては，ユダヤ教の聖職者を指す傾向がある．

リベラルなユダヤ教
事実上，改革派ユダヤ教の同義語で，とくに西ヨーロッパで用いられる．イギリスでは，改革派運動のなかのより徹底した急進的一翼を指す．

ルバヴィッチのハスィディズム
ハバド・ハスィディズムの名でも知られる．ハスィディズムの一派で，宗教信仰の重要な要素として知的努力を強調し，リァディ（ベラルーシ）のシュネウル・ザルマンが著わした『タニア』に依拠しようとする特徴がある．ルバヴィッチの指導者の家系は，このザルマンに始まる．ルバヴィッチのレッペ（指導者）の座は現在ニューヨークにあるが，この宗派は世界中の数多くの地域で積極的な布教活動を続けている．

ルーラウ（ヘブライ語）
厳密には1本のシュロの枝を指すが，普通は，1本のシュロの枝，2本のヤナギの小枝，3本のテンニンカの若枝でできた束を指しており，拡大した意味で使われている．この束とエトローグとをあわせて，スッコートの祭りの儀式で用いられる「4種」が形作られる．

図版リスト

略記：t＝上図、tl＝上段左図、tr＝上段右図、c＝中図、b＝下図、など。

図版の配置はすべてジョン・ブレナン（オックスフォード）による。

見返し図：「ユダ・イスラエル王国における人口稠密な地方の地誌図」、アブラハム・オルテリウス、1586年：ボドレー図書館、オックスフォード大学所蔵。

頁
2–6. Alfred Rubens Collection, London
8–9. Drawings by John Fuller, Cambridge
13. Detail from a carpet page of a 15th-century Pentateuch containing micrographic verses from Psalms 119 and 121: British Library, London
15. Qumran caves: Jamie Simson, Brookwood, England
16t. The opening of the Hebrew University, Jerusalem: painting by Leopold Pilichowski (photo: The Hebrew University)
16b. Jacques Basnage, from an engraving by J. C. Kraus: Author's collection
17tc. Ballista missiles, Masada: John Ruffle, Gulbenkian Museum, Durham
17tr. Bar am synagogue: Zev Radovan, Jerusalem
17bl. Cordoba synagogue: Foto Salmer, Madrid
17bc. Diaspora Museum: Beth Hatefutsoth (Diaspora Museum), Tel Aviv
18tl. Conservation worker at Cambridge: Jewish Chronicle Colour Magazine, London
19tr. Maimonides autograph: British Library, London
18–19 Other Genizah manuscripts: University Library, Cambridge
21t. Qurna oasis: Jamie Simson, Brookwood, England
21b. Landscape of Judaea: Alan Hutchison Library, London
23c. Hasmonean dynastic table: John Brennan, Oxford
26tr. Judaea Capta coin: Leonard von Matt, Buochs
26cr. Silver tetradrachma of the Jewish Revolt: Cadmon Numismatic Museum, Tel Aviv
27. Herodian dynastic table: John Brennan, Oxford
28tl. Arch of Titus, Rome: A. A. M. van der Heyden, Amsterdam
28tr. Catacomb inscription, Rome: Leonard von Matt, Buochs
28c. Jewish catacomb painting: Villa Torlonia, Rome (photo: Andre Held)
31. Dura fresco (reconstruction), *The Valley of Death*: Dura-Europus Collection, Yale University Art Gallery
31c. Dura fresco (reconstruction), *The Ark of the Covenant*: Dura-Europus Collection, Yale University Art Gallery
33tr. Aerial view of Herodium: Werner Braun, Jerusalem
33cr. Masada fortress: Werner Braun/Zefa (London)
33bl. Caesarea aqueduct: Sonia Halliday, Weston Turville, England
35t. Life of St Anne on door of Notre Dame Cathedral, Paris: Lauros-Giraudon, Paris
35bl. Statue of defeated synagogue: Lauros-Giraudon, Paris
37. Caricature of Christ and the Jews by Hieronymus Bosch: Ghent Museum
39. Muhammad orders execution of the Jews: Chester Beatty Library, Dublin (photo: Pieterse-Davison)
41. Hebrew Turkish rug: Textile Museum, Washington, DC
42tr. Scroll of Esther by Kai Feng Fu: Beth Tzedec Museum, Toronto, MS Roth 527
42b. Kaifeng synagogue: Beth Hatefutsoth, Tel Aviv
43l. Falashas: Yoav Levy, Phototake, New York
43r. Indian Jews: Alfred Rubens Collection, London
44tl. The plunder of the ghetto following the Fettmilch Riots, Frankfurt, 1614, engraved by H. Merian. From J. L. Gotfried, *Historische Chronica*, Frankfurt 1642: Alfred Rubens Collection, London
44tc. Caricature of Jobst Mellern: Alfred Rubens Collection, London
45tl. The procession of the Inquisition at Goa, engraving by C. Du: Alfred Rubens Collection, London
45tc. King's advisers urge him to expel the Jews: British Library, London, MS OR 2737
46tc. Synagogue in Constantinople: Sonia Halliday, Weston Turville, England
46br. Gracia Mendes Nasi, bronze coin portrait, 1570: Bibliothèque Nationale, Paris
48c. Simcha Torah: engraving by Bernard Picart, from Joods Historich Museum, Amsterdam
48b. Chipur: engraving by Bernard Picart, Mary Evans Picture Library, London
49tl. The law displayed: engraving by Bernard Picart, from Joods Historich Museum, Amsterdam
49tr. Sounding the horn: engraving by Bernard Picart, from Joods Historich Museum, Amsterdam
49b. Dedication of the synagogue: engraving by Bernard Picart, from Joods Historich Museum, Amsterdam
50r. Female figure depicted on coin: Equinox Archive, Oxford
51. Jews being driven from German city: Staats-und-Universitäts-Bibliothek, Hamburg
52–3. Dome of Gurozdziec Synagogue: Beth Hatefutsoth, Tel Aviv
55. German Jews: Alfred Rubens Collection, London
56cr. Amsterdam Jews welcome Bonaparte, engraving by J. A. Langendijk, 1808: Rijksmuseum, Amsterdam
56cb. Sanhedrin medal: Jewish Chronicle, London
58tl. Rothschild enters Parliament: Private collection
58tr. Jewish service during Russo-Turkish war: Coxe-Goldberg Photography, Inc./Museum of the City of New York
59. Cartoon of Jew as scapegoat by Abel Pann
63tr. Immigrants arriving in the USA: American Jewish Archives
63cr. Immigrant at prayer on SS *Pennland*: Jacob Riis Museum of the City of New York, Jewish Chronicle Colour Magazine, London
65t. Jewish children orphaned by Kishinev Pogrom: HIAS, New York
65cl. Factory in Argentina: From the archives of the YIVO Institute for Jewish Research, New York
65cr. After the retrial in Rennes, 1899, Dreyfus is shamed as he leaves the court: BBC Hulton Picture Library, London
65br. General Allenby's proclamation being read in Arabic, Jerusalem 1917: BBC Hulton Picture Library, London
68–69. Russian emigrants: BBC Hulton Picture Library, London
68b. Antisemitic poster: Zydowski Instytut Historyczny w Polsce, Warsaw
69b. Destroyed synagogue Gailingen Baden, 1938: Leo Baeck Institute, New York, photo: Gemeinden Deutschland
71tl. Dutch woman with yellow star: Rijksinstituut voor Oorlogs documentatie, Amsterdam
71tr. Boy with arms raised, Warsaw ghetto: Wiener Library, London
71b. Woman and children being deported: Statni Zidovske Museum, Prague
73. Exodus ship: Camera Press, London
75l. David Ben-Gurion inaugurating the first Knesset: Werner Braun, Jerusalem
75r. Russian Jews arriving in Israel, 1971: BIPAC/I.P.P.A., London
76. Begin, Sadat and Carter: BIPAC, London
77. Manuscript illumination suggesting a shield of David: Bodleian Library, Oxford, MS Kennicott 1, f. 122v
78c. Cartoon – the Jewish question: Gerard Silvain Collection, Paris
78b. Initial from Tripartate Mahizor: British Library, London
80tl. New York Yeshivah student: Yoav Levy, Phototake, New York
80tr. Characteristic Jew wearing *tefillin*: Vautier-Nanxe, Paris
80cl. Samaritan at Passover: Charles Harbutt/Magnum – John Hillelson Agency, London
80c. Falasha girl: Alan Hutchison Library, London
81. Farag Menashe, a Karaite, who ministers to the Synagogue, holding the Torah: Jewish Chronicle Colour Magazine, London
82–83. Abraham slaying Isaac: British Library, London. Moses with the tablets of the Law, by Rembrandt: Berlin – Dahlem Gemäldegalerie (Phaidon Archive). Jesus, the Turin Shroud: Mansell Collection, London. Christopher Columbus: Mansell Collection, London. Baruch Spinoza: Mansell Collection, London. Karl Marx: Mansell Collection, London. Sigmund Freud: Mansell Collection, London. Franza Kafka: Bilderdienst Süddeutscher Verlag. Pissarro in his studio: Roger-Viollet, Paris. Gustav Mahler: BBC Hulton Picture Library, London. Leon Trotsky: BBC Hulton Picture Library, London. Ilya Ehrenburg: Novosti Press Agency, London. Henry Kissinger: BBC Hulton Picture Library, London. Bishop Hugh Montefiore: By courtesy of the bishop of Birmingham. Marilyn Monroe and Arthur Miller: Keystone Press Agency, London
85l. Young American Jews at Shabbas Retreat, Connecticut: Bill Aron Photography, Los Angeles
85b. Refuseniks and other Jews gathering outside Leningrad Synagogue on Yom Kippur: Bill Aron Photography, Los Angeles
86–87. Marriage ceremony: Jewish Chronicle Colour Magazine, London
86bl. Circumcision ceremony: Yoram Lehmann, Robert Harding Picture Library, London
86br. Circumcision utensils: flask and guard, 1827, other items, 1866, silver. Hebrew inscription on guard reads "Jacob Nehemias Torres": Coxe-Goldberg Inc./Jewish Museum, New York
87tr. Wedding rings, Italian, 18th century (?), gold: Coxe-Goldberg Inc., Jewish Museum, New York
87cr. Burial society beaker, Polin, Bohemia, 1692, enameled glass: Coxe-Goldberg Inc./Jewish Museum, New York
87bl. *Bar mitzvah*: Chris Ridley, Robert Harding Picture Library, London
87br. Jewish funeral, Brazil: Alan Hutchison Library, London
88. Simhat Torah flag: Israel Museum, Jerusalem
89bl. Pesah, in a 14th-century Spanish Haggadah: British Library, London
89br. The Zodiac, Beth Alpha: Werner Braun, Jerusalem
90cl. Blowing a *shofar*, New Year: Werner Braun, Jerusalem
90br. Sukkot prayers, Western Wall: Werner Braun, Jerusalem
90r. Hanukkah: Jan Lukas/Photo Researchers Inc., NY
91tl. Bukharan Jews celebrating Purim: Zev Radoran, Jerusalem
91cl. Burning *hametz* on eve of Pesah: Werner Braun, Jerusalem
91bl. Passover *seder*: Neville Kenton/Zefa, London
93t. Haggadah by Joseph Leipnik: British Library, London
93bl. 14th-century Jewish bakery: British Library, London
93bc. Communal caldron: British Library, London
94t. Marchers from the Gay Synagogue of New York in the Gay Parade: Ricki Rosen, New York
94c. London poultry butcher, 1981: Judy Goldhill, London
94b. Los Angeles wedding: Bill Aron Photography, Los Angeles
95t. Bargaining for fish, Lower East Side, New York City: Bill Aron Photography, Los Angeles
95b. Shabbas retreat for members of the New York Havurah: Bill Aron Photography, Los Angeles
97. *Day of Atonement*, painting by Jacob Kramer: Temple Newsam House, Leeds
101. Shabbetai Zvi in Turkey, from *Der Neu-eröffneten Ottomannischer Pforten Fortsetzung*, Augsburg, 1701: Alfred Rubens Collection, London
103t. The Western Wall: Sonia Halliday, Weston Turville, England
106t. Polish wooden synagogue: Equinox Archive, Oxford
106c. Old New Synagogue, Prague: Scala, Florence
106c. Givat Ram Synagogue: Werner Braun, Jerusalem
106b. Beth Shalom Synagogue, Pennsylvania: E. Teitelman
107tl. New Synagogue, Bonn: Zefa, London
107tr. Cochin synagogue: Zefa, London
107b. Florence synagogue: Scala, Florence
108–109t. Gibraltar synagogue interior: Zefa, London
108–109. Drawings by Dick Barnard, London
110c. Jewish pilgrims to tomb of saint at Ouirgane, 1955: Israel Museum, Jerusalem
110bl. King David's tomb: Werner Braun/Zefa, London
110br. Jewish pilgrims to the tomb of Rabbi Meir Ba'al Haness, Tiberias: Jamie Simson, Brookwood, England
111t. Children dressed for Purim parade: Werner Braun, Jerusalem

111bc. *Lag Ba-Omer* at tomb of Rabbi Shimon ben Yohai, Meiron: Werner Braun, Jerusalem
111br. Man with chicken: *Kapparot*: Werner Braun, Jerusalem
112t. Torah shrine, Dura synagogue: Yale University
112b. Messianic banquet: Ambrosian Library, Milan
113l. Giving of the Torah: John Brennan, Oxford, after the Bird's Head Haggadah
113r. Hanukkah window, Great Portland Street Synagogue, London: Sonia Halliday, Weston Turville, England
114–115. Jewish Museum, London (photos: Mark Fiennes)
116. Trilingual hymn: Bodleian Library, Oxford, MS Opp ADD 8°, 52, f. 138r
116–117. Scribe correcting Torah scroll: Bill Aron Photography, Los Angeles
119t. Lillian Hellman: BBC Hulton Picture Library, London
119tc. Saul Bellow: BBC Hulton Picture Library, London
119cb. Primo Levi: Agenzia Giornalistica, Italy
119b. Alberto Moravia: Agenzia Giornalistica, Italy
122cr. Table of characters: John Brennan, Oxford
122–123b. Torah scroll *wimpel*: Jewish Museum, New York
123c. Teacher and pupils: Magnum/John Hillelson Agency, London
123tr. Cordoba, dedication stone: Foto MAS
123cl. Hebrew oculist's test card: Rhoda Galyn, New York
123cr. Moabite stone: Louvre, Paris
123inset. Book printed by Jerome Soncino, Brescia, 1491
124cl. Scroll of Isaiah, from the Dead Sea Scrolls: Israel Museum, Jerusalem
124bl. Jonah and the Whale: Bodleian Library, Oxford, MS Kennicott 1, f. 305
124–125. Spanish Bible carpet page, written by Menahem ben Abraham Malik in Burgos, 1260: Jewish National and University Library, Jerusalem
125. Page from Haggadah by Ben Shahn: Trianon Press, Paris
127. Pope John Paul II at Auschwitz, 1979: Gamma/Frank Spooner Pictures, London
128tl. Pinkas Synagogue, Prague: Jewish Chronicle, London
128cl. West Park Cemetery, Johannesburg: South African Tourist Corp.
128bl. *Le Cri silencieux*, statue by Leah Michelson: Vautier-De Nanxe, Paris
128bc. Dachau memorial: Ullstein Bilderdienst, W. Berlin
128br. Head of Mosaic congregation in Norway, Harry M. Koritzinsky, at the memorial commemorating 620 Oslo Jews killed in WWII: Billedsentralen, Oslo/Camera Press
128–129. Survivors of Auschwitz at the 30th anniversary of the camp's liberation in the synagogue in the rue de la Victoire: Alecio de Andrade/Magnum (John Hillelson Agency), London
129bl. Yad Vashem: Zefa Ltd, London
129br. Malmö memorial: Scanda Photopress, Malmö
131bl. Meeting in Vienna *kaffeehaus* at which publication of the Zionist weekly *Die Welt* was decided upon. Herzl is sitting at the back, 1897: Central Zionist Archives, Jerusalem
131cr. Group of *Poalei Zion* in Plonsk with David Ben-Gurion, 1906: Central Zionist Archives, Jerusalem
131br. Jabotinsky in Acre gaol, 1920: Central Zionist Archives, Jerusalem
132tc. Jerusalem wall slogan: Walter Weiss, Vienna
132cr. Immigrants with luggage at absorption camp, c.1950: Central Zionist Archives, Jerusalem
132c. Plowing with armored tractor at Mishmar Ha-Emek, 1930s: Central Zionist Archives, Jerusalem
132b. 1983 Assembly of the Jewish Agency: Central Zionist Archives, Jerusalem
133t. Hebrew shepherd: J. Benor-Kalter/S. Adler, Haifa
133c. Zvi Hirsch Kalischer: Central Zionist Archives, Jerusalem
140–141. Leonard Bernstein: BBC Hulton Picture Library, London. George Gershwin: Mansell Collection, London. The Marx Brothers: BBC Hulton Picture Library, London. Bob Dylan: Keystone Press Agency, London. Leonard Cohen: BBC Hulton Picture Library, London. Aaron Copland: BBC Hulton Picture Library, London. Woody Allen: BBC Hulton Picture Library, London. Sammy Davis (Junior): BBC Hulton Picture Library, London. Samuel Goldwyn: BBC Hulton Picture Library, London. Norman Mailer: BBC Hulton Picture Library, London. Bernard Baruch: BBC Hulton Picture Library, London. Louis Brandeis: BBC Hulton Picture Library/Bettman Archive. Gerhard Herzberg: BIPAC/CP. Henry Morgenthau, Senior: BBC Hulton Picture Library, London. Albert Einstein: Mansell Collection, London
143cl. Lafayette Street Offices of HIAS: Photo courtesy of HIAS, New York
143bl. Talmud school in Hester Street: Museum of the City of New York
143r. Peddlers and customers at Hester Street, 1899: Museum of the City of New York
144tl. Samuel Gompers speaking to the shirtwaist makers at Cooper Union, 1909: Brown Brothers Inc., New York
144tr. Pushcart peddler: American Jewish Archives, New York
144–5. Hasidic Sukkot service, New York: Geoffrey Hiller/Black Star, New York
146tl. Prairie wagon: Jewish Chronicle Colour Magazine, London
146tr. Otto Mears with Chief Ouray, Colorado, 1876: Jewish Chronicle Colour Magazine
146b. House at Jewish Farm Colony, New Jersey: From the archives of the YIVO Institute for Jewish Research/Jewish Chronicle, London
147. Boy with toy: Rhoda Galyn, New York
147. Religious service in the field in Vietnam: Jewish Welfare Board
148t. Black Jews: Colorific!, London
149. Yom Kippur service, Temple de Hirsch, Seattle: Ted Spiegel/Black Star, New York
149tr. Touro Synagogue, 1759–63: Howard Millard
149cr. Yeshivah University, New York: Jewish Chronicle Colour Magazine, London
150tl. The women's section at a Bukharan synagogue in New York: Ricki Rosen, New York
150c. Poster: Yoav Levy/Phototake, New York
150–151. Soviet Jewish Immigrants: Ricki Rosen, New York
151t. Supervisor at Manischewitz wineries: BIPAC/UPI
151bl. Lubavitch Yeshivah: Ricki Rosen, New York
151br. Street market selling four species for Sukkot: Ted Spiegel/Black Star, New York
152. Bobover Rebbe with granddaughter at wedding: Bill Aron Photography, Los Angeles
152. First woman rabbi, New York: Ricki Rosen, New York
152. Hasidic children in Prospect Park, Brooklyn: Leonard Freed/Magnum (John Hillelson Agency), London
153. Jewish shops, New York: Jewish Chronicle, London
154. Rabbi delegate at democratic convention, New York, 1980: Ricki Rosen, New York
155t. Israel Independence Day parade, New York: Fred Lombard Photo Researchers Inc, New York
155b. All-night vigil for Soviet Jews: Bill Aron Photography, Los Angeles
156c. Religious service in the Old Folk's home, Winnipeg: Jewish Historical Society of Western Canada
156. Jewish farmers harvesting, Monte Fiore Alta, 1920: Jewish Historical Society of Western Canada
157. Hanukkah ceremony: Associated Hebrew Schools of Toronto
157. May Day Parade, Winnipeg: Jewish Historical Society of Western Canada
157. Holy Blossom Temple, Toronto: Jewish Chronicle, London
159. Jacopo Timerman: Camera Press, London. Dr Dujoovne: Library of Institute of Jewish Affairs. David Elnecavé: Library of Institute of Jewish Affairs
160t. Moisesville, early settlers at synagogue, early 20th century: Beth Hatefutsoth (Diaspora Museum)/ICA Collection, Tel Aviv
161t. Jewish gauchos in an ICA settlement, 1920s: Beth Hatefutsoth (Diaspora Museum), Tel Aviv, from the Central Archives for the History of the Jewish People, Jerusalem
161c. School outing: From the archives of the YIVO Institute for Jewish Research, New York
161b. Agricultural cooperative: From the archives of the YIVO Institute for Jewish Research, New York
162t. Bust of Chaim Weizmann, Weizmann Plaza, Rio de Janeiro: Jewish Chronicle, London
162c. Jewish children welcoming President Shazar, Montevideo: Jewish Chronicle, London
162b. Six Day War demonstration, Uruguay: Jewish Chronicle, London
163t. São Paulo, Israelite synagogue Ahavat Reim: Beth Hatefutsoth (Diaspora Museum), Tel Aviv
163c. Ashkenazi Great Synagogue, Caracas: Jewish Chronicle, London
164t. Sabbath at the synagogue in Venta Prieta: Three Lions, New York
164bl. Mexican Jews: Three Lions, New York
164br. Entrance to a synagogue, Cuba: Bill Aron Photography, Los Angeles
164–165t. Lionel Capriles sits with Dutch government officials during commemoration of 250th anniversary of Mikveh Israel Synagogue, Curaçao: Jewish Chronicle, London
164–165c. Exterior view of Mikveh Israel Synagogue, Curaçao: Beth Hatefutsoth (Diaspora Museum), Tel Aviv
165tc. Mikveh Israel Synagogue, Curacao: Douglas Dickens, London
165tl. Fountain from synagogue courtyard, Barbados Museum: Alfred Rubens Collection, Non Pareil Publishing Ltd, London
165b. Panama, Mrs Robles at home: Beth Hatefutsoth (Diaspora Museum), Tel Aviv
166. Jacques Offenbach: Mansell Collection, London. Sir Jacob Epstein: BBC Hulton Picture Library. Sir Joshua Hassan: Keystone Press Agency, London. Sarah Bernhardt: BBC Hulton Picture Library, London
168t. Jewish Master Baker, Barnet Galawitz: Jewish Chronicle Colour Magazine, London
168b. Jewish Commonwealth leaders with Mrs Thatcher: Jewish Chronicle, London
169t. Jewish policeman: Jorge Lewinski/Jewish Chronicle Colour Magazine, London
170t. Ex-servicemen's Ajex march, 1982: Judy Goldhill, London
170tr. Kosher milk on Gateshead doorstep: Jewish Chronicle Colour Magazine, London
170cl. Medieval Jew's house, Lincoln: Edwin Smith, Saffron Walden
170cr. Kosher shop, Gateshead: Jewish Chronicle Colour Magazine, London
170bl. Waddesdon Manor: National Trust Picture Library
170br. Soup kitchen, East End, London: Jewish Chronicle, London
171t. Exeter Synagogue interior: Andrew Lawson, Oxford
171c. Jewish Lads' Brigade pipe band, Glasgow: Jewish Chronicle, London
171b. Habonim camp, Ireland, 1982: Judy Goldhill, London
172tc. Drancy pilgrimage, 1945: Agip/Robert Cohen, Paris
172c. Nazi slogans on Jewish graves, Bagneux, 1981: Agip/Robert Cohen, Paris
172–173t. Jewish demonstration, 1980: Agip/Robert Cohen, Paris
172–173c. François Mitterrand at rue des Rosiers: Agip/Robert Cohen, Paris
173. Interior of Carpentras synagogue: J. Combier, Macon
174bl. Belleville, Paris: Daniel Franck, Paris
174bc. Temple de Beth Yaacob: Bruno Barbey/Magnum, John Hillelson Agency, London
174cr. Synagogue of rue de la Victoire: Agip/Robert Cohen, Paris
175b. Kosher butcher's shop, Paris: Jewish Chronicle Colour Magazine, London
176t. Weesperplein monument, Amsterdam: Jewish Chronicle, London
176c. Statue at Rotterdam: Voorlichting Gemeente, Rotterdam
176b. Bomb damage in Belgium: Photo News, Brussels
177t. Ludwig Erhard in Worms synagogue: Ullstein Bilderdienst
177c. Lengnau synagogue: Jewish Chronicle, London
177b. Dachau memorial: Bilderdienst Süddeutscher Verlag
178tc. Jewish dissident Boris Katz arriving in Vienna, 1978: Votavafoto, Vienna
178tr. Jacob Herzl's grave: Votavafoto, Vienna
178b. Carl XVI Gustaf and Queen Silvia visiting synagogue: Roland Loefler, Stockholm
178c. Santa Maria la Blanca, Toledo: Foto Salmer, Madrid
179t. Queen Sofia in Madrid synagogue: Associated Press, London
179c. Sifrei Torah: Jewish Chronicle Colour Magazine, London
179cl. Maimonides statue, Cordoba: Foto Salmer, Madrid
179bl. Jewish houses in the Judaria of Castelo de Vide, Portugal: Jewish Chronicle Colour Magazine, London
179br. Portuguese couple: Jewish Chronicle Colour Magazine, London
180c. Professor Pitighani, president of the Jewish community, at the twentieth anniversary of deportation of Jews from Rome, 1963: UPI
180bl. Synagogue of Sermoneta: George Mott, Rome
180br. Registration of marriage, Rome: Leonard von Matt, Buochs
181t. The ghetto, Venice: Jewish Chronicle Colour Magazine, London
181f. The German synagogue, Venice: A. F. Kersting, London
182t. Kazinczy utca archway: András Villányi, Budapest
182br. Cemetery of Pest: Nicholas de Lange, Cambridge
182–183t. Funeral, Budapest: András Villányi, Budapest
182–183b. Ordination, Budapest: Jewish Chronicle, London
183tr. Dohány utca Synagogue, Budapest: Equinox Archive
183cr. Inside Dohány utca Synagogue: Jewish Chronicle, London
184t. Menachem Begin at Bucharest synagogue, 1977: BIPAC/I.P.P.A.
184lc. Dr Moses Rosen: BIPAC/Jewish Observer
184rc. Remembrance ceremony for Auschwitz held in

図版リスト

Prague: Jewish Chronicle, London
184–185. Old-New Synagogue, Prague: B. Landisch/Zefa, London
185r. Mortuary hall, Prague: Robert Harding, London
186. The Jewish quarter, Kazimierz, Krakow: Roman Vishniac, c/o Farrar, Giroux and Strauss, New York
187c. Jewish cemetery: Ryszard Ziemak, Warsaw
187b. Jewish cemetery: Ryszard Ziemak, Warsaw
188l. One of the people of the book: Roman Vishniac, c/o Farrar, Giroux and Strauss, New York
188t. Lvov synagogue entrance: Jewish Chronicle, London
188cr. Hanukkah in Polish *shtibl*: K. V. Kraus/Jewish Chronicle, London
188cr. Kosher butcher: O. Barnes/Jewish Chronicle Colour Magazine, London
188b. Two milk cans, stuffed with items from the Warsaw ghetto, were discovered in 1950. Here the documents are being sorted at the Jewish Historical Institute, 1966: BIPAC/UPI
189tl. Jewish family in Salonica: Beth Hatefutsoth (Diaspora Museum), Tel Aviv
189tr. Entrance to old Jewish quarter, Rhodes: Jewish Chronicle, London
189cr. Sofia synagogue: Jewish Chronicle, London
189bl. Jewish quarter, Dubrovnik: Graham Speake, Oxford
189br. Restored synagogue, now a museum, Zenica: Jewish Chronicle, London
192t. A member of the Jewish community in Bukhara during prayers: Novosti Press Agency, London
192b. Leningrad synagogue: Roland Loefler, Stockholm
192–193. Sephardic synagogue at Tiflis, Georgia: Werner Braun/Zefa Ltd, London
193. Women's gallery of Central Synagogue, Moscow: Novosti Press Agency, London
194–195. Three men discussing Siddur in Minsk Synagogue: Bill Aron Photography, Los Angeles
196tl. Baking *matzot* for Passover: Jewish Chronicle, London
196cl. Young musicians giving concert, Birobidzhan: BIPAC/Camera Press, London
196b. Jewish graveyard, Yaruga village, Ukraine: Novosti Press Agency, London
196–197. Trial of Yuli Daniel and Andrei Sinyavski: BIPAC/Camera Press
197t. Soviet Jews demonstrating for exit visas to go to Israel, Moscow, 1973: UPI
200t. Secularists and archaeologists protesting at interferences: Werner Braun, Jerusalem
200c. Police and border guards dispersing demonstrators: Associated Press, London

201t. Immigrants arriving in Israel: Jewish Chronicle, London
201b. Jewish and Arab antiquity dealers: Werner Braun, Jerusalem
202tl. Kibbutz children in pram: Jewish Chronicle, London
202tc. Young Jews of diverse origins: Werner Braun, Jerusalem
202–203. Nahalal, aerial view: Werner Braun, Jerusalem
204tl. Kibbutz funeral procession: Sygma
204tr. *Bat mitzvah*, Masada: Werner Braun, Jerusalem
205. Dawn of Jerusalem Day at Western Wall: Peter Carmichael/Aspect Picture Library, London
206–207. Jerusalem from the east, Jewish cemetery on the Mount of Olives: Zefa, London
208cl. Hungarian Buildings, Jerusalem: Richard Nowitz, Jerusalem
208bl. Montefiore Windmill: Werner Braun, Jerusalem
208t. Old City, Jerusalem: Werner Braun, Jerusalem
208–209. The Knesset by night: Werner Braun, Jerusalem
209t. Aerial view, Jerusalem: Werner Braun, Jerusalem
209c. A view of Mea Shearim: Alan Hutchison Agency, London
210–211t. Martyrs' memorial of Yad Vashem: Jill Uris, Aspen, Colorado
210–211c. Tashlich (Penitential) prayers on beach, Tel Aviv, 1982: BIPAC/WZPS Photo
211. Jewish soldier praying in Gaza: Charles Harbutt, Magnum/John Hillelson Agency, London
212t. Ahrida synagogue interior: Leon Halevy, Istanbul
212c. Kurdistan, women weaving carpets: Israel Museum, Department of Ethnography, Jerusalem
212–213. Yemenite Jewish wedding in Israeli desert: Leonard Freed/Magnum, John Hillelson Agency, London
213tl. Yemeni Jews celebrating Passover: Werner Braun, Jerusalem
213tr. Syrian Jewish wedding, New York: Yoav Levy, Phototake, New York
214. Jewish cemetery, Pir Bakran: Douglas Dickens, London
214bl. Family group: Jewish Chronicle, London
214–215. Simhat Torah procession in Cochin, India: Jewish Chronicle Colour Magazine, London
215t. Bene Israel group, Bombay: Jewish Chronicle, London
215br. Japanese Jews: Jewish Chronicle, London
216c. Ikey Solomons: Equinox Archive
216b. The Great Synagogue, Sydney: Andrew Lawson, Oxford
216tr. Sir John Monash 1865–1931: BBC Hulton Picture Library, London
216–217. Wellington Synagogue, New Zealand: Alexander Turnbull Library, Wellington, New Zealand
217tl. Sir Julius Vogel: Alexander Turnbull Library, Wellington, New Zealand
217tr. Sir Zelman Cowen and Rabbi John Levi: Herald and Weekly Times, Melbourne
217c. 2000th Russian Jewish immigrant at Sydney airport: Australian Jewish Times
217br. Pupils at Sydney Jewish dayschool: Australian Jewish Times
218. Roy Welensky: BBC Hulton Picture Library, London. Helen Suzman: International Defence and Aid Fund
220t. Marrakesh street with water-carrier and Jews: Jewish Chronicle, London
220c. In the synagogue of Asni: Jewish Chronicle Colour Magazine, London
220bc. Algiers, synagogue, c. 1900: Gerard Silvain Collection, Paris
220br. Old woman in street, Tunisia: Jewish Chronicle Colour Magazine, London
221t. Maimouna festival: Werner Braun, Jerusalem
221bl. Djerba synagogue: Jewish Chronicle Colour Magazine, London
221br. Man at private prayers in Ghriba synagogue, Djerba: Jewish Chronicle Colour Magazine, London
222tl. Old Jew in market place: Jewish Chronicle, London
222tr. Israeli delegation visiting the synagogue at Alexandria: William Kavel, Sygma/John Hillelson Agency, London
222c. Karaite synagogue, Cairo: Jewish Chronicle Colour Magazine, London
222cr. Synagogue in Alexandria: Lisa Gilud, Jerusalem
222b. Port Said coppersmith: Beth Hatefutsoth (Diaspora Museum), Tel Aviv
223. Falashas outside synagogue: Yoav Levy, Phototake Inc, New York
224t. The Rabinowitz family outside their home, 1920: Beth Hatefutsoth (Diaspora Museum), Tel Aviv
224c. Delicatessen in Yeoville, Johannesburg, 1982: Beth Hatefutsoth (Diaspora Museum), Tel Aviv
224b. Garden party held by Bnoth Zion, c. 1980: Beth Hatefutsoth (Diaspora Museum), Tel Aviv
225t. Zulu Jews: Three Lions, New York
225b. Habad radio station, Johannesburg: Beth Hatefutsoth (Diaspora Museum), Tel Aviv

本書に転載した図版については可能な限り原著者の了解を得るよう努めたが、なお十分ではない。お気付きの点があれば、アンドロメダ・オックスフォード社までご連絡いただきたい。

参考文献

ユダヤ人に関する文献は膨大であるので，参考文献をまとめようとすれば選択的にならざるをえない．下記の解説付きリストは，さらに探求しようという読者の便宜のために作成したもので，決して完璧なものでもなければ網羅的なものでもない．また，できるだけ最近の英語文献に限った［邦訳のあるものは末尾にまとめて記載した］．なお，とくに有益な文献リストをのせてある書物には（bibl.）のマークを付した．

For general reference the *Encyclopaedia Judaica* (16 vols.; Jerusalem 1971–72) is an invaluable storehouse of information, with an excellent computerized index in volume 1. It will often provide a quick and satisfactory answer to a query, but its coverage is very uneven and the whole work is fraught with errors and idiosyncracies. A series of accompanying Year Books provides some helpful supplements and updatings. For more enduring subjects the older *Jewish Encyclopedia* (12 vols.; New York and London 1906–07) is still a useful reference work.

第１部：歴史的背景

ユダヤ人とその歴史

On Jewish historiography see S.W. Baron, *History and Jewish Historians* (Philadelphia, Pa. 1964). For Josephus and his achievement the latest treatment is T. Rajak, *Josephus* (London 1983). The first full-scale modern history of the Jews was written at the beginning of the 18th century by the French Protestant Jacques Basnage (*Histoire des juifs* ..., 7 vols., La Haye 1706–11; one vol. English trans. by T. Taylor, *A History of the Jews* ..., London 1707); it was imitated (and quarried) by other Christian authors in the 18th and 19th centuries. The first such effort by a Jewish writer, I.M. Jost (*Geschichte der Israeliten seit der Zeit der Maccabäer bis auf unsere Tage*, 10 vols., Berlin 1820–47), was soon superseded by the impressive history of H. Graetz (*Geschichte der Juden von der ältesten Zeiten bis auf die Gegenwart*, 11 vols., Leipzig 1855–76; English trans. by B. Löwy *et al.*, 6 vols., Philadelphia, Pa. 1891–98, and reprints), which is still valuable, though very dated. The English version lacks the notes and appendixes which are a vital feature of the German original. S.M. Dubnow's attempt to improve on Graetz was not very successful; it is available in an indifferent English translation by M. Spiegel (*History of the Jews*, 5 vols., New Brunswick, N.J. 1967). S.W. Baron's *Social and Religious History of the Jews* (2nd edn, New York and Philadelphia, Pa. 1952–; 18 vols. to date) is a masterly synthesis, drawing on a vast range of sources and rich in interpretative judgments, but focusing almost exclusively on the interests indicated in the title. Of the more compact histories the most readable and reliable are
① those by C. Roth (*A Short History of the Jewish People*, rev. edn, London 1948; further rev., enlarged and illustrated edn, London 1969), J. Parkes (*A History of the Jewish People*, London 1962) and S. Grayzel (*History of the Jews*, 2nd edn, Philadelphia, Pa. 1968). There are some interesting reflections on Jewish attitudes to history and the impact of the past on the present in L. Kochan, *The Jew and his History* (London 1977) and Y.H. Yerushalmi, *Zakhor: Jewish History and Jewish Memory* (Washington, D.C. 1983).

古代世界のユダヤ人

The encounter between Jews and Greeks is presented succinctly in A.D. Momigliano, *Alien Wisdom* (Cambridge 1975). For a more extensive treatment see V. Tcherikover (trans. S. Applebaum), *Hellenistic Civilization and the Jews* (2nd edn; Philadelphia, Pa. and Jerusalem 1961). There is an excellent account of the early Roman period in E. Schürer (English trans. rev. and edited by G. Vermes and F. Millar), *The History of the Jewish People in the Age of Jesus Christ (175 B.C.–A.D. 135)* (2 vols.; Edinburgh 1973, 1979). For Palestine, the story is continued down to the Arab conquest in M. Avi-Yonah, *The Jews of Palestine* (Oxford 1976). The history of the Roman diaspora has yet to be written, and indeed for the most part the evidence is still scanty, but for Rome see H.J. Leon, *The Jews of Ancient Rome* (Philadelphia, Pa. 1960). The scarcity of literary evidence highlights the work of the archaeologists. Sardis is an important case: G.M.A. Hanfmann, *Sardis from Prehistoric to Roman Times* (Cambridge, Mass. 1983). Dura is another: C.H. Kraeling, *The Synagogue* (New Haven, Conn. 1956; repr. New York 1979). Virtually the only history of the eastern disaspora available in English is J. Neusner, *A History of the Jews in Babylonia* (5 vols.; Leiden 1965–70).

キリスト教とユダヤ人

For the early history of relations between Jews and Christians the most comprehensive book is still J. Parkes, *The Conflict of the Church and the Synagogue* (London 1934), which traces the story from the beginning of Christianity to the 7th century. There is no continuous treatment of the succeeding period in English, but for the west see J. Parkes, *The Jew in the Medieval Community* (London 1938), and E.A. Synan, *The Popes and the Jews in the Middle Ages* (New York 1965), and for the east A. Sharf, *Byzantine Jewry* (London 1971). J. Trachtenberg, *The Devil and the Jews* (2nd edn; New York 1966), is a study of the more lurid side of Christian anti-Judaism, while J.R. Marcus, *The Jew in the Medieval World* (Cincinnati, OH 1938), is a very useful collection of original documents in translation. Among various books dealing with individual countries, special mention should be made of Y. Baer (trans. L. Schoffman), *A History of the Jews in Christian Spain* (2 vols.; Philadelphia, Pa. 1961–66). For the Italian Renaissance see C. Roth, *The Jews in the Renaissance* (Philadelphia, Pa. 1959), and M.A. Shulvass (trans. E.I. Kose), *The Jews in the World of the Renaissance* (Leiden and Chicago, Ill. 1973).

イスラムとユダヤ人

The best study of the "Pact of Umar" is A.S. Tritton, *The Caliphs and their Non-Muslim Subjects* (London 1930; repr. London 1970). For an excellent general survey of the Jewish experience under Arab rule see N.A. Stillman, *The Jews of Arab Lands* (Philadelphia, Pa. 1979)—lucid, reliable, and with a wealth of documents in English translation. The Cairo Genizah discoveries have begun to generate a considerable literature on Jewish life in the Arab middle ages. S.D. Goitein, *A Mediterranean Society* (4 vols., Berkeley and Los Angeles, Calif. 1967–), is essential reading on this subject. Goitein's short book, *Jews and Arabs* (3rd edn; New York 1974), is also of value. Another important study is W.J. Fischel, *Jews in the Economic and Political Life of Medieval Islam* (London 1937). For Spain we have a detailed study by E. Ashtor (trans. A. and J.M. Klein), *The Jews of Moslem Spain* (2 vols.; Philadelphia, Pa. 1973).

周辺の地で

For China, see W.C. White, *Chinese Jews* (2nd edn; Toronto 1966), D.D. Leslie, *The Survival of the Chinese Jews* (Leiden 1972), M. Pollak, *Mandarins, Jews and Missionaries* (Philadelphia, Pa. 1980). There is no reliable recent treatment in English of the history of the Jews of India, but see H.S. Kehimkar, *The History of the Bene Israel of India* (Tel Aviv 1937). On the Falashas of Ethiopia see D. Kessler, *The Falashas* (London 1982), and on the Khazars D.M. Dunlop, *The History of the Jewish Khazars* (Princeton, N.J. 1954).

離散の地のセファルディーム

Curiously enough there is no book in English devoted to the expulsion from Spain and the resettlement of Jews in the Ottoman empire. For the subsequent Ottoman experience see B. Braude and B. Lewis, *Christians and Jews in the Ottoman Empire* (2 vols.; New York 1982). On the Portuguese dispersion see C. Roth, *A History of the Marranos* (Philadelphia, Pa. 1932). His biographical work, *The House of Nasi* (2 vols.; Philadelphia, Pa. 1948), paints a vivid picture of the period of the expulsions.

離散の地のアシュケナズィーム

S.M. Dubnow (trans. I. Friedländer), *History of the Jews in Russia and Poland* (3 vols.; Philadelphia, Pa. 1916–20), has not really been superseded. For an account of Polish Jewish culture in its heyday see M.A. Shulvass, *Jewish Culture in Eastern Europe: the Classical Period* (New York 1975). The origins of Ashkenazi Jewry are studied in some detail in I.A. Agus, *The Heroic Age of Franco-German Jewry* (New York, 1969), and for the reemigration of Polish Jews westwards in the 17th and 18th centuries see M.A. Shulvass, *From East to West* (Detroit, Mich. 1971).

近代の世界へ

J. Katz, *Out of the Ghetto* (Cambridge, Mass. 1973), is a fine evocation of the historical background, which may be supplemented by a number of biographical studies: C. Roth, *A Life of Menasseh Ben Israel, Rabbi, Printer and Diplomat* (Philadelphia, Pa. 1934), A. Altmann, *Moses Mendelssohn* (London 1973), I. Berlin, *The Life and Opinions of Moses Hess* (Cambridge 1959). R. Mahler, *A History of Modern Jewry, 1780–1815* (London and New York 1971), is a detailed study of 35 crucial years. For developments in France see also S. Schwartzfuchs, *Napoleon, the Jews and the Sanhedrin* (Madison, N.J. 1980), and more generally on the emancipation J. Jehouda, *The Five Stages of Jewish Emancipation* (New Brunswick, N.J. 1966), and A.G. Duker and M. Ben Horin (eds.), *Emancipation and Counter-Emancipation* (New York 1974), a reader with a useful bibliography.

この100年

For a general account see S. Grayzel, *A History of the Contemporary Jews* (Philadelphia, Pa. 1960), I. Elbogen, *A Century of Jewish Life* (Philadelphia, Pa. 1966), H. Sachar, *The Course of Modern Jewish History* (London 1958). For an introduction to the subject of antisemitism see J. Parkes, *Antisemitism* (London 1963), and for more specialized studies U. Tal (trans. N. Jacobs), *Christians and Jews in Germany* (Ithaca, N.Y. and London 1975), and S. Wilson, *Ideology and Experience: Anti-Semitism in France at the Time of the Dreyfus Affair* (Rutherford, N.J. 1982) (bibl.). There is no overall account of the great migrations, but for the experience of immigrant Jews in New York see M. Rischin, *The Promised City* (Cambridge, Mass. 1962), and I. Howe, *World of Our Fathers* (Boston, Mass. 1976; British edn entitled *The Immigrant Jews of New York*, London 1976). There are two recent biographical studies of that remarkable figure, Baron Maurice de Hirsch: K. Grunwald, *Turkenhirsch* (New York 1966), and S.J. Lee, *Moses of the New World* (New York 1970). On Jewish involvement with socialism see N. Levin, *Jewish Socialist Movements, 1871–1917* (London 1978), R. Wistrich, *Socialism and the Jews* (New York 1982), and J. Frankel, *Prophecy and Politics* (Cambridge 1982). A convenient introduction to
② the history of Zionism is W. Laqueur, *A History of Zionism* (New York and London 1972), and for more detail on the early years see the two books by D. Vital, *The Origins of Zionism* (Oxford 1975) and *Zionism: the Formative Years* (Oxford 1982). For the subsequent story see L. Stein, *The Balfour Declaration* (London 1961), C. Sykes, *Cross Roads to Israel* (London 1965), Y. Bauer, *From Diplomacy to Resistance* (Philadelphia, Pa. 1970), and the very personal
③ account by M. Begin (trans. S. Katz), *The Revolt* (London 1951). The moment of the establishment of the Jewish state is vividly captured by Z. Sharef in *Three Days* (trans. J.L. Meltzer; London 1962). Anyone interested in gaining an insight through original documents into the struggle for Israel should consult the collections by W. Laqueur, *The Israel/Arab Reader* (London 1969), and W. Khalidi, *From Haven to Conquest* (Beirut 1971). And for detailed descriptions of the major Israeli wars see D. Kurzman, *Genesis, 1948* (London 1972), D. Kimche and D. Bawly, *The Sandstorm: The Arab–Israeli War of 1967* (London 1968), and C. Herzog, *The War of Atonement* (London 1975).

There are many general and detailed books about the Nazi holocaust. It is best to begin with one of the more general accounts: L.S. Dawidowicz, *The War against the Jews, 1933–45* (London 1977), G. Reitlinger, *The Final Solution* (London 1953), or N. Levin, *The Holocaust* (New
④ York 1965). There is a detailed *Atlas of the Holocaust* by M. Gilbert (London 1982).

第２部：文化的背景

ユダヤ人のアイデンティティ

One approach to the question "Who are the Jews?" is that of A.E. Mourant *et al.*, *The Genetics of the Jews* (Oxford 1978). Another is found in the collection of responses to Ben-Gurion's question on the registration of children of mixed marriages: B. Litwin (compiler) and S.B. Hoenig (ed.), *Jewish Identity* (New York 1965). And yet another in
⑤ works such as A. Leon, *The Jewish Question: a Marxist*
⑥ *Interpretation* (Mexico City 1950), or I. Deutscher, *The Non-Jewish Jew* (Oxford 1968). S.N. Herman, *Jewish Identity* (Beverly Hills, Calif. and London 1977), is a technical study by a social psychologist. On the crisis of Jewish identity in Germany see, for the Enlightenment period, M.A. Meyer, *The Origins of the Modern Jew* (Detroit, Mich. 1967), and for a more recent period P. Gay,
⑦ *Freud, Jews and Other Germans* (Oxford 1979). The problem is well illustrated in the collection of documents by P.R. Mendes-Flohr and J. Reinharz, *The Jew in the Modern World* (New York and Oxford 1980). On the challenge of Israel see S.N. Herman, *Israelis and Jews* (New York 1970), and D.V. Segré, *A Crisis of Identity—Israel and Zionism* (Oxford 1980). On Jewish identity in the Soviet Union: A. Voronel and V. Yakhot (ed.), *Jewishness Rediscovered* (New York 1974). And for a theological approach, see D. Marmur, *Beyond Survival* (London 1982).

ユダヤ人の生活

For an introduction to medieval Jewish life see I. Abrahams, *Jewish Life in the Middle Ages* (2nd edn; London 1932), and on the eastern European *shtetl* M. Zborowski and E. Herzog, *Life is with People* (New York 1962). For a concise survey of contemporary dilemmas and developments see S. Sharot, *Judaism: a Sociology* (Newton Abbot 1976). There are many books on the family and everyday life, of which the following may be mentioned: G. S. Rosenthal (ed.), *The Jewish Family in a Changing World* (New York 1970), B. Schlesinger, *The Jewish Family* (Toronto 1971) (bibl.), H. Schauss, *The Lifetime of a Jew* (New York 1950), J. Fried, *Jews and Divorce* (New York 1968), S. E. Freedman, *The Book of Kashruth* (New York 1970), and for those interested in trying it themselves J. Grossinger, *The Art of Jewish Cooking* (New York 1958). Death, of course, is also an aspect of life; see M. Lamm, *The Jewish Way in Death and Mourning* (New York 1969).

ユダヤ人の宗教

The classic work in English on Jewish theology is K. Kohler, *Jewish Theology* (New York 1918). For a modern, nonpartisan survey see L. Jacobs, *A Jewish Theology*
⑧ (London 1974) (bibl.). L. Baeck (trans. V. Grubenweiser and L. Pearl, rev. I. Howe), *The Essence of Judaism* (New York 1948), is a valuable study, if somewhat dated; for a more modern interpretation see W. Herberg, *Judaism and Modern Man* (Philadelphia, Pa. 1951). The comparison between Judaism, Christianity and Islam is explored historically (for the early centuries) by F. E. Peters, *Children of Abraham* (Princeton, N.J. 1982), and theologically by I. Maybaum, *Trialogue between Jew, Christian and Muslim* (London 1973) and *Happiness outside the State* (Stocksfield, Northumberland 1980).

A basic introduction to the history of Judaism is B. J. Bamberger, *The Story of Judaism* (3rd edn; New York 1970). For a lucid and original account of early Judaism in the Persian and Greek periods see M. E. Stone, *Scriptures, Sects and Visions* (Philadelphia, Pa. 1980). The most comprehensive and reliable introduction to the Roman period is still G. F. Moore, *Judaism in the First Centuries of the Christian Era* (3 vols.; Cambridge, Mass. 1927–30). On philosophy see J. Guttmann, *Philosophies of Judaism* (Philadelphia, Pa. 1964), and on the mystical tradition two
⑨ books by G. G. Scholem: *Major Trends in Jewish Mysticism*
⑩ (3rd edn; New York 1954, London 1955) and *On the Kabbalah and its Symbolism* (trans. R. Mannheim; New York 1965); on folk religion J. Trachtenberg, *Jewish Magic and Superstition* (New York 1939), and on messianism A. H. Silver, *A History of Messianic Speculation in Israel* (New York 1927). On Shabbetai Zvi there is a major study by G. G. Scholem (trans. R. J. Z. Werblowsky), *Sabbatai Sevi* (2 vols; Princeton, N.J. 1973). Among the many books on Hasidism those by M. Buber deserve mention, for example *Origin and Meaning of Hasidism* (trans. M. Friedman, New York 1960), as does L. Jacobs, *Hasidic Prayer* (London 1973).

The development of the modernist movements in the 19th century is treated in some detail by D. Philipson, *The Reform Movement in Judaism* (2nd edn; New York 1931); there is a briefer and more up-to-date account in J. L. Blau, *Modern Varieties of Judaism* (New York 1966). On the early development of Orthodoxy see H. Schwab (trans. I. R. Birnbaum), *The History of Orthodox Jewry in Germany* (London 1951). On Conservatism see M. Sklare, *Conservative Judaism* (New York 1955), and M. Davis, *The Emergence of Conservative Judaism* (Philadelphia, Pa. 1963), and on Judaism in America N. Glazer, *American Judaism* (Chicago, Ill. 1957). M. M. Kaplan, *Judaism as a Civilization* (New York 1934), in addition to being one of the foundation documents of Reconstructionism, presents a thoroughgoing if sternly critical account of the other main trends. For a rare glimpse of an interesting new development see L. Lilker, *Kibbutz Judaism* (Darby, Pa. 1982).

Finally, for an introduction to Jewish worship see A. Z. Idelsohn, *Jewish Liturgy and its Development* (New York 1932), and J. J. Petuchowski, *Understanding Jewish Prayer* (New York 1972).

言語と文献

Hebrew: For a historical account of the language see E. Y. Kutscher, *A History of the Hebrew Language* (Jerusalem and Leiden 1982), and on Ben Yehuda and the modern revival of Hebrew, J. Fellman, *The Revival of a Classical Tongue* (The Hague and Paris 1973) (bibl.). There is a do-it-yourself guide to the alphabet by J. S. Greenspan, *Hebrew Calligraphy* (New York 1981). For an introduction to Hebrew literature see E. Silberschlag, *From Renaissance to Renaissance* (2 vols.; New York 1973–77); S. Halkin, *Modern Hebrew Literature* (New York 1950) or *Major Trends in Modern Hebrew Literature* (New York 1970). T. Carmi (ed.), *The Penguin Book of Hebrew Verse* (Harmondsworth 1981), is an anthology by a leading Hebrew poet which excellently conveys the depth and breadth of Hebrew poetry over a history of some 3000 years.

Yiddish: For a general account see M. Weinreich, *History of the Yiddish Language* (Chicago, Ill. 1980), and S. Liptzin, *History of Yiddish Literature* (New York 1972). C. Sinclair, *The Brothers Singer* (New York 1982), is a splendid book about an amazing family of Yiddish writers.

Jewish Literature: M. Waxman, *A History of Jewish Literature* (5 vols.; New York 1960), is more of a reference book than a readable history; it is packed with information about Jewish writers and their work in various languages, and for Hebrew writing it usefully supplements the books by Silberschlag and Halkin mentioned above, which concentrate on the modern period. It is not easy nowadays to define the scope of "Jewish literature," and many Jewish writers are themselves caught up in a crisis of identity, which is explored in A. Gottmann, *The Jewish Writer in America* (New York 1971). The same theme has been studied more recently, and over a wider range of writers and languages, in M. Baumgarten, *City Scriptures* (Cambridge, Mass. 1983). There is an excellent anthology of Jewish poetry translated from many languages: H. Schwartz and A. Rudolf (eds.), *Voices within the Ark* (New York 1981).

ホロコーストの衝撃

The literature on the holocaust is vast. Most of it is concerned with uncovering and describing the events, and paying tribute to the victims, but even historical studies tend to contain, at least implicitly, some reflections on how the past should influence the present. Y. Bauer, *The Holocaust in Historical Perspective* (London 1978), is an important contribution by a historian who has made himself a specialist in this subject. There are interesting historical reflections, too, in G. M. Kren and L. Rappaport, *The Holocaust and the Crisis of Human Behaviour* (London and New York 1981), a joint study by a historian and a psychologist, E. Fleischner (ed.), *Auschwitz: Beginning of a*
⑪ *New Era?* (New York 1977), and in H. Arendt, *Eichmann in Jerusalem* (New York 1963), a book which aroused a fierce controversy when it first appeared because of its remarks about Jewish passivity in the face of the "Final Solution." R. R. Brenner, *The Faith and Doubt of Holocaust Survivors* (New York and London 1980), is a quantitative survey of actual reactions, which provides a factual basis for study of the effects of the holocaust on those who went through it and survived.

In the theological domain the most influential works are R. Rubenstein, *After Auschwitz* (Indianapolis, Ind. 1966), I. Maybaum, *The Face of God after Auschwitz* (Amsterdam 1965), and E. Berkovits, *Faith after the Holocaust* (New York 1973). For the impact of the holocaust on Jewish thought see also A. A. Cohen (ed.), *Arguments and Doctrines* (Philadelphia, Pa. 1970), and S. T. Katz, *Post-Holocaust Dialogues* (New York 1983). And for its impact on Christian attitudes to Judaism see A. R. Eckardt, *Elder and Younger Brothers* (New York 1967), A. T. Davies, *Antisemitism and the Christian Mind* (New York 1969).

One approach to the holocaust is through art: J. Blatter and S. Milton, *Art of the Holocaust* (London 1982). Another approach is through literature: A. H. Friedlander (ed.), *Out of the Whirlwind* (New York 1968), is an anthology of writing produced during the holocaust. But there is also a great deal of post-holocaust fiction which grapples with the wider implications of the events, such as the novels of
⑫ E. Wiesel, for example *Night* (trans. S. Rodway; New York 1960). For an Israeli approach see A. Oz (trans. N. de Lange), *Touch the Water, Touch the Wind* (New York 1974). This Jewish experience has also entered the common vocabulary of a wider literature—an outstanding specimen is D. M. Thomas, *The White Hotel* (London and New York 1981).

シオニズム

Some books on the history of Zionism have already been mentioned in the bibliography to Part One; and see also "Israel" in Part Three, below. Some further historical studies, which focus on the roots of Zionism and its wider implications for the Jewish world, are M. Gilbert, *Exile and Return* (London 1978), S. Avineri, *The Making of Modern Zionism* (New York 1981), and B. Halpern, *The Idea of the Jewish State* (2nd edn; Cambridge, Mass. 1969). A. Hertzberg, *The Zionist Idea* (New York 1960), contains an excellent presentation of the subject as well as an illuminating selection of readings.

The founders of Zionism can be approached through their lives and writings—an approach which also reveals a great deal about the general historical background of the movement and its psychological roots. The most stimulating and readable biography of Herzl is A. Elon, *Herzl* (London 1975). His novel *Old-New Land* has been translated by L. Levensohn (New York 1960), and his diaries (edited by R. Patai) are translated by H. Zohn (5 vols.; New York and London 1960). For the life of Ahad Ha'am see L. Simon, *Ahad Ha'am* (Philadelphia, Pa. 1960), and for selected translations from his writings H. Kohn (ed.), *Nationalism and the Jewish Ethic* (New York 1962). Among numerous volumes of personal memoirs the following are particularly revealing: C. Weizmann, *Trial and Error* (New York and London 1949; illustrated edn, London 1950), Viscount Samuel, *Memoirs* (London 1945), S. Wise, *Autobiography* (New York 1951), S. Brodetsky, *Memoirs* (London 1960), M. Pearlman, *Ben Gurion Looks Back* (London 1965), N. Goldmann (trans. H. Sebba), *Memories* (New York 1969).

第 3 部：現代世界のなかのユダヤ人

ユダヤ人の世界の姿かたち

The first serious sociological and statistical study of the Jewish world in English was A. Ruppin, *The Jews in the Modern World* (London 1934). It is still worth reading, though the approach clearly shows the marks of its time, and of course it describes a world which no longer exists. There is no comparable study of the contemporary Jewish world, but some very thorough work on Jewish population statistics and demographic trends is being done by the Division of Jewish Demography and Statistics of the Institute of Contemporary Jewry in Jerusalem, which periodically publishes analyses and bibliographic surveys. For recent assessments of world Jewish population trends see R. Bachi, *Population Trends of World Jewry* (Jerusalem 1976), and U. O. Schmelz, *World Jewish Population: Estimates and Projections* (Jerusalem 1981). The *American Jewish Year Book*, published annually by the American Jewish Committee (New York) and the Jewish Publication Society of America (Philadelphia, Pa.), carries updated population statistics as well as informative articles about various communities of the Jewish world. The World Jewish Congress has sponsored a small series of useful surveys of the different Jewish communities of the world. The first of these, S. Federbush (ed.), *World Jewry Today* (New York and London 1959), contains an exhaustive list of the communities with estimated numbers, a brief history and lists of national and local institutions and publications. An updated edition would be very valuable; unfortunately the last edition, entitled *Jewish Communities of the World* (London 1971), is rather brief and noticeably out-of-date.

北アメリカ

United States: For the latest statistical information see the *American Jewish Year Book*, mentioned immediately above. And for a general history of the Jewish experience in America see R. Learsi, *The Jews in America* (2nd edn; New York 1972), or H. L. Feingold, *Zion in America* (New York 1974) (bibl.). For the early period there is a fascinating reader edited by J. L. Blau and S. W. Baron: *The Jews of the United States 1790–1840: a Documentary History* (3 vols.; New York and Philadelphia, Pa. 1963). For a biographical approach to the success story of the earlier immigrants and their contribution to American life see the very readable books by S. Birmingham, *Our Crowd: the Great Jewish Families of New York* (New York 1967) and *The Grandees: America's Sephardic Elite* (New York 1971). The history of the American Jewish Committee is set out in N. W. Cohen, *Not Free to Desist* (Philadelphia, Pa. 1972). Studies of American Jewish society and life are in generous supply. For recent surveys see M. Sklare (ed.), *Understanding American Jewry* (New York 1982), and B. Martin (ed.), *Movements and Issues in American Judaism: an Analysis and Sourcebook of Developments since 1945* (Westport, Conn. 1978) (bibl.). J. L. Blau, *Judaism in America* (Chicago, Ill. 1976), is a concise historical survey. D. Sidorski (ed.), *The Future of the Jewish Community in America* (New York 1973), is a very interesting collective profile of the community, and N. Mirsky, *Unorthodox Judaism* (Columbus, OH 1978), is a good introduction to the uncertainties and paradoxes of contemporary American Jewish life. For studies of specific groups see S. Poll, *The Hasidic Community of Williamsburg* (New York 1962), H. M. Brotz, *The Black Jews of Harlem* (New York 1970), and S. C. Heilman, *Synagogue Life* (Chicago, Ill. 1976), a sociological study of an Orthodox community.

Canada: S. E. Rosenberg, *The Jewish Community of Canada* (2 vols.; Toronto and Montreal 1970–71), is a splendidly illustrated portrait of the community and its history. For a historical account of Jewish immigration and achievements see J. Kage, *With Faith and Thanksgiving* (Montreal 1962), and S. Belkin, *Through Narrow Gates* (Montreal 1966), and for statistics and demographic surveys see the various publications of the Canadian Jewish Congress. There is a good taste of Canadian Jewish life in the novels of Mordecai Richler (for example, *The Apprenticeship of Duddy Kravitz*, London 1959; *St Urbain's Horseman*, London 1971), and in N. Levine, *Canada Made Me* (London 1959).

ラテンアメリカ

For obvious reasons the English reader is less well served for Latin America than for North America, but several useful studies have emerged in recent years: J. Beller, *Jews in Latin America* (New York 1969), M. H. Sable, *Latin American Jewry: a Research Guide* (Cincinnati, OH 1978), J. L. Elkin, *Jews of the Latin American Republics* (Chapel

Hill, N.C. 1980) (bibl.). For the colonial period see S. B. Liebman, *The Jews in New Spain* (Coral Gables, Fla. 1970), and A. Wiznitzer, *Jews in Colonial Brazil* (New York 1960). For Argentina we have a general survey, R. Weisbrot, *The Jews of Argentina from the Inquisition to Perón* (Philadelphia, Pa. 1979), as well as a detailed study of an agricultural colony, M. D. Winsberg, *Colonia Baron Hirsch* (Gainesville, Fla. 1964), and a translation (by P. de Pereda) of the classic work by A. Gerchunoff, *The Jewish Gauchos of the Pampas* (New York 1955; rev. edn London 1959). For Mexico see I. T. Lerner, *Mexican Jewry in the Land of the Aztecs* (3rd edn; Mexico 1973), and for Surinam, R. Cohen (ed.), *The Jewish National in Surinam* (Amsterdam 1982). I. S. and S. A. Emmanuel, *History of the Jews of the Netherlands Antilles* (2 vols.; Cincinnati, OH 1970), contains everything one could want to know about this fascinating community.

ヨーロッパ

Great Britain: For a good general history see C. Roth, *A History of the Jews in England* (3rd edn; Oxford 1964), which however takes the story only as far as 1858. The period of political emancipation has recently been re-examined by M. C. N. Salbstein, *The Emancipation of the Jews in Britain* (London 1983). On the period of mass immigration before World War I see L. P. Gartner, *The Jewish Immigrant in England* (2nd edn; London 1973) (bibl.), and on more specific questions B. Gainer, *The Alien Invasion: the Origins of the Aliens Act of 1905* (London 1972), and W. J. Fishman, *East End Radicals* (London 1975). J. Gould and S. Esh (eds.), *Jewish Life in Modern Britain* (London 1964), presents the fruits of an interesting symposium held in 1962. A similar conference was convened 15 years later, and the results, published in S. L. and V. D. Lipman (eds.), *Jewish Life in Britain 1962–77* (Munich 1981), make for an informative comparison. See also H. Pollins, *Economic History of the Jews in England* (London 1982), V. D. Lipman, *Social History of the Jews in England 1850–1950* (London 1954), and for a very readable account of the main institutions of Anglo-Jewry C. Bermant, *Troubled Eden* (London 1969). For the other island, see L. Hyman, *The Jews of Ireland from the Earliest Times to the Year 1910* (London and Jerusalem 1972).

France: Works on the periods of Napoleon and the Dreyfus affair have already been mentioned under Part One; on the development of French Jewish institutions in the 19th century there is a very solid book by P. Cohen Albert, *The Modernization of French Jewry* (Hanover, N.H. 1977). The crucial post-Dreyfus period is covered in P. Hyman, *From Dreyfus to Vichy* (New York 1979) (bibl.), and there is a valuable study on the Jews of Paris in the 1930s by D. H. Weinberg, *A Community on Trial* (Chicago, Ill., and London 1977). For World War II see M. R. Marrus and R. O. Paxton, *Vichy France and the Jews* (New York 1981), and for an account of the contemporary community, D. Schnapper (trans. A. Goldhammer), *Jewish Identities in France* (Chicago, Ill. 1983).

Germany: For a readable survey of German Jewish history see M. Lowenthal, *The Jews of Germany* (Philadelphia, Pa. 1936 and London 1939), which ends in the twilight years before the great destruction. Another passionate study from the same period, J. R. Marcus, *The Rise and Destiny of the German Jew*, has been reissued with a "Post Mortem" by the author (New York 1973). The latest work on the last phase of predestruction German Jewish history is D. L. Niewyk, *The Jews in Weimar Germany* (Baton Rouge, La. 1980) (bibl.). There are two highly evocative books about Germany after the destruction, in which the survivors (Jews and gentiles) speak with their own voices: L. Katcher, *Post Mortem* (London 1968), and K. Gershon, *Postscript* (London 1969).

Austria: For a general account see J. Frankel (ed.), *The Jews of Austria* (2nd edn; London 1970) (bibl.), and on postwar immigration F. Wilder-Okladek, *The Return Movement of Jews to Austria* (The Hague 1969).

Denmark: L. Yahil (trans. M. Gradel), *The Rescue of Danish Jewry* (Philadelphia, Pa. 1969), includes an outline history of the Jews in Denmark. There are interesting glimpses of Danish Jewish life in the memoirs of Chief Rabbi M. Melchior, *A Rabbi Remembers* (London 1968).

Spain: F. Torroba Bernaldo de Quirós, *The Spanish Jews* (Madrid n.d.), is discursive and highly fanciful, but is rich in detail and brings the story down to the present day. On the struggle for religious freedom see C. C. Aronsfeld, *The Ghosts of 1492* (New York 1979).

Italy: For a general history see C. Roth, *The History of the Jews in Italy* (Philadelphia, Pa. 1946), and on the more recent period H. S. Hughes, *Prisoners of Hope* (Englewood Cliffs, N.J. 1983). For a political study of the Fascist period see M. Michaelis, *Mussolini and the Jews* (Oxford 1978).

Eastern Europe: For the interwar period see B. Vago and G. L. Mosse, *Jews and Non-Jews in Eastern Europe 1918–1945* (New Brunswick, N.J., and Jerusalem 1974), and E. Mendelsohn, *The Jews of East Central Europe between the World Wars* (Bloomington, Ind. 1983), and on the postwar situation P. Meyer *et al.*, *The Jews in the Soviet Satellites* (Syracuse, N.Y. 1953). See also P. Lendvai, *Antisemitism in Eastern Europe* (London 1971).

Hungary: R. L. Braham (ed.), *Hungarian-Jewish Studies* (New York 1966), is a useful collection of essays which can serve as an introduction to Hungarian Jewish history. W. O. McCagg Jr, *Jewish Nobles and Geniuses in Modern Hungary* (Boulder, Colo. 1972), is, despite its title, mainly concerned with the 19th century. It gives a fascinating impression of the extraordinary Jewish contributions to Hungarian life. On the Nazi deportations and their background see N. Katzburg, *Hungary and the Jews, 1920–1943* (Tel Aviv 1981).

Romania: Two books deserve a mention, both rather elderly: S. W. Baron, *The Jews in Roumania* (Philadelphia, Pa. 1930), and I. Cohen, *The Jews in Rumania* (London 1938).

Czechoslovakia: There is a valuable collection of historical studies entitled *The Jews of Czechoslovakia* (Philadelphia, Pa. and New York 1968). *The Prague Ghetto*, with text by J. Lion and photographs by J. Lukas (trans. J. Layton; London n.d.), is a wonderfully vivid evocation of that remarkable museum-piece of the Jewish world.

Poland: For the history of Polish Jewry between the two World Wars see H. M. Rabinowicz, *The Legacy of Polish Jewry* (New York 1965) (bibl.); C. S. Heller, *On the Edge of Destruction* (New York 1977); and J. Marcus, *Social and Political History of the Jews in Poland, 1919–1939* (Berlin 1983) (bibl.). For the period of World War II see A. Melezin, *Particulars about the Demographic Processes among the Jewish Population of the Towns: Lodz, Cracow, Lublin, during the Occupation Period 1939–45* (Lodz 1946), and the outstanding work by a participant in the Warsaw Ghetto uprising, Y. Gutman, *The Jews of Warsaw, 1939–1943* (trans. I. Friedman; Brighton 1983). On the exodus of Jews in 1968 see J. Banas (trans. T. Szafar, ed. L. Kochan), *The Scapegoats* (London 1979). There are several outstanding photographic essays on Polish Jewish life: L. Dobroszycki and B. Kirshenblatt-Gimblett, *Image before My Eyes: a Photographic History of Jewish Life in Poland, 1864–1939* (New York 1977); E. Vinecour (text) and C. Fishman (photos), *Polish Jews: the Final Chapter* (New York 1977); M. Fuks *et al.*, *Polish Jewry: History and Culture* (Warsaw 1982).

Small Balkan Communities: On Bulgaria see V. Tamir, *Bulgaria and her Jews* (New York 1979); on Yugoslavia J. P. Freidenreich, *The Jews of Yugoslavia* (Philadelphia, Pa. 1979) (bibl.). There is no general book on the Jews of Greece, but interesting historical detail in local studies such as P. Argenti, *The Religious Minorities of Chios* (Cambridge 1971), and M. D. Angel, *The Jews of Rhodes* (New York 1978).

旧ソヴィエト連邦

For a general survey of Russian Jewish history see S. W. Baron, *The Russian Jew under Tsars and Soviets* (2nd edn; New York 1976), and for an important collection of authoritative essays on the Soviet period L. Kochan (ed.), *The Jews in Soviet Russia since 1917* (3rd edn; Oxford 1978). The *Yevsektsii* are studied in Z. Y. Gitelman, *Jewish Nationality and Soviet Politics* (Princeton, N.J. 1972). On the agonies of the Stalin period see Y. A. Gilboa (trans. Y. Schachter), *The Black Years of Soviet Jewry, 1939–1953* (Boston, Mass. 1971), as well as personal memoirs of the victims, such as I. Emiot, *The Birobidzhan Affair: a Yiddish Writer in Siberia* (trans. M. Rosenfeld; Philadelphia, Pa. 1982), N. Mandelstam, *Hope against Hope* (trans. M. Hayward; London 1971) and *Hope Abandoned* (trans. M. Hayward; London 1974), or E. S. Ginzburg, *Into the Whirlwind* (trans. P. Stevenson and M. Harari; London 1967) and *Within the Whirlwind* (trans. I. Boland; London 1981). The emigration movement of the 1970s is viewed from the outside in C. Shindler, *Exit Visa* (London 1978), and from the inside in M. Azbel, *Refusenik* (London 1981). There is a detailed account of the contemporary situation, including copious statistical tables, in T. E. Sawyer, *The Jewish Minority in the Soviet Union* (Boulder, Colo. and Folkestone 1979). On specific aspects of Jewish life see E. Schulman, *A History of Jewish Education in the Soviet Union* (New York 1971), and J. Rothenberg, *The Jewish Religion in the Soviet Union* (New York 1971).

アジア

Israel: For up-to-date statistical information, see *Statistical Abstracts of Israel*, published annually by the Central Bureau of Statistics in Jerusalem. Two books trace the history of Israel from the beginning of the Zionist movement until the Yom Kippur War: H. M. Sachar, *A History of Israel* (Oxford 1977), and N. Lucas, *The Modern History of Israel* (London 1974); of the two the first is more readable, the second more critical, and both have excellent bibliographies. W. Frankel, *Israel Observed* (London 1980), is an extremely useful and interesting account of the various institutions of the state. For a lively evocation of the flavor of Israeli society and its historical background see A. Elon, *The Israelis: Founders and Sons* (London 1971), and for a more stolid sociological description S. N. Eisenstadt, *Israeli Society* (London 1967). For detailed information on the political and legal institutions see L. Fein, *Politics in Israel* (Boston, Mass. 1967), Y. Freudenheim, *Government in Israel* (New York 1967), and H. E. Baker, *The Legal System of Israel* (Jerusalem 1968). H. R. Penniman (ed.), *Israel at the Polls* (New York 1979), is a remarkable study of the Knesset elections of 1977. There are various accounts of Jewish immigration to Israel: see R. Patai, *Israel between East and West* (Philadelphia, Pa. 1953), M. Sicron, *Immigration to Israel 1948–1953* (Jerusalem 1957), H. M. Sachar, *Aliyah* (Cleveland, OH 1961). There is an excellent study of the population of Israel, with numerous tables and projections for the future, by D. Friedlander and C. Goldscheider, *The Population of Israel* (New York 1979).

On the problems of Jewish religion in the Jewish state see E. Marmorstein, *Heaven at Bay* (Oxford 1969), E. Birnbaum, *The Politics of Compromise* (Rutherford, N.J. 1970), S. Z. Abramov, *Perpetual Dilemma* (New York 1976). On non-Jewish minorities S. Jiryis, *The Arabs in Israel 1948–1966* (Beirut 1968), J. M. Landau, *The Arabs in Israel* (Oxford 1969), S. P. Colbi, *Christianity in the Holy Land Past and Present* (Tel Aviv 1969), and W. Zander, *Israel and the Holy Places of Christendom* (London 1971). And on Israel in the wider context of the Jewish world, M. Davis (ed.), *World Jewry and the State of Israel* (New York 1977).

Other Countries of Asia: On the Middle East in general, see J. Lestschinsky, *Jews in Moslem Lands* (New York 1946), S. Landshut, *Jewish Communities in the Muslim Countries of the Middle East* (London 1950), and H. J. Cohen (trans. Z. and L. Alizi), *The Jews of the Middle East 1860–1972* (Jerusalem 1973). D. S. Sassoon, *A History of the Jews in Baghdad* (Letchworth 1949), contains a chapter on Baghdadi Jews in the Far East, for which see also C. Roth, *The Sassoon Dynasty* (London 1941). See also H. Dicker, *Wanderers and Settlers in the Far East* (New York 1962), which concentrates on China and Japan. L. D. Loeb, *Outcaste: Jewish Life in Southern Iran* (New York 1977), is an anthropologist's study of Jews in modern Shiraz. On the Bene Israel of Bombay see S. Strizower, *The Children of Israel* (Oxford 1971).

アフリカ

On the Jews in North Africa see A. Chouraqui (trans. M. M. Bernet), *Between East and West* (Philadelphia, Pa. 1968), and for a more solidly historical account H. Z. Hirschberg, *A History of the Jews in North Africa* (2 vols.; Leiden 1972–81). J. M. Landau, *Jews in Nineteenth-Century Egypt* (New York and London 1969), is an excellent account, more than half of which is devoted to documents. On South Africa see G. Saron and L. Hotz (eds.), *The Jews in South Africa* (Cape Town 1955), which is mainly devoted to the period before 1910, M. Gitlin, *The Vision Amazing* (Johannesburg 1950), and G. Shimoni, *Jews and Zionism: the South African Experience 1910–1967* (Cape Town 1980).

オーストラレーシア

On the history of Jews in Australia see C. A. Price, *Jewish Settlers in Australia* (Canberra 1964), and I. Getzler, *Neither Toleration Nor Favour: the Australian Chapter of Jewish Emancipation* (Melbourne 1970), and on Australian Jewish society P. Y. Medding, *From Assimilation to Group Survival* (Melbourne 1968) (bibl.), and P. Y. Medding (ed.), *Jews in Australian Society* (Melbourne 1973). For New Zealand see L. M. Goldman, *The History of the Jews in New Zealand* (Wellington 1958).

邦訳書

① シーセル・ロス『ユダヤ人の歴史』(長谷川真・安積鋭二訳)，みすず書房，1966.
② ウォルター・ラカー『ユダヤ人問題とシオニズムの歴史』(高坂　誠訳)，第三書館，1987.
③ メナヘム・ベギン『反乱――反英レジスタンスの記録』上・下(滝川義人訳)，ミルトス，1989.
④ マーチン・ギルバート『ホロコースト歴史地図 1918―1948』(滝川義人訳)，東洋書林，1995.
⑤ アーブラハム・レオン『ユダヤ人と資本主義』(波田節夫訳)，法政大学出版局，1973.
⑥ アイザック・ドイッチャー『非ユダヤ的ユダヤ人』(鈴木一郎訳)，岩波書店，1970.
⑦ ピーター・ゲイ『ドイツの中のユダヤ――モダニスト文化の光と影』(河内恵子訳)，新思索社，1987.
⑧ レオ・ベック『ユダヤ教の本質』(有賀鉄太郎訳)，全国書房，1946.
⑨ゲルショム・ショーレム『ユダヤ神秘主義』(山下　肇・石丸昭二・井ノ川清・西脇征嘉訳)，法政大学出版局，1985.
⑩ ゲルショム・ショーレム『カバラとその象徴的表現』(小岸昭・岡部　仁訳)，法政大学出版局，1985.
⑪ ハンナ・アーレント『イェルサレムのアイヒマン』(大久保和郎訳)，みすず書房，1969.
⑫ エリ・ヴィーゼル『夜』(村上光彦訳)，みすず書房，1967.

監修者のことば

　日本では，一般には，ユダヤ人はけっして身近な存在とは考えられていないのに，その割りには，ユダヤ人のさまざまなイメージが通用し，ユダヤ人について語ったり書いたりされることが多い．『ベニスの商人』のシャイロックにはじまって，学者，思想家，音楽家，はては革命家などなど，実在・架空の群像が虚実織りまぜて交錯する．また，『夜と霧』，『アンネの日記』，「栄光への脱出」，「屋根の上のバイオリン弾き」，「ホロコースト」，「コルチャック先生」，「ショアー」，「シンドラーのリスト」などに登場する人物像，そして彼らの生きざまと運命が，ユダヤ人の姿を思い描かせてきた．アウシュヴィッツのそれに代表されるナチスの強制収容所とガス室の物語は，強烈な印象を焼き付けている．ホロコーストは作り話だという記事のために，『マルコポーロ』誌は廃刊となった．戦時中スパイだった一ユダヤ人が書いたという触れ込みでベストセラーになった『日本人とユダヤ人』を皮切りに，世界をあやつるユダヤ人「陰謀」説を焼きなおして日米摩擦における「日本叩き」材料を提供した一連の「ユダヤ人もの」出版物やサラリーマン向けの「ユダヤ人商法」解説本などが，書店の店頭を賑わしてきた．第2次世界大戦下のリトアニアで独断でビザを発行し，多数のユダヤ人難民を救った日本外交官スギハラの功績が，いま顕彰されている．しかし，その人道主義は，「満州」で開始された彼の諜報活動と絡みあっていた，という見方もある．日本軍の特務機関は，その謀略工作にユダヤ人を利用しようとしたが，その関係者は「猶太禍」（ユダヤ人の脅威）を宣伝していた．近代日本の底流には，むかしユダヤ人が日本に来たとか，日本人はユダヤ人につながる支族の子孫だとかいう「日猶同祖論」の思い付きが見え隠れしている．これは，欧米における反ユダヤ主義と黄禍論との連結を裏返しにして受けとめたものだとも見られよう．差別と迫害に苦しむ人々への同情が，ユダヤ人を特別の身体的特徴と心的傾向をもつ人種と思い込むような，ナチスも顔負けの人種主義と隣あっていたりする．「猶太人」という偏見に満ちた漢字表記も，反省されずにきた．

　このように見てくると，ユダヤ人という存在は，日本社会にとってけっして疎遠な他者ではないということに気づく．「日本人」の自己確認の一つの参照軸にすらなっているのである．しかし，そこでは，ユダヤ人に対する見方は，西洋の影響をことさら強く受けている．ヨーロッパの伝統的なユダヤ人観，キリスト教を介したユダヤ人観を，われわれはそのまま受け取っているところがある．それは，ユダヤ教やユダヤ人を「キリスト教的ヨーロッパ」の内側の，また外側の，オリエンタルな（＝非ヨーロッパ的）要素として差別し異化して捉える捉え方，といってもよい．日本では，西洋のユダヤ人迫害やイスラム世界敵視の攻撃性に秘められた（その分だけ攻撃性を一層強める）好きときらい，親近感と憎悪，畏敬と侮辱など正反対の感情の葛藤についてまでも学習してしまい，それを日本とアジアとの関係に応用してきた（車の両輪としての脱亜論とアジア主義）．

　21世紀には，中東の域内で共存・共生に向かう政治的変化に順応して，イスラエルという国のあり方も変化していくであろう．だが逆に，欧米の社会では，新しい反セム主義が起こってこないとも限らない．今日の世界のなかで，われわれは，ユダヤ教とユダヤ人について，借り物でない認識を獲得し，人間的接触を土台にした直接的な理解を深めていかなければならないのである．しかも，われわれのこの努力は，地球的視野で多元的視角を確保しながら，ユダヤ教，キリスト教，イスラム，ヒンドゥー教，仏教など諸宗教・諸文明の間の多角的な相互理解と協力を助長することに役立てられなければならないであろう．19世紀風進化論の立場から，ユダヤ教はしばしば「偏狭な民族宗教」のごとく描きだされたりしてきたが，ジューイッシュ・ワールドの現実の姿は，人類に向かって開くユダヤ教文明の普遍主義をはっきりと物語っている．

　本書は，ジューイッシュ・ワールドについて，西欧のユダヤ教の立場から提出された一つの標準的な記述である．ユダヤ教の内側からの説明の価値は高く，この作品に学ぶことは多いが，同時に，力点の置き方，言説構築の道筋，概念の揺れなどに即して，この仕事を批評的に読む眼力をもつことが大事である．そのようにして，ユダヤ教のなかでのこの本のポジションを測定しながら読む必要がある．また，歴史的にユダヤ教徒をあくまでもユダヤ教徒として（ユダヤ人としてではなく）扱ってきたイスラム文明を位置づける作業は，著者の弱点となっている．しかし，ドイツ近代史を専攻しジューイッシュ・ワールドの現実に広い関心をもつ長沼宗昭氏という訳者を得たことにより，原著に忠実であるが，同時に読者をさまざまな批評的読み込みへと誘う苦心の翻訳がここに生まれることになった．喜ばしいことである．

1996年2月　板垣雄三

訳者のことば

　本書は，Nicholas de Lange, Atlas of the Jewish World, Andromeda Oxford 1984の全訳である．ユダヤ人やユダヤ教について書かれた書物は，今日，わが国でも決して少ないとはいえないが，その内容において信頼性の高いものはまだまだ非常に少ない．しかし，ユダヤ人がこれまで存在し，あるいは現在も数多く居住しているような欧米諸国にあっては，ユダヤ人の側からはもとより，非ユダヤ人からの発言も含めて，実に莫大な数の文献が「ジューイッシュ・ワールド」を論じてきた．とはいっても，比較的コンパクトなサイズで「ジューイッシュ・ワールド」の全体像を正確に示しているものは，欧米諸語の文献のなかにも案外に少なかったのではなかろうか．そうした事情を考えると，定評の確立しているデ・ランジュの労作（本書以外に，すでにドイツ語版をはじめとする数種類の翻訳がある）を，日本の読者に紹介することは大変意味のあることと思われる．

　原著者のデ・ランジュは元来古代史を専攻しており，ユダヤ教と初期のキリスト教との諸関係，とりわけオリゲネスについて重要な業績をあげている．と同時に彼はラビでもあり，ラビとしての宗教活動を積極的に実践している．しかもまた言語感覚に優れており，文学の領域にも関与していて，現代イスラエルの代表的な作家の一人であるアモス・オズの作品の，ヘブライ語から英語への翻訳をかなり手がけている．このように多面的な活動領域をもつデ・ランジュにして，本書は可能であったといえよう．

　本書の序において，すでに原著者自身が述べているように，本書は他に類例に乏しいスタイルを試みている．本文の叙述と地図や図版とを相互に響かせあいながら，ユダヤ人のたどってきた歴史を検証し，またユダヤ教の宗教的特質やユダヤ人の日常生活全般について論じた上で，さらに全世界的な規模で各国・各地域別の現状分析をおこなっている．その際デ・ランジュは，当然のことながらユダヤ人としての立場から物事を観察しているが，極力客観的，かつ公平な見方を保とうと努力しているように思える（もちろん限界があることは否定できないが）．扱っている対象はもちろん「ジューイッシュ・ワールド」に限定されているが，その時間的・空間的広がりは，〈図説世界文化地理大百科〉シリーズのなかでも最大であろう．したがって，固有名詞の日本語表記にはずいぶん悩まされることになった．該当する地域や時代を考慮しながら，原音を尊重する一方で慣用も無視しえず，その兼ね合いに苦労させられた．

　また翻訳作業自体も，スムーズに進んだとはいいがたい．その原因の第一は訳者の非力にあるが，他方で，わが国と「ジューイッシュ・ワールド」との接触が歴史的に希薄であったことも無関係ではあるまい．それこそ「ジューイッシュ・ワールド」と濃厚な関係を有してきたヨーロッパの諸言語には，「ジューイッシュ・ワールド」の諸側面をとらえた表現がさまざまに存在するが，それにそのまま対応する表現を，日本語はあらかた欠いていたりする．なかでも，とりわけ訳しにくかったものが'Jew'という単語そのものであった．このことばは，「ユダヤ教徒」とも「ユダヤ人」とも訳すことができる．日本語では異なったニュアンスで聞こえるそれぞれの単語の意味内容が，実は'Jew'一語のなかに包摂されているのである．しかしこの問題は，まさに歴史的な背景に起因する性質のものである．キリスト教・ヨーロッパ世界が，「ユダヤ教徒」という存在を何か別種の人間範疇として遇してきたことは，たとえその手法が19世紀以降の人種論的なものとは異なっていたにしても，否定のしようがない．客観的には「ユダヤ教徒」と呼ぶべき存在であっても，現実の関係においては「ユダヤ人」として意識せざるをえない，そのような力が働いていたといえよう．しかも近代ヨーロッパが生み出したいわゆる「ユダヤ人問題」は，「地球大」になった世界のなかでの問題にまで発展し，中東などで「ユダヤ教徒」としてしか自己認識してこなかったような人間をも強引に「ユダヤ人」にしていったのである．そこで，こうした事情を背景にしていることや，また原著者が基本的には西欧的な問題の立て方の枠組みを採用していることを考えあわせて，'Jew'という単語はほとんどの場合「ユダヤ人」と訳すことにした．さらに，理解していく上で最低限必要と思われる説明や，原著刊行以後の事情などをごく簡略に，訳注として［　］のなかに記述しておいた．

　最後に，ことばの真の意味において監修の労をおとりくださった板垣雄三先生に感謝の意を表したい．もとより翻訳に誤りがあるとすれば，それは全面的に訳者の責任であって，読者の方々のご指摘を頂きたい．また，長期にわたって支援してくださった朝倉書店の編集担当者にも感謝申し上げる．

1996年2月　長沼宗昭

地名索引

ユダヤ教の歴史にとって重要な地名を以下に示した．各項には必要に応じて〔　〕に別称をあげ，現在所属している国名を（　）に付している．

ア 行

アイアン・マウンテン(アメリカ) 45°51′N88°03′W 139
アイオワ・シティ(アメリカ) 41°39′N91°31′W 139
アイギナ →アイーナ
アイゼンシュタット(オーストリア) 47°50′N16°32′E 167
アイト・ダウード(モロッコ) 31°03′N9°38′W 218
アイーナ〔アイギナ〕(ギリシア) 37°45′N23°26′E 17, 29, 167
アイン・セフラ(アルジェリア) 32°45′N0°35′W 218
アヴィグドル(アルゼンチン) 30°52′S59°03′W 160
アヴィニョン(フランス) 43°56′N4°48′E 44, 166
アウグスタ・トレウェロルム →トリアー
アウクスブルク(ドイツ) 48°21′N10°54′E 36, 50, 99, 100, 102, 120, 121, 167
アウシュヴィッツ-ビルケナウ〔オシフィエンチム〕(ポーランド) 50°02′N19°11′E 70
アウラニティス(地域) 26, 32
アウレリアニ →オルレアン
アガテ →アグド
アガディール(モロッコ) 30°30′N9°40′W 218
赤ロシア〔東ガリツィア〕(地域) 50
アクィレイア(イタリア) 45°47′N13°22′E 29, 30, 34
アクスム(エチオピア) 14°10′N38°45′E 29, 30
アグド〔アガテ〕(フランス) 43°19′N3°29′E 30, 34
アクバラ(イスラエル) 32°56′N35°30′E 98
アグラ(インド) 27°09′N78°00′E 45
アクラバ〔アクラバ〕(イスラエル) 32°08′N35°21′E 24, 32
アグラム →ザグレブ
アグリジェント(イタリア) 37°19′N13°35′E 30
アグリッピアス →アンテドン
アクロン(アメリカ) 41°04′N81°31′W 139
アゲノー(フランス) 48°49′N7°47′E 167
アザンムール(モロッコ) 33°20′N8°25′W 47
アシア →エトシオン・ガベル
アジャクシオ(フランス, コルシカ) 41°55′N8°43′E 167
アージャン(フランス) 44°12′N0°38′E 166
アシュヴィル(アメリカ) 35°35′N82°35′W 139
アシュガバード〔アシュハバード〕(トルクメニスタン) 37°58′N58°24′E 190
アシュケロン〔アスカロン〕(イスラエル) 31°40′N34°35′E 24, 25, 32, 199
アシュドッド〔アゾトゥス〕(イスラエル) 31°48′N34°38′E 24, 25, 32, 199
アジュルーン(ヨルダン) 32°20′N35°45′E 198
アスィーラー(モロッコ) 35°32′N6°04′W 218
アスカロン →アシュケロン
アスティ(イタリア) 44°54′N8°13′E 167
アストラハン(ロシア) 46°22′N48°04′E 44, 61, 190
アスメラ(エチオピア) 15°20′N38°58′E 219
アスワン(エジプト) 24°05′N32°56′E 219
アスンシオン(パラグアイ) 25°15′S57°40′W 159
アセンズ(アメリカ) 33°57′N83°23′W 139
アゾトゥス →アシュドッド
アゾヒス(イスラエル) 32°47′N35°15′E 24
アソル(アメリカ) 42°36′N72°14′W 140
アソル(イスラエル) 32°01′N34°48′E 199
アダナ(トルコ) 37°00′N35°19′E 30
アッカ(モロッコ) 29°22′N8°14′W 218
アッカー →アッコ
アッカロン〔エクロン〕(イスラエル) 31°45′N34°52′E 24
アッコ〔アッカー, ブトレマイス〕(イスラエル) 32°55′N35°04′E 24, 25, 32, 199
アッシュール〔アッシュル, アッシュ・シャルカト〕(イラク) 35°30′N43°14′E 20, 26

アッシリア(地域) 20
アッセン(オランダ) 53°00′N6°34′E 167
アッセンス(デンマーク) 56°41′N10°05′E 167
アップルトン(アメリカ) 44°17′N88°24′W 139
アディアベネ(地域) 26
アディス・アババ(エチオピア) 9°03′N38°42′E 219
アディダ〔ハディド〕(イスラエル) 31°58′N34°55′E 24
アティル(ロシア) 46°05′N48°06′E 38
アテネ〔アテナイ〕(ギリシア) 38°00′N23°44′E 23, 25, 29, 30, 64, 137, 167
アデレード(オーストラリア) 34°56′S138°36′E 217
アデン(南イエメン) 12°47′N45°03′E 29, 40, 44, 57, 61, 74, 198
アドラ〔ドゥラ〕(ヨルダン) 31°31′N35°01′E 24, 32
アドラミティウム(トルコ) 39°34′N27°01′E 25, 29
アトランタ(アメリカ) 33°45′N84°23′W 10, 139
アトランティック・シティ(アメリカ) 39°23′N74°27′W 10, 140
アトブラ(アメリカ) 41°57′N71°16′W 140
アナーバー(アメリカ) 42°18′N83°43′W 139
アナポリス(アメリカ) 38°59′N76°30′W 139
アニストン(アメリカ) 33°38′N85°50′W 139
アヌシー(フランス) 45°54′N6°07′E 167
アバシャ(グルジア) 42°02′N144°17′E 191
アバダーン(イラン) 30°20′N48°15′E 198
アバティー(イギリス) 57°10′N2°04′W 166
アーバナ(アメリカ) 40°07′N88°12′W 138
アパメア(シリア) 35°31′N36°23′E 34
アパメア〔ディナール〕(トルコ) 40°24′N28°46′E 25, 29
アパメア〔ビレジク〕(トルコ) 37°03′N37°59′E 17, 25, 29
アハルツィヘ(グルジア) 41°37′N42°59′E 191
アビラ(シリア) 33°38′N36°10′E 26
アビラ(スペイン) 40°39′N4°42′W 17, 166
アビラ(ヨルダン) 32°43′N35°48′E 24, 32
アビントン(南アフリカ) 28°28′S21°14′E 219
アフレマ〔タイバ〕(ヨルダン) 31°57′N35°18′E 24
アフミーム(エジプト) 26°35′N31°48′E 220
アフラ(イスラエル) 32°36′N35°17′E 199
アフロディシアス(トルコ) 37°43′N28°50′E 29, 30, 198
アーベルドールン(オランダ) 52°13′N5°57′E 167
アーヘン(ドイツ) 50°46′N6°06′E 167
アポロニア(イスラエル) 32°13′N34°49′E 24, 32
アマシヤ(トルコ) 40°37′N35°50′E 47, 198
アマースト(アメリカ) 42°23′N72°31′W 140
アマストリス(トルコ) 41°44′N32°24′E 29
アマーダバード(インド) 23°03′N72°40′E 198
アマーディーヤ(イラク) 37°06′N43°29′E 41
アマトゥス(ヨルダン) 32°12′N35°34′E 24, 32
アマリロ(アメリカ) 35°14′N101°50′W 138
アミアン(フランス) 49°54′N2°18′E 166
アミズミズ(モロッコ) 31°14′N8°14′W 218
アミソス〔サムスン〕(トルコ) 41°17′N36°22′E 26, 29
アミダ →ディヤルバクル
アミーニア(アメリカ) 41°51′N73°33′W 140
アムステルダム(アメリカ) 42°56′N74°12′W 139
アムステルダム(オランダ) 52°21′N4°54′E 10, 17, 47, 50, 57, 60, 64, 66, 100, 121, 137, 167
アーメルスフォールト(オランダ) 52°09′N5°23′E 167
アラド(イスラエル) 31°16′N35°09′E 199
アラド(ルーマニア) 46°10′N21°19′E 167
アラマテア(イスラエル) 32°02′N35°01′E 24
アラム-ゾバー(地域) 22
アラム-ダマスクス(地域) 22
アリカ(チリ) 18°30′S70°20′W 159
アリカンテ(スペイン) 38°21′N0°29′W 166
アリクイパ(アメリカ) 40°38′N80°16′W 138
アリストブリアス(ヨルダン) 31°27′N35°15′E 24

アリトゥス(リトアニア) 54°24′N24°03′E 190
アリーハー →エリコ
アルウェルヌム →クレルモン-フェラン
アルカション(フランス) 44°40′N1°11′W 166
アルクマール(オランダ) 52°38′N4°44′E 167
アルクライス(ヨルダン) 31°52′N35°28′E 26, 32
アルゴス(ギリシア) 37°38′N22°43′E 25
アルジェ(アルジェリア) 36°50′N3°00′E 10, 47, 57, 60, 66, 74, 218
アルタ(ギリシア) 39°10′N20°59′E 47
アルタクサタ〔アルタシャト〕(アルメニア) 39°58′N44°34′E 26
アルツァイ(ドイツ) 49°44′N8°07′E 102
アルトゥーナ(アメリカ) 40°32′N78°23′W 139
アルトナ(ドイツ) 53°35′N9°57′E 47, 167
アルバ(島) 12°30′N70°00′W 10, 56, 159
アルバカーキ(アメリカ) 35°05′N106°38′W 138
アルバ・ユリア(ルーマニア) 46°04′N23°33′E 167
アルベラ〔アルビル〕(イラク) 36°12′N44°01′E 26, 29
アルベラ(イスラエル) 32°45′N35°30′E 24, 32
アルマトゥイ〔アルマ・アタ〕(カザフスタン) 43°19′N76°55′E 190
アルメニア(地域) 25, 26
アルメリーア(スペイン) 36°50′N2°26′W 166
アルメロ(オランダ) 52°21′N6°40′E 167
アル〔アレラテ〕(フランス) 43°41′N4°38′E 29, 30, 34, 38
アールロン(ベルギー) 49°41′N5°49′E 167
アルンヘム(オランダ) 52°00′N5°53′E 167
アレキッパ(ペルー) 16°25′S71°32′W 159
アレクサンドリア(アメリカ, ヴァージニア州) 38°49′N77°06′W 139
アレクサンドリア(アメリカ, ルイジアナ州) 31°19′N92°29′W 138
アレクサンドリア(エジプト) 31°13′N29°55′E 17, 23, 25, 29, 30, 34, 40, 44, 67, 219
アレクサンドリウム〔スルタバ〕(ヨルダン) 32°06′N35°28′E 24, 32
アレクサンドルフ〔アレクサンドルフ・クジャフスキ〕(ポーランド) 52°52′N18°40′E 101
アレッサンドリア(イタリア) 44°55′N8°37′E 167
アレッポ(シリア) 36°14′N37°10′E 11, 20, 22, 30, 38, 40, 44, 47, 57, 64, 99, 100, 198
アレラテ →アルル
アレンタウン(アメリカ) 40°37′N75°30′W 140
アンカラ〔アンキュラ〕(トルコ) 39°55′N32°50′E 11, 29, 64, 198
アンガルスク(ロシア) 52°31′N103°55′E 191
アンカレジ(アメリカ) 61°10′N150°00′W 10, 138
アンキュラ →アンカラ
アングレーム(フランス) 45°40′N0°10′E 166
アンコーナ(イタリア) 43°37′N13°31′E 47, 167
アンジェー(フランス) 47°29′N0°32′E 166
アンティオキア(シリア) 33°13′N35°40′E 24
アンティオキア(トルコ) 38°18′N31°09′E 25, 29
アンティオキア〔アンタクヤ〕(トルコ) 36°12′N36°10′E 23, 25, 26, 29, 30, 34, 38, 98
アンディジャン(ウズベキスタン) 40°45′N72°22′E 190
アンティノオポリス(エジプト) 27°49′N30°53′E 29
アンティパトリス〔ペゲ〕(イスラエル) 32°06′N34°56′E 24, 32
アンティーブ(フランス) 43°35′N7°07′E 167
アンテドン〔アグリッピアス〕(エジプト) 31°32′N34°27′E 24, 32
アントワープ(ベルギー) 51°13′N4°25′E 10, 36, 47, 50, 121, 167
アンボリ(ウクライナ) 50°28′N27°08′E 101
アンバト(エクアドル) 1°18′S78°39′W 159
アンベルク(ドイツ) 49°26′N11°52′E 167
アンボヴァル(エチオピア) 12°38′N30°05′E 219

アンマン〔フィラデルフィア, ラバート-ベネ-アンモン〕(ヨルダン) 31°57′N35°56′E 22, 24, 32
アンモン(地域) 22
イーア →トリポリ
イアソス(トルコ) 37°17′N27°35′E 25, 29
イヴァノ-フランコフスク(ウクライナ) 48°40′N24°40′E 190
イーヴェルドン(スイス) 46°47′N6°38′E 167
イェカブピルス〔ヤーコブシュタット〕(ラトヴィア) 56°28′N25°58′E 190
イェジオラニ(ウクライナ) 50°20′N26°58′E 50
イェテボリ(スウェーデン) 57°45′N12°00′E 10, 167
イェフド(イスラエル) 32°02′N34°52′E 199
イェフパトリヤ(ウクライナ) 45°12′N33°20′E 50
イェール(フランス) 43°07′N6°08′E 166
イェロヴァンダシャト(アルメニア) 40°10′N44°08′E 29
イェロハム(イスラエル) 30°59′N34°55′E 199
イェンヌ(フランス) 45°42′N5°45′E 36
イオアーニナ(ギリシア) 39°40′N25°51′E 167
イオタベ(島)(サウディアラビア) 27°56′N34°36′E 30
イキートス(ペルー) 3°51′S73°13′W 159
イコニウム〔コンヤ〕(トルコ) 37°51′N32°30′E 25, 29
イサカ(アメリカ) 42°26′N76°30′W 140
イスタンブル〔ビザンティウム, コンスタンティノポリス〕(トルコ) 41°02′N28°57′E 11, 25, 29, 30, 34, 40, 44, 47, 57, 61, 64, 67, 69, 99, 100, 121, 137, 198
イーストボーン(イギリス) 50°46′N0°17′E 166
イースト・ロンドン(南アフリカ) 33°00′S27°54′E 219
イーストン(アメリカ) 40°41′N75°13′W 102, 140
イスニー(ドイツ) 47°42′N10°02′E 120, 121
イズビツァ(ポーランド) 50°55′N23°10′E 101
イスファハン(イラン) 32°41′N51°41′E 11, 31, 40, 61, 99, 198
イズマイル(ウクライナ) 45°20′N28°48′E 190
イズミル〔スミュルナ〕(トルコ) 38°25′N27°10′E 47, 67, 100, 121, 198
イドゥメア(地域) 24, 26, 32
イハル(スペイン) 41°10′N0°27′W 121
イーブル(ベルギー) 50°51′N2°53′E 64
イミ・ンタヌート(モロッコ) 31°10′N8°50′W 218
イリリア(アメリカ) 41°22′N82°06′W 139
イルクーツク(ロシア) 52°18′N104°15′E 11, 61, 191
イン・サラー(アルジェリア) 27°12′N2°29′E 218
インスブルック(オーストリア) 47°17′N11°25′E 167
インディアナポリス(アメリカ) 39°45′N86°10′W 10, 139
インテルキサ(ハンガリー) 46°59′N18°56′E 29
インドゥラ(ベラルーシ) 53°27′N23°53′E 101
ヴァイヴァラ(ロシア) 59°22′N28°17′E 70
ヴァイマル〔ワイマール〕(ドイツ) 50°59′N11°19′E 102
ヴァイルブルク(ドイツ) 50°29′N8°15′E 102
ヴァインランド(アメリカ) 39°29′N75°02′W 140
ヴァウブジフ(ポーランド) 50°48′N16°19′E 167
ヴァージニア(アメリカ) 47°30′N92°28′W 138
ヴァージン諸島 18°40′N64°30′W 159
ヴァスルイ(ルーマニア) 46°37′N27°46′E 167
ヴァトラ・ドルネイ(ルーマニア) 47°20′N25°21′E 167
ヴァニ(グルジア) 42°03′N42°31′E 191
ヴァラルシャパト →エチミアジン
ヴァランス(フランス) 44°56′N4°54′E 36, 166
ヴァルカ(ポーランド) 51°46′N21°10′E 101
ヴァルドスタ(アメリカ) 30°51′N83°51′W 139

地名索引

ヴァルドルフ(ドイツ) 49°18′N 8°39′E 102
ヴァルナ(ブルガリア) 43°12′N 27°57′E 167
ヴァレーオ(アメリカ) 38°05′N 122°14′W 138
ヴァレッタ(マルタ) 35°54′N 14°32′E 167
ヴァーレン(ドイツ) 53°32′N 12°42′E 102
ヴァロナ →ヴロレ
ヴァン 38°28′N 43°20′E 29
ヴァンクーヴァー(カナダ) 49°13′N 123°06′W 138
ヴァンヌ〔ウェネティア〕(フランス) 47°40′N 2°44′W 34
ヴィアレッジョ(イタリア) 43°52′N 10°15′E 167
ヴィクトリア(カナダ) 48°25′N 123°22′W 138
ヴィクリフ(アメリカ) 36°58′N 89°04′W 102
ヴィシー(フランス) 46°08′N 3°25′E 166
ヴィジニツァ(ウクライナ) 47°59′N 25°02′E 101
ヴィースバーデン(ドイツ) 50°05′N 8°15′E 102,167
ヴィゼウ(ポルトガル) 40°40′N 7°55′W 166
ヴィチタ(アメリカ) 37°43′N 97°20′W 138
ヴィチタ・フォールズ(アメリカ) 33°55′N 98°30′W 138
ヴィックスバーグ(アメリカ) 32°21′N 90°51′W 102,140
ヴィディン(ブルガリア) 44°00′N 22°50′E 167
ヴィテブスク(ベラルーシ) 55°10′N 30°14′E 11,50,61,101,190
ヴィトリール-フランソワ(フランス) 48°44′N 4°36′E 167
ヴィーナー・ノイシュタット(オーストリア) 47°49′N 16°15′E 36,99
ヴィニツァ(ウクライナ) 49°11′N 28°30′E 11,190
ヴィニペグ(カナダ) 49°53′N 97°10′W 10,66,138
ヴーイペシュト(ハンガリー) 47°33′N 19°05′E 167
ヴィボル(デンマーク) 56°28′N 9°25′E 167
ヴィラフランカ(イタリア) 45°22′N 10°51′E 47
ウィリアムズバーグ(アメリカ) 37°17′N 76°43′W 139
ウィリアムズポート(アメリカ) 41°16′N 77°03′W 140
ヴィリニュス〔ヴィルナ〕(リトアニア) 54°40′N 25°19′E 10,50,57,61,64,67,70,100,101,102,120,190
ウィリマンティク(アメリカ) 41°43′N 72°12′W 140
ウィルクス-バレ(アメリカ) 41°15′N 75°50′W 102,140
ヴィルデュー(フランス) 46°53′N 1°50′E 36
ヴィルナ →ヴィリニュス
ヴィルブロン(ポーランド) 50°24′N 19°44′E 101
ヴィルヘルムスドルフ(ドイツ) 47°51′N 9°15′E 121
ウィルミントン(アメリカ) 34°14′N 77°55′W 139
ウィレナ(リトアニア) 54°29′N 25°35′E 190
ウファ(ロシア) 55°46′N 60°08′E 190
ウマニ(ウクライナ) 48°45′N 30°10′E 101
ウィルールバンヌ(フランス) 45°46′N 4°40′E 167
ウィン(アメリカ) 35°14′N 90°48′W 139
ウィーン(オーストリア) 48°13′N 16°22′E 10,36,44,47,50,57,61,64,67,72,99,100,102,137,167
ウィンザー(カナダ) 42°18′N 83°00′W 139
ウィンステッド(アメリカ) 41°55′N 73°04′W 140
ウィンストン-セイラム(アメリカ) 36°05′N 80°18′W 139
ウィンタートゥール(スイス) 47°30′N 8°45′E 167
ウィントフク(ナミビア) 22°34′S 17°06′E 10,219
ウィンチェスター(アメリカ) 39°11′N 78°12′W 139
ウィンチェスター(イギリス) 51°04′N 1°19′W 36
ウィントフク(ナミビア) 22°34′S 17°06′E 10,219
ヴウォダワ(ポーランド) 51°33′N 23°31′E 167
ヴウォツワヴェク(ポーランド) 52°39′N 19°01′E 167
ウェイコー(アメリカ) 31°33′N 97°10′W 138
ヴェイヌ(フランス) 44°31′N 5°49′E 36
ヴェヴェー(スイス) 46°28′N 6°51′E 167
ヴェスプレム(ハンガリー) 47°06′N 17°54′E 167
ヴェンシュー(フランス) 45°42′N 4°46′E 167
ヴェネシア →ヴェノーサ

ヴェネツィア(イタリア) 45°26′N 12°20′E 17,36,47,50,64,100,120,121,167
ヴェネティア →ヴァンヌ
ヴェノーサ〔ウェネシア〕(イタリア) 40°57′N 15°49′E 17,29,30,99,167
ウェブスター(アメリカ) 42°04′N 71°53′W 140
ヴェリア(ギリシア) 40°32′N 22°11′E 167
ウェリントン(ニュージーランド) 41°17′S 174°47′E 11,61,217
ウェリントン(南アフリカ) 33°39′S 19°00′E 219
ヴェルサイユ(フランス) 48°48′N 2°08′E 166
ヴェルダン(フランス) 49°10′N 3°24′E 64,167
ヴェロナ(イタリア) 45°26′N 11°00′E 120,167
ヴェンツピルス(ラトヴィア) 57°22′N 21°31′E 190
ヴェンチュラ郡(アメリカ) 138
ウォーキーガン(アメリカ) 42°21′N 87°52′W 139
ウォジミェシ →ヴラディミル-ヴォリンスキー
ウォーソー(アメリカ) 44°58′N 89°40′W 139
ウォータヴィル(アメリカ) 44°34′N 69°41′W 139
ウォーターベリー(アメリカ) 41°33′N 73°03′W 140
ウォータールー(アメリカ) 42°30′N 92°20′W 138
ウォートン(アメリカ) 29°19′N 96°08′W 138
ウォリック(アメリカ) 41°15′N 74°21′W 140
ウォリニア(地域) 50,101
ウォーリングフォード(アメリカ) 41°28′N 72°49′W 140
ヴォルゴグラード(ロシア) 48°45′N 44°40′E 190
ヴォルムス(ドイツ) 49°38′N 8°23′E 17,36,38,40,50,99,102,167
ヴォロジン(ベラルーシ) 54°30′N 26°50′E 102
ヴォロネジ(ロシア) 51°46′N 33°30′E 190
ウガリット(シリア) 35°35′N 35°45′E 20
ウクメルゲ(リトアニア) 55°14′N 24°49′E 190
ウージ(ポーランド) 51°49′N 19°28′E 61,64,67,70,74,167
ウジゴロト(ウクライナ) 48°38′N 22°15′E 190
ウシャ(イスラエル) 32°48′N 35°06′E 98
ウジュダ(モロッコ) 34°41′N 1°45′W 218
ウースター(アメリカ、オハイオ州) 40°46′N 81°57′W 139
ウースター(アメリカ、マサチューセッツ州) 42°17′N 71°48′W 140
ウースター(南アフリカ) 33°39′S 19°26′E 219
ウースティ(チェコ) 50°41′N 14°01′E 167
ウッドボーン(アメリカ) 41°46′N 74°36′W 140
ウッドリッジ(アメリカ) 41°43′N 74°35′W 140
ヴッパータール(ドイツ) 51°15′N 7°10′E 167
ウテナ(リトアニア) 55°29′N 25°35′E 190
ウファ(ロシア) 55°46′N 60°08′E 190
ウマニ(ウクライナ) 48°45′N 30°10′E 101
ヴュルツブルク(ドイツ) 49°48′N 9°57′E 36,167
ウラジカフカス〔オルジョニキーゼ〕(ロシア) 43°02′N 44°43′E 190
ヴラディミル-ヴォリンスキー〔リュドミル、ウォジミェシ〕(ウクライナ) 50°51′N 24°19′E 50,100,190
ウラン・ウデ(ロシア) 51°55′N 107°40′E 191
ウランバートル(モンゴル) 47°54′N 106°52′E 67
ウル(イラク) 30°56′N 46°08′E 20
ウルヴァーハンプトン(イギリス) 52°36′N 2°08′W 166
ウルチニ(旧ユーゴスラヴィア) 41°56′N 19°12′E 100
ウルビノ(イタリア) 43°43′N 12°38′E 167
ウルム(ドイツ) 48°24′N 10°00′E 36
ヴロツワフ〔ブレスラウ〕(ポーランド) 51°07′N 17°00′E 36,40,44,50,64,100,102,167
ヴロレ〔ヴァロナ〕(アルバニア) 40°29′N 19°29′E 47,167
エイントホーヴェン(オランダ) 51°26′N 5°30′E 167
エヴァンズヴィル(アメリカ) 38°00′N 87°33′W 139
エヴィアン(フランス) 46°24′N 6°35′E 167
エヴォラ(ポルトガル) 39°31′N 8°59′W 166
エウヘメレイア(エジプト) 29°23′N 30°27′E 29
エヴルー(フランス) 49°03′N 1°11′E 166
エーガー〔ヘプ〕(チェコ) 49°59′N 12°23′E 36,167
エカチェリンブルグ〔スヴェルドロフスク〕(ロシア) 56°52′N 60°35′E 11,190
エクサン-プロヴァンス(フランス) 43°31′N 5°27′E 166
エクス-レ-バン(フランス) 45°41′N 5°55′E 167
エクバタナ →ハマダン
エーグベル(フランス) 45°33′N 6°18′E 36
エグライム(ヨルダン) 31°12′N 35°45′E 24
エスブス〔ヒスバン〕(ヨルダン) 31°48′N 35°48′E 24,32
エセックス郡(アメリカ) 140
エチミアジン〔ヴァラルシャパト〕(アルメニア) 40°11′N 44°17′E 34
エッシュヴェーゲ(ドイツ) 51°11′N 10°03′E 102
エッシュ-シュール-アルツェット(ルクセンブルク) 49°30′N 5°59′E 167
エッセン(ドイツ) 51°27′N 6°57′E 167
エディネティ〔イェディンツィ〕(モルドヴァ) 48°12′N 27°19′E 70
エディルネ〔アドリアノポリス〕(トルコ) 41°40′N 26°34′E 44,47,99,100,121,198
エディンバラ(イギリス) 55°57′N 3°13′W 64,166
エデッサ〔ウルファ〕(トルコ) 37°08′N 38°45′E 25,26,29,30,34
エトシオン・ガベル〔アシア〕(ヨルダン) 29°33′N 34°58′E 98
エドム(地域) 22
エドモントン(カナダ) 53°34′N 113°25′W 138
エピナル(フランス) 48°10′N 6°28′E 167
エフェソス(トルコ) 37°55′N 27°19′E 23,25,29,30,34,38
エペルネ(フランス) 49°02′N 3°58′E 166
エマウス〔イムワス〕(ヨルダン) 31°50′N 34°59′E 24,32,98
エマタ →ハマト・ガデル
エムデン(ドイツ) 53°22′N 7°13′E 47,167
エメサ〔ホムス〕(シリア) 34°44′N 36°43′E 25,26,29
エメリタ・アウグスタ →メリダ
エーラト(イスラエル) 29°33′N 34°57′E 22,199
エリー(アメリカ) 42°07′N 80°05′W 139
エリコ〔アリーハ〕(ヨルダン) 31°51′N 35°27′E 24,32,199
エル・カミシリィエ〔カメシリ〕(シリア) 37°03′N 41°15′E 198
エル・ゴレア(アルジェリア) 30°35′N 2°51′E 218
エルサ(イスラエル) 31°06′N 34°39′E 24
エルサレム〔ヒエロソリマ〕(イスラエル) 31°47′N 35°13′E 11,17,22,23,24,25,26,32,34,47,57,61,64,74,98,99,100,137,199
エルシノー(アメリカ) 33°40′N 117°19′W 138
エルジン(アメリカ) 42°03′N 88°17′W 139
エルス〔オレシュニツァ〕(ポーランド) 51°12′N 17°21′E 121
エルズレム →カラナ
エル・セントロ(アメリカ) 34°47′N 115°33′W 138
エルナクラム(インド) 10°00′N 76°16′E 198
エルバス(ポルトガル) 38°53′N 7°10′W 166
エル・パソ(アメリカ) 31°45′N 106°29′W 138
エルビラ〔イリベリス〕(スペイン) 37°17′N 3°53′W 34
エルフルト(ドイツ) 50°58′N 11°02′E 36,50,167
エルベーフ(フランス) 49°17′N 1°01′E 166
エル・マハッラ・エル・クブラ(エジプト) 30°59′N 31°10′E 219
エルミラ(アメリカ) 42°06′N 76°50′W 140
エレヴァン(アルメニア) 40°10′N 44°31′E 190
エレシン(ブラジル) 27°35′S 52°15′E 159
エレファンティン(島)(エジプト) 24°05′N 32°54′E 17,23
エレンヴィル(アメリカ) 41°43′N 74°23′W 140
エンクホイゼン(オランダ) 52°42′N 5°17′E 167
エン-ゲディ(イスラエル) 31°28′N 35°23′E 24,32
エンジスハイム(フランス) 47°51′N 7°20′E 36
エンスヘデ(オランダ) 52°13′N 6°55′E 167

オイテンハーケ(南アフリカ) 33°46′S 25°25′E 219
オウマル〔スール・エル・ゴズラーヌ〕(アルジェリア) 36°10′N 3°41′E 218
オエスクス(ウクライナ) 51°20′N 28°50′E 101
オエスクス(ルーマニア) 43°44′N 24°27′E 29
オーガスタ(アメリカ、ジョージア州) 33°29′N 82°00′W 102,139
オーガスタ(アメリカ、メイン州) 44°17′N 69°48′W 139
オクシュリュンコス(エジプト) 28°33′N 30°38′E 17,29,30
オクスフォード(アメリカ) 39°47′N 75°58′W 140
オクスフォード(イギリス) 51°46′N 1°15′W 17,121,166
オグデン(アメリカ) 41°14′N 111°59′W 138
オクラホマ・シティ(アメリカ) 35°28′N 97°33′W 138
オークランド(ニュージーランド) 36°55′S 174°47′E 11,61,217
オーク・リッジ(アメリカ) 36°02′N 84°12′W 139
オー・クレア(アメリカ) 44°50′N 91°30′W 139
オシエク〔ムルサ〕(旧ユーゴスラヴィア) 45°33′N 18°42′E 29,167
オシャワ(カナダ) 43°53′N 78°51′W 139
オーシャン郡(アメリカ) 140
オシュコシュ(アメリカ) 44°01′N 88°32′W 139
オスティア(イタリア) 41°46′N 12°18′E 17
オースティン(アメリカ、テキサス州) 30°18′N 97°47′W 138
オースティン(アメリカ、ミネソタ州) 43°40′N 92°58′W 138
オステンデ(ベルギー) 51°13′N 2°55′E 47,166
オストラヴァ〔メーリッシュ-オストラウ〕(チェコ) 49°50′N 18°15′E 102,167
オストログ(ウクライナ) 50°20′N 26°29′E 100,190
オスナブリュック(ドイツ) 52°17′N 8°03′E 167
オスロ〔クリスチャニア〕(ノルウェイ) 59°56′N 10°45′E 10,64,167
オタムワ(アメリカ) 41°02′N 92°26′W 138
オタワ(カナダ) 45°25′N 75°43′W 139
オッフェンバッハ(ドイツ) 50°06′N 8°46′E 102,167
オッペルン →オポレ
オーツホーン(南アフリカ) 33°35′S 22°12′E 219
オデッサ(アメリカ) 31°50′N 102°23′W 138
オデッサ(ウクライナ) 46°30′N 30°46′E 11,61,62,64,67,70,137,190
オーデンセ(デンマーク) 55°24′N 10°25′E 167
オトラント(イタリア) 40°08′N 18°30′E 38,40,99,167
オニ(グルジア) 42°34′N 43°26′E 191
オネオンタ(アメリカ) 42°28′N 75°04′W 140
オバイェ(チリ) 30°33′S 71°16′W 159
オパヴァ(チェコ) 49°58′N 17°55′E 167
オパトゥフ(ポーランド) 50°49′N 21°25′E 101
オーバーハウゼン(ドイツ) 51°27′N 6°50′E 167
オハーラ(イラク) 33°58′N 44°32′E 40
オーバーン(アメリカ、ニューヨーク州) 42°57′N 76°34′W 139
オーバーン(アメリカ、メイン州) 44°04′N 70°15′W 138
オファキム(イスラエル) 31°19′N 34°37′E 199
オーベルネ(フランス) 48°28′N 7°30′E 167
オポルト(ポルトガル) 41°09′N 8°37′W 166
オポレ〔オッペルン〕(ポーランド) 50°40′N 17°56′E 102
オボレ〔ルブリン〕(ポーランド) 51°08′N 22°00′E 50,101
オマハ(アメリカ) 41°15′N 96°00′W 138
オムスク(ロシア) 55°00′N 73°22′E 61,67,190
オラデア(ルーマニア) 47°03′N 21°55′E 167
オラン(アルジェリア) 35°45′N 0°38′E 44,218
オランジュ(フランス) 44°08′N 4°48′E 36
オーランド(アメリカ) 28°33′N 81°21′W 10,139
オリャ(イタリア) 40°30′N 17°38′E 38,99,167
オル・アキヴァ(イスラエル) 32°31′N 34°55′E 199
オル・イェフダ(イスラエル) 32°02′N 34°50′E 199
オルイカ(ウクライナ) 50°44′N 25°50′E 101
オルゲーイェフ(モルドヴァ) 47°24′N 28°50′E 190
オルダ(イスラエル) 31°23′N 34°24′E 24
オールダニ(島)(チャネル諸島) 49°43′N 2°12′W 70
オルデンブルク(ドイツ) 53°08′N 8°13′E 102
オルタ(イタリア) 42°21′N 11°58′E 121
オルバニー(アメリカ、ジョージア州) 31°37′N 84°10′W 139
オルバニー(アメリカ、ニューヨーク州) 42°40′N 73°49′W 10,102,140
オルビア →ニコラエフ
オルフス(デンマーク) 56°10′N 10°13′E 167
オルボルク(デンマーク) 57°03′N 9°56′E 167
オルレアン〔アウレリアニ〕(フランス) 47°54′N 1°54′E 34,99,166
オルロ(ボリビア) 17°59′S 67°08′W 159

地名索引

オレンジ郡(アメリカ) 138
オレンジバーグ(アメリカ) 139
オレンブルグ(ロシア) 51°50′N55°00′E 190
オロシュハーザ(ハンガリー) 46°21′N20°40′E 167
オロナイム(ヨルダン) 31°05′N35°37′E 24
オロモウツ(チェコ) 49°38′N17°15′E 167
オーロラ(アメリカ) 41°45′N88°20′W 139
オン[ヘリオポリス](エジプト) 30°08′N31°18′E 20

カ 行

カイエンヌ(仏領ギアナ) 4°55′N52°18′W 47
カイザーヴァルト →リガ
カイザースラウテルン(ドイツ) 49°27′N7°47′E 167
カイセリ →カエサレア
開封(中国) 34°47′N114°20′E 45,57,198
カイラワーン(チュニジア) 35°42′N10°01′E 38,99,219
カイロ[フスタート](エジプト) 30°03′N31°15′E 11,17,38,40,44,57,61,64,67,74,99,100,121,219
カヴァラ(ギリシア) 40°56′N24°24′E 167
カヴェイラ(フランス) 43°50′N5°02′E 166
カウナス[コヴノ](リトアニア) 54°52′N23°55′E 190
ガウラニティス(地域) 26,32
カウンシル・ブラッフス(アメリカ) 41°14′N95°54′W 138
カエサレア[カイセリ](トルコ) 38°42′N35°28′E 25,26,29,34
カエサレア[ストラトンの塔](イスラエル) 32°30′N34°54′E 24,26,29,30,32,98
カエサレア・フィリッピ[バニアス](シリア) 33°14′N35°42′E 26,32
ガオ(マリ) 16°19′N0°09′W 44
カークランド・レイク(カナダ) 48°10′N80°02′W 139
カグル(モルドヴァ) 45°48′N28°10′E 190
ガザ(ガザ地帯) 31°30′N34°28′E 20,22,24,30,32,199
カサブランカ(モロッコ) 33°39′N7°35′W 10,66,137,218
ガザラ(イスラエル) 31°53′N34°57′E 24
カサルマジョーレ(イタリア) 44°58′N10°25′E 121
カサーレ・モンフェラート(イタリア) 45°08′N8°27′E 17,167
カザン(ロシア) 55°45′N49°10′E 44,190
カザンラク(ブルガリア) 42°37′N25°23′E 167
カジミェシ(ポーランド) 51°20′N21°56′E 101
カーシャーン(イラン) 33°59′N51°35′E 61
カシュガル[略刊](中国) 39°29′N76°02′E 45
カズヴィン(イラン) 36°16′N50°00′E 38
ガストニア(アメリカ) 35°14′N81°12′W 139
カストリア(ギリシア) 40°33′N21°15′E 38,47,167
ガズニ(アフガニスタン) 33°33′N68°28′E 41,45,198
カスバ・タドラ(モロッコ) 32°34′N6°18′W 218
カーセレス(スペイン) 39°29′N6°23′W 166
ガタ(スペイン) 40°15′N6°35′W 47
カダサ(イスラエル) 33°02′N35°26′E 32
カタナ[カタニア](イタリア, シチリア) 37°31′N15°06′E 29
ガダラ(ヨルダン) 32°39′N35°41′E 24,32
カタラユード(スペイン) 41°21′N1°39′W 38
ガッズデン(アメリカ) 34°00′N86°00′W 139
カッセル(ドイツ) 51°18′N9°30′E 102,167
カッパドキア(地域) 25,26
カッファ →フェオドシヤ
カディス(スペイン) 36°32′N6°18′W 44
カーディフ(イギリス) 51°30′N3°13′W 166
ガト(イスラエル) 31°46′N34°54′E 22
カトヴィツェ(ポーランド) 50°15′N18°59′E 167
カトゥーマ[カドマ](ジンバブエ) 18°16′S29°55′E 219
カードナー(アメリカ) 42°33′N71°59′W 140
カニア(シリア) 32°43′N36°31′E 32
カニア(ギリシア) 35°31′N24°01′E 167
ガバリス(ヨルダン) 31°03′N35°36′E 24
カーフ(チュニジア) 36°10′N8°40′E 219
カフィ(イタリア) 41°06′N14°13′E 29
ガフサ(チュニジア) 34°28′N8°43′E 219
カブリ(イラク) 32°13′N44°22′E 98
カブリ(ベラルーシ) 53°29′N27°10′E 120
カーブル(アフガニスタン) 34°30′N69°10′E 61,198
ガベス(チュニジア) 33°52′N10°06′E 61,99,219
カベルコトネイ(イスラエル) 32°12′N35°17′E 24
カポシュヴァール(ハンガリー) 46°21′N17°49′E 167

ガマラ(シリア) 32°48′N35°51′E 24,32
カムサック(カナダ) 51°34′N101°51′W 138
ガムズ(イスラエル) 31°55′N34°54′E 98
カムデン(アメリカ) 39°52′N75°07′W 140
カメニェツ・ポドリスキー(ウクライナ) 48°40′N26°36′E 50,190
ガラアディテス(地域) 24
カラカス(ベネズエラ) 10°35′N66°56′W 10,66,137,159
カラガンダ(カザフスタン) 49°59′N73°07′E 190
カラチ(パキスタン) 24°51′N67°02′E 198
ガラツィ(ルーマニア) 45°27′N28°02′E 167
カラット・アフマド(アルジェリア) 36°45′N5°06′E 218
カラナ[エルズルム](トルコ) 39°58′N41°09′E 26,30,38,44
ガラバ(イスラエル) 32°51′N35°20′E 24,32,98
カラマズー(アメリカ) 42°17′N85°36′W 139
カリ(コロンビア) 3°24′N76°30′W 159
カリアリ[カラリス](イタリア, サルデーニャ) 39°13′N9°08′E 34
カリシュ(ポーランド) 51°46′N18°02′E 50,167
ガリツィア(地域) 62,101
カリニクム[ニケフォリウム, ラッカ](シリア) 35°57′N39°03′E 26,29,34
カリーニングラード[ケーニヒスベルク](ロシア) 54°40′N20°30′E 64,190
ガリポリ[ゲリボル](トルコ) 40°25′N26°41′E 64
ガリラヤ(地域) 24,26,32,98
カーリン(ベラルーシ) 52°03′N26°08′E 101
カルヴァリヤ(リトアニア) 54°20′N23°10′E 190
ガルヴェストン(アメリカ) 29°17′N94°48′W 138
カルーガ(ロシア) 54°31′N36°16′E 190
カルカッタ[フォート・セント・ジョージ](インド) 22°38′N88°20′E 10,47,57,61,198
カルガリー(カナダ) 51°05′N114°05′W 138
カルキス(ギリシア) 38°28′N23°36′E 167
カルキス(レバノン) 33°47′N35°53′E 26
カルグズダイ(リトアニア) 55°42′N21°21′E 190
カルケドン[カディキョイ](トルコ) 40°59′N29°02′E 29
カルジツァ(ギリシア) 39°22′N21°55′E 167
カールスバート →カールロヴィ・ヴァリ
ガルダイア(アルジェリア) 32°20′N3°40′E 218
カルタゴ(チュニジア) 36°54′N10°16′E 25,29,30,34
カルタヘナ(コロンビア) 10°24′N75°33′W 47
カールトンヴィル(南アフリカ) 26°22′S27°25′E 219
カルパントラ(フランス) 44°03′N5°03′E 17,166
ガルフポート(アメリカ) 30°21′N89°08′W 138
カルメット地区(アメリカ) 138
ガルヤーン(リビア) 32°12′N13°02′E 219
カールロヴィ・ヴァリ[カールスバート](チェコ) 50°14′N12°53′E 102,167
カレイ(ルーマニア) 47°40′N22°28′E 167
カレス(アメリカ) 41°58′N90°22′W 139
カレリ(グルジア) 42°01′N43°52′E 191
カン(フランス) 49°11′N0°22′W 166
カーン郡(アメリカ) 138
ガングラ(トルコ) 40°35′N33°37′E 30
カンケーキー(アメリカ) 41°08′N87°52′W 139
カンザス・シティ(アメリカ) 39°02′N94°33′W 10,138
ガンジャ[キロヴァバード](アゼルバイジャン) 40°39′N46°20′E 190
カンダハール(アフガニスタン) 31°36′N65°42′E 198
カンディア[イラクリオン](ギリシア) 35°20′N25°08′E 47
カントン(アメリカ) 40°48′N81°23′W 139
カンヌ(フランス) 43°33′N7°00′E 167
ガンネ・ティクワ(イスラエル) 32°05′N34°51′E 199
カンバーランド(アメリカ) 39°40′N78°47′W 139
カンピーナス(ブラジル) 22°54′S47°06′W 159
カンポス(ブラジル) 21°46′S41°21′W 159

ギヴァタイム(イスラエル) 32°05′N34°48′E 199
ギヴァット・シェムエル(イスラエル) 32°05′N34°51′E 199
キー・ウェスト(アメリカ) 24°34′N81°48′W 139

キエフ(ウクライナ) 50°28′N30°29′E 11,38,44,50,64,67,100,101,120,137,190
キェルツェ(ポーランド) 50°51′N20°39′E 72
ギゲン(ブルガリア) 43°39′N24°30′E 167
ギシャラ[イシュ, グシュ・ハラヴ](イスラエル) 33°01′N35°27′E 24,32
キジュヴァールダ(ハンガリー) 48°13′N22°03′E 167
キシニョフ(モルドヴァ) 47°00′N28°50′E 11,67,190
キシュベシュト(ハンガリー) 47°28′N19°08′E 167
ギーセン(ドイツ) 50°35′N8°42′E 167
キッチナー(カナダ) 43°27′N80°30′E 139
キト(エクアドル) 0°14′S78°30′W 159
ギネガル(イスラエル) 32°40′N35°15′E 98
ギノサル[ゲネサレト](イスラエル) 32°51′N35°31′E 98
キバルタイ(リトアニア) 54°28′N22°48′E 190
キフト(エジプト) 26°00′N32°50′E 219
キャッツキル(アメリカ) 42°14′N73°52′W 140
キャンベラ(オーストラリア) 35°18′S149°08′E 217
キュジコス(トルコ) 40°25′N27°54′E 25
キュステンディル(ブルガリア) 42°16′N22°40′E 167
キュプロス(ヨルダン) 31°49′N35°26′E 32
キュラソー(島)(蘭領アンティル) 12°10′N69°00′W 10,47,56,60,66,137,159
ギュル(フランス) 43°11′N0°47′E 70
キュレナイカ(地域) 23,25,29,30
キュレネ(リビア) 32°48′N21°54′E 23,25,29,30,219
キヨフ(チェコ) 49°00′N17°10′E 167
キリキア[セティス](地域) 26
キルヤト・アタ(イスラエル) 32°48′N35°06′E 199
キルヤト・オノ(イスラエル) 32°04′N34°51′E 199
キルヤト・ガト(イスラエル) 31°37′N34°47′E 199
キルヤト・シェモナ(イスラエル) 33°13′N35°35′E 199
キルヤト・ティヴォン[ティベオン](イスラエル) 32°43′N35°08′E 98,199
キルヤト・ビアリク(イスラエル) 32°50′N35°05′E 199
キルヤト・マラヒ(イスラエル) 31°44′N34°45′E 199
キルヤト・モツキン(イスラエル) 32°50′N35°03′E 199
キルヤト・ヤム(イスラエル) 32°51′N35°04′E 199
キーロヴォグラード[エリザヴェトグラード](ウクライナ) 48°31′N32°15′E 190
キーン(アメリカ) 42°55′N72°17′W 139
キングストン(アメリカ) 41°55′N74°00′W 140
キングストン(カナダ) 44°14′N76°30′W 139
キングストン(ジャマイカ) 17°58′N76°48′W 159
キンシャサ(ザイール) 4°18′S15°18′E 10,219
キンバリー(南アフリカ) 28°45′S24°46′E 219

グアダラハラ(スペイン) 40°37′N3°10′W 47,121
グアダラハラ(メキシコ) 20°40′N103°20′W 47,159
グアテマラ・シティ(グアテマラ) 14°38′N90°22′W 60,137,159
グアヤキル(エクアドル) 2°13′S79°54′W 159
グアルダ(ポルトガル) 40°32′N7°17′W 166
クインシー(アメリカ) 39°55′N91°22′W 139
クィーンズタウン(南アフリカ) 31°54′S26°53′E 219
クヴァイシ(グルジア) 42°31′N43°41′E 191
グウェロ[グウェル](ジンバブエ) 19°25′S29°50′E 219
クエ・クエ(クウェクウェ)(ジンバブエ) 18°55′S29°51′E 219
クエルナバカ(メキシコ) 18°57′N99°15′W 159
グエルフ(カナダ) 43°34′N80°16′W 139
クエンカ(エクアドル) 2°54′S79°00′W 159
クエンカ(スペイン) 40°04′N2°07′W 36
クーシ(フランス) 49°32′N3°20′E 99
クス(エジプト) 25°53′N32°48′E 219
クタイシ(グルジア) 42°15′N42°44′E 191
グダニスク[ダンツィヒ](ポーランド) 54°22′N18°41′E 62,64,167
クテシフォン(イラク) 33°06′N44°36′E 29,30
クトゥイ(ウクライナ) 48°14′N25°12′E 101
クノッケ(ベルギー) 51°21′N3°19′E 166
クバ(アゼルバイジャン) 43°51′N43°27′E 61,190

クムラン(ヨルダン) 31°44′N35°27′E 17
クライストチャーチ(ニュージーランド) 43°33′S172°40′E 61,217
クライペダ[メーメル](リトアニア) 55°43′N21°07′E 190
グラヴァーズヴィル(アメリカ) 43°03′N74°19′W 139
グラ・カルヴァリヨ(ポーランド) 51°59′N21°11′E 101
クラークスデイル(アメリカ) 34°12′N90°33′W 139
クラークスドープ(南アフリカ) 26°52′S26°39′E 219
クラークスバーグ(アメリカ) 39°16′N80°22′W 139
クラクフ(ポーランド) 50°03′N19°55′E 17,36,38,40,47,50,57,61,64,67,70,72,99,100,102,120,121,167
グラース(フランス) 43°40′N6°56′E 167
グラスゴー(イギリス) 55°53′N4°15′W 10,62,64,166
クラスノダル(ロシア) 45°02′N39°00′E 190
クラスノヤルスク(ロシア) 56°05′N92°46′E 61,191
グラーツ(オーストリア) 47°05′N15°22′E 167
クラトヴィ(イタリア) 49°24′N13°17′E 167
グラナダ(スペイン) 37°10′N3°35′W 38,99,166
グラハムズタウン(南アフリカ) 33°18′S26°32′E 219
クラヨーヴァ(ルーマニア) 44°18′N23°47′E 167
クララ(アルゼンチン) 31°50′S58°48′W 160
グランド・フォークス(アメリカ) 47°57′N97°05′W 138
グランド・ラピッズ(アメリカ) 42°57′N86°40′W 139
グリヴィツェ(ポーランド) 50°20′N18°40′E 167
クリーヴランド(アメリカ, オハイオ州) 41°30′N81°41′W 10,66,102,137,139
クリーヴランド(アメリカ, ミシシッピ州) 33°43′N90°46′W 139
クリティーバ[ブラジル] 25°25′S49°25′W 159
クリスチャニア →オスロ
クリフトン(アメリカ) 40°53′N74°08′W 140
グリムズビ(イギリス) 53°35′N0°05′E 166
グリュックシュタット(ドイツ) 53°47′N9°26′E 47
グリーンウィッチ(アメリカ) 41°02′N73°37′W 140
グリーンヴィル(アメリカ, サウスカロライナ州) 34°52′N82°25′W 139
グリーンヴィル(アメリカ, ミシシッピ州) 33°23′N91°03′W 139
グリーンウッド(アメリカ) 33°31′N90°10′W 139
グリーンズボロ(アメリカ) 36°03′N79°50′W 139
グリーンフィールド(アメリカ) 42°36′N72°37′W 140
グリーン・ベイ(アメリカ) 44°32′N88°00′W 139
グルイェツ(ポーランド) 51°54′N20°51′E 101
クルーガーズドープ(南アフリカ) 26°06′S27°46′E 219
クルージ[コロジュヴァル](ルーマニア) 46°47′N23°37′E 102,167
クルスク(ロシア) 51°45′N36°14′E 190
グルノーブル(フランス) 45°11′N5°43′E 166
グルミーン(モロッコ) 28°56′N10°04′E 218
クルム →ヘウムノ
クールラント(地域) 50
クルーンスタート(南アフリカ) 27°40′S27°15′E 219
クレアモント(アメリカ) 43°23′N72°21′W 139
グレイス・ベイ(カナダ) 46°11′N59°58′W 139
グレイト・バリントン(アメリカ) 42°12′N73°22′W 140
グレイト・ヤーマス(イギリス) 52°37′N1°44′E 166
クレーフェルト(ドイツ) 51°20′N6°32′E 167
クレムス(オーストリア) 48°25′N15°36′E 99
クレメネツ(ウクライナ) 50°05′N25°48′E 190
クレモナ(イタリア) 45°08′N10°01′E 99,100,120,121
クレルモン・フェラン[アルウェルヌム](フランス) 45°47′N3°05′E 34,166
グレンズ・フォールズ(アメリカ) 43°17′N73°41′W 139
クロイツリンゲン(スイス) 47°38′N9°12′E 167
クローガ(エストニア) 58°58′N23°32′E 190
グロガウ(ポーランド) 51°40′N16°06′E 102
グロスター(アメリカ) 42°37′N70°41′W 140

地名索引

グロスター（イギリス）51°53′N7°05′E 36
グローズヌィ（ロシア）43°21′N45°42′E 190
グロス・ローゼン（ポーランド）50°57′N16°26′E 70
クロトシン（ポーランド）51°41′N17°27′E 50
グロドノ（ベラルーシ）53°40′N23°50′E 50, 67,100,190
渓谷地域（アメリカ）140
ゲイツヘッド（イギリス）54°58′N1°35′W 166
ゲインズヴィル（アメリカ）29°40′N82°20′W 139
ケサルテナンゴ（グアテマラ）14°50′N91°30′W 159
ケチュケメート（ハンガリー）46°56′N19°43′E 102
ゲッティンゲン（ドイツ）51°32′N9°57′E 167
ゲデラ（イスラエル）31°48′N34°46′E 199
ケーテン（ドイツ）51°46′N11°59′E 121
ゲドル〔サルト〕（ヨルダン）32°03′N35°44′E 24,32
ケニートラ（モロッコ）34°20′N6°34′W 218
ケーニヒスベルク→カリーニングラード
ゲネサレト→ギノサル
ケネット（アメリカ）36°15′N90°04′W 139
ケネット・スクエア（アメリカ）39°51′N75°43′W 140
ケノーシャ（アメリカ）42°34′N87°50′W 139
ゲバ（イスラエル）32°43′N35°05′E 24,32
ケビリ（チュニジア）33°42′N8°58′E 219
ケファル・アジズ（イスラエル）31°24′N35°14′E 98
ケファル・サヴァ（イスラエル）32°11′N34°54′E 198
ケープタウン（南アフリカ）33°56′S18°28′E 10,61,62,219
ケベック（カナダ）46°50′N71°15′W 102,139
ケムニッツ（ドイツ）50°50′N12°55′E 167
ケメロヴォ（ロシア）55°25′N86°05′E 191
ゲラサ〔ヤラシュ〕（ヨルダン）32°17′N35°53′E 24,32
ゲラル（イスラエル）31°24′N34°40′E 24
グリズィム（山）（ヨルダン）32°12′N35°16′E 24
ケルキラ〔コルフ〕（ギリシア）39°38′N19°55′E 167
ゲルシフ（モロッコ）34°15′N3°21′W 218
ゲルゼンキルヘン（ドイツ）51°30′N7°05′E 167
ケルチ〔ハザリア〕（ウクライナ）45°22′N36°27′E 38,190
ケルマーン（イラン）30°18′N57°05′E 38,198
ケルマーンシャー（イラン）34°19′N47°07′E 198
ケルン〔コロニア・アグリッピナ〕（ドイツ）50°56′N6°57′E 25,29,30,36,38,40,50,64,100,121,167
グルンハウゼン（ドイツ）50°12′N9°13′E 167
ケンプトン・パーク（南アフリカ）26°07′S28°14′E 219
ケンブリッジ（イギリス）52°12′N0°07′E 17,166
ゴア（インド）15°31′N73°56′E 47
コインブラ（ポルトガル）40°12′N8°25′W 166
コーヴァリス（アメリカ）44°35′N123°16′W 138
コヴェリ（ウクライナ）51°12′N24°48′E 50,190
コヴェントリー（イギリス）52°25′N1°30′W 166
コヴノ→カウナス
神戸（日本）34°40′N135°12′E 198
コーカンド（ウズベキスタン）40°33′N70°55′E 190
コキンボ（チリ）29°57′S71°25′W 159
コク（アイルランド）51°54′N8°28′W 166
コクラ（メキシコ）20°22′N103°50′W 159
コジェニツェ（ポーランド）51°35′N21°31′E 101
コシツェ（スロヴァキア）48°44′N21°15′E 167
コス（ギリシア）36°53′N27°19′E 25
ゴスラー（ドイツ）51°55′N10°25′E 36
コスリン〔コサリン〕（ポーランド）54°10′N16°10′E 102
コソフ（ウクライナ）48°19′N25°04′E 101
コチャバンバ（ボリビア）17°26′S66°10′W 159
コーチン（インド）9°56′N76°15′E 11,17,47,61,198
コーツヴィル（アメリカ）39°59′N75°50′W 140
コック（ポーランド）51°39′N22°28′E 101
コーディール（アメリカ）31°59′N83°49′W 138
コートランド（アメリカ）42°36′N76°10′W 140
コーニング（アメリカ）42°10′N77°04′W 140

コーパス・クリスティ（アメリカ）27°47′N97°26′W 138
コーバースドルフ（オーストリア）47°37′N16°23′E 167
ゴフナ〔ジフナ〕（ヨルダン）31°57′N35°14′E 32
コブリン（ベラルーシ）52°16′N24°22′E 101
コブレンツ（ドイツ）50°21′N7°36′E 36,102,167
コーヘン・ウングレ（アルゼンチン）31°13′S59°20′W 160
コペンハーゲン（デンマーク）55°43′N12°34′E 10,42,61,64,121,137,167
コマヤグア（ホンジュラス）14°30′N87°39′W 159
コマールノ（ウクライナ）49°40′N23°28′E 101
コム（イラン）34°39′N50°57′E 38,99,199
コメリ（ベラルーシ）52°25′N31°00′E 11,50,190
コラロフグラード（ブルガリア）43°17′N26°55′E 167
ゴリ（グルジア）41°59′N44°05′E 191
コリエンテス（アルゼンチン）27°30′S58°48′W 159
ゴーリーチェ（ポーランド）49°40′N21°09′E 64
ゴリツィア（イタリア）45°57′N13°37′E 167
コリントス（ギリシア）37°56′N22°55′E 23,25,29,30,38
ゴルゴイ（キプロス）35°07′N33°40′E 29
コルチェスター（アメリカ）41°35′N72°19′W 140
コルチェスター（イギリス）51°54′N0°54′E 36
コルト（フランス、コルシカ）42°18′N9°08′E 167
コルドバ（アルゼンチン）31°25′S64°11′W 10,47,159
コルドバ〔コルドゥバ〕（スペイン）37°53′N4°46′W 17,24,28,30,36,38,99,166
コルマール（フランス）48°05′N7°21′E 167
コレツ（ウクライナ）50°39′N27°10′E 101
コーロ（ベネズエラ）11°27′N69°41′W 159
コロジュヴァル→クルージ
コロニア・アグリッピナ→ケルン
ゴロホフ（ウクライナ）50°30′N24°46′E 50
コロマ（アメリカ）38°07′N120°36′W 102
コロムィヤ（ウクライナ）48°31′N25°00′E 190
コロラド・スプリングズ（アメリカ）38°50′N104°50′W 138
コロン（パナマ）9°21′N79°54′W 159
コロンバス（アメリカ、オハイオ州）39°59′N83°03′W 139
コロンバス（アメリカ、ジョージア州）32°28′N84°59′W 139
コロンビア（アメリカ、サウスカロライナ州）34°00′N81°00′W 102,139
コロンビア（アメリカ、ミズーリ州）38°58′N92°20′W 138
コロンボ（スリランカ）6°55′N79°52′E 61
コーンウォール（カナダ）45°02′N74°45′W 139
コンコード（アメリカ）43°13′N71°34′W 139
コンコルディア（イタリア）45°45′N12°50′E 29
コンスタニノフ（ウクライナ）49°48′N27°10′E 50
コンスタンツ〔コンスタンス〕（ドイツ）47°40′N9°10′E 36,120,167
コンスタンツァ（ルーマニア）44°12′N28°40′E 167
コンスタンティーヌ（アルジェリア）36°22′N6°40′E 218
コンスタンティノポリス→イスタンブル
コンセプシオン（チリ）36°50′S73°03′W 47,159
ゴンダル（エチオピア）12°39′N37°29′E 219
コントラ・コスタ郡（アメリカ）138
コンマゲネ（地域）26
コンヤ→イコニウム

サ 行

サイゴン（ヴェトナム）10°58′N106°40′E 67
サヴァンナ（アメリカ）32°04′N81°07′W 47,56,102,139
ザヴィホスト（ポーランド）51°03′N21°49′E 101
サヴェルヌ（フランス）48°45′N7°22′E 167
サウザンプトン（イギリス）50°55′N1°25′W 166
サウスエンド（イギリス）51°33′N0°43′E 166
サウス・シールズ（イギリス）55°00′N1°25′W 166

サウス・フォールズバーグ（アメリカ）41°43′N74°39′W 140
サウスブリッジ（アメリカ）42°05′N72°02′W 140
サウス・ベンド（アメリカ）41°40′N86°15′W 139
サウスポート（イギリス）53°39′N3°01′W 166
サギノー（アメリカ）43°25′N83°54′W 139
ザクセンハウゼン-オラニエンブルク（ドイツ）52°47′N13°15′E 70
サクラメント（アメリカ）38°32′N121°30′W 138
ザグレブ〔アグラム〕（旧ユーゴスラヴィア）45°48′N15°58′E 102,167
サスカトゥーン（カナダ）52°10′N106°40′W 138
サスフ〔サソヴォ〕（ウクライナ）54°21′N41°58′E 101
サタノフ（ウクライナ）49°15′N26°16′E 50
サチヘレ（グルジア）42°22′N43°24′E 191
サトゥ・マレ〔サトマル〕（ルーマニア）47°48′N22°52′E 101,167
サドゴラ（ウクライナ）48°20′N25°57′E 101
サドバリー（カナダ）46°30′N81°00′W 139
サナー（イエメン）15°23′N44°14′E 29,31,198
サナンダジ（イラン）35°18′N47°01′E 102
サーニア（カナダ）42°57′N82°24′W 138
サニシャト（ヨルダン）N0°43°25′E 29
サバトカ→スポティツァ
サハニン〔シクニン〕（イスラエル）32°52′N35°17′E 98,199
サービオネータ（イタリア）45°00′N10°29′E 121
サフィー（モロッコ）32°20′N9°17′E 47,218
ザブウドゥフ（ポーランド）53°00′N23°19′E 101
サフェド→ゼファト
ザポロージェ（ウクライナ）47°50′N35°10′E 190
サマガ（ヨルダン）31°48′N35°51′E 24
サマセット郡（アメリカ）140
サマラ〔クイビシェフ〕（ロシア）53°10′N50°10′E 11,190
サマリア（地域）24,26,32,98
サマルカンド（ウズベキスタン）39°40′N66°57′E 39,41,190
サムター（アメリカ）33°54′N80°22′W 139
サモサタ〔サムサット〕（トルコ）37°30′N38°32′E 26,29
ザモシチ（ポーランド）50°43′N23°15′E 50,120,167
サモス（島）（ギリシア）37°45′N26°50′E 25
サモラ（スペイン）41°30′N5°45′W 121
サラィェヴォ（旧ユーゴスラヴィア）43°52′N18°26′E 64,167
ザラゴーサ（スペイン）41°39′N0°54′W 36,38
ザラサイ（リトアニア）55°40′N26°20′E 190
サラタ（ウクライナ）27°20′N52°32′W 139
サラトガ・スプリングズ（アメリカ）43°04′N73°47′W 139
サラトフ（ロシア）51°30′N45°55′E 190
サラミス（キプロス）35°10′N33°55′E 25,29
ザリ（ポーランド）51°15′N15°10′E 167
サリナス（アメリカ）36°39′N121°40′W 138
サルヴァドル（ブラジル）12°58′S38°29′W 10,47,159
サルキル（ロシア）47°52′N42°58′E 38
サルグミーヌ（フランス）49°06′N7°03′E 167
ザルジス（チュニジア）33°34′N11°04′E 219
サルタ（アルゼンチン）24°46′S65°28′W 159
ザルツブルク（オーストリア）47°54′N13°03′E 36,167
サルディス（トルコ）38°28′N28°02′E 17,23,25,29,30,198
ザールブリュッケン（ドイツ）49°15′N6°58′E 167
サレ（モロッコ）34°04′N6°50′W 218
サレルノ〔サレルヌム〕（イタリア）40°40′N14°46′E 29,40,167
ザロシチェ（ウクライナ）49°49′N24°58′E 101
サロナエ→ソリン
サロニカ〔テサロニカ〕（ギリシア）40°38′N22°58′E 25,29,30,34,38,40,44,47,57,61,64,67,100,121,167
サン・アントニオ（アメリカ）29°25′N98°30′W 138
サン・ヴィセンテ（ブラジル）23°57′S46°23′W 47
サン・カエタノ・ド・スル（ブラジル）23°36′S46°34′W 159
サン・カンタン（フランス）49°51′N3°17′E 167
ザンクト・ガレン（スイス）47°25′N9°23′E 102,167
サンクト・ペテルブルク〔ペトログラード、レ

ニングラード〕（ロシア）59°55′N30°25′E 11,17,61,64,67,137,190
サン・サテュルナン（フランス）46°31′N2°13′E 36
サン・サルバドル（エル・サルバドル）13°40′N89°10′W 159
サン・シティ（アメリカ）37°23′N98°54′W 138
サン・ジャン-ドゥ-リュズ（フランス）43°23′N1°39′W 47
サン・ジュニ（フランス）45°46′N5°38′E 36
サンス（フランス）48°12′N3°18′E 99,166
サンタ・イサベル（アルゼンチン）31°13′S59°57′W 160
サンタ・クルス（ボリビア）17°45′S63°14′W 47,159
サンタ・クルーズ（アメリカ）36°58′N122°03′W 138
サンタ・クルス・デ・テネリフェ（カナリア諸島）28°28′N16°15′W 218
サンダスキー（アメリカ）41°27′N82°42′W 139
サンタ・バーバラ（アメリカ）34°25′N119°41′W 138
サンタ・フェ（アメリカ）35°41′N105°57′W 138
サンタ・フェ（アルゼンチン）31°38′S60°43′W 159
サンタ・マリア（アメリカ）34°56′N120°25′W 138
サンタ・マリア（ブラジル）29°40′S53°47′W 159
サンタ・マルタ（コロンビア）11°18′N74°10′W 159
ザーンダム（オランダ）52°27′N4°46′E 167
サンタ・モニカ（アメリカ）34°00′N118°25′W 138
サンダーランド（イギリス）54°55′N1°23′W 166
サンタレン（ポルトガル）39°14′N8°40′W 36,166
サンタ・ローザ（アメリカ）38°26′N122°43′W 138
サンティアゴ（キューバ）20°00′N75°49′W 159
サンティアゴ（チリ）33°30′S70°40′W 10,47,137,159
サンティアゴ（ドミニカ）19°30′N70°42′W 159
サン・ディエ（フランス）48°17′N6°57′E 167
サン・ディエゴ（アメリカ）32°45′N117°10′W 10,138
サンテティエンヌ（フランス）45°26′N4°23′E 166
サンテリエ（ジャージー、チャネル諸島）49°12′N2°07′W 166
サント・アンドレ（ブラジル）23°39′S46°29′W 159
ザントヴォールト（オランダ）52°22′N4°31′E 167
サン・ドゥニ（レユニオン）20°52′S55°27′E 11,219
サントス（ブラジル）23°56′S46°22′W 159
サント・ドミンゴ（ドミニカ）18°30′N69°57′W 159
サンドミル〔サンドミエシ〕（ポーランド）50°40′N21°45′E 101
サンノゼ（アメリカ）37°20′N121°55′W 10,138
サン・パウロ（ブラジル）23°33′S46°39′W 10,159
サン・バーナディノ（アメリカ）34°07′N117°18′W 138
サン・ファン（プエルトリコ）18°29′N66°08′W 159
サン・フォン（フランス）45°42′N4°51′E 167
サンフランシスコ（アメリカ）37°45′N122°27′W 10,102,137,138
サン・ペドロ（アメリカ）33°45′N118°19′W 138
サン・ペドロ・スラ（ホンジュラス）15°26′N88°01′W 159
サンベリー（アメリカ）40°52′N76°47′W 140
サン・ホセ（コスタリカ）9°59′N84°04′W 137,159
サン・マルコス（グアテマラ）14°58′N91°48′W 159
サン・ミゲル（ブラジル）23°44′S47°13′W 159
サン・ルイ（フランス）47°35′N7°34′E 167
サン・ルイス・オビスポ（アメリカ）35°16′N120°40′W 138
シアトル（アメリカ）47°35′N122°20′W 10,138
ジェイムズタウン（アメリカ）42°05′N79°15′W 139
ジェシュフ（ポーランド）50°04′N22°00′E 167

地名索引

シェドルツェ〔ポーランド〕52°10′N 22°18′E 167
シエナ〔イタリア〕43°19′N 11°19′E 167
ジェニーヴァ〔アメリカ〕42°52′N 76°59′W 139
シェニャヴァ〔ポーランド〕50°11′N 22°38′E 101
ジェノヴァ〔ジェヌア〕〔イタリア〕44°24′N 8°56′E 29,34,47,121,167
シェファラム〔イスラエル〕32°48′N 35°10′E 98
シェフィールド〔イギリス〕53°23′N 1°30′W 166
シェペトフカ〔ウクライナ〕50°14′N 27°02′E 101
シェボイガン〔アメリカ〕43°46′N 87°44′W 139
ジェール〔ハンガリー〕47°41′N 17°40′E 102,167
ジェルガヴァ〔ラトヴィア〕56°39′N 23°40′E 190
シェルシェル〔アルジェリア〕36°36′N 2°11′E 218
ジェルジョニュフ〔ポーランド〕50°43′N 16°40′E 167
ジェルジンスク〔ベラルーシ〕53°40′N 27°01′E 101
ジェルバ〔島〕〔チュニジア〕33°56′N 11°00′E 219
ジェンジェシュ〔ハンガリー〕47°46′N 20°00′E 167
シカゴ〔アメリカ〕41°50′N 87°45′W 10,66,102,137,139
シクティフカル〔ロシア〕61°42′N 50°45′E 190
シクニン →サハニン
シクラ〔イラク〕32°49′N 45°01′E 98
シゲト〔ルーマニア〕47°56′N 23°53′E 101,167
シケム〔ナーブルス〕〔ヨルダン〕32°13′N 35°16′E 22,24,199
ジジェル〔アルジェリア〕36°50′N 5°43′E 218
シジルマーサ〔モロッコ〕30°45′N 4°21′E 99,218
ジダチュフ〔ジダチョフ〕〔ウクライナ〕49°20′N 24°22′E 101
シダー・ラピッズ〔アメリカ〕41°59′N 91°39′W 138
シチェチン〔シュテッティン〕〔ポーランド〕53°25′N 14°32′E 64,167
シデ〔セリミエ〕〔トルコ〕36°45′N 31°23′E 25,29,30
シドニー〔オーストラリア〕33°55′S 151°10′E 11,61,217
シドニー〔カナダ〕46°10′N 60°10′W 139
ジトミル〔ウクライナ〕50°18′N 28°40′E 11,61,101,190
シドルフ〔ポーランド〕51°14′N 20°50′E 101
シドン〔レバノン〕33°32′N 35°22′E 198
シノペ〔トルコ〕42°02′N 35°09′E 25,26,29,30
シノン〔フランス〕47°10′N 0°15′E 36,99
シビウ〔ルーマニア〕45°46′N 24°09′E 167
ジブラルタル 36°09′N 5°21′W 10,60,66,137,166
シポント〔イタリア〕41°39′N 15°55′E 99
シャイアン〔アメリカ〕41°08′N 104°50′W 138
シャヴェシ〔ポルトガル〕41°44′N 7°28′W 166
ジャクソン〔アメリカ、ミシガン州〕42°15′N 84°24′W 139
ジャクソン〔アメリカ、ミシシッピ州〕32°20′N 90°11′W 139
ジャクソンヴィル〔アメリカ〕30°20′N 81°40′W 139
ジャージー・シティ〔アメリカ〕40°43′N 74°03′W 140
ジャディーダ〔マザガン〕〔モロッコ〕33°19′N 8°35′W 218
シャテル〔フランス〕46°17′N 6°50′E 36
シャテルロー〔フランス〕46°49′N 0°33′E 166
ジャード〔リビア〕31°58′N 12°01′E 219
シャートラルヤウーイヘイ〔ハンガリー〕48°22′N 21°39′E 101,167
シャトルー〔フランス〕46°49′N 1°41′E 166
シャーブルック〔カナダ〕45°24′N 71°54′W 139
ジャーミストン〔南アフリカ〕26°15′N 28°10′E 219
ジャム〔アフガニスタン〕34°26′N 64°01′E 198
シャルルヴィル〔フランス〕49°46′N 4°43′E 167
シャルルロア〔ベルギー〕50°25′N 4°27′E 167
シャルロッツヴィル〔アメリカ〕38°02′N 78°29′W 139
シャーロット〔アメリカ〕35°03′N 80°50′W 139
シャロン〔アメリカ〕41°16′N 80°30′W 139
シャロン-シュル-ソーヌ〔フランス〕46°47′N 4°51′E 167
シャロン-シュル-マルヌ〔フランス〕48°58′N 4°22′E 167
シャロン・スプリングズ〔アメリカ〕42°48′N 74°37′W 140
上海〔中国〕31°13′N 121°25′E 61,67,70,198
シャンベリー〔フランス〕45°34′N 5°55′E 36,167
シャンペン〔アメリカ〕40°07′N 88°14′W 139
シュヴェリン〔ドイツ〕53°38′N 11°25′E 102,167
シュタットレンクスフェルト〔ドイツ〕50°47′N 10°07′E 102
シュチェブジェシン〔ポーランド〕50°42′N 22°59′E 50
シュテッティン →シチェチン
シュテファネシュティ〔ルーマニア〕47°44′N 27°15′E 101,167
シュトゥットガルト〔ドイツ〕48°47′N 9°12′E 64,72,102,167
シュトゥットホフ〔シュトゥトヴォ〕〔ポーランド〕54°20′N 19°15′E 70
ジュトフェン〔オランダ〕52°08′N 6°12′E 167
シュトラウビンク〔ドイツ〕48°53′N 12°35′E 167
シュトラスブルク →ストラスブール
シュトルプ〔スウプスク〕〔ポーランド〕54°28′N 17°00′E 102
ジュネーヴ〔スイス〕46°13′N 6°09′E 121,167
シュバイアー〔ドイツ〕49°18′N 8°26′E 36,40,50,99,167
シュポラ〔ウクライナ〕49°00′N 31°25′E 101
シュリーヴポート〔アメリカ〕32°30′N 93°46′W 138
ジュールキエフ〔ウクライナ〕49°58′N 23°59′E 101,121
ジュルバルカス〔リトアニア〕55°04′N 22°42′E 190
ジョージ〔南アフリカ〕33°57′S 22°28′E 219
ジョプリン〔アメリカ〕37°04′N 94°31′W 138
ショプロン〔ハンガリー〕47°40′N 16°38′E 17
ジョリエット〔アメリカ〕41°32′N 88°05′W 139
ジョンズタウン〔アメリカ〕40°20′N 78°56′W 139
ジョンソン・シティ〔アメリカ〕36°20′N 82°23′W 139
シラキュース〔アメリカ〕43°03′N 76°10′W 10,102,139
シラクサ〔イタリア〕37°04′N 15°18′E 17,29
シーラーズ〔イラン〕29°38′N 52°34′E 11,38,40,61,198
シーラーフ〔イラン〕27°53′N 52°05′E 38
ジリネシ〔ポルトガル〕49°14′N 18°40′E 167
シルヴェシ〔ポルトガル〕37°11′N 8°26′W 166
シルテ〔リビア〕31°10′N 16°39′E 219
シレー〔イラク〕33°28′N 44°16′E 98
ジーロング〔オーストラリア〕38°10′S 144°26′E 217
シンガポール 1°20′N 103°50′E 11,61,67,198
シンガラ →スィンジャール
シンシナティ〔アメリカ〕39°10′N 84°30′W 10,17,102,139
シンフェロポリ〔ウクライナ〕44°57′N 34°05′E 11,190

スィンジャール〔シンガラ〕〔イラク〕36°20′N 41°51′E 30,47
ズウォチュフ →ゾロチェフ
ズヴォレ〔オランダ〕52°31′N 6°06′E 167
ズヴォレン〔スロヴァキア〕48°34′N 19°10′E 167
スウォンジー〔イギリス〕51°38′N 3°57′W 166
スカウドゥヴィレ〔リトアニア〕55°28′N 22°38′E 190
スキュトポリス →ベート・シェアン
スーク・アフラス〔アルジェリア〕36°14′N 8°00′E 218
スクヴィラ〔ウクライナ〕49°42′N 29°40′E 101
スクオダス〔リトアニア〕56°12′N 21°32′E 190
スクグヴィリ〔グルジア〕42°30′N 41°52′E 191
スクラ〔モロッコ〕30°54′N 6°50′E 218
スクラントン〔アメリカ〕41°25′N 75°40′W 140
スクレ〔ボリビア〕19°05′S 65°15′W 159
スクネクタディ〔アメリカ〕42°48′N 73°57′W 140
ズゴジェレツ〔ポーランド〕51°10′N 15°00′E 167
スコピエ〔旧ユーゴスラヴィア〕42°00′N 21°28′E 47,167
スコレ〔ウクライナ〕49°00′N 23°30′E 101
スサ〔イラン〕32°12′N 48°20′E 20,23,25,29
スーサ〔チュニジア〕35°50′N 10°38′E 219
スー・シティ〔アメリカ〕42°30′N 96°28′W 138
スー・セント・マリー〔カナダ〕46°32′N 84°20′W 139
スタヴロポリ〔ロシア〕45°03′N 41°59′E 61,190
スタラ・ザゴラ〔ブルガリア〕42°25′N 25°37′E 167
スターリング〔アメリカ〕41°48′N 89°42′W 139
スタロシェルツェ〔ポーランド〕53°08′N 23°03′E 101
スタンケ・ディミトロフ〔ブルガリア〕42°15′N 23°18′E 167
スタンフォード〔アメリカ〕41°03′N 73°32′W 140
スチフ〔ポーランド〕49°52′N 21°47′E 70
スディルコフ〔ウクライナ〕50°11′N 21°03′E 101
ステート・カレッジ〔アメリカ〕40°48′N 77°52′W 139
ステレンボス〔南アフリカ〕33°56′S 18°51′E 219
スデロット〔イスラエル〕31°31′N 34°35′E 199
ストゥーベンヴィル〔アメリカ〕40°22′N 80°39′W 139
ストックトン〔アメリカ〕37°59′N 121°20′W 138
ストックホルム〔スウェーデン〕59°20′N 18°95′E 10,64,137,167
ストビ〔旧ユーゴスラヴィア〕41°34′N 21°58′E 17,167
ストラスブール〔シュトラスブルク〕〔フランス〕48°35′N 7°45′E 36,50,64,100,121,167
ストラトンの塔 →カエサレア
ストリン〔ベラルーシ〕51°52′N 26°51′E 101
ストルィイ〔ウクライナ〕49°16′N 23°48′E 190
ストレティン〔ウクライナ〕49°28′N 24°30′E 101
ストレリシカ〔ウクライナ〕49°31′N 24°25′E 101
ストロウズバーグ〔アメリカ〕41°00′N 75°12′W 140
スナダ〔モロッコ〕35°06′N 4°21′E 218
スパータンバーグ〔アメリカ〕34°56′N 81°57′W 139
スパラト →スプリト
スパルタ〔ギリシア〕37°05′N 22°25′E 25
スファックス〔チュニジア〕34°45′N 10°43′E 219
スー・フォールズ〔アメリカ〕43°34′N 96°42′W 138
スフミ〔グルジア〕43°01′N 41°01′E 191
スプリト〔スパラト〕〔旧ユーゴスラヴィア〕43°31′N 16°28′E 47,167
スプリングス〔南アフリカ〕26°15′S 28°26′E 219
スプリングフィールド〔アメリカ、イリノイ州〕39°49′N 89°39′W 139
スプリングフィールド〔アメリカ、オハイオ州〕39°55′N 83°48′W 139
スプリングフィールド〔アメリカ、マサチューセッツ州〕42°07′N 72°35′W 140
スプリングフィールド〔アメリカ、ミズーリ州〕37°11′N 93°19′W 138
スベイトラ〔チュニジア〕35°13′N 9°03′E 219
スペリオル〔アメリカ〕46°42′N 92°05′W 138
スヘルトーヘンボス〔ヘルツォーゲンブッシュ〕〔オランダ〕51°41′N 5°19′E 70,167
スポーケン〔アメリカ〕47°40′N 117°25′W 138
スボティツァ〔サバトカ〕〔旧ユーゴスラヴィア〕46°04′N 19°41′E 102,167
ズボロフ〔ウクライナ〕49°40′N 25°09′E 101
スミ〔ウクライナ〕50°55′N 34°49′E 190
スミュルナ →イズミル
スモルガン〔ベラルーシ〕54°28′N 27°20′E 120
スモレンスク〔ロシア〕54°49′N 32°04′E 38,190
スラ〔イラク〕32°35′N 44°23′E 25,29,30,98,99
スラウタ〔ウクライナ〕50°20′N 26°58′E 101
スラゲルセ〔デンマーク〕55°24′N 11°23′E 167
スラバヤ〔インドネシア〕7°14′S 112°45′E 198
スラミ〔グルジア〕42°02′N 43°44′E 191
スール →テュロス
スールス〔フランス〕48°56′N 7°53′E 167
スルツク〔ベラルーシ〕53°02′N 27°31′E 50,100
ズルツバッハ〔ドイツ〕49°00′N 9°30′E 121
スロニム〔ベラルーシ〕53°05′N 25°21′E 101,190
スロバトカ〔リトアニア〕55°41′N 27°11′E 102
ズワーラ〔リビア〕32°57′N 12°05′E 219

セアー〔アメリカ〕41°59′N 76°32′W 140
セイレム〔アメリカ、オレゴン州〕44°57′N 123°01′W 138
セイレム〔アメリカ、ニュージャージー州〕39°35′N 75°28′W 140
セイレム〔アメリカ、マサチューセッツ州〕42°32′N 70°53′W 140
ゼインズヴィル〔アメリカ〕39°55′N 82°02′W 139
セヴァストポリ〔ヘルソン〕〔ウクライナ〕44°36′N 33°31′E 38,190
セウタ〔スペイン〕35°53′N 5°19′W 218
セーケシュフェヘールヴァール〔ハンガリー〕47°11′N 18°22′E 167
セゲド〔ハンガリー〕46°15′N 20°09′E 102,167
セゴビア〔スペイン〕40°57′N 4°07′W 17,36,167
ゼスタフォニ〔グルジア〕42°07′N 43°03′E 191
セダン〔フランス〕49°42′N 4°57′E 167
セティス →キリルヤ
セティフ〔アルジェリア〕36°11′N 5°24′E 218
セート〔フランス〕43°25′N 3°43′E 166
セトゥーバル〔ポルトガル〕38°31′N 8°54′E 166
セナブリス〔イスラエル〕32°42′N 35°34′E 24
セニガッリア〔イタリア〕42°43′N 13°13′E 17,167
セバステ〔サマリア〕〔ヨルダン〕32°17′N 35°11′E 24,26,32
セバステア〔シヴァス〕〔トルコ〕39°44′N 37°01′E 26
セビリア〔ヒスパリス〕〔スペイン〕37°24′N 5°59′W 17,34,36,38,166
ゼファト〔サフェド〕〔イスラエル〕32°57′N 35°27′E 47,100,121,199
セフォリス〔ズィッポリ〕〔イスラエル〕32°45′N 37°16′E 24,25,29,32,98
セフルー〔モロッコ〕33°50′N 4°50′W 218
セブルベダ〔スペイン〕41°18′N 3°45′W 36
ゼムーン〔旧ユーゴスラヴィア〕44°50′N 20°25′E 70,167
セリヌス〔ガジバシャ〕〔トルコ〕36°16′N 32°18′E 29
セルカーク〔カナダ〕50°10′N 96°52′W 138
セルベラ〔スペイン〕41°40′N 1°16′E 36
セルマ〔アメリカ〕32°24′N 87°01′W 139
セレウキア〔サルキイェ〕〔シリア〕32°59′N 35°43′E 24
セレウキア〔シリフケ〕〔トルコ〕36°22′N 33°57′E 29
セレス〔セレー〕〔ギリシア〕41°03′N 23°37′E 47
セレスタ〔フランス〕48°16′N 7°28′E 167
センタ〔旧ユーゴスラヴィア〕45°55′N 20°06′E 167
セント・アンドリュー〔ジャマイカ〕18°10′N 76°48′W 159
セント・オーガスティン〔アメリカ〕29°54′N 81°19′W 139
セント・オールバンズ〔イギリス〕51°46′N 0°21′W 166
セント・キャサリンズ〔カナダ〕43°10′N 79°15′W 139
セント・ジョーゼフ〔アメリカ〕39°45′N 94°51′W 138
セント・ジョン〔カナダ〕45°16′N 66°03′W 139
セント・ジョンズ〔カナダ〕47°34′N 52°41′W 139
セント・ジョンズベリ〔アメリカ〕44°25′N 72°03′W 139
セント・ピーターズバーグ〔アメリカ〕27°45′N 82°40′W 139
セント・ポール〔アメリカ〕45°00′N 93°10′W 138
セント・マーティン〔島〕18°00′N 63°00′W 56,159
セント・ユースタティウス〔島〕17°20′N 63°00′W 56,159
セントルイス〔アメリカ〕38°40′N 90°15′W 10,66,102,139

ゾアル〔ヨルダン〕31°01′N 35°28′E 24
ソヴェツク〔ロシア〕57°39′N 48°59′E 190
ソウース〔ドミニカ〕19°55′N 71°13′W 159
ソウル〔韓国〕37°30′N 127°00′E 11
ソスノヴィエチ〔ポーランド〕50°16′N 19°07′E 70,167
ソハチェフ〔ポーランド〕52°15′N 20°13′E 101
ソビボール〔ポーランド〕51°27′N 23°39′E 70
ソフィア〔ブルガリア〕42°40′N 23°18′E 44,47,64,67,74,100,137,167
ソリン〔サロナエ〕〔旧ユーゴスラヴィア〕43°33′N 16°30′E 25,29,30,34
ソールズベリー →ハラレ
ソールズベリ〔アメリカ〕39°25′N 92°47′W 139
ソルソナ〔スペイン〕42°00′N 1°31′E 36
ソルト・レイク・シティ〔アメリカ〕40°45′N 111°55′W 138
ソルノク〔ハンガリー〕47°10′N 20°10′E 102,167
ソロカーバ〔ブラジル〕23°30′S 47°32′W 159

ソロキ(モルドヴァ) 48°08′N28°12′E 190
ゾロチェフ〔ズウォチュフ〕(ウクライナ) 49°48′N24°51′E 50,101
ゾーロトゥルン(スイス) 47°13′N7°32′E 167
ゾンダースハウゼン(ドイツ) 51°23′N10°52′E 102
ソンチーノ(イタリア) 45°24′N9°52′E 121
ソンバトヘイ(ハンガリー) 47°12′N16°38′E 167

タ 行

タイナロン(ギリシア) 36°28′N22°29′E 29
ターイフ(サウジアラビア) 21°15′N40°21′E 30
台北(台湾) 25°05′N121°32′E 11,198
タイマー(サウジアラビア) 27°37′N38°30′E 29,198
タイラー(アメリカ) 32°22′N95°18′W 138
ダヴォス(スイス) 46°48′N9°52′E 167
ダウガフピルス(ラトヴィア) 55°52′N26°31′E 190
タウントン(アメリカ) 41°54′N71°05′W 140
ダグラス(マン島) 54°09′N4°29′W 166
タコマ(アメリカ) 47°15′N122°30′W 138
ターザ(モロッコ) 34°16′N4°01′W 218
タシュケント(ウズベキスタン) 41°16′N69°13′E 11,190
タスカルーサ(アメリカ) 33°12′N87°33′W 139
タタウィン(チュニジア) 33°00′N10°28′E 219
タドモル〔パルミラ〕(シリア) 34°36′N38°15′E 20,22,25,29,98
タナイス〔アゾフ〕(ロシア) 47°03′N39°25′E 30
ダニーデン(ニュージーランド) 45°53′S170°30′E 61,217
ダハウ(ドイツ) 48°15′N11°26′E 70
ダーバン(南アフリカ) 29°53′S31°00′E 219
ダビド(パナマ) 8°26′N82°26′W 159
ダビューク(アメリカ) 42°31′N90°41′W 139
タブーアッサン(モロッコ) 31°20′N4°12′W 218
ダフネ(トルコ) 36°04′N36°10′E 34
タブリーズ(イラン) 38°05′N46°18′E 30,38,40,44,61,198
ダブリン(アイルランド) 53°20′N6°15′W 10,40,47,64,137,166
タボル(山)(イスラエル) 32°41′N35°24′E 24
ターボル(チェコ) 49°25′N14°39′E 167
ダマスクス(シリア) 33°30′N36°19′E 11,17,20,22,23,26,29,30,34,38,40,44,47,57,61,64,99,121,137,198
ダマンフール(エジプト) 31°03′N30°28′E 219
タムラ(イスラエル) 32°02′N35°06′E 32
ターラ(チュニジア) 35°35′N8°40′E 218
タラキナ →テラキナ
タラゴーナ〔タラコ〕(スペイン) 41°07′N1°15′E 24,28,30,38,166
タラス(アメリカ) 32°47′N96°48′W 10,138
タラハッシー(アメリカ) 30°26′N84°19′W 139
ダーラム(アメリカ) 36°00′N78°54′W 138
タララ(ペルー) 4°38′S81°18′W 159
タラント〔タレントゥム〕(イタリア) 40°28′N17°15′E 25,30,167
タリケア〔ミグダル〕(イスラエル) 32°50′N35°30′E 24,32
タリハ(ボリビア) 21°33′S64°45′W 159
タリン(エストニア) 59°22′N24°48′E 190
ダーリントン(イギリス) 54°31′N1°34′W 166
タルサ(アメリカ) 36°07′N95°58′W 138
タルス(ラトヴィア) 57°18′N22°39′E 190
タルソス(トルコ) 36°52′N34°52′E 25,26,29
タルタ(フランス) 43°50′N0°48′E 47
タルダント(モロッコ) 30°31′N8°55′W 218
タルトゥ(エストニア) 58°20′N26°44′E 190
タルヌフ(ポーランド) 50°01′N20°59′E 167
タルノイェ(ウクライナ) 48°55′N30°40′E 101
タルノグラード(ポーランド) 50°22′N22°49′E 50,101
タルブ(フランス) 43°14′N0°05′E 166
ダルムシュタット(ドイツ) 49°52′N8°39′E 167
タルモ(スペイン) 41°39′N1°09′E 36
タレントゥム →タラント
ダンヴィル(アメリカ, イリノイ州) 40°09′N87°37′W 139
ダンヴィル(アメリカ, ヴァージニア州) 36°34′N79°25′W 102,139
ダンケルク(フランス) 51°02′N2°23′E 166
タンジール〔ティンギ〕(モロッコ) 35°48′N5°50′W 24,28,30,60,218
ダンツィヒ →グダニスク
ダンディー(イギリス) 56°28′N3°00′W 166
タンネンベルク〔ステンベルク〕(ポーランド) 53°30′N20°19′E 64

タンパ(アメリカ) 27°58′N82°38′W 10,139
ダンバリー(アメリカ) 41°24′N73°26′W 140
ダンピエール(フランス) 47°31′N6°55′E 99
タンペレ(フィンランド) 61°32′N23°45′E 167
タン・レルミタージュ(フランス) 45°05′N4°50′E 36

チェスケ・ブジェヨヴィツェ(チェコ) 48°58′N14°29′E 167
チェスター(アメリカ) 39°50′N75°23′W 140
チェハヌフ(ポーランド) 52°41′N22°30′E 50
チェラジ(ポーランド) 50°29′N19°41′E 72
チェリャビンスク(ロシア) 55°12′N61°25′E 11,190
チェルカスィ(ウクライナ) 49°27′N32°04′E 190
チェルニゴフ(ウクライナ) 51°30′N31°18′E 50,190
チェルノヴィッツ →チェルノフツィ
チェルノブイリ(ウクライナ) 51°17′N30°15′E 101
チェルノフツィ〔チェルノヴィッツ〕(ウクライナ) 48°19′N25°52′E 11,61,64,66,101,120,190
チェンストホヴァ(ポーランド) 50°49′N19°07′E 70,167
チェンバーズバーグ(アメリカ) 39°57′N77°40′W 139
チグウェル(イギリス) 51°37′N0°05′E 166
チタ(ロシア) 52°03′N113°35′E 61,191
チトレ(パナマ) 7°59′N80°25′W 159
チムケント(カザフスタン) 42°16′N69°05′E 190
チャタヌーガ(アメリカ) 35°02′N85°18′W 139
チャタム(カナダ) 42°24′N82°11′W 139
チャナッカレ(トルコ) 40°09′N26°25′E 198
チャペル・ヒル(アメリカ) 35°55′N79°04′W 139
チャールストン(アメリカ, ウェストヴァージニア州) 38°23′N81°40′W 139
チャールストン(アメリカ, サウスカロライナ州) 32°48′N79°58′W 47,56,102,139
チュニス(チュニジア) 36°50′N10°13′E 38,44,47,57,60,64,66,137,219
チューリヒ(スイス) 47°23′N8°33′E 36,120,121,167
チョルトコフ〔チョルトクフ〕(ウクライナ) 49°01′N25°42′E 101,190
チンペロ(チリ) 26°55′S69°56′W 159

ツハルトゥボ(グルジア) 42°20′N42°40′E 191
ツヒンヴァリ(グルジア) 42°14′N43°58′E 191

ティアティラ(トルコ) 38°54′N27°50′E 25,29
ティアレト(アルジェリア) 35°20′N1°20′E 218
ディウム(シリア) 32°39′N36°21′E 24,32
ティオンヴィル(フランス) 49°22′N6°11′E 167
ディクソン(アメリカ) 41°50′N89°29′W 138
ディケーター(アメリカ) 39°51′N88°57′W 139
ティコチン(ポーランド) 53°13′N22°46′E 50
ティショヴィェチ(ポーランド) 50°36′N23°41′E 50
ディジョン(フランス) 47°20′N5°02′E 167
ディーゼンホーフェン(スイス) 47°43′N8°46′E 167
デイトナ・ビーチ(アメリカ) 29°11′N81°01′W 139
デイトン(アメリカ) 39°45′N84°10′W 139
ディヌフ(ポーランド) 49°50′N22°11′E 101
ティヴェリ〔カリーニン〕(ロシア) 36°40′N42°E 167
ティファナ(メキシコ) 32°29′N117°01′W 159
ティフサ(シリア) 35°56′N38°12′E 22
ティフリス →トビリシ
ティベオン →キルヤト・ティヴォン
ティベリアス →テヴェリア
ディヘルンフルト(ポーランド) 50°29′N17°58′E 121
ティマル(ニュージーランド) 44°23′S171°14′E 217
ティミショアラ〔テメシュヴァル〕(ルーマニア) 45°45′N21°15′E 102,167
ティミムーン(アルジェリア) 29°15′N0°14′E 218
ティミンズ(カナダ) 48°30′N81°20′W 139
ティヤナ(イスラエル) 31°04′N35°01′E 199
ディヤルバクル〔アミダ〕(トルコ) 37°55′N40°14′E 26,30,34,198
ティラト・カルメル(イスラエル) 32°46′N34°58′E 199
ティラナ(アルバニア) 41°20′N19°49′E 167
ティール(オランダ) 51°53′N5°26′E 167
ティルス(ヨルダン) 31°56′N35°46′E 32
ティルビュルヒ(オランダ) 51°34′N5°05′E

167
ティレ(トルコ) 38°04′N27°45′E 47
ティンギ →タンジール
テヴェリア〔ティベリアス〕(イスラエル) 32°48′N35°32′E 26,29,98,99,199
デーヴェンター(オランダ) 52°15′N6°10′E 36,50,167
テキサルカナ(アメリカ) 33°28′N94°02′W 138
テグシガルパ(ホンジュラス) 14°05′N87°14′W 159
テクチ(ルーマニア) 45°50′N27°27′E 167
テサロニカ →サロニカ
デッサウ(ドイツ) 51°51′N12°15′E 121
テトゥワン(モロッコ) 35°34′N5°22′W 47,218
デトロイト(アメリカ) 42°23′N83°05′W 10,66,102,137,139
テネス(アルジェリア) 36°35′N1°03′E 218
デブドゥ(モロッコ) 33°59′N3°05′W 218
テプリツェ・サノフ〔テプリッツ〕(チェコ) 50°40′N13°49′E 102,167
デブレツェン(ハンガリー) 47°30′N21°37′E 102,167
テーベ(エジプト) 24°41′N32°40′E 219
テーベ(ギリシア) 38°19′N23°19′E 40,47
テヘラン(イラン) 35°40′N51°26′E 10,44,198
テマシーヌ(アルジェリア) 32°53′N6°03′E 218
テメシュヴァル →ティミショアラ
テムコ(チリ) 38°45′S72°40′W 159
デ・モイン(アメリカ) 41°35′N93°35′W 138
デュイスブルク(ドイツ) 57°18′N5°40′E 167
デュッセルドルフ(ドイツ) 51°13′N6°47′E 167
デュルース(アメリカ) 46°45′N92°10′W 138
テュロス〔スール〕(レバノン) 33°16′N35°12′E 20,22,24,25,26,29,38,198
テラ(ホンジュラス) 15°45′N87°25′W 159
テラキナ〔タラキナ〕(イタリア) 41°17′N13°15′E 25,34
デラージノ(ウクライナ) 49°18′N27°28′E 100
デリー(インド) 28°40′N77°14′E 45
テル・アヴィヴ・ヤッフォ〔ヤーファー、ヨッパ〕(イスラエル) 32°05′N34°46′E 11,17,22,24,32,62,67,137,199
テルエル(スペイン) 40°21′N1°06′E 36
テルシアイ〔テルズ〕(リトアニア) 55°58′N22°17′E 102,190
テルズ →テルシアイ
デルトサ →トルトサ
テルノポリ(ウクライナ) 49°35′N25°39′E 190
デルフォイ(ギリシア) 38°29′N22°30′E 25
デルフト(オランダ) 52°01′N4°21′E 167
デルベント(ロシア) 42°03′N48°18′E 40,44,61,190
テルメソス(トルコ) 36°37′N29°08′E 29
デルレイ(アメリカ) 26°29′N80°04′W 138
テレジエンシュタット〔テレジン〕(チェコ) 50°32′N14°10′E 70
テレ・ホート(アメリカ) 39°27′N87°24′W 139
デレモン(スイス) 47°22′N7°21′E 167
デロス(ギリシア) 37°24′N25°20′E 17,167
デンヴァー(アメリカ) 39°45′N105°00′W 10,102,138
天津(中国) 39°08′N117°12′E 61,67,198
ドーヴァー(アメリカ) 43°12′N70°55′W 139
トゥアト(アルジェリア) 27°12′N2°29′W 44
ドゥーエー(フランス) 50°22′N3°05′E 166
トゥヴェーリ〔カリーニン〕(ロシア) 56°49′N35°57′E 190
東京(日本) 35°40′N139°45′E 11,198
トゥクマン(アルゼンチン) 26°47′S65°15′W 47
トゥーグルト(アルジェリア) 33°08′N6°04′E 218
ドゥサン(アメリカ) 31°12′N85°25′W 139
ドゥシャンベ(タジキスタン) 38°38′N68°51′E 190
トゥース(イラン) 36°30′N59°31′E 38
トゥズラ(旧ユーゴスラヴィア) 44°33′N18°41′E 167
ドゥーティンヘム(オランダ) 51°58′N6°17′E 167
ドゥブノ(ウクライナ) 50°28′N25°40′E 190
ドゥブロヴニク(旧ユーゴスラヴィア) 42°40′N18°07′E 38,44,47,167
ドゥムヤート(エジプト) 31°26′N31°48′E 219
ドゥラ(シリア) 34°46′N40°46′E 17,25,26

167
トゥラカイ(リトアニア) 54°38′N24°52′E 100,190
トゥラーニ(イタリア) 41°17′N16°25′E 17,167
トゥーリチン(ウクライナ) 48°40′N28°49′E 101
トゥール〔トゥロネス〕(フランス) 47°23′N0°42′E 34,36,166
トゥルカルム(ヨルダン) 32°19′N35°02′E 199
トゥルキア(ルーマニア) 45°10′N28°50′E 167
トゥルク(フィンランド) 60°27′N22°15′E 167
トゥルグ・ムレシュ(ルーマニア) 46°33′N24°34′E 167
トゥールーズ(フランス) 43°37′N1°27′E 10,36,47,166
ドゥロコルトルム →ランス
トゥーロン(フランス) 43°07′N5°55′E 36,166
トカト(トルコ) 40°20′N36°35′E 198
トーキー(イギリス) 50°28′N3°30′W 166
ドクス〔ドク〕(ヨルダン) 31°51′N35°26′E 24
トズール(チュニジア) 33°55′N8°07′E 218
ドナルドソンヴィル(アメリカ) 30°05′N91°00′E 102
ドニエプロペトロフスク〔イェカチェリノスラフ〕(ウクライナ) 48°29′N35°00′E 10,67,190
ドネツク(ウクライナ) 48°00′N37°50′E 11,190
トピーカ(アメリカ) 39°02′N95°41′W 138
トビリシ〔ティフリス〕(グルジア) 41°43′N44°48′E 11,30,61,65,191
トブルク(リビア) 32°06′N23°56′E 219
トボリスク(ロシア) 58°15′N68°12′E 61
トマシュフ(ポーランド) 51°33′N19°59′E 167
トマル(ポルトガル) 39°36′N8°25′E 17,166
トムスク(ロシア) 56°30′N85°05′E 11,61,191
ドラ(アルゼンチン) 34°14′S62°53′W 160
ドラ(イスラエル) 32°37′N34°55′E 24
ドラギニャン(フランス) 43°32′N6°28′E 166
トラコニティス(地域) 26,32
トラペズス →トレビゾンド
ドランシー(フランス) 48°56′N2°26′E 70
トリアー〔アウグスタ・トレウェロルム〕(ドイツ) 49°45′N6°39′E 29,36,50,102,167
トリエステ(イタリア) 45°39′N13°47′E 64,167
トリカラ(ギリシア) 39°33′N21°46′E 47,167
ドリナ(ウクライナ) 48°23′N23°59′E 101
トリノ(イタリア) 45°04′N7°40′E 36,47,167
トリーノ(イタリア) 45°12′N8°18′E 121
トリポリ〔イーア〕(リビア) 32°58′N13°12′E 30,40,44,57,61,74,219
トリポリ〔トリポリス〕(レバノン) 34°27′N35°50′E 25,26,38,198
トリポリス →トリポリ
トリントン(アメリカ) 41°48′N73°08′W 140
ドルー(フランス) 48°44′N1°23′E 166
トルトサ〔デルトサ〕(スペイン) 40°49′N0°31′E 30,38,44,166
ドルトナ〔デルトナ〕(イタリア) 44°54′N8°52′E 34
ドルトムント(ドイツ) 51°32′N7°27′E 36,167
ドルドレヒト(オランダ) 51°48′N4°40′E 167
トルトン(アメリカ) 34°46′N84°59′W 139
トルヒーヨ(ペルー) 8°06′S79°00′W 159
トレヴィーゾ(イタリア) 45°40′N12°15′E 36
トレクス(ヨルダン) 31°53′N35°21′E 32
ドレスデン(ドイツ) 51°03′N13°45′E 50,102,167
トレド(アメリカ) 41°40′N83°35′W 139
トレド〔トレトゥム〕(スペイン) 39°52′N4°02′W 17,30,34,36,38,40,44,99,166
トレトゥム →トレド
トレビゾンド〔トラペズス〕(トルコ) 41°00′N39°43′E 26,30,38
トレブリンカ(ポーランド) 52°25′N22°15′E 70
トレムセン(アルジェリア) 34°53′N1°21′W 44,99,218
トレモリノス(スペイン) 36°38′N4°30′W 166
トレント(イタリア) 46°04′N11°08′E 36
トレントン(アメリカ) 40°15′N74°43′W 140
トロイ(アメリカ) 42°43′N73°42′W 140
ドロゴビチ(ウクライナ) 49°10′N23°30′E 190
ドロホイ(ルーマニア) 47°57′N26°31′E 167
トロワ(フランス) 48°18′N4°05′E 40,50,99,166
トロント(カナダ) 43°42′N79°25′W 10,66,137,139
トロンヘイム(ノルウェー) 63°36′N10°23′E 10,167
トンブクトゥ(マリ) 16°49′N2°59′W 44

ナ 行

ナイアガラ・フォールズ(アメリカ) 43°06′N79°04′W 139

241

地名索引

ナイジェル(南アフリカ) 26°25′S28°28′E 219
ナイロビ(ケニア) 1°17′S36°50′E 11,67,219
ナウェ(シリア) 32°51′N36°09′E 32,98
長崎(日本) 32°45′N129°52′E 61,198
ナクスコウ(デンマーク) 54°50′N11°10′E 167
ナジカニジャ(ハンガリー) 46°27′N17°00′E 167
ナシュア(アメリカ) 42°44′N71°28′W 140
ナジュラーン(サウジアラビア) 17°33′N44°16′E 29,31
ナチェズ(アメリカ) 31°32′N91°24′W 102, 139
ナッシュヴィル(アメリカ) 36°10′N86°50′W 139
ナッソー(バハマ) 25°03′N77°20′W 159
ナッツヴァイラー(フランス) 48°22′N7°26′E 70
ナツラト[ナザレト](イスラエル) 32°41′N35°16′E 199
ナツラト・イリット(イスラエル) 32°42′N35°19′E 199
ナドヴォルナヤ(ウクライナ) 48°37′N24°30′E 101
ナハヴァンド(イラン) 34°13′N48°21′E 99, 198
ナバテア(地域) 26
ナハリヤ(イスラエル) 33°01′N35°05′E 199
ナヒチェヴァン(アゼルバイジャン) 39°12′N45°24′E 29
ナフパクトス[レパント](ギリシア) 38°28′N21°50′E 47,167
ナーブル(チュニジア) 36°30′N10°44′E 219
ナーブルス →シケム
ナーホト(チェコ) 56°26′N16°10′E 167
ナポリ(イタリア) 40°50′N14°15′E 36,38,40, 44,47,64,100,121,167
ナマンガン(ウズベキスタン) 40°59′N71°41′E 190
ナミュール(ベルギー) 50°28′N4°52′E 167
ナリチク(ロシア) 43°31′N43°38′E 190
ナルシス・レヴェン(アルゼンチン) 38°12′S63°40′W 160
ナールト(リビア) 31°53′N10°59′E 219
ナルバタ(イスラエル) 32°28′N35°01′E 24,32
ナルボンヌ[ナルボ](フランス) 43°11′N3°00′E 25,30,44,99
ナレス(イラク) 32°28′N44°25′E 98
ナロ(チュニジア) 36°47′N10°24′E 17,219
南京(中国) 32°03′N118°47′E 56
ナンシー(フランス) 48°42′N6°12′E 167
ナント(フランス) 47°14′N1°35′W 36,47,166

ニェスホイシェ(ウクライナ) 51°11′N24°58′E 101
ニオン(フランス) 44°22′N5°08′E 36
ニカエア[イズニク](トルコ) 40°27′N29°43′E 29
ニケフォリウム →カリニクム
ニコシア(キプロス) 35°11′N33°23′E 198
ニコポリス →ニコボル
ニコポリス(トルコ) 40°04′N38°34′E 26
ニコボル[ニコポリス](ブルガリア) 43°41′N24°55′E 38,47,167
ニコメディア(イズミト)(トルコ) 40°47′N29°55′E 29,30,99
ニコラエフ[オルビア](ウクライナ) 46°57′N32°00′E 29,190
ニコルスブルク[ミクロフ](チェコ) 48°58′N16°48′E 100
ニジニー・ノヴゴロド[ゴーリキー](ロシア) 56°20′N44°00′E 11,190
ニシビス[ヌサイビン](トルコ) 37°05′N41°11′E 23,25,26,29,34
ニシャープール(イラン) 36°13′N58°49′E 38
ニース(フランス) 43°42′N7°16′E 10,47,167
ニーダーハーゲン(ドイツ) 52°14′N10°07′E 70
ニップール(イラク) 32°10′N45°11′E 20,23, 25,29
ニテロイ(ブラジル) 22°54′S43°06′W 159
ニトラ(スロヴァキア) 48°20′N18°05′E 70
ニヌス →ニネヴェ
ニネヴェ[ニヌス](イラク) 36°24′N43°08′E 20,26,29
ニーム(フランス) 43°50′N4°21′E 166
ニューアーク(アメリカ) 40°14′N74°12′W 66,102,139
ニューオーリンズ(アメリカ) 30°00′N90°03′W 10,102,139
ニューカッスル(オーストラリア) 32°55′S151°46′E 217
ニューカッスル(アメリカ) 41°00′N80°22′W 139
ニューカッスル-アポン-タイン(イギリス) 54°59′N1°35′W 62,166
ニュー・ケンジントン(アメリカ) 40°34′N79°46′W 139

ニュー・スクエア(アメリカ) 41°08′N74°02′W 102
ニューデリー(インド) 28°37′N77°13′E 11, 198
ニューバーグ(アメリカ) 41°30′N74°00′W 140
ニュー・ヘイヴン(アメリカ) 41°18′N72°55′W 10,102,140
ニュー・ベッドフォード(アメリカ) 41°38′N70°55′W 140
ニューベリーポート(アメリカ) 42°47′N70°53′W 140
ニューポート(アメリカ) 41°30′N71°19′W 47,102
ニューポート(イギリス) 51°35′N3°00′W 166
ニューポート・ニューズ(アメリカ) 36°59′N76°26′W 139
ニュー・ポールツ(アメリカ) 41°45′N74°05′W 140
ニューヨーク(アメリカ) 40°40′N73°50′W 10,17,47,56,60,63,66,102,137,140
ニュルンベルク(ドイツ) 49°27′N11°05′E 36, 40,99,102,121,167
ニュー・ロンドン(アメリカ) 41°21′N72°06′W 140
ニーレチハーザ(ハンガリー) 47°57′N21°43′E 167
寧波(中国) 29°54′N121°33′E 45

ヌズィ(イラク) 35°22′N44°18′E 20

ネイメーヘン(オランダ) 51°50′N5°52′E 167
ネーヴィス(島) 17°11′N62°35′W 47,159
ネシェル(イスラエル) 32°46′N35°03′E 199
ネス・ツィヨナ(イスラエル) 31°56′N34°46′E 199
ネタニヤ(イスラエル) 32°20′N34°51′E 137, 199
ネティヴォット(イスラエル) 31°26′N34°36′E 199
ネドロマ(アルジェリア) 35°00′N1°44′W 218
ネハルデア(イラク) 32°59′N44°12′E 25,30, 98
ネフタ(チュニジア) 33°53′N7°50′E 218
ネミロフ(ウクライナ) 48°58′N28°50′E 101
ネルトリンゲン(ドイツ) 48°51′N10°31′E 36

ノイエンガンメ(ドイツ) 53°32′N10°13′E 70
ノヴィ・サード(旧ユーゴスラヴィア) 45°15′N19°51′E 167
ノヴィ・ソンチ(ポーランド) 49°39′N20°40′E 101
ノーウィッチ(アメリカ,コネティカット州) 41°31′N72°05′W 140
ノーウィッチ(アメリカ,ニューヨーク州) 42°33′N75°33′W 140
ノーウォーク(アメリカ) 41°07′N73°25′W 140
ノヴォシビルスク(ロシア) 55°04′N83°05′E 191
ノエ(フランス) 43°26′N0°51′E 70
ノーザンプトン(アメリカ) 42°19′N72°38′W 140
ノース・ジャージー(アメリカ) 40°50′N74°16′W 140
ノース・ハドソン郡(アメリカ) 140
ノース・ベイ(カナダ) 46°20′N79°28′W 139
ノックスヴィル(アメリカ) 36°00′N83°57′W 139
ノッティンガム(イギリス) 52°58′N1°10′W 166
ノフ →メンフィス
ノーフォーク(アメリカ) 36°54′N76°18′W 10,102,139
ノリスタウン(アメリカ) 40°07′N75°20′W 140
ノリッジ(イギリス) 52°38′N1°18′E 36,166

ハ 行

バイア(イタリア) 40°38′N14°38′E 29
ハイアニス(アメリカ) 41°39′N70°16′W 140
バイア・ブランカ(アルゼンチン) 38°45′S62°15′W 159
バイサンドゥ(ウルグアイ) 32°21′S58°05′W 159
ハイデルベルク(ドイツ) 49°25′N8°42′E 167
ハイバル(サウジアラビア) 25°48′N39°12′E 29,30,198
ハイファ →ヘファ
ハイ・ポイント(アメリカ) 35°58′N80°00′W 139
バイヨンヌ(フランス) 43°30′N1°28′W 47,57,166
ハイランド・フォールズ(アメリカ) 41°22′N73°58′W 140
ハイルブロン(ドイツ) 49°08′N9°14′E 167

バイロイト(ドイツ) 49°27′N11°35′E 167
パイン・ブラッフ(アメリカ) 34°13′N92°00′W 138
バーウィック(アメリカ) 41°04′N76°13′W 140
ハウリア(イスラエル) 32°41′N35°07′E 98
ハエン(スペイン) 37°46′N3°48′W 38
パカ(スペイン) 40°00′N0°33′W 36
バカウ(ルーマニア) 46°33′N26°58′E 167
ハガースタウン(アメリカ) 39°39′N77°44′W 139
パーカースバーグ(アメリカ) 39°17′N81°33′W 139
ハーキマー(アメリカ) 43°02′N74°59′W 139
バクー(アゼルバイジャン) 40°22′N49°53′E 11,65,190
ハーグ(オランダ) 52°05′N4°16′E 47,167
パークスヴィル(アメリカ) 41°51′N74°45′W 140
ハークスベルヘン(オランダ) 52°09′N6°45′E 167
バグダード(イラク) 33°20′N44°26′E 38,40, 44,61,65,67,99,198
ハーゲン(ドイツ) 51°22′N7°27′E 167
バーゲン郡(アメリカ) 140
ハーザースレウ(デンマーク) 55°15′N9°30′E 167
ハザリア →ケルチ
ハシュリ(グルジア) 41°58′N43°35′E 191
パース(オーストラリア) 31°58′S115°49′E 11, 61,217
バスティア(フランス,コルシカ) 42°41′N9°26′E 167
バスラ(イラク) 30°30′N47°50′E 31,38,40, 44,61,99,198
パセイック(アメリカ) 40°52′N74°08′W 140
バーゼル(スイス) 47°33′N7°36′E 36,120, 121,167
パソ・フンド(ブラジル) 28°16′S52°20′W 159
バタヴィア(アメリカ) 43°00′N78°11′W 139
パターソン(アメリカ) 40°55′N74°10′W 102
バタネア(地域) 26,32
バダホス(スペイン) 38°53′N6°58′W 166
バーダーボルン(ドイツ) 51°43′N8°44′E 167
バタラ(トルコ) 36°12′N29°10′E 29
ハチマス(アゼルバイジャン) 41°27′N48°50′E 190
ハツォル(イスラエル) 33°01′N35°34′E 20
ハツォル・ハゲリリト(イスラエル) 32°58′N35°32′E 199
バックス郡(アメリカ) 140
パッサウ(ドイツ) 48°35′N13°28′E 36,38
ハッティズバーグ(アメリカ) 31°20′N89°19′W 139
バッファロー(アメリカ) 42°52′N78°55′W 102,139
バディス(モロッコ) 35°13′N3°54′W 218
バティラ(シリア) 33°11′N36°28′E 32
パデュカ(アメリカ) 37°03′N88°36′W 139
ハデラ(イスラエル) 32°26′N34°55′E 199
バテン(スイス) 47°28′N8°19′E 167
バーデン・バーデン(ドイツ) 48°45′N8°15′E 167
パドヴァ(イタリア) 45°24′N11°53′E 36,50, 99,100,102,167
バトゥーミ(グルジア) 41°37′N41°36′E 191
バート・クロイツナハ(ドイツ) 49°51′N7°52′E 167
ハドソン(アメリカ) 43°16′N73°36′W 140
バート・ナウハイム(ドイツ) 50°21′N8°44′E 167
パトナム(アメリカ) 41°55′N71°54′W 140
ハートフォード(アメリカ) 41°45′N72°42′W 11,102,140
バート・ホンブルク(ドイツ) 50°13′N8°37′E 167
バト・ヤム(イスラエル) 32°01′N34°45′E 137,199
パトラス[パトライ](ギリシア) 38°14′N21°44′E 25,29,44,47,167
バトル・クリーク(アメリカ) 42°20′N85°10′W 139
バトン・ルージュ(アメリカ) 30°30′N91°10′W 139
ハーナウ(ドイツ) 50°08′N8°56′E 121
パナマ(パナマ) 8°57′N79°30′W 60,137,159
パニェヴェジス(リトアニア) 55°44′N24°21′E 190
ハノーファー(ドイツ) 52°23′N9°44′E 102, 167
パノルムス →パレルモ
パーバ(ハンガリー) 47°20′N17°29′E 167
ハバナ(キューバ) 23°07′N82°25′W 159
バハレーン(島) 26°00′N50°35′E 61
ハバロフスク(ロシア) 48°32′N135°08′E 191
バビャニツェ(ポーランド) 51°40′N19°20′E

バビ・ヤール(ウクライナ) 49°49′N30°10′E 70
バビロニア(地域) 20,23,25,26,98
バビロン(イラク) 32°33′N44°25′E 20,23,25, 26
バブニア(イラク) 33°20′N44°00′E 98
ハマダーン[エクバタナ](イラン) 34°46′N48°35′E 25,29,31,38,40,198
ハマト[ハマ](シリア) 35°09′N36°44′E 22
ハマト・ガデル[エマタ](イスラエル) 32°41′N35°40′E 32,98
ハミルトン(アメリカ) 39°23′N84°33′W 139
ハミルトン(カナダ) 43°15′N79°50′W 139
バーミンガム(アメリカ) 33°30′N86°55′W 139
バーミンガム(イギリス) 52°30′N1°50′W 64, 167
パーム・スプリングズ(アメリカ) 33°49′N116°34′W 138
パーム・ビーチ郡(アメリカ) 139
バヤ(ハンガリー) 46°11′N18°58′E 167
パライーバ(ブラジル) 22°08′S43°18′W 47
ハラ・スギラ(チュニジア) 33°52′N10°51′E 17
パラナ(アルゼンチン) 31°45′S60°30′W 159
パラノフカ(ウクライナ) 48°20′N29°52′E 70
パラマリボ(スリナム) 5°52′N55°14′W 10, 47,159
バララット(オーストラリア) 37°36′S143°58′E 217
バラリア(地域) 24
ハラレ[ソールズベリ](ジンバブエ) 17°43′S31°05′E 11,219
バランキーヤ(コロンビア) 11°10′N74°50′W 159
バリ[バリウム](イタリア) 41°07′N16°52′E 29,38,99
パリ[ルテティア,パリシイ](フランス) 48°52′N2°20′E 10,17,30,34,36,38,40, 44,50,57,60,64,66,72,74,99,102,121, 137,166
ハーリヴィル(アメリカ) 41°44′N74°40′W 140
ハリウッド(アメリカ) 26°01′N80°09′W 139
バリウム →バリ
ハリコフ(ウクライナ) 50°00′N36°15′E 11, 61,67,137,190
ハリスバーグ(アメリカ) 40°18′N76°49′W 140
ハリソンバーグ(アメリカ) 38°27′N78°54′W 139
ハリチ(ウクライナ) 48°44′N24°51′E 100
ハリファクス(カナダ) 44°38′N63°35′W 139
バーリントン(アメリカ) 44°28′N73°14′W 139
ハル(イギリス) 53°45′N0°20′W 166
バル(ウクライナ) 49°05′N27°40′E 70
パール(南アフリカ) 33°45′S18°58′E 219
バル・アム(イスラエル) 33°04′N35°26′E 17
バルカ(リビア) 32°30′N20°40′E 40
バルカ(リビア) 32°30′N20°50′E 219
バルジェヨフ(スロヴァキア) 49°18′N21°15′E 167
バルセロナ(スペイン) 41°25′N2°10′E 10,36, 38,40,99,166
バルセロナ(ベネズエラ) 10°08′N64°43′W 159
バルチェフ(ポーランド) 51°39′N22°53′E 72
バルディビア(チリ) 39°46′S73°15′W 159
バルデス・ハンナ・カルクール(イスラエル) 32°29′N34°58′E 199
バルドゥビツェ(チェコ) 50°03′N15°45′E 167
バルバドス(島) 13°00′N59°30′W 47,56,159
バルパライソ(チリ) 33°05′S71°40′W 159
ハルビン[哈爾浜](中国) 45°45′N126°41′E 65,190
バルフ(アフガニスタン) 36°48′N66°49′E 39, 45,61,198
バルボア(パナマ) 8°57′N79°33′W 139
パルマ(イタリア) 44°48′N10°19′E 17,36,38, 167
パルマ(スペイン,マリョルカ島) 39°35′N2°39′E 17,36,166
パルミラ →タドモル
バルール(インド) 10°10′N76°13′E 198
バール・ル・デュック(フランス) 48°46′N5°10′E 167
ハレ(ドイツ) 51°28′N11°58′E 167
パレルモ[パノルムス](イタリア,シチリア) 38°08′N13°23′E 30,36,40,47,64,167
バレンシア(スペイン) 39°29′N0°24′W 36, 47,166
バレンシア(ベネズエラ) 10°14′N67°59′W 159

地名索引

バロウ・イン・ファーネス(イギリス)
　54°07′N3°14′W　166
ハロゲイト(イギリス) 54°00′N1°33′W　166
バロン・ヒルシュ(アルゼンチン)
　37°30′S64°45′W　160
バンゴア(アメリカ) 44°49′N68°47′W　139
バンゴア(イギリス) 53°00′N2°55′W　166
バンコク(タイ) 13°44′N100°30′E　198
パンチェヴォ(旧ユーゴスラヴィア)
　44°52′N20°40′E　167
ハンツヴィル(アメリカ) 34°44′N86°35′W　139
バンティカベウム(ウクライナ)
　45°07′N36°40′E　25,29,30
ハンティントン(アメリカ) 38°24′N82°26′W　139
パンフュリア(地域)　98
ハンブルク(ドイツ) 53°33′N10°00′E　17,47,50,57,62,64,67,100,102,121,167
バンベルク(ドイツ) 49°54′N10°54′E　36,167
ハーン・ユーニス(ガザ地帯) 31°21′N34°18′E　199

ピアトラ・ネアムツ(ルーマニア)
　46°53′N26°23′E　167
ビアリカーミエン(ウクライナ)
　49°58′N25°00′E　120
ビアリッツ(フランス) 43°29′N1°33′W　47
ビウゴーライ(ポーランド) 50°31′N22°41′E　120
ピウラ(ペルー) 5°15′S80°38′W　159
ヒエロソリマ →エルサレム
ピオヴェ・ディ・サッコ(イタリア)
　45°17′N12°02′E　121
ピクタウィウム →ポワティエ
ビーコン(アメリカ) 41°31′N73°59′W　140
ピサ(イタリア) 43°43′N10°24′E　47,167
ビザンティウム →イスタンブル
ビーシェム(フランス) 48°36′N7°50′E　167
ビシケク〔フルンゼ〕(キルギスタン)
　40°07′N71°44′E　10
ヒジャース(地域)　23,25,29,30,38,40,44,57
ビーシュヴィレール(フランス) 48°46′N7°53′E　167
ビスクラ(アルジェリア) 34°50′N5°41′E　218
ビストリッツァ(ルーマニア) 47°08′N24°30′E　167
ビゼルト(チュニジア) 37°18′N9°52′E　219
ピセンツ(スロヴァキア) 48°22′N17°36′E　102
ピーターズバーグ(アメリカ) 37°14′N77°24′W　139
ピーターズバーグ(南アフリカ) 23°54′S29°23′E　219
ピーターバラ(イギリス) 52°35′N0°15′W　166
ピーターバロ(カナダ) 44°19′N78°20′W　139
ピーターマリッツバーグ(南アフリカ)
　29°36′S30°24′E　219
ピーチ(フランス) 49°03′N7°26′E　167
ピッツバーグ(アメリカ) 40°26′N80°00′W　10,66,102,139
ピッツフィールド(アメリカ) 42°27′N73°15′W　140
ヒップス〔スシタ〕(イスラエル)
　32°46′N35°39′E　24,32
ヒッラ(イラク) 32°28′N44°29′E　25,40,198
ビトム(ポーランド) 50°21′N18°51′E　167
ピトラ〔セノマティル〕(旧ユーゴスラヴィア)
　41°21′N21°47′E　47,167
ビトーリア(スペイン) 42°51′N2°40′W　166
ビニャ・デル・マール(チリ) 33°02′S71°35′W　159
ヒビング(アメリカ) 47°25′N92°55′W　138
ビブロス〔ジュバイル〕(レバノン)
　34°08′N35°38′E　20,98
ピーボディ(アメリカ) 42°33′N70°58′W　140
ビヤウィストク(ポーランド) 53°09′N23°10′E　70,101,167
ピュイ・レ・バロニ(フランス) 44°16′N5°16′E　36
ヒューストン(アメリカ) 29°45′N95°25′W　10,138
ビュスム(オランダ) 52°17′N5°10′E　167
ヒュルカニア(地域)　23,25
ヒュルカニア(ヨルダン) 32°42′N35°20′E　24,32
ピョルトクフ(ポーランド) 51°27′N19°40′E　167
ピリツァ(ポーランド) 50°28′N19°40′E　50
ビーリッツ(ポーランド) 49°50′N19°02′E　102
ビリングズ(アメリカ) 45°47′N108°30′W　138
ビール(スイス) 47°09′N7°16′E　167
ヒルヴァーシュム(オランダ) 52°14′N5°10′E　167
ビルケンフェルト(ドイツ) 49°38′N7°47′E　102
ビール・シバー〔ベエルシェバ〕(イスラエル)
　31°15′N34°47′E　22,24,137,199

ビルジャイ(リトアニア) 56°10′N24°48′E　100,190
ビルゼン →ブルゼニ
ヒルデスハイム(ドイツ) 52°09′N9°58′E　102
ビーレフェルト(ドイツ) 52°02′N8°32′E　167
ヒロ(アメリカ,ハワイ州) 19°42′N155°04′W　138
ビロクシー(アメリカ) 30°24′N88°55′W　139
ビロビジャン(ロシア) 48°49′N132°54′E　11,67,191
ビンガムトン(アメリカ) 42°06′N75°55′W　140
ビンゲン(ドイツ) 49°58′N7°55′E　102
ピンスク(ベラルーシ) 52°08′N26°01′E　50,57,100,101,190
ピンチュフ(ポーランド) 50°30′N20°30′E　50,101

ファイユーム(エジプト) 29°19′N30°50′E　219
ファエナ(シリア) 33°10′N36°28′E　32,98
ファーゴ(アメリカ) 46°52′N96°48′W　138
ファセリス(トルコ) 36°39′N30°31′E　25,29
ファセリス(ヨルダン) 32°32′N35°25′E　32
ファダク(サウディアラビア) 25°31′N39°12′E　30
ファドゥーツ(リヒテンシュタイン)
　47°08′N9°32′E　167
ファナゴリア(ウクライナ) 45°07′N36°41′E　30
ファノ(イタリア) 43°51′N13°01′E　121
ファーボルク(デンマーク) 55°35′N8°45′E　167
ファマグスタ(キプロス) 35°07′N33°57′E　30
ファルマス(イギリス) 50°08′N5°04′W　166
ファレーズ(フランス) 48°54′N0°11′W　99
ファロ(ポルトガル) 37°01′N7°56′W　121,166
フィウメ →リエカ
フィッチバーグ(アメリカ) 42°35′N71°50′W　140
フィッツジェラルド(アメリカ)
　31°43′N83°16′W　140
フィラデルフィア →アンマン
フィラデルフィア(アメリカ) 40°00′N75°10′W　10,17,47,66,102,137,140
フィリッポイ(ギリシア) 41°05′N24°16′E　25
フィレンツェ(イタリア) 43°47′N11°15′E　47,121,167
フィロテリア〔ベート・イェラ〕(イスラエル)
　32°43′N35°35′E　24
フェアバンクス(アメリカ) 64°50′N147°50′W　138
フェイエットヴィル(アメリカ,アーカンソー州)
　36°03′N94°10′W　139
フェイエットヴィル(アメリカ,ノースカロライナ州)
　35°03′N78°53′W　138
フェオドシヤ〔カッファ〕(ウクライナ)
　45°03′N35°23′E　47,190
フェス(モロッコ) 34°05′N5°00′W　38,40,44,47,57,99,121,218
フエスカ(スペイン) 42°08′N0°25′E　36
フェニックス(アメリカ) 33°30′N112°03′W　10,138
フェニックスヴィル(アメリカ)
　40°07′N75°31′W　140
ブエノス・アイレス(アルゼンチン)
　34°40′S58°30′W　10,47,60,66,137,159,160
プエブラ(メキシコ) 19°03′N98°10′W　159
プエブロ(アメリカ) 38°17′N104°38′W　138
フェラーラ(イタリア) 44°50′N11°38′E　47,121,167
フェリーニヒング(南アフリカ) 26°41′S27°56′E　219
フェルガナ(ウズベキスタン) 40°23′N71°19′E　190
プエルト・カベリョ(ベネズエラ)
　10°29′N68°02′W　159
フォクシャニ(ルーマニア) 45°41′N27°12′E　167
フォート・ウィリアム(カナダ)
　48°27′N89°12′W　139
フォート・ウェイン(アメリカ)
　41°05′N85°08′W　102,139
フォート・スミス(アメリカ) 35°22′N94°27′W　138
フォート・セント・ジョージ →カルカッタ
フォート・ドッジ(アメリカ) 42°31′N94°10′W　138
フォート・ピアース(アメリカ)
　27°28′N80°20′W　139
フォート・マイヤーズ(アメリカ)
　26°39′N81°51′W　139
フォート・ローダーデール(アメリカ)
　26°08′N80°08′W　10,137,139
フォート・ワース(アメリカ) 32°45′N97°20′W　138

フォルカルキエ(フランス) 43°56′N5°46′E　36,166
フォール・リヴァー(アメリカ)
　41°42′N71°08′W　140
フォレスト・シティ(アメリカ)
　35°12′N91°57′W　138
フォンタナ(アメリカ) 40°17′N76°30′W　138
フォンテーヌブロー(フランス) 48°24′N2°42′E　166
フォン・デュ・ラック(アメリカ)
　43°48′N88°27′W　139
ブクレシュティ(ルーマニア) 44°25′N26°07′E　11,61,64,67,72,74,100,102,137,167
ブコヴィナ(地域)　101
フコック(イスラエル) 33°15′N35°34′E　98
ブー・サアダ(アルジェリア) 35°10′N4°09′E　218
ブザンソン(フランス) 47°14′N6°02′E　167
フジ(ルーマニア) 46°40′N28°05′E　167
ブージー(アルジェリア) 36°49′N5°03′E　218
プシェヴォルスク(ポーランド)
　50°04′N22°30′E　50
プシェミシル(ポーランド) 49°48′N22°48′E　167
プシスハ(ポーランド) 51°22′N20°38′E　101,167
フシャティン〔グシャティン〕(ウクライナ)
　49°04′N26°11′E　101
フジャーンド(タジキスタン) 40°14′N69°40′E　190
フスタート →カイロ
ブスラ〔ボストラ〕(シリア) 32°30′N36°29′E　34
ブダペシュト〔ブダ,ペシュト〕(ハンガリー)
　47°19′N19°03′E　10,17,44,60,61,64,67,72,102,137,167
ブチャチ〔ブーチャーチュ〕(ウクライナ)
　49°09′N25°20′E　101,190
プテオリ〔ポッツオーリ〕(イタリア)
　40°49′N14°07′E　25
ブトレマイス →アッコ
ブーナ(インド) 18°34′N73°58′E　198
ブーハウ(ドイツ) 48°05′N9°30′E　102
ブハラ(ウズベキスタン) 39°47′N64°26′E　45,57,61,190
ブーヘンヴァルト(ドイツ) 51°03′N11°15′E　70
フメリニツキー(ウクライナ) 49°25′N26°59′E　190
フュルト(ドイツ) 49°28′N11°00′E　121,167
ブライトン(イギリス) 50°50′N0°10′E　10,166
フライブルク(ドイツ) 48°00′N7°52′E　120,121,167
ブラウンシュヴァイク(ドイツ)
　52°15′N10°30′E　167
ブラウンズヴィル(アメリカ) 25°54′N97°30′W　139
ブラガンサ(ポルトガル) 41°47′N6°46′W　166
ブラクパン(南アフリカ) 26°15′S28°22′E　219
ブラシュフ(ポーランド) 49°23′N21°32′E　70
ブラショフ(ルーマニア) 45°39′N25°35′E　167
ブラジリア(ブラジル) 15°46′N47°57′W　10,159
ブラックフォード(イギリス) 53°48′N1°45′W　166
ブラックプール(イギリス) 53°50′N3°03′W　166
ブラツラフ(ウクライナ) 48°49′N28°51′E　101
ブラティスラヴァ〔ブレスブルク〕(スロヴァキア) 48°10′N17°10′E　102,167
プラハ(チェコ) 50°05′N14°25′E　17,36,38,50,57,61,66,70,99,100,102,121,167
ブラワヨ(ジンバブエ) 20°10′S28°43′E　11,219
フランクフルト・アム・マイン(ドイツ)
　50°06′N8°41′E　17,36,50,57,66,100,102,121,167
フランクフルト・アン・デア・オーダー(ドイツ) 52°20′N14°32′E　50,121
ブランズウィック(アメリカ) 31°09′N81°30′W　139
ブラントフォード(カナダ) 47°36′N98°58′W　139
ブランドン(カナダ) 49°50′N99°57′W　138
ブリエネ(トルコ) 37°38′N27°17′E　17
ブリクシア →ブレーシア
ブリストル(イギリス) 51°27′N2°35′W　47,166
ブリストル(アメリカ) 41°41′N72°57′W　140
ブリスベーン(オーストラリア)
　27°30′S153°00′E　61,217
ブリダ(アルジェリア) 36°30′N2°50′E　218
ブリッジタウン(アメリカ) 41°12′N73°07′W　10,140
ブリッジトン(アメリカ) 39°26′N75°14′W　140

フリートベルク(ドイツ) 50°20′N8°45′E　167
フリブール(スイス) 46°50′N7°10′E　167
フリーポート(バハマ) 26°30′N78°47′W　159
プリマス(イギリス) 50°23′N4°10′W　166
プリマス(アメリカ) 41°58′N70°40′W　140
プリモルスク(ロシア) 60°18′N28°35′E　190
ブリャンスク(ロシア) 53°15′N34°09′E　190
ブリュージュ(ベルギー) 51°13′N3°14′E　166
ブリュッセル(ベルギー) 50°50′N4°21′E　10,36,64,102,137,167
プリンス・アルバート(カナダ)
　53°13′N105°45′W　138
プリンストン(アメリカ,ウェストヴァージニア州) 37°23′N81°06′W　138
プリンストン(アメリカ,ニュージャージー州) 40°12′N74°40′W　140
フリント(アメリカ) 43°03′N83°40′W　138
ブルガス(ブルガリア) 42°30′N27°29′E　167
ブルゴス(スペイン) 42°21′N3°41′W　36,166
ブルサ(トルコ) 40°12′N29°04′E　44,47,198
ブールジュ(フランス) 47°05′N2°23′E　36
ブルゼニ〔ビルゼン〕(チェコ) 49°45′N13°25′E　167
ブルゼミスラニ(ウクライナ) 49°40′N24°33′E　167
フルダ(ドイツ) 50°33′N9°41′E　36
ブルックリン(アメリカ) 42°18′N71°08′W　140
ブルディガラ →ボルドー
ブルノ(チェコ) 49°13′N16°40′E　70,167
ブルーフィールド(アメリカ) 37°14′N81°17′W　138
ブルーミントン(アメリカ,イリノイ州)
　40°29′N89°00′W　139
ブルーミントン(アメリカ,インディアナ州)
　39°10′N86°31′W　139
ブルームフォンテーン(南アフリカ)
　29°07′S26°14′E　219
ブルラド(ルーマニア) 46°14′N27°40′E　167
ブルーレイ(フランス) 49°19′N6°30′E　167
フレイミングハム(アメリカ) 42°18′N71°25′W　140
ブレヴァード郡(アメリカ)　139
プレヴェン(ブルガリア) 43°25′N24°40′E　47,167
ブレーシア〔ブリクシア〕(イタリア)
　45°33′N10°13′E　29,121
フレジュス(フランス) 43°26′N6°44′E　166
プレショフ(スロヴァキア) 49°00′N21°10′E　167
ブレスト(フランス) 48°23′N4°30′W　64
ブレスト〔ブレスト・リトフスク〕(ベラルーシ)
　52°08′N23°48′E　50,64,100,101,190
プレストン(イギリス) 53°46′N2°42′W　166
フレズノ(アメリカ) 36°41′N119°47′W　138
ブレスブルク →ブラティスラヴァ
ブレスラウ →ヴロツワフ
フレゼレシャ(デンマーク) 55°34′N9°47′E　167
ブレダ(オランダ) 51°35′N4°46′E　167
フレデリック(アメリカ) 39°25′N77°25′W　139
フレデリックスバーグ(アメリカ)
　38°18′N77°30′W　139
フレデリックトン(カナダ) 45°57′N66°40′W　139
プレトリア(南アフリカ) 25°45′S28°12′E　219
フレーヘート(南アフリカ) 27°45′S30°48′E　219
フレミントン(アメリカ) 40°31′N74°52′W　140
ブレムガルテン(スイス) 47°21′N8°21′E　167
ブレーメン(ドイツ) 53°05′N8°48′E　38,64,167
ブロイエシュティ(ルーマニア)
　44°57′N26°01′E　167
プロヴディフ(ブルガリア) 42°08′N24°45′E　167
プロスチェヨフ〔プロスニッツ〕(チェコ)
　49°30′N17°10′E　102,121,167
フロッセンビュルク(ドイツ) 49°42′N12°20′E　70
ブロディ(ウクライナ) 50°05′N25°08′E　50,70,190
ブローニュ(フランス) 50°43′N1°37′E　166
フローニンゲン(オランダ) 53°13′N6°35′E　167
フロホヴェツ(スロヴァキア) 48°27′N17°50′E　167
フロリナ(ギリシア) 40°48′N21°26′E　167
フローレンス(アメリカ,アラバマ州)
　34°48′N87°40′W　139
フローレンス(アメリカ,サウスカロライナ州) 34°12′N79°44′W　139
ブン・ナハラ(イラク) 32°35′N45°16′E　98
ブンベディタ(イラク) 33°15′N43°49′E　25,

243

地名索引

29,30,38,40,98,99
ヘアフォルト(ドイツ) 52°07′N8°40′E 167
ベイオウン(アメリカ) 40°39′N74°08′W 140
ベイ・シティ(アメリカ) 43°35′N83°52′W 139
ヘイスティングズ(ニュージーランド) 39°39′S176°52′E 217
ヘイズルトン(アメリカ) 40°58′N75°59′W 140
ベイタウン(アメリカ) 29°43′N94°59′W 138
ベイト・ラフェト(イラン) 32°13′N48°49′E 29
ベイルオラド(フランス) 43°33′N1°05′W 47
ベイルート[ベリトゥス](レバノン) 33°52′N35°30′E 11,61,98,198
ベヴァリー(アメリカ) 42°35′N70°52′W 140
ヘウム(ポーランド) 51°08′N23°29′E 50,167
ヘウムノ(クルム)(ポーランド) 53°20′N18°25′E 70,102
ヘーヴリル(アメリカ) 42°47′N71°07′W 140
ベエルシェバ →ビール・シバー
ベオグラード(旧ユーゴスラヴィア) 44°50′N20°30′E 44,64,100,167
ベオリア(アメリカ) 40°43′N89°38′W 139
ベカ(イスラエル) 32°58′N35°20′E 98
ベゲ →アンティパトリス
ベーケーシチャバ(ハンガリー) 46°40′N21°05′E 102
ベサラ →ベート・シェアリム
ベサル(スペイン) 42°12′N2°42′E 166
ペーザロ(イタリア) 43°54′N12°54′E 17,47,121
ベジエ(フランス) 43°21′N3°13′E 99,166
ベジャ(ポルトガル) 38°01′N7°52′W 38,166
ベージャ(チュニジア) 36°43′N9°13′E 219
ベシュト →ブダペシュト
ベスレヘム(アメリカ) 40°36′N75°22′W 140
ベスレヘム(南アフリカ) 28°15′S28°19′E 219
ペター・ティクワ(イスラエル) 32°05′N34°53′E 137,199
ベタール(南アフリカ) 26°27′S29°28′E 219
ペタールマ(アメリカ) 38°13′N122°39′W 138
ベーチュ(ハンガリー) 46°04′N18°27′E 167
ベッサラビア(地域) 101
ベッシヌス(トルコ) 39°17′N31°32′E 29
ベート・エル[ベイティン](ヨルダン) 31°56′N35°15′E 22
ベートサイダ →ユリアス
ベート・シェアリーム[ベサラ](イスラエル) 32°42′N35°08′E 17,32,98
ベート・シェアン[スキュトポリス](イスラエル) 32°30′N35°30′E 24,25,30,32,34,98,199
ベート・シェメシュ(イスラエル) 31°45′N34°59′E 199
ベート・ズル(ヨルダン) 31°34′N35°07′E 24
ベート・テル[バティル](ヨルダン) 31°44′N35°08′E 98
ベートレプテフィ(イスラエル) 31°41′N35°02′E 32
ペトログラード →サンクト・ペテルブルグ
ペトロザヴォーツク(ロシア) 61°46′N34°19′E 190
ペトロポリス(ブラジル) 22°30′S43°06′W 159
ベナマコル(ポルトガル) 40°10′N7°10′W 166
ベニントン(アメリカ) 42°54′N73°12′W 139
ベネ・ベラク(イスラエル) 32°05′N34°52′E 98,137,199
ベノニ(南アフリカ) 26°12′S28°18′E 219
ヘファ(ハイファ)(イスラエル) 32°49′N34°59′E 137,199
ヘブロン(ヨルダン) 31°32′N35°06′E 22,24,32,199
ベラ(ヨルダン) 32°27′N35°37′E 24,32
ベラクルス(メキシコ) 19°11′N96°10′W 47,159
ヘラート(アフガニスタン) 34°20′N62°10′E 39,61,198
ベリグ(フランス) 45°12′N0°44′E 166
ベリー・セイント・エドマンズ(イギリス) 52°15′N0°43′E 36
ベリツィ(モルドヴァ) 47°44′N27°21′E 190
ベリトゥス →ベイルート
ヘリフォード(イギリス) 52°04′N2°43′W 166
ベリンガム(アメリカ) 48°45′N122°29′W 138
ベルヴィル(カナダ) 44°10′N77°22′W 139
ベルヴル(南アフリカ) 33°55′S18°28′E 219
ベルガモン[ベルガマ](トルコ) 39°08′N27°10′E 25,29,30
ベルゲ(トルコ) 36°59′N30°46′E 25
ベルゲン-ベルゼン(ドイツ) 52°40′N9°57′E 70
ベルゴロト(ウクライナ) 46°10′N30°19′E 190
ヘルシンキ(フィンランド) 60°08′N25°00′E 10,167

ヘルシングボリ(スウェーデン) 56°05′N12°45′E 167
ベルゼック(ポーランド) 50°21′N23°28′E 50,70
ヘルソン →セヴァストボリ
ヘルソン(ウクライナ) 46°39′N32°38′E 38,190
ベルツ(ウクライナ) 50°23′N24°01′E 50,101
ヘルツォーゲンブッシュ →スヘルトーヘンボス
ヘルツリヤ(イスラエル) 32°10′N34°50′E 199
ベルディチェフ(ウクライナ) 49°54′N28°39′E 101,120,190
ベルビニャン(フランス) 42°42′N2°54′E 166
ベルファスト(イギリス) 54°35′N5°55′W 166
ベルフォール(フランス) 47°38′N6°52′E 167
ベルミ(ロシア) 58°01′N56°10′E 190
ベルリン(ドイツ) 52°32′N13°25′E 17,36,50,57,61,64,67,72,100,102,120,121,167
ヘルワン(エジプト) 29°51′N31°20′E 219
ベルン(スイス) 46°57′N7°26′E 36,167
ベルンブルク(ドイツ) 51°49′N11°43′E 102
ベレア(地域) 24,26,32
ベレニケ →ベンガジ
ベレヤスラフ(ウクライナ) 50°05′N31°29′E 120
ベレン(ブラジル) 1°27′S48°29′W 10,66,159
ヘレンタールス(ベルギー) 51°11′N4°50′E 167
ベロイト(アメリカ) 42°31′N89°04′W 139
ベロヴァール(ハンガリー) 45°50′N16°50′E 102
ベロエア(ギリシア) 40°32′N22°11′E 25
ベロ・オリゾンテ(ブラジル) 2°37′S67°30′W 159
ベロタス(ブラジル) 31°45′S52°20′W 159
ヘロディウム(ヨルダン) 31°41′N35°14′E 32
ヘローナ(スペイン) 41°59′N2°49′E 17,36,166
ベロル・ハイル(イスラエル) 31°34′N34°39′E 98
ベンガジ[ベレニケ](リビア) 32°07′N20°05′E 25,29,30,64,219
ベン・ガルダネ(チュニジア) 33°13′N11°13′E 219
ヘンゲロ(オランダ) 52°03′N6°18′E 167
ペンサコーラ(アメリカ) 30°26′N87°12′W 139
ヘンダーソンヴィル(アメリカ) 35°19′N82°28′W 139
ベンデーリ(モルドヴァ) 46°50′N29°29′E 190
ヘント(ベルギー) 51°02′N3°42′E 166
ベントン・ハーバー(アメリカ) 42°07′N86°27′W 139

ボー(フランス) 43°18′N0°22′W 166
ボイス(アメリカ) 43°38′N116°12′W 138
ヒィーリング(アメリカ) 40°05′N80°43′W 102,139
ボカ・ラトン(アメリカ) 26°22′N80°05′W 11,139
ポーキプシー(アメリカ) 41°43′N73°56′W 140
ボキスブルグ(南アフリカ) 26°13′S28°15′E 219
ボグダノフカ(ウクライナ) 48°03′N30°50′E 70
ボゴタ(コロンビア) 4°38′N74°05′W 137,159
ボジェブラディ(チェコ) 50°10′N15°05′E 167
ボジャン(ウクライナ) 48°12′N25°53′E 101
ボストン(アメリカ) 42°20′N71°05′W 10,56,66,102,137,140
ポズナニ[ポーゼン](ポーランド) 52°25′N16°53′E 50,57,64,99,100
ホーセンス(デンマーク) 55°53′N9°53′E 167
ホータン(和田)(中国) 37°07′N79°57′E 41,45
ポツダム(ドイツ) 52°24′N13°04′E 102
ポッチェフストルーム(南アフリカ) 26°42′S27°06′E 219
ポッツヴィル(アメリカ) 40°42′N76°13′W 140
ポッツタウン(アメリカ) 40°15′N75°38′W 140
ポーツマス(アメリカ, ヴァージニア州) 36°50′N76°20′W 139
ポーツマス(アメリカ, オハイオ州) 38°45′N82°59′W 139
ポーツマス(アメリカ, ニューハンプシャー州) 43°03′N70°47′W 139
ポーツマス(イギリス) 50°48′N1°05′W 166
ホティ(グルジア) 42°11′N41°41′E 191
ボティン(ウクライナ) 48°30′N26°31′E 190
ボーデュアン(フランス) 43°30′N6°22′E 36
ポート・アーサー(アメリカ) 29°55′N93°56′W 138
ポート・アーサー(カナダ) 48°27′N89°12′W 138

ポート・エリザベス(南アフリカ) 33°58′S25°36′E 219
ポート・オブ・スペイン(トリニダード・トバゴ) 10°38′N61°31′W 159
ボドガイツィ(ウクライナ) 49°19′N25°10′E 101
ボトシ(ボリビア) 19°34′S65°45′W 47
ボトシャニ(ルーマニア) 47°44′N26°41′E 101,167
ポート・シャーロット(アメリカ) 26°59′N82°06′W 139
ホドニーン(チェコ) 48°52′N17°10′E 167
ポートランド(アメリカ, オレゴン州) 45°32′N122°40′W 138
ポートランド(アメリカ, メイン州) 43°41′N70°18′W 139
ボドリア(地域) 50,101
ボナリ(リトアニア) 54°39′N25°18′E 70
ボーヌ[アンナバ](アルジェリア) 36°55′N7°47′E 218
ホノルル(アメリカ, ハワイ州) 21°19′N157°50′W 138
ホバート(オーストラリア) 42°54′S147°18′E 61,217
ホープウェル(アメリカ) 37°17′N77°19′W 139
ボーフム(ドイツ) 51°28′N7°11′E 167
ボブルィスク(ベラルーシ) 53°08′N29°10′E 190
ポモナ・ヴァレー(アメリカ) 34°04′N117°45′W 138
ボーモント(アメリカ) 30°04′N94°06′W 138
ボーリング(アメリカ) 41°34′N73°37′W 140
ボルグラード(ウクライナ) 45°42′N28°35′E 190
ボルジョミ(グルジア) 41°49′N43°23′E 191
ポルタヴァ(ウクライナ) 49°35′N34°35′E 190
ボルティモア(アメリカ) 39°18′N76°38′W 10,66,102,137,140
ボルドー[ブルディガラ](フランス) 44°50′N0°34′W 24,28,30,38,44,47,57,64,166
ポルト・アレグレ(ブラジル) 30°03′S51°10′W 10,159
ポルト・ヴェッキオ(フランス, コルシカ) 41°35′N9°16′E 167
ポルトープランス(ハイチ) 18°33′N72°20′W 159
ホールヨーク(アメリカ) 42°12′N72°37′W 140
ボレウム(リビア) 31°38′N20°01′E 34
ポロツク(ウクライナ) 55°30′N28°43′E 101
ホロデンカ[ゴロデンカ](ウクライナ) 48°40′N25°30′E 101
ボローニャ(イタリア) 44°30′N11°20′E 121,167
ホロン(イスラエル) 32°01′N34°45′E 137,199
ボロンノイェ(ウクライナ) 50°10′N27°30′E 101
ホワイト・レイク(アメリカ) 41°41′N74°50′W 140
ポワティエ[ピクタウィウム](フランス) 46°35′N0°20′E 30,166
ボン(ドイツ) 50°44′N7°06′E 99,102,167
香港 22°11′N114°14′E 11,61,67,198
ポントス(地域) 25,26,34
ボンベイ(インド) 18°56′N72°51′E 11,61,137,198
ボーンマス(イギリス) 50°43′N1°54′W 166

マ 行

マイアミ(アメリカ) 25°45′N80°15′W 10,137,139
マイダネク(ポーランド) 51°14′N22°39′E 70
マイニンゲン(ドイツ) 50°34′N10°25′E 102
マインツ(ドイツ) 50°00′N8°16′E 36,38,40,50,99,167
マウイ(島)(アメリカ, ハワイ州) 20°45′N156°20′W 138
マウトハウゼン(オーストリア) 48°15′N14°31′E 70
マウリシア(ブラジル) 10°16′S36°33′W 47
マウンテンデイル(アメリカ) 41°42′N74°32′W 140
マウント・クレメンス(アメリカ) 42°35′N82°55′W 139
マウント・ブレザント(アメリカ) 43°36′N84°46′W 139
マウント・ホリー(アメリカ) 40°00′N74°47′W 140
マオン(イスラエル) 31°19′N34°24′E 98
マガダン(ロシア) 59°38′N150°50′E 11,191
マクデブルク(ドイツ) 52°08′N11°37′E 36,50,102,167

マーゲイト(イギリス) 51°24′N1°24′E 166
マケザ(スペイン) 40°04′N4°22′W 47
マケルス(ヨルダン) 31°34′N35°38′E 24,32
マコー(ハンガリー) 46°11′N20°30′E 167
マコン[マティスコ](フランス) 46°18′N4°50′E 34,167
マサダ(イスラエル) 31°19′N35°21′E 17,24,26,32
マーサー・ティドフィル(イギリス) 51°46′N3°23′W 166
マサテナンゴ(グアテマラ) 14°31′N91°30′W 159
マジャリス(ロシア) 42°08′N47°50′E 190
マスカティン(アメリカ) 41°25′N91°03′W 139
マスカラ(アルジェリア) 35°20′N0°09′E 218
マスキーゴン(アメリカ) 43°13′N86°15′W 139
マスコギー(アメリカ) 35°45′N95°21′W 138
マーストリヒト(オランダ) 50°51′N5°42′E 167
マーセド(アメリカ) 37°17′N120°29′W 138
マーセン(オランダ) 52°08′N5°03′E 47
マダーイン・サーリフ(サウジアラビア) 26°51′N37°58′E 29
マタ・メヘナイム(イラク) 32°40′N44°21′E 98
マッカレン(アメリカ) 26°13′N98°15′W 138
マッキーズポート(アメリカ) 40°21′N79°52′W 139
マッシリア →マルセイユ
マティスコ →マコン
マディソン(アメリカ) 43°04′N89°22′W 139
マーティンズヴィル(アメリカ) 36°43′N79°53′W 139
マドラス(インド) 13°05′N80°18′E 47
マドリード(スペイン) 40°25′N3°43′W 10,36,166
マナウス(ブラジル) 3°06′S60°00′W 10,159
マナグア(ニカラグア) 12°06′N86°18′W 159
マニトウォク(アメリカ) 44°04′N87°40′W 139
マニラ(フィリピン) 14°36′N120°59′E 11,61,198
マノスク(フランス) 43°50′N5°47′E 36,166
マハチカラ(ロシア) 42°59′N47°30′E 190
マフディーヤ(チュニジア) 35°26′N1°40′E 219
マホザ(イラク) 33°02′N44°26′E 25,30,98
マラガ(スペイン) 36°43′N4°25′W 166
マラカイ(ベネズエラ) 10°20′N67°28′W 159
マラカイボ(ベネズエラ) 10°44′N71°37′W 159
マラーケシュ(モロッコ) 31°49′N8°00′W 47,60,218
マラタ(イスラエル) 31°13′N35°02′E 24
マラティヤ[メリティナ](トルコ) 38°22′N38°18′E 26,34
マリーエンヴェルダー[クヴィジン](ポーランド) 53°44′N18°53′E 102
マリオン(アメリカ, インディアナ州) 40°33′N85°40′W 139
マリオン(アメリカ, オハイオ州) 40°35′N83°08′W 139
マリサ(イスラエル) 31°36′N34°55′E 24
マルギラン(ウズベキスタン) 40°30′N71°45′E 190
マルセイユ[マッシリア](フランス) 43°18′N5°22′E 10,25,29,30,34,38,40,44,47,64,66,99,137,166
マルティニーク(島) 14°40′N61°00′W 47,159
マルディン(トルコ) 37°19′N40°43′E 47
マール・デル・プラタ(アルゼンチン) 38°00′S57°32′W 159
マールブルク(ドイツ) 50°49′N8°36′E 102,167
マルベリャ(スペイン) 36°31′N4°53′W 166
マルメ(スウェーデン) 55°35′N13°00′E 167
マルモール(フランス) 45°10′N1°34′E 36
マーロー-タルシハ(イスラエル) 33°01′N35°16′E 199
マンシー(アメリカ) 40°11′N85°22′W 139
マンジー(アメリカ) 41°07′N74°04′W 102
マンスフィールド(アメリカ) 40°46′N82°31′W 139
マンチェスター(アメリカ) 42°59′N71°28′W 139
マンチェスター(イギリス) 53°30′N2°15′W 10,17,64,102,166
マントヴァ(イタリア) 45°10′N10°47′E 36,99,100,120,121,167
マントン(フランス) 43°47′N7°30′E 167
マンハイム(ドイツ) 49°30′N8°28′E 102,167
ミェンジジェツ(ポーランド) 52°00′N22°48′E 167
ミグダル・ハ=エメク(イスラエル) 32°40′N35°13′E 199

地名索引

ミシガン・シティ(アメリカ) 41°43′N86°54′W 139
ミシュコルツ(ハンガリー) 48°07′N20°47′E 72,167
ミストラ(ギリシア) 37°04′N22°22′E 47,167
ミスラタ(リビア) 32°24′N15°04′E 219
ミッテルバウドラ(ドイツ) 51°35′N11°01′E 70
ミッデルビュルヒ(オランダ) 51°30′N3°36′E 166
ミデルバーグ(南アフリカ) 25°47′S29°28′E 219
ミドルズブラ(イギリス) 54°35′N1°14′W 166
ミドルセックス郡(アメリカ) 140
ミドルタウン(アメリカ，オハイオ州) 39°31′N84°13′W 139
ミドルタウン(アメリカ，コネティカット州) 41°34′N72°39′W 140
ミドルタウン(アメリカ，ニューヨーク州) 41°26′N74°26′W 140
ミネアポリス(アメリカ) 45°00′N93°15′W 10,138
ミノルカ(島)(スペイン) 40°00′N4°00′E 34
ミハ・ツハカヤ(グルジア) 42°16′N41°59′E 191
ミュールーズ(フランス) 47°45′N7°21′E 36,167
ミュールハイム(ドイツ) 51°25′N6°50′E 167
ミュンスター(ドイツ) 51°58′N7°37′E 36,38,167
ミュンスターベルク〔ジェンビツェ〕(ポーランド) 50°37′N17°01′E 102
ミュンヘン(ドイツ) 48°08′N11°35′E 17,36,50,64,72,167
ミラノ〔メディオラヌム〕(イタリア) 45°28′N9°12′E 10,25,29,34,64,121,167
ミラベル(フランス) 44°10′N1°25′E 36
ミランダ・ド・コルヴォ(ポルトガル) 40°05′N8°20′W 166
ミランダ・ド・ドウロ(ポルトガル) 41°30′N6°16′W 166
ミリアナ(アルジェリア) 36°20′N2°15′E 218
ミール(ベラルーシ) 53°28′N27°11′E 102
ミルヴィル(アメリカ) 39°24′N75°02′W 140
ミルウォーキー(アメリカ) 43°03′N87°56′W 10,102,139
ミレトス(トルコ) 37°30′N27°18′E 25,29
ミンスク(ベラルーシ) 53°51′N27°30′E 11,50,61,64,67,70,100,101,102,120,190
ミンデン(ドイツ) 52°18′N8°54′E 102,167
ムシチョヌフ(ポーランド) 51°59′N20°32′E 101
ムシーラ(アルジェリア) 35°40′N4°31′E 218
ムース・ジョウ(カナダ) 50°23′N105°35′W 138
ムーダス(アメリカ) 41°30′N72°32′W 140
ムラン(フランス) 48°32′N2°40′E 166
ムルサ →オシエク
ムルシア(スペイン) 37°59′N1°08′W 166
ムルマンスク(ロシア) 68°59′N33°08′E 11,190
ムワヴァ(ポーランド) 53°08′N20°20′E 120
ムンカチ〔ムカチェヴォ〕(ウクライナ) 48°26′N22°45′E 101
メイソン・シティ(アメリカ) 43°10′N93°10′W 138
メヴァセレト・ツィヨン(イスラエル) 31°48′N35°10′E 199
メキシコ・シティ(メキシコ) 19°25′N99°10′W 10,47,60,137,159
メギド(イスラエル) 32°35′N35°11′E 20,22
メクネス(モロッコ) 33°53′N5°37′W 47,218
メーコン(アメリカ) 32°49′N83°37′W 139
メジレプ(ウクライナ) 48°58′N31°25′E 101
メスラター(リビア) 32°10′N14°30′E 219
メッシナ(イタリア) 38°13′N15°33′E 36,47
メッジボジ(ウクライナ) 49°29′N27°27′E 101
メッツ〔メッツ，メティス〕(フランス) 49°07′N6°11′E 30,36,57,102,167
メッセネ(地域) 98
メデア(アルジェリア) 36°15′N2°48′E 218
メディア(地域) 20,23,25
メディオラヌム →ミラノ
メディシン・ハット(カナダ) 50°03′N110°41′W 138
メデジン(コロンビア) 6°15′N75°36′W 159
メデニン(チュニジア) 33°24′N10°25′E 219
メデバ(ヨルダン) 31°44′N35°48′E 24,32
メヘレン(ベルギー) 51°02′N4°29′E 70,167
メーメル →クライペダ
メラーノ(イタリア) 46°41′N11°10′E 167
メリダ〔エメリタ・アウグスタ〕(スペイン) 38°55′N6°20′W 47
メーリッシュ-オストラヴァ →オストラヴァ
メリディアン(アメリカ) 32°21′N88°42′W 139

メリテネ →マラティヤ
メリデン(アメリカ) 41°32′N72°48′W 140
メリトポリ(ウクライナ) 46°51′N35°22′E 190
メリリャ(スペイン) 35°17′N2°57′E 218
メルヴ〔マリー〕(トルクメニスタン) 37°42′N61°54′E 38
メルヴィル(カナダ) 50°57′N102°49′W 138
メルフィ(イタリア) 41°00′N15°33′E 40
メルボルン(オーストラリア) 37°45′S144°58′E 11,61,64,67,137,217
メロエ(スーダン) 18°30′N31°49′E 25,29
メンドサ(アルゼンチン) 32°48′S68°52′W 159
メンフィス(アメリカ) 35°10′N90°00′W 139
メンフィス〔ノフ〕(エジプト) 29°52′N31°12′E 20,25,219
メンヘングラートバッハ(ドイツ) 51°12′N6°25′E 167

モアブ〔モアビティス〕(地域) 22,24
モイセスヴィル(アルゼンチン) 30°45′S61°25′W 160
モガドール(モロッコ) 31°30′N9°48′E 218
モーガンタウン(アメリカ) 39°38′N79°57′W 139
モギリョフ(ベラルーシ) 53°54′N30°20′E 11,50,190
モジ・ダス・クルーゼス(ブラジル) 23°33′S46°14′W 159
モスクワ(ロシア) 55°45′N37°37′E 11,17,57,61,64,67,137,190
モスタガーネム(アルジェリア) 35°54′N0°05′E 218
モスタル(旧ユーゴスラヴィア) 43°20′N17°50′E 167
モースル(イラク) 36°21′N43°08′E 29,38,40,47,198
モデスト(アメリカ) 37°37′N121°00′W 138
モデロ(イタリア) 44°39′N10°55′E 167
モナスティル →ビトラ
モービル(アメリカ) 30°40′N88°05′W 102,139
モリス郡(アメリカ) 140
モリスタウン(アメリカ) 40°48′N74°29′W 102
モンクトン(カナダ) 46°04′N64°50′W 139
モンス(ベルギー) 50°28′N3°58′E 166
モンタルバン(スペイン) 40°50′N0°48′W 121
モンティセロウ(アメリカ) 41°39′N74°41′W 140
モンテ・カルロ(モナコ) 43°44′N7°25′E 167
モンテビデオ(ウルグアイ) 34°55′S56°10′W 10,137,159
モンテフィオーレ(アルゼンチン) 29°50′S62°02′W 160
モンテレー(アメリカ) 36°35′N121°55′W 138
モンテレー(メキシコ) 25°40′N100°20′W 10,159
モントゴメリー(アメリカ) 32°22′N86°20′W 102,139
モントゴメリー郡(アメリカ) 140
モントーバン(フランス) 44°01′N1°20′E 166
モントリオール(カナダ) 45°30′N73°36′W 10,56,60,63,66,75,102,137,139
モントルー(スイス) 46°26′N6°55′E 167
モンペリエ(フランス) 43°36′N3°53′E 47,99,166
モンマス郡(アメリカ) 140
モンメリアン(フランス) 45°30′N6°04′E 36
モンロー(アメリカ，ニューヨーク州) 41°20′N74°12′W 140
モンロー(アメリカ，ルイジアナ州) 32°30′N92°06′W 138

ヤ 行

ヤヴネ〔ヤムニア，ヤヴネー〕(イスラエル) 31°52′N34°45′E 24,25,32,98,199
ヤーシ〔ヤシ〕(ルーマニア) 47°09′N27°38′E 61,67,190
ヤズド(イラン) 31°55′N54°22′E 198
ヤスリブ(サウディアラビア) 24°30′N39°35′E 25,29,30
ヤセノヴァツ(旧ユーゴスラヴィア) 45°11′N16°57′E 70
ヤーファー →テル・アヴィヴ=ヤッフォ
ヤフディーヤ(エジプト) 30°45′N30°35′E 17
ヤフディーヤ(リビア) 30°31′N18°26′E 219
ヤーマス(カナダ) 43°50′N66°08′W 139
ヤムニア →ヤヴネ
ヤムール(レバノン) 33°33′N35°38′E 98
ヤルカンド〔莎車〕(中国) 38°27′N77°16′E 39
ヤルタ(ウクライナ) 46°56′N37°18′E 190
ヤロスラヴリ(ロシア) 57°43′N39°52′E 190
ヤロスワフ(ポーランド) 50°00′N22°40′E 50
ヤングスタウン(アメリカ) 41°05′N80°40′W 139

ヤンゴン(ミャンマー) 16°47′N96°10′E 61,198
揚州(中国) 32°22′N119°22′E 45
ヤンボル(ブルガリア) 42°28′N26°30′E 167

ユージーン(アメリカ) 44°03′N123°04′W 138
ユゼス〔ウケティア〕(フランス) 44°01′N4°25′E 34
ユデア〔ユダ〕(地域) 22,23,24,25,26,32,98
ユーティカ(アメリカ) 43°06′N75°15′W 139
ユトレヒト(オランダ) 52°06′N5°07′E 36,121,167
ユニオン郡(アメリカ) 140
ユニオンタウン(アメリカ) 39°54′N79°44′W 139
ユリアス〔ベートサイダ〕(シリア) 32°54′N35°38′E 26,32
ユーリカ(アメリカ) 40°49′N124°10′W 138

ヨーク(アメリカ) 39°57′N76°44′W 140
ヨーク(イギリス) 53°58′N1°05′W 36,166
ヨークトン(カナダ) 51°12′N102°29′W 138
ヨクネアム・イリット(イスラエル) 32°39′N35°06′E 199
横浜(日本) 35°28′N139°38′E 61,198
ヨッパ →テル・アヴィヴ=ヤッフォ
ヨーデンサヴァンヌ(スリナム) 5°30′N54°36′W 56,159
ヨハネスブルグ(南アフリカ) 26°10′S28°02′E 11,61,67,219

ラ 行

ラーアナンナ(イスラエル) 32°11′N34°52′E 199
ライデン(オランダ) 52°10′N4°30′E 167
ライプツィヒ(ドイツ) 51°20′N12°20′E 50,64,102,121,167
ライマ(アメリカ) 40°43′N84°06′W 139
ラヴェンナ(イタリア) 44°25′N12°12′E 29,30,34
ラオディカ(トルコ) 37°46′N29°02′E 25,29,34
ラオディケア〔ラタキア〕(シリア) 35°31′N35°47′E 29
ラグアト(アルジェリア) 33°49′N2°55′E 218
ラグアルディア(スペイン) 42°33′N2°5′W 121
ラグーサ →ドゥブロヴニク
ラグシ(ポルトガル) 37°05′N8°40′W 166
ラコーニア(アメリカ) 43°32′N71°29′W 139
ラジジャイ(リトアニア) 54°12′N23°53′E 190
ラジミン(ポーランド) 52°25′N21°10′E 101,120
ラ・ショード・フォン(スイス) 47°06′N6°50′E 167
ラシーン(アメリカ) 42°42′N87°50′W 139
ラジン(ポーランド) 51°49′N22°38′E 101
ラス・ヴェガス(アメリカ) 36°10′N115°10′W 10,138
ラス・クルーセス(アメリカ) 32°18′N106°47′W 138
ラステンバーグ(南アフリカ) 25°40′S27°15′E 219
ラス・パルマス・デ・グラン・カナリア(カナリア諸島) 28°08′N16°27′W 218
ラ・スペーツィア(イタリア) 44°07′N9°48′E 167
ラ・セーヌ(フランス) 32°11′N5°53′E 166
ラ・セレナ(チリ) 29°54′S71°18′W 159
ラドウン(ルーマニア) 47°49′N25°58′E 167
ラドウン(リトアニア) 54°03′N25°07′E 102
ラドム(ポーランド) 51°26′N21°10′E 50,61,101,167
ラドムスコ(ポーランド) 51°04′N19°28′E 167
ラトランド(アメリカ) 43°37′N72°59′W 139
ラナース(デンマーク) 56°28′N10°03′E 167
ラパス(ボリビア) 16°30′S68°10′W 159
ラバト(モロッコ) 34°02′N6°51′W 218
ラバート-ベネ-アンモン →アンマン
ラファ〔ラフィア〕(ガザ地帯) 31°18′N34°15′E 24,32,199
ラフィア →ラファ
ラフィエット(アメリカ，インディアナ州) 40°25′N86°54′W 102,139
ラフィエット(アメリカ，ルイジアナ州) 30°12′N92°18′W 102
ラーフェンスブリュック(ドイツ) 53°12′N13°10′E 70
ラーフェンスブルク(ドイツ) 47°47′N9°37′E 36
ラフマノフ(ウクライナ) 50°00′N25°59′E 50
ラ・プラタ(アルゼンチン) 34°52′S57°55′W 159
ラペトゥス〔ラピトス〕(キプロス) 35°20′N33°10′E 29

ラホヴィッチ(ベラルーシ) 53°02′N26°32′E 101
ラボック(アメリカ) 33°35′N101°53′W 138
ラホール(パキスタン) 31°34′N74°22′E 45
ラーマッラー(ヨルダン) 31°45′N35°12′E 199
ラマト・ガン(イスラエル) 32°04′N34°48′E 137,199
ラマト・ハ=シャロン(イスラエル) 32°09′N34°51′E 199
ラムラ〔ラムレ〕(イスラエル) 31°56′N34°52′E 38,99,199
ラムリュブ(フランス) 48°31′N4°18′E 99
ラムレ →ラムラ
ララシュ(モロッコ) 35°12′N6°10′W 218
ラリサ(ギリシア) 39°38′N22°25′E 29,47,167
ラリタン・ヴァレイ(アメリカ) 30°34′N74°39′W 140
ラルナカ(キプロス) 34°54′N33°39′E 198
ラレード(アメリカ) 27°32′N99°22′W 138
ラ・ロシェル(フランス) 46°10′N1°10′W 47,166
ランカスター(アメリカ) 40°01′N76°19′W 102,140
ランシング(アメリカ) 42°44′N85°34′W 139
ランス(フランス) 50°26′N2°50′E 166
ランス〔ドゥロコルトルム〕(フランス) 49°15′N4°02′E 25,166
ランダウ(ドイツ) 49°12′N8°07′E 102
ランツベルク(オーストリア) 46°49′N15°13′E 102
ランディドノ(イギリス) 53°19′N3°49′W 166
ランデック(ドイツ) 47°43′N8°45′E 102
ラントフォンテーン(南アフリカ) 26°10′S27°43′E 219
ランプサコス〔ラプセキ〕(トルコ) 40°22′N26°42′E 25

リアディ(ベラルーシ) 54°36′N31°09′E 101
リヴィ(イタリア) 45°53′N10°50′E 121
リヴァーサイド(アメリカ) 33°59′N117°22′W 138
リヴァプール(イギリス) 53°25′N2°55′W 62,64,166
リヴィアス(ヨルダン) 31°49′N35°37′E 26
リヴォフ〔レンベルク〕(ウクライナ) 49°50′N24°00′E 10,44,50,57,61,64,67,70,100,101,190
リヴォルノ〔レグホルン〕(イタリア) 43°33′N10°18′E 47,57,100,121,167
リエカ〔フィウメ〕(旧ユーゴスラヴィア) 45°20′N14°27′E 102,167
リエージュ(ベルギー) 50°38′N5°35′E 167
リエバヤ(ラトヴィア) 56°30′N21°00′E 190
リオ・デ・ジャネイロ(ブラジル) 22°53′S43°17′W 10,47,159
リオバンバ(エクアドル) 1°44′S78°40′W 159
リガ〔カイザーヴァルト〕(ラトヴィア) 56°53′N24°08′E 10,44,61,62,64,67,70,190
リザム・セント・アンズ(イギリス) 53°45′N2°58′W 166
リジャンスク(ポーランド) 50°22′N22°28′E 101
リション・レ=ツィヨン(イスラエル) 31°57′N34°48′E 137,199
リーズ(イギリス) 53°50′N1°35′W 10,166
リスボン(ポルトガル) 38°44′N9°08′W 10,30,44,60,66,121,166
リッサニ(モロッコ) 31°23′N4°09′W 218
リッダ →ロッド
リッチモンド(アメリカ) 37°34′N77°27′W 102,139
リーディング(アメリカ) 40°20′N75°55′W 140
リトル・ロック(アメリカ) 34°42′N92°17′W 138
リノ(アメリカ) 39°32′N119°49′W 138
リノコルラ〔エル・アリシュ〕(エジプト) 31°08′N33°48′E 24
リーハイ・エイカーズ(アメリカ) 26°36′N81°37′W 139
リバティ(アメリカ) 41°47′N74°46′W 140
リヒテンブルク(南アフリカ) 26°09′S26°11′E 219
リフヴァウ(ポーランド) 52°03′N18°09′E 50
リブカニ(モルドヴァ) 48°18′N26°48′E 190
リブルヌ(フランス) 44°55′N0°14′W 166
リマ(ペルー) 12°06′S77°03′W 47,60,66,159
リマヌフ(ポーランド) 49°35′N21°51′E 101
リミニ(イタリア) 44°03′N12°34′E 121
リモージュ(フランス) 45°50′N1°15′E 166
リュシアンフル(アルゼンチン) 32°23′S58°55′W 160
リュストラ(トルコ) 37°36′N32°17′E 25,29
リュディア(地域) 23
リュドミル →ウラディミル-ヴォリンスキー
リュネヴィル(フランス) 48°35′N6°30′E 167

245

地名索引

リュネル(フランス) 43°40′N4°08′E 99
リュブリャーナ(旧ユーゴスラヴィア) 46°04′N14°30′E 167
リューベック(ドイツ) 53°52′N10°40′E 167
リョズナ(リオズノ)(ベラルーシ) 55°03′N30°19′E 101
リヨン〔ルグドゥヌム〕(フランス) 45°46′N4°50′E 10, 25, 29, 30, 34, 38, 40, 44, 47, 66, 121, 167
リール(フランス) 50°39′N3°05′E 166
リン(アメリカ) 42°29′N70°57′W 140
リン〔キングズ・リン〕(イギリス) 52°45′N0°24′E 36
リンカン(アメリカ) 40°49′N96°41′W 138
リンカン(イギリス) 53°14′N0°33′W 36
リンチバーグ(アメリカ) 37°24′N79°09′W 139
リンツ(オーストリア) 48°19′N14°18′E 167
ル・アーヴル(フランス) 49°30′N0°06′E 166
ルーアン(フランス) 49°26′N1°05′E 17, 36, 38, 40, 47, 50, 166
ルイヴィル(アメリカ) 38°13′N85°48′W 102, 139
ルーイストン(アメリカ) 44°06′N70°14′W 139
ルーヴァン(ベルギー) 50°53′N4°42′E 36, 167
ルガーノ(スイス) 46°01′N8°57′E 167
ルガンスク〔ヴォロシーロフグラード〕(ウクライナ) 48°35′N39°20′E 190
ルクセンブルク(ルクセンブルク) 49°37′N6°08′E 102, 167
ルグドゥヌム →リヨン
ルゴジュ(ルーマニア) 45°41′N21°57′E 167
ルサカ(ザンビア) 15°26′S28°20′E 11, 219
ルジョムベロク(スロヴァキア) 49°04′N19°15′E 167
ルジン(ウクライナ) 49°42′N29°10′E 101
ルーセ(ブルガリア) 43°50′N25°59′E 167
ルセナ(スペイン) 37°25′N4°29′W 38, 99, 166
ルツェルン(スイス) 47°03′N8°17′E 36, 167
ルッカ(イタリア) 43°50′N10°30′E 47, 99
ルック〔ルック〕(ウクライナ) 50°42′N25°15′E 50, 100, 101, 190
ルテティア →パリ
ルーデブルト(南アフリカ) 26°10′S27°53′E 219

ルトン(イギリス) 51°53′N0°25′W 166
ルバヴィチ(ベラルーシ) 54°46′N31°00′E 101
ルバチュフ(ポーランド) 50°11′N23°08′E 101
ルブリン(ポーランド) 51°18′N22°31′E 50, 57, 67, 70, 100, 101, 121, 167
ルブンバシ(ザイール) 11°40′S27°28′E 11, 219
ル・マン(フランス) 48°00′N0°12′E 166
ルンド(スウェーデン) 55°42′N13°10′E 167
レイクウッド(アメリカ) 40°06′N74°12′W 102
レイク・チャールズ(アメリカ) 30°13′N93°13′W 138
レイクランド(アメリカ) 28°03′N81°57′W 139
レイリーア(ポルトガル) 39°45′N8°49′W 121
レオン(スペイン) 42°35′N5°34′W 38
レオンティニ〔レンティニ〕(イタリア, シチリア) 37°17′N15°00′E 29
レオントポリス(エジプト) 30°17′N31°20′E 25
レキシントン(アメリカ) 38°02′N84°38′W 139
レグニツァ(ポーランド) 51°12′N16°10′E 167
レグホルン →リヴォルノ
レーゲンスブルク(ドイツ) 49°01′N12°07′E 36, 38, 50, 99, 167
レーザーイーエー(イラン) 37°32′N45°02′E 198
レシステンシア(アルゼンチン) 27°28′S59°00′W 159
レシチュフ(ポーランド) 50°29′N23°23′E 50
レジナ(カナダ) 50°30′N104°38′W 138
レシフェ(ブラジル) 8°06′S34°53′W 10, 47, 159
レシュナ(ポーランド) 51°20′N22°52′E 50
レシュナ(ポーランド) 51°11′N16°35′E 50, 57
レスコ(ポーランド) 49°29′N22°25′E 101
レスター(イギリス) 52°38′N1°05′E 166
レスブリッジ(カナダ) 49°43′N112°48′W 138
レスボス(島)(ギリシア) 39°00′N26°20′E 167
レゼクネ(ラトヴィア) 56°30′N27°22′E 190
レッジョ・エミリア(イタリア) 44°42′N10°37′E 47, 167
レッジョ・ディ・カラブリア(イタリア) 38°06′N15°39′E 121

レディング(イギリス) 51°28′N0°59′W 166
レニングラード →サンクト・ペテルブルグ
レバノン(アメリカ, コネティカット州) 41°38′N72°14′W 140
レバノン(アメリカ, ペンシルヴェニア州) 40°21′N76°25′W 140
レバント →ナフパクトス
レプダ(リビア) 32°59′N14°15′E 219
レホヴォト(イスラエル) 31°54′N34°46′E 199
レ・ミール(フランス) 43°26′N5°18′E 70
レミンスター(アメリカ) 42°31′N71°45′W 140
レリダ(スペイン) 41°37′N0°38′E 36
レールモント(オランダ) 51°12′N6°00′E 167
レーワルデン(オランダ) 53°12′N5°48′E 166
レンクナウ(スイス) 47°12′N7°23′E 102, 167
レンコラン(アゼルバイジャン) 38°45′N48°50′E 190
レンヌ(フランス) 48°06′N1°40′W 166
レンパ(ヨルダン) 31°34′N35°50′E 24
レンベルク →リヴォフ
ロアノーク(アメリカ) 37°15′N79°58′W 139
ロアンヌ(フランス) 46°02′N4°05′E 166
ローウェル(アメリカ) 42°38′N71°19′W 140
ロウノ(ウクライナ) 50°39′N26°10′E 190
ロウファッハ(フランス) 47°57′N7°18′E 36
ロサリオ(アルゼンチン) 33°00′S60°40′W 10, 159, 160
ロサンジェルス(アメリカ) 34°00′N118°15′W 10, 17, 66, 102, 137, 138
ローザンヌ(スイス) 46°32′N6°39′E 167
ロシュ・ハ=アイン(イスラエル) 32°05′N34°57′E 199
ロスエーム(フランス) 48°31′N7°28′E 167
ロストフ(ロシア) 57°11′N39°23′E 11, 61, 64, 190
ロズドル(ウクライナ) 49°32′N23°59′E 101
ロタリンギア(地域) 50, 120
ロチェスター(アメリカ, ニューヨーク州) 43°12′N77°37′W 102, 139
ロチェスター(アメリカ, ミネソタ州) 44°01′N92°27′W 102, 138
ロック・シェルドレイク(アメリカ) 41°46′N74°39′W 140

ロックフォード(アメリカ) 42°16′N89°06′W 139
ロックランド郡(アメリカ) 140
ロッテルダム(オランダ) 51°55′N4°29′E 47, 167
ロッド〔リッダ〕(イスラエル) 31°57′N34°54′E 24, 32, 98, 199
ローテンブルク(ドイツ) 49°23′N10°13′E 36
ロードス(島)(ギリシア) 36°15′N25°10′E 10, 25, 167
ロブチツェ(ポーランド) 50°04′N21°31′E 101
ローマ(イタリア) 41°53′N12°30′E 10, 17, 25, 29, 30, 34, 36, 38, 40, 44, 47, 57, 64, 99, 100, 121, 167
ロマン(ルーマニア) 46°56′N26°56′E 167
ロム(ブルガリア) 43°50′N23°12′E 167
ローム(アメリカ) 43°13′N75°28′W 139
ローリー(アメリカ) 35°46′N78°39′W 139
ロリアン(フランス) 47°45′N3°21′W 166
ロレイン(アメリカ) 41°28′N82°11′W 139
ローレンス(アメリカ) 42°41′N71°12′W 140
ロングヴュー(アメリカ) 32°30′N94°45′W 138
ロング・ビーチ(アメリカ) 33°47′N118°15′W 10, 138
ローンセストン(オーストラリア) 41°25′S147°07′E 217
ロンダ(スペイン) 36°45′N5°10′W 166
ロンドン(カナダ) 42°58′N81°15′W 139
ロンドン〔ロンディニウム〕(イギリス) 51°30′N0°10′W 10, 17, 29, 36, 40, 44, 47, 50, 57, 60, 62, 64, 66, 72, 102, 121, 137, 166

ワ 行

ワイマール →ヴァイマル
ワイルドウッド(アメリカ) 38°59′N74°49′W 139
ワーシング(イギリス) 50°48′N0°23′W 166
ワシントン(アメリカ) 38°55′N77°00′W 10, 137, 139
ワルグラ(アルジェリア) 32°00′N5°16′E 218
ワルシャワ(ポーランド) 52°15′N21°00′E 17, 57, 60, 61, 64, 67, 70, 101, 167
ワンツート(ポーランド) 50°06′N22°12′E 101

索　引

イタリック数字の頁は，図版または地図の説明文に対応する．

ア 行

アイザックス，アイザック　216
ICA　160
アイデンティティ　14,15,16,21,22, 28,43,46,46,51,57,58,78,78,79, 80,81,82,82,83,84,85,92,96, 105,121,134,136,144,155,158, 160,161,162,170,170,172,197, 200,210
アイヒマン，アドルフ　127,130,160
アイユーブ朝　39,39
アイルランド共和国　170,171
アインシュタイン，アルバート　85, 141
アインホーン，デヴィッド　152
アヴィニョン　172
アウグストゥス　32
アウシュヴィッツ　71,126,127,127, 129,129,130,180,184
アウス一族　39
アウラニティス　32
アエリア・カピトリーナ　26
秋　88
アクゥィラ　18
アグダス・ホ＝ラボニーム　154
アグーダト・イスラーエール　202, 203,204,207
アクティウム　32
アグノン，S.Y.　199
アクラ　33
アグリッパ　57,69,198,200
アジア　57,69,198,200
アジェンデ，サルバドール　163
アシネウス　30
アシュケナジ，ソロモン　46
アシュケナズ　50
アシュケナズィーム　16,50,51,51, 79,100,108,115,120,120,150, 158,160,162,163,163,165, 165,168,171,172,175,176,179, 184,189,192,200,207,210,210
アスニ　110,220
アスマラ　223
アゼルバイジャン　193
アダム　208
アダール月　87
アッシリア　22
アッパー朝　39
ノッピアン街道　28
アディアベネ　27,31,43
アディス・アババ　223
アデナウアー　75
アデレード　216
アデン　213,223
アドラー，サイラス　148
アトラス山　110
アハド・ハ＝アム　132,134
アハブ王　22
アパルトヘイト　225
アビシニア　43
アフガニスタン　120,136,214,215
アブド・アッラフマーン3世　43
アブラハム　20,82,82,97,204,208
アフリカ　43,57,69,200,218
アフリカーナー　223
アフリカーンス語　223
アフリダ・シナゴーグ　212
アベン－アイシュ，ソロモン　46
アレクサンドル2世　57,59,193
アレクサンドロス大王　22,116
アレクサンドロス・ヤンナイ　23,32
アレッポ　39,41,164,213
アレフ・ベート　116
アレン，ウッディ　141
アレンビー　16
アロン　78
アロン・ハ＝コデシュ　→聖櫃
安息日　→シャバット
アンティオキア　23,33
アンティオコス4世　23,90
アンティゴノス・マッタティアス 25,32
アンティパテル　24,32
アミハイ，イェフーダ　204
アミール　43
アムステルダム　46,48,49,51,54,56, 56,82,130,176,176
アムール川　195
アメリカ・イスラエル人代表委員会 148
アメリカ合衆国　55,57,58,63,63,66, 67,68,72,75,76,79,81,81,84,85, 95,96,103,103,104,105,105,107, 136,136,144,146,148,149,150, 152,153,154,155,158,164,165, 207,215
アメリカ合衆国憲法　55
アメリカ・カナダ正統派ラビ連合 154
アメリカ・シオニスト機構　148
アメリカ・シナゴーグ委員会　154
アメリカ・シナゴーグ協議会　103
アメリカ・シナゴーグ評議会　81
アメリカ・シナゴーグ連合　103,154
アメリカ植民地　158
アメリカ独立革命　146,147,156
アメリカ・ナチス党　147
『アメリカの儀礼（ミンハグ・アメリカ）』　152
アメリカ・ヘブライ信徒団連合　103, 148,152
アメリカ・ユダヤ教神学校　161
アメリカ・ユダヤ出版協会　148
アメリカ・ユダヤ人委員会(AJC)　→ 全米ユダヤ人委員会
アメリカ・ユダヤ人会議　68,148,154
アメリカ・ユダヤ人協議会　72
アメリカ・ユダヤ人合同配分委員会 (JDC)　68,149,173
アメリカ・ユダヤ人歴史協会　148
アメリカ・ユダヤ人代表理事会　148, 169
アメリカ・ラビ中央会議　103,152, 154,209
アメリカ・ラビ評議会　103,154
アラニャ，オズワルド　162
アラビア　28,38,39,41,43,213
アラビア語　19,116,116,117,118, 119,120,158,175,210
アラビア文字　19
アラブ　31,73,76,120,163,198,200, 210,211,218
アラファト　211
アラブ諸国　75,94,220
アラブ人　43,73,75,133,134,158,172, 174,177,178,180,201,201,210
アラブ人国家　73
アラブ世界　79,95
アラブ難民　200
アラブの膨張　39
アラブ民族主義　68,133,198,210, 212,218
アラブ連盟　220
アラム　20
アラム語　19,23,116,118,120,212
アリウス派　35
アリストテレス哲学　99,101
アリストブロス　23,24
アルカライ，ユダ　132
アルグーン・ハン　43
アルザス　51
アルザス・ロレーヌ地方　172,173, 174
アルジェ　220,220
アルジェリア　2,175,220,220
アルゼンチン　63,65,84,96,158,160, 160,161,162,162,163,163
アルゼンチン・イスラエル協会代表団 (DAIA)　160
アルトノイシュル　106
『アルトノイラント』　131
アルバータ州　156
アルバニア　189
アルハンブラ宮殿　46,107
アルファベット　18,116,122,123
アルメニア　27,28
アルメニア人地区　33
アルメマル　108
アレクサンドリア　16,25,26,27,43, 116,222,222,223
アントワープ　176
『アンブロシウス聖書』　113

イェシヴァ　81,99,100,104,105,105, 149,166,171,209
イェシヴァ大学　103,149,154
イエス　35,82,82,97,208
イエズス会　42
イェフセクツィ　→共産党ユダヤ人部会
イェミン・モシェ　209
イエメン　31,212,213,215
医学　95
イギリス　63,65,66,68,70,72,73,73, 95,96,115,131,156,157,158,165, 166,168,169,171,179,184,201, 207,210,215,216,218,222, 223,223,224,225
イギリスの委任統治　132,201,211, 212,213
イギリス・ファシスト連合　169
イギリス・ユダヤ人代表理事会　148, 169
いけにえ　126
イサク　49,86,112
イサーク・イブン・サハラ　121
イザテス　31
イザヤ書　124
移住　61,63,63,69,70,72,76,93,118
イシュマエル　79
イシューヴ　132,201,207,209
イスタンブル　2,46,107,121,212, 212
イーストエンド　168,169,170
イーストサイド　142,143,147
イスファハン　214,215
イズミル（スミュルナ）　2,101,212
イスラエル（古代の）　20,116
イスラエル（現代の）　14,19,59,72, 73,75,75,76,78,81,83,84,85, 88,89,89,94,95,96,98,104,105, 107,120,121,122,128,131,134, 136,136,149,154,158,160,172, 172,173,178,179,180,184,184, 193,198,200,200,201,202,202, 203,204,207,209,210,211,212, 213,216,217,220,222,223, 223,224,225
イスラエル国籍　204
イスラエル・シナゴーグ連合　209
イスラエル進歩的ユダヤ教運動　209
イスラエル大統領　210
イスラエル独立記念日　154
イスラエルの神　81
イスラエルの生存権　75
イスラエルの子　48
イスラエルの民（イスラエルびと） 14,22,43,54,88,91
イスラエルの地　19,20,116
イスラエル・ベン・エリエゼル　101
イスラム，マナセ・ベン　54
イスラム　38,38,39,39,41,42,43,45, 46,85,97,113,125,198,209,212, 213
イスラム革命　214
イスラム過激派　76
イスラム諸国　15,104,125
イスラム世界　60,75
イディッシュ語　16,51,51,66,95, 117,118,120,120,121,121,134, 147,154,157,158,161,161,172, 175,193,196,204,216,223
イベリア半島　35,43,51,116,117,179
「イホス・デ・シオン」　163
移民　14,15,63,63,66,75,94,103, 104,104,120,132,142,142,143,

146,146,147,148,148,149,150, 150,154,156,157,158,160,162, 162,165,166,168,171,172,173, 179,184,191,192,201,201,204, 207,216,223
移民制限　68,73,146,157,158,165
イヤール月　89,89
イラク　21,39,41,43,79,99,99,120, 201,212,212,215
イラン　39,41,120,136,146,198,212, 214
イラン系の言語　120
イルグン　131
岩のドーム　204
インク　117
イングランド　35,51,54,56
イングランド・ユダヤ人歴史協会　19
印刷術　121
インダス川　198
インディアン　146
インディオ　163,164
インド　2,39,42,43,81,107,116,198, 215

ヴァイニンガー，オットー　131
ヴァイマル時代　68
ヴァージン諸島　165,165
ヴァチカン　130
ヴァチカン公会議　130
ヴィクトリア　156
ヴィシー政府　172,173
ウィトウォーターズランド　223,223
ウィニペグ　156,157
ウィリアムズバーグ　152
ヴィリニュス　66,101
ウィーン　131,131,178,179
ウェストエンド　168
ヴェースパーブレインの記念碑　176
ヴェトナム戦争　147
ヴェネツィア　115,121,181
ヴェノーサ　19
ウェリントン　216
ヴェルサイユ講和会議　68
ウェレンスキー，ロイ　218,225
ヴォーゲル，ジュリアス　216,217
ウォッズドン・マナー　170
ヴォリニア　50
ヴォリノフ，ボリス　191
ヴォルテール　81
ウォルド，ハーマン　128
ヴォルムス　177
ウクライナ　50,67,188,193,197
「失われた部族」　43
ウズベキスタン　193
「歌のなかの歌」　71
ヴネッサン伯領　172
ウマル1世　38
ウマル2世　38
「ウマルの契約」　38
ウル　20
うるう月　88
ウルグアイ　136,158,162,162
ウルバン　121
ヴロツワフ　→ブレスラウ

エアハルト，ルートヴィヒ　177
英語　119,121,152,153,157,216,223
英国議会　58
英国国教会　168,169
英国ユダヤ人協会　68
詠唱者　48
エイゼンシュテイン，セルゲイ　82, 191
英米合同調査委員会　73
エヴィアン会議　69
エクアドル　163
エクスセター　171
エクソダス1947年号事件　73
エコール・ド・パリ　174
エジプト　18,19,20,20,22,25,28,39, 41,45,46,75,76,79,116,201,218, 222,222,223
エジプト脱出　88,91
エステル記　42,89,89,91,110

エゼキエル　31
エダ・ハレディット　210
エチオピア　43,43,81,223,223
エディルネ　212
エデンの園　21
エトナルケス　→民族の首長
エドム　79
エトローグ　28,90
NRP　→国民宗教党
エプスタイン，J.　166
エマニュエル・シナゴーグ　165
エラム　28
エリオット，ジョージ　132
エルキンスパーク　107
エルサバドル　165
エルサレム　2,14,16,16,19,20,21, 22,22,23,23,25,26,27,30,31,32, 33,42,65,73,75,76,88,90,91, 103,103,104,105,106,107,108, 110,112,116,127,130,132,134, 154,193,200,202,204,204,207, 208,209,209,220
『エルサレム』　54
エルサレム神殿　25,26,27,28,32, 101,114
エルサレム追放　129
エルネカベ，ダビード　159
エレファンティン（島）　22
エレミヤ書　87
エレンブルグ，イリヤ　82,83

ORT　→職業訓練による社会復帰機構
オイストラフ，イーゴリ　191
オイストラフ，ダヴィド　191
王冠　114
オクタウィアヌス　32,32
オークランド　216
オシフィエンチム　→アウシュヴィッツ
オスティア　17
オーストラリア　104,156,169,169, 216,216,217
オーストラレーシア　60,61,216
オーストリア　57,59,82,157,158, 178,188
オーストリア-ハンガリー　121
オーストリア併合　70
オスマン絵画　39
オスマン帝国　41,45,46,46,79,104, 117,118,120,158,189,189,198, 201,203,207,210,212
オスロ　128
オゼット　195
畏れの日々　89,90
オックスフォード　58
オッフェンバック　166
オデッサ　132
男の子　86
オニアス　23
オランダ　48,56,107,117,158,165, 165,168,176,218,223
オランダ東インド会社　218
オランダ領ブラジル　158,165
『オリヴァー・トゥイスト』　216
オリーブ山　204
オレンジ自由州　223
オレンジ・リバー・コロニー　223
音楽　101
オンタリオ　156
女の子　86

カ 行

ガイガー，アブラハム　101,103
改革運動　103
改革派　16,83,89,89,96,99,100,102, 103,103,104,104,105,108,148, 150,152,152,153,154,157,158, 165,171,203,207,209,224,225, 225
改革派ラビ　2
改宗　27,27,34,36,37,38,43,81,82,

索　引

84, 85, 86, 92, 96, 103, 105, 146, 154, 160, *169*, 177, 204, 207, 209, 211
改宗者　36, 58, 79, 80
開封（中国の）　42
開封勅許状　56
解剖　204
カイラワーン　39
戒律　86
カイロ　18, 39, 41, 222, *222*
カイロ・ゲニーザ　18, *18*, *19*, 39, *40*, 41
ガウチョ　161
カウフマン、リヒァルト　202
ガウラニティス（ゴラン）　32
カエサルの神殿　32
カエサレア　25, 27, 32, *32*
ガザ　210
ガザ地帯　211
カサブランカ　14, 220
カジミエシュ　187
ガーシュイン、ジョージ　140
歌唱　97
カステリヤ　45
カスティリャ語　117
カースト制度　42
ガズナ　41
家族　92, 93, 96
カーター　76
カタコンベ　28
カタロニア語　116, 117
カッツ、ボリス　178
カッパロート　110, *111*
割礼　26, 28, 43, 79, 86, *86*, 96, 98, 101, 152, 155
カーテン　108
ガトゥーマ　225
カトリック　37, 46, 105, 158, 160, 163, 173, 177, 185
カナダ　63, 84, 136, 156, *156*, 157, 169, *169*
カナダ・シオニスト連盟　157
カナダ・ユダヤ人会議　157
カナン　21
カナン語　119
河南　42
カバラー　99, *101*, 116, *221*
カバラー主義　98, 99, *100*, 110
カフカース　43, 120, 197
カフカ、フランツ　78, 82, 83
カプサリ、エリア　46
カプラン、モルデカイ　154
カーブル　214
貨幣　50
紙　18
神　97, 101, 104, 112, 127
髪　111
ガーミストン　225
神の手　112
神の名　18, *97*
カムパネリス、ヤコヴォス　71
カーメネフ、レフ　82
カライ派　54, 79, 98, 99, *99*, 100, *100*, 222
カラカス　163
仮庵の祭り →スッコート
ガリヴァルディ　71
カリシャー、ツヴィ・ヒルシュ　132, *133*
カリーニン、ミハイル　195
カリフ　38, 39, 43, 79
カリフォルニア　156
カリブ海　165
ガリラヤ　24, 26, *32*, 89, 98, 110, 111
カルヴァン主義　223
カルカッタ　198
カルグアリ　216
ガルティエリ将軍　161
カルパントラ　173
カルメル派　207
ガレー船　37
カロ、ヨセフ　99
カンディア　46
広東　42
『寛容書簡』　54

ギアナ　163
キエフ　14, 43, *65*, *101*, 193
帰還法　204, 207, 209, 223
儀礼殺人　36, *37*
北アフリカ　38, 39, 45, 46, 99, 110, 121, 158, 166, 172, *172*, 173, 174, *174*, 198, 218, *221*
北アメリカ　51, 94, 95, 96, 139
北王国　22
北ローデシア　225
キッシンジャー、ヘンリー　82, 83
キッブール →贖罪

規定食　91
祈禱　41, 97, 100, 108
キドゥーシュ　114, *114*
祈禱書　18, 112, 152
キブーツ　201, *202*, *204*, 207
虐殺　54, 85, *128*
ギャール（差異化）の法　39
救世主　91, *113*
旧ソヴィエト連邦（ソ連、旧ソ連）　75, *75*, 76, 81, 83, 84, 122, 134, 136, 149, 157, 166, 180, 184, 185, 187, 190, 192, 193, 195, 196, 197, 204, 216, 217
「宮廷ユダヤ人」（ホーフユーデン）　51
キューバ　165, *165*
キュラソー　158, 163, 165, *165*
キュレナイカ　28, 222
キュロス　22
教会（キリスト教の）　*34*, *35*, 36, 45, 75, 130
教会と国家の分離　58
教皇 →ローマ教皇
教皇令　180
共産主義　72, 166, 175, *182*, 184
共産主義者　81, 82, 158
共産党　67, 83, 184, 188, 193
共産党ユダヤ人部会（イェフセクツィ）　195, 197
行商人　*143*, 158
強制移送　166, *182*, 184
強制収容所 →収容所
強制定住地　61, *192*, 193
共通言語　118
協同組合運動　161
協同組合入植村（モシャヴ）　201, *202*
極東　198, 215
居住制限　94
ギリシア　22, 25, 84, 189, *189*
ギリシア語　14, 15, *18*, *23*, 28, 116, 117, 118, 120, 121, *123*
ギリシア市民権　22
ギリシア植民市　23, 24
ギリシア人　14, *20*, 22, 26, 27, 81
ギリシア人ユダヤ教徒　198
合理主義　100, 104, *104*
古エチオピア語　223
コーエン、レナード　141
五月法　89
国際連合　*73*, 75, *201*, 224
国際連盟　201
国際連盟委任統治　67
黒人ユダヤ教徒　148
国内パスポート制　195
国内流刑　197
国民宗教党（NRP）　202, 203, 204, 207, 210
国民党　223, 224
国連総会　*73*, 76, *162*
国連パレスティナ特別委員会　*73*, *73*
コサック　51
コシェル　146, 151, 170, 174, 188, *207*
ゴシック　*106*, *107*
ゴシック様式　184
五旬節　88
コジンツィ街シナゴーグ　182
コスタリカ　165
コーチン　*107*, 215
コーチン・ユダヤ人　215
国家社会主義者　69
国家任命ラビ　207, *207*
国教　34, 202
子ども　18, 69, *89*, 91, 110, *111*, 116, 122, *123*, 129
コトラー、アーロン　154
ゴードン、A.D.　133
ゴードン、J.L.　100
コープランド、アーロン　141
コペンハーゲン　178
コミュニティ　*16*, 28, *29*, *35*, 39, 40, 41, 42, 46, 51, 54, 56, 58, 60, 61, 63, 66, 67, 79, 81, 83, 84, 85, 92, 93, 94, 100, 117, 120, *128*, 155
「コミュニティ裁判」　197
コミュニティ・センター　84, 106
ゴムウカ、ヴワディスワフ　187
暦（カレンダー）　19, 79, 88, 89, 98, 99
コーラン　39
ゴールドウィン、サミュエル　141
ゴルトシュミット、ヘルムート　107
コルドバ　17, *123*, 179, *179*
ゴールドラッシュ　156, 216
ゴルフ　117
コロナ・サンタ　114, *115*
コロンビア　163
コロンビア特別区　146
コロンブス、クリストファ　82, *82*, 158
コンカン海岸　42, 215
コンスタンティノポリス　41, *43*

コンタ・ヴネッサン教皇領　173
ゴンダル州　223
ゴンパース、サミュエル　143
コンベルソ　46

サ　行

再建主義（再建派）　103, 104, 148, 154
最高ラビ評議会　210
ザイド派王朝　213
ザイール　224, 225
酒　98
サーサン朝ペルシア　27, 31
挿し絵　112, *113*, *121*, *125*
サスカチェワン州　156
サスーン一族　198
サーダート、アンワール　76, 201
ザッキン、オシップ　176
サード・アルダウラ　43
サハラ砂漠　218
サフェド　100
サブラ　200
サーマッラー　43
サマリア　*22*, *24*
サマリア人　81
サマルカンド　41, 193
サミュエル、ハーバート　16
サルゴン王　22
サロニカ　46, *121*, 189, *189*
サロメ・アレクサンドラ　23
サロモン、ハイム　147
「山岳ユダヤ人」　193
サンクト・ペテルブルグ　*19*, *192*, 193
三十年戦争　51
サンタ・マリア・ラ・ブランカ　179
サン・パウロ　*162*, *162*
ザンビア　225
サン・ピエトロ寺院　114
サンフランシスコ　146
サンヘドリン　25, 26, *56*, 100, 174

死　87
シーア派　213, 214
Crif　175
シェアリト・イスラエル　149
シェヴァト月　89
シェクター、ソロモン　*18*, 154
シェニャヴァ　187
シェーンベルク　78
ジェルバ島　220, 221, *221*
シオニスト　64, 65, 66, 67, *73*, *73*, 76, 83, 84, 121, 132, *132*, 134, 148, 158, 160, *163*, 166, 169, 170, 200, 204, 209, 210, 211
シオニスト会議　65, *75*, 131
シオニスト機構　132, 175, 211, 225
シオニスト軍事グループ　73
シオニズム　22, 64, 65, 75, 76, 81, 83, 84, 96, 131, *131*, 132, *132*, 133, 134, 148, 152, 154, 156, 157, *162*, 168, *170*, 172, 175, *183*, 184, *184*, 192, 193, 195, 201, *201*, 202, 204, 207, 209, 210, *210*, 224, 225
シオニズム政党　188
シオンの丘　110
『シオンの長老の議定書』　60
死海　21
死海文書　209
シカゴ　146, *147*
識字率　92
死刑　34, 43, 79
「士師」　20
死者　37
思春期　86
至聖所　24
慈善団体（慈善基金）　39, 92
自治権　23
七枝の燭台　90, 173
実存主義　104
シチリア　*45*, 46
シティー　169
シテ島　174
使徒　35

シナゴーグ　*16*, 16, 17, 19, *33*, 34, 34, 35, *35*, 39, 41, 42, 46, 48, 49, *54*, 56, *56*, 69, 70, 78, 79, 83, 84, *84*, 85, 86, *86*, 87, 89, *89*, 93, 95, 96, 97, 99, *105*, 106, *107*, *107*, 108, 109, *109*, 112, 114, *123*, 124, *129*, 146, 146, 150, 155, 157, 158, 162, 163, *163*, 165, 169, 173, 174, 176, 177, 180, 183, 183, 193, 197, 207, 216, 222

シナゴーグ連合　169, 171
シナゴーグ連盟　171
シニャフスキー、アンドレイ　197
シフ、ジェイコブ　148
ジブラルタル　*109*, 136, 166, 179
シベリア　197
四邦評議会　*50*, *51*
市民権　22, *54*, 56, *57*, *58*, 80, 96, 176, 204, 207, 210, *210*, 214, *214*, 221
シモン　23
シャイバー、アレクサンダー　183
シャヴォオート　78, 88
社会主義　*65*, 82, 132, 193
社会主義　66, *131*
シャガール、マルク　174
シャザール、ナーディル　214
シャー、ナーディル　214
シャバタイ運動　93
シャバタイ・ツヴィ　99, *100*
シャバット（安息日）　22, *54*, 86, 88, 94, 98, 101, *114*, *114*, *172*, *197*, *202*, 204, 209
ジャーブヴァーラー、ルース・ブラウァ　199
シャフツベリ　132
ジャボティンスキー、ヴラジーミル　131
ジャマイカ　158, *165*, 169
シャマシュ　90
シャルゴー、ラースロー　183
上海　198
シャーン、ベン　125
収穫祭　88
自由業　92, 158
宗教改革　37, 50
宗教裁判所　158
宗教審査　169, 223
宗教評議会　207, *207*, 209
宗教法院　173, 174, 175
十字架　45
十字軍　35, *36*, 51
自由主義　81
自由と進歩のシナゴーグ連合　171
十二部族　21
自由の女神像　63
終末論　99, 127
収容所（強制収容所）　69, 72, 75, *128*, *129*, *129*, 166, *172*, 173, 176, 180, *180*, 183, 184, 210
儒教　42
祝祭日　88, *89*
粛清　75, *192*
手工業　92, 95
シュズマン、ヘレン　218
首席ラビ　207, 210
出エジプト記　91, 112, *125*
出生率　68
シュティーブル　188
ジュデズモ語　116
シュテッカー、アドルフ　59
シュテートル　209
ジュネーヴ　162
シュライエルマッハー　58
シュレジエン　70
しゅろの葉　90
巡礼　88, *89*, 110, *110*, *111*
小アジア　22, 23, 25
商業　95
商人　42
書記　98
職業訓練による社会復帰機構（ORT）　65
贖罪（キップール）　48, 89, 90, 110, *111*
贖罪の日（ヨーム・キップール）　48, 88, 96, *97*, *147*, 148
食事制限　94, 96, 98
食習慣　79
植樹日　89
燭台　32, *114*
処刑　37
女性　93, 96, *109*, 154, 204
女性ラビ　152
ショファール　90, *207*
シーラーズ　214
シドニー　216, *216*, *217*
シナイ山　78, 88, *113*
シナイ戦争　201
シリア　20, 22, *23*, *23*, 24, 25, 39, 41, 164, 201, 212, *212*, 213
シリア総督　24
シリア・パレスティナ　26
『自力解放』　64, *132*
「白いユダヤ人」　107
シンガー、アイザック・バシュヴィス　120
神学校　16, 150, 166
シンガポール　215
新疆　120
信教の自由　55, 56, 57, 158, 160, 162,

163, 185, 188, 202, 223
新キリスト教徒　37, 46, 46, 82, 100, 158, 163, 179
新月　90
「新ゲットー」　104
「神権国家」　203
「神権政治」　23
新シオニスト機構　131
シンシナティ　103, 146, 150
人種差別主義　76
人種法　70, 126, 180, 204
人種論　81
神殿　22, 23, 24, 26, 33, 66, 89, 90, 97, 115, 209, 220
神殿の丘　33
新年　49, 88, 89, 89, 90, 90, 96, 110, 176, 207
「新バビロン」　150
ジンバブエ　136, 224, 225
神秘主義　97, 100, 104
新聞　158, 161, 166, 196
人文主義　54
進歩派　104
浸礼(テヴィラー)　79, 86
水晶の夜　69, 70, 107, 177
スイス　57, 177, 177
スイス・ユダヤ教徒コミュニティ連盟　177
水道　32
スィムオン・バール・ヨハイ　110, 111
スィムハト・トーラー　48, 89, 89, 90, 110, 215, 217
スィムエオン・バル・コスィバ　26, 26
スィンナ(ズィンニ)　38, 39
スウェーデン　128, 178, 178
スヴェルドロフスク市　82
スヴェルドロフ, ヤーコフ　82
数字　122
スエズ運河　170, 212
スエズ戦争　75, 222
スカンディナヴィア　178
過ぎ越し(ペサハ)　88, 89, 89, 91, 91, 96, 112, 125, 151, 155, 196, 212, 221
スコットランド　171
スコラ主義　104
鈴　115
スース　221
図像　125
スターリン　184, 193, 196
スーダン　223
スッコート(仮庵の祭り)　88, 89, 90, 90, 146, 150
スーティン, ハイム　174
ズデーテン地方併合　70
ストラウス, オスカー　148
ストラスブール大聖堂　35
スピノザ, バルーフ　16, 54, 82, 82, 85, 100, 101
スファックス　221
スペイン　16, 35, 36, 37, 38, 39, 45, 46, 46, 51, 57, 82, 89, 92, 99, 100, 104, 107, 116, 120, 124, 166, 179, 179, 189, 189, 212, 218, 222
スペインからの追放　104, 116
スペイン語　19, 46, 117, 120, 121, 158, 161
スペイン人　158
スマッツ, ヤーン　224
スミュルナ　→イズミル
スラヴ語　117, 120
スラヴ諸国　118
スラーンスキー, ルドルフ　185
スリナム　158, 163
ズールー族　225
スルタン　39, 212
スロヴァキア　185
西欧　→西ヨーロッパ
聖歌集　117
政教分離　200, 202
政教分離主義　83, 212
聖者　99, 100, 110, 110
聖書　14, 18, 18, 20, 24, 31, 50, 79, 82, 88, 98, 99, 101, 103, 112, 114, 114, 116, 117, 121, 122, 124, 223
聖所　211
「正常化(ノーマライゼーション)」　131, 133, 134
聖ソフィア大聖堂　107
聖体　36
聖体冒瀆　36
聖地　110, 110
正統派　16, 81, 96, 102, 103, 104, 104, 105, 108, 109, 134, 148, 152, 157,

171, 171, 174, 175, 176, 177, 182, 183, 184, 203, 224, 225
正統派ヘブライ信徒団連合　169
正統派ユダヤ教信徒団連合　103, 154
聖都の守護者(ネトレイ・カルタ)　132, 209
「聖なる集団」(ヘヴラー・カディーシャ)　87
聖櫃　46, 48, 108, 108, 109, 114
聖墳墓教会　209
西洋わさび　91
世界イスラエル人同盟　68, 121, 160, 172, 214
世界教会協議会　130
世界シオニスト機構　19, 211
世界シオニスト執行機関　68
世界シナゴーグ評議会　209
世界進歩的ユダヤ教連合　209
世界ユダヤ人会議(WJC)　73, 160, 222
世界暦　89
石油　163
世俗化　100, 105
世俗主義　104
説教　101, 108
説教者　108
絶滅政策　166, 176
セデル　91, 91, 96
セーヌ川　174
セバステ　32
セファラド　46
セファルディーム　16, 46, 46, 51, 57, 79, 82, 100, 108, 113, 114, 120, 146, 149, 150, 158, 160, 162, 163, 163, 164, 165, 165, 168, 169, 169, 171, 172, 173, 175, 176, 177, 179, 184, 189, 192, 198, 207, 212, 215, 216, 224, 225
セファルディーム信徒団連合　154
セム系　116
セム語族(セム族)　21, 133
ゼーリスペルク　130
セルモネタ　180
セレウコス朝シリア　23
ゼーローターイ　19, 26, 33
宣教師　42
全国ドイツ・ユダヤ人連合　81
先唱者　108, 109
宣誓　42
セントルイス　146
1848年革命　57
全米ユダヤ人委員会(AJC)　68, 81, 148
洗礼　34, 35, 36, 43, 46, 46, 58, 81, 82, 179
ソヴィエト化　196
ソヴィエト連邦　→旧ソヴィエト連邦
ソヴェト　225
葬儀　182
創世記　86
属王　27
属州　26, 27
『祖国ソヴィエト』　196
『ゾハルの書』　110, 116
ソフィア　179, 189
ソールズベリ　225
ソ連邦におけるユダヤ人労働者の入植のための協会　195
ソロモン　22, 24, 33, 43, 208, 209
ソロモンズ, アイキイ　216
ソンチーノ, ゲルショム(ジェローム)　121

タ 行

第一次世界大戦　64, 67, 68, 72, 75, 126, 131, 146, 158, 169, 173, 174, 183, 184, 212
第一神殿　129
太陰暦　88
大英改革派シナゴーグ　170
大英帝国　105
対抗宗教改革　37, 46
大祭　23, 24, 25, 26, 27
大祭日　89, 90, 96, 155, 161, 183
第三世界　137
大ドイツ・シナゴーグ　181
対独協力者　173
第二次世界大戦　107, 157, 158, 160, 166, 176, 178, 184, 187, 195, 197, 209, 213, 215, 222, 223
第二神殿　98, 104, 129
ダイヤモンド　176, 223
「対ユダヤ人戦争」　126
太陽暦　88
対ローマ戦争　98

台湾　215
ダヴィデ　22, 22, 23, 24, 25, 27, 33, 110, 200, 208, 209
「ダヴィデの町」　200
ダゲスタン　193
タジキスタン　193
タジク語　192, 193
タシュケント　14, 193
タシュリフ　110
多神教　97
堕胎　204
タタール語　193
タト語　193
ダニエル神父事件　204
ダニエル, ユーリ　197
ダハウ強制収容所　128, 177
ダーバン　223
ダブリン　171
ダマスクス　22, 39, 213
ダヤニーム　207
タリート(ストール)　81, 86, 113
タルグム　116
タルムード　16, 18, 43, 79, 83, 98, 98, 99, 101, 101, 103, 104, 116, 117, 121, 143, 154, 171, 204
断食　88, 89, 90, 100
誕生　86
タンジール　220, 220
チェコ　185
地中海　198, 218
血の中傷　36, 59
チャウシェスク, ニコラエ　184
中央アジア　43, 120, 150, 178
中央アフリカ　223, 225
中央アメリカ　165
中央アメリカ・ユダヤ人コミュニティ連盟　165
中央シオニスト文書館　19
中央宗教法院　173, 175
中国　39, 42, 42, 198, 215
中世　16, 16, 18, 50, 78, 79, 81, 84, 92, 92, 95, 100, 106, 109, 112, 113, 116, 116, 117, 126, 180, 218
中東　16, 20, 31, 75, 79, 88, 97, 110, 121, 163, 166, 168, 172, 179
中東戦争　134, 222
中部ヨーロッパ　94, 101, 103, 146, 169, 173, 174
チュニジア　19, 174, 175, 220, 221
チュニス　221
チューリヒ　177
趙映乗　42
チリ　163
チリ・ユダヤ人会議　163
「沈黙の叫び」像　128
ツァディク　100
ツァーリ　59, 67, 192, 193, 193, 197
追放(ユダヤ人の)　37, 41, 45, 45, 46, 46, 50, 51, 54, 104, 116, 124
追放者の長　31
追放令　35, 36, 46
通学校　157, 163, 216, 217, 224
通婚　51, 58, 78, 79, 81, 82, 84, 92, 96, 154, 160, 161, 163, 168, 177, 192, 193, 203, 204
通訳　116
ツェラン, パウル　69
ツノブエ　49
ツンツ, レオポルド　16

ディアスポラ(離散)　14, 17, 22, 23, 27, 28, 35, 46, 50, 50, 51, 76, 96, 134, 200, 207, 211
デイヴィス, S., Jr.　141
ディケンズ　216
定住権　179
ディズレーリ, ベンジャミン　81, 132
ティトゥス　129
ティフリス　→トビリシ
ティベリアス　27
ティベリアスの墓所　110
ティメルマン, ハコボ　159
ディラン, ボブ　141
テヴィラー　→浸礼
「敵性外国人」　157
デクリオネス(都市参事会員職)　34, 35
テッル・アル・ヤーフディーヤ　19
テバー　104, 109, 212
テフィリン　81
テーベ　41
テベレ川　180

テムズ川　169
デュマ, アレクサンドル　132
テュロポエオン峡谷　209
テル・アヴィヴ　14, 17, 73, 131, 162, 207, 210
テル・アヴィヴ改革派コミュニティ　207
テレジン強制収容所　184
天からおりてくる手　112
伝統主義　100, 103, 104, 104, 108
テンプル山　200
天幕　88
デンマーク　178
典礼　101
典礼歌独唱者　182, 197
ドイツ　16, 35, 37, 46, 48, 50, 51, 54, 56, 58, 59, 68, 69, 70, 73, 75, 78, 81, 82, 92, 100, 101, 107, 113, 113, 115, 117, 121, 122, 157, 163, 164, 166, 168, 171, 173, 176, 177, 180, 182, 185, 187, 223
「ドイツ系」アメリカ人　146, 148, 150
ドイツ語　16, 57, 121, 152, 158, 162
ドイツ帝国憲法　57
ドイツの賠償問題　75, 127
ドイツ民主共和国ユダヤ教徒コミュニティ連盟　177
ドイツ・ユダヤ教徒中央評議会　177
ドイツ・ユダヤ人文書館　19
統一ユダヤ人社会基金　175
統一ユダヤ人評議会　147
東欧　→東ヨーロッパ
同化　42, 58, 64, 78, 81, 83, 84, 85, 85, 94, 121, 133, 134, 144, 161, 163, 166, 172, 174, 176, 178, 180, 193, 196, 210, 216, 225
同化主義　81
同化ユダヤ人　131
ドゥシャンベ　193
同族内婚　79
ドゥブロヴニク　189
東方正教会　36
ドゥホボール, レオン　159
ドゥラ　31, 112
『当惑せし者の指針』　120
土地所有　92
ドゥハーニ街シナゴーグ　183
トビリシ(ティフリス)　192
トボル　199
ドミニカ　165
ドミニコ修道会　36, 45
ドーム, C.W.　54
土曜日　88
トーラー　79, 82, 86, 86, 88, 89, 90, 91, 99, 108, 110, 112, 113, 114, 114, 115, 117, 122, 123, 124, 171, 200
トーラー賢人会議　203
トラコニティス　32
トーラーの朗唱　108
ドランシー　172
トランシルヴァニア　184
トランスヴァール　223, 225, 225
トランスカルパティア　193
トランスヨルダン　201
ドリヴェィラ, アブラハム　114
トリポリ　222, 221
トルコ　46, 65, 67, 120, 212, 212
トルコ語　117, 212
トルコ系　43
トルコ人　46
奴隷　34, 39, 43, 92
ドレスデン　59
トレド　179
ドレフュス, アルフレッド　65, 81
ドレフュス事件　64, 131
トロツキー, レオン　82, 83
トロント　156, 157, 157

ナ 行

ナイロビ　225
ナヴォン, イツハク　210
ナクソス公　46
ナクソス島　46
嘆きの壁　90, 103, 204
ナショナリティ法　204
ナスィ　26
ナスィ, グラシア　46
ナスィ, ヨセフ　46
ナーセル, ガマール・アブドン　222
ナタール　223
ナチス(ナチズム)　14, 16, 19, 37, 37,

51, 56, 59, 69, 69, 70, 73, 79, 81, 94, 126, 127, 127, 128, 131, 134, 136, 150, 158, 160, 162, 163, 163, 165, 165, 166, 168, 171, 173, 174, 175, 176, 176, 177, 177, 179, 180, 180, 182, 183, 184, 189, 193, 198, 201, 204, 207, 210
夏　88
ナハラル　202
ナポリ　36, 45
ナポレオン　56, 57, 58, 100, 132, 173, 174
南北アメリカ　60, 61, 120
難民　72, 146, 149, 157, 163, 166, 173, 176, 178, 198, 213
難民キャンプ　201
苦菜　91
ニカラグア　165
二元論　99
西インド諸島　149, 158, 165, 171
西ヨーロッパ(西欧)　40, 51, 63, 75, 94, 96, 101, 104, 105, 106, 120, 126, 158, 177, 223
日曜日　101
日本　215, 215
日本人　215
ニューアムステルダム　146
入学許可数割引当て制度　146
ニュージャージー　144, 146
ニュージーランド　216, 216
ニューブランスウィック　156
ニューベーン　149
ニューヨーク　19, 46, 60, 63, 73, 94, 103, 134, 137, 142, 143, 144, 146, 149, 154, 152, 154, 158, 212
ニューヨーク・ケヒラ　148
ニュルンベルク法　70
ネオナチ　172, 177
ネオファシスト　76, 180
ネオローグ派(ネオローグ運動)　182, 183, 183, 184
ネトレイ・カルタ　→聖都の守護者
ネブカドネザル　129
ネフソト・イェフーダ　109
ネル・タミード　108
ネロ　26
ノヴァスコシア　156
農業　92, 95
農業協同組合　160
農業コロニー　158, 160, 162, 163
農民　212
ノーベル平和賞　76
ノルウェー　57, 128, 178

ハ 行

ハイム, ヨセフ・イブン　124
バイエルン　189
背教　79
背教者ユリアヌス　27
ハイチ　165
ハイバル　39
ハイファ　73, 207, 209
ハヴラー　94, 148
パウロ4世　37
墓　110, 200
墓石　28, 37
ハガダ　89, 92, 112, 113, 125
ハーキム　39
迫害　36, 41, 50, 127
バグダード　39, 41, 198, 212, 215
ハザル　18, 38
ハザル王国　43
ハザル人　43
ハサン, ジョシュア　166
ハサン2世　220
バース　216
ハスィド　110, 146, 152
ハスィディズム　93, 94, 99, 100, 101, 105, 110, 113, 146, 148, 152, 152, 166, 171, 197, 216, 225
ハスダイ・イブン・シャプルート　43
バステルナーク, ボリス　82, 191
バース党　212
ハスモン王国　24
ハスモン家　23
ハスモン朝　14, 30, 32, 32, 33, 89, 90
バーゼル　65, 75, 131, 177
バタヴィア共和国　56
ハダサ　148
パダネア　32
発掘　209, 210
バッジ　35
ハーツ, ジョゼフ　16

249

索引

ハーツバーグ, G. 141
ハーティクヴァー 201
パティ・ディーン →ラビ法廷
バート・ミツヴァー 155, 204
パトリアルケス制 27, 28, 34
パトリキウス 27
バナージュ, ジャック 16
パナマ 165, 165
ハヌカー 41, 89, 90, 90, 91, 113, 114, 115, 155, 157, 188
ハヌキーヤ 90
ハバナ 165
バハマ諸島 165
バビロニア 22, 23, 25, 27, 28, 29, 30, 30, 31, 39, 98, 98, 99, 116, 120, 144
バビロニア人 79, 144
バビロニア・タルムード 98, 198
バビロン 22, 28
バビロン捕囚 129
ハプスブルク帝国 56
ハフタラ 86
ハ=ポエル・ハ=ツァイル(「青年労働者」)党 132, 133
ハマン 91
ハメツ 91, 91
破門(ヘレム) 54, 100
パラグアイ 163
パラデシ・シナゴーグ 107
ハラハー 104, 202, 203, 207, 210
パラマリボ 163
ハラン 20
パリ 35, 129, 131, 172, 173, 173, 174, 174, 175, 175
バリンプセスト 18
春 88, 91
バル・アム 17
バール・イラン大学 203
バルカン諸国 158
バルカン半島 189
バルーク, バーナード 141
バル・コスィバ 14, 98, 123
バル・コフバ 26
バール・シェム・トヴ 99, 101
バルセロナ 179
ハルツァ 132, 133
バルティア 25, 25, 27, 30, 31
バルティア王 30, 31
バルト海 218
バルト三国 193, 197
バルバドス 158, 165, 165
バルフ 214
バルフォア 16
バルフォア宣言 67, 201, 224
バル・ヘブライオス 43
バール・ミツヴァー 86, 96, 110, 155
パレスティナ 16, 20, 27, 30, 41, 46, 63, 64, 65, 66, 69, 70, 72, 73, 73, 79, 81, 95, 98, 98, 99, 118, 121, 131, 132, 133, 134, 144, 154, 173, 200, 200, 201, 211, 222
パレスティナ・アラブ人 76, 134
パレスティナ解放機構(PLO) 76, 211
パレスティナ暫定自治 211
「パレスティナ植民計画」 132
パレスティナ人 79, 178, 203
パレスティナ分割 162, 213
パレルモ 41
パロヘト 108
パン 91
ハンガリー 35, 45, 67, 68, 128, 157, 162, 163, 164, 166, 182, 182, 183, 197, 209, 209
ハンガリー語(マジャール語) 184
ハンガリー・ユダヤ人中央委員会 183
反教権 100
反シオニスト 76, 154
反シオニズム 67, 75, 134, 134, 197, 209, 212, 213
半熟練工 51
バーンスタイン, レナード 140
反セム主義 15, 59, 60, 64, 66, 68, 69, 69, 72, 76, 81, 83, 126, 127, 130, 131, 133, 134, 134, 146, 147, 148, 148, 157, 158, 160, 160, 162, 163, 164, 165, 166, 169, 172, 172, 173, 177, 178, 180, 184, 185, 186, 187, 188, 192, 193, 196, 197, 197, 200, 223
パン種 91
反ナチス抵抗運動 130
バンパス 160
反ファシズム闘争 169
ハンブルク 2, 46, 92
ハンマーム・リッフ 19
反ユダヤ主義 27, 36, 37, 59, 70, 129, 179, 189, 197

火あぶりの刑 45
「非アーリア人」 81
ピウス6世 37
ビオラ将軍 161
東地中海 23, 45, 100, 116
東ヨーロッパ(東欧) 15, 16, 58, 61, 63, 63, 67, 68, 75, 79, 92, 100, 104, 121, 131, 136, 136, 142, 144, 146, 147, 154, 156, 157, 158, 160, 164, 165, 166, 168, 173, 174, 174, 176, 178, 188, 189, 193, 201, 209, 216, 218, 223, 225
ピカール, ベルナール 48
非国教徒 56
ピサロ, カミーユ 82, 83
ビザンツ 19, 27, 35, 43, 116
ビザンティン・ムーア様式 189
棺 86, 182
ピッツバーグ 58, 154
ピッツバーグ会議 152
ヒトラー 129
ピノチェト将軍 163
ビーマー 108
ヒムヤル 31, 43
ヒュルカノス1世 23, 24
ヒュルカノス2世 23, 24, 32
「肥沃な三日月」地帯 20, 20
ビリホウスキー, レオポルド 16
ビール運動 132
ヒルシュ, ザムソン・ラファエル 101
ヒルシュ男爵 63, 131, 160, 160
ヒルシュ男爵基金 156
ビルトモア・ホテル 73
ヒルマン, デヴィッド 113
ヒルラの日 110
ビロビジャン 195, 197
ピンカス・シナゴーグ 128
ピンスカー, レオン 64, 132
ピント, イサーク・ド 81
ヒンドゥー教 42

ファシスト 180, 222
ファッケンハイム, エミール 130
ファーティマ朝 39, 79
ファラシャ 43, 43, 81, 223, 223
フィラデルフィア 14, 107, 146, 150
フィレンツェ 107
フィロン 16, 85, 116
フィンランド 178
フェイギン親方 216
フェス 39, 129
ブエノス・アイレス 160
プエルトリコ 165
武器 35, 95
服装 39, 92, 94
ブクレシュティ 184, 184
ブコヴィナ 184, 193
フスタート 18
豚(豚肉) 98, 204
ブダペシュト 19, 102, 131, 182, 182, 183, 185
舞踏 91
ぶどう酒 91
プトレマイオス朝 23, 218
ブネイ・ブラク 209
ブネイ・ブリス 148
フバー 87
ブーバー, マルティン 104
ブハラ 90, 192, 193, 215
フメリニツキー, ボフダン 50, 51, 51
冬 89
フラウエンシュル 109
ブラジリア 162
ブラジル 63, 146, 162, 162, 163
ブラハ 44, 106, 128, 184, 185, 185
ブラワ 217
フランク, ゼカリア 103
フランコ 179
フランス 131
フランス 35, 36, 54, 59, 64, 65, 73, 80, 81, 104, 117, 136, 158, 165, 166, 172, 172, 173, 175, 218, 220, 221
フランス委任統治 213
フランスおよびアルジェリア・ユダヤ教団体連合 173
フランス革命 56, 56, 172, 173, 174, 176
フランス語 116, 121, 157, 172
フランス国民議会 56, 80
フランス語系分離派 157
フランス・ユダヤ人代表者委員会 175

ブランダイス, ルイス 141
プリスベーン 216
ブリティッシュ・コロンビア州 156
ブリート・ミラー 86
フリーマントル 82
プーリム 89, 90, 91, 110, 110
ブリュッセル 176
ブルガリア 120, 189
プルースト, マルセル 82
ブルームフォンテーン 223
ブルム, レオン 173
プレシア 121
ブレスラウ(ヴロツワフ) 16, 187
プレッツェル 175
ブレトリア 223
ブロイセン 56, 57
フロイト, ジグムント 78, 82, 83, 85, 131
プロテスタント 37, 46, 158, 164, 177
プロレタリアート 81
ブロンスク 131
「文化的シオニズム」 132
文化変容 81, 94, 95
焚書 35
「文書の殿堂」 209
ブント(リトアニア・ポーランド・ロシアにおけるユダヤ人労働者総同盟) 66, 133, 175, 188
ブント主義 67, 81
ブント主義者 66, 158

兵役 57, 58, 173
ヘイカール 108
ベイルート 213
ベイルート占領 76
ヘヴラー・カディーシャ →「聖なる集団」
ベギン, メナヘム 76, 184
ベサハ →過越し
ベタ・イスラエル 223
ベタヒア(レーゲンスブルクの) 41, 43
ベッサラビア 184
ベート・アルファ 89
ベート・シェアリーム 19, 98
ベート・ハテフツォト 17
ベート・ハ=ミドラシュ 174
ベネズエラ 163
ベノニ 223
ヘブライ移民援護協会(HIAS) 65, 143, 146
ヘブライ語 14, 18, 18, 19, 23, 41, 42, 50, 50, 51, 65, 79, 84, 98, 100, 108, 113, 116, 117, 117, 118, 119, 121, 121, 122, 123, 124, 124, 125, 134, 170, 190, 210, 211
ヘブライ語印刷業者 121
ヘブライ人 43
ヘブライ神学カレッジ 103
ヘブライ神学大学 154
ヘブライ大学 16, 16, 19, 107
ヘブライ文字 19, 106, 108, 117, 123
「ヘブライ連合(ユニオン)」 154
ヘブルー・ユニオン・カレッジ 103, 150, 152, 152, 154, 207
ヘブロン 20
ヘラート 214
ベラ4世 182
ベラルーシ 193, 193
ペリシテ人 26
ペルー 163
ベルヴィル 174, 175
ベルギー 176, 177
ペルシア 22, 39, 42, 89, 91, 99, 99, 120, 192, 193, 215
ペルシア語 19, 120, 192, 193
ペルシア人 90
ペルシア湾 20
ベルゼン 71
ベルナール, サラ 166
ヘルマン, リリアン 119
ベルリン 19, 68, 101, 114, 132, 177
ペレツ 211
ペレッツ, I. L. 161
ヘレニズム様式 25, 32, 33
ヘレネ女王 31
ヘレム →破門
ベレン 162
ヘルツル, テオドール 64, 75, 131, 131, 132, 133, 179
ヘルト 131
ベルナール, サラ 166
ヘロデ 19, 25, 27, 32, 32, 33
ヘロディウム 32, 33

ペロン 160
ベン 117
ベン・エズラ・シナゴーグ 18
ベン=グリオン, ダヴィッド 73, 75, 83, 131, 132
ベンタ・プリエタ 164
ベンニ・イスラエル 43, 81, 215, 215
ベンヤミン(トゥデラの) 39, 40, 40, 41

ボア戦争 61
ボアレイ・アグーダト・イスラーエール 202
ボアレ・ツィオン(「シオンの労働者」)党 131, 132
帽子 39, 78
宝石商 51
法廷 26, 34, 92
ホウパート 216
包皮 86
法律家 95
ホウリー・ブロッサム聖堂 157
ポグロム 59, 61, 64, 65, 65, 67, 70, 72, 126, 131, 132, 142, 148, 184, 193
母語 120
ホシャーナの賛歌 90
保守派 83, 89, 96, 103, 103, 104, 148, 152, 152, 154, 157, 158, 162, 164, 171, 207, 209, 224
ボストン 146
ボスニア 189
ボス, ヒエロニムス 37
ボーゼン 132
墓地 16, 18, 98, 128, 161, 163, 177, 182, 204, 215
ポートエリザベス 223
ポート・サイド 222
ポドリア 50
ボヘミア 51, 100, 128, 185
ホモ・セクシュアル 96
ポーランド 2, 16, 35, 36, 37, 46, 50, 50, 51, 51, 57, 66, 67, 68, 72, 76, 100, 100, 106, 121, 166, 174, 178, 187, 188, 188, 193, 201, 202, 224, 225
ポーランド侵攻 70
ポーランド分割 193
ポーランド・ルネサンス 50
ボリシェヴィキ 61, 67, 133, 195, 197
ポリス 22, 23
ポリテウマタ 22, 27
ボリーバル, シモン 163
ボリビア 163
ポルティコ・ドッタヴィオ 180
ポルト・アレグレ 162
ポルトガル 36, 37, 45, 46, 47, 57, 146, 165, 173, 179, 179
ポルトガル系ユダヤ人 49, 51
ポルトガル語 117
ポルトガル人 158, 218
ホルトハイム, ザムエル 101
ホルノグラファ 204
ホロコースト 14, 16, 19, 37, 51, 59, 70, 71, 72, 73, 78, 81, 89, 104, 120, 126, 127, 128, 129, 130, 134, 136, 136, 166, 171, 172, 176, 176, 177, 182, 184, 187, 225
「ホロコースト」という用語 126
ボロホフ, ベル 132
ホワイトカラー 95, 146
ポン 75, 107
香港 169, 198, 215
ホンジュラス 165
ポンペイ 198, 215
ボンベイス 23, 24
ボンベルク, ダニエル 121

マ 行

マイエール, ルネ 172
マイケルソン, リー 128
埋葬 86, 155
マイノリティの権利 64, 68
マイバウム, イグナツ 129, 130
マイムーナ祭 221
マイモニデス・カレッジ 150, 153
マイモニデス, モーゼス 16, 19, 85, 99, 120, 179
マウトハウゼン 71
マカバイオス, ユダス 23
マクシミリアン 158
マグリブ地方 210
マケドニア 22, 163
マゲルス 32
マサダ 17, 19, 26, 32, 32, 33, 204, 204
マジャール語 →ハンガリー語
マーシャル, ルイス 148

魔術 99
マスキリーム 100
マツァー 91, 196
祭り 90
マドリード 179, 179
マニトバ州 156, 157
マニラ 215
マホザ 31
マムルーク朝 39
マヨルカ 179
マラガ 179
マーラー, グスタフ 82, 83
マラーケシュ 220, 220
マラノ 46
マラバル海岸 42, 215
マリーン朝 39
マルクス・アントニウス 32
マルクス, カール 81, 82, 83, 85
マルクス兄弟 140
マルクス主義 132
「マルクス主義と民族問題」 193
マルメ 128
マンデス=フランス, ピエール 172
マンハッタン 142, 146

ミアーズ, オットー 146
ミクヴェー・イスラエル信徒団 165
ミシナグド(敵対者) 100
ミズラヒ 83, 202, 203, 204
ミッテラン, フランソワ 172, 175
ミッレト制 203
南アフリカ 60, 61, 104, 128, 166, 169, 169, 216, 217, 218, 223, 224, 225, 225
南アフリカ・シオニスト連盟 224
南アフリカ代表理事会 224, 225
南アメリカ 95, 163, 166, 179
南インド 43, 107
南王国 22
南ローデシア 225
身代金 92
ミフラーブ 41
ミュンヘン 128, 177, 177
ミラー, アーサー 82, 83
ミラノ 180
ミリアム(マリアムネ) 32
ミルト 90
民間信仰 110
民事婚 203, 204
民主党 154
民数記 90
ミンスク 193
民族の郷土 201, 211
民族の首長(エトナルケス) 23, 24, 26, 27, 28, 31

ムーア様式(ムーア風) 16, 107, 174, 180, 183
六日戦争 75, 76, 162, 197, 201, 204
無神論者 203
ムスリム 15, 38, 38, 39, 42, 46, 79, 98, 110, 174, 220, 222
ムハンマド 38, 39, 97, 208
ムラート3世 39
ムラービト朝(アルモラビデ) 39
ムワッヒド朝(アルモアデ) 39

メア・シェアリーム地区 209, 209
メイシー・デパート 148
銘文 42
メイラー, ノーマン 141
メイル, ゴルダ 199
メイロン 111
メキシコ 158, 164, 164
メクネス 220
メシア 54, 99, 100, 101, 104, 204
メジボジ 101
メシャ 123
メズーザー 114, 114
メスティソ 164, 165
メソポタミア 20, 20, 22, 28, 30, 198
メッス 54
メッラーフ 40
メディア 22, 28
メディナ 38
メノーラー 90
メラメド 123
メルヴ 28
メルボルン 216
メレルン, ヨプスト 44
メンデルスゾーン, モーゼス 54

喪 86, 87
「モアブの石」 123
モイゼスヴィル 160
モウレイス, サバト 153
沐浴 94, 106

索　引

モーゲンソー，ヘンリー　141
モシャヴ　→協同組合入植村
モシャヴ・シトゥフィ　201
モスク　41,46,209
モスクワ　192,193,196
モーセ　20,48,56,58,78,82,82,87,97,113,125
「モーセ作戦」　223
モナシュ，ジョン　216,216
モヘル　86
モラヴィア　128,185
モラヴィア，アルベルト　119
モリス，ロバート　147
モルダヴィア　193
モロッコ　2,39,39,40,41,46,110,110,117,120,162,174,175,179,218,220,220
モンゴル　39,42
モンゴル人　43,182
モンテフィオーレ，ヒュー　82,83
モンテフィオーレ，モーゼス　133,209
モントリオール　156,157,216
モンマルトル　175
モンロー，マリリン　82,83

ヤ 行

ヤヴネー　98
ヤコブ　26
ヤコブ・クラマー　97
ヤシ　184
ヤソン　23
ヤッド　86,114
ヤド・ヴァシェム　128,130,208,210
柳の小枝　90
ヤーファー門　33
ヤヘル　207
ヤミム・ノライーム　90

遊牧民　21
ユーゴスラヴィア　189
ユダ王国　20
ユダヤ教化　23,58,158
『ユダヤ教学誌』　16
ユダヤ教研究　16
ユダヤ教研究所　154
ユダヤ教神学校　103,153,154,207
ユダヤ教信奉ドイツ公民中央連盟　81
ユダヤ教聖職者　34
ユダヤ教哲学　120
ユダヤ教のための反シオニズム・アメリカ評議会　154
ユダヤ教美術　113
ユダヤ教文化・社会連合　188
ユダヤ教への改宗　18,31
「ユダヤ-キリスト教的伝統」　81
ユダヤ系スペイン語　116,117,118,189
ユダヤ系タジク語　192
ユダヤ系ドイツ語　118
ユダヤ系プロヴァンス語(シュアディト)　116
「ユダヤ系ロマンス」諸語　116
ユダヤ人アピール連合　149,157
ユダヤ人解放　58,59,78,79,84,92,100,101,102,126
ユダヤ人学校　78,83,161
ユダヤ人機関　73,132,201,211
ユダヤ人貴族　169
ユダヤ人虐殺　36,39,42,44,46,70
ユダヤ人啓蒙運動　58,132
ユダヤ人国家　16,73,75,131,132,162,162,200,201,201,202,204,209
『ユダヤ人国家』　64,132
ユダヤ人再生運動　172
ユダヤ人自治州　195,197
ユダヤ人社会主義者　65
ユダヤ人植民協会　63,156,156,158,160,162
ユダヤ人帝国　38,43
ユダヤ人特異論　133
ユダヤ人ナショナリズム　59
「ユダヤ人に対する戦争」　70,73
ユダヤ人農民　156
ユダヤ人の王　25
『ユダヤ人の共和国』　73
『ユダヤ人の古代の制度』　14
『ユダヤ人の市民としての改善について』　54
ユダヤ人の民族的郷土　65,67,73
『ユダヤ人の擁護』　54
ユダヤ人バッジ　44
ユダヤ人パン職人組合　168
ユダヤ人福祉協会　217
ユダヤ人部隊　131
ユダヤ人法廷　39
ユダヤ人問題　58,65,131,223
ユダヤ人問題の最終的解決　70,126,127
ユダヤ人歴史総合文書館　19
『ユダヤ戦争の歴史』　15
ユダヤ防衛連盟　147
ユダヤ民族　185,192,192,195
ユダヤ民族主義　66,131,132
ユダヤ民族評議会　201
ユダヤ民族問題担当人民委員部(イェフコム)　195
ユデア　19,21,23,23,24,25,26,26,27,27,28,32,32,35
ユーデンガッセ　51
指輪　86,87
ユーフラテス川　20,20,31
ユリウス・カエサル　24,32
羊皮紙　18,18,114,117

189
預言者　81,82
預言書　86
横浜　198
ヨシア　22
ヨセフス　14,16,24,116
ヨーゼフ2世　57
ヨーデンサヴァンヌ　163
ヨナ　124
ヨナタン　23
ヨハネスバーグ　128,216,223,224,225
ヨハネ・パウロ2世　127,130
ヨブ記　87
ヨーム・キップール　→贖罪の日
ヨーム・キップール戦争　201
ヨーロッパ　15,30,39,45,51,56,57,57,59,60,61,68,69,69,72,72,79,80,99,100,101,102,103,104,126,142,147,160,163,166,169,171,198,222
ヨーロッパ共同体　171
ヨーロッパ・ラビ会議　171
「4種」　90,150

ラ 行

ライオン　114,114
ライト，フランク・ロイド　107
ライプニック，ヨセフ　92
ライン地方　35,46,117
ラウ，ハインツ　107
ラグ・バ・オーメル　89,110
ラザルス，エンマ　63
ラサール，フェルディナンド　65
ラシー　117
ラディノ語　116,118,119
ラテンアメリカ　81,104,147,158,213
ラテンアメリカ・ラビ養成神学校　161
ラテン語　25,28,116,121,123
ラトヴィア　117
ラバート　220
ラビ　2,16,26,35,39,43,46,54,58,79,80,82,83,83,86,86,88,96,98,98,99,99,100,101,102,103,104,105,110,116,116,118,121,129,133,134,149,152,154,155,157,161,166,169,171,173,174,175,176,182,182,183,183,184,184,185,188,188,197,200,204,207,209,222,225
ラビ会議　58
ラビ控訴法廷(最高ベート・ディーン)　207
ラビ法廷(バテイ・ディーン)　58,202,203,204,207
ラビン　211
ラム，ギヴァト　107
「ラムレ綱領」　132
ランツマンシャフト　158

ランプ　41,108,109,114,115
リヴォフ　188
リオ・デ・ジャネイロ　162,162
リクード党　203
離婚　86,203,204
リーサー，アイザック　150,153
離散　→ディアスポラ
利子　36
リション・レ=ツィヨン　132
律法　21,22,48,49,54,103,200
律法学者　117
律法の配偶者　48
リトアニア　45,50,51,51,100,100,170,196,223,224,225
リトアニア・ポーランド・ロシアにおけるユダヤ人労働者総同盟　→ブント
リトヴィノフ，M.M.　191
リビア　180,218,222,223
リベラル派　96,102,104,171
リーリエンブルム，モーゼス　132
リンガ・フランカ(共通語)　116

ルクセンブルク　176,176
ルサカ　225,225
ルター，マルティン　37
ルテニア　185
ルネサンス　85,100,112
ルバヴィッチ　105
ルバヴィッチ派　150
ルーベンスタイン，リチャード　129,130
ルーマニア　68,166,184,184
ルーヴ　28,90

レイクウッド　154
礼拝　54,78,86,89,95,96,97,97,98,99,101,103,104,108,116,121,122,124
レーヴィ，プリモ　119
レーヴィン，Y.L.　191
レオ・ベック・カレッジ　171
「歴史的ユダヤ教」派　102,103
レシフェ　158
レシュ・ガルータ制　31,39
レスボス島　46
レスポンサ　98
レーニン　66,82
レニングラード　76
レバノン　134,150,201,213
レバノン侵攻　76,201
レビ記　90
レマ・シナゴーグ　187
レンクナウ　177
連合ヘブライ語学校　157,157
レンバ族　225

朗唱　108,109,114

ろうそく　90
労働シオニスト党　134
労働シオニズム　201
労働党　76,203,210
ロサンジェルス　94,103,144,154
ローザンヌ条約　212
ロシア　57,57,58,59,59,60,63,64,65,65,66,67,79,84,85,89,93,95,96,117,120,121,131,146,150,160,168,168,169,171,192,193,201
ロシア革命　64,67,192,193
ロシア語　121,196
ローシュ・ハ=シャナー　90
ローズヴェルト，F.D.　146
ローズヴェルト，セオドア　148
ロスチャイルド家　131,169,170
ロスチャイルド，ライオネル・ド　58
ローゼンツヴァイク，フランツ　104
ローゼン，モーゼス　184
ロック，ジョン　54
ロッテルダム　176
ローデシア　218,225
ローデシア・ニヤサランド連邦　225
ロードス島　189,218
露土戦争　58
ローマ　19,23,24,25,26,26,27,27,28,28,30,31,32,35,35,37,114,116,144,180,180,198,218
ローマ教皇　35,79,127,173
ローマ教皇領　35
ローマ軍　17
ローマ皇帝　26,27,32,34
ローマ女神　32
ローマ人　22,27
ローマ帝国　29,30,31,31,32,34,35,38
ローマネスク様式　106,174,184
ローマの平和　24,28
ローマのユダヤ人政策　27
ロマン主義　121
ロマンス諸語　116
ロンドン　19,46,51,73,94,113,114,134,150,168,168,169,169,176
ロンドン・カウンティ　169

ワ 行

ワイズ，アイザック・メイヤー　150,152,154
ワイズ，スティーヴン　154
ワイツマン，ハイム　16,132,162,199
ワイン　87,151
ワーテルローの戦い　57
ワルシャワ　60,101,187,188
ワルシャワ条約機構　184

監修者

板垣 雄三
（いたがき ゆうぞう）

1931年　東京に生まれる
1953年　東京大学文学部西洋史学科卒業
現　在　東京経済大学コミュニケーション学部教授
　　　　東京大学名誉教授
（専攻　中東地域研究）

訳 者

長沼 宗昭
（ながぬま むねあき）

1947年　埼玉県に生まれる
1971年　東京都立大学人文学部史学科卒業
1978年　一橋大学大学院経済学研究科博士課程修了
現　在　日本大学法学部教授
（専攻　ドイツ近代史）

図説 世界文化地理大百科
ジューイッシュ・ワールド（普及版）

1996年 4 月25日　初　版第 1 刷
2008年11月20日　普及版第 1 刷

監修者	板 垣 雄 三
訳 者	長 沼 宗 昭
発行者	朝 倉 邦 造
発行所	株式会社 朝倉書店

東京都新宿区新小川町6-29
郵便番号　162-8707
電　話　03(3260)0141
ＦＡＸ　03(3260)0180
http://www.asakura.co.jp

〈検印省略〉

© 1996〈無断複写・転載を禁ず〉　　凸版印刷・渡辺製本

Japanese translation rights arranged with ANDROMEDA OXFORD Ltd.,
Oxford, England through Tuttle-Mori Agency Inc., Tokyo

ISBN 978-4-254-16872-3　C 3325　　　　Printed in Japan

TYPVS CHOROGRA-PHICVS, CELEBRIVM LOCORVM IN REGNO IVDAE ET ISRAHEL.

arte factus
à
Tilemanno Stella Sigenensi.

EXPLICATIONES CHARAC-TERVM POSITIONIS.

- ⊙ Metropoles et vrbes insigniores.
- ◉ Minus insignes.
- ○ Pagi, vici et villæ.
- ⊚ Ciuitates sacerdotales et refugij.
- ♄ Vrbes Philistinorum, quæ alias quinque regiæ, vel reguli vocari solent. Ios. 13
- ✳ Loca pertinentia ad tribum Ephraim.
- ✢ Loca pertinentia ad tribum Simeon.

Hæc loca per notas peculiares a ceteris discernere coacti sumus, quia per vicinas tribus dispersa, certis limitibus circumscribi non potuerunt.